NOMOSEINFÜHRUNG

Peter Bringewat

Grundbegriffe des Strafrechts

Grundlagen – Allgemeine Verbrechenslehre – Aufbauschemata

4. Auflage

Onlineversion
Nomos eLibrary

Die Deutsche Nationalbibliothek verzeichnet diese Publikation in der Deutschen Nationalbibliografie; detaillierte bibliografische Daten sind im Internet über http://dnb.d-nb.de abrufbar.

ISBN 978-3-8487-7434-0 (Print)
ISBN 978-3-7489-1435-8 (ePDF)

4. Auflage 2024
© Nomos Verlagsgesellschaft, Baden-Baden 2024. Gesamtverantwortung für Druck und Herstellung bei der Nomos Verlagsgesellschaft mbH & Co. KG. Alle Rechte, auch die des Nachdrucks von Auszügen, der fotomechanischen Wiedergabe und der Übersetzung, vorbehalten.

In eigener Sache

Das Angebot an hervorragenden Grundrissen, Kurzlehrbüchern und großen Lehrwerken zum Allgemeinen Teil des Strafrechts ist reichhaltig. Ihm noch ein weiteres Buch über „Grundbegriffe" des Strafrechts hinzuzufügen, wäre wenig sinnvoll, wenn es in ihm nur um eine weitere Darstellung desselben Rechtsstoffs ginge. Die „Grundbegriffe" sind zwar auch darauf angelegt, Grundkenntnisse über das allgemeine Strafrecht zu vermitteln, aber sie tun das mit anderer Konzeption und auf andere Weise als die übrigen Lehrbücher.

Adressiert sind die „Grundbegriffe" an Studentinnen und Studenten aller juristischen Studiengänge an Universitäten und Fachhochschulen (z.B. für Rechtspflege und Verwaltung oder Polizeifachhochschulen), an Studentinnen und Studenten aller nichtjuristischen Studiengänge an Universitäten und Fachhochschulen mit strafrechtlichen Lehrgebieten (z.B. Umweltwissenschaften, Kulturwissenschaften, Wirtschafts- und Sozialwissenschaften, Sozialpädagogik und Sozialarbeit) und an alle, die in ihrer beruflichen Praxis mit Strafrecht und dessen Anwendung auf das eigene Arbeitsfeld konfrontiert sind.

Es ist dieser Adressatenkreis, der das formale und inhaltliche Konzept der „Grundbegriffe" ganz wesentlich bestimmt hat. Das betrifft zum einen den „roten Faden" des Buches: Ausgehend von der Frage, was Strafrecht ist, werden Aufgabe und gesellschaftliche Funktion des Strafrechts (wozu dient es?) und sodann das „Wie" der Aufgabenbewältigung nebst dazu notwendiger Mittel erörtert, die verfassungsrechtlichen Bindungen des Strafrechts aufgezeigt und in diesen Bezugsrahmen eingestellt, was als allgemeine Verbrechenslehre die Strafrechtsmaterie hauptsächlich bestimmt. Zum anderen geht es nicht darum, strafrechtsdogmatische Problemlagen und Meinungsstreitigkeiten auszubreiten und mit eigenen Lösungsansätzen aufzuwarten, sondern allein darum, auf der Basis der in der Strafrechtslehre und Rechtsprechung vorherrschenden Lehren und Problemlösungen die zentralen Kategorien und Begriffe zu beschreiben und zu erläutern – natürlich nicht ohne Hinweis auf Problemstrukturen, abweichende Lehrmeinungen und eigene Auffassungen.

Vielfach steht im Vordergrund der Darstellung des Rechtsstoffs die bloße Information über strafrechtliche Kategorien, Begrifflichkeiten, Fragestellungen, Problemlagen und deren Lösungen etc. Dementsprechend sind manche Themenkomplexe nach Art eines „Readers" bearbeitet. Von daher verstehen sich die „Grundbegriffe" nicht nur als Lernbuch, sondern auch als „strafrechtliche Grundkenntnisse vermittelndes" Lesebuch.

Aus der adressatenorientierten Konzeption resultiert weiter, dass die „Grundbegriffe" inhaltlich anders als üblich vorgehen: Die strafrechtlichen Sanktionen schließen sich nicht erst wie sonst als Rechtsfolgenteil an die Darstellung der allgemeinen Verbrechenslehre an, sondern gehen ihr voraus. Auf eine Befassung mit der Lehre von den strafrechtlichen Konkurrenzen ist überdies gänzlich verzichtet worden. Und auch im Übrigen ist die allgemeine Verbrechenslehre – was die thematische Fokussierung nach Umfang und Intensität anbelangt – mit zum Teil abweichender Schwerpunktsetzung behandelt. Das Wesentliche der Lehre von der Straftat ist gleichwohl aufgegriffen und bearbeitet.

Konsequenzen hat die nur in Umrissen beschriebene Konzeption der „Grundbegriffe" auch für die Literaturverarbeitung gehabt. Die durchgängige Beschränkung der Literaturverwendung auf wenige Lehrbücher und Kommentare folgt dem auf Information und Vermittlung von Grundkenntnissen ausgerichteten Anliegen der „Grundbegriffe". Damit korrespondiert das Bemühen, im Text eingefügte Literaturbelege nicht als bloße Nachweise für Auffassungen auszuwerten, sondern sie als Hinweise auf weiterführende und tiefer ansetzende wissenschaftliche Problemanalysen und -lösungen oder sie einfach nur als Hinweise auf Dasselbe in anderer Darstellungsweise anzubringen. Mit ihnen ist zumeist die unausgesprochene Aufforderung verbunden, dasselbe Thema, dieselbe Fragestellung etc. bei Interesse auch in einem anderen Lehrbuch nachzulesen. Entsprechendes gilt für die Rechtsprechungshinweise auf höchstrichterliche Entscheidungen des *BVerfG* und des *BGH* bzw. *RG* und einiger *Obergerichte*. Fast alle verwendeten Rechtsprechungsnachweise betreffen instruktive Fallgestaltungen mit lehrreichen Entscheidungsbegründungen.

Für die nunmehr erforderlich gewordene 4. Auflage der „Grundbegriffe" habe ich den Text durchgehend und insbesondere den Überblick über das sanktionenrechtliche Instrumentarium überarbeitet. Wo es sich anbot, habe ich geringfügige Kürzungen vorgenommen. Konzeptionell ist an den „Grundbegriffen" aber nichts verändert worden.

Ich hoffe wie schon für die Vorauflage, dass die „Grundbegriffe" alle diejenigen, die von ihnen angesprochen werden sollen, auch tatsächlich erreichen. Für Anregungen und Kritik aus dem Leserkreis (bitte über den Nomos Verlag an mich) bin ich stets dankbar.

Lüneburg im Februar 2024

Peter Bringewat

Inhaltsübersicht

In eigener Sache — 5

Abkürzungsverzeichnis — 15

Literaturverzeichnis — 19

I. Aufgabe und gesellschaftliche Funktion des Strafrechts — 21

II. Zur Legitimation und Theorie staatlicher (Kriminal)Strafe — 34

III. Das sanktionenrechtliche Instrumentarium im Überblick — 48

IV. Keine Strafe ohne Gesetz — 79

V. Das Strafgesetz — 118

VI. Die Straftat — 136

VII. Begehungs- und Unterlassungsdelikt — 156

VIII. Die tatbestandsmäßige Handlung — 168

IX. Zur tatbestandsmäßigen Handlung beim Unterlassungsdelikt — 195

X. Rechtswidrigkeit und Rechtfertigung — 217

XI. Die Schuld des Täters — 235

XII. Versuch und Rücktritt vom Versuch – Grundzüge der Versuchsstrafbarkeit — 251

XIII. Tatumstandsirrtum und Verbotsirrtum — 277

XIV. Sorgfaltspflichtverletzung und Fahrlässigkeit — 289

XV. Strafbare Tatbeteiligung im Überblick — 303

XVI. Aufbauschemata zur Fallbearbeitung — 323

Stichwortverzeichnis — 333

Inhalt

In eigener Sache ... 5

Abkürzungsverzeichnis ... 15

Literaturverzeichnis ... 19

I. **Aufgabe und gesellschaftliche Funktion des Strafrechts** ... 21
1. Das strafrechtliche Normensystem ... 21
2. Aufgabe des Strafrechts: Rechtsgüterschutz ... 24
3. Zur gesellschaftlichen Funktion des Strafrechts ... 28
4. Normcharakter und Normadressaten des Strafrechts ... 31
5. Lernkontrolle ... 32

II. **Zur Legitimation und Theorie staatlicher (Kriminal)Strafe** ... 34
1. Begriff und Wesen der Strafe ... 34
2. „ius puniendi": Die Strafgewalt des Staates ... 35
3. Zur materiellen Legitimation staatlichen Strafens ... 36
4. Zur Sinngebung der Strafe: Straftheorien ... 38
   - 4.1 Die absoluten Straftheorien ... 38
   - 4.2 Die relativen Straftheorien ... 40
   - 4.3 Vereinigungstheorien ... 42
5. Lernkontrolle ... 47

III. **Das sanktionenrechtliche Instrumentarium im Überblick** ... 48
1. Die Strafen ... 48
   - 1.1 Freiheitsstrafe ... 48
   - 1.2 Geldstrafe ... 52
   - 1.3 Absehen von Strafe ... 57
   - 1.4 Nebenstrafe: Das Fahrverbot ... 58
   - 1.5 Nebenfolgen ... 59
2. Die Maßnahmen ... 60
   - 2.1 Die Maßregeln der Besserung und Sicherung ... 60
     - 2.1.1 Die freiheitsentziehenden Maßregeln ... 62
     - 2.1.2 Die nicht freiheitsentziehenden Maßregeln ... 69
       - 2.1.2.1 Führungsaufsicht ... 69
       - 2.1.2.2 Entziehung der Fahrerlaubnis ... 70
       - 2.1.2.3 Berufsverbot ... 71
   - 2.2 Sonstige Maßnahmen ... 73
     - 2.2.1 Einziehung von Taterträgen bei Tätern und Teilnehmern ... 74
     - 2.2.2 Einziehung von Tatprodukten etc. ... 76

	2.2.3 Unbrauchbarmachung	77
3.	Lernkontrolle	78

IV. Keine Strafe ohne Gesetz — 79

1. Gesetzlichkeitsprinzip und Garantiefunktion des Strafgesetzes — 79
2. Ausschluss des ungeschriebenen Rechts: das Schriftlichkeitsgebot — 84
3. Verhaltensorientierung und Vertrauensschutz: Das Bestimmtheitsgebot — 90
4. Das Verbot strafbegründender und strafschärfender Analogie — 97
5. Das Rückwirkungsverbot — 107
6. Lernkontrolle — 116

V. Das Strafgesetz — 118

1. Allgemeiner Teil – Besonderer Teil — 118
2. Verbrechen und Vergehen — 120
3. Zur Unterscheidung verschiedener Deliktsarten — 122
   - 3.1 Allgemeindelikte, Sonderdelikte, eigenhändige Delikte — 123
   - 3.2 Verletzungsdelikt, Gefährdungsdelikt — 124
   - 3.3 Erfolgsdelikte, (schlichte) Tätigkeitsdelikte — 126
   - 3.4 Dauerdelikt, Zustandsdelikt — 128
   - 3.5 Einfache Delikte, zusammengesetzte Delikte — 129
   - 3.6 Einaktige Delikte, mehraktige Delikte — 130
   - 3.7 Weitere Deliktsarten — 130
4. Das Grunddelikt und seine tatbestandlichen Modifikationen — 131
5. Lernkontrolle — 135

VI. Die Straftat — 136

1. Begriffliche Struktur der Straftat – System der Straftatmerkmale — 136
2. Zur Handlung im strafrechtlichen Sinne — 140
   - 2.1 Verschiedene Handlungsbegriffe (Handlungslehren) — 143
   - 2.2 Ausschluss von Nichthandlungen — 149
3. Handlungsbegriff und Systembau der Straftat — 151
4. Lernkontrolle — 155

VII. Begehungs- und Unterlassungsdelikt — 156

1. Das Begehungsdelikt als Grundfall einer Straftat — 156
2. Das Unterlassungsdelikt als Gebotsverstoß — 157
3. Echte und unechte Unterlassungsdelikte — 158
   - 3.1 Echte Unterlassungsdelikte — 158
   - 3.2 Unechte Unterlassungsdelikte — 160

Inhalt

3.3	Sonderfälle unechten Unterlassens	161
4.	Zur Abgrenzung des aktiven Tuns vom Unterlassen	162
5.	Lernkontrolle	167

VIII. Die tatbestandsmäßige Handlung 168

1. Verschiedene Tatbestandsbegriffe, Unrechtstatbestand 168
2. Aufbau und Bestandteile des Unrechtstatbestandes 170
   - 2.1 Objektiver Tatbestand, objektive Tatbestandsmerkmale 171
     - 2.1.1 Verschiedene objektive Tatbestandsmerkmale 172
     - 2.1.2 Deskriptive und normative Tatbestandmerkmale 173
     - 2.1.3 Zur Kausalität und objektiven Zurechnung 174
       - 2.1.3.1 Der Kausalzusammenhang zwischen Tathandlung und -erfolg 176
       - 2.1.3.2 Objektive Erfolgszurechnung – verschiedene Zurechnungskriterien 179
   - 2.2 Subjektiver Tatbestand, subjektive Tatbestandsmerkmale 184
     - 2.2.1 Der Tatvorsatz, Tatbestandsvorsatz 185
       - 2.2.1.1 Begriff und Struktur des Vorsatzes 185
       - 2.2.1.2 Erscheinungsformen des Vorsatzes 186
       - 2.2.1.3 Was alles muss vom Vorsatz umfasst sein? 188
       - 2.2.1.4 Art und Intensität des Vorsatzwissens 189
       - 2.2.1.5 Wann muss das Vorsatzwissen gegeben sein? 190
       - 2.2.1.6 Sonderfälle des Vorsatzes 191
     - 2.2.2 Weitere subjektive Unrechtselemente 192
     - 2.2.3 Tatbestandsannex: objektive Bedingungen der Strafbarkeit 193
3. Lernkontrolle 194

IX. Zur tatbestandsmäßigen Handlung beim Unterlassungsdelikt 195

1. Objektiver Unrechtstatbestand – objektive Tatbestandsmerkmale 195
   - 1.1 Tathandlung „Unterlassen" 195
   - 1.2 Unterlassungskausalität, objektive Erfolgszurechnung 196
   - 1.3 Garantenstellung und Garantenpflicht 198
     - 1.3.1 Garantenstellung und Garantenpflicht sind nicht dasselbe 199
     - 1.3.2 Wie und woraus ergeben sich Garantenstellungen? 201
   - 1.4 Weitere (ungeschriebene) Tatbestandsmerkmale 209
     - 1.4.1 Physisch-reale Handlungsmöglichkeit 209
     - 1.4.2 Zumutbarkeit der gebotenen Handlung 211
   - 1.5 Entsprechungsklausel 212
2. Subjektiver Tatbestand, subjektive Tatbestandsmerkmale 212
   - 2.1 Unterlassungsvorsatz als Tatvorsatz 213
   - 2.2 Weitere subjektive Unrechtselemente 214
3. Tatbestandsannex: objektive Bedingungen der Strafbarkeit 215
4. Lernkontrolle 215

X. Rechtswidrigkeit und Rechtfertigung — 217

1. Tatbestand und Rechtswidrigkeit — 217
2. Rechtswidrigkeitsausschluss durch Rechtfertigungsgründe — 218
3. Das Aufsuchen einzelner Rechtfertigungsgründe — 219
4. Gibt es ein System der Rechtfertigungsgründe? — 221
5. Zur Struktur der Erlaubnistatbestände — 223
6. Als Beispiel: Die Notwehr (§ 32) — 225
   - 6.1 Die Notwehrlage — 226
   - 6.2 Die Notwehrhandlung — 228
   - 6.3 Subjektive Rechtfertigungselemente — 232
   - 6.4 Nothilfe — 232
7. Weitere Rechtfertigungsgründe — 233
8. Lernkontrolle — 234

XI. Die Schuld des Täters — 235

1. Grundlagen und Ausgangspunkte — 235
2. Einzelne Schuldelemente — 237
   - 2.1 Schuldfähigkeit — 238
   - 2.2 Schuldform — 242
   - 2.3 Unrechtsbewusstsein — 243
   - 2.4 Fehlen von Schuldausschließungs- und Entschuldigungsgründen — 247
   - 2.5 Spezielle Schuldmerkmale — 248
3. Das tatbestandsmäßige Unrecht als Schuldindiz — 249
4. Lernkontrolle — 250

XII. Versuch und Rücktritt vom Versuch – Grundzüge der Versuchsstrafbarkeit — 251

1. Verwirklichungsstufen der Straftat — 251
2. Strafgrund des Versuchsdelikts — 253
3. Begriff des Versuchs — 255
4. Deliktsaufbau der Versuchsstraftat — 255
   - 4.1 Das Fehlen der Deliktsvollendung — 256
   - 4.2 Tatentschluss, subjektiver Versuchstatbestand — 257
   - 4.3 „Unmittelbares Ansetzen", objektiver Versuchstatbestand — 258
   - 4.4 Rechtswidrigkeit und Schuld — 262
5. Sonderfälle des Versuchsdelikts — 262
   - 5.1 Untauglicher Versuch — 262
   - 5.2 Versuch beim Unterlassungsdelikt — 264

6. Zum strafbefreienden Rücktritt vom Versuch 266
   6.1 Rechtsgrund, Rechtsnatur, systematischer Standort 267
   6.2 Wirkungen des Rücktritts, misslungener Rücktritt 268
   6.3 Subjektiv fehlgeschlagener Versuch, Rücktrittsausschluss 269
   6.4 Unbeendeter und beendeter Versuch 271
   6.5 Rücktritt vom Versuch gem. § 24 Abs. 1 S. 1 272
      6.5.1 Rücktritt vom unbeendeten Versuch, § 24 Abs. 1 S. 1, 1. Alt. 272
      6.5.2 Rücktritt vom beendeten Versuch, § 24 Abs. 1 S. 1, 2. Alt. 273
      6.5.3 Freiwilligkeit 274
7. Rücktritt vom Versuch des Unterlassungsdelikts 275
8. Weitere Rücktrittsfälle 276
9. Lernkontrolle 276

XIII. Tatumstandsirrtum und Verbotsirrtum 277

1. Begriff und Formen des Irrtums 277
2. Tatumstandsirrtum und umgekehrter Tatumstandsirrtum 277
3. Verbotsirrtum und umgekehrter Verbotsirrtum 281
4. Erlaubnisirrtum und umgekehrter Erlaubnisirrtum 282
5. Zur Vermeidbarkeit des Verbots-/Erlaubnisirrtums 283
6. Erlaubnistatbestandsirrtum und umgekehrter Erlaubnistatbestandsirrtum 285
7. Weitere Irrtumsfälle 287
8. Lernkontrolle 288

XIV. Sorgfaltspflichtverletzung und Fahrlässigkeit 289

1. Begriff und Funktion der Fahrlässigkeit 290
2. Systembau der Fahrlässigkeitstat 291
3. Zur objektiven Sorgfaltspflichtverletzung 293
4. Zur pflichtwidrigen Tätigkeitsübernahme 298
5. Zur subjektiven Sorgfaltspflichtverletzung (Fahrlässigkeitsschuld) 299
6. Kein Versuch, keine strafbare Tatbeteiligung 301
7. Lernkontrolle 301

XV. Strafbare Tatbeteiligung im Überblick 303

1. Extensiver und restriktiver Täterbegriff, Einheitstäterprinzip 303
2. Zur Abgrenzung von Täterschaft und Teilnahme 305
   2.1 Verschiedene Abgrenzungstheorien 305
   2.2 Tatbestandsbezogenheit der Täterschaft 308

Inhalt

- 3. Erscheinungsformen der Täterschaft ... 311
  - 3.1 Mittäterschaft ... 312
  - 3.2 Mittelbare Täterschaft ... 315
- 4. Erscheinungsformen der Teilnahme ... 319
  - 4.1 Anstiftung ... 320
  - 4.2 Beihilfe ... 321
- 5. Lernkontrolle ... 322

XVI. Aufbauschemata zur Fallbearbeitung ... 323

1. Das vollendete vorsätzliche Begehungsdelikt ... 323
   - 1.1 Teleologisches Verbrechenssystem (neoklassisch/finalistische Synthese) ... 323
   - 1.2 Neoklassisches/klassisches Verbrechenssystem ... 324
   - 1.3 Finalistisches Verbrechenssystem ... 325
2. Das vollendete vorsätzliche unechte Unterlassungsdelikt ... 326
3. Das versuchte Begehungsdelikt (Vorfragen, wenn nicht aus der vorausgehenden Prüfung des vollendeten Delikts bereits ersichtlich: Feststellung der Nichtvollendung einer Straftat mit Prüfung der Strafbarkeit eines Versuchs gem. §§ 23 Abs. 1,12) ... 327
4. Das versuchte unechte Unterlassungsdelikt (Vorfragen wie bei 3) vor A.) ... 328
5. Das fahrlässige Begehungsdelikt (Erfolgsdelikt) ... 330
6. Das fahrlässige unechte Unterlassungsdelikt ... 331

Stichwortverzeichnis ... 333

Abkürzungsverzeichnis

a.	an, am
a. A.	andere(r) Ansicht
a.a.O.	am angegebenen Ort
abl.	ablehnend, ablehnende
Abs.	Absatz
abw.	abweichend, abweichende
a.E.	am Ende
a.F.	alte, alter Fassung
AG	Amtsgericht
ähnl.	ähnlich, ähnliche
allg.	allgemein
Alt.	Alternative
Anh.	Anhang
Anm.	Anmerkung
Art.	Artikel
AT	Allgemeiner Teil
Aufl.	Auflage
BAK	Blutalkoholkonzentration
Bay GVBl.	Bayerisches Gesetz- u. Verordnungsblatt
Bay ObLG	Bayerisches Oberstes Landesgericht
Bay ObLGSt	Entscheidungen des BayObLG in Strafsachen
Bay VerfGH	Bayerischer Verfassungsgerichtshof
Bd.	Band
Bem.	Bemerkung
Bespr.	Besprechung
betr.	betreffend, betrifft
BGB	Bürgerliches Gesetzbuch
BGH	Bundesgerichtshof
BGHR	BGH Rechtsprechung in Strafsachen
BGHSt	Entscheidungen des BGH in Strafsachen
BGHZ	Entscheidungen des BGH in Zivilsachen
BImSchG	Bundes-Immissionsschutzgesetz
BJagdG	Bundesjagdgesetz
Bsp.	Beispiel, Beispiele(n)
BT	Besonderer Teil oder Bundestag
BT-Drs.	Bundestagsdrucksache
BtmG	Betäubungsmittelgesetz
BVerfG	Bundesverfassungsgericht
BVerfGE	Entscheidungen des BVerfG
bezgl.	bezüglich
bzw.	beziehungsweise
DAR	Deutsches Autorecht
Ders., ders.	derselbe
d.h.	das heißt

Abkürzungsverzeichnis

d.i.	das ist
diff.	differenzierend
dort.	dortig, dortige, dortiger
E	Entscheidung oder Entwurf oder Ende
E 1962	Entwurf eines Strafgesetzbuches mit Begründung, Bonn 1962
ebda	Ebenda
EGMR	Europäischer Gerichtshof für Menschenrechte
EGStGB	Einführungsgesetz zum StGB
Einl.	Einleitung
Erg.	Ergebnis
etc.	et cetera
f.	folgend, folgende(r)
FAG	Fernmeldeanlagengesetz
ff.	fortfolgende(r)
Fn.	Fußnote(n)
FS	Festschrift
gem.	gemäß
GG	Grundgesetz für die Bundesrepublik Deutschland
ggf.	gegebenenfalls
griech.	Griechisch
GS	Gesamtes Strafrecht (s. Literaturverzeichnis)
GVG	Gerichtsverfassungsgesetz
GWB	Gesetz gegen Wettbewerbsbeschränkungen
h.A.	herrschende Ansicht
HK	Handkommentar (s. Literaturverzeichnis)
h.L.	herrschende Lehre
h.M.	herrschende Meinung
Hrsg.	Herausgeber
hrsg.	herausgegeben von
HS.	Halbsatz
i	in, im
i.d.F.	in der Fassung
i.d.R.	in der Regel
i. Erg.	im Ergebnis
i.e.S.	im engen oder engeren Sinne
insbes.	insbesondere
i.S.	im Sinne
i.S.d.	im Sinne des
i.S.v.	im Sinne von
i.V.m.	in Verbindung mit
i.w.S.	im weiten oder weiteren Sinne
JA	Juristische Arbeitsblätter

Abkürzungsverzeichnis

jew.	jeweils
JGG	Jugendgerichtsgesetz
JGGÄndG	Änderungsgesetz zum JGG
JR	Juristische Rundschau
Jura	Juristische Ausbildung
JuS	Juristische Schulung
JZ	Juristenzeitung
Kap.	Kapitel
KG	Kammergericht
KK	Karlsruher Kommentar (s. Literaturverzeichnis)
krit.	kritisch
Lb	Lehrbuch
LG	Landgericht
Lit.	Literatur
LK	Leipziger Kommentar (s. Literaturverzeichnis)
LR	Löwe/Rosenberg (s. Literaturverzeichnis)
m.	mit
MüKo	Münchener Kommentar zum Strafgesetzbuch (s. Literaturverzeichnis)
m.w.	mit weiteren
m. w. Nachw.	mit weiteren Nachweisen
Nachw.	Nachweise
NatSchG	Naturschutzgesetz
n. F.	neue (neuere) Fassung
NJW	Neue Juristische Wochenschrift
NK	Nomos-Kommentar, Strafgesetzbuch (s. Literaturverzeichnis)
Nr.	Nummer
NStZ	Neue Zeitschrift für Strafrecht
NSTZ-RR	NStZ-Rechtsprechungs-Report Strafrecht
o	oben
o.g.	oben genannt (e, er)
OLG	Oberlandesgericht
OrgKG	Gesetz zur Bekämpfung des illegalen Rauschgifthandels und anderer Erscheinungsformen der Organisierten Kriminalität
OWiG	Gesetz über Ordnungswidrigkeiten
RG	Reichsgericht
RGSt	Entscheidungen des RG in Strafsachen
Rn.	Randnummern(n)
Rspr.	Rechtsprechung
S.	Satz oder Seite
s.	siehe

Abkürzungsverzeichnis

SK	Systematischer Kommentar (s. Literaturverzeichnis)
s.o.	siehe oben
sog.	sogenannt (e, en, er)
StA	Staatsanwaltschaft
StGB	Strafgesetzbuch
StPO	Strafprozeßordnung
str.	streitig, strittig
StrRG	Strafrechtsreformgesetz
St. Rspr.	ständige Rechtsprechung
StrVert	Strafverteidiger
s. u.	siehe unten
StVG	Straßenverkehrsgesetz
StVO	Straßenverkehrsordnung
StVollzG	Strafvollzugsgesetz
StVZO	Straßenverkehrszulassungsordnung
TierschutzG	Tierschutzgesetz
u.	unten oder und
u.a.	unter anderen, und andere
usw.	und so weiter
u.U.	unter Umständen
UWG	Gesetz gegen den unlauteren Wettbewerb
v.	vom oder von, vor
Var.	Variante
v.Chr.	vor Christus
Verf.	Verfasser
vgl.	vergleiche
Vor., Vorbem.	Vorbemerkung(en)
w.	weiter, weitere(n)
WaffG	Waffengesetz
zahlr.	zahlreich(e, en)
z.B.	zum Beispiel
Ziff.	Ziffer
zit.	zitiert
ZPO	Zivilprozeßordnung
z.T.	zum Teil
zust.	zustimmend
zutr.	zutreffend

§§ ohne Gesetzesangabe sind solche des StGB

Literaturverzeichnis

(Verzeichnis der abgekürzt zitierten Literatur)

Arzt, Gunther/Weber, Ulrich/Heinrich, Bernd/Hilgendorf, Eric: Strafrecht. Besonderer Teil, 4. Aufl., Bielefeld 2021 (zit.: Strafrecht BT/*Bearbeiter*)

Baumann, Jürgen/Weber, Ulrich/Mitsch, Wolfgang/Eisele, Jörg: Strafrecht. Allgemeiner Teil, 13. Aufl., Bielefeld 2021 (zit.: Strafrecht AT/*Bearbeiter*)

Bringewat, Peter: Methodik der juristischen Fallbearbeitung, 5. Aufl., Stuttgart 2024 (zit.: Methodik)

Dölling, Dieter/Duttge, Gunnar/ König, Stefan/Rössner, Dieter: Gesamtes Strafrecht. Handkommentar, 5. Aufl., Baden-Baden 2022 (zit.: HK-GS/*Bearbeiter*)

Fincke, Martin: Das Verhältnis des Allgemeinen zum Besonderen Teil des Strafrechts, Berlin 1975 (zit.: Verhältnis)

Fischer, Thomas: Strafgesetzbuch mit Nebengesetzen, 71. Aufl., München 2024 (zit.: StGB)

Frister, Helmut: Strafrecht. Allgemeiner Teil, 10. Aufl., München 2023 (zit.: Strafrecht AT)

Heinrich, Bernd: Strafrecht. Allgemeiner Teil, 7. Aufl., Stuttgart 2022 (zit.: Strafrecht AT)

Hilgendorf, Eric/ Valerius, Brian: Strafrecht. Allgemeiner Teil, 3. Aufl., München 2022 (zit.: Strafrecht AT)

Jakobs, Günther: Strafrecht. Allgemeiner Teil . Die Grundlagen und die Zurechnungslehre, 2. Aufl., Berlin, New York 1991/3 (zit.: Strafrecht AT)

Jescheck, Hans-Heinrich/ Weigend, Thomas: Lehrbuch des Strafrechts. Allgemeiner Teil, 5. Aufl., Berlin 1996 (zit.: Strafrecht AT)

Joecks, Wolfgang/Miebach, Klaus: Münchener Kommentar zum Strafgesetzbuch, Band *(Hrsg.)* 1, 2. Aufl., München 2011 (zit.: MüKo-StGB/*Bearbeiter*)

Kindhäuser, Urs/Neumann, Ulfrid/Paeffgen, Hans-Ullrich(Hrsg.): Nomos Kommentar. Strafgesetzbuch, Band I, Allgemeiner Teil, 5. Aufl., Baden-Baden 2015 (zit.: NK-StGB(*Bearbeiter*))

Kühl, Kristian: Strafrecht. Allgemeiner Teil, 8. Aufl., München 2017 (zit.: Strafrecht AT)

Lackner, Karl/Kühl, Kristian/Heger, Martin: Strafgesetzbuch, 30. Aufl., München 2023 (zit.: StGB)

Laufhütte, Heinrich Wilhelm/Rissing-van Saan, Ruth/Tiedemann, Klaus (Hrsg.): Strafgesetzbuch. Leipziger Kommentar, Erster Band, 12. Aufl., Berlin 2007 (zit.: LK-StGB/*Bearbeiter*)

Maurach, Reinhart/Zipf, Heinz: Strafrecht Allgemeiner Teil, Teilband 1: Grundlehren des Strafrechts und Aufbau der Straftat, 8. Aufl., Heidelberg 1992 (zit.: Strafrecht AT I)

Meier, Bernd-Dieter: Strafrechtliche Sanktionen, 5. Aufl., Berlin, Heidelberg, New York 2019 (zit.: Strafrechtliche Sanktionen)

Murmann, Uwe: Grundkurs Strafrecht, 7. Aufl., München 2022 (zit.: Grundkurs)

Roxin, Claus: Strafrecht. Allgemeiner Teil, Band I, 4. Aufl., München 2006 (zit.: Strafrecht AT I)

Roxin, Claus: Strafrecht. Allgemeiner Teil Band II, München 2003 (zit.: Strafrecht AT II)

Satzger, Helmut/Schluckebier, Wilhelm/Widmaier, Gunter: Strafgesetzbuch. Kommentar (hrsg. von *Satzger, Helmut/Schluckebier, Wilhelm*), 5. Aufl., Köln 2021 (zit.: SSW-StGB(*Bearbeiter*))

Sax, Walter: Grundsätze der Strafrechtspflege, in: *Bettermann, Karl August/Nipperdey, Hans Carl/Scheuner, Ulrich* (Hrsg.), Die Grundrechte, Band III, Halbband 2, Berlin 1959, S. 909 ff. (zit.: Grundsätze der Strafrechts)

Schönke, Adolf/Schröder, Horst: Strafgesetzbuch, Kommentar, 30. Aufl., München 2019 (zit.: Schönke/Schröder(*Bearbeiter*),StGB)

Schreiber, Hans-Ludwig: Gesetz und Richter. Zur gesellschaftlichen Entwicklung des Satzes nullum crimen, nulla poena sine lege, Frankfurt a. M. 1976 (zit.: Gesetz und Richter)

Stratenwerth, Günter/Kuhlen, Lothar: Strafrecht. Allgemeiner Teil. Die Straftat, 6. Aufl., München 2011 (zit.: Strafrecht AT)

Wessels, Johannes/Beulke, Werner/Satzger, Helmut: Strafrecht. Allgemeiner Teil. Die Straftat und ihr Aufbau, 53. Aufl., Heidelberg 2023 (zit.: Strafrecht AT)

Wolter, Jürgen (Hrsg.): Systematischer Kommentar zum Strafgesetzbuch, Band 1, 9. Aufl., Köln 2017 (zit.: SK-StGB/*Bearbeiter*)

I. Aufgabe und gesellschaftliche Funktion des Strafrechts

1. Das strafrechtliche Normensystem

Beschäftigt man sich mit der Frage, welche Aufgabe dem Strafrecht zukommt, was Strafrecht leisten **soll** und was es in der Alltagsrealität des gesellschaftlichen Zusammenlebens schließlich **bewirkt**, steht im Blickpunkt des Interesses zuallererst der Gegenstand, um den es geht. Mit ihm muss man sich vertraut machen, ihn muss man – wenigstens in groben Zügen – kennen lernen, um sich für die strafrechtliche Beschaffenheit der Lebenswirklichkeit empfänglich zu machen. Was versteht man also unter Strafrecht, was ist Strafrecht?[1]

Im ersten Zugriff auf das, was Strafrecht ist, stößt man sogleich auf die Frage, was denn das Besondere am Strafrecht ist. Was ist es, das dem Strafrecht im Vergleich zu anderen Rechtsgebieten – etwa im Vergleich zum Privatrecht, Verwaltungs- und Verfassungsrecht etc. – den Stempel des Unverwechselbaren aufdrückt? Mustert man „alltagsrelevante" strafrechtliche Vorschriften im vergleichenden Gegenüber etwa mit dazu „passenden" privatrechtlichen Bestimmungen durch, tritt ein maßgeblicher Unterschied zwischen den „bereichsverschiedenen" Rechtssätzen deutlich hervor. Während beispielsweise § 223 Abs. 1 für die vorsätzliche (vgl. § 15) körperliche Misshandlung oder Gesundheitsschädigung (= Körperverletzung) und § 229 für die durch Fahrlässigkeit verursachte Körperverletzung einer anderen Person alternativ Geldstrafe oder Freiheitsstrafe bis zu fünf (§ 223 Abs. 1) bzw. bis zu drei (§ 229) Jahren androhen, ordnet § 823 Abs. 1 BGB als Rechtsfolge für die vorsätzliche oder fahrlässige und widerrechtliche Körperverletzung eines anderen die Verpflichtung zum Ersatz des daraus entstehenden Schadens an. Zwar ist danach in den §§ 223 Abs. 1, 229 ebenso wie in § 823 Abs. 1 BGB für die Körperverletzung eines anderen gleichermaßen eine Sanktionierung vorgesehen. Jedoch drohen allein die (strafrechtlichen) Vorschriften der §§ 223 Abs. 1, 229 für das Delikt der Körperverletzung als Sanktion eine **Strafe**, nämlich entweder Freiheits- oder Geldstrafe, aber eben Strafe an. Nicht die Sanktionierung verbots- oder gebotswidrigen Verhaltens überhaupt, sondern die **Art der Sanktionierung** kennzeichnet das Besondere am Strafrecht und macht den maßgeblichen Unterschied zwischen dem Strafrecht und anderen Rechtsgebieten aus.

Ohne weiteres ergibt sich daraus zunächst, dass der Begriff vom Strafrecht durch die Sanktionsart „Strafe" (vgl. §§ 38 ff.) bestimmt und geprägt ist; denn („echte" Kriminal)Strafe ist eine ausnahmslos dem Strafrecht zugehörige und ausschließlich ihm vorbehaltene Sanktionsart. Zu kurz gegriffen wäre es indessen, wollte man „Strafrecht" nur mit Hilfe der einen, freilich ihm allein eigenen Sanktionsart verständlich machen. Neben der Strafe steht dem Strafrecht zur Bewältigung seiner Aufgaben (vgl. Rn. 10 ff.) noch eine weitere Sanktionsart zur Verfügung, und zwar die sog. **Maßregel** (der Besserung und Sicherung, vgl. §§ 61 ff.). Auch hierbei handelt es sich um eine ausschließlich dem Strafrecht zugehörige und ihm vorbehaltene Sanktionsart. Es ist deshalb nicht lediglich die (Kriminal)Strafe, sondern es sind Strafe **und** Maßregel und noch weitere Maßnahmen (vgl. § 11 Abs. 1 Nr. 8 i.V. m. §§ 73 ff., Einziehung, Unbrauchbarmachung) als verschiedene strafrechtseigene Sanktionskategorien, auf die sich alles, was Strafrecht ist, ausrichtet.

---

[1] Vgl. zu dieser Fragestellung z.B. *Baumann/Weber/Mitsch/Eisele*, Strafrecht AT/*Eisele*, § 2 Rn. 1 ff.; *Jescheck/Weigend*, Strafrecht AT, § 2 I 1; NK-StGB *(Hassemer/Neumann)*, Vor § 1 Rn. 1 ff., 101 ff.; *Roxin*, Strafrecht AT I, § 1 Rn. 1 ff.

I. Aufgabe und gesellschaftliche Funktion des Strafrechts

4 Strafe und Maßregel als die „zwei Spuren" im System der strafrechtlichen Sanktionen markieren demnach das Besondere am Strafrecht. Sie heben das hervor, was Strafrecht von anderen Rechtsgebieten unterscheidet und es deutlich von ihnen abgrenzt. Strafe und Maßregel (sie stehen übrigens im zweispurigen System der strafrechtlichen Sanktionen keineswegs alternativ und isoliert nebeneinander, sondern können sich im Einzelfall „überlagern" und so je nach Sachlage das sanktionenrechtliche Gesamtergebnis entweder für sich allein oder im ergänzenden Zusammenwirken gestalten und bestimmen) sind darüber hinaus aber auch der gemeinsame Bezugspunkt **aller** strafrechtlichen Vorschriften.[2]

5 Begrifflich lässt sich „Strafrecht" nämlich nicht auf seine Sanktionen und dementsprechend nicht auf nur solche Vorschriften verengen, die unmittelbar Strafe und/oder Maßregel bzw. weitere Maßnahmen als Rechtsfolge androhen. Vielmehr gehört zum Strafrecht jede Rechtsnorm, die sich in irgendeiner Weise mit den Voraussetzungen und Folgen eines bestimmten, mit Strafe und/oder mit Maßregel (der Besserung und Sicherung) oder weiteren Maßnahmen bedrohten menschlichen Verhaltens befassen. Diesem umfassenden Verständnis zufolge ist „Strafrecht" die **Gesamtheit** aller rechtlichen Vorschriften, die Voraussetzungen oder Folgen eines mit (Kriminal)Strafe und/oder Maßregel (der Besserung und Sicherung) und ggf. weiteren Maßnahmen bedrohten menschlichen Verhaltens regeln.[3]

6 Seiner rechtlichen Qualität nach handelt es sich dabei um sog. **materielles** Strafrecht. Im Sinne der eingangs aufgeworfenen Frage versteht sich Strafrecht somit als Gesamtheit aller, das materielle Strafrecht konstituierenden Rechtsnormen. Vom materiellen Strafrecht zu unterscheiden ist das sog. **formelle** Strafrecht. Es behandelt nicht die Voraussetzungen und Folgen eines mit Strafe und/oder mit Maßregel bedrohten menschlichen Verhaltens, sondern regelt das Verfahren, das bei der Ermittlung und Aburteilung eines derartigen Verhaltens sowie bei der Vollstreckung von strafrechtlichen Sanktionen einzuhalten ist.[4]

7 Der Bedeutungsgehalt dieser „Gesamtheit" (des materiellen Strafrechts) erschöpft sich nicht in einer bloßen Addition aller in Betracht kommenden (straf)rechtlichen Vorschriften. Das strafrechtliche Normensystem ist mehr als (nur) die Summe aller, das materielle Strafrecht ausformenden rechtlichen Bestimmungen. Es ist ein mit (straf)rechtlichem Inhalt gefülltes „Ganzes", das aus vielen verschiedenen rechtlichen Einzelvorschriften, aus in sich festgefügten Komplexen ineinandergreifender Rechtsnormen und aus nicht selten komplizierten rechtlichen Sach- und Wirkungszusammenhängen zwischen verschiedenartigen (straf)rechtlichen Gestaltungselementen und Regeln etc. besteht.

8 Das „Ganze" des Strafrechts hat im Strafgesetzbuch nur zu einem geringen Teil förmlichen Ausdruck gefunden. Entgegen einer in der „Laiensphäre" immer wieder anzutreffenden Fehlvorstellung darf deshalb „Strafrecht" nicht mit „StGB" gleichgesetzt werden. Das StGB ist allerdings das wichtigste aller Strafgesetze. Es enthält den **Kernbereich** des materiellen Strafrechts, so etwa Vorschriften über die allgemeinen

---

[2] Vgl. *Roxin*, Strafrecht AT I, § 1 Rn. 2; ferner MüKo-StGB/*Joecks*, Einl. Rn. 1 ff.; NK-StGB *(Hassemer/Neumann)*, Vor § 1 Rn. 263 ff.

[3] Vgl. *Baumann/Weber/Mitsch/Eisele*, Strafrecht AT/*Eisele*, § 2 Rn. 3: Summe der Rechtsnormen, die für eine bestimmte Tat eine bestimmte Strafe oder Maßnahme als Rechtsfolge anordnen; *Roxin*, Strafrecht AT I, § 1 Rn. 1; vgl. auch BVerfGE 109, 190 (212); BGH NStZ 2014, 392 (394).

[4] Vgl. *Schönke/Schröder* (*Hecker*), StGB, Vorbem. § 1 Rn. 2; ferner MüKo-StGB/*Joecks*, Einl. Rn. 13; *Roxin*, Strafrecht AT I, § 1 Rn. 9.

1. Das strafrechtliche Normensystem

Grundlagen strafbaren Verhaltens, die weitaus meisten wichtigen Beschreibungen deliktischer Verhaltensweisen und Bestimmungen über die Rechtsfolgen einer Straftat. Im StGB finden sich indessen auch Vorschriften, die ihrer Natur nach eher dem formellen Strafrecht zuzuweisen sind. Dazu gehört beispielsweise der Regelungskomplex über Verjährung (§§ 78 ff.) oder über Strafantrag und Strafverlangen etc. (§§ 77 ff.) sowie das sog. Strafanwendungsrecht (§§ 1 – 10), wobei zu beachten ist, dass § 1 über seine (auch) strafanwendungsrechtliche Bedeutung hinaus verfassungsrechtliche Grundlagen des Strafrechts und der Strafbarkeit menschlichen Verhaltens festschreibt. Demgegenüber deckt das StGB nicht das gesamte materielle Strafrecht, ja noch nicht einmal den gesamten Kernbereich des materiellen Strafrechts ab; denn auch in anderen Strafgesetzen ist wesentliches materielles Strafrecht erfasst. Dazu zählt das materielle Jugendstrafrecht ebenso wie das Wirtschaftsstraf-, das Wehrstraf- oder das Straßenverkehrsrecht. Gemessen an Art und Bedeutung ihres Regelungsgehalts oder ihrer alltagspraktischen Relevanz ließen sich deren (Straf)Vorschriften ebenfalls dem Kernbereich des materiellen Strafrechts zurechnen. Nach dem üblichen Sprachgebrauch und geläufiger Zuordnungssystematik bezeichnet man jedoch die Gesamtheit aller Strafvorschriften, die nicht im StGB, sondern – über die Gesamtrechtsordnung verstreut – in Spezialgesetzen enthalten sind, als „Nebenstrafrecht". Man muss sich freilich stets vor Augen führen, dass das „Neben" des Nebenstrafrechts nichts über den wirklichen Stellenwert der nicht in das StGB aufgenommenen Strafvorschriften aussagt: Insoweit mag ein Hinweis auf das Beispiel des Betäubungsmittelstrafrechts genügen (vgl. §§ 29 – 31a BtMG).

Strafe und Maßregel (der Besserung und Sicherung) sowie die Maßnahmen gem. §§ 73 ff. sind nicht nur der gemeinsame Bezugspunkt aller Vorschriften und Regeln des materiellen Strafrechts. Als verschiedene strafrechtseigene Sanktionskategorien grenzen sie das Strafrecht auch von anderen, ebenfalls mit bestimmten Arten von Sanktionen ausgestatteten Rechtsgebieten ab. Nicht zum Strafrecht gehört wegen seiner andersartigen Sanktionsmittel z.B. das dem materiellen Strafrecht ansonsten in manchem vergleichbare **Ordnungswidrigkeitenrecht**. Aus § 1 Abs. 1 OWiG ergibt sich, dass eine Ordnungswidrigkeit (nur und nur) mit **Geldbuße** geahndet wird. Dass sich eine Geldbuße für den Betroffenen wirtschaftlich nicht anders auswirkt als eine in der Endsumme gleich hohe Geldstrafe, macht aus ihr noch keine (Kriminal)Strafe. Alle rechtlichen Vorschriften, die sich mit den Voraussetzungen und Folgen eines mit Geldbuße bedrohten Verhaltens befassen, gehören deshalb nicht zum (materiellen) Strafrecht. Dasselbe gilt für das **Disziplinarrecht** verschiedener Berufsstände. Die disziplinarische Ahndung von überwiegend berufsbezogenen (anders die disziplinarischen Maßnahmen im Strafvollzug, vgl. §§ 102, 103 StVollzG) Verfehlungen sind keine Strafen im kriminalrechtlichen Sinne, auch wenn das zur Festsetzung von Disziplinarmaßnahmen führende Verhalten in vielerlei Hinsicht mit strafrechtsrelevantem Verhalten übereinstimmt. Keine Kriminalstrafen sind ferner die im **Vereins- und Verbandsrecht** z. T. umstrittenen **Vereins-** oder **Verbandsstrafen**. Ebenso zählen sog. **Betriebs-** und erst recht die mannigfaltigen (zumeist privatrechtlichen, vgl. §§ 339 ff. BGB) **Vertragsstrafen** nicht zu den Strafen des materiellen Strafrechts. Vereins- und verbandsrechtliche etc. Vorschriften, die solche nichtstrafrechtlichen „Strafen" als Sanktionen für bestimmte vereins- oder verbandsschädigende Verhaltensweisen vorsehen, haben daher nichts mit materiellem Strafrecht zu tun. Entsprechendes gilt für die den Vertrags- und Betriebsstrafen zugrunde liegenden rechtlichen Gegebenheiten. Vom materiellen Strafrecht abzugrenzen sind schließlich noch alle die Rechtsmaterien, die sich bestimmter

9

Sanktionen als **Zwangs- und Beugemittel** bedienen, etwa das Gerichtsverfassungsrecht mit seinen „Ordnungsmitteln" wie **Ordnungsgeld** und **Ordnungshaft** (!) bei ungebührlichem Verhalten verschiedener Verfahrensbeteiligter (vgl. 177, 178 ff. GVG) oder das Zivil- und Strafprozessrecht mit seinen prozessualen Zwangs- und Beugemaßnahmen (Ordnungsgeld bzw. Ordnungshaft für eine grundlose Zeugnis- oder Eidesverweigerung – § 70 Abs. 1 StPO, vgl. auch § 390 Abs. 1 ZPO – oder Erzwingungshaft gem. § 70 Abs. 2 StPO etc.).

2. Aufgabe des Strafrechts: Rechtsgüterschutz

10 Dem Strafrecht kommt seit jeher und auch unter den gegenwärtigen (gesellschaftlichen) Lebensverhältnissen die Aufgabe zu, die Grundlagen eines geordneten Gemeinschaftslebens zu regeln und zu schützen. Im **Gesamtsystem der Sozialkontrolle** (dazu sogleich unter Rn. 20 ff.) obliegt es danach dem Strafrecht, das freie und friedliche Zusammenleben der Menschen in der Gemeinschaft zu schützen. Es versteht sich als Friedens- und Schutzordnung für die menschlichen Sozialbeziehungen und das gesellschaftliche Miteinander. Mit seinen einschneidenden Rechtsfolgen in Form von Kriminalstrafen und/oder Maßregeln (der Besserung und Sicherung) sowie weiteren Folgen und Maßnahmen, mit denen strafwürdiges und strafbedürftiges menschliches Verhalten staatlich sanktioniert wird, ist das Strafrecht zwar ein besonders rigides, ein zur **Bekämpfung sozialschädlichen Verhaltens** aber **notwendiges** und deshalb unverzichtbares Kontrollinstrument.

11 Die Zielsetzung und Aufgabenstellung des Strafrechts ist indessen darauf beschränkt, (nur) die **elementaren Grundwerte** des Gemeinschaftslebens zu sichern. Einbezogen in die Wert- und Werteordnung der Verfassung und insbesondere orientiert am objektiv-rechtlichen Gehalt der Grundrechte dient das Strafrecht dazu, im Bezugsrahmen der Sozialordnung den Rechtsfrieden zu erhalten und sicherzustellen, dass sich im Konfliktfall das Recht gegenüber dem Unrecht durchsetzt. Insoweit geht es darum, durch Strafrecht die Unverbrüchlichkeit der Rechtsordnung zu sichern. Entsprechend dieser verfassungsrechtlich gebotenen, (nur) begrenzten Aufgabenstellung des Strafrechts ist dem Interesse der staatlichen Gemeinschaft an der Erhaltung ihrer gesellschaftlichen Grundwerte und an der Bewahrung des Rechtsfriedens innerhalb der Gesamtsozialordnung (schon) dadurch Rechnung getragen und genügt, dass (nur) bestimmtes, und zwar ein besonders schwerwiegendes sozialschädliches Verhalten durch strafbewehrte Verbote und Gebote bekämpft und so das gesellschaftliche Zusammenleben vor zerstörerischen Angriffen auf seine existentiellen Grundlagen geschützt wird.[5]

12 Begreift man die elementaren Grundwerte und sonstigen Grundlagen des gesellschaftlichen Zusammenlebens als Rechtsgüter, dann besteht die Aufgabe des Strafrechts darin, den **Schutz von Rechtsgütern** zu gewährleisten. Mit diesem Verständnis von der Aufgabe des Strafrechts ist freilich auf Anhieb nur eine begriffliche Umschreibung der Aufgabenstellung des Strafrechts gefunden. Über den zentralen Begriff und Bezugspunkt der Strafrechtsaufgabe, über das Rechtsgut nämlich, ist damit noch nicht viel ausgesagt. Die Bemühungen um eine konsensfähige Abklärung dieses für den Sachgehalt strafrechtlicher Normen ebenso wie für die gesetzgeberische Gestaltung und Ausformung des strafrechtlichen Normensystems so wichtigen Rechtsgutsbegriffs haben bislang

---

5 Vgl. zum Ganzen *Jescheck/Weigend*, Strafrecht AT, § 1 I u. III; NK-StGB *(Hassemer/Neumann)*, Vor § 1 Rn. 108 ff.; SK-StGB/*Jäger*, Vor § 1 Rn. 1 ff., 6 ff.; ferner BVerfGE 88, 203 ff., 257.

2. Aufgabe des Strafrechts: Rechtsgüterschutz

noch zu keinem allseits akzeptierten Ergebnis geführt, sondern die Vielgestaltigkeit, Wandelbarkeit und – in diesem Sinne – inhaltliche Ungeklärtheit dessen, was genau unter „Rechtsgut" zu verstehen ist, zutage gefördert:

Rechtsgüter sind danach z.B. „alle Gegebenheiten oder Zwecksetzungen, die für die freie Entfaltung des Einzelnen, die Verwirklichung seiner Grundrechte und das Funktionieren eines auf dieser Zielvorstellung aufbauenden staatlichen Systems notwendig sind"[6] oder die „sozial wichtigsten Interessen" bzw. „rechtlich anerkannte Interessen an bestimmten Gütern als solchen in ihrer generellen Erscheinungsart" oder als „sozial wertvoll erkannte (und deshalb vom Recht durch entsprechende Verhaltensnormen geschützte) Lebensgüter", „rechtlich geschützte ideelle Werte der Sozialordnung" oder „strafrechtlich geschützte Werte, Einrichtungen und Zustände, die für das geordnete menschliche Zusammenleben unentbehrlich sind". Unter Rechtsgut wird des Weiteren „ein von wertvollen Sachverhalten ausgehender Achtungsanspruch, soweit auf dessen unerlaubte Verletzung die staatlichen Organe mit Rechtsfolgen zu reagieren haben", verstanden. Und schließlich wird das Rechtsgut auch gekennzeichnet als „für unsere verfassungsgemäße Gesellschaft und damit auch für die verfassungsgemäße Stellung und Freiheit des einzelnen Bürgers unverzichtbare und deshalb werthafte Funktionseinheit".[7]

Angesichts dieser und noch weiterer Versuche, den sachlichen Gehalt des Begriffs „Rechtsgut" fassbar, aber doch nicht zu eng zu bestimmen und zu begrenzen, mag der Ertrag der noch längst nicht abgeschlossenen Diskussion um den (zutreffenden) Begriff vom Rechtsgut gering eingeschätzt und seine Leistungsfähigkeit für die Ausgestaltung des strafrechtlichen Normensystems skeptisch beurteilt werden.[8] Die Auffassungsunterschiede bei der Konkretisierung des Rechtsgutsbegriffs führen indessen nicht zwangsläufig dazu, den Rechtsgüterschutz als Aufgabe des Strafrechts in Frage zu stellen oder gar zu verwerfen. Zwar lässt sich nicht von der Hand weisen, dass die mit „Rechtsgüterschutz" umschriebene Aufgabencharakteristik des Strafrechts von der Validität eines konsensfähigen Rechtsgutsbegriffs geprägt wird. Die verschiedenen Auffassungen vom Rechtsgutsbegriff stehen dem jedoch nicht entgegen. Sie sind vielmehr bereichernder Erkenntnisgewinn und geben keine Veranlassung anzunehmen, eine Verständigung über das, was Rechtsgut ist und bedeutet, sei nicht zu erzielen. Das gilt umso mehr, als die inhaltlichen Abweichungen in den verschiedenen Auffassungen vom Rechtsgut überwiegend nicht antithetischer Natur zu sein scheinen.

Zum besseren Verständnis des Rechtsgutsbegriffs und des Rechtsgüterschutzes als Aufgabe des Strafrechts geht man zweckmäßigerweise zunächst davon aus, dass Rechtsgüter nichts anderes sind als rechtlich geschützte Güter und Werte, und zwar rechtlich geschützte Güter und Werte, die in die **gesellschaftliche Konstruktion** der Lebenswirklichkeit integriert sind. Nimmt man hinzu, dass sich der gesellschaftliche (Werte-)Wandel in der Aufgabenbewältigung des Strafrechts widerspiegeln muss, dann bedarf die Aufgabenstellung des Strafrechts einer inhaltlichen Flexibilität, die es erlaubt, auch gesellschaftlichen Wandel in den Rechtsgüterschutz durch Strafrecht einzubeziehen. So verstandene Flexibilität gewinnt die Aufgabenstellung des Strafrechts über den ihr

---
6 So *Roxin*, Strafrecht AT I, § 2 Rn. 7; vgl. dort bei § 2 Rn. 3 auch zu den nachfolgenden Definitionsversuchen und -vorschlägen m. Nachw.; vgl. ferner MüKo-StGB/*Jeocks*, Einl. Rn. 38 ff.; NK-StGB *(Hassemer/Neumann)*, Vor § 1 Rn. 108 ff.; SK-StGB/*Jäger*, Vor § 1 Rn. 1 ff., 6 ff.
7 SK-StGB/*Jäger*, Vor § 1 Rn. 16 m. w. Nachw.
8 Vgl. zum Diskussionsstand NK-StGB *(Hassemer/Neumann)*, Vor § 1 Rn. 108, 109 ff.; SK-StGB/*Jäger*, Vor § 1 Rn. 6, 7 ff., jew. m. w. Nachw.

unterlegten Rechtsgutbegriff, sofern ihm eine hinreichende Offenheit zu eigen ist. Andererseits darf sich der Rechtsgutsbegriff nicht ins Unpräzise verflüchtigen, soll ihm nicht seine Fähigkeit, nur (und nur) besonders schwerwiegendes sozialschädliches Verhalten (mit den Mitteln des Strafrechts) zu bekämpfen, verloren gehen. Diesen Anforderungen entspricht noch am ehesten ein Rechtsgutsbegriff, der als zu schützendes Gut nicht lediglich (menschliche) Interessen, sondern Gegebenheiten, Zwecksetzungen, Einrichtungen, Zustände etc. mit Aufgaben für die Gesellschaft als Ganzes, für gesellschaftliche Subsysteme und für den Einzelnen und in diesem Sinne reale Beziehungen von Personen zu konkreten von der Rechtsgemeinschaft anerkannten Werten erfasst. Rechtsgüterschutz durch Strafrecht ist dementsprechend als Schutz von werthaften sozialen Funktionseinheiten, die als elementare Grundlagen des gesellschaftlichen Zusammenlebens unverzichtbar sind, zu begreifen.[9] Bei alledem sind Rechtsgüter in ihrer Wechselbeziehung zum Menschen und/oder zur Rechtsgemeinschaft nichts sinnlich Wahrnehmbares, sie sind vielmehr ein geistiges (gedankliches) Phänomen. Und doch bleibt der Rechtsgutsbegriff ein inhaltlich gefüllter, materialer Begriff voller sozialer Realität. Er ist eben deshalb auch nicht nur eine zusammenfassende Denkform für den Sinn und Zweck der einzelnen strafrechtlichen Normen, keine bloße „Abbreviatur des Zweckgedankens" und nicht lediglich „ratio legis" der (Straf-)Rechtssätze. Ein solcher, auf hermeneutische Wirkungen reduzierter methodologischer Rechtsgutsbegriff gäbe für die gesellschaftsbezogene Aufgabenstellung des Strafrechts keine in allen Belangen tragfähige Grundlage ab.[10] Zu beachten bleibt aber, dass dem Rechtsgutsbegriff jedenfalls auch eine hermeneutische Funktion – etwa bei der Konkretisierung (Auslegung) von Strafgesetzen (gesetzlichen Straftatbeständen) – zukommt.

16 Wenn soeben davon die Rede war, dass Rechtsgüter nichts sinnlich Wahrnehmbares, sondern ein geistiges (gedankliches) Phänomen sind, dann folgt daraus, dass vom Rechtsgut als etwas Ideellem das **Handlungs- oder Angriffsobjekt** zu unterscheiden ist.[11] Dazu ein paar Beispiele:

In § 212 wird als Rechtsgut das menschliche Leben geschützt, Tatobjekt (Handlungs-, Angriffsobjekt) ist dagegen der von der Tathandlung betroffene (geborene!) Mensch. In § 246 ist geschütztes Rechtsgut das Eigentum, Handlungs- bzw. Tatobjekt ist hingegen die fremde Sache und letztlich Geschädigter/Verletzter ist derjenige, dem die Sache gehört. Durch § 223 wird das körperliche Wohl (des Menschen) geschützt, und zwar durch Schutz seiner körperlichen Integrität und Schutz seiner Gesundheit. Handlungs- bzw. Angriffsobjekt ist wie bei § 212 der (geborene) Mensch. Als konkret angegriffener Mensch ist er – ebenso wie bei den Tötungsdelikten – zugleich der Geschädigte/Verletzte.

Aus dem Umstand, dass das Rechtsgut seiner Begrifflichkeit nach ein geistiges (gedankliches) Gebilde darstellt, folgt nicht nur seine sachliche Trennung vom realen Handlungs-/Angriffs- oder – hier gleichbedeutend verwendet – Tatobjekt. Es ergibt sich daraus auch, dass das geschützte Rechtsgut dem unmittelbaren Zugriff eines Täters entzogen ist. In der Tötung eines Menschen manifestiert sich zwar die (konkrete) Verletzung des Rechtsguts „menschliches Leben". Der durch die Tötungshandlung

---

9 Geringfügig modifiziert übernommener Rechtsgutsbegriff von *Rudolphi*, vgl. bei SK-StGB/*Jäger*, Vor § 1 Rn. 16 m. w. Nachw. in dort. Fn. 92.
10 Vgl. dazu *Roxin*, Strafrecht AT I, § 2 Rn. 4.
11 Vgl. auch *Baumann/Weber/Mitsch/Eisele*, Strafrecht AT/*Eisele*, § 2 Rn. 10; ferner *Heinrich*, Strafrecht AT, Rn. 3 ff., 12 m.w.Nachw.; NK-StGB *(Hassemer/Neumann)*, Vor § 1 Rn. 120 f.

2. Aufgabe des Strafrechts: Rechtsgüterschutz

bewirkte Tod des Menschen ist jedoch als Ausdruck einer Rechtsgutverletzung nicht die Rechtsgutverletzung selbst.

Vom Rechtsgut und dem Handlungs-/Angriffs- bzw. Tatobjekt ist des Weiteren der Rechtsgutsträger zu unterscheiden. Je nachdem, ob und inwieweit Rechtsgüter ihrem Sinngehalt entsprechend dem Einzelnen oder der staatlichen Gemeinschaft (der Gesellschaft in ihrer Gesamtheit) als Trägern zuzuordnen sind, spricht man von **Individual- oder Universalrechtsgütern**. Zu den Individualrechtsgütern zählen etwa das menschliche Leben, das körperliche Wohl (des Menschen), das Eigentum, die (Fortbewegungs- und allgemeine Entfaltungs-)Freiheit oder die (persönliche) Ehre. Überindividuelle oder Universalrechtsgüter sind z. B. die Rechtspflege (als Teilbereich staatlicher Tätigkeit, vgl. §§ 153 ff., auch § 258), der territoriale Bestand der Bundesrepublik Deutschland und ihre freiheitlich-demokratische Grundordnung (§§ 81, 84) oder die Sicherheit und Zuverlässigkeit des Rechtsverkehrs, insbesondere des Beweisverkehrs (vgl. § 267). Wichtig wird diese Differenzierung zwischen Individual- und Universalrechtsgütern insbesondere dort, wo es um die Frage geht, ob und welche einzelnen Personen rechtswirksam in die Verletzung von Rechtsgütern einwilligen können, und wer sich z.b. gegen einen Angriff auf „sein" Rechtsgut verteidigen darf.[12]

17

Aus der Aufgabenstellung des Strafrechts, (nur) Rechtsgüter zu schützen, resultiert nicht allein seine Festlegung auf die Bekämpfung besonders schwerwiegenden sozialschädlichen Verhaltens. Klargestellt ist damit zugleich, dass es nicht Aufgabe des Strafrechts sein kann und sein darf, „lediglich" unsittliches oder moralwidriges Verhalten zu bekämpfen. Das Strafrecht ist nicht dazu da, ein Mindestmaß an Sittlichkeit und Moralität zu gewährleisten, ganz unabhängig davon, dass – insbesondere im Blick auf einige Individualrechtsgüter wird das deutlich – eine Reihe strafrechtlicher Normen auf Grundanschauungen über Sittlichkeit und moralische Standards beruht, Strafrecht und Sittengesetz sich daher in vielfältiger Weise berühren. Ein Beispiel dafür, dass sich das Strafrecht nicht an moralischen Maximen und den Anforderungen eines im Prozess des permanenten gesellschaftlichen (Werte-) Wandels ohnehin vagen Sittlichkeitsgebotes orientieren darf und kann, ist das Sexualstrafrecht mit seinen Reformen. Unter Betonung des Rechtsgüterschutzes als Aufgabe des Strafrechts enthalten die §§ 174 ff. nur noch Beschreibungen von Delikten gegen die sexuelle Selbstbestimmung (= geschütztes Rechtsgut), während nach früherem Recht der entsprechende Gesetzesabschnitt „Verbrechen und Vergehen wider die Sittlichkeit" betraf.

18

Das aufgabenbestimmende und -begrenzende Element des Rechtsguts – freilich in Verbindung mit dem Grundsatz, dass der Schutz sozialethisch wertvoller Interessen und Lebensgüter (**werthafte soziale Funktionseinheiten**, Rn. 15) ausschließlich Sache des Strafrechts ist – verweist auch bloße Ordnungswidrigkeiten aus dem Normbereich strafrechtlicher Vorschriften. So ist menschliches Leben, das körperliche Wohl des Menschen, Eigentum, die persönliche Freiheit etc. von vornherein dem Rechtsgüterschutz allein durch Strafrecht zugewiesen, während beispielsweise Verstöße gegen Bestimmungen der StVO und/oder StVZO, vom Falschparken über sogar massive Geschwindigkeitsüberschreitungen bis hin zu einer (derzeit noch) 0,5 ⁰/₀₀-Trunkenheitsfahrt der ordnungsrechtlichen Regelung und Ahndung (vgl. §§ 24, 24 a StVG) überlassen ist. In einen Grenzbereich der Aufgabenstellung von Strafrecht und Ordnungswidrigkeitenrecht gerät man allerdings dann, wenn weder das Abgrenzungskrite-

19

---

12 Vgl. dazu und zum Streit zwischen dualistischen und monistischen Lehren NK-StGB *(Hassemer/Neumann)*, Vor § 1 Rn. 126 ff., 128 ff.

rium des zu schützenden Rechtsguts noch dessen sozialethische Werthaftigkeit zu plausiblen Zuordnungen taugen. Häufig sind dann nur noch quantitative Gesichtspunkte maßgeblich. Für den Sachbereich des Straßenverkehrs wird diese „Grauzone" z.T. zweifelhafter Aufgabenverteilungen vor allem im Vergleich der §§ 24, 24 a StVG mit § 316 deutlich, während im (nicht bloß quantitativen) Vergleich mit § 315 c Abs. 1 Nr. 1 die Zuweisung der Trunkenheitsfahrt in das Strafrecht mit Rücksicht auf die vorausgesetzte konkrete Gefährdung von Leib oder Leben eines anderen Menschen etc. sehr viel eher einleuchtet. Ganz ähnlich ist es wenig plausibel, dass auch gravierende Kartellverstöße, also erhebliche Angriffe auf die Institution des marktwirtschaftlichen Wettbewerbs in den §§ 81 ff. GWB lediglich als Ordnungswidrigkeiten, Verstöße gegen den lauteren Wettbewerb hingegen in Strafvorschriften des UWG (z.B. §§ 16 ff.) erfasst sind. Ungeachtet dessen ist und bleibt der Schutz von Rechtsgütern das zentrale Anliegen des Strafrechts.

3. Zur gesellschaftlichen Funktion des Strafrechts

20   Im Begriff „Rechts"-Gut kommt noch ein weiterer Aspekt des Rechtsgutsbegriffs zum Vorschein: Werthafte soziale Funktionseinheiten sind nicht eo ipso Rechtsgüter. Die Vorstellung, alle Lebensgüter, Interessen, Zustände, Einrichtungen etc., die im Sinne von werthaften sozialen Funktionseinheiten als Rechtsgüter in Betracht kommen, seien in der gesellschaftlichen Realität des gemeinschaftlichen Miteinanders vorfindbar, so dass man sie nur zu greifen brauchte, verkennt den Entstehungsprozess von Rechtsgütern. Rechtsgüter werden nicht der sozialen Wirklichkeit entnommen, sie sind nicht so zur Hand wie Geldscheine und Grundstücke; sie sind Gegenstand und Ergebnis gesellschaftlicher Verarbeitungs- und Herstellungsprozesse und kommen durch normative gesellschaftliche Verständigung, durch gesellschaftliche Werterfahrung zustande.[13] Die Qualität von Rechtsgütern wächst einzelnen werthaften sozialen Funktionseinheiten durch eine Wertentscheidung der Rechtsgemeinschaft zu, die in Gestalt des Gesetzgebers darüber befindet, ob ein schutzwertes Gut etc. rechtlichen Schutz erfährt. So gesehen ist der Begriff „Rechts"-Gut durch und durch positivrechtlicher Natur, ein Begriff, der die gesetzgeberische Entscheidung, dass ein Gut etc. in das Normensystem der Gesamtrechtsordnung einbezogen ist, schon immer mit umfasst.[14]

21   Die Wertentscheidung des Gesetzgebers, bestimmten sozialen Funktionseinheiten die Qualität von Rechtsgütern zuzuschreiben, betrifft das „Ob" ihrer rechtlichen Schutzbewehrung. Davon zu trennen ist das „Wie" des rechtlichen Schutzes. Mit dem „Wie" des rechtlichen Schutzes von Rechtsgütern verbindet sich vor allem die rechts- und im Weiteren dann kriminalpolitische Fragestellung, ob es genügt, Rechtsgüter durch nichtstrafrechtliche Normen zu schützen, oder ob hinreichender Rechtsgüterschutz den Einsatz des Strafrechts erfordert. Deutlich wird damit zugleich, dass mit „Rechtsgüterschutz" die Aufgabe des Strafrechts in der Sache zwar anschaulich und gehaltvoll, deren inhaltliche Reichweite jedoch unzulänglich beschrieben ist. Die Aufgabenstellung des Strafrechts bedarf deshalb einer begrenzenden Spezifizierung. Brauchbare Abwägungs- und Begründungselemente für eine derartige Aufgabenbegrenzung des Strafrechts lassen sich indessen weder allein aus dem Begriff des Rechtsguts selbst noch aus seiner Deutung als werthafte soziale Funktionseinheit ableiten. Wohl aber lassen

---

13 Vgl. NK-StGB *(Hassemer/Neumann),* Vor § 1 Rn. 139-141.
14 Vgl. auch SK-StGB/*Jäger,* Vor § 1 Rn. 7 m. w. Nachw.

3. Zur gesellschaftlichen Funktion des Strafrechts

sich im Zusammenspiel mit dem Rechtsgutsbegriff zumindest einige Anhaltspunkte für die Begrenzung der Strafrechtsaufgabe aus den verfassungsrechtlichen Gegebenheiten und Zielvorgaben des Strafrechts erschließen. Von Bedeutung sind dabei zwei in der allgemeinen Aufgabenbeschreibung des Strafrechts (Rn. 10, 11) bereits erwähnte Gesichtspunkte:

Da ist zum einen die **Relativität des Strafrechts** im Gesamtzusammenhang der in einer menschlichen Gemeinschaft wirksamen Sozialkontrolle.[15] Im Gesamtsystem der sozialen Kontrolle hat das Strafrecht als Teil der Rechtsordnung zwar fundamentale Bedeutung für den Schutz und die Gewährleistung des gesellschaftlichen Friedens, indem es das freie und friedliche Zusammenleben der Menschen in der Gemeinschaft regelt und schützt. Das strafrechtliche Normensystem ist jedoch nur eines unter vielen anderen. Dazu gehören weitere Teilbereiche der Gesamtrechtsordnung ebenso wie nichtrechtliche, soziale Normen, die auf das gesellschaftliche Miteinander auf vielfältige Weise einwirken und es gestalten. Was in der Familie, in der Schule oder in Vereinen und Verbänden etc. an Regeln bereitsteht und gilt, bestimmt die Persönlichkeitsentwicklung eines Menschen und seine Sozialisation sehr viel nachhaltiger und unmittelbarer als die Existenz strafrechtlicher Normen mit ihren Sanktionsdrohungen. Und nicht selten sind es nichtstrafrechtliche Rechtsvorschriften, die in der ihnen jeweils eigenen Art die menschlichen Sozialbeziehungen regeln. Auch sie können den Schutz von Rechtsgütern bewirken, freilich mit anderen Mitteln und ihrem rechtlichen Sinngehalt nach anders als das Strafrecht.

Zum zweiten war davon die Rede, dass die Aufgabenstellung des Strafrechts darauf beschränkt ist, (nur) die elementaren gesellschaftlichen Grundstrukturen und Grundwerte des (staatlichen) Gemeinschaftslebens zu sichern (Rn. 11). Diese Begrenzung der Aufgabenstellung des Strafrechts ergibt sich aus der besonders belastenden Eingriffsintensität seiner Sanktionen und Maßnahmen. Angesichts der verfassungsrechtlich garantierten allgemeinen menschlichen Handlungsfreiheit können und dürfen sie nur dann zum Einsatz kommen, wenn dies zum Schutze und zur Sicherung eines gedeihlichen gesellschaftlichen Zusammenlebens unerlässlich ist.

Die Relativität des Strafrechts im Gesamtsystem der Sozialkontrolle und die aus verfassungsrechtlichen Gründen gebotene Aufgabenbegrenzung des Strafrechts machen deutlich, dass staatliche Strafgewalt zum Schutze menschlichen Zusammenlebens in der Gemeinschaft nicht beliebig und nicht in beliebigem Umfang angewandt werden darf. Aus der Perspektive des Gesetzgebers versteht sich deshalb das Strafrecht auch nicht als das primäre Mittel zum rechtlichen Schutz des friedlichen Miteinanders in der (staatlichen) Gemeinschaft. Das Strafrecht stellt im Hinblick auf die Zwangswirkung seiner Sanktionen vielmehr die „**ultima ratio**" im Instrumentarium des Gesetzgebers dar. Er darf von ihm nur behutsam und zurückhaltend Gebrauch machen und es nicht einsetzen, wenn andere rechtliche und/oder außerrechtliche Mittel entweder je für sich oder gemeinsam in funktionalem Zusammenwirken einen der (Wert-)Bedeutung des Schutzgutes entsprechenden Schutz tatsächlich leisten. Überall da, wo für die Bewahrung des öffentlichen Friedens und zur Gewährleistung eines gedeihlichen Zusammenlebens der Menschen (in der staatlichen Gemeinschaft) funktionale Äquivalente zur Verfügung stehen, darf nicht auf Strafrecht rekurriert werden. In diesem Sinne ist Strafrecht von **sekundärer** und **subsidiärer** Natur. Und es ist **fragmentarisch**; denn es

---

15 Vgl. dazu *Meier*, Strafrechtliche Sanktionen, S. 1ff.; NK-StGB *(Hassemer/Neumann)*, Vor § 1 Rn. 152ff., 153ff.; *Stratenwerth/Kuhlen*, Strafrecht AT, § 1 Rn. 1f.; ferner *Roxin*, Strafrecht AT I, § 2 Rn. 97ff.

schützt die in ihm aufgehobenen Rechtsgüter nicht umfassend und lückenlos, sondern erfasst nur solche Rechtsgutverletzungen, die wegen ihrer nach der Wertigkeit des angegriffenen Rechtsguts und der Art des Angriffsverhaltens besonderen Sozialschädlichkeit strafwürdig und strafbedürftig sind. Die inhaltliche Verknüpfung des Rechtsgüterschutzes als Aufgabe des Strafrechts mit dem Subsidiaritätsprinzip schließlich führt zu einer in der Reichweite begrenzten Aufgabenbeschreibung des Strafrechts: Dem Strafrecht obliegt danach als Aufgabe ein (nur) **subsidiärer Rechtsgüterschutz**.[16]

25 Zur Gewährleistung eines effektiven Rechtsgüterschutzes ist der Gesetzgeber andererseits aber auch verpflichtet, sich des Strafrechts zu bedienen, wenn der auch von Verfassungs wegen gebotene Rechtsgüterschutz sonst nicht erreichbar ist. Dieses **Pönalisierungsgebot** gründet sich auf ein **verfassungsrechtliches Untermaßverbot**, wonach es dem Gesetzgeber in bestimmten Fällen nicht gestattet ist, auf den Einsatz des Strafrechts und die von ihm ausgehende Schutzwirkung (ermessensfrei) zu verzichten. Davon betroffen sind indessen nur die für das gedeihliche gesellschaftliche Zusammenleben fundamentalen und deshalb unverzichtbaren Gemeinschaftswerte (Rechtsgüter) nebst Verhaltensweisen, die über ihr Verbotensein hinaus in besonderer Weise sozialschädlich und für das geordnete Zusammenleben der Menschen unerträglich sind, ihre Verhinderung daher besonders dringlich ist.[17] Allerdings muss es sich dabei wirklich um jenen äußersten Fall handeln, in dem der gebotene Rechtsgüterschutz anders als durch den Einsatz des Strafrechts nicht realisiert werden kann.[18]

26 Im Kontext mit seiner begrenzten **Aufgabenstellung des subsidiären Rechtsgüterschutzes** lässt sich die gesellschaftliche Funktion des Strafrechts am Beispiel des menschlichen Lebensschutzes gut veranschaulichen. Im Falle des Rechtsguts „menschliches Leben" hat der Gesetzgeber in den §§ 212, 211 ff., 222 dezidiert von seiner Befugnis, effektiven Rechtsgüterschutz durch Strafrecht zu leisten, Gebrauch gemacht. Er ist damit zugleich seiner verfassungsrechtlichen Pflicht, das Strafrecht als „ultima ratio" zum Schutz von fundamentalen Gemeinschaftswerten (Rechtsgütern) auch tatsächlich einzusetzen, sinnfällig nachgekommen. Dass es sich bei dem Schutz des Rechtsguts „menschliches Leben" um den Schutz eines besonders hochrangigen Rechtsguts handelt und die Unverletzlichkeit und Achtung menschlichen Lebens zu den elementaren Grundwerten des gesellschaftlichen Zusammenlebens gehört, steht angesichts des grundrechtlichen Lebensschutzes in Art. 2 Abs. 2, S. 1 GG außer Frage. Der jedem zustehende Anspruch auf Leben und körperliche Unversehrtheit hat nicht lediglich die Bedeutung eines staatsgerichteten Rechts auf Leben. Vielmehr stellt die grundgesetzliche Lebensgarantie eine gesellschaftstragende und -gestaltende Grundwertentscheidung dar und macht aus der Aufgabe, menschliches Leben vor seiner (Fremd-)Tötung zu bewahren, eine elementare staatliche Schutzaufgabe.[19] Weder zivilrechtliche noch öffentlich-rechtliche, noch sonstige nichtstrafrechtliche oder (gar „nur") außerrechtliche Normen und Normensysteme bewirken einen den verfassungsrechtlichen Anforderungen entsprechenden Schutz des menschlichen Lebens. Im staatlichen Aufgaben-

---

[16] In diesem Sinne *Roxin*, Strafrecht AT I, § 2 Rn. 7 mit Rn. 97 ff.; vgl. auch SK-StGB/*Jäger*, Vor § 1 Rn. 22 ff., 24/25; ferner *Baumann/Weber/Mitsch/Eisele*, Strafrecht AT/*Eisele*, § 2 Rn. 4 f., 7 ff., 8.
[17] Vgl. etwa BVerfGE 88, 203 ff., 257/258; 39, 1 ff., 45 f.
[18] Vgl. zum Ganzen *Roxin*, Strafrecht AT I, § 2 Rn. 86 ff., 95 f.; ferner *Baumann/Weber/Mitsch/Eisele*, Strafrecht AT/*Eisele*, § 2 Rn. 15 ff.; MüKo-StGB/*Joecks*, Einl. Rn. 16 ff.; SK-StGB/*Jäger*, Vor § 1 Rn. 22 ff.; vgl. auch BVerfGE 80, 182 ff., 185.
[19] Vgl. BVerfGE 39, 1 ff., 46, 47; 88, 203 ff., 257.

bereich des menschlichen Lebensschutzes ist der Rechtsgüterschutz durch Strafrecht daher ohne äquivalenzfunktionale Alternative.

4. Normcharakter und Normadressaten des Strafrechts

Aus der Aufgabenstellung und gesellschaftlichen Funktion des Strafrechts – kurz gefasst: subsidiärer Rechtsgüterschutz durch Bekämpfung besonders schwerwiegenden sozialschädlichen Verhaltens – geht ohne weiteres hervor, dass das Strafrecht sich als **Schutzrecht** versteht. Schlagwortartig umschrieben besteht der Schutzzweck des Strafrechts in einer vor allem mit dem Mittel der (Kriminal)Strafe bewerkstelligten „Prävention durch Repression".[20] So wie das Strafrecht insgesamt haben auch seine einzelnen Vorschriften ausgeprägten Schutzcharakter. Die §§ 212, 211 ff. dienen z.B. dazu, einen umfassenden Schutz des menschlichen Lebens zu gewährleisten, indem auf die Tötung eines Menschen mit der Verhängung und Vollstreckung lebenslanger oder zeitiger Freiheitsstrafe reagiert wird. Und ähnlich kommt auch allen anderen strafgesetzlichen Deliktsbeschreibungen nebst den dazugehörigen Strafdrohungen eine (rechtsgutsbezogene) Schutz- und Gewährleistungsfunktion zu.

27

Mit der Charakterisierung des Strafrechts als Schutzrecht ist nun allerdings noch nicht geklärt, wie denn das strafrechtliche Normensystem den ihm obliegenden Schutz verwirklicht. Zwar ist das Instrumentarium, mit dem das Strafrecht seinem Schutz- und Gewährleistungszweck nachkommt, schon benannt: Es sind die strafrechtlichen Sanktionen und allen voran die Kriminalstrafe.[21] Von der Strafe (und den Maßregeln der Besserung und Sicherung etc.) als dem Mittel zur Schutzverwirklichung ist gedanklich jedoch die (angedrohte) Strafe etc. als Rechtsfolge sozialschädlichen Verhaltens zu trennen. Insoweit ist Strafe bzw. die gesetzliche Strafdrohung ein wesentlicher Bestandteil der strafrechtlichen Norm. Im Zusammenspiel mit den strafgesetzlich umschriebenen Voraussetzungen für die Rechtsfolge „Strafe" etc. verdeutlicht die strafrechtliche Norm im Wege einer typisierenden Unrechtsbeschreibung, dass und in welchem Ausmaß bestimmtes Verhalten in besonderer Weise sozialschädlich ist. Dabei müssen strafgesetzliche Unrechtsvertypung als Voraussetzungsteil und (angedrohte) Strafe etc. als Rechtsfolgeteil der strafrechtlichen Norm sowohl qualitativ als auch quantitativ sachgerecht aufeinander abgestimmt sein. Immer aber kommt in der anzuordnenden Strafe ein Unwerturteil über das mit Strafe bedrohte (Unrechts-)Verhalten zum Ausdruck. Die strafrechtliche Norm versteht sich deshalb als **Bewertungsnorm**, das strafrechtliche Normensystem dementsprechend als ein (wechselbezügliches) System von Bewertungsnormen, das es erlaubt, bestimmtes menschliches Verhalten (rückschauend und damit nachträglich) als sozialschädlich zu kennzeichnen.[22]

28

Mit ihrer Qualifizierung als Bewertungsnorm ist die Charakteristik der strafrechtlichen Norm nur zum Teil erfasst. Nicht aus dem Auge verloren werden darf, dass es dem Strafrecht zwar auch um die Ahndung bereits stattgefundener, nicht weniger aber um die Verhinderung zukünftiger Rechtsverletzungen geht. Diese präventive Orientierung macht es notwendig, durch Strafrecht „richtiges" Verhalten zu produzieren, indem durch Gebote und Verbote zu rechts- und sozialloyalem bzw. sozialverträglichem Verhalten veranlasst wird. Die strafrechtliche Norm verpflichtet daher zu „erwünschtem"

29

---

20 Vgl. dazu *Jescheck/Weigend*, Strafrecht AT, § 1 II.
21 Zu den verschiedenen weiteren Instrumenten der Aufgabenerfüllung vgl. NK-StGB *(Hassemer/Neumann)*, Vor § 1 Rn. 196 ff.
22 Vgl. dazu z.B. *Jescheck/Weigend*, Strafrecht AT, § 24 II.

I. Aufgabe und gesellschaftliche Funktion des Strafrechts

Verhalten, fordert dieses Verhalten ein und erfüllt so eine (verhaltens-)bestimmende Funktion. Sie ist danach **Bestimmungsnorm**, das System der strafrechtlichen Normen somit ein System vom Bestimmungsnormen, das den Einzelnen dazu verpflichtet, verbots- oder gebotswidriges Verhalten zu vermeiden.[23]

30 Bestimmungs- und Bewertungsfunktion der strafrechtlichen Norm schließen sich nicht aus, sondern ergänzen und überlagern sich; sie sind im Schutzzweckprogramm des Strafrechts nur zwei verschiedene Aspekte der Art und Weise, wie sich strafrechtlicher Rechtsgüterschutz verwirklicht. Und erst aus ihrem wechselseitigen Funktionszusammenhang als Bestimmungs- **und** Bewertungsnorm ergibt sich, an wen sich die strafrechtliche Norm richtet, wer ihr **Adressat** ist. Akzentuiert man in der strafrechtlichen Norm jene Elemente, die ein gefordertes bzw. erwartetes Verhalten betreffen und versteht man folgerichtig das strafrechtliche Normensystem als ein System von Verhaltensnormen oder auch Verhaltensregeln[24], dann ist Adressat der strafrechtlichen Normen der (rechtsunterworfene) **Bürger**. Aber nicht er allein ist Normadressat des Strafrechts. Er ist es als sich verhaltender, nichthandelnder oder handelnder Rechtsgenosse. Soweit es dagegen darauf ankommt, auf festgestelltes Unrechtsverhalten zu reagieren, wenden sich strafrechtliche Normen an den sog. **Rechtsstab**, z.B. an die zuständigen Organe der staatlichen Strafverfolgung und -vollstreckung. Durch den Rechtsstab erfährt der Bürger eine mit Rücksicht auf die Art und das Maß seines Unrechtsverhaltens differenzierte Behandlung, die unter Beachtung der materiell- und verfahrensrechtlich anzuwendenden Vorschriften nicht in seiner Sanktionierung ausschließlich durch Verhängung und Vollstreckung von Kriminalstrafe bestehen muss, sondern alles umfassen kann, was als Folge von „Verhaltensregelverletzung" in Betracht kommt. Man kann daher aus der Sicht des zweiten Adressaten der strafrechtlichen Normen, aus der Sicht des Rechtsstabs also, das strafrechtliche Normensystem auch als ein System von **Behandlungsnormen** begreifen.[25] Man muss sich aber darüber im Klaren sein, dass sich das Verständnis der strafrechtlichen Norm als Verhaltensregel und Behandlungsnorm inhaltlich mit dem von Bewertungs- und Bestimmungsnorm nicht bzw. nicht vollständig deckt. So oder so richtet sich die strafrechtliche Norm freilich stets an denselben Adressatenkreis, an den (rechtsunterworfenen) Bürger und zugleich an den (staatlichen) Rechtsstab. Und erst indem es Bürger **und** Rechtsstab gleichermaßen „in die Pflicht nimmt", verwirklicht das Strafrecht seine ihm eigene Schutzfunktion.

5. Lernkontrolle

- Welche Sanktionsarten sind für das Strafrecht charakteristisch? (Rn. 2 – 4)
- Wie lässt sich „Strafrecht" begrifflich fassen? (Rn. 5)
- Was versteht man unter Kern- bzw. Haupt- und Nebenstrafrecht? (Rn. 8)
- Welche Bedeutung hat der Begriff „Rechtsgut" für die Aufgabe des Strafrechts? (Rn. 12 ff.)
- Was bedeutet „subsidiärer Rechtsgüterschutz" durch Strafrecht? (Rn. 24)

---

23 Vgl. auch *Jescheck/Weigend*, Strafrecht AT, § 24 II.
24 Begriff bei *Eser* FS-*Lenckner*, 25 ff., 41.
25 Hierzu und zu weiteren begrifflichen Differenzierungen der Strafrechtsnorm *Eser*, FS-*Lenckner*, 25 ff., 39 ff.

5. Lernkontrolle

- Worin besteht der Unterschied zwischen Individual- und Universalrechtsgütern? (Rn. 17)
- Wer ist Adressat einer Strafrechtsnorm? (Rn. 28 ff.)

II. Zur Legitimation und Theorie staatlicher (Kriminal)Strafe

1. Begriff und Wesen der Strafe

31 Es sind die (echten) Kriminalstrafen, die Maßregeln der Besserung und Sicherung sowie weitere Nebenfolgen und Maßnahmen, die das Unverwechselbare des Strafrechts ausmachen. Das Eigentümliche der Rechtsmaterie „Strafrecht" ist damit zwar markiert und verdeutlicht. Für die eher noch wichtigere Frage, **mit welchen Mitteln und wie** das Strafrecht seiner ihm zukommenden Aufgabe gerecht wird, gibt diese Aussage (allein) jedoch nur wenig her. Um einen sachgerechten Zugang zum **„Wie"** der **Aufgabenerledigung** und damit – sinnentsprechend – einen sachgerechten Zugang zum Sanktionsprogramm des Strafrechts zu gewinnen, bedarf es eines sanktionenrechtlichen Grundverständnisses von Strafe und Maßregel. Und ein solches Grundverständnis lässt sich nicht (jedenfalls nicht allein) aus dem Umstand herleiten, dass Kriminalstrafe und Maßregeln der Besserung und Sicherung als ausnahmslos dem Strafrecht zugehörige und ihm vorbehaltene Sanktionsarten das Charakteristische des Strafrechts zum Ausdruck bringen.

32 Wer sich das System der strafrechtlichen Sanktionen substantiell erschließen will, muss sich zunächst über **Begriff und Wesen der Kriminalstrafe** klar werden. Natürlich darf er dabei nicht aus dem Auge verlieren, dass die Kriminalstrafe nur eine „Spur" im System der strafrechtlichen Sanktionen betrifft, eine andere, die zweite „Spur", von den Maßregeln der Besserung und Sicherung eingenommen wird. Sie treten auf Grund anderer Rechtsfolgevoraussetzungen zur Strafe hinzu oder an ihre Stelle (vgl. Rn. 4). Sie vervollständigen das sanktionenrechtliche Instrumentarium und erweisen sich bei der Aufgabenbewältigung des Strafrechts deshalb als unverzichtbar.[1] Aber es ist doch primär die Kriminalstrafe, die dem strafrechtlichen Sanktionensystem qualitativ „den Stempel aufdrückt". Was also ist unter Kriminalstrafe zu verstehen?

33 Begriff und Wesen der Kriminalstrafe werden von einem beziehungsreichen „Dreigestirn" bestimmt: von derjenigen Person (Täter), die eine Tat begangen hat, von der rechtswidrigen Tat (Straftat, Verbrechen i.w.S.), die begangen worden ist und von der Gesellschaft (Rechtsgemeinschaft), die auf den Täter und seine Tat reagiert. Im historischen Entwicklungsgang des Verständnisses von (staatlicher) Kriminalstrafe sind es bis heute eben diese Bezugspunkte und materiellen Gestaltungskriterien, um die das Bemühen um eine sachgerechte Deutung der Kriminalstrafe kreist. Und stets waren und sind es die jeweiligen gesellschaftlichen Lebensverhältnisse, von denen die vielfältigen Vorstellungen über den Bedeutungsgehalt der staatlichen Kriminalstrafe maßgeblich geprägt sind. Diese inhaltliche Abhängigkeit der Kriminalstrafe von gesellschaftspolitischen Entwicklungen und Veränderlichkeiten in Rechnung gestellt besteht das Wesen der Kriminalstrafe nach gegenwärtig (noch) vorherrschender Auffassung darin, dass sie **ein sozialethisches Unwerturteil** über die von einem Täter begangene Tat und über den Täter wegen der von ihm (schuldhaft) begangenen Tat darstellt.[2]

---

1 Vgl. dazu *Roxin*, Strafrecht AT I, § 3 Rn. 63 ff.; ferner *Jescheck/Weigend*, Strafrecht AT I, § 9; LK-StGB/*Weigend*, Einl. Rn. 74 ff.; NK-StGB (*Hassemer/Neumann*), Vor § 1 Rn. 297 ff.; *Schönke/Schröder (Kinzig)*, StGB, Vorbem. §§ 38 ff., Rn. 1 ff., 22 ff.

2 Vgl. *Jescheck/Weigend*, Strafrecht AT, § 8 I, 2 b; LK-StGB/*Weigend*, Einl. Rn. 63; *Meier*, Strafrechtliche Sanktionen, S. 15 ff.; *Roxin*, Strafrecht AT I, § 3 Rn. 46; *Schönke/Schröder (Kinzig)*, StGB, Vorbem. §§ 38 ff., Rn. 1 m. w. Nachw.; BVerfGE, 120, 224, 240.

2. „ius puniendi": Die Strafgewalt des Staates

Staatliche Kriminalstrafe versteht sich danach als gesellschaftliche Missbilligung der von einem Täter begangenen Tat. Spürbar zum Ausdruck kommt das sozialethische Unwerturteil „Kriminalstrafe" in einem **Übel**, das dem Täter wegen seiner Tat zugefügt wird. Es geht dabei um einen (gesellschaftlich) gewollten und gezielten hoheitlichen Eingriff in den Rechtskreis des Täters, um eine auf die Täterpersönlichkeit bezogene Einbuße an Rechtsgütern wie etwa den (zeitweisen) Verlust an Freiheit und/ oder Vermögen. **Kriminalstrafe** – begriffen als sozialethisches Unwerturteil – **hat** daher stets **Übelscharakter**, ja mehr noch: Sie ist ihrem Begriff nach ein Übel, das dem Täter in Gestalt eines öffentlichen Tadels auferlegt wird.

Von der Kriminalstrafe als einem sozialethischen Unwerturteil über Tat und Täter, verkörpert durch das dem Begriff der Kriminalstrafe immanente (Straf-)Übel, ist die **Wirkung** zu unterscheiden, die von der Strafe ausgeht oder doch zumindest ausgehen kann. Funktional eingesetzt ist es dementsprechend durchaus möglich, dass Kriminalstrafe trotz oder gerade wegen der mit ihr einhergehenden Übelszufügung günstige Wirkungen für den Täter und/oder die Gesellschaft und die Sicherung ihrer existenziellen Grundwerte entfaltet. Insoweit kommt es wesentlich darauf an, welcher Sinn der Kriminalstrafe zukommen kann und welche Zwecke mit ihr verfolgt und – so weit wie möglich auch – erreicht werden sollen. Erst und allein eine solche **Sinngebung der Kriminalstrafe** (vgl. Rn. 42 ff.) eröffnet die Möglichkeit, mit ihrer Androhung, Festsetzung und Vollstreckung weitere, zukünftige Straftaten zu verhindern.

Diese Zukunftsperspektive geht dem **Begriff** der Strafe ab. Kriminalstrafe ist ein retrospektives Verdikt über eine gesellschaftlich missbilligte Tat und über den Täter **wegen** „seiner" Tat. Begrifflich bezieht sich Kriminalstrafe somit auf etwas Vergangenes, nämlich auf eine **bereits begangene** Tat. Und mit seiner Ausrichtung auf die Straftat als ein in der Vergangenheit stattgefundenes Geschehen artikuliert der Strafbegriff auf prägnante Weise, dass es sich bei der Kriminalstrafe stets „nur" um eine **Reaktion** (auf gesellschaftlich unerwünschtes Verhalten) handelt. Im Blick auf die Vergangenheitsbezogenheit des Strafbegriffs ist zumindest sachgedanklich die Kriminalstrafe als **Form der Reaktion** auf eine Straftat von derselben Kriminalstrafe als ein (mögliches) **Instrument zur Tatvergeltung** abzusetzen. Ob und in welchem Ausmaß die Kriminalstrafe tatvergeltenden Funktionen genügt bzw. genügen soll, ist keine Frage der faktischen Reaktion auf missbilligtes Verhalten eines Täters durch Strafe, sondern wie zuvor (Rn. 35) ebenfalls eine Frage des der Kriminalstrafe zukommenden Sinns (Rn. 42 ff.).

2. „ius puniendi": Die Strafgewalt des Staates

Androhung, Festsetzung und Vollstreckung einer Kriminalstrafe ist (nicht anders als die Androhung, Festsetzung und Vollstreckung von Maßregeln der Besserung und Sicherung) Sache des Staates; denn die strafrechtlichen Sanktionen beruhen als Rechtsfolgenbestandteil des Strafrechts auf der **Strafgewalt des Staates**.[3] Dieses „ius puniendi" des Staates lässt sich ohne weiteres aus Art. 74 Abs. 1 GG herleiten. Danach ist das Strafrecht und mit ihm seine Sanktionen der konkurrierenden Gesetzgebung, also der Gesetzgebungskompetenz von Bund und Ländern zugewiesen, was verdeutlicht, dass jedenfalls der Grundgesetzgeber bei der verfassungsrechtlichen Verteilung und Organisation von Gesetzgebungskompetenzen das Bestehen eines staatlichen Bestra-

---

3 Ähnlich *Jescheck/Weigend*, Strafrecht AT, § 2 I, 2; *Roxin*, Strafrecht AT I, § 2 Rn. 1.

fungsrechts voraussetzte.⁴ Die Zugehörigkeit des Strafrechts und seiner Sanktionen zur Strafgewalt des Staates ergibt sich freilich auch aus anderen Erwägungen:

38 Es ist der Staat, der sich zum Schutze des Zusammenlebens der Menschen in der Gemeinschaft ein festes Ordnungsgefüge geben und dafür Sorge tragen muss, dass dieses Ordnungsgefüge respektiert wird. Zwar vollzieht sich das gesellschaftliche Miteinander im Gemeinwesen in erster Linie nach überkommenen sozialen Normen, nach Regeln und Normen also, deren Geltung und Einhaltung auf der Einsicht in ihre daseinserhaltende Notwendigkeit beruhen.⁵ Es entspricht jedoch gesellschaftlichem Erfahrungswissen, dass Schutz und (allseitige) Achtung der elementaren Grundwerte des menschlichen Zusammenlebens nicht allein auf ein solches System sozialer Normen gegründet werden können. Zu dieser Sozialordnung im engeren Sinne muss vielmehr zur Sicherung der fundamentalen Werte des Gemeinschaftslebens und damit zur Sicherung des friedlichen und gedeihlichen Zusammenlebens aller Menschen in einer Gemeinschaft eine Rechtsordnung hinzutreten, die die Allgemeinverbindlichkeit aller als Recht geltenden Normen und deren Durchsetzbarkeit gewährleistet. Sie zu schaffen, ist Aufgabe des Staates. Und es ist Aufgabe des Staates, das Strafrecht als Bestandteil der Gesamtrechtsordnung zur Durchsetzung ihrer Gebote und Verbote einzusetzen, wenn andere Mittel und Maßnahmen versagen. Dazu bedient er sich der Androhung, Festsetzung und Vollstreckung von Kriminalstrafe, einer die Unverbrüchlichkeit der Rechtsordnung sichernden Form staatlichen Zwanges, deren Anwendung nur ihm zusteht: Staatliche Strafgewalt ist nichts anderes als Staatsgewalt in besonderer Gestalt, ist typischer Ausdruck von Staatsgewalt. Alleiniger Inhaber von Staatsgewalt ist der Staat (Gewaltmonopol des Staates). Deshalb ist er es, der die ausschließliche Strafhoheit innehat.⁶

3. Zur materiellen Legitimation staatlichen Strafens

39 Das „ius puniendi", das Bestrafungsrecht des Staates betrifft allerdings nach Art einer **formellen Legitimation** nur die eine, die staatliche Seite der Androhung, Festsetzung und Vollstreckung von Kriminalstrafe. Staatliches Sanktionieren und insbesondere staatliches Strafen in seiner engeren kriminalrechtlichen Bedeutung bedarf außerdem auch noch einer **materiellen Legitimation**. Sie ergibt sich zunächst aus der Schutz- und Ordnungsfunktion des Staates im Verhältnis zu seinen Bürgern. Der Staat kann seiner institutionellen Aufgabenstellung, das friedliche und gedeihliche Zusammenleben seiner Bürger in der Gemeinschaft zu regeln und zu sichern, nur dann nachkommen, wenn er in der Lage ist, die für das gesellschaftliche Miteinander der Menschen als eine Grundvoraussetzung unverzichtbare Rechtsordnung notfalls im Wege staatlichen Zwanges aufrechtzuerhalten und durchzusetzen. Zu diesem Zweck steht ihm mit der Kriminalstrafe ein adäquates – wenngleich ein letztes – Mittel zur Verfügung. Durch ihre Androhung, Festsetzung und Vollstreckung ist gewährleistet, dass das Recht seine Erzwingbarkeit nicht verliert. Als Ausdruck von Rechtszwang gehört sie zu jeder auf Rechtsnormen gegründeten menschlichen Gemeinschaft. Kriminalstrafe ist deshalb in einem **staatspolitischen** Sinne unentbehrlich.⁷

---

4 So *Roxin*, Strafrecht AT I, § 2 Rn. 1.
5 Vgl. *Jescheck/Weigend*, Strafrecht AT, § 1 I, 1.
6 Zum Ganzen *Jescheck/Weigend*, Strafrecht AT, § 1 I und § 2 I, 2.
7 Vgl. dazu *Jescheck/Weigend*, Strafrecht AT, § 8 I, 2 a: staatspolitische Rechtfertigung der Strafe.

3. Zur materiellen Legitimation staatlichen Strafens

Seine materielle Legitimation leitet staatliches Strafen indessen nicht allein aus der staatspolitischen Unentbehrlichkeit der Kriminalstrafe, sondern ebenso gewichtig aus ihrer **sozialpsychologischen** und **individualethischen Gebotenheit** ab.[8] Kriminalstrafe ist unter sozialpsychologischem Blickwinkel vornehmlich deshalb erforderlich, weil sie als staatliche Reaktion auf begangenes (Straf-)Unrecht ein tiefgründiges Bedürfnis der Menschen nach ausgleichender Gerechtigkeit zu befriedigen und – damit einhergehend – das Empfinden für den gesellschaftlich existentiellen mitmenschlichen Zusammenhalt in der Gemeinschaft zu stärken vermag. Zur Sicherung eines gedeihlichen und friedlichen Zusammenlebens in der Gemeinschaft reicht es nicht aus, durch Vorkehrungen des Staates dafür Sorge zu tragen, dass keine Straftaten begangen werden. Es muss vielmehr auch sichergestellt sein, dass nicht verhinderte Straftaten ganz im Sinne jenes gesellschaftlichen Bedürfnisses der Menschen nach ausgleichender Gerechtigkeit von Staats wegen und für den Einzelnen wahrnehmbar geahndet werden. Nähme der Staat ohne angemessene Reaktion begangene Straftaten einfach nur hin, wäre ein Rückfall in die Selbst- und Lynchjustiz programmiert. Gelingt es demgegenüber, dem gesellschaftlichen Bedürfnis nach ausgleichender Gerechtigkeit durch adäquate staatliche Reaktion auf begangenes (Straf-)Unrecht angemessen Rechnung zu tragen, kann sich in demselben Maße die Bereitschaft der Menschen zum gesellschaftlichen Zusammenleben in der rechtlich geordneten Gemeinschaft entwickeln. Eben darum ist Kriminalstrafe sozialpsychologisch geboten; denn mit ihr als staatliche Reaktion auf begangene Straftaten steht ein Mittel zur Verfügung, das dem gesellschaftlichen Bedürfnis nach ausgleichender Gerechtigkeit adäquat Rechnung tragen kann, ohne dass es in der Frage nach der materiellen Legitimation für staatliches Strafen darauf ankommt, ob mit dem Einsatz von Kriminalstrafe das gesellschaftliche Bedürfnis nach Gerechtigkeit auch (rechts-)tatsächlich befriedigt wird.

Von dieser sozialpsychologischen Gebotenheit der Kriminalstrafe ist ihre **individualethische Notwendigkeit** als ein weiterer Aspekt der materiellen Legitimation staatlichen Strafens zu unterscheiden. Täterorientiert und damit bezogen auf die Persönlichkeit des Straftäters betrifft die individualethische Gebotenheit der Kriminalstrafe das in jedem Menschen als einem sittlichen Wesen angelegte Grundbedürfnis, sich durch einen autonomen sittlichen Akt von (Strafrechts-)Schuld befreien zu können. Der Sache nach handelt es sich dabei um einen Läuterungsprozess, der es dem Täter ermöglicht, „seine" Straftat und die dadurch verwirklichte Schuld zu verarbeiten, indem er Kriminalstrafe als staatliche Reaktion auf sein schuldhaftes Unrechtsverhalten innerlich annimmt und sich so von Schuld entlastet. Kriminalstrafe versteht sich danach – salopp gesprochen – als Angebot an den Straftäter, einen vorgegebenen Weg zur Schuldtilgung einzuschlagen. Ob und inwieweit der von Kriminalstrafe überzogene Straftäter diese Chance zur Aufarbeitung seiner Schuld nutzt, ist zwar von seiner höchstpersönlichen Entscheidung abhängig. An der individualethischen Gebotenheit der Kriminalstrafe als Teilaspekt der materiellen Legitimationsgrundlage für staatliches Strafen ändert dies jedoch nichts; denn für die materielle Legitimation staatlichen Strafens maßgeblich ist nicht, dass in der Person des Täters durch Kriminalstrafe dessen Aufarbeitung „seiner" (Strafrechts-)Schuld tatsächlich bewirkt wird, sondern allein, dass der Täter mittels Kriminalstrafe die Möglichkeit dazu hätte.[9]

---

8 Hierzu und zum Folgenden *Jescheck/Weigend*, Strafrecht AT, § 8 I, 2 a.
9 In diesem Sinne auch *Jescheck/Weigend*, Strafrecht AT, § 8 I, 2 a a.E.

4. Zur Sinngebung der Strafe: Straftheorien

42 Vom Begriff und Wesen der Kriminalstrafe (vgl. Rn. 31 – 36) ist ebenso wie von der formellen (vgl. Rn. 37 f.) und materiellen (vgl. Rn. 39 ff.) Legitimation staatlichen Strafens die (rechts-)tatsächliche Wirkung, die Kriminalstrafe hat, haben kann oder doch zumindest haben soll, (jedenfalls) gedanklich scharf zu trennen. Welche Wirkung von der Androhung, Festsetzung und Vollstreckung der Kriminalstrafe ausgeht, ausgehen kann oder ausgehen soll, richtet sich – wie schon erwähnt (vgl. Rn. 35, 36) – wesentlich danach, welcher Sinn der Kriminalstrafe zukommt und welche Zwecke mit ihr verfolgt werden. Und damit ist die Frage nach der straftheoretischen **Sinngebung der Kriminalstrafe** gestellt.

43 Seit alters her wird um Sinn und Zweck der (Kriminal)Strafe gestritten und gerungen. Von der Antike bis in die Gegenwart bestimmten und bestimmen im Wesentlichen zwei Grundauffassungen über den (möglichen) Sinn der (Kriminal)Strafe das Bemühen um eine allgemein gültige **Theorie der Strafe**. Dabei geht es zum einen mit Blick zurück auf die begangene Straftat um einen – wie auch immer gearteten – Ausgleich der geschehenen Rechtsverletzung, bewerkstelligt durch (Kriminal)Strafe. Zum anderen ist alles Theoriebemühen in die Zukunft und auf das Ziel gerichtet, weitere bzw. erneute Straftaten zu verhindern, bewerkstelligt ebenfalls durch (Kriminal)Strafe. Als Grundgedanken für eine Sinngebung der Kriminalstrafe schälen sich danach die retrospektiv orientierte **Vergeltung** (des vom Täter schuldhaft verwirklichten Unrechts) und die prospektiv ausgerichtete **Vorbeugung** (weiterer vom Täter selbst oder anderen verübter Straftaten) heraus. Im Spannungsfeld dieser beiden Grundgedanken für eine Sinngebung der Kriminalstrafe haben sich als Ausdruck und Ergebnis einer theoriegeschichtlichen Entwicklung die (auch) für das gegenwärtige Verständnis von Kriminalstrafe maßgeblichen **Straftheorien** etabliert. Einer überkommenen Kennzeichnung entsprechend reicht das Spektrum der sinngebend verwendeten Straftheorien von den sog. **absoluten Straftheorien** oder auch **Gerechtigkeitstheorien** über die sog. **relativen Straftheorien** oder auch **Zwecktheorien** bis hin zu den sog. **Vereinigungstheorien**, die einen Brückenschlag, eine Verbindung zwischen den absoluten und relativen Straftheorien herzustellen versuchen.[10]

4.1 Die absoluten Straftheorien

44 Im Theoriekonzept der sog. **absoluten Straftheorien** hat die Kriminalstrafe keine besonderen, zumal keine sozialen Zwecke zu erfüllen. Kriminalstrafe ist im Gegenteil „losgelöst" (absolut) von allen Zweckerwägungen. Ihren Sinn gewinnt sie allein schon daraus, dass sie schuldhaft begangenes Unrecht in gerechter Weise ausgleicht: Gestraft wird, weil „gefehlt" worden ist (punitur quia peccatum est). Es geht um die Restitution der durch die Straftat verletzten Rechtsordnung und um die Verwirklichung von Gerechtigkeit. Ersichtlich ist es von den für die Sinngebung der Kriminalstrafe in Betracht kommenden Grundgedanken allein die **Vergeltung**, die den Theoriegehalt der absoluten Straftheorien ausmacht. Um nicht selten anzutreffenden, im begrifflichen

---

[10] Vgl. zu den Straftheorien näher bei *Baumann/Weber/Mitsch/Eisele*, Strafrecht AT/*Eisele*, § 2 Rn. 20 ff.; *Frister*, Strafrecht AT, § 2 Rn. 2 ff.; *Heinrich*, Strafrecht AT, Rn. 13 ff.; *Jescheck/Weigend*, Strafrecht AT, § 8 II – V; MüKo-StGB/*Joecks*, Einl. Rn. 47 ff.; *Murmann*, Grundkurs, § 8 Rn. 16 ff.; NK-StGB (*Hassemer/Neumann*), Vor § 1 Rn. 266 ff.; *Roxin*, Strafrecht AT I, § 3 Rn. 2 ff.; *Schönke/Schröder* (*Kinzig*), StGB, Vorbem. §§ 38 ff., Rn. 2 ff.; *Stratenwerth/Kuhlen*, Strafrecht AT, § 1 Rn. 4 ff.; *Wessels/Beulke/Satzger*, Strafrecht AT, Rn. 21 ff., alle m. zahlr. und weiterführenden Nachw.

4. Zur Sinngebung der Strafe: Straftheorien

Zusammenhang mit „Vergeltung" freilich auch naheliegenden Assoziationen gleich einen Riegel vorzuschieben: Mit Rache, untergründigen Hassgefühlen und/oder verdrängten (verdeckten) Aggressionsgelüsten der Gesellschaft hat Vergeltung als Sinngehalt der Kriminalstrafe nichts zu tun.[11] Vergeltung durch Kriminalstrafe impliziert vielmehr, dass Kriminalstrafe als staatliche Reaktion auf eine begangene Straftat ein **Äquivalent** für das mit der Straftat schuldhaft verwirklichte Unrecht darstellt. Vergeltung avanciert so zu einem **Maßprinzip**: Die schuldhaft begangene Tat wird mit Gleichwertigem, eben mit Kriminalstrafe, und zwar mit Kriminalstrafe, die in ihrer Art und Höhe dem Unrechts- und Schuldgehalt der begangenen Straftat entspricht, ausgeglichen und ist dann – jedenfalls der Idee nach – vergolten. Im Vergeltungsgedanken der absoluten Straftheorien spiegelt sich somit das frühere ius talionis (Gleiches ist mit Gleichem zu vergelten), das **Talionsprinzip** (Auge um Auge, Zahn um Zahn) also, wider, freilich in modifizierter Form. Nicht zuletzt deshalb lässt sich dem Vergeltungskonzept der absoluten Straftheorien auch gegenwärtig alltagstheoretische Plausibilität und sozialpsychologische Eindruckskraft kaum streitig machen.[12]

Das Vergeltungskonzept der absoluten Straftheorien, wonach Kriminalstrafe als staatliche Reaktion auf eine begangene Straftat ein Äquivalent für das mit der Straftat schuldhaft verwirklichte Unrecht darstellt, hat bis heute allen fundamentalkritischen Anfeindungen widerstanden. Man braucht nur einen Blick in „historische" Entscheidungen des *BVerfG*[13] oder auf die Rechtsprechung des *BGH*[14] zu werfen, um diesen Befund bestätigt zu sehen. Dass auch in der „modernen" Diskussion um Sinn und Zweck der Kriminalstrafe die absoluten Straftheorien nach wie vor eine gewichtige Rolle spielen, hat verschiedene Gründe. Sie liegen zum einen sicher darin, dass sich die Stringenz ihrer Absolutheit, ihrer Losgelöstheit von allen sozialnützlichen, präventiven Zwecken, fortschreitend relativiert hat.[15] Zum anderen aber hat die Vorstellung von der gerechten Vergeltung schuldhaft begangenen Unrechts auch im demokratischen, sozialen Rechtsstaat nichts von ihrer schon erwähnten alltagstheoretischen Plausibilität und sozialpsychologischen Eindruckskraft eingebüßt, weil in ihr die Kriminalstrafe als Äquivalent für **schuldhaft begangenes Unrecht** erscheint und damit einen qualitativen und quantitativen Einklang zwischen Schuld und Strafe dergestalt vorgibt, dass die (festgesetzte und vollstreckte) Kriminalstrafe vom Täter selbst und von der Gemeinschaft als gerecht empfunden wird.[16] Zugleich hält das Maß der Wertgleichheit zwischen Verbrechen und Strafe die Strafgewalt des Staates im Zaum und gewährleistet so die rechtsstaatlich gebotene Begrenzung staatlichen Strafens. Der Vergeltungsgedanke hat insofern eine liberale und freiheitswahrende Funktion.[17] Und schließlich macht „gerechte Vergeltung des schuldhaft begangenen Unrechts durch Kriminalstrafe" deutlich, dass es bei der Androhung, Festsetzung und Vollstreckung von Kriminalstrafe um **materiellen Schuldausgleich** in einem tat- und in einem täterbezogenen Sinne geht: Die schuldhaft begangene Tat wird, und ebenso wird dem Täter vergolten.

Anknüpfungspunkt für gerechte Vergeltung durch Kriminalstrafe ist bei alledem stets die **Schuld** des Täters. Das gilt für die tatorientierte, auf äußeres Geschehen gerichtete

---

11 So auch *Jescheck/Weigend*, Strafrecht AT, § 8 II, 2.
12 Vgl. nur *Roxin*, Strafrecht AT I, § 3 Rn. 2, 3, 7.
13 Vgl. etwa BVerfGE 45, 187 ff., 253 f.; 64, 261 ff., 271/277; 95, 96 ff., 140.
14 Vgl. z.B. BGHSt 24, 40, 42.
15 Dazu NK-StGB *(Hassemer/Neumann)*, Vor § 1 Rn. 273.
16 In diesem Sinne *Jescheck/Weigend*, Strafrecht AT, § 8 II, 2.
17 So *Roxin*, Strafrecht AT I, § 3 Rn. 7.

II. Zur Legitimation und Theorie staatlicher (Kriminal)Strafe

Vergeltung (des vom Täter schuldhaft verwirklichten Unrechts) und für die täterorientierte Vergeltung (der Schuld, die der Täter mit „seiner" Straftat auf sich genommen hat) gleichermaßen. Für diese täterorientierte Modalität des Vergeltungsgedankens steht die sog. **Sühnetheorie**. Unter besonderer Betonung der Persönlichkeit des Täters als eines sittlichen Wesens gründet sich für sie eine gerechte Vergeltung von schuldhaft verwirklichtem Unrecht auf die durch Kriminalstrafe geschaffene Möglichkeit zur Sühne. Der Sinn von Kriminalstrafe besteht demnach u.a. auch darin, dass der Schuldige sich durch eine Sühneleistung von seiner Schuld befreit, in dem er die (festgesetzte und/oder vollstreckte) Kriminalstrafe als gerechten Schuldausgleich annimmt, sein Unrechtsverhalten geistig/seelisch verarbeitet, sich läutert und dadurch seine menschliche und soziale Integrität zurückgewinnt.[18] Am Ende dieses Läuterungs- und Sühneprozesses ist der Straftäter – jedenfalls der Idee nach – dann mit der Gesellschaft (wieder) versöhnt.[19] Die Sühnetheorie stellt somit das straftheoretische Pendant zur individualethischen Notwendigkeit der Kriminalstrafe unter dem Aspekt der materiellen Legitimation für staatliches Strafen (vgl. Rn. 41) dar. Unter dem Aspekt einer straftheoretischen Sinngebung der Kriminalstrafe stellt sich allerdings die Frage, ob ein Sühne- bzw. Läuterungs- und Versöhnungsprozess durch (die Verhängung und Vollstreckung von) Kriminalstrafe und den mit ihr verbundenen staatlichen Zwang – Freiwilligkeit unter Zwang also – initiiert und befördert werden kann.[20]

4.2 Die relativen Straftheorien

47 Anders als die absoluten Straftheorien haben sich die sog. **relativen Straftheorien** den Gesellschaftsschutz auf die Fahnen geschrieben. Sie verstehen die Kriminalstrafe als Mittel zur Verbrechensverhütung. Ihre strikte Ausrichtung auf den Zweck der Verbrechensverhütung macht sie zu **Zwecktheorien**; und sie sind **relativ**, weil sie (ausschließlich) auf eben diesen Zweck bezogen sind. Kriminalstrafe dient im gegenwärtigen Theoriekonzept der relativen Straftheorien allein dazu, zukünftige Straftaten zu verhindern. Ihren Sinngehalt schöpft die Kriminalstrafe ihrer Zukunftsorientierung entsprechend daher aus dem zweiten, dem „anderen" Grundgedanken für eine Sinngebung der Kriminalstrafe, nämlich aus dem Grundgedanken der **Vorbeugung**, der **Prävention**. Verbrechensprophylaxe durch „präventive" Kriminalstrafe ist allerdings nur die „halbe Wahrheit" der relativen Straftheorien, denn ihnen geht es im „Fernziel" des staatlichen Strafens um Gesellschaftsschutz. Kriminalstrafe ist deshalb stets **funktional** auf die Erhaltung und Sicherung der elementaren Grundwerte des gesellschaftlichen Zusammenlebens der Menschen in der (staatlichen) Gemeinschaft bezogen.

48 Auf zweifache Weise wirkt Kriminalstrafe präventiv: tätergerichtet und gesellschafts- bzw. gemeinschaftsgerichtet. Unter dem „Dach" der relativen Straftheorien lassen sich somit zwei Varianten von Präventionstheorien unterscheiden: zum einen die „speziell" auf den Täter zugeschnittene **Theorie der Spezialprävention** und zum anderen die „generell" auf die Allgemeinheit der gesellschaftlich in der staatlichen (Rechts-) Gemeinschaft zusammenlebenden Menschen zielende **Theorie der Generalprävention**. Beide Theorieansätze erfreuen sich vor allem in der Strafrechtslehre mit differenzierter Gewichtung im Einzelnen breiter Akzeptanz. Zudem hat insbesondere die Theorie der

---

18 Vgl. dazu kritisch und ablehnend *Roxin*, Strafrecht AT I, § 3 Rn. 10; *Stratenwerth/Kuhlen*, Strafrecht AT, § 1 Rn. 10.
19 Kritisch dazu *Jakobs*, Strafrecht AT, 1. Kap., 1. Abschnitt, Rn. 25.
20 Vgl. dazu etwa *Roxin*, Strafrecht AT I, § 3 Rn. 10; *Stratenwerth/Kuhlen*, Strafrecht AT, § 1 Rn. 10.

4. Zur Sinngebung der Strafe: Straftheorien

Spezialprävention in ihrer „positiven" Komponente der Resozialisierung (des Täters) lange Zeit die Strafzweckdiskussion beherrscht und nachhaltig Eingang in die seit 1969 betriebene Reformgesetzgebung gefunden.

Spezial- oder auch Individualprävention versteht sich als Verbrechensvorbeugung durch Einwirkung auf den einzelnen Täter. Kriminalstrafe soll verhindern, dass der bereits straffällig gewordene Täter erneut Straftaten begeht. Individualpräventive Wirkungen entfaltet die Kriminalstrafe in dreifacher Hinsicht: durch **Abschreckung** und durch **Besserung** des Täters sowie durch seine **Sicherung** zum Schutz der Gesellschaft vor dem Täter. Als „negative" Spezialprävention werden die Abschreckung des Täters vor der Begehung weiterer Straftaten und seine Sicherung zum Schutz der Gesellschaft vor dem Täter durch dessen Einschließung, als „positive" Spezialprävention die Besserung des Täters zur Vermeidung seiner Rückfälligkeit bezeichnet. Stets geht es aber um Verbrechensvorbeugung durch Einwirkung auf den individuellen Täter.

49

Auch die Theorie der Generalprävention beruht auf dem für die Sinngebung der Kriminalstrafe maßgeblichen „zweiten" Grundgedanken, dem der Verbrechensvorbeugung. Anders als im Theoriekonzept der Spezial- bzw. Individualprävention geht es bei der Generalprävention aber nicht um Verbrechensvorbeugung durch Einwirkung auf den einzelnen Straftäter, sondern um Verbrechensvorbeugung durch Einwirkung auf die Allgemeinheit der in (staatlicher) Gemeinschaft zusammenlebenden Menschen. Generalpräventive Wirkung kommt der Kriminalstrafe – strukturell durchaus ähnlich wie bei der Spezialprävention – in einer „negativen" Wirkungsmodalität, sog. **negative Generalprävention**, und in einer „positiven" Wirkungsmodalität, sog. **positive Generalprävention**, zu. Negative und positive Generalprävention lassen sich allerdings nur gedanklich als verschiedene generalpräventive Aspekte der Kriminalstrafe voneinander trennen. Der Sache nach ist die generalpräventive Wirkung der Kriminalstrafe stets das Ergebnis einer wechselseitigen „Kooperation" zwischen negativer **und** positiver Wirkungsvariante. Dieser wechselseitige Wirkungszusammenhang zwischen negativer und positiver Komponente der Generalprävention besagt freilich nur, dass beide Präventionselemente zur Verbrechensvorbeugung zusammenwirken. Er besagt nicht, **wie** das geschieht. Nicht ausgeschlossen ist deshalb, das Ziel der Verbrechensvorbeugung durch Kriminalstrafe primär über deren positiv-generalpräventive Wirkungskomponente anzusteuern und dabei der negativ-generalpräventiven Wirkung der Kriminalstrafe eine nur untergeordnete Rolle zuzuweisen. Nach herkömmlicher Vorstellung bedeutet **negative Generalprävention**: Abschreckung potentieller Straftäter vor der Begehung von Straftaten. Dementsprechend wird die negative Generalprävention auch als Abschreckungsprävention bezeichnet. Ganz anders geht es bei der **positiven Generalprävention** darum, das allgemeine Vertrauen in die Bestands- und Durchsetzungskraft der Rechtsordnung zu erhalten und zu fördern. Im Blick auf das Fernziel der Verbrechensverhütung besteht die positiv-generalpräventive Wirkung der Kriminalstrafe dementsprechend darin, „das Recht gegenüber dem vom Täter begangenen Unrecht durchzusetzen, um die Unverbrüchlichkeit der Rechtsordnung vor der Rechtsgemeinschaft zu erweisen und so die Rechtstreue der Bevölkerung zu stärken".[21] Diese Lehrsätze zur positiven Generalprävention klingen auf Anhieb plausibel. Wohl deshalb finden sie sich in zahlreichen Theorieansätzen zur positiven Generalprävention zumindest als Ausgangspunkt wieder. Genauer betrachtet lässt sich ihnen allerdings nicht, jedenfalls nicht ohne weiteres entnehmen, wie Kriminalstrafe die ihr zugeschriebene

50

---
21 Vgl. *BVerfGE* 45, 187 ff., 256; *BGHSt* 24, 40, 44.

II. Zur Legitimation und Theorie staatlicher (Kriminal)Strafe

positiv-generalpräventive Wirkung realisiert. Auf dem Weg zum Ziel – Verbrechensverhütung durch Kriminalstrafe – ist und bleibt daher manches unklar und spekulativ. Das gilt auch für neuere Theoriemodelle der positiven Generalprävention. Noch am ehesten leuchtet ein, die positiv-generalpräventive Wirkung der Kriminalstrafe mit einem „ausgeklügelten", stimmigen Zusammenspiel zwischen der gesetzlichen Strafandrohung, der gerichtlichen Festsetzung und Verhängung der Kriminalstrafe und ihrer Vollstreckung (im Falle von Freiheitsstrafe ohne Vollstreckungsaussetzung zur Bewährung: ihres Vollzuges) zu erklären.

4.3 Vereinigungstheorien

51 Nach gegenwärtigem Erkenntnisstand in der immerwährenden Diskussion um das Für und Wider der verschiedenen Straftheorien lässt sich konstatieren: Weder die absoluten noch die relativen Straftheorien verfügen über ein straftheoretisches Konzept, das je für sich eine zureichende Erklärung und Begründung für die Androhung, Verhängung und Vollstreckung von Kriminalstrafe bereithält. Auf den Prüfstand gestellt lassen alle Straftheorien neben einer Reihe verschiedenartiger Vorzüge auch deutliche, mit theorieeigenen Mitteln nicht zu beseitigende Schwächen und Mängel erkennen. Das gilt für die überkommenen, traditionellen Straftheorien in gleicher Weise wie für neuere Theorieentwicklungen mit der Folge, dass keine der bislang erarbeiteten Straftheorien für sich beanspruchen kann, eine allumfassende, eine wirkliche „Theorie der Strafe" zu sein. Die neuere Theoriediskussion über Sinngebung und Zweckbestimmung der Kriminalstrafe hat aber auch noch etwas anderes erbracht: Es ist klar geworden, dass die verschiedenen Theorieansätze sowohl der absoluten als auch der relativen Straftheorien nicht einfach nur „unbrauchbar" sind, sondern im Gegenteil alle zur Erklärung und Begründung der Kriminalstrafe mitwirken. Sie alle sind für die Sinngebung der Kriminalstrafe auf die eine oder andere Weise konstitutiv und daher unverzichtbar. Das wird zwar vielfach bezweifelt und für bestimmte, nicht ins eigene Theoriebild passende Theorieelemente strikt ausgeschlossen. Allein der Umstand, dass auch neuere Straftheorien bei allem Bemühen um Originalität letztlich doch – wenn auch manchmal verschleiert – auf absolute oder quasiabsolute bzw. relative oder quasirelative Sinnkriterien der Kriminalstrafe zurückgreifen, ist indessen hinreichender Beleg für deren nach wie vor bestehende straftheoretische Dignität.

52 Nichts liegt deshalb näher, als zu versuchen, die theorieverschiedenen Sinnkriterien der Kriminalstrafe in einer **Vereinigungstheorie** miteinander zu verknüpfen, und zwar so, dass die Schwächen und Mängel der absoluten durch die Vorzüge und Stärken der relativen Theorieelemente kompensiert werden und vice versa. Allerdings stellen sich solchen Versuchen über kurz oder lang nahezu unüberwindbare Hindernisse in den Weg. Wie etwa soll die Gegensätzlichkeit theorieverschiedener Strafzwecke – eine für prinzipiell unauflösbar gehaltene Antinomie der Strafzwecke[22] – „vereinigungsverträglich" aufgehoben werden? Und wie ist in einem übergreifenden Theoriekonzept mit Schwächen und Stärken der einzelnen Straftheorien umzugehen, wenn die theorieverschiedenen Sinnkriterien der Kriminalstrafe an sich gar nichts miteinander zu tun haben, geschweige denn einer „vereinigungstheoretischen Kompensation" auch nur annähernd zugänglich sind? Wie dem auch sei: Die sog. Vereinigungstheorien beherrschen seit geraumer Zeit die Strafzweckdiskussion und verstehen sich – in diversen

---

22 Vgl. dazu NK-StGB (Hassemer/Neumann), Vor § 1 Rn. 286 f. mit Rn. 243 ff.; *Jeschek/Weigend*, Strafrecht AT, § 8 I vor 1 mit § 82 IV, 5; vgl. auch *Schönke/Schröder (Kinzig)*, StGB, Vorbem. §§ 38 ff., Rn. 11 ff.

4. Zur Sinngebung der Strafe: Straftheorien

Ausformungen: als „additive", präventive oder vergeltende Vereinigungstheorie – als die wohl herrschende Lehre.

Ob sich in der Rechtsprechung des *BVerfG* und des *BGH* eine solche Vereinigungstheorie etabliert hat, erscheint eher fraglich. Das *BVerfG* hat sich zwar wiederholt mit Sinn und Zweck des staatlichen Strafens befasst, hat aber zu den Straftheorien nicht grundlegend Stellung genommen und erst recht keine „eigene" Straftheorie entwickelt. Orientiert am geltenden Strafrecht und der Rechtsprechung der Fachgerichte hat es nicht nur den gerechten Schuldausgleich, sondern als Strafzwecke auch die Prävention, die Resozialisierung des Täters sowie die Sühne und Vergeltung für begangenes Unrecht anerkannt.[23] Und es hat weiter betont, dass die Kriminalstrafe unbeschadet ihrer Aufgabe, abzuschrecken und zu resozialisieren, ihrem Wesen nach Vergeltung für begangenes Unrecht ist.[24] Im Einzelfall können deshalb alle als verfassungsrechtlich zulässig anerkannten Strafzwecke zur schuldgerechten Sanktionsentscheidung herangezogen werden.[25] Der Haltung des *BVerfG* entspricht weitgehend auch die höchstrichterliche Rechtsprechung des *BGH*.

53

Entgegen geläufiger Zuschreibung repräsentiert sie aber genauso wenig wie die Rechtsprechung des *BVerfG* eine in sich stimmige, geschlossene Vereinigungstheorie. Es handelt sich vielmehr um eine grundsätzliche Anerkennung theorieverschiedener Sinnelemente der Kriminalstrafe, die nebeneinander stehend unterschiedliche Aspekte des staatlichen Strafens sein dürfen (verfassungsrechtliche Unbedenklichkeit) und sind. In der Rechtsprechung des *BGH* geht es zudem nicht um straftheoretische Grundlagenerörterung, sondern um die strafzumessungsrechtliche Verwendbarkeit einzelner, in ein Spannungsverhältnis tretender und im konkreten Einzelfall gegeneinander abzuwägender Strafzumessungsgesichtspunkte. Zurückverwiesen auf die unvermeidliche **Antinomie der Strafzwecke** sind es vor allem einzelfallabhängige Umstände, die bei der Zumessung einer stets schuldgerechten Strafe für den einen oder anderen Strafzweck oder mehrere Strafzwecke zugleich den Ausschlag geben.[26]

54

Das Fehlen genereller Vorrangregeln, die daraus resultierende (vermeintliche) Gleichrangigkeit aller anerkannten Strafzwecke und die (scheinbare) Beliebigkeit ihrer entscheidungserheblichen Verwendung hat der Rechtsprechung des *BVerfG* und des *BGH* eine z.T. herbe Kritik eingetragen. Unter der Bezeichnung „additive Vereinigungstheorie" wird die Auffassung des *BVerfG* und des *BGH* als „standpunktloses Hin- und Herschwanken zwischen verschiedenen Strafzielen"[27] oder gar als „Eintopf, in dem alles mit allem vermengt und Unvereinbares als vereinbar behauptet wird"[28], disqualifiziert. Auch wenn solcherlei Kritik mit Rücksicht auf die bestimmungsgemäß nicht mit Theoriebildung befasste gerichtliche Spruchtätigkeit bei weitem überzogen wirkt, ist nicht zu verkennen, dass das Etikett (Vereinigungs-)„Theorie" die falsche Flagge ist, unter der die straftheoretischen (?) Aussagen des *BVerfG* und des *BGH* segeln.

55

Mit ähnlichen Vorbehalten ist einer verbreiteten Einschätzung zu begegnen, das geltende Strafrecht stehe im Sinne einer Vereinigungs-„Theorie" auf dem Boden einer alle theorieverschiedenen Sinnelemente der Kriminalstrafe anerkennenden Strafzwecklehre.

56

---

23 Vgl. BVerfGE 45, 187 ff., 253/4; 95, 96 ff., 140; ferner BVerfGE 110, 1 ff., 13.
24 Vgl. BVerfGE 21, 391 ff., 404; 110, 1 ff., 13.
25 Vgl. BVerfGE 64, 261 ff., 277.
26 Vgl. z.B. BGHSt 20, 264, 266; 28, 318, 326/7; 34, 150, 151; 45, 270 f., 307.
27 Vgl. *Roxin*, Strafrecht AT I, § 3 Rn. 35.
28 So *Callies* NJW 1989, 1338 ff., 1339.

Unter straftheoretischem Blickwinkel führt es auch nicht weiter, die theorieverschiedenen Sinnkriterien der Kriminalstrafe im Gesamtvorgang des staatlichen Strafens auf drei verschiedene „Geltungsstufen" verteilt zu sehen und in dieses Stufenmodell dann „passende" Gesetzesbestimmungen einzuordnen. Dieser sog. Dreistufentheorie kommt allerdings das Verdienst zu, die Komplexität des staatlichen Bestrafungsvorgangs strukturell durchschaubar gemacht zu haben. Danach ist zwischen den Stufen der **gesetzlichen Strafandrohung**, der **gerichtlichen Strafverhängung** und der **Strafvollstreckung**/dem **Strafvollzug** zu differenzieren. Auf jeder dieser drei Stufen des staatlichen Strafens sollen die theorieverschiedenen Aspekte der Kriminalstrafe eine unterschiedlich gewichtige Rolle spielen: Auf der Stufe der gesetzlichen Strafandrohung geht es vornehmlich um die generalpräventive Wirkung der Strafe, auf der Stufe der richterlichen Straffestsetzung und -verhängung steht die Tatvergeltung durch gerechten Schuldausgleich im Vordergrund und die Stufe der Strafvollstreckung/des Strafvollzugs betrifft (vorrangig oder ausschließlich (?)) die Verwirklichung spezialpräventiver Strafzwecke (Besserung, Sicherung). Diese verschiedenen Stufen des staatlichen Strafens gewissermaßen im Rücklauf wieder zu einer Einheit, nämlich zum Gesamtkomplex staatlicher Strafe zu verdichten, stellt – sofern das überhaupt möglich ist – nicht eo ipso die Vereinigung aller theorieverschiedenen Sinnelemente der Kriminalstrafe zu einer einheitlichen „Theorie der Strafe" her. Eine solche, nunmehr „stufenvereinigende" Straftheorie müsste zumindest gewährleisten, dass die jeweils folgende Stufe des Bestrafungsvorgangs die vorangegangene inhaltlich in sich aufnimmt und umgekehrt. Das aber leistet die Dreistufentheorie gerade nicht. Die Zuordnung bestimmter gesetzlicher Vorschriften zu den drei Stufen des staatlichen Strafens belegt deshalb nicht, dass das geltende Strafrecht „straftheoretisch" auf dem Boden der (einer) Vereinigungstheorie steht.

57 Ungeachtet dessen enthält das geltende Strafrecht eine Reihe gesetzlicher Vorschriften, die ohne Festlegung auf eine einzige der herkömmlichen Straftheorien durchaus als gesetzliche Anerkennung theorieverschiedener Sinnkriterien der Kriminalstrafe zu verstehen sind.[29] So lässt sich die **Grundlagenformel** in § 46 Abs. 1 S. 1 („Die Schuld des Täters ist Grundlage für die Zumessung der Strafe") im straftheoretischen Sinne als Ausdruck des Vergeltungsgedankens deuten.[30] Indem § 46 Abs. 1 S. 1 die individuelle Schuld des Täters zur Grundlage der Strafzumessung macht, gibt das Gesetz zu erkennen, dass es von der „greifbaren Existenz" menschlicher Schuld ausgeht und weiter, dass Strafe stets Schuld voraussetzt. Mit § 46 Abs. 1 S. 1 hat daher das strafrechtliche Schuldprinzip („Keine Strafe ohne Schuld") gesetzliche Anerkennung gefunden.[31] Darüber hinaus besagt die Grundlagenformel aber auch, dass Strafe immer nur im Ausmaß der individuellen Schuld zu verhängen ist. Strafe muss also, soll sie als Kriminalstrafe vor dem Gesetz bestehen, stets schuldgerecht sein. Vieles spricht demzufolge dafür, dass § 46 Abs. 1 S. 1 unter straftheoretischem Aspekt dem Vergeltungsgedanken und damit dem Gedanken der **gerechten Tatvergeltung** sowie der **Sühne** (zumindest auch) Rechnung trägt.

58 Die Idee der **gerechten Tatvergeltung** – umgesetzt als gerechter Schuldausgleich – spiegelt sich des Weiteren in den gesetzlichen Strafdrohungen der §§ 80 ff. wider. Mit

---

29 Vgl. dazu und zum Folgenden etwa *Baumann/Weber/Mitsch/Eisele*, Strafrecht AT/*Eisele*, § 2 Rn. 53 ff.; *Jescheck/Weigend*, Strafrecht AT, § 8 V, 2; *Schönke/Schröder(Kinzig)*, StGB, Vorbem. §§ 38 ff., Rn. 2 ff., 6/7 ff., insbesondere 11, 20 ff.
30 Vgl. etwa *Roxin*, Strafrecht AT I, § 3 Rn. 6.
31 Vgl. dazu auch *BVerfGE* 96, 245 ff., 249.

4. Zur Sinngebung der Strafe: Straftheorien

Strafdrohungen in Gestalt von Strafrahmen ist gesetzlich für die Straffestsetzung und -zumessung im Einzelfall ermöglicht, was die Theorie der gerechten Tatvergeltung auszeichnet: eine Strafe, die nach Art und Maß dem Ausmaß des verschuldeten Unrechts äquivalent entspricht. Die gesetzlichen Strafdrohungen verstehen sich freilich zugleich auch als Ausdruck **generalpräventiver** Erwägungen. Schon durch ihre förmliche Verlautbarung im Gesetz erzeugen sie ein allgemeines Rechts- und Wertebewusstsein und schrecken potentielle Straftäter vor der Begehung von (weiteren) Straftaten ab. Ihre strikte, aber schuldgerechte Anwendung dient sodann neben einer nicht ausschließbaren Konsolidierung der abschreckungspräventiven Wirkung vor allem der Rechtsbewährung, indem durch sichtbare Normbestätigung die Rechtstreue der in Gemeinschaft zusammenlebenden Menschen bestärkt wird. Von einer positiv-generalpräventiven Wirkung der Kriminalstrafe geht das Gesetz – wenn auch nicht ausdrücklich so benannt – ferner in den Vorschriften der §§ 47 Abs. 1, 56 Abs. 3 und 59 Abs. 1 Nr. 3 aus. Wenn darin von der „Verteidigung der Rechtsordnung" die Rede ist, die es erfordert („gebietet"), statt Geldstrafe eine Freiheitsstrafe, statt einer nicht zu vollstreckenden eine vollstreckbare Freiheitsstrafe oder statt einer Verwarnung eine Freiheitsstrafe auszusprechen, dann betrifft dies die Rechtsbewährung in dem Sinne, dass ein Verzicht auf Freiheitsstrafe die Rechtstreue der Bevölkerung und ihr Vertrauen in die Unverbrüchlichkeit des Rechts erschüttern würde.[32] Dass die Verhängung einer Freiheitsstrafe in diesen Fällen – zumal mit der Möglichkeit ihrer Vollstreckung – außerdem negativ-generalpräventive, abschreckende Wirkung haben kann, dürfte begrifflich von der „Verteidigung der Rechtsordnung" ebenfalls (mit)umfasst sein.[33]

Deutlicher zu erkennen sind **spezialpräventive** Tendenzen des Gesetzes. Vor allem die Aussetzung der Vollstreckung von Freiheitsstrafen oder von Strafresten zur Bewährung (vgl. §§ 56, 57, 57 a) ist in ihrer Zielsetzung klar auf die Resozialisierung des Täters ausgerichtet. Als Beleg dafür stehen nicht nur die verschiedenen Prognoseerfordernisse, sondern ebenso die Vorschriften der §§ 56 a – 56 f, die zur „sanktionsgerechten Behandlung" des Täters in der Bewährungszeit unterschiedliche, an zukünftiger Legalbewährung orientierte Maßnahmen und Mittel zur Verfügung stellen. Doch auch das Absehen von Strafe im Falle eines sog. Täter-Opfer-Ausgleichs oder einer Schadenswiedergutmachung (§ 46 a), die Verwarnung mit Strafvorbehalt (§ 59) und der teilweise Verzicht auf die „verdiente" Strafe durch Einschränkung der kurzen Freiheitsstrafen (§ 47) sind gesetzliche Indikatoren für spezialpräventive Strafzwecke. Auf der Ebene der Strafverhängung und Strafzumessung schließlich verlangt § 46 Abs. 1 S. 2 eine Berücksichtigung der Wirkungen, die von der Strafe für das künftige Leben des Täters in der Gesellschaft zu erwarten sind. Dass damit eine gesetzliche Anerkennung spezialpräventiver Wirkungen der Kriminalstrafe verbunden ist, entspricht allgemeiner Auffassung.[34]

59

Insgesamt vermittelt die derzeitige Gesetzeslage somit ein straftheoretisches Bild, in dem general- und spezialpräventive aber auch tatvergeltende (gerechter Schuldausgleich) Sinnelemente der Kriminalstrafe sichtbar Aufnahme gefunden haben. Ob es sich dabei gleich um ein ausgewogenes Verhältnis von Schuldausgleich, Generalprävention und Spezialprävention[35] und gar um die gesetzliche Wiedergabe einer „verei-

60

---

32 Vgl. etwa bei *Schönke/Schröder (Kinzig)*, StGB, Vorbem. §§ 38 ff., Rn. 12 ff. m. w. Nachw.
33 Vgl. in diesem Sinne auch *Fischer*, StGB, § 46 Rn. 10 ff.
34 Vgl. dazu statt aller *Schönke/Schröder (Kinzig)*, StGB, Vorbem. §§ 38 ff., Rn. 15; ferner *Fischer*, StGB, § 46 Rn. 3, 7; *Jescheck/Weigend*, Strafrecht AT, § 8 V, 2 mit § 82 IV, 4.
35 So etwa *Jescheck/Weigend*, Strafrecht AT, § 8 V, 2 a.E.

nigungstheoretischen" Sinngebung der Kriminalstrafe handelt, ist dennoch zu bezweifeln. Viel eher sind die auch für theorieverschiedene Sinnkriterien der Kriminalstrafe zu vereinnahmenden gesetzlichen Vorschriften gesellschafts- und staatspolitisch bedingte Ergebnisse einer jahrzehnte- und inzwischen jahrhundertelangen Strafrechtsentwicklung, die den unterschiedlichen straftheoretischen Strömungen eines teilweise epochalen Zeitgeistes bis heute gefolgt ist. Solche gesetzes- und gesetzgebungsgeschichtlich begründbare Summation nur einzelner theorieverschiedener Sinnelemente der Kriminalstrafe macht indessen noch keine („vereinigende") Straftheorie aus.

61 Theoriequalität beanspruchen demgegenüber die sog. „dialektischen" Vereinigungstheorien, die als gegenwärtig vorherrschende Auffassung in verschiedenen Erscheinungsformen anzutreffen sind. Je nach straftheoretischem Ausgangspunkt versuchen sie, unter Einbeziehung oder Ausschluss des Aspekts der gerechten Tatvergeltung die unterschiedlichen Theorieansätze in eine übergreifende Theoriekonzeption einzubinden. Einig sind sie sich in der Methodik der Theoriebildung: Es kommt darauf an, sämtliche theorieverschiedenen Sinnelemente der Kriminalstrafe in ein ausgewogenes Verhältnis zueinander zu bringen[36], indem die „einlinige Übersteigerung" einzelner Theorieansätze in der Weise aufgehoben wird, dass ihre zutreffenden Aspekte bewahrt und ihre Schwächen durch ein System gegenseitiger Ergänzung und Beschränkung getilgt werden.[37] Einmal mehr erweist sich indessen auch für jede „dialektische" Vereinigungstheorie als Nagelprobe, ob und wie die unausweichliche Antinomie der Strafzwecke theorieintern durch generelle Präferenzregeln aufgelöst oder zumindest doch „entschärft" wird.

62 Eine verfassungsrechtlich makellose „dialektische" Vereinigungstheorie muss daher in sich aufnehmen können, dass Kriminalstrafe stets Schuld voraussetzt und sie zugleich schuldproportional im Sinne eines gerechten Schuldausgleichs nach Art und Maß bestimmt ist. Der Sache nach bedeutet das aber auch, für die Sinngebung der Kriminalstrafe auf die „absoluten" straftheoretischen Elemente der gerechten Tatvergeltung und der Sühne nicht nur nicht zu verzichten, sondern sie als Theoriebasis für eine **integrative Verschränkung** theorieverschiedener Strafzwecke zu nutzen. Danach besteht der fundamentale Sinn der Kriminalstrafe in einer schuldbezogenen Vergeltung für begangenes Unrecht. Diese Tatvergeltung ist so zu gestalten, dass sie vom Täter selbst ebenso wie von der Allgemeinheit der in (staatlicher) Gemeinschaft zusammenlebenden Menschen als „gerecht" empfunden wird; denn nur die als gerecht empfundene Strafe bietet die Chance, von der Gemeinschaft und vom Täter angenommen zu werden. Erst solche (innere) Akzeptanz macht es der Kriminalstrafe möglich, nicht lediglich zu vergelten, sondern nachhaltig kriminalitätsvorbeugend zu wirken. Es kommt daher darauf an, dass Kriminalstrafe als Äquivalent für begangenes Unrecht stets schuldproportional bestimmt wird. In diesem Bezugsrahmen dient Kriminalstrafe – der Aufgabenstellung des Strafrechts verpflichtet – dem Schutz der Gesellschaft durch (subsidiären) Rechtsgüterschutz, indem sie der Begehung von Straftaten vorbeugt. Der Gedanke der Verbrechensvorbeugung ist dementsprechend nicht weniger für die Sinngebung der Kriminalstrafe maßgeblich als die Idee der gerechten Tatvergeltung. Der oftmals erhobene Einwand, Vorbeugung und Vergeltung schlössen sich als sinngebende Aspekte der Kriminalstrafe gegenseitig aus, überzeugt nicht. Zwar

---

36 Vgl. *Jescheck/Weigend*, Strafrecht AT, § 8 V vor 1.
37 So *Roxin* JuS 1966, 377 ff., 387; *ders.*, Strafrecht AT I, § 3 Rn. 36 mit dem Modell einer präventiven dialektischen Vereinigungstheorie in Rn. 37 ff.

ist der Vergeltungsgedanke durch eine vergangenheitsbezogene, retrospektive und der Vorbeugungsgedanke durch eine zukunftsorientierte, prospektive Betrachtungsweise gekennzeichnet. Und es trifft auch zu, dass diese Betrachtungsweisen entgegengesetzt sind. Aber daraus folgt nicht zwangsläufig, dass sie vollkommen unverbunden und unverbindbar nebeneinander stehen[38] und erst recht nicht, dass Vergeltung und Vorbeugung inhaltlich als sinngebende Theorieelemente der Kriminalstrafe unversöhnliche Gegensätze darstellen.[39] Sie treffen und verbinden sich vielmehr in der konkret festzusetzenden und auszusprechenden Kriminalstrafe, die als (staatliche) Reaktion auf begangenes Unrecht die gesetzliche Androhung in sich verarbeitet und angesichts der begangenen Straftat auf die Verhinderung (weiter) Straftaten zielt. Kriminalstrafe kann auf diese Weise general- und/oder spezialpräventive Wirkungen entfalten, ohne dass es straftheoretisch von Belang ist, dass alle diese Wirkungen im Einzelfall tatsächlich eintreten.

Die gleichzeitige Verwirklichung general- und spezialpräventiver Zwecke sowohl in deren positiver als auch negativer Ausprägung ist unproblematisch, wenn und soweit die den Einzelfall konstituierenden situativen, normativen, sozialen etc. Umstände und individuellen Tätereigenschaften die vorrangige/gleichrangige Umsetzung der general- oder/und spezialpräventiven Strafzwecke erfordern. Für den „echten" Konflikt zwischen general- und spezialpräventiven Erwägungen gilt entsprechend, dass prinzipiell spezialpräventive Strafzwecke bis zur Untergrenze generalpräventiver Minimalanforderungen Vorrang vor den generalpräventiven Zielsetzungen der Strafe genießen. Bei alledem bleibt jedoch zu beachten, dass sich die nach teilweise einzelfallbestimmten Präferenzregeln vorzunehmende Ausbalancierung theorieverschiedener Strafzwecke immer im Rahmen des gerechten Schuldausgleichs halten muss und hält.[40]

63

5. Lernkontrolle

- Was kennzeichnet Begriff und Wesen der Kriminalstrafe? (Rn. 33, 34, 36)
- Beschreiben Sie die formelle und materielle Legitimationsgrundlage staatlicher Kriminalstrafe. (Rn. 37 – 41)
- Welcher grundlegende Unterschied besteht zwischen den sog. absoluten und den sog. relativen Straftheorien? (Rn. 44f., 46; 47)
- Benennen Sie die individual- bzw. spezialpräventive Zielsetzung der Kriminalstrafe. (Rn. 49)
- Welche Wirkungskomponenten schreibt die Theorie der Generalprävention der Kriminalstrafe zu? (Rn. 50)
- Was versteht man unter „additiver" Vereinigungstheorie? (Rn. 52 ff.)
- Umschreiben Sie die verschiedenen Erscheinungsformen der sog. „dialektischen" Vereinigungstheorie. (Rn. 61 ff.)
- Welchen Anforderungen muss eine verfassungsrechtlich verträgliche „dialektische" Vereinigungstheorie genügen? (Rn. 62 f.)

---

38 So aber *Lesch* JA 1994, 510 ff., 590 ff., 595.
39 In diesem Sinne auch *Jescheck/Weigend*, Strafrecht AT, § 8 II, 4; vgl. auch LK-StGB/*Weigend*, Einl. Rn. 60, 62; vgl. ferner *Stratenwerth/Kuhlen*, Strafrecht AT, § 1 Rn. 31 ff., 35 f.
40 Vgl. zum Ganzen ähnlich *Jescheck/Weigend*, Strafrecht AT, § 8 V vor 1, 1 m. w. Nachw.; *Stratenwerth/Kuhlen*, Strafrecht AT, § 1 Rn. 31 ff., 36.

III. Das sanktionenrechtliche Instrumentarium im Überblick

64 Auf eine begangene Straftat kann nach derzeitiger Gesetzeslage sehr unterschiedlich und unter Berücksichtigung besonderer Umstände des Einzelfalls flexibel reagiert werden. Prozessuale Reaktionsmittel sind z.b. die verschiedenen Arten einer (durch das zuständige Gericht zu beschließenden) **Einstellung des Verfahrens** (vgl. §§ 153 Abs. 2, 153 a Abs. 2 StPO für die nach allgemeinem Strafrecht zu beurteilenden Straftaten; § 47 JGG für Jugendverfehlungen = Jugendstraftaten; § 31 a Abs. 2 BtmG für bestimmte dem Betäubungsmittelstrafrecht zugehörige Delikte) oder eines (von der Staatsanwaltschaft als Verfolgungsbehörde zu verfügenden) **Absehens von der Strafverfolgung** (vgl. §§ 153 Abs. 1, 153 a Abs. 1 StPO; 45 JGG; 31 a Abs. 1 BtmG). Als materiellrechtliche, strafrechtliche Reaktionsmittel stehen Strafen und **Maßnahmen** i. S. d. § 11 Abs. 1 Nr. 8 sowie sonstige **Nebenfolgen** zur Verfügung. Strafen, Maßnahmen und Nebenfolgen bilden die Gesamtheit aller strafrechtlichen **Sanktionen**, die sich unter dem Aspekt ihrer jeweiligen Rechtsfolgevoraussetzungen in schuldabhängige (Strafen) und schuldunabhängige bzw. schuldindifferente (Maßnahmen) Sanktionen unterteilen lassen.[1] Dieses sanktionenrechtliche Instrumentarium umfasst bei den Strafen neben dem Fahrverbot (§ 44) die Freiheits- (§§ 38, 39) und die Geldstrafe (§§ 40 – 43), ergänzt durch sog. Nebenfolgen (§ 45), die Verwarnung mit Strafvorbehalt (§§ 59 – 59 c), das (gänzliche) Absehen von Strafe (§ 60) und das die Freiheitsstrafe bzw. deren nach Teilvollzug noch offenen Strafreste betreffende Institut der Vollstreckungsaussetzung zur Bewährung (§§ 56 ff.). Zu den Maßnahmen zählen insbesondere die Maßregeln der Besserung und Sicherung (§§ 61 – 72) und die sonstigen Maßnahmen wie etwa die verschiedenen Modalitäten der Einziehung (§§ 73 ff.) und die Unbrauchbarmachung (§ 74 d) sowie weitere spezielle Maßnahmen des sog. Nebenstrafrechts (vgl. Rn. 8). Generell hierher gehören auch die Sanktionen des Jugendstrafrechts (zur Jugendstrafe vgl. §§ 17, 21 ff., 27 JGG), die aber wegen ihres besonderen sanktionenrechtlichen Charakters nachfolgend ausgespart bleiben.[2]

1. Die Strafen

65 In seiner gegenwärtig gültigen Fassung regelt das StGB im ersten Titel des dritten Abschnitts (Rechtsfolgen der Tat) unter Einschluss der sog. Nebenfolgen (vgl. §§ 45 – 45 b) drei verschiedene Strafarten: die Freiheits- und die Geldstrafe sowie das Fahrverbot. Nach der Terminologie und Systematik des Gesetzes handelt es sich bei dem Fahrverbot (§ 44) um eine sog. **Nebenstrafe**, bei den anderen Strafarten – wenn auch nicht ausdrücklich so überschrieben – um sog. **Hauptstrafen**. Der sachliche Unterschied zwischen Haupt- und Nebenstrafen besteht darin, dass Nebenstrafen nur zusammen mit einer Hauptstrafe ausgesprochen, Hauptstrafen dagegen für sich – selbständig – verhängt werden können.[3]

1.1 Freiheitsstrafe

66 Die der Art nach schwerste Strafe ist die Freiheitsstrafe. Sie ist die klassische Hauptstrafe schlechthin. Nach der Dauer der Freiheitsstrafe unterscheidet das Gesetz in § 38

---

1 Vgl. *Baumann/Weber/Mitsch/Eisele*, Strafrecht AT/ *Mitsch*, § 29 Rn. 4.
2 Vgl. zum Ganzen den Überblick bei *Baumann/Weber/Mitsch/Eisele*, Strafrecht AT/*Mitsch*, §§ 29 – 31.
3 Vgl. *Schönke/Schröder (Kinzig)*, StGB, Vorbem. §§ 38 ff. Rn. 29, 30.

1. Die Strafen

zwischen der **zeitigen** und der **lebenslangen** Freiheitsstrafe. Aus § 38 Abs. 1 ergibt sich, dass lebenslange Freiheitsstrafe ausdrücklich angedroht sein muss, Freiheitsstrafe im Übrigen stets zeitige Freiheitsstrafe ist. Deren absolutes Höchst- und Mindestmaß ist in § 38 Abs. 2 festgelegt. Danach beträgt das Mindestmaß der zeitigen Freiheitsstrafe einen Monat, ihr Höchstmaß fünfzehn Jahre.

Soweit das Gesetz zeitige Freiheitsstrafe androht, weichen deren in den §§ 80 ff. konkret benannten Ober- und Untergrenzen in aller Regel von dem in § 38 Abs. 2 festgelegten Höchst- bzw. Mindestmaß ab. Innerhalb des gem. § 38 Abs. 2 „nach oben und nach unten" absolut begrenzten **allgemeinen Strafrahmens** der zeitigen Freiheitsstrafe sehen die gesetzlichen Strafdrohungen der §§ 80 ff. zum Teil niedrigere Obergrenzen (vgl. § 242 Abs. 1), teilweise höhere Untergrenzen (vgl. § 212 Abs. 1) oder auch beides zugleich (vgl. § 176 Abs. 1) vor. Oftmals wird nur eine höhere Unter- oder niedrigere Obergrenze genannt. In diesen Fällen muss § 38 Abs. 2 ergänzend in die konkrete Strafdrohung „hineingelesen" werden. In § 242 Abs. 1 reicht der **gesetzliche Strafrahmen** für die angedrohte Freiheitsstrafe daher von einem Monat (§ 38 Abs. 2) bis zu fünf Jahren (§ 242 Abs. 1), in § 212 Abs. 1 reicht er von fünf Jahren (§ 212 Abs. 1) bis zu fünfzehn Jahren (§ 38 Abs. 2) Freiheitsstrafe. Wie die festzusetzende Freiheitsstrafe „strafzumessungstechnisch" zu bemessen ist, regelt § 39. Danach werden Freiheitsstrafen unter einem Jahr nach vollen Wochen und Monaten, Freiheitsstrafen von mehr als einem Jahr nach vollen Monaten und Jahren bemessen. Unzulässig ist somit die Verhängung einer Freiheitsstrafe von fünfeinhalb Monaten (statt fünf Monaten und zwei Wochen) oder von einem Jahr und acht Wochen (statt einem Jahr und zwei Monaten). Zulässig wäre es aber, auf 22 Wochen oder auf 14 Monate Freiheitsstrafe zu erkennen.

67

Mit der Verhängung einer (zeitigen) Freiheitsstrafe ist in vielen Fällen noch nicht abschließend auch über deren Vollstreckung (Vollzug) entschieden. Unter bestimmten Voraussetzungen besteht nämlich die Möglichkeit, eine Aussetzung der Vollstreckung zur Bewährung auszusprechen. Die Voraussetzungen für eine solche **Vollstreckungsaussetzung** der Freiheitsstrafe **zur Bewährung** sind in § 56 beschrieben. Je nach der Höhe der festgesetzten Freiheitsstrafe sind drei verschiedene Aussetzungsvarianten zu unterscheiden:

68

Die Vollstreckungsaussetzung einer Freiheitsstrafe von **weniger als sechs Monaten** ist bei sog. günstiger Sozialprognose (Rn. 70) zwingend vorgeschrieben. Das ergibt sich gem. §§ 56 Abs. 1, 47 im Umkehrschluss aus § 56 Abs. 3. Die Vollstreckung einer Freiheitsstrafe von **sechs Monaten bis zu einem Jahr** muss bei günstiger Sozialprognose ebenfalls zur Bewährung ausgesetzt werden, es sei denn, die „Verteidigung der Rechtsordnung" gebietet ihre Vollstreckung (§ 56 Abs. 3). Bei Freiheitsstrafen **von mehr als einem, aber nicht mehr als zwei Jahren** ist die Vollstreckungsaussetzung zur Bewährung möglich, wenn eine günstige Sozialprognose erstellt werden kann, die „Verteidigung der Rechtsordnung" die Vollstreckung nicht gebietet (§ 56 Abs. 3) und – nach einer Gesamtwürdigung von Tat und Persönlichkeit des Verurteilten – besondere Umstände vorliegen.[4] Die Vollstreckungsaussetzung einer Freiheitsstrafe von mehr als zwei Jahren erlaubt das Gesetz (jedenfalls bislang) nicht. Das gilt auch für zwei Jahre übersteigende Freiheitsstrafen, bei denen wegen einer gesetzlich oder im Urteil angeordneten Anrechnung z.B. von erlittener Untersuchungshaft »rein rechnerisch«

69

---

4 Vgl. dazu *Schönke/Schröder (Kinzig)*, StGB, § 56 Rn. 35 ff., 37 ff., 39 – 42; ferner HK-GS/*Braasch*, § 56 Rn. 29 ff.

eine noch zu verbüßende Reststrafe von weniger als 2 Jahren übrig bliebe. Generell ausgeschlossen ist des Weiteren die Vollstreckungsaussetzung eines Teils der ausgesprochenen Freiheitsstrafe zur Bewährung. Vollstreckungsaussetzung zur Bewährung wird immer nur für die ausgeurteilte Strafe zur Gänze oder gar nicht gewährt.

70 Dreh- und Angelpunkt der in § 56 enthaltenen drei Aussetzungsvarianten ist die jeweils vorausgesetzte **günstige Sozialprognose**. Hierbei handelt es sich um eine Aussage über das zukünftige Legalverhalten des zur Verurteilung stehenden Straftäters. Wie jeder Kriminalprognose ist auch der günstigen Sozialprognose im Sinne des § 56 Abs. 1 eine prognosetypische Aussageunsicherheit immanent: Prognosen können „von Natur aus" immer nur mehr oder weniger gesicherte Wahrscheinlichkeitsaussagen sein. Strukturell geht es darum, aus der Kenntnis möglichst zahlreicher Gegebenheiten der Vergangenheit und Gegenwart auf Entwicklungen und Verhältnisse etc. in der Zukunft zu schließen, ohne zu wissen, „was die Zukunft wirklich bringt". Die in § 56 Abs. 1 für jede Art von Vollstreckungsaussetzung zur Bewährung geforderte Erwartung „dass der Verurteilte sich schon die Verurteilung dienen lassen und künftig auch ohne die Einwirkung des Strafvollzuges keine Straftaten mehr begehen wird", versteht sich deshalb nicht als sichere oder unbedingte Gewähr, sondern lediglich als eine durch Tatsachen **begründete Wahrscheinlichkeit** zukünftigen Legalverhaltens.[5]

71 Nicht durch Urteil, sondern durch **Beschluss** im Rahmen eines eigenen gerichtlichen (vollstreckungsrechtlichen) Verfahrens gem. § 454 StPO (Nachverfahren) kann nach Teilverbüßung (auch durch gerichtlich oder gesetzlich angeordnete Anrechnung z.B. von erlittener Untersuchungshaft möglich, vgl. § 51) einer Freiheitsstrafe die Vollstreckung auch von **Strafresten** zur Bewährung ausgesetzt werden. Geregelt ist die **Strafrestaussetzung zur Bewährung** bei zeitiger oder auch lebenslanger Freiheitsstrafe in den §§ 57, 57 a. Vier verschiedene Erscheinungsformen der Strafrestaussetzung zur Bewährung sind auseinander zu halten:

72 Für die in § 57 Abs. 1 erfasste sog. **Zwei-Drittel-Aussetzung** ist dreierlei erforderlich. Zunächst ist (formelle) Voraussetzung, dass zwei Drittel der verhängten Freiheitsstrafe, mindestens jedoch zwei Monate Freiheitsstrafe verbüßt sind. Sodann muss die Strafrestaussetzung unter Berücksichtigung des Sicherheitsinteresses der Allgemeinheit verantwortet werden können. Und schließlich ist die Einwilligung des Verurteilten in die Strafrestaussetzung zur Bewährung notwendig. Sind diese Voraussetzungen erfüllt, **muss** das Gericht von Amts wegen den noch offenen Strafrest mit Wirkung zum Zwei-Drittel-Zeitpunkt zur Bewährung aussetzen. Resozialisierungsfördernde, flankierende Bewährungsmaßnahmen sind im Wege einer sinngemäßen Anwendung der §§ 56 a – 56 g (vgl. § 57 Abs. 3) stets auf ihre (positiv-spezialpräventiven) Wirkungen zu prüfen und ggf. zu ergreifen. Unter bestimmten Voraussetzungen kann das Gericht von der Strafrestaussetzung zur Bewährung auch absehen (vgl. § 57 Abs. 6).

73 Zwei verschiedene Varianten der sog. **Halbstrafenaussetzung** enthält § 57 Abs. 2. Anders als bei der Zwei-Drittel-Aussetzung nach § 57 Abs. 1 **kann** das Gericht bei einer Mindestverbüßungszeit von sechs Monaten schon nach Verbüßung der Hälfte einer zeitigen Freiheitsstrafe die Vollstreckung des dann verbleibenden Strafrestes zur Bewährung aussetzen, wenn neben den Anforderungen des § 57 Abs. 1 zusätzlich noch weitere Voraussetzungen erfüllt sind. Bei der ersten Variante der Halbstrafausset-

---

5 Vgl. dazu *Fischer*, StGB, § 56 Rn. 4; HK-GS/*Braasch*, § 56 Rn. 6; *Schönke/Schröder (Kinzig)*, StGB, § 56 Rn. 15 ff., 17 alle m. w. Nachw. auch aus der Rspr.

zung, die als **Erstverbüßerregelung** bezeichnet wird, darf die verhängte und teilverbüßte Freiheitsstrafe (im Falle sog. unmittelbarer Anschlussvollstreckung (vgl. § 43 Abs. 2 StrVollstrO) mehrerer geringerer Freiheitsstrafen: insgesamt[6]) zwei Jahre nicht übersteigen, und der Verurteilte muss Erstverbüßer sein, d.h. er muss erstmals Freiheitsstrafe (nicht: Ersatzfreiheitsstrafe[7], vgl. § 43) verbüßen (§ 57 Abs. 2 Nr. 1). Die zweite Variante der Halbstrafenaussetzung (§ 57 Abs. 2 Nr. 2) sieht keine Höhenbegrenzung der ausgeurteilten Freiheitsstrafe vor, verlangt aber, dass eine Gesamtwürdigung von Tat, Persönlichkeit des Täters und seiner Entwicklung während des Strafvollzugs (z.B. Mitwirkung zum Erreichen Vollzugsziels „Resozialisierung") ergibt, dass besondere, die Strafrestaussetzung zur Bewährung begründende Umstände vorliegen. Auch für die Halbstrafenaussetzung gilt, dass flankierende Bewährungsmaßnahmen zu prüfen sind und angeordnet werden können (§ 57 Abs. 3). Ebenso ist ein Absehen von der Strafrestaussetzung möglich (§ 57 Abs. 6).

Eine vierte Erscheinungsform der Strafrestaussetzung zur Bewährung folgt dem verfassungsrechtlichen Gebot, wonach auch dem zu lebenslanger Freiheitsstrafe verurteilten Straftäter „die Chance verbleiben muss, je seine Freiheit wiedererlangen zu können".[8] Die **Strafrestaussetzung zur Bewährung bei lebenslanger Freiheitsstrafe** setzt gem. § 57 a Abs. 1 S. 1 Nr. 1 zunächst eine Mindestverbüßungszeit von fünfzehn Jahren und zudem voraus, dass die besondere Schwere der Schuld des Verurteilten die weitere Vollstreckung der lebenslangen Freiheitsstrafe nicht gebietet. Über diese besondere Schwere der Schuld und die weitere Vollstreckung muss sich bereits das Strafurteil verhalten, das die lebenslange Freiheitsstrafe rechtskräftig festsetzt. Im Übrigen ist wie bei der sog. Zwei-Drittel-Aussetzung und der Halbstrafenaussetzung die Einwilligung des Verurteilten und ferner erforderlich, dass die Strafrestaussetzung zur Bewährung unter Berücksichtigung des Sicherheitsinteresses der Allgemeinheit verantwortet werden kann. Anders als in den Restaussetzungsfällen des § 57 schreibt § 57 a Abs. 3 S. 1 zwingend vor, dass die Dauer der Bewährungszeit fünf Jahre (also die gem. § 56 a vorgesehene Höchstdauer) beträgt. Flankierende Bewährungsmaßnahmen sind gem. § 57 a Abs. 3 S. 2 zulässig und insbesondere angezeigt, wenn Straftäter nach längerer Strafverbüßung wie eben vor allem bei lebenslanger Freiheitsstrafe in die gesellschaftliche Lebenswirklichkeit zurückkehren. 74

Wie die Vollstreckungsaussetzung von (zeitigen) Freiheitsstrafen zur Bewährung gem. § 56 hängt auch die Vollstreckungsaussetzung von Strafresten zur Bewährung gem. §§ 57, 57 a in allen ihren Erscheinungsformen von einer **günstigen Täterprognose** ab. Diese erforderliche günstige Täterprognose ist indessen nicht mit der in § 56 geforderten günstigen Sozialprognose gleichzusetzen. Das ergibt sich bereits aus der von § 56 Abs. 1 S. 1 abweichenden Formulierung des Prognoseerfordernisses in § 57 Abs. 1 S. 1 Nr. 2, wonach es bei der Vollstreckungsaussetzung eines Strafrestes zur Bewährung nicht auf die begründete Wahrscheinlichkeit zukünftiger Legalbewährung, sondern »nur" darauf ankommt, dass die Strafrestaussetzung zur Bewährung unter Berücksichtigung des Sicherheitsinteresses der Allgemeinheit **verantwortet** werden kann. Zwar geht es auch bei einer Strafrestaussetzung zur Bewährung um das Resozialisierungsziel künftiger Straffreiheit. Die prognostischen Anforderungen an die günstige 75

---

6 Vgl. *Fischer*, StGB, § 57 Rn. 25, 25a; HK-GS/*Braasch*, § 27 Rn. 21 f.; LK-StGB/*Hubrach*, § 57 Rn. 28; *Schönke/Schröder (Kinzig)*, StGB, § 57 Rn. 23a, jew. m. w. Nachw. für die h. M.; a. A. *Lackner/Kühl/Heger*, StGB, § 57 Rn. 16 m. w. Nachw. für die Gegenansicht.
7 Vgl. *Fischer*, StGB, § 57 Rn. 3 m. w. Nachw. auch für die Gegenansicht.
8 Vgl. BVerfGE 45, 187 ff., 239.

Täterprognose im Sinne des § 57 Abs. 1 S. 1 Nr. 2 sind jedoch weniger streng als die von § 56 Abs. 1 S. 1 verlangte günstige Sozialprognose. Eine (mittelbare) Bestätigung hierfür liefern die anders lautenden gesetzlichen Prognosekriterien, die – ebenfalls nicht abschließend – in § 57 Abs. 1 S. 2 aufgeführt sind. Von Bedeutung ist insoweit, dass auf den Verurteilten im Strafvollzug resozialisierend eingewirkt worden ist und nunmehr der stationär begonnene Resozialisierungsprozess in Freiheit (ambulant) fortgesetzt werden soll. Es kann daher bei einer Strafrestaussetzung zur Bewährung – freilich unter Beachtung des Sicherheitsinteresses der Allgemeinheit – ein größeres Misserfolgsrisiko eingegangen werden als im Falle einer Vollstreckungsaussetzung zur Bewährung gem. § 56.[9] Zu erproben, „ob es gut geht", erlaubt § 57 Abs. 1 S. 1 Nr. 2 gleichwohl nicht. Günstig ist die von § 57 Abs. 1 S. 1 Nr. 2 geforderte Täterprognose erst, wenn im Sinne eines wahrscheinlichen Gelingens der Resozialisierung eine wirkliche naheliegende Chance zukünftiger Legalbewährung besteht. Ein **vertretbares** und deshalb hinzunehmendes **Restrisiko** schließt dagegen die günstige Täterprognose nicht aus.[10]

1.2 Geldstrafe

76 In der Praxisrealität strafrichterlicher Sanktionsentscheidungen dominiert die Geldstrafe (§ 40). Sie ist im Vergleich zur Freiheitsstrafe stets die mildere Strafart. Ihr Anwendungsbereich ergibt sich unmittelbar aus den gesetzlichen Strafdrohungen der §§ 80 ff., zum Teil aber auch aus § 47. Gem. § 40 Abs. 1 S. 1 wird die Geldstrafe in Tagessätzen verhängt, d.h. das Maß der Geldstrafe drückt sich **nicht** in einer **Geldsumme**, sondern in einer bestimmten **Tagessatzanzahl** aus. Erst wenn die Anzahl der Tagessätze als Ergebnis einer strafzumessungsrechtlichen Würdigung des Einzelfalls feststeht, kommt in einem sich anschließenden zweiten Zumessungsakt das Geld ins Spiel. Nach § 40 Abs. 2 S. 1 bestimmt das Gericht die **Tagessatzhöhe** unter Berücksichtigung der persönlichen und wirtschaftlichen Verhältnisse des Täters. Die Festsetzung einer Geldstrafe vollzieht sich also in zwei getrennten Strafzumessungsakten. Diese für die Strafzumessung bei der Geldstrafe charakteristische **Zweiaktigkeit** schlägt sich auch im Strafurteil bzw. in den urteilsvertretenden Sanktionsentscheidungen nieder, denn gem. § 40 Abs. 4 müssen Zahl und Höhe der Tagessätze angegeben werden. Ohne Angabe von Tagessatzanzahl **und** Tagessatzhöhe wäre die ausgeurteilte Geldstrafe im Übrigen auch nicht zu vollstrecken, denn Gegenstand der Geldstrafvollstreckung ist neben verschiedenartigen Kosten vor allem der dem Geldstrafenausspruch zugehörige Geldbetrag, der sich als das Produkt aus **Tagessatzanzahl und Tagessatzhöhe** errechnet.

77 Die **Tagessatzanzahl** wird unter Anwendung allgemeiner Strafzumessungsgrundsätze (vgl. § 46) nach dem Maß und Gewicht des schuldhaft verwirklichten Unrechts ermittelt. Das Mindestmaß der Geldstrafe beträgt fünf, das Höchstmaß dreihundertsechzig volle Tagessätze (§ 40 Abs. 1 S. 2), es sei denn, das Gesetz sieht etwas anderes vor. Teilweise wird dieser allgemeine Strafrahmen der Geldstrafe in den §§ 80 ff. durch eine niedrigere Obergrenze (vgl. §§ 160, 285) verengt, im Falle der Bildung einer Gesamtstrafe aus Einzelgeldstrafen beträgt das Höchstmaß der dann festzusetzenden Gesamtgeldstrafe gem. § 54 Abs. 2 S. 2 HS. 1 siebenhundertzwanzig Tagessätze. In der Regel stimmt jedoch der in § 40 Abs. 1 S. 2 vorgegebene allgemeine Strafrahmen

---

9 Vgl. *Fischer*, StGB, § 57 Rn. 12 – 14; *Lackner/Kühl/Heger*, StGB, § 57 Rn. 7 ff.; *Schönke/Schröder (Kinzig)*, StGB, § 57 Rn. 9 ff., 16 ff. jew. m. w. Nachw.
10 Vgl. *BVerfG* NStZ 1998, 373 ff., 374; BVerfGE 117, 71 ff., 98.

1. Die Strafen

der Geldstrafe mit dem der in den §§ 80 ff. zumeist wahlweise neben Freiheitsstrafe angedrohten Geldstrafe überein. Die festzusetzende Tagessatzanzahl resultiert nicht aus einer Rechenoperation, bei der auf der Basis des zur Bestimmung der sog. Ersatzfreiheitsstrafe (vgl. § 43) vorgeschriebenen Umrechnungsschlüssels fiktive „schuldangemessene" Zeitquanten in Tagessatzmengen umgerechnet werden, sondern ist ohne jede Koppelung an Maßeinheiten einer Freiheits- oder auch Ersatzfreiheitsstrafe selbständig zu bestimmen. Alles andere würde der sanktionenrechtlichen Artverschiedenheit zwischen Geld- und Freiheitsstrafe widersprechen.

Unrechts- und Schuldgehalt der Tat haben ebenso wie spezialpräventive Erwägungen für die Bemessung der **Tagessatzhöhe** grundsätzlich keine Bedeutung. Die Höhe des einzelnen Tagessatzes richtet sich vielmehr nach den **zur Zeit des Urteils** bestehenden tatsächlichen persönlichen und wirtschaftlichen Verhältnissen des Täters. Zur Bestimmung der Tagessatzhöhe geht das Gericht gem. § 40 Abs. 2 S. 2 in der Regel von dem **Nettoeinkommen** aus, das der Täter durchschnittlich an einem Tag hat oder haben könnte (sog. Nettoeinkommensprinzip). Der Begriff des Nettoeinkommens in § 40 Abs. 2 S. 2 ist spezifisch strafrechtlicher und nicht etwa steuerrechtlicher oder anderweitiger Natur. Er umfasst jede Art von Einkünften wie z.B. Einkünfte aus selbständiger und nichtselbständiger Tätigkeit, aus Vermietung und Verpachtung, aus Kapitalvermögen und aus allen sonstigen Einkünften. Zur Ermittlung des für die Bemessung der Tagessatzhöhe maßgeblichen Nettoeinkommens können von den Gesamteinkünften in begrenztem Umfang bestimmte Arten von Verbindlichkeiten, insbesondere Schulden, die aus „vorausschauender Lebensgestaltung" (Kosten für Berufsausbildung) entstanden sind, abgesetzt werden.[11] Ob und inwieweit das Vermögen als solches zur Bemessung der Tagessatzhöhe heranzuziehen ist, erscheint trotz seiner Erwähnung in § 40 Abs. 3 unklar. Danach unterliegen die Einkünfte des Täters, sein Vermögen und andere Grundlagen für die Bemessung eines Tagessatzes einer strafrichterlichen Schätzungsbefugnis, ohne dass aber ersichtlich wäre, auf welche Weise z.B. das Vermögen als solches in die Bemessung der Tagessatzhöhe eingeht. Einleuchten dürfte gleichwohl, dass erhebliches Vermögen bei der Bemessung der Tagessatzhöhe berücksichtigt werden muss, wenn anderenfalls die Strafwirkung der Geldstrafe verloren ginge. Nur so ist gewährleistet, dass die Geldstrafe „wohlhabende Reiche" und „einkommensschwache Arme" im Falle (nach Unrechts- und Schuldgehalt) vergleichbarer Straftaten sanktionenrechtlich zumindest annähernd gleich belastet und betrifft.[12] Dem ganz entsprechend verpflichtet § 40 Abs. 2 S. 3 die Gerichte dazu, bei der Verhängung von Geldstrafen darauf zu achten, dass den Betroffenen mindestens das zum Leben unerlässliche Minimum seines Einkommens verbleibt. Der Sache nach relativiert und begrenzt § 40 Abs. 2 S. 3 die strikte Anwendung des Nettoeinkommensprinzips somit auf das zum Leben (verfassungsrechtlich) unerlässliche Einkommensminimum, was insbesondere im Blick auf einkommensschwache und etwa nur Sozialleistungen empfangende Täterkreise/Betroffene von erheblicher Bedeutung sein kann.

Wie die Tagessatzanzahl ist auch die **Tagessatzhöhe** „nach unten und oben" absolut begrenzt. Sie beträgt gem. § 40 Abs. 2 S. 4 mindestens 1 EUR und höchstens 30.000 EUR. Was die sanktionenrechtliche Wirkung der Geldstrafe anbelangt, sind

78

79

---

11 Zur Bestimmung des Nettoeinkommens vgl. *Fischer*, StGB, § 40 Rn. 6 ff., 7 ff.; HK-GS/*Hartmann*, § 40 Rn. 7 ff.; *Schönke/Schröder (Kinzig)*, StGB, § 40 Rn. 5 ff., 8 ff., 10 ff.
12 Zur Berücksichtigung von Vermögen bei der Ermittlung der Tagessatzhöhe vgl. statt aller *Schönke/Schröder (Kinzig)*, StGB, § 40 Rn. 12 f.

beide Grenzbeträge nicht unproblematisch. Multipliziert mit der geringstmöglichen Tagessatzanzahl ergibt sich als denkbares Minimum eine Geldstrafe von fünf Tagessätzen zu je 1 EUR, mithin ein Geldstrafenendbetrag von 5 EUR. Bei einer derart geringen Mindestgeldstrafe ist die Fühlbarkeit des Strafübels auch bei den einkommensschwächsten (und vermögenslosen) Verurteilten nachhaltig in Frage gestellt. Eine solche „Mini"-Geldstrafe gerät daher in Gefahr, sich der Lächerlichkeit preiszugeben, weil sie trotz aller ihr anhaftenden Symbolik nicht ernst genommen wird. Umgekehrt kann der Höchstbetrag von 30.000 EUR die Geldstrafe ebenfalls ad absurdum führen. Mit steigender Tagessatzanzahl nimmt die Fühlbarkeit des Strafübels progressiv bis hin zur Belastbarkeitsgrenze und wirtschaftlichen Überlast zu. Das trifft vor allem für vermögenslose bzw. verschuldete Verurteilte mit zum Urteilszeitpunkt hohem Nettoeinkommen zu. Multipliziert man die höchst zulässige Tagessatzanzahl mit dem Tagessatzhöchstbetrag von 30.000 EUR beläuft sich die Geldstrafenendsumme auf sage und schreibe 10.800.000 EUR, im Falle einer Gesamtgeldstrafe gar auf 21.600.000 EUR. Abgesehen davon, dass es sich hierbei um exorbitant hohe Geldstrafenendbeträge handelt, wirkt eine Geldstrafe von dreihundertsechzig bzw. siebenhundertzwanzig Tagessätzen selbst bei einem geringen täglichen Nettoeinkommen nicht (re)sozialisierend, sondern tendenziell entsozialisierend. Um die progrediente Steigerung des Strafleidens zwecks Sicherung und Erhaltung der sanktionenrechtlich gebotenen Geldstrafenwirkung für den Verurteilten aushaltbar zu machen, ist deshalb in allen Fällen mit höherer Tagessatzanzahl zu prüfen, ob eine angemessene Absenkung der Tagessatzhöhe in Betracht kommt. Das jedenfalls legt § 46 Abs. 1 S. 2 nahe, so dass bei der Verhängung von Geldstrafen mit hoher und höchster Tagessatzanzahl für die Bemessung der Tagessatzhöhe eben doch auch die Wirkungen maßgebend sind, die von der dann ausgeurteilten Geldstrafe für das künftige Leben des Täters in der Gesellschaft zu erwarten sind. Bloße Billigkeitserwägungen sind dagegen keine tauglichen Gründe für eine Absenkung der Tagessatzhöhe.[13]

80   Die mit einer hohen Tagessatzanzahl verbundene „strukturelle" und eben darum systemintern nicht lösbare Wirkungsproblematik der Geldstrafe lässt sich – wenn auch nur zu einem geringen Teil – durch die Gewährung von **Zahlungserleichterungen** entschärfen. In einem der Bestimmung der Tagessatzanzahl und der Bemessung der Tagessatzhöhe folgenden „dritten Akt" der Geldstrafenfestsetzung hat das verurteilende Gericht von Amts (vgl. § 42 Abs. 1 S. 1) wegen zu prüfen, ob es dem Verurteilten nach seinen persönlichen und wirtschaftlichen Verhältnissen zuzumuten ist, die Geldstrafe sofort, d.h. mit Eintritt der Urteilsrechtskraft zu zahlen. Ist dem Verurteilten eine Sofortzahlung nicht zumutbar, bewilligt das Gericht ihm Zahlungserleichterungen entweder in Form einer Zahlungsfrist mit entsprechender Verschiebung des Fälligkeitszeitpunktes oder in Form einer ratenweisen Entrichtung bestimmter Teilbeträge der Geldstrafe mit einzelfallabhängigen Ratenzahlungsterminen.

81   Zahlt der Verurteilte die Geldstrafe oder – bei eingeräumter Ratenzahlung – die festgesetzten Teilbeträge nicht oder nicht rechtzeitig und führt das Vollstreckungsverfahren (vgl. dazu §§ 459 ff. StPO) nach mehrfach versuchter Beitreibung am Ende zu dem Ergebnis, dass die Geldstrafe uneinbringlich ist, tritt an die Stelle der Geldstrafe eine **Ersatzfreiheitsstrafe**. Sie versteht sich als Surrogat für die schuldangemessene Geldstrafe und – wenn auch nicht als Zwangs- oder Beugemittel, so aber doch – als Druckmit-

---

[13] Vgl. zu dieser Problematik bei der Zumessung einer Geldstrafe etwa *Fischer*, StGB, § 40 Rn. 21 ff., 24; *Schönke/Schröder (Kinzig)* § 40 Rn. 6, 15 a.

tel zur Durchsetzung der (z.B.: verweigerten) Geldstrafenzahlung. Sie ist zumindest konzeptionell etwas anderes als Freiheitsstrafe im Sinne der §§ 38, 39, was bereits an den ihr eigenen, von §§ 38, 39 abweichenden Bemessungsregeln (vgl. § 43) zu erkennen ist; denn gem. § 43 S. 3 ist das Mindestmaß der Ersatzfreiheitsstrafe ein Tag, das Höchstmaß gem. § 40 Abs. 1 S. 2 in Verbindung mit dem in § 43 S. 2 vorgeschriebenen Umrechnungsmaßstab (zwei Tagessätzen entspricht ein Tag Ersatzfreiheitsstrafe) einhundertachtzig Tage, für den Fall einer Gesamtgeldstrafe gem. § 54 Abs. 2 S. 1 demzufolge dreihundertsechzig Tage. Sie kann durch sog. freie Arbeit (gemeinnützige Arbeit) abgewendet werden. Art. 293 EGStGB ermächtigt die Regierungen der Bundesländer, durch Rechtsverordnung entsprechende Regelungen zu treffen (Art. 293 Abs. 1 S. 1 EGStGB). Ausgeschlossen ist eine Vollstreckungsaussetzung der Ersatzfreiheitsstrafe zur Bewährung, § 56 findet auf Ersatzfreiheitsstrafen keine Anwendung. Aber auch eine Vollstreckungsaussetzung von Strafresten zur Bewährung ist nicht möglich. Eine Anwendung des § 57 auf Ersatzfreiheitsstrafen widerspräche der spezifischen sanktionenrechtlichen Funktion der Ersatzfreiheitsstrafe in ihrem typischen Sachzusammenhang mit der Geldstrafe und ließe außer Acht, dass zwischen Freiheitsstrafe im Sinne der §§ 38, 39 und Ersatzfreiheitsstrafe gem. § 43 unaufhebbare sanktionenrechtliche Unterschiede bestehen.[14]

Wegen der progredienten Steigerung des Strafübels bei hoher Tagessatzanzahl neigten Strafrichter vor Inkrafttreten des (Reform-)Gesetzes „zur Überarbeitung des Sanktionenrechts – Ersatzfreiheitsstrafe, Strafzumessung, Auflagen und Weisungen sowie Unterbringung in einer Entziehungsanstalt" v. 2. August 2023 (BGBl. I 2023, Nr. 203) dazu, statt Geldstrafe mit hoher Tagessatzanzahl eine dem Umrechnungsschlüssel des § 43 a.F. (Einem Tagessatz entspricht ein Tag Freiheitsstrafe) weitgehend entsprechende Freiheitsstrafe zu verhängen. Mit gewissen Einschränkungen galt das auch für Geldstrafen mit einer geringeren Anzahl als einhundertachtzig Tagessätzen. Bisweilen wurde dabei jedoch der Regelungsgehalt des § 47 „in den Wind geschlagen". Diese Vorschrift (vgl. § 47 Abs. 1) erlaubt die Verhängung einer **kurzfristigen Freiheitsstrafe** – das ist Freiheitsstrafe unter sechs Monaten – nur unter ganz bestimmten Voraussetzungen. Geldstrafe hat – wie in § 47 Abs. 1 gesetzlich festgeschrieben – sanktionenrechtlich Vorrang vor der kurzfristigen Freiheitsstrafe. Freiheitsstrafe unter sechs Monaten darf dementsprechend nur ausnahmsweise und auch nur aus präventiven Gründen verhängt **werden**: Besondere Umstände, die in der Tat oder in der Persönlichkeit des Täters liegen, müssen die Verhängung dieser Freiheitsstrafe entweder zur **Einwirkung auf den Täter** (spezialpräventiv) oder zur **Verteidigung der Rechtsordnung** (generalpräventiv) unerlässlich machen. Es liegt in der Konsequenz dieser gesetzlichen Präferierung der Geldstrafe, dass sie gem. § 47 Abs. 2 auch dort Vorrang vor der kurzfristigen Freiheitsstrafe genießt, wo das Gesetz (etwa in den §§ 80 ff.) „nur" Freiheitsstrafe androht. Liegt z.B. ein besonders schwerer Fall des Diebstahls (vgl. § 243) vor und kommt im Rahmen der angedrohten Freiheitsstrafe von drei Monaten bis zu zehn Jahren eine Freiheitsstrafe von vier Monaten als angemessene Sanktion in Betracht, darf auch diese (kurzfristige) Freiheitsstrafe gem. § 47 Abs. 2 nur unter den engen Voraussetzungen des § 47 Abs. 1 verhängt werden, und das, obwohl Geldstrafe als Strafdrohung in § 243 Abs. 1 gar nicht vorgesehen ist.

82

---

14 Wie hier *Fischer*, StGB, § 57 Rn. 3; vgl. ferner *Lackner/Kühl/Heger*, StGB, § 57 Rn. 1; anders aber *Schönke/Schröder (Kinzig)*, StGB, § 43 Rn. 2 mit § 57 Rn. 4 m. zahlr. Nachw. für die Gegenansicht.

III. Das sanktionenrechtliche Instrumentarium im Überblick

83 Eine sanktionenrechtliche Kombination zweier Hauptstrafen stellt die nach § 41 mögliche **kumulative Verhängung von Geld- und Freiheitsstrafe** dar. Die Verhängung von zusätzlicher Geldstrafe neben Freiheitsstrafe ist für Fälle gedacht, bei denen es nach Art der Tat und Persönlichkeit des Täters unter Strafzweckgesichtspunkten sinnvoll erscheint, den Täter nicht nur an der Freiheit, sondern zugleich auch an seinem Vermögen zu treffen. Die Verhängung einer zusätzlichen Geldstrafe ist mit Rücksicht auf die persönlichen und wirtschaftlichen Verhältnisse des Täters nur dann „angebracht" (vgl. § 41), wenn der Täter wirtschaftlich leistungsfähig ist. Weiter ist in § 41 vorausgesetzt, dass die Tat ihrer Art nach auf Bereicherung ausgerichtet ist; denn der Täter muss sich durch die Tat bereichert haben oder versucht haben, sich durch die Tat zu bereichern. Erforderlich ist also nicht, dass eine Bereicherung des Täters tatsächlich eingetreten ist. Schließlich dürfen Freiheits- und Geldstrafe zusammen das Maß der Schuld nicht überschreiten. Im Einzelfall kann diese „Kumulationsgrenze" zu einer Absenkung der „an sich" schuldangemessenen Freiheitsstrafe bis unter die Zwei- bzw. Einjahresgrenze des § 56 führen, so dass bei entsprechend hoch bemessener kumulativer Geldstrafe die Vollstreckung einer sonst nicht mehr aussetzungsfähigen Freiheitsstrafe im Einzelfall zur Bewährung ausgesetzt werden kann. Stets notwendig ist aber, dass durch die Höhe der Geldstrafe das geringere Schuldmaß der abgesenkt festgesetzten Freiheitsstrafe bis zum Maß der Schuldangemessenheit der Gesamtsanktion „aufgefüllt" wird.

84 Durchaus vorstellbar, nach gegenwärtiger Rechts- und Gesetzeslage aber ausgeschlossen ist eine Vollstreckungsaussetzung der Geldstrafe zur Bewährung. Rechtstatsächlich ähnliche Wirkungen gehen von einer **Verwarnung mit Strafvorbehalt** (§§ 59 ff.) aus. Durch Urteil oder urteilsgleiche Entscheidung (Strafbefehl) wird bei Vorliegen der Voraussetzungen der §§ 59 ff. der Täter „nur" verwarnt, d.h. es wird seine Schuld festgestellt und ausgesprochen (z.B.: Der Angeklagte ist des Betrugs schuldig. Er wird verwarnt). Neben diesem Schuldspruch wird eine begründete und bestimmte, unter den Voraussetzungen der §§ 59 b Abs. 1, 56 f auszusprechende (Geld)Strafe vorbehalten (z.B.: Die Verurteilung zu einer Geldstrafe von dreißig Tagessätzen zu zwanzig EUR bleibt vorbehalten). Die vorbehaltene Verurteilung zu Strafe stellt noch keine endgültige Verurteilung zu Strafe dar. Das hat für den Verwarnten den Vorteil, sich den Makel einer Verurteilung zu (Geld)Strafe durch zukünftige Legalbewährung ersparen, sich trotz begangener Straftat und festgestellter Schuld eine „weiße Weste" erarbeiten zu können; denn gem. § 59 a bestimmt das Gericht eine Bewährungszeit, innerhalb derer sich der Verwarnte wie bei der Vollstreckungsaussetzung zur Bewährung „legal" verhalten muss, soll sich der Verurteilungsvorbehalt zu seinen Gunsten erledigen. Auch die sonstigen Voraussetzungen für eine Verwarnung mit Strafvorbehalt stimmen im Wesentlichen mit denen einer Vollstreckungsaussetzung zur Bewährung überein. So ist gem. § 59 Abs. 1 S. 1 Nr. 1 eine günstige Täterprognose erforderlich; nach § 59 Abs. 1 S. 1 Nr. 2 muss eine Gesamtwürdigung der Tat und der Persönlichkeit des Täters besondere Umstände ergeben, denen zufolge es angezeigt ist, ihn von der Verurteilung zu Strafe zu verschonen und schließlich darf aus Gründen der Verteidigung der Rechtsordnung die Verurteilung zu Strafe nicht geboten sein (vgl. § 59 Abs. 1 S. 1 Nr. 3). Bewährt sich der Verwarnte, stellt das Gericht nach Ablauf der Bewährungszeit fest, dass es bei der Verwarnung sein Bewenden hat (§ 59 b Abs. 2). **Absolute Grenze** für eine Anwendung der Verwarnung mit Strafvorbehalt ist – auch im Falle einer (nachträglichen) Gesamtstrafenbildung – nach § 59 Abs. 1 S. 1 HS. 1 eine **verwirkte Geldstrafe** von höchstens einhundertachtzig Tagessätzen.

1. Die Strafen

1.3 Absehen von Strafe

Wäre die Verhängung einer Strafe offensichtlich verfehlt, sieht das Gericht gem. § 60 von Strafe ab. Offensichtlich verfehlt ist die Verhängung von Strafe, wenn sie weder unter dem Aspekt einer schuldgerechten Tatvergeltung noch unter Präventionsgesichtspunkten einen Sinn hätte. Für dieses offensichtliche, sich einem verständigen Menschen unmittelbar aufdrängende Verfehltsein kommt es gem. § 60 S. 1 ausschließlich darauf an, ob und dass die Folgen der Tat den Täter selbst getroffen haben. Nur sie, die den Täter treffenden Tatfolgen müssen so schwer sein, dass Strafe daneben offensichtlich verfehlt wäre. Es geht beim Absehen von Strafe gem. § 60 der Sache nach um eine Kompensation von Tat und Schuld durch so schwere Tatfolgen für den Täter, dass ihm gegenüber ein Strafbedürfnis nicht (mehr) besteht. Aber das ist nicht dahin zu verstehen, dass die den Täter treffenden schweren Tatfolgen für ihn gewissermaßen schon Strafe genug sind. Entscheidend ist vielmehr, dass **neben** den eingetretenen schweren Tatfolgen für den Täter die Verhängung (und Vollstreckung) von Strafe sinnlos wäre, weil es wegen des beim Täter eingetretenen Schadens zum einen einer weitergehenden Einwirkung auf ihn nicht bedarf und zum anderen der Allgemeinheit das Absehen von Strafe so verständlich erscheint, dass sie dadurch den erforderlichen Rechtsgüterschutz nicht in Frage gestellt sieht.[15]

85

Das Absehen von Strafe ist als originäre Sanktionsentscheidung nicht auf Vergehen oder den Deliktsbereich der leichteren Kriminalität beschränkt. Der sanktionenrechtliche Anwendungsbereich des Absehens von Strafe ist aber nicht unbegrenzt. Gem. § 60 S. 2 darf der Täter für die Tat nur eine Freiheitsstrafe von bis zu einem Jahr verwirkt haben. Im Übrigen versteht sich § 60 aber nicht als Ausnahmevorschrift.[16] Liegen die Voraussetzungen für ein Absehen von Strafe vor, muss das Gericht entsprechend verfahren; es handelt sich um eine obligatorische Sanktionsentscheidung. Im Auge zu behalten ist gleichwohl, dass nach dem Sinngehalt des § 60 das Absehen von Strafe rechtstatsächlich eben doch auf außergewöhnliche Fallgestaltungen beschränkt ist.[17] Wie bei der Verwarnung mit Strafvorbehalt ergeht auch beim Absehen von Strafe ein Urteil oder eine urteilsgleiche Entscheidung (Strafbefehl, vgl. § 407 Abs. 2 Nr. 3 StPO). Der Täter wird wegen der begangenen Tat schuldig gesprochen. Daneben ist das Absehen von Strafe als Rechtsfolge auszusprechen.

86

Nicht zu verwechseln mit dem Absehen von Strafe gem. § 60 sind das Absehen von Strafe gem. § 46 a und weitere Absehensvarianten, die sich unmittelbar aus zahlreichen Vorschriften des StGB ergeben. Das Absehen von Strafe gem. § 46 a ist anders als bei § 60 nicht täterbezogen an den vom Täter erlittenen Tatfolgen, sondern opferbezogen am Wiedergutmachungsgedanken orientiert. Dabei geht es in § 46 a Nr. 1 um Wiedergutmachung im Wege eines Täter-Opfer-Ausgleichs, in § 46 a Nr. 2 um Wiedergutmachung im Wege eines materiellen Schadensausgleichs. In beiden Alternativen ist bei Vorliegen aller Voraussetzungen zwar auch das Strafbedürfnis gegenüber dem Täter verringert oder ausgeschlossen, die Absehensentscheidung ist indessen nicht wie im Falle des § 60 obligatorisch, sondern fakultativ. Alle weiteren Varianten des Absehens von Strafe (§§ 80 ff.) beruhen nicht auf dem Fehlen eines Strafbedürfnisses, sondern

87

---

15 Vgl. *BGHSt* 27, 298, 300.
16 Anders *Fischer*, StGB, § 60 Rn. 2; HK-GS/*Braasch*, § 60 Rn. 1; vgl. aber *Lackner/Kühl/Heger*, StGB, § 60 Rn. 6 und *Schönke/Schröder (Kinzig)*, StGB, § 60 Rn. 2.
17 Vgl. dazu *BGHSt* 27, 298 ff.; weitere Beispiele bei *Fischer*, StGB, § 60 Rn. 3; ferner *BGH* NStZ-RR 2004, 230 f.

auf einer so deutlichen Herabsetzung der Strafwürdigkeit der Tat, dass die strafrechtliche Sanktion bis auf den Schuldspruch reduziert werden kann.[18]

1.4 Nebenstrafe: Das Fahrverbot

88 Nimmt man das StGB beim (eigenen) Wort, dann kennt das geltende Strafrecht nur eine einzige Nebenstrafe: das **Fahrverbot**. Gem. § 44 Abs. 1 ist die Erteilung eines Fahrverbots davon abhängig, dass jemand zu Freiheitsstrafe oder zu Geldstrafe verurteilt wird. Ohne Verurteilung zu Hauptstrafe kann also auch kein Fahrverbot angeordnet werden. Ob es sich bei ihm aber wirklich um die einzige Nebenstrafe des geltenden Strafrechts handelt, ist trotz der vor § 44 eingezogenen amtlichen Zwischenüberschrift „Nebenstrafe" zweifelhaft; denn die im StGB auf ähnliche Weise überschriebenen sog. Nebenfolgen (vgl. §§ 45 ff.) sind entweder wie bei der Erteilung eines Fahrverbots ebenfalls im Strafurteil neben Freiheitsstrafe gesondert auszusprechen oder sie treten neben einer ausgeurteilten Freiheitsstrafe von Gesetzes wegen ein und haben ihrem sanktionenrechtlichen Gehalt nach zumindest strafähnlichen Charakter (vgl. dazu sogleich Rn. 92 ff.).

89 Das Fahrverbot als Nebenstrafe darf weder mit dem straßenverkehrsrechtlichen Fahrverbot (vgl. § 25 Abs. 1 StVG) noch mit der sog. Entziehung der Fahrerlaubnis (vgl. §§ 69, 69 a), einer Maßregel der Besserung und Sicherung (dazu Rn. 94 ff.) verwechselt werden. Anders als bei der Entziehung der Fahrerlaubnis nach §§ 69, 69 a bleibt der Verurteilte bei Verhängung eines Fahrverbots im Besitz seiner Fahrerlaubnis, er darf aber für die Dauer des Fahrverbots keine oder nur bestimmte Kraftfahrzeuge im Straßenverkehr führen. Nicht ausgeschlossen ist, dass ein Fahrverbot **und** zugleich eine Entziehung der Fahrerlaubnis angeordnet wird. Wird beispielsweise im Falle einer Fahrerlaubnisentziehung (§ 69) von der dann festzusetzenden Sperre für die Wiedererteilung der Fahrerlaubnis (§ 69 a) eine bestimmte Art von Kraftfahrzeugen ausgenommen, ist es möglich, das Führen gerade dieser Art von Kraftfahrzeugen im Straßenverkehr gem. § 44 Abs. 1 zu untersagen.

90 Schon dieses Nebeneinander von Fahrverbot und Entziehung der Fahrerlaubnis, des Weiteren aber auch der Umstand, dass dem Verurteilten bei Erteilung eines Fahrverbots die Fahrerlaubnis belassen wird, machen deutlich, was mit der Verhängung eines Fahrverbots bewirkt werden soll. Die Nebenstrafe „Fahrverbot" soll ein spezialpräventiver „Denkzettel" sein. Das Fahrverbot wird deshalb als Denkzettel- bzw. Warnungs- und Besinnungsstrafe verstanden, die darauf abzielt, pflichtvergessene und/oder nachlässige Kraftfahrer zur Befolgung straßenverkehrsrechtlicher Regeln und Normen anzuhalten. Wer einen solchen Denkzettel nicht ernst nimmt, ist schlecht beraten, denn das **Fahrverbot** selbst wiederum **ist strafbewehrt**. Wer trotz Fahrverbots ein Kraftfahrzeug im Straßenverkehr führt, macht sich gem. § 21 Abs. 1 Nr. 1 StVG strafbar. Ihm drohen Geldstrafe oder Freiheitsstrafe bis zu einem Jahr, ganz abgesehen davon, dass das im Straßenverkehr verbotswidrig geführte Fahrzeug eingezogen werden kann (vgl. § 21 Abs. 3 StVG).

91 Maßgebliche Voraussetzung für die Erteilung eines Fahrverbots ist, dass der Verurteilte bei oder im Zusammenhang mit dem Führen eines Kraftfahrzeugs oder unter Verletzung der Pflichten eines Kraftfahrzeugführers eine Straftat begangen hat. Hauptstrafe

---

[18] Vgl. zum Ganzen *Baumann/Weber/Mitsch/Eisele*, Strafrecht AT/*Mitsch*, § 29 Rn. 10 ff.; *Jescheck/Weigend*, Strafrecht AT, § 81 II u. III; *Meier*, Strafrechtliche Sanktionen, S. 53 ff.

1. Die Strafen

und Fahrverbot stehen in einem sanktionenrechtlichen Wechselwirkungsverhältnis dergestalt, dass im Wirkungszusammenhang beider Sanktionen das Maß der Tatschuld nicht überschritten werden darf. Andererseits ist das Maß der Hauptstrafe angemessen zu erhöhen, wenn bei Vorliegen der Voraussetzungen die Verhängung eines Fahrverbots aus besonderen strafzumessungsrechtlichen Erwägungen oder aus Gründen der Verhältnismäßigkeit unterbleibt. Art und Maß der Pflichtverletzung wirken sich aber auf die vom Gericht festzusetzende Dauer des Fahrverbots aus. Als Mindestdauer sieht § 44 Abs. 1 einen Monat, als Höchstdauer drei Monate vor.

1.5 Nebenfolgen

Als **Nebenfolgen** betitelt das StGB eine Reihe von Sanktionen, die als **negative Statusfolgen** einer strafrechtlichen Verurteilung anzusehen sind.[19] Dazu gehören der Verlust der Amtsfähigkeit, der Wählbarkeit und des Stimmrechts (§ 45 ff.). Nach § 45 Abs. 1 tritt der Verlust des passiven Wahlrechts und der Fähigkeit, öffentliche Ämter zu bekleiden, als zwingende Folge und von Gesetzes wegen („automatisch") ein, wenn jemand wegen eines Verbrechens (vgl. § 12) zu Freiheitsstrafe von mindestens einem Jahr verurteilt wird. Soweit in den §§ 80 ff. (vgl. z.B. §§ 101, 358) negative Statusfolgen einer strafrechtlichen Verurteilung als mögliche Sanktionen neben einer Verurteilung z.B. zu Freiheitsstrafe vorgesehen sind, **kann** das Gericht die Fähigkeit zur Bekleidung öffentlicher Ämter etc. **aberkennen.** Verlust der Wählbarkeit, des Stimmrechts und der Amtsfähigkeit durch richterliche Aberkennung stellt eine eigene Rechtsfolgenentscheidung dar. Die Aberkennung muss dementsprechend im Urteil ausgesprochen werden. Generell geregelt ist der Verlust des Stimmrechts, der Wählbarkeit und der Amtsfähigkeit durch gerichtliche Aberkennung in § 45 Abs. 2 und 5. Anders als im Falle des „automatischen" Verlustes der Wählbarkeit und Amtsfähigkeit gem. § 45 Abs. 1 ist bei der gerichtlichen Aberkennung der Amtsfähigkeit, der Wählbarkeit und des Stimmrechts deren Dauer nicht auf fünf Jahre fixiert (vgl. § 45 Abs. 1), sondern in einem zeitlichen Rahmen von zwei bis zu fünf Jahren (vgl. § 45 Abs. 2 und 5) individuell zu bestimmen. Die gerichtliche Entscheidung über negative Statusfolgen einer gerichtlichen Verurteilung gem. § 45 Abs. 2 und 5 stimmt demnach strukturell und unter sanktionenrechtlichen Aspekten (qualitativ) mit der Verhängung eines Fahrverbots im Sinne des § 44 überein. Der Sache nach handelt es sich bei der gerichtlichen Aberkennung der Wählbarkeit und der Amtsfähigkeit (§ 45 Abs. 2) wie auch bei der gerichtlichen Aberkennung des Stimmrechts (§ 45 Abs. 5) wenn nicht um (weitere) Nebenstrafen, so doch zumindest um **Nebenfolgen mit Strafcharakter.**[20] Als weitere Nebenfolge, deren Rechtsnatur ebenfalls zweifelhaft ist (Nebenstrafe oder Nebenfolge ohne Strafcharakter?) kommt in bestimmten Fällen von Beleidigung (vgl. §§ 103 Abs. 2, 200) und von falscher Verdächtigung (§§ 164, 165) die **Bekanntgabe der Verurteilung** in Betracht. Dass sich insoweit eine spezialpräventive Kollisionsproblematik der Urteilsbekanntgabe auftut, sei nur am Rande vermerkt: die Bekanntgabe der Verurteilung als resozialisierungsfeindliche „Prangerstrafe".

92

---

19 Vgl. *Jescheck/Weigend*, Strafrecht AT, § 75 I.
20 Vgl. hierzu *Fischer*, StGB, § 45 Rn. 6, 7, 9; *Jescheck/Weigend*, Strafrecht AT, § 75 I; *Schönke/Schröder (Kinzig)*, StGB, § 45 Rn. 8 m. w. Nachw.

III. Das sanktionenrechtliche Instrumentarium im Überblick

2. Die Maßnahmen

93 Nach der Terminologie des Gesetzes (vgl. § 11 Abs. 1 Nr. 8) zählen zu den strafrechtlichen Maßnahmen jede Maßregel der Besserung und Sicherung, die Einziehung und die Unbrauchbarmachung. Innerhalb der Maßnahmen haben die Maßregeln der Besserung und Sicherung einen besonderen Stellenwert: Sie sind neben den Strafen eine zweite, ebenfalls nur dem Strafrecht zugehörige Sanktionsart und bilden die „zweite Spur" im System der strafrechtlichen Sanktionen (vgl. Rn. 3, 4). Die sonstigen Maßnahmen (Einziehung und Unbrauchbarmachung) spielen demgegenüber als Sanktionen gegen das Eigentum (und Vermögensbestandteile) von Tätern, anderen Tatbeteiligten und ggf. von weiteren „profitierenden Dritten"[21] eine weitaus bescheidenere, wenngleich keine ganz unbedeutende Rolle. Die gesetzliche Einordnung der Maßregeln der Besserung und Sicherung in die sog. Maßnahmen erscheint daher unter dem Aspekt ihrer sanktionenrechtlichen Bedeutung verfehlt.

2.1 Die Maßregeln der Besserung und Sicherung

94 Die im StGB enthaltenen Maßregeln der Besserung und Sicherung (im Weiteren: Maßregeln) benennt § 61 in einer abschließenden Übersicht: Es sind die Unterbringung in einem psychiatrischen Krankenhaus (§ 63), die Unterbringung in einer Entziehungsanstalt (§ 64), die Unterbringung in der Sicherungsverwahrung (§ 66-66b), die Führungsaufsicht (§§ 68 – 68 g), die Entziehung der Fahrerlaubnis (§ 69, 69 a) und das Berufsverbot (§§ 70 – 70 b). Daneben finden sich auch Maßregeln im sog. Nebenstrafrecht, etwa die Entziehung des Jagdscheins gem. § 41 BjagdG oder das Verbot der Tierhaltung nach § 20 TierschutzG. Zu unterscheiden sind freiheitsentziehende (stationäre, §§ 63 – 66) und Maßregeln ohne Freiheitsentzug (ambulante, vgl. §§ 68 ff.). Nicht selten werden freiheitsentziehende Maßregeln neben einer Freiheitsstrafe angeordnet. Für die Vollstreckung von ausgeurteilter Freiheitsstrafe und daneben angeordneter Maßregel nach §§ 63 oder 64 schreibt § 67 eine bestimmte Reihenfolge der Vollstreckung von Freiheitsstrafe und Maßregel sowie die Modalitäten einer Anrechnung im Falle des Vorwegvollzuges der Maßregel auf die Dauer des ggf. noch ausstehenden Strafvollzuges (sog. Vikariieren von Strafe und Maßregel) vor.

95 Strafen und Maßregeln stimmen in ihrer sanktionenrechtlichen Zielsetzung teilweise überein und ergänzen sich. Beide Sanktionsarten setzen wie alle strafrechtlichen Sanktionen zumindest eine **rechtswidrige Tat** (§ 11 Abs. 1 Nr. 5) voraus. Anders als den Strafen fehlt den Maßregeln der Schuldbezug, sie sind schuldunabhängig bzw. schuldindifferent (vgl. Rn. 64). Hieraus resultiert ihr sanktionenrechtliches Ergänzungsverhältnis zu den Strafen. In nicht gerade wenigen Einzelfällen erweist sich die (Gesellschafts-)Gefährlichkeit des Täters nämlich als so erheblich, dass der dem Strafrecht als Aufgabe zukommende Gesellschaftsschutz allein mit dem Mittel der Schuldstrafe nicht zu gewährleisten ist, weil sie entweder gar nicht (bei fehlender Tat-/Täterschuld) oder nur in einem nicht ausreichenden Maße (bei geringer Schuld) festgesetzt und vollstreckt werden kann. Es sind insbesondere die über die Wirkungen der Strafe hinausgehenden Besserungs- und Sicherungsinteressen der Allgemeinheit, die den Einsatz von Maßregeln nötig machen und sie sanktionenrechtlich legitimieren. Dabei beziehen alle Maßregeln ihren Sinn und Zweck aus der Gefährlichkeit des Täters und – damit einhergehend – aus dem sinngebenden Präventionsgedanken: Maßregeln der

---

21 Sog. Eigentumssanktionen, vgl. *Schönke/Schröder (Eser/Schuster)*, StGB, Vorbem. § 73 ff. Rn. 1 ff., 12 f.

2. Die Maßnahmen

Besserung und Sicherung dienen dazu, zukünftigen rechtswidrigen Tagen nachhaltig vorzubeugen.

Primär sind die Maßregeln **spezialpräventiv** ausgerichtet. Es geht bei ihnen aber nicht allein um die Sicherung der Gesellschaft vor dem gefährlichen Täter, sondern auch um die Besserung des Täters mittels sozialarbeiterischer/sozialpädagogischer und therapeutischer Einwirkung auf ihn. Abschreckung und Separation des Täters können ebenso wie seine resozialisierende Behandlung von Fall zu Fall und je nach im Einzelfall angeordneter Maßregel unterschiedlich gewichtet sein. Generell steht etwa bei der Sicherungsverwahrung (§§ 66 ff.) der Separations- und Abschreckungszweck im Vordergrund, während bei der Unterbringung in einem psychiatrischen Krankenhaus ähnlich wie bei der Unterbringung in einer Entziehungsanstalt der Behandlungsaspekt oftmals dominiert, im Verhältnis zum Zweck der Sicherung durch Separierung jedenfalls nicht zurücktritt. Präventive Wirkungen entfalten auch die nicht-stationären Maßregeln. Bei alledem lässt sich nicht ausschließen, dass von den Maßregeln der Besserung und Sicherung **rechtstatsächlich auch generalpräventive Wirkungen** ausgehen. Das trifft z.B. für die Entziehung der Fahrerlaubnis mit Festsetzung einer Sperrfrist für deren Wiedererteilung durch die Straßenverkehrsbehörde (vgl. §§ 69, 69a), aber auch für die Verhängung eines Berufsverbots sowie in begrenztem Maße für die stationären Maßregeln und insoweit vor allem für die Sicherungsverwahrung zu.[22]

96

Für alle Maßregeln der Besserung und Sicherung gilt gem. § 62, dass ihre Anordnung zu unterbleiben hat, wenn sie zu der Bedeutung der vom Täter begangenen und von ihm zu erwartenden Taten sowie zu dem Grad der von ihm ausgehenden Gefährlichkeit außer Verhältnis steht. Es kommt somit darauf an, dass der vor allem mit freiheitsentziehenden Maßregeln verbundene tiefgehende Eingriff in die Grundrechte des Täters trotz fehlender oder geringer Schuld im Schutzinteresse der Allgemeinheit gerechtfertigt ist. Und das ist nur dann der Fall, wenn eine Gesamtwürdigung von Art und Schwere der begangenen und der durch sie indizierten zukünftigen rechtswidrigen Taten nebst der vom Täter ausgehenden Gefahr ergibt, dass im überwiegenden Interesse der Allgemeinheit dem Täter die Anordnung der Maßregel zuzumuten ist. Dieses **Rechtsprinzip der Verhältnismäßigkeit**, das sich bereits aus dem Rechtsstaatsprinzip und den Grundrechten ergibt[23], ist zwar nicht mit dem Schuldprinzip gleichzusetzen. Es übernimmt aber im Anwendungsbereich der Maßregeln eine dem Schuldprinzip vergleichbare Begrenzungsfunktion. Auch wenn § 62 ausdrücklich allein die Anordnungsentscheidung dem Verhältnismäßigkeitsgrundsatz unterstellt, besteht doch kein Zweifel daran, dass die Folgeentscheidungen (vgl. z.B. §§ 67 – 67 g) ebenfalls der Verhältnismäßigkeitsprüfung – dazu gehört z.B. die Prüfung der nach wie vor bestehenden Eignung der angeordneten Maßregel – unterliegen.

97

Das „A und O" des gesamten Maßregelrechts und materielle Grundvoraussetzung für die Anordnung einer Maßregel der Besserung und Sicherung (mit Ausnahme der Entziehung der Fahrerlaubnis) ist die begründete Erwartung, dass der Täter auch in Zukunft rechtswidrige Taten (z.T. auch: Straftaten) begehen wird. Auf der Grundlage einer die **Anlasstat** (Symptomtat) und die **Täterpersönlichkeit** einbeziehenden Gesamtwürdigung (nicht ausdrücklich vorgesehen ist eine solche Gesamtwürdigung von Tat(en) und Täter bei der Führungsaufsicht gem. §§ 68 ff. und der Entziehung der Fahrerlaubnis, §§ 69, 69 a) müssen mit hoher Wahrscheinlichkeit weitere rechts-

98

---

22 In diesem Sinne auch *Roxin*, Strafrecht AT I, § 3 Rn. 63 ff., 64.
23 Vgl. BVerfGE 70, 297 ff., 311.

widrige Taten zu erwarten sein. Die bloße Möglichkeit, dass der Täter zukünftig rechtswidrige Taten begehen könnte, reicht nicht aus, ebenso wenig eine „latente" Gefahr. Erforderlich ist vielmehr eine qualifizierte **Gefährlichkeitsprognose**, deren Anforderungsprofil von Maßregel zu Maßregel und je nach den Umständen des Einzelfalls differiert.[24]

2.1.1 Die freiheitsentziehenden Maßregeln

99 Dazu gehört jedenfalls im Anwendungsbereich der stationären Maßregeln, dass es sich bei den zu erwartenden rechtswidrigen Taten nicht um „nur" geringfügige Verfehlungen handeln darf: Die zu erwartenden Taten müssen nach Deliktsart und/oder Begehungsweise nebst Tatfolgen „erheblich" sein. Wo die Grenzlinie zur „Erheblichkeit" verläuft, ergibt sich nicht unmittelbar aus dem Gesetz. Man wird jedoch davon auszugehen haben, dass erhebliche Taten nur solche sind, die nach Art und Ausführung (Folgen) eine schwere Störung des Rechtsfriedens ausmachen. Dementsprechend muss es sich um Taten handeln, die zumindest der „mittleren Kriminalität" zuzurechnen sind.

100 Für die Maßregeln der Unterbringung in einem psychiatrischen Krankenhaus und in einer Entziehungsanstalt (§§ 63, 64) ist weiter vorausgesetzt, dass der Täter die (erheblichen) rechtswidrigen Taten **infolge** (Kausalität) seines „Zustandes" (der Schuldunfähigkeit oder verminderten Schuldfähigkeit, §§ 20, 21) bzw. seines „Hanges" (alkoholische Getränke oder andere berauschende Mittel im Übermaß zu sich zu nehmen, wobei der Hang eine Substanzkonsumstörung erfordert, infolge derer eine dauernde und schwerwiegende Beeinträchtigung der Lebensgestaltung, der Gesundheit, der Arbeits- oder der Leistungsfähigkeit eingetreten ist und fortdauert, vgl. § 64 S. 1, insbesondere S. 1 HS. 2) begehen wird. Der „Zustand" bzw. „Hang" des Täters muss gewissermaßen das Bindeglied zwischen der Anlasstat (Symptomtat) und den zukünftig zu erwartenden Taten sein, die zukünftigen rechtswidrigen Taten müssen als **Folgewirkung** des „Zustandes" („Hanges") prognostizierbar sein.

101 In der Sache ähnlich kommt eine Unterbringung in der Sicherungsverwahrung (§ 66) ebenso erst in Betracht, wenn in der Person des (schuldfähigen) Täters außer einer Reihe formeller Voraussetzungen (vgl. § 66 Abs. 1 Nr. 1 – 3, Abs. 2 – 4) als materielle Voraussetzungen (stets) erfüllt sind, dass „er infolge eines Hanges zu erheblichen Straftaten für die Allgemeinheit gefährlich ist" (vgl. § 66 Abs. 1 Nr. 4). Maßgebend ist insoweit einmal mehr eine Gesamtwürdigung des Täters und seiner Taten. Aus ihr muss sich die Gefährlichkeit des Täters ergeben. Anders als etwa bei der Unterbringung in einer Entziehungsanstalt (§ 64) ist für eine Unterbringung in der Sicherungsverwahrung aber eine „doppelte" Gefährlichkeitsprognose erforderlich. Während sich die gem. § 64 zu erstellende Gefährlichkeitsprognose in der Gefahr erschöpft, dass der Täter infolge seines Hanges erhebliche rechtswidrige Taten begehen wird, setzt eine Unterbringung in der Sicherungsverwahrung weitergehend voraus, dass sich diese Gefahr zu einer Gefährlichkeit für die Allgemeinheit verdichtet.

102 Besonders deutlich bringt das Gesetz dieses spezifische Prognoseerfordernis auch für die Unterbringung in einem psychiatrischen Krankenhaus zum Ausdruck. Nach § 63 ist die Anordnung der Unterbringung in einem psychiatrischen Krankenhaus davon abhängig, dass vom Täter die Begehung erheblicher rechtswidriger Taten zu erwar-

---

24 Vgl. dazu NK-StGB (*Pollähne*), § 61 Rn. 48 ff., 52 ff.

2. Die Maßnahmen

ten und er **deshalb für die Allgemeinheit gefährlich** ist.[25] Die eigens zu ermittelnde Allgemeingefährlichkeit des Täters versteht sich dabei als ein **Teilelement der Gefährlichkeitsprognose**, das an sich die Anwendungsreichweite der Maßregel gem. §§ 63, 66 begrenzen soll. Praktisch ist es allerdings nahezu bedeutungslos; denn die wohl vorherrschende Auffassung geht – nicht unbedenklich – davon aus, dass ein Täter auch dann für die Allgemeinheit gefährlich sein kann, wenn von ihm erhebliche rechtswidrige **Taten nur gegen bestimmte Einzelpersonen** (!) zu erwarten sind.[26] Akzeptabel erscheint das freilich nur dort, wo die betroffene Einzelperson die Allgemeinheit repräsentiert. Bei singulärer Konfliktgenese und individueller Tatausrichtung ist deshalb eine außerordentlich sorgfältige Begründung dafür, dass der Täter tatsächlich für die Allgemeinheit gefährlich ist, unverzichtbar.[27]

Dass die Gefährlichkeitsprognose im Falle der **Unterbringung in einer Entziehungsanstalt** weniger strengen Anforderungen unterliegt als bei der Unterbringung in einem psychiatrischen Krankenhaus oder in der Sicherungsverwahrung erklärt sich zu einem guten Teil aus dem gem. § 67 d Abs. 1 auf zwei Jahre begrenzten Höchstmaß der Vollzugsdauer. Zum anderen geht es bei der Unterbringung in einer Entziehungsanstalt primär nicht um eine Sicherung der Gesellschaft vor dem Täter (durch Separation), sondern um Besserung, um **Heilung des Täters** durch Behandlung. Die Anordnung der Maßregel ergeht nach pflichtgemäßem Ermessen des zuständigen Gerichts. Sie ergeht gem. § 64 S. 2 nur, wenn für den Täter eine hinreichend konkrete Aussicht auf einen Behandlungserfolg[28] in dem Sinne besteht, dass er durch die Behandlung in einer Entziehungsanstalt innerhalb der Frist nach § 67d Abs. 1 S. 1 oder 3 geheilt oder eine erhebliche Zeit vor einem Rückfall in den Hang bewahrt und (so) von der Begehung erheblicher rechtswidriger Taten, die auf seinen Hang zurückgehen, abgehalten werden kann. Dafür, dass eine solche hinreichende Erfolgsaussicht besteht, bedarf es einer durch Tatsachen begründeten Wahrscheinlichkeitsfeststellung des Gerichts. Abzuwägen sind die konkreten, sich aus dem Gesamtsachverhalt der Täterpersönlichkeit, der gesundheitlichen Verfassung und den Lebensumständen des Täters ergebenden Anhaltspunkte, die für und gegen eine Therapierbarkeit sprechen.[29] Ersichtlich kommt es danach bei der Anordnungsentscheidung darauf an, dass die Unterbringung in einer Entziehungsanstalt gerade wegen der mit ihr verknüpften Heilbehandlung geeignet ist, den Schutz der Allgemeinheit zu gewährleisten, indem bei erfolgreichem Verlauf der Unterbringung die Gefährlichkeit des Täter aufgehoben oder zumindest deutlich herabgesetzt ist.[30] Dem entspricht es, dass der (weitere) Vollzug der Maßregel nach § 67d Abs. 5 S. 1 abgebrochen werden kann, ja – verfassungsrechtlich geboten – abgebrochen werden muss, wenn ihr Zweck aus Gründen, die in der Person des Untergebrachten liegen, nicht oder nicht mehr erreicht werden kann. Das Gericht hat dann die Unterbringung für erledigt zu erklären mit der Folge, dass mit der Entlassung aus dem Maßregelvollzug gem. § 67d Abs. 5 S. 2 von Gesetzes wegen Führungsaufsicht eintritt.[31]

103

---

25 Vgl. dazu *Fischer*, StGB, § 63 Rn. 13; § 66 Rn. 19 mit Rn. 46 ff., 65 ff.; § 64 Rn. 7 ff., 15 ff. m. w. Nachw.
26 Vgl. etwa *BGHSt* 26, 321, 323/4; 34, 22, 28/9.
27 Vgl. auch *BGHSt* 34, 22, 29; ferner *Jescheck/Weigend*, Strafrecht AT, § 77 II, 2 c; NK-StGB *(Pollähne)*, § 63 Rn. 47 ff., 80 ff.
28 Vgl. dazu *BVerfGE* 91, 1 ff., 33/4; *Fischer*, StGB, § 64 Rn. 19 ff.
29 Vgl. HK-GS/*Best*, § 64 Rn. 10 unter Hinweis auf BGH NStZ 2014, 203, 204; zu weiteren Prognosevoraussetzungen vgl. *Fischer*, StGB, § 64 Rn. 19 ff.; Schönke/Schröder (*Kinzig*), StGB, § 64 Rn. 13 ff.
30 Vgl. *Fischer*, StGB, § 64 Rn. 19; HK-GS/*Best*, § 64 Rn. 10; *BGH* NStZ 2014, 203, 204.
31 Vgl. zum Ganzen noch NK-StGB *(Pollähne)*, § 64 Rn. 26 ff., 38 ff. m. w. Nachw.

III. Das sanktionenrechtliche Instrumentarium im Überblick

104 Die **Unterbringung in einem psychiatrischen Krankenhaus** (§ 63) ist anders als die Unterbringung in einer Entziehungsanstalt (gesetzlich) nicht befristet. Das Fehlen einer gesetzlich bestimmten Höchstdauer der Unterbringung in einem psychiatrischen Krankenhaus bedeutet indessen nicht, dass der Untergebrachte für alle Zeit – sozusagen „stets auf ewig" – untergebracht bleibt. Der Vollzug der Maßregel ist vielmehr zu beenden, wenn ihr Zweck, die Allgemeinheit vor (geistig) erkrankten oder krankhaft veranlagten gefährlichen (Straf-)Tätern zu schützen, erreicht ist. Dieser Zweckbestimmung folgend dient die Unterbringung in einem psychiatrischen Krankenhaus dazu, „erkrankte oder krankhaft veranlagte Menschen von einem seelischen Leiden, das die öffentliche Sicherheit gefährdet, zu heilen, oder falls das nicht möglich ist, sie in einem psychiatrischen Krankenhaus in ihrem Zustand zu pflegen, weil andere Maßnahmen die von ihnen ausgehende Gefahr nicht zu bannen vermögen".[32] Vor dem Hintergrund dieser spezialpräventiven, den Behandlungs- wie den Sicherungsaspekt gleichermaßen berücksichtigenden Zielsetzung der Maßregel setzt deren (gerichtliche) Anordnung neben einer qualifizierten Gefährlichkeitsprognose[33] die „positive" Feststellung eines länger andauernden, nicht nur vorübergehenden Persönlichkeitsdefekts voraus, der eine Schuldunfähigkeit oder doch zumindest eine erhebliche Einschränkung der Schuldfähigkeit im Sinne der §§ 20, 21 begründet, und weiter, dass der Täter in diesem Zustand eine rechtswidrige Tat begangen hat, die auf den dauerhaften Defekt zurückzuführen ist, mithin mit diesem Defekt in einem kausalen, symptomatischen Zusammenhang steht.[34] Gelegenheits- und/oder Konflikttaten scheiden deshalb als Anlass- bzw. Symptomtaten aus. Liegen die Voraussetzungen gem. § 63 vor, ist die Anordnung der Unterbringung in einem psychiatrischen Krankenhaus zwingend. Es kommt insoweit nicht darauf an, ob die Heilungsaussichten günstig, gering oder überhaupt nicht gegeben sind. Auch bei fehlender Heilungsaussicht ist die Maßregel anzuordnen.[35]

105 Die **Unterbringung in der Sicherungsverwahrung** soll die gesellschaftlich in (staatlicher) Gemeinschaft zusammenlebenden Menschen vor gefährlichen Hangtätern und ihren sich wiederholenden Straftaten schützen. Dementsprechend geht es bei der Unterbringung in der Sicherungsverwahrung um den Schutz der Allgemeinheit durch Separation (Einschließung) des Täters. Der Sinngehalt der Maßregel erschöpft sich allerdings nicht im bloßen Sicherungszweck. Vielmehr dient sie auch der Resozialisierung. Sie muss therapiegerichtet und freiheitsorientiert ausgestaltet sein, damit so die Voraussetzungen für ein verantwortliches Leben in Freiheit geschaffen werden können.[36] Ungeachtet dessen ist und bleibt die Unterbringung in der Sicherungsverwahrung eine der letzten Notmaßnahmen der Kriminalpolitik.[37] Nach wie vor steht ihre verfassungsrechtliche Dignität ebenso wie ihre kriminalpolitische Notwendigkeit und Legitimation in Frage.[38] Bei aller kriminalpolitischen Fragwürdigkeit werden diverse

---

32 *BGHSt* 37, 373, 374/5.
33 Vgl. dazu *Fischer*, StGB, § 63 Rn. 13 ff., 19 ff.; HK-GS/*Braasch*, § 63 Rn. 9 ff.; NK-StGB *(Pollähne)* § 63 Rn. 47 ff., 52 ff.
34 Vgl. *BGH* NStZ 1999, 128, 129; NStZ 1999, 612, 613; HK-GS/*Braasch*, § 63 Rn. 13; NK-StGB *(Pollähne)*, § 63 Rn. 52 ff.
35 Vgl. dazu HK-GS/*Braasch*, § 63 Rn. 15 mit Hinweis auf *BGH* NStZ 1995, 588; ferner *Fischer*, StGB, § 63 Rn. 3 m. w. Nachw.
36 Vgl. dazu HK-GS/*Best*, § 66 Rn. 1; *Schönke/Schröder (Kinzig)*, StGB, § 66 Rn. 2 sowie die neuere Rspr. des *BVerfG*, insbesondere *BVerfGE* 128, 326 ff., 374 ff., 377/8.
37 BT-Drs. V/4094, S. 19; vgl. auch *BGHSt* 30, 220, 222.
38 Vgl. zur kriminalpolitischen Kritik und zu verfassungsrechtlichen Bedenken statt aller NK-StGB *(Dessecker)*, § 66 Rn. 23 ff., 28 ff.; ferner *Schönke/Schröder (Kinzig)*, StGB, § 66 Rn. 3 u. 4 m. w. Nachw.

verfassungsrechtliche Bedenken gegen sie (z. B. aus Art. 1 Abs. 1; 103 Abs. 2, 3; 104 Abs. 1 GG) jedenfalls im Ergebnis überwiegend nicht für begründet gehalten. Konzeptionell verstößt die Maßregel danach weder gegen Art. 1 GG noch gegen das Verbot der Doppelbestrafung gem. Art. 103 Abs. 3 GG; denn zum einen ist die streng auf eine wirksame Abwehr schwerwiegender Gefahren für die fundamentalen Gemeinschaftswerte ausgerichtete Unterbringung in der Sicherungsverwahrung als **ultima ratio des Gesellschaftsschutzes** nicht gleichzusetzen mit einer Degradierung des Menschen zum reinen Objekt sicherheitsorientierter utilitaristischer Maßnahmen.[39] Und zum anderen ist der mit der Sicherungsverwahrung bezweckte Freiheitsentzug wegen seines Maßregelcharakters[40] zwar eine als „Übel" zu empfindende Einbuße an Freiheit, aber doch kein „Strafübel" im eigentlichen Sinne (vgl. Rn. 34). Gleichwohl handelt es sich bei der Unterbringung in der Sicherungsverwahrung um die einschneidendste und kriminalpolitisch fragwürdigste Maßregel mit dem schärfsten Maß an Übelszufügung, das noch durch die Anordnungsmöglichkeit neben lebenslanger Freiheitsstrafe gesteigert wird.[41] An dieser Einschätzung ändert auch der Umstand nichts, dass mit § 66c eine Vorschrift geschaffen worden ist, die den Vollzug und die Ausgestaltung der Unterbringung in der Sicherungsverwahrung – zumal im Blick auf etwaigen vorhergehenden Strafvollzug – im Sinne eines eigenständigen und im Vergleich mit dem Vollzug von Freiheitsstrafe deutlich andersartig zu gestaltenden Maßregelvollzugs regelt.[42] Dennoch verbleibt es trotz aller Zweifel an der kriminalpolitischen Legitimation und verfassungsrechtlichen Unbedenklichkeit dabei, dass auf die Unterbringung in der Sicherungsverwahrung zwecks wirksamer Kontrolle hochgefährlicher Straftäter nicht verzichtet werden kann, weil es im Gesamtsystem der strafrechtlichen Sanktionen an wirkungsgleichen funktionalen Äquivalenten fehlt.[43]

Was die materielle Anordnungsvoraussetzung des „Hanges zu erheblichen Straftaten" und ihre **Vereinbarkeit mit dem verfassungsrechtlichen Bestimmtheitsgebot** (Art. 103 Abs. 2 GG) betrifft, steht die Verfassungsgemäßheit der Maßregel jedenfalls im Ergebnis nicht in Frage. Begrifflich ist der „Hang zu erheblichen Straftaten" in § 66 Abs. 1 Nr. 4 in eine „Gesamtwürdigung des Täters und seiner Taten" sowie in die zu erstellende Gefährlichkeitsprognose eingebettet. In diesem Sachzusammenhang gewinnt der Hangbegriff so viel an Kontur und Genauigkeit, dass trotz seiner Auslegungsbedürftigkeit ein Verstoß gegen Art. 103 Abs. 2 GG auszuschließen ist. Unter „Hang" ist in § 66 Abs. 1 Nr. 4 nicht ein Zustand krankhafter Abhängigkeit oder einer Suchtform zu verstehen, sondern ein auf charakterlicher Veranlagung beruhender oder durch Übung bzw. Gewöhnung erworbener „eingeschliffener innerer Zustand des Täters, der ihn immer wieder neue Straftaten begehen lässt. Hangtäter ist danach derjenige, der dauernd zu Straftaten entschlossen ist oder aufgrund einer fest eingewurzelten Neigung immer wieder straffällig wird, wenn sich die Gelegenheit dazu bietet"[44]. Hangtäter kann daher auch sein, wer willensschwach ist, Tatanreizen aus innerer Haltlosigkeit

106

---

39 Vgl. aber NK-StGB *(Dessecker)*, § 66 Rn. 24, 28 m. w. Nachw.
40 Vgl. dazu Fischer, StGB, § 66 Rn. 4 mit Rn. 19; ferner NK-StGB *(Dessecker)*, § 66 Rn. 23; Schönke/Schröder *(Kinzig)*, StGB, § 66 Rn. 1 jew. mit Hinweisen auf die Rspr. des EGMR und BVerfG.
41 Vgl. Schönke/Schröder *(Kinzig)*, StGB, § 66 Rn. 2 m. w. Nachw.; NK-StGB *(Dessecker)*, § 66 Rn. 24.
42 Vgl. zur Ausgestaltung der Unterbringung in der Sicherungsverwahrung und des vorhergehenden Strafvollzugs (§ 66c) statt aller NK-StGB *(Dessecker)*, § 66c Rn. 5 ff.
43 Vgl. dazu HK-GS/*Best*, § 66 Rn. 6; NK-StGB *(Dessecker)*, § 66 Rn. 23 ff., 35; SSW-StGB *(Jehle/Harrendorf)*, § 66 Rn. 1.
44 So BGH NStZ 1999, 502, 503.

nicht genügend zu widerstehen vermag und so jeder neuen Versuchung erliegt.[45] Entscheidend ist bei alledem, ob und dass die früheren Taten einen **symptomatischen Zusammenhang** mit den zur Verurteilung anstehenden Taten haben und damit einen Indizwert für das Vorliegen eines gefährlichen Hangs aufweisen.[46]

107 Zu unterscheiden sind drei verschiedene Modalitäten der Sicherungsverwahrung: die sog. originäre[47] (traditionelle) Sicherungsverwahrung gem. § 66, die vorbehaltene (§ 66a) und die nachträgliche (§ 66b) Sicherungsverwahrung. Voraussetzung jeder Art von Sicherungsverwahrung ist die Verurteilung wegen einer gesetzlich im Sinne einer abschließenden Aufzählung näher bezeichneten Straftat, der sog. Anlasstat. Die Anordnung der originären Sicherungsverwahrung gem. § 66 Abs. 1 ist gesetzlich zwingend (obligatorisch), die Anordnung der Sicherungsverwahrung gem. § 66 Abs. 2 und 3 ist in das pflichtgemäße Ermessen des zuständigen Gerichts gestellt (also fakultativ). Die obligatorische Anordnung von Sicherungsverwahrung setzt nach § 66 Abs. 1 voraus, dass es sich bei der Anlasstat um eine der in § 66 Abs. 1 S. 1 Nr. 1 a) – c) bezeichneten Straftaten handelt, der Täter wegen dieser Tat zu Freiheitsstrafe von mindestens zwei Jahren verurteilt wird, er gem. § 66 Abs. 1 S. 1 Nr. 2 wegen Straftaten der in § 66 Abs. 1 S. 1 Nr. 1 genannten Art, die er vor der neuen (Anlasstat) begangen hat, schon zweimal jeweils zu Freiheitsstrafe von mindestens einem Jahr verurteilt worden ist und er wegen einer oder mehrerer Taten vor der neuen Tat (Anlasstat) für die Zeit von mindestens zwei Jahren Freiheitsstrafe verbüßt oder sich im Vollzug einer freiheitsentziehenden Maßregel der Besserung und Sicherung befunden hat (§ 66 Abs. 1 S. 1 Nr. 3). Die fakultative Anordnung von Sicherungsverwahrung gem. § 66 Abs. 2 erfordert keine Vorverurteilung und keine Vorverbüßung. Der Täter muss vielmehr „nur" drei vorsätzliche Straftaten im Sinne von § 66 Abs. 1 S. 1 Nr. 1 a) – c) als rechtlich selbstständige Taten begangen haben.[48] Durch diese Straftaten muss er jeweils Freiheitsstrafe von mindestens einem Jahr **verwirkt** haben und er muss wegen einer oder mehrerer dieser Taten zu einer wenigstens dreijährigen Freiheitsstrafe verurteilt werden. Es können daher in ein und demselben Verfahren alle (Anlass-)Taten zur gleichzeitigen Aburteilung anstehen, erforderlich ist das aber nicht.[49] Für die fakultative Anordnung von Sicherungsverwahrung gem. § 66 Abs. 3 S. 1 ist Voraussetzung, dass der Täter wegen einer der in S. 1 ausdrücklich genannten Straftaten (Anlasstat) zu einer mindestens zweijährigen Freiheitsstrafe verurteilt wird, dass er darüber hinaus wegen zumindest einer derartigen – nicht notwendigerweise aber wegen einer gleichen – Straftat, die er vor der Anlasstat begangen hat, zu einer Freiheitsstrafe von mindestens drei Jahren verurteilt worden ist und er überdies bereits einen mindestens zweijährigen Freiheitsentzug erfahren hat. Eine weitere – ebenfalls fakultative – Anordnung von Sicherungsverwahrung ist in § 66 Abs. 3 S. 2 geregelt. Danach ist die Anordnung der Sicherungsverwahrung auch ohne vormalige Verurteilung zu Freiheitsstrafe oder/und Freiheitsentzug zulässig, wenn der Täter zwei der in § 66 Abs. 3 S. 1 bezeichneten Straftaten begangen, dafür jeweils Freiheitsstrafe von mindestens zwei Jahren verwirkt hat und zumindest wegen einer dieser Taten zu wenigstens dreijähriger

---

45 Vgl. *BGH* NStZ 1999, 502, 503; ferner *Fischer*, StGB, § 66 Rn. 19, 47 ff. m. zahlr., Nachw.
46 Näher dazu *Fischer*, StGB, § 66 Rn, 47; *Schönke/Schröder (Kinzig)*, StGB, § 66 Rn, 24 ff., 31 sowie Rn. 25 zum Verhältnis von Hangfeststellung und Gefährlichkeitsprognose.
47 Mit dieser Begrifflichkeit etwa *Baumann/Weber/Mitsch/Eisele*, Strafrecht AT/*Mitsch*, § 31 Rn. 10.
48 Vgl. *Fischer*, StGB, § 66 Rn. 32 m. w. Nachw.
49 Vgl. HK-GS/*Best*, § 66 Rn. 11 mit Hinweis auf *BGH* NStZ 2015, 510; auch *Fischer*, StGB, § 66 Rn. 32 m. w. Nachw.

2. Die Maßnahmen

Freiheitsstrafe verurteilt wird.[50] Sowohl die **obligatorische** Anordnung von Sicherungsverwahrung gem. § 66 Abs. 1 als auch die **fakultative** Anordnung von Sicherungsverwahrung gem. § 66 Abs. 2 bzw. § 66 Abs. 3 setzen in materieller Hinsicht jeweils eine **qualifizierte Gefährlichkeitsprognose** voraus. Aber erst im Zusammenwirken mit den sehr differenzierten **formellen Anordnungsvoraussetzungen** der Abs. 1 bis 3[51] entfaltet sich der „innere Grund" für die jeweilige „Art" der Verwahrungsanordnung.

Sicherungsverwahrung kann auch noch nach rechtskräftiger Verurteilung wegen einer der in § 66a Abs. 1 Nr. 1 bzw. § 66a Abs. 2 Nr. 1 benannten Straftaten angeordnet werden, wenn das Gericht die Anordnung der Sicherungsverwahrung **im Urteil vorbehalten** hat. Dieser Vorbehalt der Anordnung von Sicherungsverwahrung versteht sich als eine tatrichterliche Entscheidung, die nur zusammen mit der Aburteilung der Anlasstat(en) getroffen werden kann.[52] Weitere formelle Voraussetzung für den Anordnungsvorbehalt gem. § 66a Abs. 1 ist gem. § 66a Abs. 1 Nr. 2, dass – über die bereits von § 66a Abs. 1 Nr. 1 erfassten Anlasstaten hinaus – auch alle weiteren Voraussetzungen des § 66 Abs. 3 – soweit dieser nicht auf § 66 Abs. 1 S. 1 Nr. 4 verweist – erfüllt sind. Bei diesen weiteren formellen Voraussetzungen des Anordnungsvorbehalts gem. § 66a Abs. 1 handelt es sich um die in § 66 Abs. 3 S. 1 Hs. 2 genannten Vorverurteilungen und Vorverbüßungszeiten bzw. um mehrere Anlasstaten mit entsprechend hohen Verurteilungen zu Freiheitsstrafen im Sinne von § 66 Abs. 3 S. 2. Der Anordnungsvorbehalt nach § 66a Abs. 1 betrifft demnach „Mehrfachtäter", der Anordnungsvorbehalt nach § 66a Abs. 2 hingegen **Ersttäter**.[53] Die materiellen Voraussetzungen des Anordnungsvorbehalts gem. § 66a Abs. 1 und 2 richten sich jeweils unterschiedlich an § 66 Abs. 1 S. 1 Nr. 4, also dem Vorliegen eines Hangs zu erheblichen Straftaten und einer darauf beruhenden Gefährlichkeitsprognose aus. Nach § 66a Abs. 1 reicht es aus, dass der Hang zu erheblichen Straftaten ebenso wie die daraus herrührende Gefährlichkeit für die Allgemeinheit nicht mit hinreichender Sicherheit feststellbar, aber wahrscheinlich ist. Nach § 66a Abs. 2 Nr. 3 ist davon abweichend erforderlich, dass ein Hang zu erheblichen Straftaten und daraus sich ergebender Gefährlichkeit für die Allgemeinheit mit hinreichender Sicherheit (nicht: mit Sicherheit, da dann § 66 Vorrang hätte) feststellbar oder zumindest wahrscheinlich ist. Der Sache nach reicht insoweit sowohl für das Vorliegen eines Hangs als auch für die darauf beruhende Gefährlichkeitsprognose eine **„begründete Wahrscheinlichkeit"**.[54] Eine solche begründete Wahrscheinlichkeit erschöpft sich nicht darin, nur negativ die mögliche Gefährlichkeit des Täters nicht ausschließen zu können. Vielmehr bedarf es einer Feststellung konkreter Begründungstatsachen im Urteil. Maßgeblicher Beurteilungszeitpunkt ist der des Urteils/der Verurteilung.[55] Über die vorbehaltene Anordnung der Sicherungsverwahrung entscheidet das Gericht des ersten Rechtszuges (vgl. dazu §§ 74 f, 120a GVG mit § 275a StPO). Die letzte Möglichkeit zur Anordnung der vorbehaltenen Sicherungsverwahrung besteht gem. § 66a Abs. 3 S. 1 zum (End-)Zeitpunkt der vollständigen Vollstreckung der Freiheitsstrafe aus der abgeurteilten Anlasstat. Das gilt gem. § 66a Abs. 3 S. 1 Hs. 2 auch dann, wenn nach Vollstreckungsaussetzung eines Strafrestes zur

108

---

50 Vgl. dazu HK-GS/*Best*, § 66 Rn. 12; *Fischer*, StGB, § 66 Rn. 34 ff., 38 ff.
51 Vgl. dazu näher bei *Fischer*, StGB, § 66 Rn. 23 ff., 25 ff., 30, 31 ff., 34 ff., 38 ff., der die unübersichtliche Auflistung der formellen Voraussetzungen mit Recht moniert.
52 Vgl. *Fischer*, StGB, § 66a Rn. 2; zum Verfahren vgl. §§ 246a S, 1, 267 Abs. 6 S. 1, 268d StPO.
53 Vgl. HK-GS/*Best*, § 66a Rn. 2, 5; *Schönke/Schröder (Kinzig)*, StGB, § 66 a Rn. 16 ff.
54 Vgl. dazu *Fischer*, StGB, § 66a Rn. 4 ff.
55 Vgl. etwa *Fischer*, StGB, § 66a Rn. 8a; ferner HK-GS/*Best*, § 66a Rn. 3.

Bewährung (nur noch) der Strafrest vollstreckt wird. Nach vollständiger Vollstreckung der Freiheitsstrafe (samt etwaigem Strafrest) ohne Vorbehaltsentscheidung erlischt der Vorbehalt.[56] Mit Rücksicht auf notwendige Vorbereitungen für die Lebensplanung des Betroffenen bestimmt § 275a Abs. 5 StPO, dass die Entscheidung über die vorbehaltene Anordnung der Sicherungsverwahrung spätestens sechs Monate vor der vollständigen Vollstreckung der Freiheitsstrafe getroffen werden soll. Die Entscheidung ergeht in Form eines Urteils (vgl. § 275a Abs. 2 StPO). Gelangt das Gericht nach Gesamtwürdigung des verurteilten Täters, seiner Tat oder seiner Taten und (ergänzend dazu) seiner Entwicklung bis zum Zeitpunkt der Entscheidung zu dem Ergebnis, dass von ihm erhebliche Straftaten zu erwarten sind, durch die die Opfer seelisch oder körperlich schwer geschädigt werden, ist – gem. § 66a Abs. 3 S. 2 zwingend – die (vorbehaltene) Sicherungsverwahrung anzuordnen. Im Rahmen der gem. § 66a Abs. 3 S. 2 erforderlichen „aktuellen" Gefährlichkeitsprognose ist die (erneute) Feststellung eines Hangs nicht vorausgesetzt. Das erscheint plausibel, wenn man darauf abhebt, dass im Strafvollzug verlässliche Erkenntnisse über das Vorliegen eines Hangs kaum zu gewinnen sind.

109 Eine im eigentlichen Sinne nachträgliche Anordnung der Unterbringung in der Sicherungsverwahrung ist in § 66b vorgesehen. Danach kann die Unterbringung in der Sicherungsverwahrung nachträglich angeordnet werden, wenn das zuständige Gericht (Strafvollstreckungskammer) die Unterbringung in einem psychiatrischen Krankenhaus gem. § 67d Abs. 6 für erledigt erklärt hat, weil der die Schuldfähigkeit beeinträchtigende Zustand, auf dem die Unterbringung beruhte, im Zeitpunkt der Erledigungsentscheidung nicht oder nicht mehr vorhanden war. Für diese Feststellung unerheblich ist, ob der die Schuldfähigkeit ausschließende oder vermindernde Zustand von vornherein nicht bestand (sog. Fehleinweisung) oder ob er nachträglich (durch „Heilung") weggefallen ist.[57] Weitere formelle Voraussetzung für die nachträgliche Anordnung von Sicherungsverwahrung ist gem. § 66b Abs. 1 Nr. 1, dass die Unterbringung des Betroffenen nach § 63 wegen mehrerer der in § 66 Abs. 3 S. 1 genannten Taten angeordnet wurde, oder dass der Betroffene wegen einer oder mehrerer solcher Taten, die er vor der zur Unterbringung nach § 63 führenden Taten begangen hat, schon einmal zu einer Freiheitsstrafe von mindestens drei Jahren verurteilt oder eben deshalb in einem psychiatrischen Krankenhaus untergebracht war.[58] Im materiellen Sinne erfordert die nachträgliche Anordnung der Sicherungsverwahrung Feststellungen zur Gefährlichkeit des Verurteilten. Die Feststellung eines Hangs i. S. d. § 66 Abs. 1 S. 1 Nr. 4 ist ähnlich wie bei der endgültigen Anordnungsentscheidung gem. § 66a nicht nötig. Auf welcher tatsächlichen Grundlage hinreichende Erkenntnisse und gehaltvolle Kriterien für die Gefährlichkeitsprognose ermittelt werden können, ist wie im Falle des § 66a allerdings unklar und zweifelhaft.[59] Ohne Bedeutung ist, ob im Anschluss an die Unterbringung nach § 63 noch eine daneben ausgesprochene Freiheitsstrafe ganz oder teilweise zu vollstrecken ist. Ausdrücklich lässt § 66b Abs. 3 S. 2 auch bei möglicherweise noch ausstehender gänzlicher oder teilweiser Vollstreckung der neben der Unterbringungsanordnung nach § 63 ausgesprochenen Freiheitsstrafe die nachträgliche Anordnung von Sicherungsverwahrung zu.

---

56 Vgl. HK-GS/*Best*, § 66a Rn. 11.
57 Vgl. HK-GS/*Best*, § 66b Rn. 2; ferner *Fischer*, StGB, § 66b Rn. 4; *BGH* NStZ 2009, 323, 324.
58 Zu weiteren Einzelheiten vgl. *Fischer*, StGB, § 66b Rn. 4 ff.; HK-GS/*Best*, § 66b Rn. 2; SSW-StGB *(Jehle/Harrendorf)*, § 66b Rn. 8 ff.; ferner NK-StGB *(Dessecker)*, § 66b Rn. 18 ff.
59 Vgl. dazu näher *Fischer*, StGB, § 66b Rn. 8 ff., 9 ff.

2. Die Maßnahmen

Die **Dauer der Unterbringung** in der Sicherungsverwahrung ist unbestimmt. Auch für die **erstmalige** Unterbringung in der Sicherungsverwahrung ist entgegen früherem Recht **keine Höchstfrist** (vormals: zehn Jahre) vorgesehen. Stattdessen schreibt § 67 d Abs. 3 für die erste ebenso wie für jede weitere Unterbringung in der Sicherungsverwahrung vor, dass nach zehnjähriger Vollzugsdauer das Gericht von Amts wegen zu prüfen und zu entscheiden hat, ob die Maßregel fortdauert oder zu beenden ist. Das Gericht hat dementsprechend nach zehnjähriger Vollzugsdauer die Maßregel der Sicherungsverwahrung für erledigt zu erklären, es sei denn, es besteht (nach wie vor) die Gefahr, dass der Untergebrachte infolge seines Hanges erhebliche Straftaten begehen wird, durch die den Opfern schwere seelische oder körperliche Schäden zugefügt werden („erneute" Gefährlichkeitsprognose). Ist die Unterbringung in der Sicherungsverwahrung erledigt, tritt von Gesetzes wegen **Führungsaufsicht** ein (§ 67 d Abs. 3 S. 2).

110

2.1.2 Die nicht freiheitsentziehenden Maßregeln

Als nicht freiheitsentziehende, ambulante Maßregeln der Besserung und Sicherung kennt das StGB die Führungsaufsicht (§§ 61 Nr. 4, 68 ff.), die Entziehung der Fahrerlaubnis (§§ 61 Nr. 5, 69 ff.) und das Berufsverbot (§§ 61 Nr. 6, 70 ff.). Wie alle Maßregeln dienen auch sie dazu, zukünftigen rechtswidrigen Taten nachhaltig vorzubeugen. Ihre primär spezialpräventive Zielsetzung betrifft je nach Maßregel und Einzelfall verschieden die Resozialisierung des Täters oder/und das Sicherungs- bzw. Schutzinteresse der Allgemeinheit, wobei auch sekundäre generalpräventive Wirkungen nicht ausgeschlossen sind.

111

2.1.2.1 Führungsaufsicht

Eine in der Praxisrealität oftmals spannungs- und konfliktreiche spezialpräventive Doppelaufgabe hat die **Führungsaufsicht** (§§ 68 – 68 g) zu bewältigen. Sie soll gefährliche und (rückfall-)gefährdete Täter bei der Rückkehr in die gesellschaftliche Lebenswirklichkeit in deren eigenem (Resozialisierungs-)Interesse unterstützen und zugleich die Allgemeinheit vor neuen möglichen Straftaten schützen. Dem entspricht die Ausgestaltung der Führungsaufsicht als eine **Kombination von Hilfe und Überwachung**: Nach § 68 a Abs. 1 untersteht der Verurteilte einer Aufsichtsstelle und das Gericht bestellt ihm einen **Bewährungshelfer**. Beide – Bewährungshelfer und Aufsichtsstelle – stehen ihm **helfend und betreuend** zur Seite (§ 68 a Abs. 2). Die Aufsichtsstelle ist aber auch dazu berufen, im Einvernehmen mit dem Gericht und mit Unterstützung des bestellten Bewährungshelfers das Verhalten des Verurteilen zu **überwachen** (vgl. § 68 a Abs. 3). Dazu gehört vor allem, die Befolgung etwaiger, vom Gericht angeordneter Weisungen (§ 68 b) zu kontrollieren bzw. auf deren Erfüllung zu drängen. In die weitere Lebensgestaltung des Verurteilten kann nämlich für die Gesamtdauer der Führungsaufsicht (§ 68 c: zwischen zwei und fünf Jahren oder gar unbefristet) oder auch für eine kürzere Zeit durch eine Vielzahl von Weisungen eingegriffen werden, die strafbewehrt sind. Wer während der Führungsaufsicht gegen die gerichtlich angeordneten Weisungen verstößt und dadurch den Maßregelzweck gefährdet, wird mit Freiheitsstrafe bis zu drei Jahren oder mit Geldstrafe bestraft (§ 145 a). Allerdings hängt die Strafverfolgung davon ab, dass die Aufsichtsstelle einen entsprechenden Strafantrag stellt (vgl. §§ 145 a S. 2, 68 a Abs. 6). Die Maßregel der Führungsaufsicht

112

ist aufzuheben, wenn zu erwarten ist, dass der Verurteilte auch ohne sie keine Straftaten mehr begehen wird (positive Täterprognose, vgl. § 68 e Abs. 2).

113 Führungsaufsicht kann vom Gericht **angeordnet** werden oder tritt **kraft Gesetzes** ein. Nach pflichtgemäßem Ermessen kann das Gericht die Maßregel anordnen, wenn jemand wegen einer Straftat, bei der das Gesetz Führungsaufsicht neben der Strafe besonders vorsieht (z.B. § 263 Abs. 6), Freiheitsstrafe von mindestens sechs Monaten verwirkt hat und die Gefahr besteht, dass er weitere Straftaten begehen wird (§ 68 Abs. 1). Kraft Gesetzes tritt Führungsaufsicht ein bei voller Verbüßung einer Freiheitsstrafe von mindestens zwei Jahren oder im Falle einer Straftat gem. § 181 b bei Vollverbüßung einer mindestens einjährigen Freiheitsstrafe (§ 68 f), bei Vollstreckungsaussetzung einer freiheitsentziehenden Maßregel zur Bewährung (vgl. §§ 67 b Abs. 2, 67 c Abs. 1, 67 d Abs. 2), bei Entlassung aus der Sicherungsverwahrung, wenn die Maßregel für erledigt erklärt worden ist (§ 67 d Abs. 3) und bei vorzeitiger Entlassung aus der Entziehungsanstalt wegen Nichterreichbarkeit des Maßregelzwecks (§ 67 d Abs. 5). Nach § 68 f Abs. 2 besteht die Möglichkeit, die von Gesetzes wegen eintretende Führungsaufsicht entfallen zu lassen, wenn zu erwarten ist, dass der Verurteilte auch ohne die Maßregel keine Straftaten mehr begehen wird. Hierfür ist eine gerichtliche Anordnung erforderlich. Entscheidungszuständig ist die Strafvollstreckungskammer, in deren Bezirk der Verurteilte drei Monate vor Vollzugsende einsitzt.[60]

2.1.2.2 Entziehung der Fahrerlaubnis

114 Anders als das Fahrverbot (§ 44) ist die **Entziehung der Fahrerlaubnis** gem. § 69 keine (Neben-) Strafe, sondern eine durch die §§ 69 a, 69 b näher ausgestaltete Maßregel der Besserung und Sicherung. Sie dient im Interesse der Verkehrssicherheit dazu, die Allgemeinheit vor Kraftfahrern zu schützen, die sich als ungeeignet zum Führen von Kraftfahrzeugen erwiesen haben und infolge dieser Ungeeignetheit eine Gefahrenquelle für die übrigen Verkehrsteilnehmer darstellen. Grundvoraussetzung für eine Entziehung der Fahrerlaubnis ist eine rechtswidrige Tat, die im Zusammenhang mit dem Führen eines Kraftfahrzeuges oder unter Verletzung der Pflichten eines Kraftfahrzeugführers begangen worden ist (§ 69 Abs. 1 S. 1). Wird ein Kraftfahrer wegen einer solchen Anlasstat verurteilt oder nur deshalb nicht verurteilt, weil seine Schuldunfähigkeit erwiesen oder nicht auszuschließen ist, muss ihm das Gericht die Fahrerlaubnis entziehen (kein Ermessen!), wenn sich aus der Tat seine Ungeeignetheit zum Führen von Kraftfahrzeugen ergibt, die Anlasstat also zugleich **symptomatisch** die Ungeeignetheit dokumentiert. Die fehlende Eignung muss sich somit aus der Anlasstat selbst ergeben und sie muss zum Zeitpunkt der Aburteilung noch bestehen. Im Zeitraum zwischen Anlasstat und Aburteilung ergriffene „eignungsherstellende bzw. -fördernde Maßnahmen" sind deshalb bei der Maßregelanordnung zu berücksichtigen. Die mangelnde Eignung kann auf körperlichen und/oder geistigen Mängeln, auf charakterlichen Defekten oder auf erheblichen Sozialisationsdefiziten beruhen. Eine gewisse Indizwirkung kommt insoweit dem Tatnachverhalten oder auch einer schon verfestigten Kriminalitätsbelastung zu. Stets bedarf die Ungeeignetheit einer ausdrücklichen Feststellung. Eine Regelvermutung der Ungeeignetheit enthält § 69 Abs. 2. Danach ist im Falle einer

---

60 Zu weiteren Verfahrensfragen *Fischer*, StGB, § 68 f Rn. 10; HK-GS/*Braasch*, § 68f Rn. 7; *Schönke/Schröder (Kinzig)*, § 68f Rn. 14; allgemein zur Führungsaufsicht vgl. *Jescheck/Weigend*, Strafrecht AT, § 78 I; *Schönke/ Schröder (Kinzig)*, StGB, § 68 Rn. 1 ff.

gem. § 69 Abs. 2 Nr. 1 – 4 zu beurteilenden Anlasstat die Ungeeignetheit zum Führen von Kraftfahrzeugen regelmäßig gegeben.

Die **Fahrerlaubnis erlischt** gem. § 69 Abs. 3 S. 1 mit Rechtskraft des Urteils, in dem die Maßregel ausgesprochen worden ist. Da in § 69 keine Beschränkung der Fahrerlaubnisentziehung auf bestimmte Fahrzeugarten vorgesehen ist, erlischt die Fahrerlaubnis mit Rechtskraft des Urteils zur Gänze und – was oftmals verkannt wird – auf Dauer. Die erloschene Fahrerlaubnis lebt daher nach Ablauf einer bestimmten Zeit auch nicht „automatisch" wieder auf. Vielmehr muss sie von der Straßenverkehrsbehörde erneut erteilt werden (Antrag). Für die Wiedererteilung der Fahrerlaubnis setzt das Gericht im Urteil eine bestimmte Frist – sog. **Sperrfrist** – fest (§ 69 a Abs. 1). Diese Sperre kann gem. § 69 a Abs. 1 S. 1 von **sechs Monaten** bis zu **fünf Jahren** dauern. Ist zu erwarten, dass sogar die Höchstfrist von fünf Jahren nicht ausreicht, um entsprechend dem Maßregelzweck die von dem verurteilten Kraftfahrer ausgehende Gefahr abzuwehren, kann das Gericht auch **für immer** die Wiedererteilung der Fahrerlaubnis versagen (§ 69 a Abs. 1 S. 2). Soweit der Verurteilte ohnehin nicht im Besitz einer Fahrerlaubnis war und infolgedessen eine Entziehung der Fahrerlaubnis nicht möglich ist, setzt das Gericht eine selbständige, „isolierte" Sperrfrist für die (erstmalige) Erteilung einer Fahrerlaubnis fest (§ 69 a Abs. 1 S. 3). Im Gegensatz zur Maßregelanordnung selbst, ist es dem Gericht möglich, nach pflichtgemäßem Ermessen bestimmte Arten von Kraftfahrzeugen von der Sperre auszunehmen. Voraussetzung dafür ist aber eine auf besondere Umstände gegründete Annahme, dass dadurch der Maßregelzweck nicht gefährdet wird (§ 69 a Abs. 2). Je nach den Umständen des Einzelfalls kann das etwa für den **Landwirt** gelten, der auf das Führen von Treckerfahrzeugen existenziell angewiesen ist oder auch für **Kraftfahrer**, die beruflich bestimmte Kraftfahrzeuge – beispielsweise Bagger etc. – zu führen haben. Umgekehrt kann eine einmal festgesetzte Sperre auch schon vor Fristablauf wieder aufgehoben werden, wenn sich Grund zu der Annahme ergibt, dass der Verurteilte zum Führen von Kraftfahrzeugen nicht mehr ungeeignet ist (§ 69 a Abs. 7). Berücksichtigung finden dabei vor allem sog. Nachschulungskurse.[61]

Die Entziehung der Fahrerlaubnis nach §§ 69, 69 a ist **endgültig**. Unter bestimmten Voraussetzungen **kann** die Fahrerlaubnis jedoch auch **vorläufig** entzogen werden. Nach § 111 a StPO (vgl. dazu die Anrechnungsregeln in § 69 a Abs. 4 u. 5) kann dem Beschuldigten durch richterlichen Beschluss die Fahrerlaubnis vorläufig entzogen werden, wenn dringende Gründe für die Annahme vorhanden sind, dass die Fahrerlaubnis im späteren Urteil endgültig entzogen wird. Ähnlich wie das Fahrverbot ist auch die **Entziehung der Fahrerlaubnis**, und zwar die endgültige genauso wie die vorläufige (!) Fahrerlaubnisentziehung, **strafbewehrt**: Wer ohne Fahrerlaubnis ein Kraftfahrzeug führt, wird gem. § 21 Abs. 1 Ziff. 1 StVG mit Freiheitsstrafe bis zu einem Jahr oder mit Geldstrafe bestraft.[62]

2.1.2.3 Berufsverbot

Wie die Entziehung der Fahrerlaubnis ist auch das in den §§ 70 – 70 b geregelte **Berufsverbot** keine (Neben-)Strafe, sondern ausschließlich Maßregel der Besserung und Sicherung. Dementsprechend ist der Zweck dieses Berufsverbots „rein" spezialpräventiver Natur. Es geht dabei um die Verhütung berufs- bzw. gewerbebezogener Strafta-

---

[61] Vgl. dazu *Schönke/Schröder (Kinzig)*, StGB, § 69a Rn. 27 ff., 28 m. w. Nachw.
[62] Vgl. zum Ganzen noch *Schönke/Schröder (Kinzig)*, StGB, § 69a Rn. 18 ff.; ferner SSW-StGB *(Harrendorf)*, § 69a Rn. 12, 15, 24 ff. jew. m. zahlr. Nachw.

ten, um den Schutz der Allgemeinheit vor Gefahren, die aus einer strafrechtswidrigen Berufs- oder Gewerbeausübung resultieren.[63] Die Maßregel des Berufsverbots ist somit in erster Linie **Sicherungsmaßregel**.[64]

118 Die Anordnung eines Berufsverbots setzt stets voraus, dass jemand unter Missbrauch seines Berufs oder Gewerbes oder unter grober Verletzung der mit ihnen verbundenen Pflichten eine rechtswidrige Tat (Anlasstat) begangen hat. Als eine solche **Anlasstat** kommt grundsätzlich jedes Delikt in Frage, das in einem inneren Zusammenhang mit der vom Täter tatsächlich ausgeübten beruflichen oder gewerblichen Tätigkeit steht. Dieser berufsspezifische Zusammenhang ist gegeben, wenn der Täter unter bewusster Missachtung der ihm gerade durch seinen Beruf oder sein Gewerbe gestellten Aufgaben seine Tätigkeit ausnutzt, um einen diesen Aufgaben zuwiderlaufenden strafrechtswidrigen Zweck zu verfolgen. Die strafrechtswidrige Handlung muss also Ausfluss der jeweiligen Berufs- oder Gewerbetätigkeit sein. Wie bei allen Maßregeln ist auch für die Anordnung eines Berufsverbots eine bestimmte **Gefährlichkeitsprognose** erforderlich. Die Gesamtwürdigung von Anlasstat und Persönlichkeit des Täters muss die Gefahr erkennen lassen, dass der Täter bei weiterer Ausübung des Berufs, Berufszweiges, Gewerbes oder Gewerbezweiges erhebliche berufsbezogene Straftaten auch in Zukunft begehen wird. Der erforderliche innere, berufsspezifische Zusammenhang versteht sich dementsprechend zugleich als (berufsspezifischer) **Gefahrzusammenhang**.[65]

119 Überdies ist bei alledem zu beachten, dass die Anordnung eines Berufsverbots gem. § 70 Abs. 1 S. 1 zwar mit Rechtskraft des Urteils wirksam wird, die eigentliche Verbotswirkung aber durchaus erst (sehr viel) später eintritt bzw. eintreten kann. Gem. § 70 Abs. 4 S. 3 wird auf die Verbotsdauer die Zeit nicht angerechnet, die der Täter auf behördliche Anordnung in einer Anstalt verbringt. Soweit der Täter wegen der Anlasstat zu vollstreckbarer Freiheitsstrafe verurteilt wird, setzt die Verbotswirkung des im Urteil zugleich angeordneten Berufsverbots somit erst mit Entlassung aus dem Strafvollzug ein. Gleiches gilt für die selbständige Anordnung einer freiheitsentziehenden Maßregel (§ 71 Abs. 1) und ein daneben ausgesprochenes Berufsverbot. Nicht unerheblich für die Entscheidung über das „Ob" eines Berufsverbots ist des Weiteren, dass gem. § 70 a Abs. 1 das Berufsverbot zur Bewährung ausgesetzt werden kann, dies aber frühestens zulässig ist, wenn das Verbot ein Jahr gedauert hat (§ 70 a Abs. 2 S. 1). Über die weitere Ausgestaltung der **Verbotsaussetzung zur Bewährung** sowie deren etwaigen Widerruf sehen die §§ 70 a Abs. 3, 70 b zahlreiche Regelungen vor, die mit den Vorschriften über die Vollstreckungsaussetzung von Freiheitsstrafen zur Bewährung vergleichbar sind.

120 Die **Mindestdauer** des (zeitigen) Berufsverbots beträgt **ein Jahr**, seine **Höchstdauer fünf Jahre**. Ist zu erwarten, dass auch ein fünfjähriges Berufsverbot zur Abwehr der von dem Täter drohenden Gefahr nicht ausreicht, besteht die Möglichkeit, das Berufsverbot für immer anzuordnen. Sind dringende Gründe für die Annahme vorhanden, dass ein Berufsverbot gem. § 70 gerichtlich angeordnet werden wird, so kann der Richter bereits im strafprozessualen Vorverfahren ein vorläufiges Berufsverbot beschließen (vgl. § 132 a StPO). Wird ein vorläufiges Berufsverbot angeordnet, verkürzt sich die

---

63 Vgl. *Baumann/Weber/Mitsch/Eisele*, Strafrecht AT/*Mitsch*, § 31 Rn. 15.
64 Vgl. auch SSW-StGB/*(Harrendorf)*, § 70 Rn. 3; ferner *Baumann/Weber/Mitsch/Eisele*, Strafrecht AT/*Mitsch*, § 31 Rn. 15
65 Vgl. SSW-StGB/*(Harrendorf)*, § 70 Rn. 8 mit Beispielen in Rn. 9; BGH NStZ 1989, 571, 572; ferner *Fischer*, StGB, § 70 Rn. 4 m. w. Nachw.

2. Die Maßnahmen

Mindestdauer des im späteren Urteil dann endgültig ausgesprochenen Berufsverbots um die Zeit, in der das **vorläufige Berufsverbot** wirksam war, jedoch nur bis zur absoluten Untergrenze von drei Monaten (§ 70 Abs. 2). Hiermit nicht zu verwechseln ist die Einrechnung (Anrechnung) der Laufzeit eines wirksam gewordenen vorläufigen Berufsverbots in die durch Urteil angeordnete Verbotsfrist gem. § 70 Abs. 4 S. 2, denn diese **Laufzeitanrechnung** betrifft lediglich den Zeitraum zwischen der Verkündung des Urteils, in dem die der Maßregel zugrunde liegenden tatsächlichen Feststellungen letztmals geprüft werden konnten und dem Eintritt der Urteilsrechtskraft. Abgesehen von einer unter bestimmten Voraussetzungen in das Ermessen des Gerichts gestellten Verbotsaussetzung zur Bewährung ist eine nachträgliche **Verkürzung oder Verlängerung** der durch Urteil festgesetzten Verbotsdauer **ausgeschlossen**. Das gilt auch, soweit ein Berufsverbot für immer ausgesprochen worden ist.

Inhaltlich bezieht sich das Berufsverbot nicht lediglich auf die vom Verurteilten selbst und zu eigenem Nutzen ausgeübte berufliche oder gewerbliche Tätigkeit. Vielmehr darf der Täter, solange das Verbot wirksam ist, den Beruf, den Berufszweig, das Gewerbe oder den Gewerbezweig auch nicht für einen anderen ausüben oder für sich durch eine von seinen Weisungen abhängige Person ausüben lassen (§ 70 Abs. 3). In die Maßregel des Berufsverbots integriert ist danach ein weitreichender **Umgehungsschutz**. Zudem ist das Berufsverbot **strafbewehrt**. Verstöße gegen ein gem. § 70 oder gem. § 132 a StPO angeordnetes endgültiges oder vorläufiges Berufsverbot werden mit Freiheitsstrafe bis zu einem Jahr oder mit Geldstrafe bestraft (vgl. § 145 c). Auch wenn alle Voraussetzungen für die Anordnung eines Berufsverbots erfüllt sind, ist das (erkennende) Gericht nicht zum Verbotsausspruch verpflichtet. Anders als bei der Entziehung der Fahrerlaubnis (§ 69 Abs. 1) ergeht die Entscheidung über ein Berufsverbot nach pflichtgemäßem Ermessen. Die Anordnung des Berufsverbots muss deshalb erkennen lassen, dass und wie das Gericht sein Ermessen ausgeübt hat.[66]

121

2.2 Sonstige Maßnahmen

Zu den Maßnahmen i. S. d. § 11 Abs. 1 Nr. 8 gehören außer den Maßregeln der Besserung und Sicherung auch die (sonstigen) Maßnahmen der Einziehung und der Unbrauchbarmachung (§§ 73 ff. – § 76 b). Ihre Einordnung in das System der strafrechtlichen Sanktionen bereitet Schwierigkeiten, weil sich ihre Rechtsnatur allein aus ihrer gesetzlichen Ausgestaltung nicht allgemein verbindlich erschließen lässt und sie in ihrem „sanktionenrechtlichen Habitus" von Fall zu Fall „changieren". So wird der **Einziehung von Taterträgen bei Tätern und Teilnehmern** (§§ 73 ff. - § 73 e) je nach Lage des Einzelfalls der Charakter einer **quasi-konditionellen Ausgleichsmaßnahme**, bisweilen aber auch **Strafcharakter** zugeschrieben. Und was die Einziehung von Tatprodukten, Tatmitteln und Tatobjekten bei Tätern und Teilnehmern (§§ 74 ff.) oder die Unbrauchbarmachung (§ 74 d) betrifft, so zielen sie auf verschiedene repressive und präventive Zwecke ab. Einen sowohl materiellrechtlich als auch verfahrensrechtlich problematischen Fall verschiedener Einziehungsmodalitäten betrifft die in § 76 a geregelte *selbständige Anordnung* der (tatbezogenen) Einziehung gem. § 76 a Abs. 1 bis 3 und die (*selbständige*) Anordnung der Einziehung von Vermögen unklarer Herkunft gem. § 76 Abs. 4. Diese Vorschrift ermöglicht es, in einem Strafverfahren „gegen die Sache" das Vermögen unklarer Herkunft auch ohne den Nachweis einer konkre-

122

---

66 Vgl. zu weiteren Einzelheiten der Maßregel bei *Schönke/Schröder (Kinzig)*, StGB, § 70 Rn. 2 ff., 8 ff.,17; ferner *Jeschek/Weigend*, Strafrecht AT, § 78 III.

ten rechtswidrigen Tat (!) einzuziehen, wenn nur das anordnende Gericht (lediglich) davon überzeugt ist (vgl. § 437 StPO), dass der sichergestellte Gegenstand aus einer rechtswidrigen Tat resultiert.

2.2.1 Einziehung von Taterträgen bei Tätern und Teilnehmern

123 Für die **Einziehung von Taterträgen** ist kennzeichnend, dass dem Täter oder Teilnehmer dasjenige, was er **durch** eine rechtswidrige Tat **oder** was er **für** eine rechtswidrige Tat erlangt hat, entzogen wird (§ 73 Abs. 1). Der Täter (Teilnehmer) soll also das Erlangte nicht behalten dürfen. Die Wirkung einer angeordneten Einziehung von Taterträgen/Gegenständen besteht darin, dass das Eigentum an der für eingezogen erklärten Sache oder das für eingezogen erklärte Recht mit der Rechtkraft der Anordnungsentscheidung auf den Staat übergeht (§ 75 Abs. 1), wenn die Sache oder das Recht entweder dem von der Anordnung der Einziehung Betroffenen zur Zeit der Anordnungsentscheidung gehört oder zusteht (§ 75 Abs. 1 Nr. 1) oder einem anderen, der die Sache oder das Recht für die Tat oder für andere Zwecke in Kenntnis der Tatumstände gewährt hat, zusteht oder gehört (§ 75 Abs. 1 Nr. 2).

124 Die Anordnung der Einziehung ist an zwei Voraussetzungen gebunden: Es muss eine **rechtswidrige** Tat begangen worden, und es muss für diese Tat oder durch sie **etwas erlangt** worden sein. Ausreichend ist danach, dass eine **rechtswidrige Tat** i. S. d. § 11 Abs. 1 Nr. 5 vorliegt. Unerheblich ist somit, ob der Täter (Teilnehmer) die Tat schuldhaft, ohne Schuld oder schuldgemindert begeht. Die begangene Tat muss lediglich rechtswidrig verwirklicht sein. Bei Vorsatztaten muss der Täter oder Teilnehmer zumindest mit natürlichem Vorsatz gehandelt haben. Auch die Verwirklichung eines Fahrlässigkeitsdelikts reicht aus. Für diese Tat oder durch diese Tat muss der Täter oder Teilnehmer „etwas" erlangt haben. Begrifflich umfasst dieses **Etwas** alles, was aus der Tat erlangt wird. Dazu zählen bewegliche Sachen ebenso wie Grundstücke, obligatorische und dingliche Forderungen und Rechte, Nutzungen und Surrogate, nicht aber immaterielle Werte (etwa erlassene Schulden). Für die Tat erlangt sein können beispielsweise Belohnungen oder anderweitige Tatentgelte (§ 11 Abs. 1 Nr. 9), aus der Tat erlangt sein können Gewinne (etwa beim verbotenen Glücksspiel oder bei Taten gem. §§ 180 a, 181 a, 184 a, 184 b) oder auch Rechtspositionen und Forderungen (etwa durch betrügerische Handlungen) sowie alles, was als „Beute" in die faktische Verfügungsmacht des Täters (Teilnehmers) übergeht (vgl. § 73 Abs. 2 und 3)

125 Das mit „etwas" umschriebene **Erlangte** ist nicht gleichzusetzen mit dem, was der Täter (Teilnehmer) aus der Tat als „Nettogewinn" zieht. Maßgebend ist jedes Etwas, das in irgendeiner Phase des Tatablaufs erlangt wird. Die so zugeflossenen wirtschaftlichen Werte sollen durch die Einziehungsanordnung in ihrer Gesamtheit erfasst und abgeschöpft werden. Das Schlagwort von der Einziehung als Gewinnabschöpfung betrifft somit stets den aus der Tat resultierenden **Bruttoerlös**. Entsprechendes gilt für das, was „für die Tat" erlangt worden ist.[67] Zumindest insoweit, als dem Täter (Teilnehmer) durch die Einziehung nicht lediglich das genommen wird, was ihm an Tatvorteil (Nettogewinn) zugeflossen ist, sondern alles einschließlich seiner deliktischen Aufwendungen, kommt der Einziehung gem. § 73 über ihre Wirkung als (quasi-konditionelle) Ausgleichsmaßnahme hinaus **Strafcharakter** zu.[68] Wo die Einziehung dem Bruttoprin-

---

67 Vgl. *BGH* NStZ 1994, 123, 124; BGHSt 56, 191, 195; ferner *Schönke/Schröder (Eser/Schuster)*, StGB, § 73 Rn. 5 ff., 9 – 11, 17 f.
68 Anders wohl *BGHSt* 47, 369, 373; vgl. auch *Meier*, Strafrechtliche Sanktionen, S. 448 f..

zip folgend ohne Saldierung der wirtschaftlichen „Aktiva und Passiva" der Tat auf den Gesamterlös geht, ist sie Kriminalstrafe und setzt deshalb schuldhaftes Verhalten voraus. Fehlt es am schuldhaften Verhalten, muss sich die Einziehungsanordnung auf den „Nettoerlös" beschränken. Für diesen Fall ist die Einziehung nach wie vor keine Strafe, sondern (quasi-kondiktionelle) Ausgleichsmaßnahme.[69]

Grundsätzlich muss dem Täter (Teilnehmer) das aus der Tat oder für die Tat Erlangte selbst und unmittelbar zugeflossen sein. Die Einziehungsanordnung erstreckt sich auch auf die gezogenen Nutzungen und sie kann sich auf Gegenstände erstrecken, die der Täter (Teilnehmer) erst durch die Veräußerung eines erlangten Gegenstandes oder als Ersatz für dessen Zerstörung, Beschädigung oder Entziehung oder auf Grund eines erlangten Rechts erworben hat (§ 73 Abs. 2 und 3). Auch die **Einziehung eines Wertersatzes** kann angeordnet werden (§ 73 c). Sie kommt an Stelle der Einziehung nach § 73 in Betracht, wenn wegen der Beschaffenheit des Erlangten (etwa ersparte Aufwendungen) oder aus einem anderen Grunde (etwa wenn das Erlangte bereits verbraucht oder unauffindbar beiseite geschafft ist) eine Einziehung gem. § 73 Abs. 1 nicht möglich ist. Ebenso kann das Gericht die Einziehung des Wertersatzes, also eines dem Wert des Erlangten entsprechenden Geldbetrages anordnen, wenn es davon absieht, einen Ersatzgegenstand gem. § 73 Abs. 3 oder auch nach § 73b Abs. 3 für eingezogen zu erklären (vgl. auch § 73 c S. 2). Anders als bei der Einziehung von „originären" Taterträgen, durch die der eingezogene Gegenstand gem. § 75 Abs. 1 in das Eigentum des Staates übergeht, besteht die Wirkung der Einziehung des Wertersatzes lediglich darin, dass der Staat in Höhe des festgesetzten Geldbetrages einen der Geldstrafe ähnlichen Zahlungsanspruch gegen den Betroffenen erhält, der wie eine Geldstrafe beigetrieben wird.[70]

126

Auch **tatunbeteiligte Dritte** können einer Einziehungsanordnung ausgesetzt sein. Das ist zum einen gem. § 73 b Abs. 1 denkbar, wenn der Täter (Teilnehmer) für den „Dritten" gehandelt und dieser Dritte dadurch ganz i.S.v. § 73 Abs. 1 „etwas" erlangt hat. Zum anderen kann der „Dritte" von einer Einziehungsanordnung betroffen sein, wenn dem Dritten das durch die Tat Erlangte unentgeltlich oder ohne rechtlichen Grund übertragen wurde oder ihm das Erlangte übertragen wurde und er i.S.d. § 73 b Abs. 1 Nr. 2 a) bösgläubig war. Und schließlich kann sich die Einziehungsanordnung gegen den unbeteiligten Dritten richten, wenn das Erlangte auf ihn als Erbe übergegangen oder ihm als Pflichtteilsberechtigten oder Vermächtnisnehmer übertragen worden ist. Seiner Rechtsnatur nach dürfte die Einziehung auch in diesen Fällen als **Maßnahme mit strafähnlichem Charakter** anzusehen sein.

127

Dem durch das Gesetz zur Bekämpfung des illegalen Rauschgifthandels und anderer Erscheinungsformen der Organisierten Kriminalität im Jahre 1992 eingeführte sog. **erweiterte Verfall** (§ 73 d a.F.) nachgebildet ist die **erweiterte Einziehung** von Taterträgen bei Tätern und Teilnehmern gem. § 73 a. Bei der erweiterten Einziehung soll es sich nach gesetzgeberischer Deutung um eine strafrechtliche Maßnahme eigener Art mit ausschließlich kondiktionsähnlichem Charakter handeln. Gleichwohl bestehen Bedenken gegen diese (*sanktionen*rechtliche!!) Kennzeichnung. Bestimmte materiellrechtliche und strafverfahrensrechtliche Aspekte sprechen vielmehr dafür, sie zumindest als **stra-**

128

---

[69] So zutr. *Schönke/Schröder (Eser/Schuster)*, StGB, Vorbem. §§ 73 ff. Rn. 15 ff., 16/17 f.; vgl. aber auch *BGHSt* 47, 369, 372/3.
[70] Vgl. etwa *Schönke/Schröder (Eser/Schuster)*, StGB, § 73 c Rn. 13; ferner *Meier*, Strafrechtliche Sanktionen, S. 455.

fähnliche **Maßnahme** zu qualifizieren. Wie die Einziehung gem. § 73 setzt auch die erweiterte Einziehung gem. § 73 a nicht voraus, dass eine – schuldhaft verwirklichte – Straftat, sondern lediglich eine rechtswidrige Tat begangen worden ist. Erfüllt diese Tat einen gesetzlichen Straftatbestand, der auf die erweiterte Einziehung nach § 73 a verweist, dann erfasst die zwingend vorgeschriebene Einziehungsanordnung des Gerichts **jeden Gegenstand** (dazu zählt beispielsweise aufgefundenes Bargeld) des Täters oder Teilnehmers einschließlich seiner Nutzungen und Surrogate sowie des Wertersatzes (sinngemäße Anwendung des § 73 c), wenn die Annahme gerechtfertigt ist, dass dieser Gegenstand für rechtswidrige Taten oder aus ihnen erlangt worden ist.[71]

2.2.2 Einziehung von Tatprodukten etc.

129 Wie im Falle der Einziehung von Taterträgen gem. § 73 ff. besteht die Wirkung auch der gerichtlich angeordneten **Einziehung** von Tatprodukten, Tatmitteln und/oder Tatobjekten gem. §§ 74 ff. darin, dass mit Rechtskraft der Anordnung das Eigentum an den eingezogenen Gegenständen auf den Staat übergeht (§ 75 Abs. 1), wobei an den Gegenständen bestehende Rechte „Dritter" bestehen bleiben und nur ausnahmsweise erlöschen (§ 75 Abs. 3). Grundsätzlich geht es bei der Einziehung von Tatprodukten etc. darum, dass die Gegenstände (das können Sachen, aber auch Rechte sein), die entweder durch eine vorsätzlich begangene rechtswidrige Tat hervorgebracht worden sind oder zu deren Vorbereitung oder Begehung gebraucht worden oder bestimmt gewesen sind, durch gerichtliche Anordnung in das Eigentum des Staates überführt werden (§ 75 Abs. 1). Voraussetzung jeder Einziehung von Tatprodukten etc. ist eine **Anknüpfungstat**, die vorsätzlich begangen sein muss.

130 Die Einziehung von Tatprodukten etc. richtet sich entweder gegen den Täter (Teilnehmer) der Anknüpfungstat oder gegen „jedermann", somit auch gegen tatunbeteiligte „Dritte". Die „tätergerichtete" bzw. „teilnehmergerichtete" Einziehung ist nur zulässig, wenn dem Täter (Teilnehmer) die in Betracht kommenden Gegenstände zur Zeit der gerichtlichen Anordnung gehören oder zustehen (§ 74 Abs. 3 S. 1). Insoweit versteht sich die Einziehung von Tatprodukten etc. als Strafe und setzt – abgesehen von dem Fall der Sicherungseinziehung gem. § 74 b Abs. 1 Nr. 1 – „volldeliktisches", d.h. rechtswidriges und schuldhaftes Verhalten des Täters (Teilnehmers) voraus. Man spricht in diesem Falle auch von „Strafeinziehung".[72] Sicherungscharakter hat dagegen die gegen „jedermann" gerichtete Sicherungseinziehung. Sie ist nur zulässig, wenn die in § 74 umschriebenen Gegenstände entweder ihrer Art und den Umständen nach die Allgemeinheit gefährden oder die Gefahr besteht, dass sie der Begehung rechtswidriger Taten dienen werden (§ 74 b Abs. 1). Diese Sicherungseinziehung bezweckt den Schutz der Allgemeinheit vor den gefährlichen Gegenständen selbst (z.B. Sprengstoff) oder vor der Durchführung von Straftaten. Sie ist weder Strafe noch hat sie strafähnlichen Charakter. Soweit von der Einziehung tatunbeteiligte Dritte betroffen sind, stehen ihnen nach Maßgabe des § 74 b Abs. 2/3 Entschädigungsansprüche zu.

131 Die Sicherungseinziehung nach § 74 b Abs. 1 ist ohne Rücksicht darauf, ob sie nur tätereigene oder auch täterfremde Gegenstände erfasst, nicht gleichzusetzen mit der Einziehung täterfremder Gegenstände gem. § 74 a. Von ihr sind tatunbeteiligte Dritte nicht lediglich betroffen, sondern es handelt sich bei ihr um eine Form der Einziehung,

---

[71] Vgl. zum Ganzen *Schönke/Schröder (Eser/Schuster)*, StGB, § 73 a Rn. 1ff., 6 ff. mit Vorbem. §§ 73 ff. Rn. 16 ff.; ferner *Meier*, Strafrechtliche Sanktionen, S. 452 ff. jew. m. w. Nachw.

[72] Vgl. *Jescheck/Weigend*, Strafrecht AT, § 76 III, 2 und 3; *Meier*, Strafrechtliche Sanktionen, S. 457.

2. Die Maßnahmen

die als sog. **Dritteinziehung** (täterfremder Gegenstände) unmittelbar gegen tatunbeteiligte Dritte gerichtet ist. Sie ist nur zulässig, wenn die Strafvorschrift, der die Anknüpfungstat unterfällt, ausdrücklich auf § 74 a verweist. Weiter muss derjenige (Dritte), dem die Gegenstände zur Zeit der gerichtlichen Einziehungsanordnung gehören oder zustehen, wenigstens leichtfertig dazu beigetragen haben, dass die Gegenstände auf bestimmte Weise (vgl. § 74 a Nr. 1) in das Tatgeschehen verstrickt sind oder waren, oder er muss in Kenntnis der Umstände, die eine Einziehung zugelassen hätten, die Gegenstände in verwerflicher Weise erworben haben (§ 74 a Nr. 2). Die Dritteinziehung nach § 74 a hat strafähnlichen Charakter. Ihre Vereinbarkeit mit dem Schuldprinzip ist trotz der erforderlichen „quasi-schuldhaften" Verhaltensweisen des Dritteigentümers zweifelhaft.[73] Und auch ihre Verträglichkeit mit der grundgesetzlichen Eigentumsgarantie des Art. 14 GG ist fraglich, zumal § 74 b Abs. 3 in Fällen der Dritteinziehung eine Entschädigung ausschließt.

2.2.3 Unbrauchbarmachung

Als **Sonderfall der Einziehung** regelt § 74 d die Einziehung von Verkörperungen eines Inhalts und (deren) Unbrauchbarmachung . Es geht dabei um die **Einziehung und Unbrauchbarmachung von Schriften**, Ton- und Bildträgern, Datenspeichern, Abbildungen und anderen Darstellungen etc. (§ 11 Abs. 3), sofern deren Verbreitung im Blick auf ihren Inhalt den Tatbestand eines Strafgesetzes verwirklichen würde und mindestens ein Stück durch eine rechtswidrige Tat (Anknüpfungstat) verbreitet oder zur Verbreitung bestimmt worden ist (§ 74 d Abs. 1 S. 1). Dem Verbreiten gleichgestellt sind das Ausstellen, Anschlagen, Vorführungen oder sonstige Arten der Veröffentlichung (§ 74 d Abs. 4). Die Einziehungsanordnung bezieht sich nicht nur auf die Schriften etc., sondern erfasst auch die Mittel zu ihrer Herstellung. Sie sind gem. § 74 d Abs. 1 S. 2 unbrauchbar zu machen. Die **Unbrauchbarmachung** wird zugleich mit der Einziehung angeordnet. Zu den Herstellungsmitteln zählt das Gesetz ganz allgemein die zur Herstellung der Schriften etc. gebrauchten oder bestimmten Vorrichtungen wie Platten, Formen, Drucksätze, Druckstöcke, Negative oder Matrizen, ohne dass diese Aufzählung abschließend wäre. Die Einziehung von Schriften sowie die Unbrauchbarmachung ihrer Herstellungsmittel kann als Modalität der Sicherungseinziehung verstanden werden. Sie bezweckt den Schutz bestimmter Rechtsgüter (z.B. Ehre, vgl. §§ 185 ff.) vor Gefahren, die ihnen aus der Verbreitung der Schriften etc. konkret drohen. Sie ist daher eine „sonstige" Maßnahme ohne Strafcharakter.

132

Die **Unbrauchbarmachung** spielt nicht nur im Zusammenhang mit der Einziehung von (illegalen, § 11 Abs. 3) Schriften (vgl. § 74 d Abs. 1 S. 2 sowie § 74 d Abs. 3) eine Rolle. Vielmehr kommt der **Unbrauchbarmachung von Gegenständen** als Ausprägung des Verhältnismäßigkeitsgrundsatzes nicht geringe Bedeutung auch in den allgemeinen Einziehungsfällen der §§ 74 und 74 a zu. Nach § 74 f Abs. 2 ordnet das Gericht in den Fällen der §§ 74 bis 74 b und 74 d an, dass die Einziehung vorbehalten bleibt, und trifft eine weniger einschneidende Maßnahme, wenn der Zweck der Einziehung auch durch diese Maßnahme zu erreichen ist. Als eine solche Maßnahme kommt gem. § 74 f Abs. 1 S. 3 Nr. 1 namentlich die Anweisung, die Gegenstände unbrauchbar zu machen, in Betracht. Erforderlich ist aber stets, dass die Unbrauchbarmachung

133

---

[73] Vgl. dazu *Schönke/Schröder (Eser/Schuster)*, StGB, Vorbem. 73 ff. Rn. 19 ff., § 74a Rn. 1/2.

der einziehungsfähigen Gegenstände genauso zwecktauglich ist wie die (vorbehaltene) Einziehung selbst.[74]

3. Lernkontrolle

- Mit welchen „echten" Kriminalstrafen befasst sich das StGB? (Rn. 64 f., 76, 88)
- Beschreiben Sie den Unterschied zwischen sog. Haupt- und Nebenstrafen. (Rn. 65, 88)
- Welche verschiedenen Erscheinungsformen der Freiheitsstrafe sind zu unterscheiden? (Rn. 66)
- Wie ist die zeitige Freiheitsstrafe „strafzumessungstechnisch" bemessen? (Rn. 67)
- Kennzeichnen Sie die verschiedenen Modalitäten einer Vollstreckungsaussetzung der Freiheitsstrafe zur Bewährung. (Rn. 68 – 70)
- Beschreiben Sie die verschiedenen Erscheinungsformen der sog. Strafaussetzung zur Bewährung. (Rn. 71 – 74)
- Welche Strukturelemente charakterisieren die Geldstrafe? (Rn. 76)
- Welche Rolle spielt die Tagessatzanzahl bei der Festsetzung einer Geldstrafe? (Rn. 77)
- Wie bestimmt man die Tagessatzhöhe? (Rn. 78)
- Was versteht man unter „Ersatzfreiheitsstrafe"? (Rn. 81 f.)
- Unter welchen Voraussetzungen kann von Strafe abgesehen werden? (Rn. 85 – 87)
- Was sind sog. Nebenfolgen? (Rn. 92)
- Benennen Sie die im StGB erfassten Maßregeln der Besserung und Sicherung. (Rn 94)
- Welche Maßregeln sind freiheitsentziehend? (Rn. 99 ff.)
- Beschreiben Sie die Grundvoraussetzungen für eine Anordnung von freiheitsentziehenden Maßregeln. (Rn. 100 ff.)
- Welche nicht freiheitsentziehenden Maßregeln kennt das StGB? (Rn. 111)
- Beschreiben Sie die verschiedenen Formen der Führungsaufsicht. (Rn. 112 f.)
- Was unterscheidet die Entziehung der Fahrerlaubnis vom strafrechtlichen Fahrverbot? (Rn. 114 f.)
- An welches charakteristische Erfordernis ist die Anordnung eines Berufsverbots geknüpft? (Rn. 118)
- Beschreiben Sie die wesentlichen Voraussetzungen für die Anordnung einer Einziehung. (Rn. 123 ff.)
- Welche Wirkungen hat die Anordnung einer Einziehung? (Rn. 123, 129)

---

[74] Vgl. auch *Baumann/Weber/Mitsch/Eisele*, Strafrecht AT/*Mitsch*, § 31 Rn. 19; ferner auch *Schönke/Schröder (Eser/Schuster)*, StGB, § 74f Rn. 5 ff.

IV. Keine Strafe ohne Gesetz

1. Gesetzlichkeitsprinzip und Garantiefunktion des Strafgesetzes

Die nach wie vor gültige, wenngleich überkommene Vorstellung vom Staat weist ihm im Verhältnis zu seinen Bürgern eine dienende Rolle zu. Ihm obliegt es, das friedliche und gedeihliche Zusammenleben der Menschen in der staatlichen Gemeinschaft zu regeln und zu gewährleisten. Diese Schutz- und Ordnungsverpflichtung kann der Staat nur erfüllen, wenn ihm die dazu erforderlichen Mittel zur Verfügung stehen. Staatlicher Zwang durch Strafrecht ist ein solches Mittel. Sachgerecht eingesetzt schützt das Strafrecht die fundamentalen Gemeinschaftswerte und sichert so das gesellschaftliche Miteinander. Seiner Aufgabe (vgl. Rn. 10 ff.) und gesellschaftlichen Funktion (vgl. Rn. 20 ff.) kann das Strafrecht allerdings nur unter der Voraussetzung nachkommen, dass von ihm zurückhaltend und behutsam Gebrauch gemacht wird. Dem staatlichen Gesellschaftsschutz durch Strafrecht sind daher „aus der Sache" resultierende Schranken auferlegt (vgl. Rn. 24).

134

Mit „Rechtsgüterschutz" und „Schutz der Gesellschaft" sind Wirkungen des Strafrechts benannt, die das von Staats wegen eingesetzte Strafrecht haben soll, haben kann und rechtstatsächlich auch hat. Das ist jedoch nur die eine „Seite der Medaille". Die andere Seite erweist sich als weniger erbaulich. Sie betrifft das genaue Gegenteil der in einem guten Sinne gemeinschaftsgestaltenden, -fördernden und -erhaltenden Wirkungen des Strafrechts. Sie ist das Abbild eines willkürlich agierenden und übermäßig reglementierenden, in das gesellschaftliche Miteinander der Menschen eingreifenden Staates, dem der Bürger schutz- und wehrlos ausgeliefert ist.[1] Das Bestrafungsrecht, das „ius puniendi" des Staates (vgl. Rn. 37 f.), seine aus institutionellen Gründen bei ihm monopolisierte Strafgewalt verschafft ihm ungeahnte Verwendungsmöglichkeiten des Strafrechts, die - gezielt umgesetzt - nicht nur die Integrität des Einzelnen in der Gesellschaft, sondern weitergehend den Bestand des gesellschaftlichen Systems insgesamt in Gefahr bringen (können). Den Verlockungen staatlichen Zwangs **durch** Strafrecht muss deshalb - jedenfalls im (demokratischen) Rechtsstaat - ein dem Einzelnen und der Gesellschaft gleichermaßen zugute kommender Schutz **vor** dem Strafrecht entgegengesetzt werden.[2]

135

Ungezügelter staatlicher Machtausübung setzt Art. 20 GG und insbesondere Art. 20 Abs. 3 GG deutliche und unabänderliche (vgl. Art. 79 Abs. 3 GG) Grenzen. Danach ist die gesetzgebende Gewalt an die verfassungsmäßige Ordnung, die vollziehende und die rechtsprechende Gewalt an Gesetz und Recht gebunden. Als wesentliche Ausprägung des Rechtsstaatsprinzips leitet sich aus dieser verfassungsrechtlich festgeschriebenen Beschränkung der Staatsgewalt(en) der Grundsatz ab, dass hoheitliche Eingriffe in die Rechte eines Bürgers stets einer gesetzlichen Grundlage bedürfen. Staatliche Akte, die den Einzelnen in seiner persönlichen Lebensgestaltung und Freizügigkeit (allgemeine Handlungsfreiheit, vgl. Art. 2 GG) beeinträchtigen, unterstehen damit einem (speziellen - vgl. z.B. Art. 2 Abs. 2, S. 3; Art. 5 Abs. 2; Art. 11 Abs. 2; Art. 12 Abs. 1, S. 2; Art. 19 Abs. 1 GG - oder allgemeinen) **Vorbehalt des Gesetzes**. Angesichts der besonders belastenden **Eingriffsintensität** staatlicher Bestrafung verschärft Art. 103 Abs. 2 GG den Gesetzesvorbehalt für staatliche Eingriffe in die Rechtssphäre des Bürgers

136

---

1 Vgl. *Roxin*, Strafrecht AT I, § 5 Rn. 1.
2 Vgl. *Roxin*, Strafrecht AT I, § 5 Rn. 1.

auf dem (Rechts-) Gebiet des Strafrechts zu einer Gesetzesgebundenheit allen staatlichen Strafens: „Eine Tat kann nur bestraft werden, wenn die Strafbarkeit gesetzlich bestimmt war, bevor die Tat begangen wurde."

137 Die (staatliche) Bestrafung wegen einer Tat ist also nur zulässig, wenn sie im Zeitpunkt ihrer Begehung mit hinreichender Bestimmtheit in einer gesetzlichen Strafvorschrift mit Strafe bedroht war. Zugleich enthält Art. 103 Abs. 2 GG einen **strengen Parlamentsvorbehalt**, wonach allein der Gesetzgeber und nicht der Richter über die Strafbarkeit einer Tat entscheidet, mag sie auch noch so sozialschädlich (strafwürdig) und strafbedürftig sein. Dem Bürger verschafft dieses verfassungsrechtlich verankerte **strafrechtliche Gesetzlichkeitsprinzip** die Gewähr, „dass der Staat nur solches Verhalten als strafbare Handlung verfolgt, für das der Gesetzgeber die Strafbarkeit und die Höhe der Strafe im Zeitpunkt einer Tat gesetzlich bestimmt hat. Der Bürger erhält damit die Grundlage dafür, sein Verhalten eigenverantwortlich so einzurichten, dass er eine Strafbarkeit vermeidet"[3].

138 Das strafrechtliche Gesetzlichkeitsprinzip hat nicht nur verfassungsrechtliche Qualität, sondern grundrechtsgleiche Bedeutung, Art. 103 Abs. 2 GG zählt zu den sog. Justizgrundrechten. Ein Verstoß gegen das strafrechtliche Gesetzlichkeitsprinzip kann deshalb mit der Verfassungsbeschwerde abgewehrt werden. „Keine Strafe ohne Gesetz" wird denn auch nach gegenwärtig vorherrschender Auffassung als negatives Abwehrrecht gegen den Staat (die Staatsgewalt) verstanden. Dieses Verständnis vom (strafrechtlichen) Gesetzlichkeitsprinzip deckt sich indessen nur zum Teil mit seiner dogmengeschichtlichen Entwicklung (das „genaue Gesetz" als Anordnung des Landesherrn, der mit diesem Zwangsmittel seine eigenen Staatsziele gegen etwaige bürgerliche Abtrünnigkeit und „anmaßende" richterliche Freiheit zu verwirklichen sucht.[4] Was die gegenwärtige Gestalt des Gesetzlichkeitsprinzips[5] betrifft, lassen sich vier Erklärungsansätze unterscheiden, die nicht je für sich, sondern in ihrer sachgebotenen Zusammengehörigkeit das immer noch aktuelle Bild des seit einiger Zeit erheblichen Gefährdungen ausgesetzten strafrechtlichen Gesetzlichkeitsprinzips bestimmen[6]:

139 Zu einer straftheoretisch untergründeten Erklärung des (strafrechtlichen) Gesetzlichkeitsprinzips gelangt man, wenn man sich im Blick auf den sanktionenrechtlichen Wirkungszusammenhang zwischen gesetzlicher Strafandrohung, richterlicher Straffestsetzung und -verhängung und justitieller (staatlicher) Strafvollstreckung (Strafvollzug) noch einmal die Rolle der gesetzlichen Strafandrohung für die **generalpräventiven** Effekte der Kriminalstrafe in Erinnerung ruft. Soll nämlich die gesetzlich angedrohte Kriminalstrafe potentielle Straftäter vor der Begehung von Straftaten abschrecken (negative Generalprävention, vgl. Rn. 50), dann bedarf es einer genauen Festlegung dessen, was strafrechtlich verboten ist und wie Verbotsverstöße geahndet werden. Ohne eine solche „Orientierungsmarke" – sei es, dass eine gesetzliche Strafandrohung überhaupt fehlt, sei es, dass sie verwaschen oder sonst undeutlich ist – kann Kriminalstrafe keine Abschreckungswirkung entfalten. Entsprechendes gilt für die positive Wirkungskomponente der Generalprävention (vgl. Rn. 50). Unter den in (staatlicher) Gemeinschaft zusammenlebenden Menschen kann sich ein „intaktes" Rechts- und

---

[3] Vgl. zum Ganzen *BVerfGE* 95, 96 ff., 131.
[4] Vgl. dazu *Roxin*, Strafrecht AT I, § 5 Rn. 13.
[5] Vgl. etwa *Roxin*, Strafrecht AT I, § 5 Rn. 18 ff.; *Schönke/Schröder (Eser/Hecker)*, StGB, § 1 Rn. 2, 6 ff., 8 ff.
[6] Vgl. zum Folgenden *Jescheck/Weigend*, Strafrecht AT, § 15 I, II; NK-StGB *(Hassemer/Kargl)*, § 1 Rn. 13 ff.; *Roxin*, Strafrecht AT I, § 5 Rn. 18 ff.; *Schönke/Schröder (Hecker)*, StGB, § 1 Rn. 6, 8 ff.; SK-StGB/*Jäger*, § 1 Rn. 4 ff., 13 ff. alle m. zahlr., w. Nachw.

1. Gesetzlichkeitsprinzip und Garantiefunktion des Strafgesetzes

Wertebewusstsein, gepaart mit einer Bereitschaft zur Normakzeptanz und -befolgung, nur entwickeln, wenn im Gesetz hinreichend klar zum Ausdruck gebracht ist, welches Verhalten strafbar ist. Verhaltensbestimmende Kraft kommt der gesetzlichen Strafandrohung daher nur zu, wenn das strafrechtlich Verbotene sowie die Strafbarkeit eines etwaigen Verbotsverstoßes für alle erkennbar ist.

Auch aus dem **strafrechtlichen Schuldprinzip** – keine Strafe ohne Schuld – lassen sich wesentliche Begründungselemente für die Gesetzesbindung im Strafrecht herleiten. Strafrechtliche Schuld setzt zwar nicht voraus, dass der Täter im Zeitpunkt der Tat die **Strafbarkeit** seines Verhaltens kannte oder doch kennen konnte, sondern lediglich, dass er sich über das Unrechtmäßige seines Verhaltens im Klaren war oder zumindest klar sein konnte. Insoweit geht das strafrechtliche Gesetzlichkeitsprinzip – Art. 103 Abs. 2 GG spricht ja ausdrücklich von einer gesetzlichen Bestimmtheit der Strafbarkeit – über die Anforderungen, die an ein schuldhaftes Verhalten gestellt sind, ersichtlich hinaus. Über das Unrechtmäßige des eigenen Verhaltens genügend Bescheid zu wissen oder darüber Bescheid wissen zu können, ein sog. Unrechtsbewusstsein zu entwickeln bzw. entwickeln zu können, ist jedoch ohne Kenntnis oder das Kennenkönnen gesetzlicher Strafvorschriften kaum möglich. Für das Verständnis des strafrechtlichen Gesetzlichkeitsprinzips hat der Schuldgrundsatz deshalb mitgestaltende Bedeutung.

140

Ein weiterer, mehr staatstheoretischer Erklärungsansatz führt die Gesetzesgebundenheit allen staatlichen Strafens auf die „essentials" der gewaltenteilenden Demokratie zurück. Danach ist es der vollziehenden und rechtsprechenden Gewalt verwehrt, über die Strafbarkeit eines Verhaltens selbst zu entscheiden.[7] Staatliche Bestrafung greift derart rigide in die Rechtssphäre des einzelnen Bürgers ein, dass die Legitimation zur Festlegung ihrer Voraussetzungen derjenigen Staatsgewalt vorbehalten ist, in der sich das Staatsvolk am unmittelbarsten repräsentiert: die gesetzgebende Gewalt. Im staatlichen System der parlamentarischen Demokratie ist es daher ausschließlich Sache des Parlaments, darüber zu befinden, ob und wie sozialschädliches (strafwürdiges und strafbedürftiges) Verhalten zu bestrafen ist. So gesehen hat der strenge Gesetzesvorbehalt des Art. 103 Abs. 2 GG die Bedeutung eines nicht weniger strikten Parlamentsvorbehalts. Das strafrechtliche Gesetzlichkeitsprinzip sorgt damit dafür, dass der Richter das tut, was seines (eigentlichen) Amtes ist: das (Straf)Recht anzuwenden und es nicht selbst zu setzen.[8] Und die Exekutive schließt es von der Mitwirkung bei der (staatlichen) Bestrafung völlig aus, so dass die vollziehende Gewalt an jedem Machtmissbrauch auf dem (Rechts)Gebiet des Strafrechts gehindert ist.[9]

141

Der Herleitung aus den Grundelementen der gewaltenteilenden Demokratie sehr nahe steht eine vierte, ebenfalls mehr staatstheoretische Deutung des Gesetzlichkeitserfordernisses im Strafrecht. Sie geht zurück auf die in der Spätphase des aufgeklärten Absolutismus und der Epoche des politischen Liberalismus durchgesetzte Bindung der Exekutive und Judikative an Gesetze zur Sicherung bürgerlicher Freiheiten gegen obrigkeitliche Willkür. Danach zielt das strafrechtliche Gesetzlichkeitsprinzip im Sinne eines rechtsstaatlich gebotenen Vertrauensschutzes für den Norm-adressaten auf die Vorhersehbarkeit und Berechenbarkeit des Strafrechts, auf die Vermeidung „emotionsgetrübter Einzelfallentscheidungen"[10] und damit letztlich auch auf den Schutz des

142

---

7 Vgl. *BVerfGE* 71, 108 ff., 114; 73, 206 ff., 234/5.
8 Vgl. *BVerfGE* 92, 1 ff., 12.
9 Vgl. *Roxin*, Strafrecht AT I, § 5 Rn. 20.
10 Vgl. *Roxin*, Strafrecht AT I, § 5 Rn. 19 bei und in Fn. 23 m. w. Nachw.

Einzelnen vor (straf)richterlicher Willkür.[11] Zugespitzt verkörpert das strafrechtliche Gesetzlichkeitsprinzip nach einem Wort von *Franz von Liszt* die „magna charta des Verbrechers" (*v. Liszt*, Aufsätze u. Vorträge Bd. II, S. 75 ff., 80). Reduziert auf seinen rechtsstaatlichen Kerngehalt soll die Gesetzesgebundenheit staatlichen Strafens einen allgemeinen Zustand des Vertrauens und der Sicherheit im Staate[12] schaffen, indem es Objektivität garantiert[13]: „Das strafbare Verhalten und das Strafmaß sollen nicht unter dem Eindruck geschehener, aber noch abzuurteilender Taten und nicht als Mittel gegen schon bekannte Täter bestimmt werden, sondern vorab und allgemein gültig, eben durch ein vor der Tat erlassenes, bestimmtes Gesetz"[14].

143 Die verschiedenen Erklärungsansätze für die Entstehungs- und Geltungsgründe des strafrechtlichen Gesetzlichkeitsprinzips sind überwiegend als unabhängig voneinander bestehende Auffassungen formuliert und reklamiert worden. Je für sich erfassen sie jedoch immer nur einen Teil der Wirkungen, die nach heutigen Vorstellungen von der Gesetzesbindung im Strafrecht ausgehen. Erst im Zusammenspiel aller Erklärungen erschließt sich der volle Sinngehalt des strafrechtlichen Gesetzlichkeitsprinzips. Und nur so wird es möglich, die Reichweite seines Norm- und Anwendungsbereiches zutreffend abzustecken. Wer beispielsweise in Art. 103 Abs. 2 GG ausschließlich die Spezifizierung des strafrechtlichen Schuldprinzips erblickt[15], beschränkt den Anwendungsbereich des strafrechtlichen Gesetzlichkeitsprinzips auf die Verbots-/ Gebotsmaterie strafbaren Verhaltens und blendet die Rechtsfolgen schuldhaft verwirklichten Unrechts aus. Das aber schöpft die „ratio" des strafrechtlichen Gesetzlichkeitsprinzips bei weitem nicht aus und verengt seinen Anwendungsbereich in rechtsstaatlich bedenklicher Weise. Unter verfassungsrechtlichem Blickwinkel verlöre die Gesetzesbindung im Strafrecht fast jeden Wert, wenn sie sich „nur" auf die Voraussetzungen strafbaren Verhaltens, nicht aber auch auf die Strafandrohung für solches Verhalten erstreckte.[16] Deshalb sind sich Rechtsprechung und Lehre inzwischen weitgehend darin einig, dass Art. 103 Abs. 2 GG nicht nur das Ob, sondern auch das Wie staatlichen Strafens betrifft.[17]

144 In prägnanter „lateinischer Kürze" ist dieser verfassungs- und zugleich strafrechtliche Befund wie folgt auf den Punkt gebracht: **nullum crimen, nulla poena sine lege**. Vor der Tat gesetzlich bestimmt sein müssen demnach die tatsächlichen und normativen Voraussetzungen strafbaren Verhaltens (**nullum crimen sine lege**: kein Verbrechen – d.i. keine Straftat – ohne Gesetz) ebenso wie die Art und Höhe der angedrohten Strafe (**nulla poena sine lege**: keine Strafe ohne Gesetz). Die für Sinngehalt und Anwendungsbereich des strafrechtlichen Gesetzlichkeitsprinzips aussagekräftigen und auch heute noch geläufigen lateinischen Kurzformeln stammen von *Paul Johann Anselm v. Feuerbach*, der sie im Zusammenhang mit seiner Theorie vom psychologischen Zwang durch Strafe entwickelt hat. Sie sind angesichts eines schon seit geraumer Zeit allzu „schnellschüssigen" Strafgesetzgebers, der sich zur Korrektur und Beseitigung eigener Fehlleistungen gerne und zunehmend der Rechtsprechung (und Strafrechtswissenschaft) bedient (nach dem Motto: die anderen werden's schon richten),

---

11 Vgl. das Beispiel *BVerfGE* 64, 389 ff., 393/4.
12 Dazu SK-StGB/*Jäger*, § 1 Rn. 2
13 Vgl. *Jakobs*, Strafrecht AT, 4/9.
14 *Jakobs*, Strafrecht AT, 4/9; vgl. auch *Schreiber*, Gesetz und Richter, S. 213 ff.
15 Dazu *Sax*, Grundsätze der Strafrechtspflege, S. 909 ff., 999/1001.
16 Vgl. *Roxin*, Strafrecht AT I, § 5 Rn. 6.
17 Vgl. *BVerfGE* 45, 363 ff., 370/1; SK-StGB/*Jäger*, § 1 Rn. 4.

1. Gesetzlichkeitsprinzip und Garantiefunktion des Strafgesetzes

aktueller denn je. Das zehnjährige Intermezzo der Vermögensstrafe zeigt eindrucksvoll, welchen Anfechtungen das strafrechtliche Gesetzlichkeitsprinzip Paroli bieten muss: Obwohl schon frühzeitig und während des gesamten Gesetzgebungsverfahrens verfassungsrechtliche Bedenken gegen die Vermögensstrafe erhoben wurden, führte sie der Strafgesetzgeber als neuartige Sanktion zur Bekämpfung der sog. Organisierten Kriminalität 1992 (OrgKG) ein. Alsbald an die Rechtsprechung gerichteten Empfehlungen, das *BVerfG* zur Überprüfung der in die §§ 38 ff. eingefügten Vorschrift über die Vermögensstrafe (§ 43 a StGB a.F.) gem. Art. 100 GG anzurufen, folgten weder die Instanzgerichte noch der *BGH*.[18] Erst auf die Verfassungsbeschwerde gegen eine in letzter Instanz vom *BGH* (*BGHSt* 41, 20 ff.) bestätigte Verurteilung zur Vermögensstrafe erklärte das *BVerfG* die Vorschrift des § 43 a StGB a.F. wegen Verstoßes gegen Art. 103 Abs. 2 GG für nichtig.[19]

Ähnliche Zweifel an der verfassungsrechtlichen Verträglichkeit mit Art. 103 Abs. 2 GG bestanden trotz der entgegenstehenden Rechtsprechung des *BVerfG*[20] und des *BGH*[21] auch gegenüber der 2002 bzw. 2004 in das StGB eingefügten Regelung, wonach unter bestimmten Voraussetzungen – entweder gem. § 66 a a.F. (Vorbehalt der Unterbringung in der Sicherungsverwahrung) oder gem. § 66 b a.F. (Nachträgliche Anordnung der Unterbringung in der Sicherungsverwahrung) – noch nachträglich (unbefristete!) Sicherungsverwahrung angeordnet werden konnte. Vielfach wird freilich ganz grundsätzlich bestritten, dass das strafrechtliche Gesetzlichkeitsprinzip außer für Strafen auch für Maßregeln der Besserung und Sicherung gilt. Das *BVerfG* brauchte diese Frage bisher nicht abschließend zu entscheiden und hat sie wiederholt offen gelassen.[22] Der Wortlaut des Art. 103 Abs. 2 GG scheint dafür zu sprechen, dass die Maßregeln der Besserung und Sicherung den Wirkungen des strafrechtlichen Gesetzlichkeitsprinzips entzogen sind. Doch obwohl Art. 103 Abs. 2 GG ausdrücklich in der Tat allein von Strafbarkeit und Bestrafung spricht, ist sein Anwendungsbereich nicht auf Strafen im engen kriminalrechtlichen Sinne beschränkt. Anerkannt ist vielmehr, dass der Strafbegriff des Art. 103 Abs. 2 GG über die „eigentlichen" Kriminalstrafen wie Freiheits- und Geldstrafe hinaus auch andere strafrechtliche Sanktionen wie etwa den wehrstrafrechtlichen Strafarrest, die Jugendstrafe und die sog. Nebenfolgen (vgl. Rn. 92), soweit sie strafähnlichen Charakter haben, sowie die Ordnungs-, Disziplinar- und Ehrstrafen umfasst. Der Normbereich des strafrechtlichen Gesetzlichkeitsprinzips reicht jedoch noch weiter: Seinem hochrangigen rechtsstaatlichen Sinngehalt entsprechend gilt es für jede strafrechtliche Sanktion, die als Rechtsfolge an individuell verwirklichtes (Straf-)Unrecht geknüpft ist.[23] Es gilt deshalb generell auch für die strafrechtlichen Maßregeln der Besserung und Sicherung, ganz gewiss jedoch für solche Maßregeln, die zwar nicht unter dem Aspekt straftheoretischer Sinngebung, wohl aber in ihren tatsächlichen Auswirkungen den Kriminalstrafen gleichstehen. Wer demgegenüber auf dem Standpunkt steht, dass der Grundgesetzgeber eine Strafrechtsordnung vorgefunden hat, die zwischen Strafe und Maßregel scharf unterscheidet, und deshalb das

145

---

18 Vgl. nur *BGHSt* 41, 20, 23 ff.; 41, 278, 279/80.
19 Vgl. *BVerfGE* 105, 135 ff., 171.
20 Vgl. *BVerfGE* 109, 133 ff., 167 ff., 180 ff.; 109, 190 ff.; *BVerfG* NJW 2006, 3483 ff.; krit. dazu *Ullenbruch* NStZ 2007, 62 ff. m. zahlr. Nachw.
21 Vgl. statt aller *BGHSt* 50, 121 ff., 130.
22 Vgl. *BVerfGE* 74, 102 ff., 126; 83, 119 ff., 128; vgl. aber *BVerfGE* 109, 133 ff., 167 ff., 175, 177; *BVerfG* NJW 2006, 3483 ff., 3484.
23 Anders *BVerfGE* 109, 133 ff., 167 ff.; *BVerfG* NJW 2006, 3483 ff., 3484; *BGHSt* 50, 121 ff., 130: „nicht vom Schutzbereich des Art. 103 Abs. 2 GG umfasst".

strafrechtliche Gesetzlichkeitsprinzip nur auf Strafen (im engeren kriminalrechtlichen Sinne) angewandt wissen will, der wird sich aus allgemeinen rechtsstaatlichen Erwägungen kaum der Notwendigkeit verschließen können, Art. 103 Abs. 2 GG **zumindest rechtsgedanklich** auf alle strafrechtlichen Sanktionen, einschließlich der Maßregeln der Besserung und Sicherung zu erstrecken.[24] Von vornherein ausgeschlossen ist bei alledem dennoch nicht, die verschiedenen Gebote und Verbote des strafrechtlichen Gesetzlichkeitsprinzips auf „nichtstrafende" strafrechtliche Sanktionen und eben auch auf die Maßregeln der Besserung und Sicherung unterschiedlich anzuwenden. Unverzichtbar ist insoweit aber eine an Art und Zweck jeder einzelnen Maßregel ausgerichtete, differenzierte Bestimmung und Begrenzung der in Frage kommenden Gebots- bzw. Verbotswirkung.

146 Das strafrechtliche Gesetzlichkeitsprinzip zählt – daran ändern auch unterschiedliche Auffassungen über seinen Geltungsgrund und Anwendungsbereich nichts – zu den wesentlichen verfassungsrechtlichen Grundlagen des Strafrechts. Wortidentisch mit Art. 103 Abs. 2 GG ist es deshalb auch in § 1 an die Spitze des StGB gestellt, ergänzt durch § 2. Ihm werden schon seit langem von Strafrechtslehre und Rechtsprechung vier verschiedene, in Verbote und/oder Gebote gekleidete Auswirkungen zugewiesen. Dabei handelt es sich um das Verbot der Strafbegründung und/oder Strafschärfung durch ungeschriebenes Recht (Gewohnheitsrecht), um das Verbot unbestimmter Strafgesetze und Strafen, um das Verbot strafbegründender und/oder strafschärfender Analogie und das Verbot rückwirkender Strafgesetze (zum Nachteil des Betroffenen). Das Rückwirkungsverbot und das Verbot unbestimmter Strafgesetze und Strafen bzw. das aus ihm resultierende Bestimmtheitsgebot wenden sich primär an den Strafgesetzgeber, das Verbot strafbegründender und/oder strafschärfender Analogie sowie das Verbot der Strafbegründung und/oder Strafschärfung durch ungeschriebenes Recht bzw. die daraus abgeleiteten sinnentsprechenden Gebote sind in erster Linie an den Strafrichter adressiert.[25] Die verschiedenen Gebote und Verbote stehen nicht für sich allein. Sie sind vielmehr wechselseitig aufeinander bezogen, sie ergänzen sich vielfältig und sie erzeugen einen auf Vertrauensschutz des Bürgers und auf (allgemeine) Rechtssicherheit gerichteten funktionalen Wirkungszusammenhang. Und dieser Wirkungszusammenhang versteht sich letztlich als das, was herkömmlich mit „**Garantiefunktion des Strafgesetzes**" gekennzeichnet wird.[26]

2. Ausschluss des ungeschriebenen Rechts: das Schriftlichkeitsgebot

147 Vor staatlicher Bestrafungswillkür schützt das strafrechtliche Gesetzlichkeitsprinzip, indem es zuallererst die Strafbarkeit jedweden strafwürdigen und strafbedürftigen Verhaltens davon abhängig macht, dass es **gesetzlich** als strafbares Verhalten ausgewiesen ist. Diesem Gesetzlichkeitserfordernis liegt ein Gesetzesbegriff zu Grunde, der nicht nur Gesetze im formellen Sinne, also nicht nur Gesetze umfasst, die ein förmliches Gesetzgebungsverfahren durchlaufen haben, sondern auch verwaltungsrechtliche Ausführungsbestimmungen. Mit „Gesetz" ist in Art. 103 Abs. 2 GG bzw. in § 1 daher **jedes Gesetz im materiellen Sinne** gemeint. Soweit bestimmtes sozialschädliches

---

24 Vgl. zum Ganzen *Jakobs*, Strafrecht AT, 4/56; *Jescheck/Weigend*, Strafrecht AT, § 15 IV, 3 bei und in Fn. 47; *Roxin*, Strafrecht AT I, § 5 Rn. 56; SK-StGB/*Jäger*, § 1 Rn. 4 mit § 2 Rn. 52 f.
25 Vgl. *Roxin*, Strafrecht AT I, § 5 Rn. 7; *Schönke/Schröder (Hecker)*, StGB, § 1 Rn. 6, 7 m. w. Nachw.
26 Vgl. *Jescheck/Weigend*, Strafrecht AT, § 15 vor I und III; *Schönke/Schröder (Hecker)*, StGB, § 1 Rn. 6; *Wessels/Beulke/Satzger*, Strafrecht AT, Rn. 69 ff.

2. Ausschluss des ungeschriebenen Rechts: das Schriftlichkeitsgebot

Unrechtsverhalten mit Freiheitsstrafe geahndet werden soll, ist allerdings stets ein **förmliches Gesetz** notwendig. Das ergibt sich zwingend aus Art. 104 Abs. 1 GG. Mit dem Gesetzlichkeitserfordernis vereinbar und verfassungsrechtlich zulässig ist, und zwar auch im Falle einer durch förmliches Gesetz angedrohten Freiheitsstrafe, dass der Gesetzgeber eine genauere Ausgestaltung formell-gesetzlicher Strafvorschriften auf den Verordnungsgeber überträgt. Ein Beispiel dafür ist das (echte) Blankettstrafgesetz, das zur Spezifizierung des deliktischen Unrechts (auf andere Gesetze und/oder) auf Rechtsverordnungen verweist: Solange die mit Strafe bewehrte Verbots-/ Gebotsmaterie jedenfalls in ihren Grundzügen im (förmlichen) Blankettstrafgesetz geregelt ist, bestehen gegen normergänzende und normkonkretisierende Rechtsverordnungen keine verfassungsrechtlichen Bedenken.[27]

Erfordert demnach das „gesetzliche" Bestimmtsein der Strafbarkeit in Art. 103 Abs. 2 GG zumindest (jedoch auch nicht mehr als) ein „Gesetz im materiellen Sinne", legt es der (tiefere) rechtsstaatliche Sinngehalt des strafrechtlichen Gesetzlichkeitsprinzips freilich nahe, zur Strafbegründung und/oder Strafschärfung nach Möglichkeit eben doch (nur) auf förmliche Gesetze zurückzugreifen. Strafbegründung und/oder Strafschärfung ausschließlich durch Gesetz enthält noch einen weiteren, verfassungsrechtlich wesentlichen Aspekt; denn „**gesetzliches**" **Recht ist stets nur das geschriebene**, das verschriftliche **Recht**. Ganz allgemein ist daher unter Gesetz im Sinne von Art. 103 Abs. 2 GG und § 1 jede **geschriebene**, aus einer verfassungsmäßig anerkannten Rechtsquelle stammende und mit verbindlicher Kraft ausgestattete (Rechts)Norm zu verstehen[28]: nullum crimen, nulla poena sine **lege scripta**. Das strafrechtliche Gesetzlichkeitsprinzip **gebietet** somit die **Schriftlichkeit** (Verschriftlichung) allen Rechts, mit dem ein Verhalten für strafbar erklärt werden soll. 148

Daraus ergibt sich folgerichtig das Verbot jeglicher Strafbegründung und/oder Strafschärfung durch **ungeschriebenes Recht**, gleichviel, ob es sich dabei um Gewohnheitsrecht oder sonst ungeschriebenes Recht handelt. Eine Bestrafung des zwar rechtswidrigen, nicht aber substanz- oder (sach)wertschädigenden, bloß vorübergehenden Gebrauchs einer Sache – mit Ausnahme des § 248 b bislang nicht im Gesetz für strafbar erklärt – wäre allein unter Berufung auf entsprechendes **Gewohnheitsrecht** ausgeschlossen.[29] Und ebenso unzulässig wäre es, eine für ein bestimmtes Delikt (straf)gesetzlich festgeschriebene Höchststrafe unter Hinweis auf insoweit bestehendes Gewohnheitsrecht zu überschreiten. Das gilt ganz unabhängig davon, ob ein solches „Gewohnheitsrecht" überhaupt existiert. Üblicherweise wird diese selbstverständliche Wirkung des Gesetzlichkeits-/Schriftlichkeitserfordernisses in die Formel gefasst, das Gewohnheitsrecht dürfe und könne keine neuen Straftatbestände schaffen und bestehende Straftatbestände nicht verschärfen (was in zweifacher Weise denkbar ist: durch Erweiterung/Ausdehnung des gesetzlich umgrenzten Deliktsbereichs unter Überschreitung seiner Grenzen und durch Überschreiten gesetzlich festgelegter Strafrahmen). Dass dem so ist, **steht außer Zweifel**, denn eine (noch) geringere Verbotswirkung des strafrechtlichen Gesetzlichkeitsprinzips wäre mit seinem rechtsstaatlichen Wesensgehalt kaum vereinbar. 149

---

27 Vgl. dazu *BVerfGE* 14, 174 ff., 185/6; 14, 245 ff., 251/2; 22, 21 ff., 25; 23, 265 ff., 269; 38, 348 ff., 371/2.
28 So etwa *Schönke/Schröder (Hecker)*, StGB, § 1 Rn. 8; SK-StGB/*Jäger*, § 1 Rn. 6; ferner SSW-StGB *(Satzger)*, § 1 Rn. 15 ff. m. w. Nachw.
29 Vgl. etwa *Roxin*, Strafrecht AT I, § 5 Rn. 45.

150 Zumeist mündet die Formel vom Verbot der Neuschaffung und Verschärfung von Straftatbeständen jedoch in die These, im Übrigen könne Gewohnheitsrecht im Strafrecht durchaus Bedeutung erlangen, und zwar auch zum Nachteil des Täters. So wird vielfach die Auffassung vertreten, im allgemeinen Teil des Strafrechts (das ist der Komplex strafrechtlicher Normen, der die allgemeinen Voraussetzungen einer Strafbarkeit betrifft, vgl. dazu Rn. 157 ff.) spiele das Gewohnheitsrecht eine beherrschende Rolle, es komme dort auch strafbegründend und strafschärfend zum Zuge.[30] Insbesondere den im (Straf)Gesetz nicht ausdrücklich genannten allgemeinen Strafbarkeitsvoraussetzungen, die erst im Diskurs zwischen Strafrechtswissenschaft und Rechtsprechung erarbeitet worden sind (wie beispielsweise das Erfordernis eines gesetzmäßigen Zusammenhangs – Kausalität – zwischen rechtswidrigem Verhalten und dadurch (!) bewirkten Rechtsgutverletzungen oder -gefährdungen, des Weiteren die Klärung von Vorsatz- und Fahrlässigkeitsbegriff nebst zugehöriger Deliktsnatur), wird gewohnheitsrechtlicher Charakter zugewiesen.[31]

151 Überaus fraglich ist aber, ob es bei diesem angeblichen „Gewohnheitsrecht im Strafrecht" tatsächlich um (strafrechtsgestaltendes) **Gewohnheitsrecht** geht. Hinweise auf Gewohnheitsrecht erfreuen sich in der Strafrechtslehre und Rechtsprechung allgemeiner Beliebtheit: Da erstarkt eine ständige Rechtsprechung zu Gewohnheitsrecht, oder es ist von gewohnheitsrechtlicher Verfestigung der Rechtsprechung oder auch davon die Rede, dass Gewohnheitsrecht im Strafrecht vor allem durch Gerichtsgebrauch entsteht. Nur sehr selten ist solchen Formulierungen indessen zu entnehmen, welcher Begriff vom Gewohnheitsrecht ihnen jeweils zu Grunde liegt. Stattdessen kann man sich des Eindrucks nicht erwehren, dass sog. Richterrecht, also das durch (straf)richterliche Entscheidungstätigkeit erzeugte Recht, mangels „genau passender" Qualitätskategorie schlichtweg dem Gewohnheitsrecht nur deshalb zugeschlagen wird, weil es nun einmal „Gesetzesrecht" im strengen Sinne nicht ist und nicht sein kann.

152 Damit wird jedoch der Begriff vom Gewohnheitsrecht verwässert. Und das wiederum hat weitreichende Konsequenzen für die Gesellschaftstauglichkeit der Rechtsprechung, weil „etabliertes" Richterrecht – wäre es wirklich Gewohnheitsrecht – in Fällen „gewandelter Rechtsauffassungen" die notwendige Änderung der Rechtsprechung blockieren könnte; denn **Gewohnheitsrecht ist** neben den verschiedenen Modalitäten des „gesetzten Rechts" eine **originäre Rechtsquelle**, es ist gesetzesgleiches Recht. Ihm kommt daher wie dem Gesetzesrecht normative Verbindlichkeit zu, die auch bei „besserer Rechtserkenntnis" nicht durch spontane richterliche Einzelentscheidung durchbrochen werden kann. Angesichts dieser gesetzesgleichen Bedeutung des Gewohnheitsrechts ist es – zumal unter strafrechtlichem Aspekt – unerlässlich, den Begriff des Gewohnheitsrechts scharf zu konturieren. Nur so lässt sich im System strafrechtlicher Normen der Bereich abstecken, in dem gesellschaftlichem Wandel durch eine „geläuterte" Rechtsprechung hinreichend Rechnung getragen werden kann. Ein so beschaffener **Begriff vom Gewohnheitsrecht** macht die Entstehung von Gewohnheitsrecht von zwei sich ergänzenden Voraussetzungen abhängig: von einer als gültige Rechtsnorm allgemein anerkannten Regel zwischenmenschlichen Verhaltens und einer ihr sichtbaren Ausdruck verleihenden „tatsächlichen Übung" (sog. consuetudo), die auf ständige

---

30 Vgl. statt aller *Fischer*, StGB, § 1 Rn. 20; *Jeschek/Weigend*, Strafrecht AT, § 12 IV, 2; ferner die Nachw. bei MüKo-StGB/*Schmitz*, § 1 Rn. 25; a. A. *Wessels/Beulke/Satzger*, Strafrecht AT, Rn. 79 ff., 81; vgl. noch bei SK-StGB/*Jäger*, § 1 Rn. 40 m. w. Nachw. für diese Auffassung.
31 Vgl. zu weiteren Beispielen bei *Roxin*, Strafrecht AT I, § 5 Rn. 46.

2. Ausschluss des ungeschriebenen Rechts: das Schriftlichkeitsgebot

Wiederholung angelegt ist und nicht von nur vorübergehender Dauer sein darf. Als Gewohnheitsrecht ist folglich nur das durch einen allgemeinen, durch langdauernde tatsächliche Übung manifestierten Rechtsgeltungswillen der Gemeinschaft erzeugte, ungesetzte Recht anzuerkennen.[32]

Orientiert an diesem „authentischen", engen Begriff des Gewohnheitsrechts (im Gegensatz zu einem sog. usuellen oder modernistischen Gewohnheitsrechtsbegriff, der alles nichtgesetzliche Recht umfassen soll) kann sich wirkliches Gewohnheitsrecht im Strafrecht allein schon wegen der Verbotswirkung des strafrechtlichen Gesetzlichkeitsprinzips in nur geringem Maße entfalten. Denkbar und anerkannt ist **derogierendes Gewohnheitsrecht** im Strafrecht, ein Gewohnheitsrecht also, das bestehende gesetzliche Strafvorschriften gegenstandslos werden lässt und „außer Kraft" setzt. Das kommt freilich nur in Betracht, wenn zu einer gewachsenen Rechtsüberzeugung der Gemeinschaft, wonach bestimmtes, bisher gesetzlich unter Strafe gestelltes Verhalten nicht mehr als strafbar zu werten ist, eine entsprechende „tatsächliche Übung", nämlich die fortdauernde Nichtanwendung der betreffenden gesetzlichen Strafvorschrift hinzutritt (sog. desuetudo). Eine bloß vorübergehende Nichtanwendung von Strafvorschriften reicht dafür nicht. Ebenso ist bei zweifelhafter „desuetudo" nicht schon eine Derogation durch Gewohnheitsrecht begründet. Hinzu kommt, dass im Strafrecht das für die Strafverfolgungsbehörden verpflichtende Legalitätsprinzip (§ 152 Abs. 2 StPO) einer fortdauernden Nichtanwendung von Strafvorschriften schwer übersteigbare Grenzen setzt. Immerhin lassen sich aber die „Entkriminalisierung" des formell bis 1969 strafbaren Ehebruchs (§ 172 a.F., aufgehoben durch das 1. StrRG v. 1969), die der Rechtsüberzeugung der Gemeinschaft schließlich folgende formellgesetzliche Abschaffung bestimmter Sittlichkeitsdelikte und (mit Vorbehalten) die Verbotsverringerung bei Schwangerschaftsabbruch auf „derogierendes Gewohnheitsrecht" zurückführen. Mehr Bedeutung wird derogierendem Gewohnheitsrecht insbesondere im Nebenstrafrecht zugeschrieben.[33]

Ein weiterer Anwendungsfall für „Gewohnheitsrecht im Strafrecht" findet sich dort, wo außerstrafrechtliches Gewohnheitsrecht (anderer Rechtsgebiete) in das Strafrecht hineinwirkt und von ihm übernommen wird. Wenn beispielsweise im Zivilrecht gewohnheitsrechtlich anerkannt ist, dass der Stellvertreter (vgl. § 164 ff. BGB) ohne Hinweis auf das Vertretungsverhältnis mit dem Namen des Vertretenen unterschreiben darf, dann folgt daraus für das Strafrecht, dass in diesem Umfang beim Zeichnen mit fremdem Namen keine (strafbare) Urkundenfälschung vorliegt.[34] Ähnlich verhielte es sich, wenn etwa der bürgerlichrechtliche Begriff des Eigentums eine gewohnheitsrechtliche Änderung, Ausweitung, Einengung erfüre: Die Strafvorschriften über Diebstahl und Unterschlagung (§§ 242 ff., 246) – Delikte gegen das Eigentum (!) – veränderten dann ihre Anwendungsreichweite (zulässigerweise somit auch zu Lasten von Tätern). Wo das Strafrecht (gewohnheitsrechtlich bestimmte) Begriffe aus anderen Rechtsgebieten übernimmt, rezipiert es sie mit.[35]

---

32 Vgl. zu diesem Gewohnheitsrechtsbegriff etwa *Jescheck/Weigend*, Strafrecht AT, § 12 IV, 1; ferner SK-StGB/*Jäger*, § 1 Rn. 39 m. w. Nachw.
33 Vgl. zum Ganzen *Jescheck/Weigend*, Strafrecht AT, § 12 IV, 2; MüKo-StGB/*Schmitz*, § 1 Rn. 24 ff., 27; *Schönke/Schröder (Hecker)*, StGB, § 1 Rn. 10 f.; SK-StGB/*Jäger*, § 1 Rn. 42; SSW-StGB *(Satzger)*, § 1 Rn. 39; vgl. aber NK-StGB *(Hassemer/Kargl)*, § 1 Rn. 65.
34 Beispiel bei *Schönke/Schröder (Hecker)*, StGB, § 1 Rn. 15.
35 So *Roxin*, Strafrecht AT I, § 5 Rn. 49.

IV. Keine Strafe ohne Gesetz

155 Nicht ausgeschlossen ist ferner eine gewohnheitsrechtliche Entstehung und Begründung von (nichtgesetzlichen) Straffreistellungsgründen, vor allem von rechtswidrigkeitsausschließenden Rechtfertigungs- und schuldausschließenden Entschuldigungsgründen, aber auch von sonstigen Strafausschließungsgründen. So wird beispielsweise als Grund für die rechtfertigende Wirkung der Einwilligung (als selbständiger Rechtfertigungsgrund gesetzlich bislang nicht erfasst) und die der sog. („echten") Pflichtenkollision (im Anwendungsbereich deliktischen Unterlassens) wie für die Entschuldigung durch „übergesetzlichen" Notstand bzw. entschuldigende Pflichtenkollision[36] das Gewohnheitsrecht genannt.

156 Dass solch strafausschließendes Gewohnheitsrecht im Strafrecht uneingeschränkt zulässig ist, ergibt sich ohne weiteres aus (der begrenzten Verbotswirkung des) Art. 103 Abs. 2 GG und § 1. Sorgfältiger Analyse bedarf aber sein Entstehungsprozess. Häufig findet dieses tätergünstige Gewohnheitsrecht seinen Ursprung gerade nicht in einer bereits ausgeformten, vom Rechtsgeltungswillen der Gemeinschaft getragenen tatsächlichen Verhaltensregel, sondern in der rechtsschöpfenden Entscheidungstätigkeit von (Straf)Richtern. In Gerichtssälen gemachtes, wie überhaupt jedes im Zusammenwirken von Rechtslehre und Rechtsprechung entwickeltes (Juristen)Recht ist jedoch etwas anderes als Gewohnheitsrecht. Zwar kann sich auf dem Wege eines stets wiederkehrenden Gerichtsgebrauchs ursprünglich als Richterrecht entstandenes Recht in Gewohnheitsrecht umwandeln. Dafür aber ist stets erforderlich, dass sich via „ständige Rechtsprechung" in der Gemeinschaft eine entsprechende Rechtsüberzeugung mit darauf gestütztem Rechtsgeltungswillen (tatsächliche Übung) ausbildet und festsetzt. Nur unter dieser Voraussetzung kann richterrechtlich geschaffenes, von Strafe freistellendes Recht die normative Verbindlichkeit von Gewohnheitsrecht erlangen. Fehlt dem auf „tatsächlicher Übung" basierenden Gerichtsgebrauch die **Anerkennung** der Gemeinschaft **als Recht** und **Recht**sanwendung, hat auch eine „ständige" Rechtsprechung keine gewohnheitsrechtliche Qualität und Verbindlichkeit.[37]

157 Gewohnheitsrechtliche Verbindlichkeit in diesem Sinne können den zum allgemeinen Teil des Strafrechts gehörigen, von Rechtsprechung und Strafrechtswissenschaft gemeinsam erarbeiteten ungeschriebenen Strafbarkeitsvoraussetzungen und sonstigen allgemeinen Zurechnungsprinzipien und -kriterien (vgl. Rn. 150) zukommen. Das trifft etwa für das Strafbarkeitserfordernis des Kausalzusammenhangs zwischen rechtswidrigem Verhalten und eingetretener Rechtsgutsverletzung oder -gefährdung, für die – nach Einfügung des § 13 durch das 2. StrRG inzwischen auch gesetzlich erfasste – Strafbarkeit eines Begehens durch Unterlassen, ferner mit Einschränkungen auch für die Lehren über Täterschaft und Teilnahme, über die Abgrenzung von strafloser Vorbereitung und strafbarem Versuch sowie für bestimmte gesetzlich nicht ausdrücklich genannte Zurechnungsregeln und -kriterien, etwa die strafrechtliche Schuldlehre zu.[38]

158 Doch ist bei alledem wegen der gesetzesgleichen Verbindlichkeit des Gewohnheitsrechts differenzierende Zurückhaltung geboten: Gewohnheitsrechtliche Qualität wächst nur der richterrechtlich erzeugten (strafrechtlichen) Norm als solcher zu. Ihre inhaltliche Ausfüllung dagegen hat an der gewohnheitsrechtlichen Verbindlichkeit nicht teil. Sie ist unter methodologischem Aspekt nichts anderes als Normkonkreti-

---

36 Vgl. dazu MüKo-StGB/*Schmitz*, § 1 Rn. 26 m. zahlr. w. Nachw.; *Schönke/Schröder (Hecker)*, StGB, § 1 Rn. 12 f.; SK-StGB/*Jäger*, § 1 Rn. 43 mit SK-StGB/*Rogall*, Vor § 19 Rn. 58 f.
37 Vgl. auch *Jescheck/Weigend*, Strafrecht AT, § 12 IV, 1; ferner NK-StGB *(Hassemer/Kargl)*, § 1 Rn. 64 ff., 65 ff.
38 Vgl. aber *Roxin*, Strafrecht AT I, § 5 Rn. 45 ff.; ferner SK-StGB/*Jäger*, § 1 Rn. 44 m. w. Nachw.

2. Ausschluss des ungeschriebenen Rechts: das Schriftlichkeitsgebot

sierung durch Auslegung und unterscheidet sich prinzipiell nicht von der Gesetzeskonkretisierung. Soweit diese Normkonkretisierung als Aufgabe der Rechtsprechung durch strafrichterliche Entscheidungstätigkeit geleistet wird, steht deshalb zur Umsetzung neuer Rechtserkenntnisse der fälligen Abänderung einer auch „ständigen" Rechtsprechung kein wie auch immer begründetes normativ (wie Gesetzesrecht) verbindliches Gewohnheitsrecht entgegen. Durch strafrichterliche ad-hoc-Entscheidung nicht ohne weiteres abänderbar ist danach beispielsweise die mit gewohnheitsrechtlicher Verbindlichkeit ausgestattete Rechtsnorm über den für eine Strafbarkeit erforderlichen Kausalzusammenhang zwischen Unrechtsverhalten und Rechtsgutsverletzung bzw. -gefährdung. Dagegen ist das, was unter Kausalität zu verstehen ist und was das Kausalitätserfordernis inhaltlich erfüllt, Gegenstand einer auf strafrechtswissenschaftlichen Erkenntnissen beruhenden Normkonkretisierung durch strafrichterliche Entscheidungstätigkeit und damit tagtägliches Geschäft einer sich an den neuesten Stand gesicherter Rechtserkenntnisse anpassenden Rechtsprechung.[39]

Das gilt ganz genauso für die (angeblich) gewohnheitsrechtliche Verfestigung einer den Anwendungsbereich gesetzlicher Strafvorschriften einengenden Auslegung durch ständige Rechtsprechung. So handelt es sich etwa bei der schon vom *Reichsgericht* entwickelten Rechtsprechung zum Begriff des Glücksspiels i.S.d. §§ 284 ff. (vgl. *RGSt* 6, 74, 76) – Glücksspiel setzt einen nicht ganz unbedeutenden Vermögenswert als Gewinn voraus, so dass Unterhaltungsspiele mit geringwertigen Einsätzen keine Glücksspiele sind – um nichts anderes als um Gesetzeskonkretisierung in Gestalt einengender Auslegung. Die Beständigkeit strafgerichtlicher Entscheidungspraxis allein verschafft dieser Gesetzeskonkretisierung nicht bereits gewohnheitsrechtliche Qualität. Erst wenn die konstitutiven Grundelemente des Gewohnheitsrechts zu einer ständigen Rechtsprechung mitwirken, kann ein Auslegungsergebnis die normative Kraft und Verbindlichkeit von Gewohnheitsrecht erlangen. Ob das im Falle der begrifflichen Einengung dessen, was „Glücksspiel" voraussetzt, so ist, muss – obwohl vieles dafür spricht – offen bleiben, ganz abgesehen davon, dass Art. 103 Abs. 2 GG derart tätergünstiges Gewohnheitsrecht im Strafrecht von vornherein nicht verbietet. Im Problembereich der Rechtsprechungsänderung zur absoluten Fahruntüchtigkeit gem. § 316 (Erweiterung des Anwendungsbereichs der Strafvorschrift durch Herabsetzung der Promillegrenze im Wege einer ad-hoc-Entscheidung) kam einer jahrzehntelangen „ständigen" Rechtsprechung offensichtlich gewohnheitsrechtliche Verbindlichkeit nicht zu.

Auch die auf richterlicher Rechtsfortbildung beruhende Einschränkung des Anwendungsbereichs gesetzlich gefasster Straffreistellungs-, insbesondere gesetzlicher Rechtfertigungsgründe ist ihrer (rechtsmethodologischen) Natur nach Gesetzeskonkretisierung durch Auslegung und daher mangels Verstoßes gegen das strafrechtliche Gesetzlichkeitsprinzip ohne weiteres zulässig. Zwar kann sich auf diese Weise der Strafbarkeitsbereich des gesetzlich umschriebenen Verhaltens über seine deliktstypischen Grenzen hinaus ausdehnen, eine Überschreitung des gesetzlichen Anwendungsbereichs der betreffenden Strafvorschrift ist damit jedoch nicht verbunden. Andernfalls müsste jede ausdehnende Auslegung von Strafgesetzen als Mittel der Gesetzeskonkretisierung im Strafrecht eo ipso dem Verbot des Art. 103 Abs. 2 GG und § 1 unterliegen. Hätte dagegen die richterliche Einengung eines gesetzlich geregelten Straffreistellungsgrundes – ausnahmsweise tatsächlich einmal – gewohnheitsrechtlichen Charakter, wäre die

---

39 Vgl. zum Ganzen ähnlich *Jakobs*, Strafrecht AT, 4/12 mit 46/7; *Jescheck/Weigend*, Strafrecht AT, § 12 IV, § 15 III, 1; vgl. auch SK-StGB/*Jäger*, § 1 Rn. 44 m. w. Nachw.; *Roxin*, Strafrecht AT I, § 5 Rn. 47/8.

IV. Keine Strafe ohne Gesetz

Anwendung solchen Rechts wegen Verstoßes gegen Art. 103 Abs. 2 GG und § 1 unzulässig.[40] Nicht anders ist die richterrechtliche Einschränkung des Anwendungsbereiches gewohnheitsrechtlich entstandener Straffreistellungsgründe zu beurteilen: Die gewohnheitsrechtliche Beschränkung der strafbaren Körperverletzung (§§ 223 ff.) durch rechtswidrigkeitsausschließende Einwilligung beispielsweise könnte deshalb nicht im Wege richterrechtlich erzeugten Gewohnheitsrechts durch inhaltliche Reduzierung der mit einer Einwilligung verbundenen Rechtfertigung (auf enumerativ beschriebene Einzelfallgestaltungen etwa) „gewohnheitsrechtlich" (wieder) ausgedehnt werden. Das ergibt sich zwar nicht unmittelbar aus Art. 103 Abs. 2 GG und § 1, wohl aber aus dem rechtsstaatlichen Kerngehalt des Schriftlichkeitsgebots.[41]

3. Verhaltensorientierung und Vertrauensschutz: Das Bestimmtheitsgebot

161 Im Wirkungszusammenhang der aus Art. 103 Abs. 2 GG und § 1 hergeleiteten Verbote und Gebote spielt das sog. Bestimmtheitsgebot eine besonders wichtige, wenn nicht gar die entscheidende Rolle. Es zielt darauf, dass der Strafgesetzgeber so genau wie möglich bestimmt, welches Verhalten verboten und wie es zu bestrafen ist, und verbietet ihm (zu) unbestimmte Strafgesetze zu schaffen (nullum crimen, nulla poena sine **lege certa**). Ohne ausreichende Bestimmtheit kann das Strafgesetz seine **Garantiefunktion** (Rn. 146) nicht erfüllen, blieben die übrigen Verbote und Gebote des strafrechtlichen Gesetzlichkeitsprinzips nahezu ohne Wirkung; denn ein unbestimmtes und undeutliches Strafgesetz kann den einzelnen Bürger vor staatlicher Bestrafungswillkür nicht schützen, weil es der staatlichen Strafgewalt keinen exakten Handlungsrahmen vorgibt. Das unbestimmte Strafgesetz gerät zudem in Kollision mit dem Demokratieprinzip und dem Grundsatz der Gewaltenteilung, weil es dem (Straf)Richter ermöglicht (und ihn gar dazu nötigt), durch seine rechts-/gesetzesanwendende Entscheidungstätigkeit in die an sich allein der Legislative zustehende strafbegründende und/oder strafbemessende Rechtsetzung einzugreifen. Außerdem kann das unbestimmte Strafgesetz keine generalpräventive Wirkung entfalten, weil nicht klar und nicht erkennbar wird, was verboten ist, und eben deshalb taugt es auch nicht als Grundlage für einen Schuldvorwurf gegenüber dem individuellen Täter.[42] In dem **Verbot unbestimmter Strafgesetze** bzw. dem ihm entsprechenden **Bestimmtheitsgebot** kommen somit alle das strafrechtliche Gesetzlichkeitsprinzip tragenden strafrechtlichen und staatstheoretischen Erklärung- und Begründungsansätze (vgl. Rn. 138 ff.) nachhaltig zum Ausdruck.

162 Dieser herausragenden Bedeutung des Bestimmtheitsgebots im Strafrecht hat auch das *BVerfG* in seiner Rechtsprechung zu Art. 103 Abs. 2 GG vielfach Rechnung getragen. Danach ist der (Straf)Gesetzgeber von Verfassungs wegen verpflichtet, die Voraussetzungen der Strafbarkeit so genau zu umschreiben, dass Tragweite und Anwendungsbereich der gesetzlichen Straftatbestände für den Normadressaten schon aus dem einzelnen Strafgesetz selbst zu erkennen sind und sich (zumindest) durch Auslegung ermitteln und konkretisieren lassen.[43] Auf diese Weise soll sichergestellt sein, dass jeder sein Verhalten im Blick auf etwaige strafrechtliche Risiken eigenverantwortlich ein-

---

40 Vgl. zu dieser Problematik etwa *Schönke/Schröder (/Hecker)*, StGB, § 1 Rn. 13; vgl. ferner dazu NK-StGB *(Hassemer/Kargl)*, § 1 Rn. 66 ff., 67a; SSW-StGB *(Satzger)*, § 1 Rn. 36 f.; Wessels/Beulke/Satzger, Strafrecht AT, Rn. 403 ff.
41 Vgl. aber *Schönke/Schröder (Hecker)*, StGB, § 1 Rn. 12, 13; ferner MüKo-StGB/*Schmitz*, § 1 Rn. 26; SK-StGB/ *Jäger*, § 1 Rn. 43 mit Rn. 51; vgl. auch NK-StGB *(Hassemer/Kargl)*, § 1 Rn. 65 ff., 67a.
42 Vgl. dazu *Roxin*, Strafrecht AT I, § 5 Rn. 67.
43 Vgl. BVerfGE 73, 206 ff., 234; 75, 329 ff., 340; 78, 374 ff., 381/2; 105, 135 ff., 153.

3. Verhaltensorientierung und Vertrauensschutz: Das Bestimmtheitsgebot

richten kann und keine unvorhersehbaren staatlichen Reaktionen befürchten muss.[44] Mit der strengen Bindung der strafenden Staatsgewalt an das (Straf)Gesetz sorgt das Bestimmtheitsgebot für Rechtssicherheit und schützt zur Wahrung ihrer Freiheitsrechte das Vertrauen der Bürger darauf, dass der Staat nur dasjenige Verhalten als strafbar verfolgt und bestraft, was zum Zeitpunkt der Tat gesetzlich bestimmt war.[45] Art 103 Abs. 2 GG gewährleistet zugleich, dass im Bereich des Strafrechts nur der (Straf)Gesetzgeber abstrakt-generell über die Strafbarkeit entscheidet.[46] Die Legislative muss die Grenzen der Strafbarkeit selbst bestimmen, sie darf diese Entscheidung nicht anderen staatlichen Gewalten wie beispielsweise der Strafjustiz überlassen. Das Bestimmtheitsgebot ist deshalb **Handlungsanweisung** an den Strafgesetzgeber und **Handlungsbegrenzung** für den Strafrichter zugleich. Aus diesem Grunde versagt Art. 103 Abs. 2 GG es dem Strafrichter auch, ein unbestimmtes Gesetz von sich aus bis zur hinreichenden Genauigkeit nachzubessern.[47]

Das Verbot unbestimmter Strafgesetze ist sowohl auf die Voraussetzungen strafbaren Verhaltens, als auch auf die Deliktsfolgen, also insbesondere auch auf die gesetzlichen Strafdrohungen und sonstigen Sanktionen für deliktisches Verhalten gerichtet. Die Forderung nach hinreichender Genauigkeit der gesetzlichen Deliktsbeschreibungen und der Rechtsfolgen strafbaren Verhaltens leuchtet für sich genommen ohne weiteres ein. Sehr viel schwieriger ist festzulegen, wo denn eigentlich die Grenzlinie zwischen einem noch (ausreichend) bestimmten und dem schon (zu) unbestimmten Strafgesetz verläuft. Was zunächst die gesetzliche Fassung der Strafbarkeitsvoraussetzungen betrifft, liegt ein Verstoß gegen das Bestimmtheitsgebot stets dann vor, wenn die Umschreibung des verbotenen **Verhaltens allein** aus dehnbaren und inhaltlich konturlosen Begriffen besteht, so dass die Feststellung dessen, was genau als strafbares Verhalten anzusehen ist, der Einzelfallentscheidung des Strafrichters unterliegt. Ein nachgerade schon „klassisch" zu nennendes Beispiel hierfür ist die vom *Bayerischen Verfassungsgerichtshof* mangels ausreichender Bestimmtheit für verfassungswidrig erklärte Strafvorschrift über einen „Verstoß gegen die öffentliche Ordnung"" bzw. ein „Handeln gegen die Interessen" (der alliierten Streitkräfte oder eines ihrer Mitglieder).[48] Ebenso unbestimmt war der früher strafgesetzlich als Übertretung für strafbar erklärte „grobe Unfug" („Wer groben Unfug verübt" ...) und ist heute die der Strafbestimmung über „groben Unfug" nachgebildete Ordnungswidrigkeit der „Belästigung der Allgemeinheit" (vgl. § 118 OWiG). Das *BVerfG* hat das freilich anders gesehen und der Strafbestimmung über „groben Unfug" eine noch hinreichende Bestimmtheit attestiert.[49] Seit dieser Entscheidung des *BVerfG* ist kaum noch einmal ein Strafgesetz wegen zu unbestimmt formulierter Strafbarkeitsvoraussetzungen für verfassungswidrig und nichtig erklärt worden[50], obwohl zahlreiche weitere Vorschriften des StGB und des Nebenstrafrechts im Grenz- und Grauzonenbereich zwischen noch genügender Bestimmtheit und schon verbotener Unbestimmtheit von einer zumindest bedenklichen Unbestimmtheit zeugen.

Dazu zählen Strafvorschriften wie etwa die Nötigung gem. § 240 in der Gewaltalternative, weil sich mit der „Auflösung" und „Verflüchtigung" der ursprünglichen Kon-

---

44 Vgl. *BVerfGE* 64, 369 ff., 393/4; 85, 69 ff., 72/3.
45 Vgl. *BVerfGE* 95, 96 ff., 130 ff.
46 Dazu *BVerfGE* 75, 329 ff., 341; 78, 374 ff., 382; 95, 96 ff., 131.
47 Vgl. *BVerfGE* 47, 209 ff., 220; 64, 389 ff., 393; 73, 206 ff., 235; vgl. zum Ganzen *BVerfGE* 105, 135 ff., 152 f.
48 Vgl. *BayVerfGH* BayGVBl. 1952, 8 f.
49 *BVerfGE* 26, 41 ff., 43.
50 Vgl. aber *BVerfGE* 78, 374 ff., 383/4.

turen des strafrechtlichen Gewaltbegriffs, mit seiner „Vergeistigung" und „Entmaterialisierung", der Anwendungsbereich des § 240 Abs. 1 immer mehr ausgeweitet hat (forciert durch eine zunehmend ausdehnende Interpretation durch die höchstrichterliche Rechtsprechung)[51], die Beleidigung gem. § 185, weil sich nicht ohne weiteres aus dem Gesetz ergibt, was unter einer „Beleidigung" im Sinne der Ehrverletzungsdelikte zu verstehen ist, die Untreue gem. § 266 Abs. 2, soweit es um die sog. Treupflicht (Pflicht, fremde Vermögensinteressen wahrzunehmen) und deren Verletzung ohne nähere Konkretisierung geht, und auch die Strafbarerklärung des „Begehens durch Unterlassen"[52] in § 13.[53]

165 Größtmögliche Bestimmtheit – so heißt es bisweilen – hätte ein Strafgesetz, das die Voraussetzungen der Strafbarkeit ausschließlich mit beschreibenden Begriffen normierte. Das aber ist „sprachtechnisch" nicht durchführbar, ganz abgesehen davon, dass mit derart „rein" deskriptiven Strafgesetzen kriminalpolitischer Stillstand verbunden wäre.[54] Zudem erläge das Streben nach „absoluter" Bestimmtheit von Strafgesetzen durch Verwendung „rein" deskriptiver Begriffe einer trügerischen Prämisse, denn „rein" deskriptive Begriffe kann es im Recht und eben auch im Strafrecht nicht geben. Alle (straf)rechtlichen Begriffe stehen in einem normativen Kontext und haben bewertende Aufgaben und Ziele.[55] Für „rein" deskriptiv gehaltene Begriffe sind daher ebenso wie normative, wertausfüllungsbedürftige Begriffe (z.B. „verwerflich" i.S.d. § 240 Abs. 2) prinzipiell mehrdeutig und auslegungsbedürftig.[56] So unverfänglich und „rein" deskriptiv erscheinende Begriffe wie „eine" und „Sache" in § 242 Abs. 1 sind hierfür Beleg: Ist „eine" ein Zahlwort oder ein unbestimmter Artikel oder beides? Und weiter: Ist „eine" Sache stets nur ein einzelner Gegenstand oder umfasst „eine" Sache auch mehrere, eine Sachgesamtheit bildende Gegenstände? Und schließlich: Ist eine „Sache" auch der elektrische Strom, Flüssiggas, Dampf, Wasser etc.? Zur Beantwortung solcher Fragen kommt man ohne Wertungen und Bewertungen aus dem normativen Kontext der Diebstahlsvorschrift nicht aus, was verdeutlicht, dass die zur strafgesetzlichen Beschreibung verbotenen oder gebotenen Verhaltens verwendeten Begriffe immer nur „mehr oder weniger" bestimmt bis hin zu „mehr oder weniger" unbestimmt sind. Sie rangieren auf einer Skala von „reiner" Deskriptivität bis zu „reiner" Normativität und unterscheiden sich nur quantitativ nach dem Grad ihrer Wertausfüllungsbedürftigkeit.[57]

166 Daraus ergibt sich zunächst, dass Strafgesetze, die sich zur Festschreibung von Strafbarkeitsvoraussetzungen relativ unbestimmter Begriffe bedienen, nicht von vornherein gegen das Bestimmtheitsgebot des Art. 103 Abs. 2 GG verstoßen. Das hat auch das *BVerfG* mehrfach betont und anerkannt. Die Bestimmtheitsanforderungen an Strafgesetze dürfen demnach nicht übersteigert werden. Es besteht sonst die Gefahr allzu starrer und kasuistischer Gesetzesfassungen, die der Vielgestaltigkeit des Lebens, dem

---

51 Vgl. dazu *BVerfGE* 73, 206 ff., 236/7; 92, 1 ff., 13/4.
52 Vgl. dazu *BVerfG* NJW 2003, 1030.
53 Vgl. zu weiteren Beispielen für noch hinreichende Bestimmtheit bei SK-StGB/*Jäger*, § 1 Rn. 35; vgl. ferner *Roxin*, Strafrecht AT I, § 5 Rn. 67 ff., 71 ff., 80 ff.; *Schönke/Schröder* (*Hecker*), StGB, § 1 Rn. 17 ff.
54 Vgl. zur Bedeutung der legislativen Technik für die Garantiefunktion des Strafgesetzes bei *Jescheck/Weigend*, Strafrecht AT, § 15 I.
55 Vgl. NK-StGB (*Hassemer/Kargl*), § 1 Rn. 30 ff., 33.
56 Vgl. zu Modalitäten von Mehrdeutigkeit strafrechtlicher Begriffe bei NK-StGB (*Hassemer/Kargl*), § 1 Rn. 35 – 39.
57 Vgl. in diesem Sinne NK-StGB (*Hassemer/Kargl*), § 1 Rn. 30 ff., 33, 35 ff.; *Schönke/Schröder* (*Hecker*), StGB, § 1 Rn. 19 f.

3. Verhaltensorientierung und Vertrauensschutz: Das Bestimmtheitsgebot

Wandel der Verhältnisse oder der Besonderheit des Einzelfalls nicht mehr gerecht werden könnten.[58] Da auch im Bereich des Strafrechts die Gesetze darauf angelegt sein müssen und sind, die Vielgestaltigkeit des Lebens, die Pluralität von Werten und gesellschaftlichen Wandel in sich aufnehmen zu können, ist die gesetzgeberische Verwendung allgemeiner Begriffe, die formal nicht allgemeingültig umschrieben werden können und deshalb in besonderem Maße einer Deutung durch den Richter bedürfen, eine sachgebotene Notwendigkeit. Generalklauseln und unbestimmte, wertausfüllungsbedürftige Rechtsbegriffe sind für eine wirklichkeitsbezogene Ausgestaltung der Strafgesetze daher unentbehrlich und sogar bis zu einem gewissen Grade sachlogisch unvermeidbar.[59] In diesem Sinne verlangt das Bestimmtheitsgebot vom Strafgesetzgeber nicht „Präzision um jeden Preis", sondern ein sachbestimmtes Ineinandergreifen von (deskriptiver) Präzision und (normativer) Flexibilität: Er darf nicht überpräzise formulieren, sondern muss der richterlichen Rechtsanwendung so weite Entscheidungsspielräume eröffnen, dass diese dem Einzelfall gerecht werden und das Gesetz zeitgerecht entfalten und in begrenztem Rahmen (weiter)entwickeln kann.

Auch wenn somit der Wirklichkeitsbezug des Strafrechts[60] die Bestimmtheitsanforderungen an Strafgesetze sachnotwendig relativiert, ist der Strafgesetzgeber andererseits aber nicht seiner Verpflichtung enthoben, die Voraussetzungen strafbaren Verhaltens einschließlich der Deliktsfolgen so genau wie möglich anzugeben. Das Verbot unbestimmter Strafgesetze liefe straf- und verfassungsrechtlich „ins Leere", wenn es dem Strafgesetzgeber freigestellt wäre, generalklauselartige und sonstige unbestimmte, wertausfüllungsbedürftige Rechtsbegriffe nach Belieben und unbegrenzt zu verwenden. Verfassungsrechtlich unbedenklich und mit dem Bestimmtheitsgebot (noch) in Einklang zu bringen ist die gesetzgeberische Verwendung solcher Allgemeinbegriffe daher nur dann, wenn keine andere, präzisere Gesetzesabfassung möglich ist, genauere „funktional äquivalente" Begriffs- und Regelungsalternativen nicht zur Verfügung stehen und/oder genauere, inhaltsgleiche Rechtsbegriffe fehlen.[61] Aber auch im Übrigen erfordert das Bestimmtheitsgebot bei der Verwendung von Generalklauseln und anderen wertausfüllungsbedürftigen Begriffen, dass ihre verfassungsrechtlich problematische Unbestimmtheit mit Hilfe der üblichen Gesetzeskonkretisierung durch Auslegung behoben werden kann. Insbesondere durch Heranziehung anderer Vorschriften desselben Gesetzes, durch Berücksichtigung des Normzusammenhangs oder aufgrund einer gefestigten Rechtsprechung muss sich eine zuverlässige Grundlage für die Auslegung und Anwendung der Norm gewinnen lassen, so dass der Einzelne die Möglichkeit hat, den durch die Strafnorm geschützten Wert sowie das Verbot bestimmter Verhaltensweisen zu erkennen und die staatliche Reaktion vorauszusehen.[62]

167

Gleichwohl darf der Strafgesetzgeber die ihm zugewiesene Kompetenz, allein und selbst darüber zu entscheiden, was strafbar sein soll und ist, nicht durch ihm bisweilen genehme Unbestimmtheit an die richterliche Gesetzes- und Rechtsanwendung delegieren; denn auch wenn es wegen der Allgemeinheit und Abstraktheit von Strafnormen prinzipiell unvermeidlich ist, dass sich als zweifelhaft erweisen kann, ob ein Verhalten

168

---

58 So etwa *BVerfGE* 45, 363 ff., 371/2.
59 Vgl. *Schönke/Schröder (Hecker)*, StGB, § 1 Rn. 19 f.; vgl. noch *BVerfGE* 73, 206 ff., 235; 75, 329 ff., 341; 92; 1 ff., 12; *BGHSt* 37, 266, 273/4.
60 Dazu NK-StGB (*Hassemer/Kargl*), § 1 Rn. 30 ff.
61 Vgl. dazu NK-StGB (*Hassemer/Kargl*), § 1 Rn. 40 f.; *Schönke/Schröder (Hecker)*, StGB, § 1 Rn. 20 jew. m. w. Nachw.
62 So *BVerfGE* 45, 363 ff., 372.

IV. Keine Strafe ohne Gesetz

schon oder noch unter einen gesetzlichen Straftatbestand fällt oder nicht, muss der Normadressat doch zumindest im Regelfall anhand der gesetzlichen (!) Regelung voraussehen können, ob (s)ein Verhalten strafbar ist. Auf diese Weise ist für ihn in Grenzfällen wenigstens das Risiko einer Bestrafung erkennbar. Maßstab für hinreichende Bestimmtheit einer Strafvorschrift ist insoweit primär der für den Normadressaten erkennbare und verstehbare Wortsinn eines Strafgesetzes. Er markiert die äußerste Grenze zulässiger richterlicher Gesetzeskonkretisierung.[63] Es muss also die Strafnorm selbst und nicht erst die richterliche Auslegung der Strafnorm das Bestrafungsrisiko erkennen lassen. Wo es der Strafgesetzgeber dagegen der richterlichen Entscheidungstätigkeit überlässt, die verfassungsrechtlich nötige Bestimmtheit von Strafgesetzen erst noch herzustellen, ist der Verbotsbereich des Art. 103 Abs. 2 GG mit Sicherheit erreicht.[64] Unter diesem Vorbehalt steht auch die Rechtsprechung des *BVerfG* zum Bestimmtheitsgebot, soweit sich ihr eine Ersetzung der gebotenen Gesetzesbestimmtheit durch eine **genügende Bestimmbarkeit** entnehmen lässt. Mit Art. 103 Abs. 2 GG unvereinbar ist jedenfalls die in einer frühzeitigen Entscheidung vom *BGH* geäußerte Auffassung, wonach im Zusammenhang mit der Verwerflichkeitsklausel des § 240 Abs. 2 an Stelle des Gesetzgebers (!!) dem Richter die Aufgabe zufalle, durch unmittelbare Wertung zu entscheiden ob eine Nötigung i.S.d. § 240 Abs. 1 im Einzelfall rechtswidrig ist oder nicht.[65]

169 Nicht zu verkennen ist allerdings, dass sich die Bestimmtheits-/Unbestimmtheitsproblematik verschärft bei wertausfüllungsbedürftigen Begriffen oder Generalklauseln, deren Sachgehalt nicht ohne Rückgriff auf außerrechtliche Wertvorstellungen und Wertmaßstäbe zu ermitteln ist. Das ist etwa der Fall bei der Verwerflichkeitsklausel des § 240 Abs. 2 aber auch bei § 228, der eine an sich durch Einwilligung gerechtfertigte Körperverletzung für strafbar (rechtswidrig) erklärt, sofern die Tat trotz der Einwilligung „gegen die guten Sitten" verstößt. Unterstellt man (auch ungeschriebene) Rechtfertigungsgründe, was ihre Einschränkung betrifft, dem Verbotsbereich des Art. 103 Abs. 2 GG, dann ist dieser strafbarkeitserweiternde Verweis auf die guten Sitten und damit auf das „Anstandsgefühl aller billig und gerecht Denkenden"[66] so unbestimmt, dass mit Rücksicht auf das Bestimmtheitsgebot die Strafbarkeit einer Körperverletzung bei erteilter Einwilligung des Verletzten ausgeschlossen sein muss, wenn es in der gesellschaftlichen Lebenswirklichkeit unterschiedliche Wertvorstellungen gibt.[67] Für die Strafbarerklärung „fragwürdiger" Verhaltensweisen untersagt Art. 103 Abs. 2 GG demnach eigentlich jede gesetzgeberische Verwendung von Begriffen, deren Inhalt sich erst durch eine „strafrechtliche Operationalisierung" außerrechtlicher Wertvorstellungen und Werteordnungen erschließt. Das gilt zumindest dann ohne Abstriche, wenn und weil in einer multikulturellen und pluralistischen Gesellschaft für bestimmte Lebensbereiche von der Existenz allgemeiner sozial-ethischer Wertungen, denen sich der Strafrichter vorbehaltlos unterordnen könnte, nicht (mehr) ausgegangen werden darf.[68]

---

63 Vgl. dazu *BVerfGE* 75, 329 ff., 341; 85, 69 ff.; 73; 87, 209 ff., 224; 92, 1 ff., 12; ferner *Schönke/Schröder (Hecker)*, StGB, § 1 Rn. 19 f.; vgl. auch *Roxin*, Strafrecht AT I, § 5 Rn. 67 ff., 75.
64 Vgl. *Roxin*, Strafrecht AT I, § 5 Rn. 69/70.
65 So *BGHSt* 2, 194, 196.
66 Vgl. *BGHSt* 49, 34, 41; ferner HK-GS/*Dölling*, § 228 Rn. 13.
67 Vgl. dazu *Schönke/Schröder (Sternberg-Lieben)*, StGB, § 228 Rn. 4ff., 7.
68 Vgl. dazu *Jescheck/Weigend*, Strafrecht AT, § 15 I, 4; ferner NK-StGB (*Hassemer/Kargl*), § 1 Rn. 35 ff., 38; SK-StGB/*Jäger*, § 1 Rn. 33 ff.; *BGHSt* 49, 34, 40 ff.

3. Verhaltensorientierung und Vertrauensschutz: Das Bestimmtheitsgebot

So wie das strafrechtliche Gesetzlichkeitsprinzip nicht nur das „Ob", sondern auch das „Wie" staatlichen Strafens betrifft (vgl. Rn. 143/4 m. w. Nachw.), so fordert das in ihm wirksame Be-stimmtheitsgebot eine hinreichende Bestimmtheit nicht nur der Voraussetzungen, sondern auch der **Rechtsfolgen** strafbaren Verhaltens. Dass Art. 103 Abs. 2 GG mit seinem Verbot unbestimmter Strafgesetze überhaupt (auch) auf die gesetzlich vorgesehenen Deliktsfolgen anzuwenden ist, kann als inzwischen gesicherte Auffassung in Lehre und Rechtsprechung betrachtet werden. Ob an die verfassungsrechtlich gebotene Bestimmtheit gesetzlich vorgegebener Deliktsfolgen dieselben Bestimmtheitsanforderungen zu stellen sind wie an die gesetzliche Festlegung der Strafbarkeitsvoraussetzungen, ist indessen eine nach wie vor offene Frage. Tendenziell besteht die Neigung, mit den Bestimmtheitsanforderungen im Bereich der strafrechtlichen Sanktionen großzügiger umzugehen.[69]

170

Eine gesetzliche Sanktionsandrohung, die es dem Strafrichter erlaubte, jede gesetzlich zulässige Strafe, von der geringstmöglichen Geld- bis zur höchstmöglichen Freiheitsstrafe festzusetzen, überschritte die „verfassungsrechtliche Schmerzgrenze" des Bestimmtheitsgebots allerdings bei weitem. Aber auch die derzeitige Weite des Strafrahmens der Geldstrafe – fünf bis dreihundertsechzig, bei Gesamtgeldstrafe sogar bis siebenhundertzwanzig Tagessätze – ist im Blick auf das Bestimmtheitsgebot nicht mehr akzeptabel.[70] Und weiter: Eine gesetzliche Rechtsfolgenregelung, die es dem Strafrichter ermöglicht, auf jede denkbare Freiheitsstrafe zu erkennen oder von Bestrafung gänzlich abzusehen (vgl. §§ 81, 82, 83 a), verstößt ebenfalls gegen das Verbot unbestimmter Strafgesetze.[71] Der Umstand, dass der Gesetzgeber wenigstens die **Strafart** festgelegt hat, ändert daran nichts; denn ein grenzenloser, wenngleich nur auf eine einzige Strafart bezogener Strafrahmen lässt sich mit dem Bestimmtheitsgebot schlechterdings nicht vereinbaren. Der Makel aller dieser beispielhaft angeführten Rechtsfolgebestimmungen liegt offen zutage: Angesichts ihrer „extremen" Unbestimmtheit ist der rechtsunterworfene Bürger nicht in der Lage, einigermaßen verlässlich abzuschätzen, mit welcher staatlichen Reaktion er im Falle eines deliktischen Verhaltens zu rechnen hat. Bereits das aber widerstreitet einer Grundforderung des Gesetzlichkeitsprinzips.[72] Mit derlei verfassungsrechtlichen Verdikten, mögen sie auch noch so plausibel sein, ist freilich nur wenig gewonnen. Sie können den noch immer nicht gefundenen allgemeinen Beurteilungsmaßstab, mit dessen Hilfe es gelingt, die von Art. 103 Abs. 2 GG geforderte Bestimmtheit im Bereich der Deliktsfolgen zu spezifizieren, nicht ersetzen.

171

Für den kriminalrechtlichen **Sanktionstyp „Strafe"** hat sich die Bestimmtheitsproblematik mit der Entscheidung des *BVerfG* zur Verfassungswidrigkeit der im StGB a.F. enthaltenen Vorschrift über die Vermögensstrafe immerhin etwas entschärft. In dieser Entscheidung sind beachtliche Leitgedanken für eine verfassungsrechtlich gebotene, aber auch genügende Bestimmtheit von gesetzlichen Strafdrohungen formuliert, die eine sachgerechte Grenzziehung zwischen (noch) hinreichend bestimmten und (schon zu) unbestimmten Strafdrohungen zulassen[73]: Zwei Verfassungsprinzipien geraten bei der Frage, welche Anforderungen an die Bestimmtheit von Rechtsfolgenregeln zu

172

---

69 Vgl. *Roxin*, Strafrecht AT I, § 5 Rn. 82; ferner *Schönke/Schröder (Hecker)*, StGB, § 1 Rn. 22 f.; SK-StGB/*Jäger*, § 1 Rn. 37 f.
70 Anders *Schönke/Schröder (Hecker)*, StGB, § 1 Rn. 22; SK-StGB/*Jäger*, § 1 Rn. 38; wie hier *Roxin*, Strafrecht AT I, § 5 Rn. 81; *Stratenwerth/Kuhlen*, Strafrecht AT, § 3 Rn. 17.
71 Ebenso SK-StGB/*Jäger*, § 1 Rn. 37; *Stratenwerth/Kuhlen*, Strafrecht AT, § 3 Rn. 17.
72 Vgl. *Roxin*, Strafrecht AT I, § 5 Rn. 80.
73 Zum Folgenden vgl. *BVerfGE* 105, 135 ff., 152 ff.

stellen sind, in ein unauflösbares Spannungsverhältnis: **Rechtssicherheit** durch Rechtsfolgenbestimmtheit auf der einen und schuldbezogene **Einzelfallgerechtigkeit** auf der anderen Seite. Wegen ihrer „Antinomie" müssen sie gegeneinander abgewogen und in einen verfassungsrechtlich tragfähigen Kompromiss gebracht werden, der beiden für das Strafrecht unverzichtbaren Prinzipien möglichst viel an Substanz belässt. Dementsprechend erfüllt der Strafgesetzgeber seine (verfassungsrechtliche) Pflicht, wenn er durch die Wahl der Strafdrohung sowohl den Strafrichter als auch die betroffenen Bürger so genau orientiert, dass seine Bewertung der gesetzlich beschriebenen Delikte deutlich wird, der Betroffene das Maß der drohenden Strafe abschätzen kann und dem Strafrichter die Festsetzung einer schuldangemessenen Reaktion möglich ist.

173 Die **grundsätzlichen Entscheidungen** zu Art und Ausmaß denkbarer Rechtsfolgen **muss der Strafgesetzgeber selbst treffen**. Die Anforderungen an ihn sind dabei umso strenger, je intensiver der Eingriff wirkt. Je schwerer die angedrohte Strafe ist, desto nachhaltiger ist der Strafgesetzgeber verpflichtet, dem Richter Richtlinien an die Hand zu geben, die die Sanktion vorhersehbar machen, und den Bürger über die zu erwartende Strafrechtsfolge ins Bild zu setzen. Zu den vom Strafgesetzgeber **im Einzelnen zu treffenden Entscheidungen** zählen **Festlegungen zur Art der** für das jeweilige Delikt in Frage kommenden **Sanktionen**. Bei den Strafdrohungen in den einzelnen Strafgesetzen muss sich der Gesetzgeber auf **Strafrahmen** festlegen, denen sich das Mindestmaß einer Strafe ebenso wie die Sanktionsobergrenze entnehmen lassen und die so einen Orientierungsrahmen für die strafrichterliche Abwägung nach Tatunrecht und Schuldmaß bilden. Im Blick auf die konkrete Strafandrohung kann sich das Mindestmaß auch aus den Vorschriften des allgemeinen Strafrechts zu der jeweiligen Strafart (vgl. §§ 38 ff.) ergeben. Doch darf dies im Zusammenspiel mit der Sanktionsobergrenze nicht zu uferlosen Strafrahmen führen. Diese bergen die Gefahr, das normative Verhältnis zwischen Unrecht und Schuld einerseits und der Sanktion andererseits im Unklaren zu belassen und die Festsetzung der konkreten Strafe zu einem unberechenbaren Akt richterlicher Entscheidung zu machen.

174 Nicht zuletzt deshalb ist der Strafgesetzgeber von Verfassungs wegen auch dazu verpflichtet, **Wertungskriterien** anzugeben, an die sich die strafrichterliche Entscheidung bei der Auswahl der Strafart und der Ausfüllung des konkreten Strafrahmens zu halten hat. Dabei sind die allgemeinen Regeln des Strafgesetzbuchs zur Strafzumessung (§§ 46 ff.) – neben ihrer Bedeutung als Konkretisierung des verfassungsrechtlichen Schuldprinzips[74] – auch eine Bedingung der Verwirklichung des Bestimmtheitsgebots. Nur mit Hilfe der kodifizierten und richterrechtlich konkretisierten Strafzumessungsregeln wird es im Einzelfall gelingen, weite Strafrahmen handhabbar zu machen. So bieten erst die in § 46 aufgezählten traditionellen Strafzumessungsgründe und ihre richterrechtliche Ausformung die Gewähr dafür, dass eine Strafe nicht unbegrenzter richterlicher Disposition überlassen ist, sondern innerhalb eines strukturierten Rahmens gefunden werden kann. Nur so ist sie für den Normadressaten voraussehbar und für die Strafjustiz kontrollierbar. Auch hier gilt, dass die Anforderungen an den Gesetzgeber in dem Maße wachsen, in dem er Rechtsfolgen androht, die besonders intensiv in Grundrechte eines Verurteilten eingreifen.

175 Diese (in Rn. 172 – 174) sinngemäß und überwiegend im Wortlaut wiedergegebenen Erwägungen des *BVerfG* zur Bestimmtheitsproblematik gesetzlich angedrohter Krimi-

---

74 Vgl. *BVerfGE* 86, 288 ff., 313.

nalstrafen lassen sich – je nach Sanktionstyp und -art modifiziert – auch für die übrigen strafrechtlichen Deliktsfolgen und die an sie zu stellenden Bestimmtheitsanforderungen nutzen. Dabei ist zu betonen, dass jedenfalls das **Bestimmtheitsgebot** des Art. 103 Abs. 2 GG für **alle strafrechtlichen Sanktionen**, einschließlich der Maßregeln der Besserung und Sicherung, entweder unmittelbar oder rechtsgedanklich gilt (vgl. Rn. 145). Auch die Vorschriften über die Vollstreckungsaussetzung einer Freiheitsstrafe zur Bewährung (§§ 56 – 56 g) sind verfassungsrechtlich nur dann unbedenklich, wenn sie im Sinne des **Verbots** unbestimmter Strafgesetze eine (noch) genügende Bestimmtheit aufweisen, was allenfalls für die Widerrufsvorschrift (§ 56 f Abs. 1) zweifelhaft sein kann. An den Bestimmtheitsanforderungen des Art. 103 Abs. 2 GG sind im Übrigen auch die jugendstrafrechtlichen Sanktionen zu messen, was sich für die Jugendstrafe und die Zuchtmittel mit ihrem Ahndungscharakter ohne weiteres schon aus dem JGG selbst ergibt, für die Erziehungsmaßregeln (§ 9 JGG) aber ebenfalls zu gelten hat, da es sich bei ihnen nicht anders als bei der Jugendstrafe und den Zuchtmitteln um förmlich an schuldhaftes Unrechtsverhalten anknüpfende staatliche Sanktionen handelt.[75]

4. Das Verbot strafbegründender und strafschärfender Analogie

Das Bestimmtheitsgebot liefe „ins Leere", wenn es dem rechtsanwendenden Strafrichter gestattet wäre, einen gesetzlichen Straftatbestand auch auf einen von ihm „an sich" nicht erfassten, rechtsähnlichen Fall (Lebenssachverhalt) zu erstrecken. Die Validität des strafrechtlichen Gesetzlichkeitsprinzips insgesamt „ginge über Bord", wenn eine solche **strafbegründende Analogie** zulässig wäre. Grundsätzlich ist richterliche Rechtsfortbildung auf der methodologischen Basis von Analogieschlüssen auch auf dem Gebiet des Strafrechts erlaubt. So ist etwa eine sinngemäße (=analoge) Anwendung von Strafmilderungs-, Strafaufhebungs- und Strafausschließungsgründen ohne Einschränkung möglich. Die Regelungen des strafbefreienden Rücktritts von Verbrechensvorbereitungen gem. § 31 können beispielsweise sinnentsprechend bei allen gesetzlichen Straftatbeständen zur Anwendung kommen, die (eigentlich straflose) Verbrechensvorbereitungen zu selbständigen Delikten „aufwerten", Vorschriften über einen strafbefreienden Rücktritt jedoch nicht enthalten.[76] Sinngemäß anwendbar ist des Weiteren die gesetzlich vorgesehene Möglichkeit einer Straffreierklärung gem. § 199, wenn die wechselseitige Beleidigung unter den Voraussetzungen des § 323 a (Vollrausch) begangen worden ist.[77] Und auch Rechtfertigungsgründe sind einer analogen Anwendung zugänglich. **Verboten ist** dagegen jede strafbegründende und strafschärfende **Analogie**, mithin jede sinnentsprechende Rechtsanwendung, die sich **zum Nachteil des Täters**, zu seinen Ungunsten **auswirkt** (nullum crimen, nulla poena sine lege stricta). Dass ein solches Verbot der Analogie zu Ungunsten des Täters, und zwar sowohl für den Bereich der Strafbarkeitsvoraussetzungen als auch für den der Deliktsfolgen, in Art. 103 Abs. 2 GG und § 1 **verankert ist**, entspricht allgemeiner Auffassung.[78]

176

Vielfach in Frage gestellt wird aber, ob dieses „Analogieverbot" wirklich als das zu verstehen ist, was es vom Begriff her auszudrücken scheint, nämlich ein an den Straf-

177

---

[75] Zum Ganzen ähnlich *Schönke/Schröder (Hecker)*, StGB, § 1 Rn. 22 ff., 24; SK-StGB/*Jäger*, § 1 Rn. 37 ff. jew. m. w. Nachw.
[76] Vgl. *BGHSt* 6, 85, 87: sinnentsprechende Anwendung des § 31 auf Fälle des § 234 a Abs. 3.
[77] Vgl. *Schönke/Schröder (Hecker)*, StGB, § 1 Rn. 31.
[78] Vgl. statt aller NK-StGB (*Hassemer/Kargl*), § 1 Rn. 70, 72 m. w. Nachw.

richter adressiertes Verbot, sich bei seiner Rechtsanwendung und Rechtsgewinnung der Methode des Analogieschlusses zu bedienen. Genährt werden derlei Zweifel von (neueren) Befunden und Erkenntnissen der juristischen Methodologie, wonach sich die **Auslegung** von Gesetzen als Methode der Rechtsanwendung und Rechtsfindung in ihrer (methodologischen) Struktur grundsätzlich nicht von der Analogie unterscheidet, weil auch sie „analogisch" vorgeht.[79] In der Tat arbeitet jede Auslegung mit Analogieschlüssen in Form von Ähnlichkeitsvergleichen. Sie vergleicht die von einem gesetzlichen Straftatbestand erfassten Lebenssachverhalte (Fälle) mit denjenigen, die im Prozess der (straf)richterlichen Rechtsanwendung zu bewerten und zu beurteilen sind, und ermöglicht es so, den konkret zu entscheidenden Fall bei hinreichender normativer Ähnlichkeit mit den Vergleichsfällen in den Normbereich des angewendeten Strafgesetzes einzuordnen oder bei Fehlen einer solchen Ähnlichkeit aus dem Normbereich des gesetzlichen Straftatbestandes auszugrenzen.[80] Hierbei handelt es sich um das Ergebnis eines stetigen, wechselbezüglichen „Hin- und Herwandern des Blicks" (*Engisch*) zwischen dem angewendeten Gesetz (Rechtssatz) und dem konkreten Lebenssachverhalt.[81]

178 Angesichts der strukturellen Übereinstimmung zwischen Auslegung und Analogie spricht zunächst manches dafür, dass das Analogieverbot im Strafrecht zumindest begrifflich nicht die Rolle wiedergibt, die es als wesentliches Element der Garantiefunktion des Strafgesetzes im Verbots- und Gebotsgefüge des strafrechtlichen Gesetzlichkeitsprinzips zu spielen hat; denn wenn das Analogieverbot im Strafrecht **jede** Analogie zu Ungunsten des Täters ausschließt, müsste konsequenterweise auch jede Auslegung zu Ungunsten des Täters verboten sein. Diese Position nehmen denn auch alle diejenigen ein, die wegen der Strukturgleichheit von Auslegung und Analogie die Existenz eines Analogieverbots im Strafrecht leugnen, gleichwohl aber anerkennen, dass Art. 103 Abs. 2 GG bis zu einer bestimmten Grenze gesetzeskonkretisierende Auslegung erlaubt. Sie differenzieren dementsprechend nicht zwischen (noch) zulässiger Auslegung und (schon) verbotener Analogie, sondern entweder zwischen zulässiger Auslegung und Analogie auf der einen und unzulässiger, weil außergesetzlicher, freier Rechtsfindung zum Nachteil des Täters auf der anderen Seite oder zwischen einer (noch) zulässigen und einer durch Art. 103 Abs. 2 GG verbotenen extensiven, ausdehnenden Auslegung.[82]

179 Wenn es bei diesen Positions- oder Auffassungsunterschieden nur um ein „terminologisches Glasperlenspiel" ginge, lohnte es sich nicht, drüber zu streiten. Aber es ist eben nicht nur eine Frage der Terminologie, ob man eine mit Art. 103 Abs. 2 GG unvereinbare Rechtsfindung im Strafrecht als verbotene Analogie oder unzulässige Auslegung bezeichnet: Je nachdem, unter welchem methodologischen Blickwinkel man das „Analogieverbot" deutet, verbindet sich mit den verschiedenen Betrachtungsweisen eine in der Sache problematische, jeweils unterschiedliche Vorstellung davon, wo die Grenze zwischen erlaubter und verbotener Rechtsfindung und -anwendung im Strafrecht verläuft und wie diese Grenze zu bestimmen ist. Sich auf den größten, vermeintlich gemeinsamen Nenner zurückzuziehen und das Analogieverbot als Verbot von Analogie zum Zwecke der Rechtsneuschöpfung zu deklarieren[83], führt nicht wirklich weiter, sondern kaschiert nur die bestehenden Auffassungsunterschiede.

---

79 Vgl. statt aller NK-StGB (*Hassemer/Kargl*), § 1 Rn. 95 ff. m. w. Nachw.
80 Vgl. *Roxin*, Strafrecht AT I, § 5 Rn. 36; SK-StGB/*Jäger*, § 1 Rn. 46.
81 Vgl. *Jescheck/Weigend*, Strafrecht AT, § 17 II, 2 m. w. Nachw.
82 Vgl. dazu SK-StGB/*Jäger*, § 1 Rn. 45 ff., 46 m. w. Nachw.
83 Vgl. etwa *Jescheck/Weigend*, Strafrecht AT, § 15 III, 2 a.

4. Das Verbot strafbegründender und strafschärfender Analogie

Eine „Patentlösung" des Problems, wie die sachgerechte Grenzlinie zwischen erlaubter und verbotener Rechtsfindung und Rechtsgewinnung im Strafrecht zu ziehen ist, kann und wird es nicht geben. Aber wenn es zutrifft, dass Art. 103 Abs. 2 GG zur Absicherung der Garantiefunktion des Strafgesetzes eine Grenzziehung zwischen erlaubter und verbotener Rechtsanwendung im Strafrecht gebietet (und niemand hat das bisher in Zweifel gezogen), dann macht der rechtsstaatliche Sinngehalt des strafrechtlichen Gesetzlichkeitsprinzips eine Grenzziehung erforderlich, die vor allem auf den **Empfängerhorizont des Bürgers** abhebt und Bedacht nimmt. Als geeigneter Anknüpfungspunkt für eine solche „adressatenorientierte" Grenzziehung kommt allein das für den Einzelnen verstehbare Strafgesetz, und zwar die gesetzlichen Deliktsbeschreibungen ebenso wie alle weiteren, sein strafrechtliches Haftungsrisiko betreffenden allgemeinen Vorschriften in Betracht. Und unter diesem Aspekt stellt sich die Frage nach einer möglichen und brauchbaren Differenzierung zwischen Auslegung und Analogie als verschiedene Methoden der Gesetzeskonkretisierung anders als aus methodologischer Perspektive. So gesehen führt der Umstand, dass Auslegung und Analogie als Methoden der Rechtsanwendung gleichermaßen „analogisch" verfahren, ihre methodologische Strukturgleichheit also, nicht zwingend dazu, dass es eine qualitative Grenze zwischen zulässiger Auslegung und verbotener Analogie nicht geben kann[84], sondern nur dazu, dass sich Auslegung und Analogie nach dem „modus operandi", nach dem „technischen Wie" der durch sie bestimmten Rechtsanwendung einer strikten Abgrenzung entziehen.

180

Nach ihrem hermeneutischen Erscheinungsbild lassen sich gesetzeskonkretisierende Auslegung und Analogie dagegen durchaus „griffig" unterscheiden. Unter **Analogie** ist die Übertragung eines Rechtssatzes (eines gesetzlichen Straftatbestandes, einer sonstigen strafgesetzlichen Regel oder Vorschrift) auf einen von ihm nicht erfassten rechtsähnlichen Sachverhalt (auf einen gesetzlich nicht geregelten, aber rechtsähnlichen Fall) zu verstehen. Sie dient in Form einer Gesetzes- oder einer Rechtsanalogie dazu, im Wege richterlicher Rechtsfortbildung eine **planwidrige Regelungslücke** (planwidrige Gesetzeslücke) zu schließen. Wird zu diesem Zwecke der zu übertragende Rechtssatz einer einzelnen gesetzlichen oder sonstigen Rechtsnorm entnommen, vollzieht sich die Lückenschließung in Gestalt einer **Gesetzes- oder Einzelanalogie**. Resultiert der zu übertragende Rechtssatz im Sinne eines allgemeinen Rechtsgedanken aus dem normativen Zusammenhang mehrerer gesetzlicher/rechtlicher Vorschriften, spricht man von **Rechts- oder Gesamtanalogie**. In beiden Erscheinungsformen – die Unterscheidung zwischen Gesamt- und Einzelanalogie bzw. Gesetzes- und Rechtsanalogie entstammt der juristischen Methodenlehre und ist in das Strafrecht übernommen worden[85] – stellt Analogie aber stets ein methodologisches Instrument zur Schließung planwidriger Gesetzes- oder anderer Regelungslücken dar, sei es, dass es sich dabei um eine von Anfang an bestehende Regelungslücke (sog. primäre Lücke), sei es, dass es sich um eine im Laufe der Zeit durch die Veränderung der (gesellschaftlichen, kulturellen, technischen etc.). Verhältnisse entstandene Lücke (sog. sekundäre Lücke) handelt.[86] Und immer geht es bei der Analogie als einer Methode der Rechtsgewinnung um die **Übertragung** eines in sich konsistenten Rechtssatzes auf einen Sachverhalt, der im Vergleich zu den in diesem Rechtssatz „unzweifelhaft aufgehobenen" Lebenssachverhalten zwar verschieden, ihnen unter dem Aspekt seiner rechtlichen Bewertung jedoch so ähnlich

181

---

84 Vgl. aber NK-StGB (*Hassemer/Kargl*), § 1 Rn. 99.
85 Vgl. dazu Schönke/Schröder (*Hecker*), StGB, § 1 Rn. 25; SK-StGB/*Jäger*, § 1 Rn. 45.
86 Vgl. dazu *Jescheck/Weigend*, Strafrecht AT, § 15 III, 2 b m. w. Nachw.

ist, dass er demselben Rechtssatz, derselben rechtlichen Regel unterstellt werden kann und ihm (ihr) bisweilen sogar – vor allem bei ergebnisorientierter „Fallarbeit" – unterstellt werden muss.

182 Demgegenüber zielt die **Auslegung** von Gesetzen und anderen Rechtssätzen darauf, den rechtlichen Gehalt eines Gesetzes oder sonstiger rechtlicher Vorschriften und Regeln zur vollen Gänze aufzuspüren, ihn zu entfalten und „auszuloten", was alles an rechtlichem Gehalt in einem Rechtssatz steckt. Sie bedient sich dabei des (vergleichenden) Blicks auf den konkret zur Beurteilung (Entscheidung) gestellten Lebenssachverhalt. Bildlich gesprochen wird das, was von vornherein schon in einem Gesetz (Rechtssatz) an rechtlichem Gehalt angelegt ist, „plakatiert", gewissermaßen „wie ein Teppich ausgerollt" und sichtbar gemacht. Das geschieht, indem der Frage nachgegangen wird, ob im Vergleich mit anderen, bekanntermaßen zum Anwendungsbereich des probehalber als entscheidungserheblich ausgewählten Gesetzes gehörenden Lebenssachverhalten, auch der konkret zu beurteilende Sachverhalt den Normbereich desselben Gesetzes bzw. Rechtssatzes mitbestimmt und -begrenzt oder nicht. Anders als im Vorgang der Analogie wird somit bei der Auslegung ein Rechtssatz nicht als etwas in seiner rechtlichen Reichweite bereits Fixiertes auf einen „nur" rechtsähnlichen Sachverhalt übertragen, sondern im Blick auf verschiedene Sachverhalte die Frage neu gestellt und geklärt, ob der rechtliche Gehalt des angewendeten Gesetzes (Rechtssatzes) so weit reicht, dass auch der konkret zu beurteilende Sachverhalt von ihm erfasst ist. Für die Rechtsgewinnung durch Analogie ist maßgeblicher Bezugspunkt der Gesamtkomplex von (bereits gewerteten) Sachverhalten, der den Normbereich des angewendeten Gesetzes (Rechtssatzes) konstituiert, für die Rechtsfindung durch Auslegung ist maßgeblicher Bezugspunkt das angewendete Gesetz und sein zu ermittelnder rechtlicher Bedeutungsgehalt. Im Falle einer Analogie verliert der rechtsähnliche, aber doch andere Sachverhalt nicht seine **rechtstatsächliche Verschiedenheit** und verbleibt deshalb außerhalb des angewendeten Gesetzes (Rechtssatzes) in diesem normativen Grenzbereich. Im Falle einer Auslegung von Gesetzen (Rechtssätzen etc.) erweist sich dagegen der konkret zu beurteilende Sachverhalt entweder als zum Norm- und Anwendungsbereich des Gesetzes gehöriger oder als rechtsverschiedener, vom angewendeten Gesetz nicht erfasster Sachverhalt.

183 Gleichviel ob durch Auslegung oder Analogie gewonnen: Bei solchen Erkenntnissen handelt es sich ausnahmslos um **Ergebnisse eines** im Kontext von Rechtssatz und Lebenswirklichkeit – repräsentiert in rechtlich durchwirkten und richterlicher Beurteilung anheim gegebenen Sachverhalten – platzierten und methodengeleiteten **Verstehensprozesses**.[87] Und in diesem Verstehensprozess agieren Auslegung und Analogie wenngleich methodologisch strukturgleich, so doch – wie beschrieben – in ihrer „hermenentischen Perspektive" entgegengesetzt. Die Gegenläufigkeit der Verstehensrichtung im Vorgang der Analogie und Auslegung legt es zugleich nahe, in der Frage einer **brauchbaren** (mehr ist nicht zu fordern) Grenzziehung zwischen noch zulässiger Auslegung und schon verbotener Analogie im Strafrecht das Grenzproblem nicht von der Analogie her, sondern von der Auslegung her anzugehen.[88]

184 Rechtsfindung durch Auslegung von Gesetzen (gesetzlichen Straftatbeständen oder anderen strafrechtlichen Regeln und Vorschriften) bedeutet, deren Sinn zum Zwecke ihrer Anwendung auf konkrete Lebenssachverhalte zu ermitteln. Hierfür ist der in

---

[87] Vgl. NK-StGB (*Hassemer/Kargl*), § 1 Rn. 97.
[88] Ähnlich wohl *Roxin*, Strafrecht AT I, § 5 Rn. 26 ff., vgl. dort auch Rn. 75.

4. Das Verbot strafbegründender und strafschärfender Analogie

einer gesetzlichen Vorschrift etc. zum Ausdruck kommende **objektivierte Wille des Gesetzgebers**, so wie er sich aus dem Wortlaut der gesetzlichen Bestimmung und aus dem Sinnzusammenhang ergibt, in den sie hineingestellt ist, maßgebend.[89] Wie bereits angemerkt geht es bei der Gesetzesauslegung um einen Verstehensprozess, um das Verstehen und Verständlichmachen von (straf)rechtlichen Texten.[90] Eben deshalb „fängt alle Auslegung beim Worte an"[91], muss die Auslegung jeder (straf)gesetzlichen Vorschrift bei ihrem **Wortlaut** beginnen.[92] Soweit Auslegung (allein) auf den Wortlaut einer gesetzlichen Bestimmung bezogen ist, spricht man von **Wortlautauslegung** oder synonym von grammatischer bzw. grammatikalischer, oder auch von wörtlicher Auslegung. Sie will den rechtlichen Gehalt eines Gesetzes etc. über den Wort- und Sprachsinn der gesetzlichen Ausdrücke und Begriffe erschließen und legt den allgemeinen, natürlichen und/oder – falls gegeben – einen besonderen gesetzlichen Sprachgebrauch der Sinnermittlung zu Grunde.[93] Der auf diese Weise sicher erscheinende Zugriff auf den rechtlichen Bedeutungsgehalt einer gesetzlichen Vorschrift und dementsprechend auch eines gesetzlichen Straftatbestandes ist nur vermeintlich zuverlässig und nicht selten trügerisch. So ist etwa schon der umgangssprachliche Sinn gesetzlicher Begriffe und Ausdrücke häufig **unklar**, weil es mehrere umgangssprachliche Wortbedeutungen oder mehrere verschiedene (beispielsweise regional gebundene) Umgangssprachen geben kann und offen bleibt, welcher umgangssprachliche Wortsinn den rechtlichen Gehalt eines Gesetzes bestimmt oder bestimmen soll. Denselben Unwägbarkeiten unterliegt aber auch der juristische Sprachgebrauch.[94] Bei aller kritischen Distanz zur hermeneutischen Leistungsfähigkeit des Wortlautkriteriums ist der **grammatischen Auslegung** indessen kaum streitig zu machen, dass sie zumindest erste Anhaltspunkte zur Ermittlung des rechtlichen Bedeutungsgehalts einer gesetzlichen Vorschrift bereitstellen kann.

Zu ergänzen ist die dem Wortlaut verhaftete **grammatische Auslegung** durch ein weiteres Auslegungskriterium, nämlich das Kriterium des systematischen Zusammenhangs, in dem ein Begriff, ein Rechtssatz oder eine gesetzliche Einzelvorschrift steht. Zur Ermittlung des rechtlichen Gehalts einer gesetzlichen Vorschrift stellt diese **systematische Auslegung** – bisweilen auch als logische oder logisch-systematische Auslegung bezeichnet – auf den **gesetzlichen Kontext** ab, in den die Vorschrift einbezogen ist und/oder den sie mit anderen Vorschriften bildet.[95] So können nach grammatischer Auslegung verbliebene Zweifel am rechtlichen Bedeutungsgehalt eines gesetzlichen Begriffs, einer gesetzlichen Regel oder Vorschrift beseitigt werden. Das gelingt allerdings nur, wenn dem gesetzlichen Kontext „wirklich" ein Systemzusammenhang zu Grunde liegt, die gesetzgeberische Platzierung von Vorschriften also nicht von Zufällen oder legislatorischen Irrtümern und Nachlässigkeiten bestimmt ist.[96]

Über Wortlaut und Systemzusammenhang hinaus ist bei der Ermittlung des rechtlichen Sinngehalts einer gesetzlichen Vorschrift auch und vornehmlich ihr **Regelungszweck** zu berücksichtigen. Zur grammatischen und systematischen tritt dementsprechend

---

89 Vgl. BVerfGE 105, 135 ff., 157.
90 Vgl. *Jescheck/Weigend*, Strafrecht AT, § 17 IV, 1.
91 So *BGHSt* 3, 259, 262.
92 *BGHSt* 14, 116, 118; 27, 45, 50; 29, 204, 206; vgl. auch *Schönke/Schröder (Hecker)*, StGB, § 1 Rn. 37 m. w. Nachw.
93 Vgl. *Jescheck/Weigend*, Strafrecht AT, § 17 IV, 1 a; *Schönke/Schröder (Hecker)*, StGB, § 1 Rn. 37 f.
94 Vgl. dazu *Jakobs*, Strafrecht AT, 4/35 m. w. Nachw.
95 Vgl. dazu *Jescheck/Weigend*, Strafrecht AT, § 17 IV, 1 a; *Schönke/Schröder (Hecker)*, StGB, § 1 Rn. 39; SK-StGB/*Jäger*, § 1 Rn. 67 jew. m. w. Nachw.
96 Vgl. NK-StGB (*Hassemer/Kargl*), § 1 Rn. 107 ff., 116; SK-StGB/*Jäger*, § 1 Rn. 67.

noch eine **teleologische Auslegung** (vom griech. telos: Ziel, Zweck) hinzu, und zwar in zwei Modalitäten. Wird zur Feststellung des Regelungszwecks einer gesetzlichen Bestimmung auf deren Entstehungsgeschichte und die Normzweckvorstellung des historischen Gesetzgebers rekurriert, spricht man unter Betonung von Entstehungsgrund und -geschichte von **historischer Auslegung**, bei Betonung der authentischen Zweckbestimmung (Regelungsabsicht) des historischen Gesetzgebers von **subjektiv-teleologischer Auslegung**. Wird dagegen nach dem gegenwärtigen Zweck einer gesetzlichen Vorschrift und – damit gleichbedeutend – nach ihrem objektiven Sinn[97] gefragt, geht es um eine **objektiv-teleologische Auslegung**.[98]

187 Die **historische** oder **subjektiv-teleologische Auslegung** gründet den rechtlichen Sinngehalt eines Gesetzes auf den zeitgeschichtlichen Zusammenhang, dem das Gesetz entstammt, auf die besondere Entstehungsgeschichte des Gesetzes und – daraus abgeleitet – auf den „tatsächlichen Regelungswillen" des historischen Gesetzgebers. Dazu erforscht sie Gesetzgebungsmaterialien (etwa Gesetzentwürfe, Kommissionsberichte, Protokolle über parlamentarische Beratungen, amtliche Entwurfsbegründungen etc.) und fragt danach, welchen Regelungszweck der historische Gesetzgeber der Gesetzesnorm zugewiesen hat, welche Sachverhalte die auszulegende Gesetzesbestimmung nach dem **wirklichen Willen des historischen Gesetzgebers** erfassen sollte.[99] Gegen die historische bzw. subjektiv-teleologische Auslegung sind vielfältige Bedenken erhoben worden. Zumindest zwei dieser Bedenken sind beachtlich: Da ist zum einen das konstruktive Problem, dass aus Gesetzesmaterialien der „wirkliche Regelungswille" des historischen Gesetzgebers häufig gar nicht, zumeist aber nur sehr unzuverlässig hergeleitet werden kann, und es „den" (wirklichen) Regelungswillen „des" (historischen) Gesetzgebers in der parlamentarischen Demokratie nicht gibt.[100] Zum anderen – und das wiegt schwerer – lässt die historische bzw. subjektiv-teleologische Auslegung außer Acht, dass ein Gesetz, ist es erst einmal in Kraft getreten, ein dynamisches Eigenleben entwickelt und „nicht ein für alle Mal in seinem Regelungsgehalt auf das beschränkt sein kann, was der historische Gesetzgeber tatsächlich gewollt hat"[101]. Wäre es anders, hätte das zur Konsequenz, dass eine den veränderten gesellschaftlichen Verhältnissen gerecht werdende Fortentwicklung des Rechts durch Rechtsprechung und Wissenschaft ausgeschlossen ist, dass höchstrichterliche Rechtsprechung beispielsweise sinnstiftende Gesetzesbegriffe nicht „neu" und „anders" deuten darf als es zur Zeit der Entstehung des Gesetzes angezeigt war, und dass das Gesetz unfähig ist, Antworten auf neue rechtspolitische Fragen, an die zur Zeit seiner Entstehung noch gar nicht zu denken war, zu geben.[102] Im Bereich des Strafrechts setzt sich damit die historische/subjektiv-teleologische Auslegung der Kritik aus, die „Gegenwartsaufgabe der Strafsatzung"[103] zu verfehlen.

188 Vorbehaltlos berechtigt sind die gegenüber der historischen/subjektiv-teleologischen Auslegung vorgebrachten Bedenken indessen nur, wenn man bei der Deutung von Gesetzen etc. einseitig und ausschließlich auf den „wirklichen" Regelungswillen des

---

97 Vgl. etwa *Schönke/Schröder (Hecker)*, StGB, § 1 Rn. 43: objektiver Gesetzeswille.
98 Vgl. dazu den Überblick bei *Jescheck/Weigend*, Strafrecht AT, § 17 IV, 1 b; ferner SK-StGB/*Jäger*, § 1 Rn. 70 ff. mit Rn. 68 f.
99 Vgl. *Jescheck/Weigend*, Strafrecht AT, § 17 IV, 1 b / 2; *Schönke/Schröder (Hecker)*, StGB, § 1 Rn. 41 f.; SK-StGB/*Jäger*, § 1 Rn. 68 f.
100 Vgl. NK-StGB (*Hassemer/Kargl*), § 1 Rn. 108 ff., 117.
101 Vgl. SK-StGB/*Jäger*, § 1 Rn. 68.
102 Vgl. *Schönke/Schröder (Hecker)*, StGB, § 1 Rn. 41 f.; SK-StGB/*Jäger*, § 1 Rn. 68 f.
103 So *Maurach/Zipf*, Strafrecht AT I, § 9 Rn. 22.

4. Das Verbot strafbegründender und strafschärfender Analogie

historischen Gesetzgebers setzt. Ganz abgesehen davon, dass mit derart ausgeprägtem Subjektivismus einer heutzutage als überwunden anzusehenden „rein subjektiven" Auslegungstheorie zu fröhlicher Urständ verholfen würde, verträgt kein Gesetz, auch kein Strafgesetz, eine starre Begrenzung seiner Anwendbarkeit auf allein solche Sachverhalte, die der vom historischen Gesetzgeber ins Auge gefassten Ausgangslage entsprechen. Das Gesetz ist nicht „toter Buchstabe", sondern vielmehr ein „lebendig sich entwickelnder Geist, der mit den Lebensverhältnissen fortschreitet" und – ihnen sinnvoll angepasst – „weitergelten will, solange dies nicht die Form sprengt, in die er gegossen ist"[104]. Das Aufsuchen des je aktuellen rechtlichen Sinngehalts eines Gesetzes setzt daher voraus, sich von den Normzweckvorstellungen des historischen Gesetzgebers zu lösen und sich daran zu orientieren, was mit dem (auszulegenden) Gesetz angesichts der gegenwärtigen Lebensverhältnisse, rechtspolitischen (kriminalpolitischen) Fragestellungen und gesellschaftlichen Interessen vernünftigerweise bezweckt sein kann.[105] Für die Ermittlung des rechtlichen Sinngehalts (straf)gesetzlicher Vorschriften, Regeln, Begriffe etc. ist deshalb eine auf den „objektiven Gesetzeswillen" bezogene **objektiv-teleologische Auslegung** unverzichtbar. Doch auch insoweit ist vor Einseitigkeit und übersteigertem Objektivismus zu warnen: Objektiv-teleologische Auslegung birgt die Gefahr in sich, unversehens ins „kriminalpolitische Vagabundieren" abzurutschen (ein Musterbeispiel dafür ist *BGHSt* 10, 375, 376 mit einer strafrechtlichen Gleichsetzung von „bespanntes Fuhrwerk" und „Kraftfahrzeug").

Auch wenn im Gegensatz der methodologischen Positionen von subjektiver und objektiver Auslegungstheorie[106] der **objektiven Auslegungstheorie** der Vorzug gebührt (man wäre sonst gehalten, sogar einen irregeleiteten Regelungswillen des historischen Gesetzgebers als Auslegungsergebnis zu respektieren), kommt es im Gesamtvorgang der Gesetzesauslegung doch darauf an, **subjektiv-teleologische** (historische) und **objektiv-teleologische Auslegung miteinander zu verbinden**. Ist dem auszulegenden Gesetz ein aus seiner Entstehungsgeschichte heraus erkennbarer Regelungszweck des historischen Gesetzgebers zu entnehmen, muss dieser Normzweck der (weiteren) Ermittlung des Gesetzessinns zu Grunde gelegt werden, es sei denn, dass zwingende Gründe der Gerechtigkeit, die Entwicklung der gesellschaftlichen Lebensverhältnisse oder auch der Zeitgeist die gesetzgeberische Wertentscheidung der Vergangenheit als überholt erscheinen lassen.[107] Zu berücksichtigen ist dabei, dass bei jüngeren Gesetzen deren Regelungszweck sehr viel eher und „besser" aus den Gesetzesmaterialen ableitbar ist als bei älteren Gesetzen, bei denen der Regelungswille des historischen Gesetzgebers in den Hintergrund und der durch Rechtsprechung und (Straf-)Rechtslehre erarbeitete „objektive" Bedeutungsgehalt stärker in den Vordergrund tritt. Für den Fall eines „Ergebniskonflikts" zwischen subjektiv-teleologischer und objektiv-teleologischer Auslegung ist zudem stets der objektiv-teleologisch ermittelte Sinngehalt eines Gesetzes maßgebend.[108]

Begrifflich findet dieses sachlich abgestimmte Ineinandergreifen von subjektiv-teleologischer (historischer) und objektiv-teleologischer Auslegung prägnanten Ausdruck in

---

104 So *BGHSt* 10, 157, 159/160.
105 Vgl. *Schönke/Schröder (Hecker)*, StGB, § 1 Rn. 43 m. w. Nachw.; SK-StGB/*Jäger*, § 1 Rn. 70 ff.
106 Vgl. dazu *Jescheck/Weigend*, Strafrecht AT, § 17 IV, 2.
107 Vgl. *Jescheck/Weigend*, Strafrecht AT, § 17 IV, 2.
108 Vgl. *BVerfGE* 34, 269 ff., 288/9; 64, 261 ff., 275; *Jescheck/Weigend*, Strafrecht AT, § 17 IV, 2; *Schönke/Schröder (Hecker)*, StGB, § 1 Rn. 43/44; SK-StGB/*Jäger*, § 1 Rn. 70 ff.

der Formel vom „objektivierten Willen des Gesetzgebers"[109], der für die Auslegung von Gesetzen entscheidend ist. In ihr treffen sich die Suche nach dem „wirklichen" Regelungswillen des historischen Gesetzgebers und das Auffinden des „objektiven Gesetzeswillens". Das methodologische Konstrukt des „objektivierten Willens des Gesetzgebers" ist danach „hermeneutischer Bezugspunkt" jeder Gesetzesauslegung. Auf ihn ist das Verstehen und Verständlichmachen von Gesetzen, anderen Rechtssätzen, rechtlichen Begriffen etc. ausgerichtet. Im Verstehensprozess der Auslegung von Gesetzen besteht deshalb zwischen der grammatischen, der systematischen, der subjektiv-teleologischen (historischen) und der objektiv-teleologischen Auslegung **weder** eine **Stufenfolge** noch sonst ein **Rangverhältnis**. Es handelt sich bei ihnen auch nicht um selbständige Einzelmethoden der Gesetzesauslegung. Sie sind vielmehr unselbständige Auslegungskriterien, die in der ihnen jeweils eigenen Art im Vorgang der Auslegung von Gesetzen „kooperativ" zusammenwirken.[110] Dennoch hat sich ein bestimmtes Ablaufschema, das schrittweise Durchlaufen der verschiedenen Argumentationsstufen von der grammatischen, über die systematische und subjektiv-teleologische bis zur objektiv-teleologischen Auslegung als hilfreich und praktikabel herausgestellt, vielleicht weil es „innerlich wohlbegründet" oder gar von „zwingender Vernünftigkeit"[111] ist: Der Wortlaut des Gesetzes ist das zentrale Kriterium des Gesetzesverständnisses und das Medium der Entscheidung des Gesetzgebers; hat der Gesetzgeber seine Normen systematisch geordnet, so hat auch diese Ordnung einen wichtigen Informationswert; der Wille des Gesetzgebers ist es, der sich in die Wirklichkeit der Fallentscheidung verlängern soll, und gegen den objektiven Sinn des Gesetzes wird kein vernünftiger Richter entscheiden.

191 Weitere für die **Auslegung von Strafgesetzen** wesentliche Orientierungsmarken ergeben sich aus der Aufgabe des Strafrechts, Rechtsgüterschutz zu gewährleisten (vgl. Rn. 10 ff.); denn der rechtliche Sinngehalt gesetzlicher Straftatbestände und anderer strafgesetzlicher Vorschriften hängt weitgehend davon ab, **welches Rechtsgut** durch die auszulegenden Strafbestimmungen geschützt werden soll, wie weit dieser Schutz reicht und auf welche Art und Weise der erforderliche Schutz erreicht wird. Mit der Feststellung des jeweiligen Schutzguts und des Schutzumfangs erschließt sich zugleich der Regelungszweck der in Betracht kommenden strafrechtlichen Vorschrift. Dazu gehört auch die Erfassung des Handlungsunwerts, der in einer gesetzlichen Deliktsbeschreibung seinen Niederschlag gefunden hat; denn aus ihm lassen sich Anhaltspunkte gewinnen für eine etwaige Begrenzung des einem Rechtsgut zugedachten und zukommenden **Schutzumfangs**. Nur so kann geklärt werden, ob auch ganz geringfügige rechtsgutsverletzende Verhaltensweisen den „vernünftigen" Normzweck des in Betracht gezogenen Strafgesetzes betreffen oder nicht. In engem Zusammenhang mit alledem steht, dass die **gesetzlichen Strafdrohungen** je für sich oder in ihrem gegenseitigen Verhältnis zueinander die Gesetzesauslegung zumindest mitbestimmen. Sie liefern in der Regel wichtige Informationen über die gesetzgeberischen Wertentscheidungen und Beurteilungsmaßstäbe, die das unter Strafe gestellte deliktische Verhalten ebenso wie die Wertigkeit des geschützten Rechtsguts verdeutlichen.[112]

---

109 Vgl. *BVerfGE* 105, 135 ff., 157.
110 Vgl. *BVerfGE* 105, 135 ff., 157; *Schönke/Schröder (Hecker)*, StGB, § 1 Rn. 36.
111 So *Jescheck/Weigend*, Strafrecht AT, § 17 IV, 1 b; vgl. ferner NK-StGB (*Hassemer/Kargl*), § 1 Rn. 119 ff., 123 f.; SK-StGB/*Jäger*, § 1 Rn. 81 f.
112 Vgl. zum Ganzen *Jescheck/Weigend*, Strafrecht AT, § 17 IV, 3; *Schönke/Schröder (Hecker)*, StGB, § 1 Rn. 48/9 jew. m. w. Nachw.; als Beispiel *BGHSt* 44, 34, 38/9, wo auch das Hinzufügen eines die Gebrauchstüchtig-

4. Das Verbot strafbegründender und strafschärfender Analogie

Das methodologische Zusammenwirken von grammatischer, systematischer, subjektiv-teleologischer (historischer) und objektiv-teleologischer Auslegung im Verstehensprozess der Auslegung von Gesetzen etc. hat – was das Ergebnis der Gesetzesauslegung anbelangt – unübersteigbare Grenzen. Zunächst hat jede Auslegung von (straf)rechtlichen Vorschriften die Grundwertentscheidungen der Verfassung zu respektieren. Die Auslegung von Gesetzen, rechtlichen Vorschriften und anderen Rechtssätzen darf daher immer nur zu **verfassungskonformen** Auslegungsergebnissen führen. Solange eine mit verfassungsrechtlichen Anforderungen in Einklang stehende Auslegung von Gesetzen möglich ist, muss dementsprechend diese Deutung gewählt werden. Voraussetzung dafür ist aber, dass die verfassungskonforme Auslegung den „objektivierten Willen des Gesetzgebers" nicht diskreditiert, der durch methodengerechte Gesetzesauslegung ermittelte rechtliche Gehalt eines Rechtssatzes somit nicht etwa im Wege richterlicher Eigenmacht bei der Rechtsanwendung manipuliert wird. Umgekehrt ist ein Gesetz und seine Auslegung dann nicht als verfassungswidrig anzusehen, wenn und soweit ihm eine verfassungskonforme Deutung gegeben werden kann. Ist das nicht möglich, muss zur Überprüfung der Verfassungswidrigkeit des Gesetzes etc. – jedenfalls im Zuge (straf)richterlicher Rechtsanwendung – nach Art. 100 GG das *BVerfG* angerufen werden.[113]

192

Eine unter dem Aspekt der Gesetzesauslegung als Methode der Rechtsfindung eher noch bedeutendere Grenze ist der **„noch mögliche Wortsinn"** des auf seinen rechtlichen Sinngehalt zu konkretisierenden Gesetzes, Rechtssatzes etc. Das gilt vor allem für die Auslegung gesetzlicher Vorschriften, Begriffe und Regeln im Strafrecht: Der „noch mögliche Wortsinn eines Gesetzes", Rechtssatzes etc. als äußerste Grenze einer dem objektivierten Willen des Gesetzgebers sachgetreu Rechnung tragenden Auslegung ist zugleich die **entscheidende Grenzlinie** zwischen noch zulässiger Auslegung und schon verbotener Analogie. Was an rechtlichem Sinngehalt einer (gesetzlichen) Strafvorschrift unter Überschreitung dieser Grenze ermittelt wird, ist nicht mehr Auslegung, sondern als Analogie zu klassifizierende ergänzende Rechtsgewinnung. Und sie ist, das ist der fundamentale Gedanke des aus dem strafrechtlichen Gesetzlichkeitsprinzip herzuleitenden Analogieverbots, zum Nachteil des Straftäters strikt verboten. Entgegen aller Kritik am „noch möglichen Wortsinn" als äußerste Grenze zulässiger Gesetzesauslegung im Strafrecht – sie macht sich an der „Ungriffigkeit" und Vieldeutigkeit von Sprache und Begriffen mitsamt ihrer Manipulierbarkeit fest – ist mit ihm ein durchaus brauchbares Abgrenzungskriterium zur einigermaßen praktikablen Differenzierung zwischen zulässiger Auslegung und verbotener Analogie gefunden. Abgesehen von nuancierten Abweichungen im Einzelnen entspricht dies denn auch weitgehend der gegenwärtig in Strafrechtslehre und Rechtsprechung vorherrschenden Auffassung.[114] Solange es zum „noch möglichen Wortsinn" eines Strafgesetzes etc. keine „qualitativ bessere" Alternative gibt, ist mit der h. M. deshalb an ihm als maßgeblichem Abgrenzungskriterium zwischen noch zulässiger Auslegung und schon verbotener Analogie im Strafrecht festzuhalten.

193

---

keit der Sache beeinträchtigenden Gegenstandes ein „Beschädigen der Sache" sogar dann darstellt, wenn die Sache selbst keinen Substanzverlust erleidet – Schienenblockade durch Greenpeace-Aktivisten; vgl. aber auch NK-StGB *(Hassemer/Kargl)*, § 1 Rn. 114 b/c; ferner SK-StGB/*Jäger*, § 1 Rn. 70 ff., 72.

113 Vgl. zur verfassungskonformen Auslegung etwa *Schönke/Schröder (Hecker)*, StGB, § 1 Rn. 50 mit Vorbem. § 1 Rn. 33 f. m. w. Nachw.; vgl. aber auch NK-StGB *(Hassemer/Kargl)*, § 1 Rn. 110 ff. mit Rn. 114a.
114 Vgl. zum Ganzen *Jescheck/Weigend*, Strafrecht AT, § 17 IV, 5; *Roxin*, Strafrecht AT I, § 5 Rn. 26 ff; *Schönke/ Schröder (Hecker)*, StGB, § 1 Rn. 37, 54 f.; SK-StGB/*Jäger*, § 1 Rn. 83 ff. alle m. w. Nachw. auch aus der Rspr.; *BVerfGE* 73, 206 ff., 235; 87, 209 ff., 224.

IV. Keine Strafe ohne Gesetz

194 Mit dem **Wortlaut** eines Strafgesetzes (strafrechtlichen Begriffs etc.) als Ausgangspunkt der (grammatischen) Auslegung ist sein (noch möglicher) **Wortsinn** nicht gleichzusetzen. Der Wortsinn kann sehr viel weiter reichen und umfasst prinzipiell **alle sprachlich möglichen Deutungen** eines Begriffs etc. Gleichwohl ist das sprachlich Mögliche an Deutung von Worten nicht unbegrenzt, weil anderenfalls jede Verständigung durch Worte ausgeschlossen wäre.[115] Zwar kann die Grenze des sprachlich Möglichen im Einzelfall zweifelhaft und schwierig zu bestimmen sein. Das aber ändert unter dem Gesichtspunkt des Verstehens und Verständlichmachens von strafgesetzlichen Vorschriften und Begriffen sowie ihres rechtlichen Sinngehalts nichts an der „hermeneutischen Legitimation", zulässige Auslegung und verbotene Analogie im Strafrecht nach dem „noch möglichen Wortsinn" der in Frage stehenden strafrechtlichen Vorschrift etc. abzugrenzen. Allerdings kann man sich mit Rücksicht auf das verfassungsrechtliche Anforderungsprofil des strafrechtlichen Gesetzlichkeitsprinzips nicht damit zufrieden geben, als „noch möglichen Wortsinn" eines Gesetzes alle sprachlich möglichen Deutungen gesetzlicher Begriffe etc. anzuerkennen. Vielmehr geht es darum, den „noch möglichen Wortsinn" eines Strafgesetzes aus der **Sicht des normadressierten Bürgers** zu bestimmen, weil Art. 103 Abs. 2 GG u. a. die Vorhersehbarkeit staatlichen Strafens für ihn garantieren will. Für ihn muss daher das Strafgesetz und der ihm entnommene rechtliche Sinngehalt erkennbar und damit **verstehbar** sein.[116] Das hat zur Folge, den „noch möglichen Wortsinn" eines Strafgesetzes **alltagssprachlich** zu bestimmen und zu begrenzen, der Auslegung von Strafgesetzen dementsprechend den Sprachgebrauch zu Grunde zu legen, der das gesellschaftliche Zusammenleben der Menschen in der staatlichen Gemeinschaft beherrscht und kommunikativ steuert.

195 Der alltagssprachlich „noch mögliche Wortsinn" eines Strafgesetzes ist danach nicht dasselbe wie der umgangssprachlich „noch mögliche Wortsinn"[117] oder die natürliche Wortbedeutung, Wortzusammenhangsbedeutung und Satzbedeutung. Er umfasst beispielsweise auch den fachsprachlichen Sinn gesetzlicher Begriffe, soweit Fachsprachlichkeit in die alltägliche sprachliche Kommunikation einbezogen ist. Ein abstruser oder esoterischer Sprachgebrauch hat hingegen mit Alltagssprachlichkeit nichts zu tun, und zwar selbst dann nicht, wenn über die Gesellschaft verteilte soziale Gruppierungen ihn unter sich quasi-umgangssprachlich verwenden sollten. Aus der Sicht des alltagssprachlich zu bestimmenden und zu begrenzenden „noch möglichen Wortsinn" eines Strafgesetzes etc. verliert überdies der Meinungsstreit darüber, ob im Strafrecht **nur** eine **einschränkende** (restriktive) **oder** auch eine **ausdehnende** (extensive) **Auslegung** zulässig ist (vgl. Rn. 160), seine Schärfe. Zum einen ist zu bedenken, dass zulässige Auslegung immer nur diejenige Auslegung sein kann, die den „noch möglichen Wortsinn" nicht überschreitet und unterhalb dieser Grenze die allein „sachrichtige" Auslegung ist. Insofern ist bereits die Differenzierung zwischen einschränkender und ausdehnender Auslegung zweifelhaft bis gegenstandslos. Soweit man dennoch zur Klarstellung der „Auslegungsrichtung" auf der ganzen Bandbreite möglicher Gesetzesdeutungen die einschränkende von der ausdehnenden Auslegung abheben will, stellt auch die **ausdehnende Auslegung,** die sich im Bereich des „noch möglichen Wortsinns"

---

115 Vgl. *Roxin*, Strafrecht AT I, § 5 Rn. 37.
116 Vgl. *BVerfGE* 73, 206 ff., 235; 87, 209 ff., 224.
117 Vgl. dazu *Roxin*, Strafrecht AT I, § 5 Rn. 27 ff., 28, 37 mit Fn. 43 u. dort Nachw.; ferner *Schönke/Schröder (Hecker)*, StGB, § 1 Rn. 54: Alltagsgebrauch eines Begriffs; vgl. noch SK-StGB/*Jäger*, § 1 Rn. 63.

hält, eine nicht nur **zulässige**, sondern je nach dem konkret zu beurteilenden Sachverhalt sogar eine gebotene Auslegung[118] dar.[119]

Zu den schon „klassischen" Beispielen für die Abgrenzungsproblematik zwischen noch zulässiger Auslegung und schon verbotener Analogie im Strafrecht zählen die reichsgerichtliche Entscheidung über die Frage, ob die Entziehung elektrischer Energie als Diebstahl gem. § 242 zu bewerten ist und die nicht minder „berühmt-berüchtigte" Entscheidung des *BGH* zur Frage, ob auch ein Lkw (Kraftfahrzeug) ein „bespanntes Fuhrwerk" sein kann. Auf sie sei deshalb abschließend verwiesen: In *RGSt* 29, 115 und 32, 165 hat es das *Reichsgericht* nicht für angängig gehalten, elektrische Energie als „Sache" zu bewerten, da der Sachbegriff (§ 90 BGB: Sachen sind nur körperliche Gegenstände) elektrische Energie – eben mangels Sachqualität – vom Wortsinn her nicht umfasst. Die Konsequenz aus diesem Respekt vor dem strafrechtlichen Analogieverbot[120] findet sich im heutigen § 248 c, der im gesetzlichen Abschnitt über Diebstahl und Unterschlagung eigens die Entziehung elektrischer Energie unter Strafe stellt (eingefügt durch Gesetz vom 9.4.1900). Sorgloserer Umgang mit dem strafrechtlichen Analogieverbot – manche sprechen von flagranter Verletzung des Analogieverbots[121] – fällt dem *BGH* in seiner Entscheidung *BGHSt* 10, 375, 376 zur Last. Das früher gültige „Preußische Forstdiebstahlsgesetz" (PrFDG) schärfte die Regelstrafe für Diebstahl gem. § 242, wenn zum Zwecke des Forstdiebstahls ein bespanntes Fuhrwerk, ein Kahn oder ein Lasttier mitgebracht war (vgl. § 3 Abs. 1 Nr. 6 PrFDG). Unter Rückgriff auf den Grundgedanken und den „Sinn der Vorschrift" wertete der *BGH* mit Hilfe subjektiv-teleologischer Auslegungskriterien das „Mitbringen eines Kraftfahrzeugs" (Lkw) beim Forstdiebstahl als „Mitbringen eines bespannten Fuhrwerks". Doch auch wenn der Normzweck zum Zeitpunkt der Entscheidung dem Regelungswillen des historischen Gesetzgebers – übersetzt in die aktuelle Gegenwart – entsprochen haben mag, ist ein „bespanntes Fuhrwerk" – wie man es auch dreht und wendet – dem „noch möglichen Wortsinn" nach kein Lkw und umgekehrt: Der Lkw ist dem „noch möglichen Wortsinn" nach nicht das „bespannte Fuhrwerk" unserer Tage. Mit seiner Entscheidung hat der *BGH* zwar möglicherweise einen Beitrag zur Konkretisierung des § 3 Abs. 1 Nr. 6 PrFDG geleistet, aber ganz gewiss gegen Art. 103 Abs. 2 GG und das darin enthaltene strafrechtliche Analogieverbot verstoßen.[122]

5. Das Rückwirkungsverbot

Das vierte, die Garantiefunktion des Strafgesetzes (vgl. Rn. 146) komplettierende Verbot des strafrechtlichen Gesetzlichkeitsprinzips ist das Verbot einer rückwirkenden (nachträglichen) Strafbegründung und/oder Strafschärfung. Primär ist es an den **Strafgesetzgeber** gerichtet und verbietet den Erlass rückwirkender Strafgesetze; es wendet sich zudem aber auch an den **Strafrichter**, dem es eine rückwirkende Anwendung von zur Tatzeit noch nicht in Kraft getretenen Strafgesetzen untersagt. Eine Tat, die zur

---

118 Insoweit problematisch und fragwürdig *BVerfGE* 92, 1 ff., 16 – 19; vgl. dort auch das abweichende Votum 20 – 25.
119 Vgl. *Jescheck/Weigend*, Strafrecht AT, § 17 IV, 4; *Schönke/Schröder (Hecker)*, StGB, § 1 Rn. 51: „Überholt ist jedenfalls im Anwendungsbereich des StGB die These, im Strafrecht sei nur eine einschränkende Auslegung zulässig".
120 Vgl. *RGSt* 29, 111, 116; 32, 165, 185 – 188.
121 So NK-StGB (*Hassemer/Kargl*), § 1 Rn. 105.
122 So auch *Jescheck/Weigend*, Strafrecht AT, § 17 IV, 4/5; *Roxin*, Strafrecht AT I, § 5 Rn. 34; *Schönke/Schröder (Hecker)*, StGB, § 1 Rn. 55 m. w. Beispielen aus der Rspr.; anders aber *Jakobs*, Strafrecht AT, 4/41.

IV. Keine Strafe ohne Gesetz

Zeit ihrer Begehung nicht strafbar war, darf somit nicht rückwirkend für strafbar erklärt werden und ebenso darf für eine gesetzlich bestimmte Straftat die zur Zeit der Tatbegehung gültige Strafdrohung weder der Art (z.b. statt Geld- nunmehr Freiheitsstrafe) noch dem Maß (z.b. statt einem Jahr Freiheitsstrafe als Mindestmaß nunmehr zwei Jahre Freiheitsstrafe) nach rückwirkend verschärft werden (nullum crimen, nulla poena sine lege praevia).

198 Anders als die übrigen Gebote und Verbote des Art. 103 Abs. 2 GG, § 1 beruht dieses Rückwirkungsverbot nicht auf dem Gewaltenteilungsprinzip und der darin wurzelnden demokratischen Legitimation der Strafgesetze.[123] Das strafrechtliche Schuldprinzip scheidet – jedenfalls für sich allein – ebenfalls als zureichender Erklärungsgrund des Rückwirkungsverbots aus, weil Anknüpfungspunkt für strafrechtliche Schuld der sich im Gesetz widerspiegelnde materiellrechtliche Unrechtsgehalt der begangenen Tat ist und nicht das Gesetz als solches.[124] Seinen maßgeblichen und rechtsstaatlich gebotenen Sinngehalt schöpft das Rückwirkungsverbot aus dem Gedanken des **Vertrauensschutzes**. Die rechtsunterworfenen Bürger sollen sich darauf verlassen können, dass die in Strafgesetzen festgeschriebene (Unrechts-)Bewertung ihres Verhaltens nicht nachträglich zu ihren Lasten verändert wird. Das Rückwirkungsverbot des Art. 103 Abs. 2 GG, § 1 versteht sich demnach als Eckpfeiler der Voraussehbarkeit, Berechenbarkeit und Kontrollierbarkeit staatlichen Strafens und trägt in diesem „tieferen" Sinne zur Wahrung vertrauensschützender und -bildender **Rechtssicherheit** bei. Das Strafrecht und die Strafrechtspflege sollen täuschungsfrei sein, sie dürfen nicht überraschen und sie dürfen keine Fallen (nachträglich belastende Strafgesetze als „Normenfalle") stellen.[125] Zugleich hat das strafrechtliche Rückwirkungsverbot eine generalpräventive Funktion, indem es den zur Tatzeit bestehenden Strafgesetzen die ihnen (straftheoretisch) zugedachte verhaltensbestimmende Wirkung nach Art einer flankierenden Absicherung erhält. Diese nicht zuletzt aus dem doppelfunktionellen Charakter der Strafrechtsnorm als Bewertungs- **und Bestimmungsnorm** (vgl. Rn. 28 – 30) resultierende Aufgabe des Strafgesetzes wäre nur teilweise erfüllbar, wenn es das Rückwirkungsverbot nicht gäbe: Verhaltensbestimmung durch Strafgesetze setzt zwingend einen Gegenwarts- und/oder Zukunftsbezug voraus; unrechtsverwirklichendes Tatverhalten, das bereits stattgefunden hat, lässt sich rückwirkend nicht (mehr) verändern. Zurückwirkende Strafgesetze sind deshalb unter dem Aspekt ihrer Bestimmungsfunktion sinnlos und gehen insoweit ins Leere.[126]

199 Vertrauensschutz des rechtsunterworfenen Bürgers, Voraussehbarkeit, Berechenbarkeit und Kontrollierbarkeit staatlichen Strafens, Täuschungsfreiheit des Strafrechts und der Strafrechtspflege – das alles ist nicht „gratis" zu haben. Und so ist mit dem strafrechtlichen Rückwirkungsverbot eine Relativierung des allgemeinen Prinzips der Rechtsquellenlehre, wonach „jüngeres" Recht dem „älteren" Recht vorgeht (lex posterior derogat legi priori), und – daraus folgend – eine Einbuße an Aktualität, Flexibilität und Effektivität der Strafrechtspflege verbunden. Dementsprechend zwingt es den Strafrichter dazu, in seinem Verbotsbereich nach Strafgesetzen (strafrechtlichen Normen) zu judizieren, die „von gestern" und durch „neuere" Normsetzungen (gesetz-

---

123 Vgl. *Jescheck/Weigend*, Strafrecht AT, § 15 IV, 1; *Roxin*, Strafrecht AT I, § 5 Rn. 51, 21 m. dort. Fn. 28.
124 Vgl. *Jescheck/Weigend*, Strafrecht AT, § 15 IV, 1.
125 Vgl. NK-StGB (*Hassemer/Kargl*), § 1 Rn. 46 m. w. Nachw.
126 Vgl. dazu *Schönke/Schröder* (*Hecker*), StGB, § 2 Rn. 1 m. w. Nachw.; ferner NK-StGB (*Hassemer/Kargl*), § 1 Rn. 44.

liche Vorschriften) eigentlich überholt sind.[127] Andererseits setzt es dem gesellschaftlichen/staatlichen Interesse, auf sozialen Wandel und neuartige Konflikte oder die Veränderung schon bestehender Konflikte rasch und „bedarfsgerecht" mit neu geschaffenen strafgesetzlichen Vorschriften zu reagieren, feste, der gesetzgeberischen Disposition entzogene Grenzen. Hierin liegt begründet, dass sich die Verbotswirkung des strafrechtlichen Rückwirkungsverbots darauf beschränkt und auch beschränken muss, nur eine dem Täter nachteilige Rückwirkung gesetzlicher Strafvorschriften (Rückwirkung in malam partem) auszuschließen, jedwede Rückwirkung von Strafgesetzen zu Gunsten des Täters aber zuzulassen (§ 2 Abs. 3 gebietet sogar eine tätergünstige Rückwirkung). Umgekehrt verbleibt dem Rückwirkungsverbot trotz oder gerade wegen dieser Wirkungsbeschränkung eine nicht selten mit (partei-)politischer Brisanz verknüpfte permanente kriminalpolitische Aktualität; denn jeder Gesetzgeber ist versucht, unter dem medial forcierten Eindruck besonders spektakulärer Verbrechen bislang gültige Strafdrohungen zu verschärfen oder neue Strafdrohungen nachträglich einzuführen, um „eine politisch unerwünschte Unruhe und Erregung" in der Bevölkerung „zu beschwichtigen".[128] Solche auf singuläre Ereignisse zugeschnittene „ad-hoc-Gesetze" (man könnte sie auch als „Haruck-Gesetze" bezeichnen) nachhaltig zu verhindern oder zu beseitigen, gelingt zuverlässig erst mit Hilfe des Rückwirkungsverbots und seiner ggf. auch klageweisen Durchsetzung. Es ist deshalb als Mittel zur Gewährleistung eines im Rechtsstaat unverzichtbaren Vertrauens in die Integrität staatlichen Strafens unentbehrlich.[129]

Der **Verbots- und Anwendungsbereich** des strafrechtlichen Rückwirkungsverbots ergibt sich nicht allein aus § 1, Art. 103 Abs. 2 GG. In § 1, Art. 103 Abs. 2 GG sind vielmehr die Vorschriften über die zeitliche Geltung von Strafgesetzen (§ 2) hineinzulesen. Dem normativen Kontext der §§ 1 und 2, Art. 103 Abs. 2 GG entsprechend erfasst das strafrechtliche Rückwirkungsverbot danach zum einen alle materiellrechtlichen Voraussetzungen der Strafbarkeit eines Verhaltens. Dazu gehören nicht nur die gesetzlichen Deliktstypisierungen und -beschreibungen der §§ 80 ff. und des Nebenstrafrechts, sondern auch die strafbegründenden Vorschriften des allgemeinen Strafrechts wie überhaupt alle den Strafwürdigkeitsgehalt einer Tat betreffenden gesetzlichen Merkmale. Eine rückwirkende Erweiterung der Versuchsstrafbarkeit gem. §§ 22 ff. beispielsweise wäre daher mit dem strafrechtlichen Rückwirkungsverbot ebenso unvereinbar wie eine nachträgliche, über den derzeitigen Rechtszustand der §§ 25 ff. hinausgehende Ausweitung der strafbaren Tatbeteiligung (etwa durch nachträgliche Einführung neuartiger Teilnahmeformen). Auch eine **gesetzliche** Abschaffung oder Einengung bestehender Straffreistellungs- bzw. Strafbefreiungsgründe (Rechtfertigungsgründe, Entschuldigungs- oder Schuldausschließungsgründe, Strafausschließungsgründe etc.) wäre nur „ex nunc", nicht aber unter Rückwirkung auf den Tatzeitpunkt zulässig.[130] Für eine verbotene nachträgliche (erstmalige) Begründung oder Ausdehnung etwaiger Strafbarkeit kann es nämlich nicht darauf ankommen, ob das durch nachträgliche Erweiterung (Ausdehnung) gesetzlicher Deliktsbeschreibungen oder durch eine gesetz-

200

---

127 Vgl. zum Ganzen NK-StGB (*Hassemer/Kargl*), § 1 Rn. 47/8; *Schönke/Schröder (Hecker)*, StGB, § 2 Rn. 2 jew. m. w. Nachw.
128 *Roxin*, Strafrecht AT I, § 5 Rn. 51.
129 Vgl. auch *Jescheck/Weigend*, Strafrecht AT, § 15 IV, 1; *Roxin*, Strafrecht AT I, § 5 Rn. 51; ferner SK-StGB/ *Jäger*, § 1 Rn. 14 ff.
130 Vgl. für die insoweit ganz h. M. etwa *Jescheck/Weigend*, Strafrecht AT, § 15 IV, 3; *Roxin*, Strafrecht AT I, § 5 Rn. 55; ferner *Schönke/Schröder (Hecker)*, StGB, § 2 Rn. 1 ff., 3 ff. jew. m. w. Nachw.

liche Abschaffung bzw. Einschränkung von Rechtfertigungs- oder sonstigen Straffreistellungsgründen geschieht.[131]

201 Ähnlich wie die übrigen Gebote und Verbote des Art. 103 Abs. 2 GG ist das strafrechtliche Rückwirkungsverbot auch auf die Rechtsfolgen einer (Straf-)Tat anzuwenden. Das gilt nach dem Wortsinn der Art. 103 Abs. 2 GG, §§ 1 und 2 ohne weiteres für jede Art von Kriminalstrafe (Haupt- und Nebenstrafen, vgl. Rn. 65 ff., 88) einschließlich ihrer sanktionenrechtlichen Modifizierungen wie z.b. für die gesetzlichen Regelungen der Vollstreckungsaussetzung von Freiheitsstrafen zur Bewährung, der Vollstreckungsaussetzung von Strafresten zur Bewährung oder des Absehens vom Widerruf der Vollstreckungsaussetzung zur Bewährung gem. §§ 56, 57, 56 f Abs. 2, des Weiteren für Nebenfolgen (§ 2 Abs. 1) sowie für die „sonstigen Maßnahmen" der Einziehung und der Unbrauchbarmachung (§ 2 Abs. 5). Nicht anders zu behandeln sind das „Absehen von Strafe", die „Verwarnung mit Strafvorbehalt" (Rn. 119 ff.) oder sonstige Tatfolgen, die an die Stelle von Strafe treten können.[132]

202 Demgegenüber soll sich der Verbots- und Anwendungsbereich des strafrechtlichen Rückwirkungsverbots **nicht** auf die **Maßregeln der Besserung und Sicherung** (vgl. §§ 61 ff., Rn. 94 ff.) erstrecken. Als Grund für diese Annahme wird zumeist darauf verwiesen, dass Art. 103 Abs. 2 GG ausdrücklich nur von Strafen, nicht aber von Maßregeln der Besserung und Sicherung und auch nicht ganz allgemein von strafrechtlichen Sanktionen spricht. Und weiter wird argumentiert: Da der Grundgesetzgeber eine Strafrechtsordnung vorgefunden hat, die zwischen Strafe und Maßregel scharf unterscheidet, müsse aus der Nichtnennung der Maßregel in Art. 103 Abs. 2 GG der Schluss gezogen werden, dass der einfache Gesetzgeber hinsichtlich der Maßregeln der Besserung und Sicherung nicht dem Rückwirkungsverbot unterliegt.[133] Die Regelung des § 2 Abs. 6, wonach über Maßregeln der Besserung und Sicherung unter dem Vorbehalt, dass gesetzlich nichts anderes bestimmt ist, nach dem Gesetz zu entscheiden ist, das zur Zeit der Entscheidung gilt, soll demzufolge verfassungsrechtlich unbedenklich und mit Art. 103 Abs. 2 GG vereinbar sein.

203 Doch weder die einfachgesetzliche Dispensierung der Maßregeln der Besserung und Sicherung vom strafrechtlichen Rückwirkungsverbot noch die dem Wortlaut und der Entstehungsgeschichte verhaftete Deutung der „Strafbarkeit" und „Bestrafung" in Art. 103 Abs. 2 GG verträgt sich mit dem „vollen" rechtsstaatlichen Sinngehalt des strafrechtlichen Gesetzlichkeitsprinzips (vgl. Rn. 145). Hieran ändert sich selbst dann nichts, wenn man – tiefer greifend – den inneren Grund für die „scharfe Unterscheidung" zwischen Strafe und Maßregel darin sieht, dass die Maßregeln anders als Strafen im engeren kriminalrechtlichen Sinne nicht dem gerechten Schuldausgleich, sondern ausschließlich (spezial)präventiven Zwecken dienen. Verfassungsrechtliche Unbedenklichkeit ließe sich der Vorschrift des § 2 Abs. 6 nur attestieren, wenn das strafrechtliche Gesetzlichkeitsprinzip und mit ihm das strafrechtliche Rückwirkungsverbot allein auf dem Schuldprinzip beruhte. Das aber ist nicht der Fall. Aus dem Schuldgedanken erklärt sich das strafrechtliche Gesetzlichkeitsprinzip nur teilweise und auch nur im Zusammenwirken mit anderen Begründungsansätzen (vgl. Rn. 139 ff.). Durch den in § 2 Abs. 6 enthaltenen „Gesetzesvorbehalt" wird die **verfassungsrechtliche Konfliktproblematik** mit Art. 103 Abs. 2 GG nicht gelöst, ja noch nicht einmal entschärft;

---

131 Vgl. *Schönke/Schröder (Hecker)*, StGB, § 2 Rn. 3; *BGHSt* 39, 1, 27 f.
132 Vgl. *Schönke/Schröder (Hecker)*, StGB, § 2 Rn. 4.
133 Vgl. *BGHSt* 24, 203, 206.

5. Das Rückwirkungsverbot

denn damit ist die **prinzipielle Nichtgeltung** des Rückwirkungsverbots für Maßregeln der Besserung und Sicherung[134] gem. § 2 Abs. 6 nicht beseitigt. Vielmehr bleibt es dem Strafgesetzgeber unbenommen, die in § 61 abschließend benannten Maßregeln der Besserung und Sicherung rückwirkend zu verschärfen oder gar neue Maßregeln nachträglich und mit Rückwirkung einzuführen. Und selbst dort, wo der Strafgesetzgeber sein Vorbehaltsrecht genutzt hat[135], genügt ein einfacher „Federstrich", um das „wenn gesetzlich nichts anderes bestimmt ist" (§ 2 Abs. VI) im Bedarfsfalle flugs wieder aufzuheben.

Soweit § 2 Abs. 6 alle, also auch noch nicht geschaffene potentielle weitere Maßregeln erfasst und sie dem Rückwirkungsverbot entzieht, ist die (einfachgesetzliche) Bestimmung nicht nur in der Sache verfehlt, sondern wegen Verstoßes gegen Art. 103 Abs. 2 GG auch verfassungswidrig. Aus der Verbots- und Gebotsperspektive des strafrechtlichen Gesetzlichkeitsprinzips kommt es in der Frage, ob und wieweit das Rückwirkungsverbot die Maßregeln der Besserung und Sicherung erfasst, nicht darauf an, dass sich Strafe und Maßregel ihrer (straftheoretischen) Sinngebung nach (scharf?) unterscheiden. Von maßgeblicher Bedeutung ist vielmehr, dass der rechtsstaatliche Sinngehalt des strafrechtlichen Gesetzlichkeitsprinzips (Voraussehbarkeit, Berechenbarkeit, Täuschungsfreiheit des Strafrechts und der Strafrechtspflege: Vertrauensschutz des Bürgers) die Anwendung des Rückwirkungsverbots auf alle strafrechtlichen Sanktionen gebietet, wenn und weil sie der Kriminalstrafe an Eingriffsintensität und damit in ihren tatsächlichen Auswirkungen auf den Betroffenen gleichstehen (vgl. Rn. 182). Was die Maßregeln der Unterbringung in einem psychiatrischen Krankenhaus oder in einer Entziehungsanstalt anbelangt, wäre daher eine nachträgliche Verschärfung der Anordnungsvoraussetzungen oder die rückwirkende Erhöhung von Höchst- oder Mindestfristen für die Unterbringungsdauer (vgl. § 67 e) wegen Verstoßes gegen das aus Art. 103 Abs. 2 GG hergeleitete Rückwirkungsverbot verfassungswidrig und trotz § 2 Abs. 6 unzulässig. Ebenso sind rückwirkende Fristverlängerungen für die Dauer der Fahrerlaubnisentziehung (§§ 69, 69 a) zu beurteilen. Was für die gesetzlich befristete Dauer eines Fahrverbots selbstverständlich ist (keine nachträgliche Verlängerung der Fahrverbotsdauer z.B. auf sechs Monate, vgl. § 44: dreimonatige Höchstdauer), kann für die Entziehung der Fahrerlaubnis gem. §§ 69, 69 a nicht ausgeschlossen sein, zumal eine Entziehung der Fahrerlaubnis in ihren tatsächlichen Auswirkungen dem Fahrverbot nicht lediglich gleichsteht, sondern es eher noch übertrifft. Dahingestellt bleiben kann bei alledem, ob die Einbeziehung der in ihrer Eingriffsintensität den Kriminalstrafen gleichenden Maßregeln der Besserung und Sicherung in den Verbotsbereich des strafrechtlichen Rückwirkungsverbots aus einer unmittelbaren oder rechtsgedanklichen Anwendung des Art. 103 Abs. 2 GG folgt. Entscheidend ist allein, dass das strafrechtliche Rückwirkungsverbot entgegen § 2 Abs. 6 wie beschrieben auch für die Maßregeln der Besserung und Sicherung gilt.[136]

Dagegen finden Art. 103 Abs. 2 GG, § 1 **grundsätzlich keine Anwendung auf das Strafverfahrensrecht**. Nachträgliche Änderungen prozessrechtlicher Vorschriften, die etwa den Ablauf der gerichtlichen Hauptverhandlung betreffen, sind daher auch dann nicht

204

205

---

[134] Vgl. *Roxin*, Strafrecht AT I, § 5 vor Rn. 55/Überschrift.
[135] Vgl. bei *Roxin*, Strafrecht AT I, § 5 Rn. 55/6 bei und in Fn. 96.
[136] Vgl. zum Ganzen jedoch teilweise anders *Baumann/Weber/Mitsch/Eisele*, Strafrecht AT/*Eisele*, § 7 Rn. 33 ff., 56 f.; *Jakobs*, Strafrecht AT, 4/56; *Jescheck/Weigend*, Strafrecht AT, § 15 IV, 3; NK-StGB (*Hassemer/Kargl*), § 1 Rn. 42 ff., § 2 Rn. 11 ff.; 57 ff.; *Roxin*, Strafrecht AT I, § 5 Rn. 55/6; *Schönke/Schröder (Hecker)*, StGB, § 2 Rn. 39 ff.; SK-StGB/*Jäger*, § 1 Rn. 14 ff., § 2 Rn. 1 ff., 52 f. alle m. w. Nachw.

IV. Keine Strafe ohne Gesetz

unzulässig, wenn sie die prozessuale Position des Angeklagten/Verurteilen rückwirkend verschlechtern. Dass neue Vorschriften des Strafverfahrensrechts von ihrem Inkrafttreten an auch für bereits anhängige Verfahren und ggf. bereits laufende gerichtliche Hauptverhandlungen gelten, wird allgemein als Selbstverständlichkeit angesehen.[137] Solchen apodiktischen Sätzen und Aussagen ist – zumal in ihrer Allgemeinheit – zu widersprechen. Solange eine dem Beschuldigten (Angeklagten, Verurteilten) nachteilige Veränderung des Strafverfahrensrechts lediglich „rein" prozessuale Auswirkungen hat, ist der Verbotsbereich des strafrechtlichen Rückwirkungsverbots nicht tangiert. Insoweit ist der vorherrschenden Auffassung in Strafrechtslehre und Rechtsprechung, wonach das strafrechtliche Rückwirkungsverbot für nachträgliche Änderungen des Verfahrensrechts nicht gilt[138], ohne Einschränkung zuzustimmen. Vorschriften über die Durchführung oder Fortsetzung der gerichtlichen Hauptverhandlung ohne Anwesenheit des Angeklagten (§ 231 a StPO), über die Ausschließung eines Verteidigers von der Mitwirkung in einem Strafverfahren (§ 138 a StPO), den Einsatz (neuartiger) prozessualer Zwangsmaßnahmen, die (nachträgliche) Erweiterung oder Neuschaffung von Haftgründen (§§ 112 ff., StPO) oder auch die Einstellung des Verfahrens gem. §§ 153 ff. StPO gehören nicht zu den Gesetzen, die im Sinne des Art. 103 Abs. 2 GG die Strafbarkeitsvoraussetzungen oder die sanktionenrechtlichen Tatfolgen bestimmen. Sie können den von Art. 103 Abs. 2 GG verbürgten Vertrauensschutz, die Rechtssicherheit und Täuschungsfreiheit des Strafrechts nicht in Frage stellen oder gefährden und sind schon deshalb der Verbotswirkung des strafrechtlichen Rückwirkungsverbots entzogen: Das Vertrauen auf Lücken im Strafverfahrensrecht könnte somit in einem „bösen Erwachen" enden.[139]

206 Nicht so eindeutig und zum Teil anders verhält es sich mit Strafverfahrensrecht, das als **Prozessvoraussetzung** oder **Prozesshindernis** zwar primär die Einleitung und Durchführung eines Strafverfahrens, aber – etwa bei nachträglichem Wegfall bzw. nachträglicher Einschränkung – auch die Strafwürdigkeit und die Strafbedürftigkeit deliktischer Verhaltensweisen, mithin deren Strafbarkeit betrifft oder betreffen kann. Dementsprechend bedarf es bei nachträglicher Verschärfung derartigen Prozessrechts in jedem Einzelfall einer Prüfung, ob und wie der Verbotsbereich des strafrechtlichen Rückwirkungsverbots berührt ist. Grundsätzlich muss es freilich im Falle täternachteiliger Veränderungen etwa von Strafantragserfordernissen oder Voraussetzungen der Verfolgungsverjährung dabei verbleiben, dass verfahrensrechtliche Verschlechterungen der prozessualen Rolle des Beschuldigten etc. nicht dem Rückwirkungsverbot unterliegen. Deshalb sind die Verlängerung oder gänzliche Aufhebung von **noch laufenden** Verjährungsfristen für bestimmte Delikte (z. B. Mord, § 211) jedenfalls mit dem strafrechtlichen Rückwirkungsverbot vereinbar. Der rechtsstaatliche Sinn des Art. 103 Abs. 2 GG besteht nicht darin, dem Straftäter zuzusichern, dass er sich nur für eine bestimmte Zeit vor Strafverfolgung schützen muss, um anschließend unbehelligt wieder am gesellschaftlichen Leben teilnehmen zu können[140], ganz abgesehen davon, dass angesichts möglicher Verjährungsunterbrechungen die Erwartung einer von vornherein feststehenden Gesamtdauer des Fristenlaufs ohnehin nicht begründet und schon gar

---

137 Vgl. *BGHSt* 26, 287, 289.
138 Vgl. statt aller NK-StGB (*Hassemer/Kargl*), § 1 Rn. 60 m. w. Nachw.
139 Vgl. dazu *Roxin*, Strafrecht AT I, § 5 Rn. 57 ff.
140 So treffend *Roxin*, Strafrecht AT I, § 5 Rn. 60.

5. Das Rückwirkungsverbot

nicht geschützt sein kann und darf.[141] Der Betroffene kann auf Verjährung spekulieren, sie ist ihm aber weder rechtlich zugesagt noch garantiert.[142]

Mit dem rechtsstaatlichen Wesensgehalt des strafrechtlichen Rückwirkungsverbots nicht zu vereinbaren ist aber eine **Wiedereröffnung bereits abgelaufener Verjährungsfristen**.[143] Nach Eintritt der Verfolgungsverjährung steht der Einleitung und Durchführung eines Strafverfahrens ein Verfolgungs- bzw. Prozesshindernis auf **Dauer** entgegen, so dass der Täter unbestraft ist und bleibt. Die rückwirkende Aufhebung oder Wiedereröffnung von Verjährungsfristen würde ein eigentlich dauerhaftes Prozesshindernis beseitigen und das bereits „stornierte" Bestrafungsrecht des Staates erneut aktivieren. Unter dem Aspekt von Vertrauensschutz, Rechtssicherheit und Täuschungsfreiheit im Strafrecht und in der Strafrechtspflege unterscheidet sich diese Fallkonstellation nicht von einer erst nachträglich geschaffenen, nach Art. 103 Abs. 2 GG verbotenen Bestrafungsmöglichkeit. Das strafrechtliche Rückwirkungsverbot muss somit folgerichtig auch auf die nachträgliche Wiederöffnung bereits abgelaufener Verjährungsfristen und/oder deren gänzliche Aufhebung erstreckt werden. Nicht anders zu beurteilen sind rückwirkende Verlängerungen oder Aufhebungen **bereits abgelaufener Antragsfristen** bei Antragsdelikten (z.B. § 230; §§ 242, 246, 247; §§ 242, 246, 248 a). Auch insoweit darf und muss sich der Täter darauf verlassen können, dass das endgültige Fehlen einer Prozessvoraussetzung nicht durch rückwirkende Verlängerung schon abgelaufener Antragsfristen relativiert wird.[144]

207

Die nachträgliche Umwandlung eines Antrags- in ein Offizialdelikt bei noch nicht verstrichener Antragsfrist verstößt hingegen ähnlich wie die nachträgliche Verlängerung oder Aufhebung noch laufender Verjährungsfristen nicht gegen das strafrechtliche Rückwirkungsverbot. Das Rückwirkungsverbot hat nicht den (rechtsstaatlichen) Sinn, potentiellen **Straftätern** vor der Begehung von Straftaten „vertrauensgeschützte" sichere Kenntnisse über das Ob und Wie ihrer Verfolgbarkeit zu vermitteln. Ist es straf- und strafverfahrensrechtlich möglich und zulässig, wegen einer Straftat verfolgt und bestraft zu werden, spielt es für den nach Art. 103 Abs. 2 GG, § 1 gebotenen Vertrauensschutz keine Rolle, ob die Verfolgbarkeit der Straftat auf einem Strafantrag oder – nach dessen rückwirkendem Wegfall – auf dem Offizial- und Legalitätsprinzip (vgl. § 152 Abs. 1 und 2 StPO) beruht. Das gilt auch für solche Antragsdelikte, bei denen das Fehlen eines Strafantrags nicht dadurch kompensiert werden kann, dass die Strafverfolgungsbehörde wegen des besonderen öffentlichen Interesses der Strafverfolgung ein Einschreiten von Amts wegen für erforderlich hält.[145]

208

Befasst man sich mit dem strafrechtlichen Rückwirkungsverbot allein unter dem Blickwinkel seiner Verbotswirkung, ist man alsbald mit der Frage konfrontiert, ob auch eine **Änderung der Rechtsprechung** in malam partem von ihm erfasst sein kann. Das Beispiel der kontinuierlichen **Herabsetzung des Blutalkoholgrenzwerts** zur Feststellung einer absoluten Fahrunsicherheit nach § 316 macht deutlich, worum es geht: Soll ein Kraftfahrer, der im Vertrauen auf eine langjährige höchstrichterliche Rechtsprechung

209

---

141 Vgl. *BVerfGE* 25, 269 ff., 295; *Schönke/Schröder* (Hecker), StGB, § 2 Rn. 6.
142 NK-StGB (*Hassemer/Kargl*), § 1 Rn. 63 m. w. Nachw.
143 So *Roxin*, Strafrecht AT I, § 5 Rn. 60; *Schönke/Schröder* (Hecker), StGB, § 2 Rn. 6; insoweit wohl anders NK-StGB (*Hassemer/Kargl*), § 1 Rn. 62/3.
144 Vgl. *Jescheck/Weigend*, Strafrecht AT, § 15 IV, 4.
145 Im Ergebnis ebenso die vorherrschende Auffassung in Rspr. und Lehre, vgl. statt aller NK-StGB (*Hassemer/Kargl*), § 1 Rn. 61/2; BGHSt 46, 310, 320 f.; 50 138, 141, ferner *Fischer*, StGB, § 2 Rn. 7; anders *Roxin*, Strafrecht AT I, § 5 Rn. 59; *Schönke/Schröder* (Hecker), StGB, § 2 Rn. 6.

davon ausgegangen ist, mit einer Blutalkoholkonzentration von 1,2 o/oo noch nicht absolut fahruntüchtig zu sein, gem. § 316 wegen vorsätzlicher oder fahrlässiger Trunkenheit im Verkehr bestraft werden können, wenn der Blutalkoholgrenzwert für absolute Fahrunsicherheit von bisher 1,3 o/oo **nach** seiner polizeilich kontrollierten Autofahrt durch die Revisionsrechtsprechung des *BGH* auf 1,1 o/oo abgesenkt wird? Oder muss ihm, der darauf vertraute, mit 1,2 o/oo Blutalkoholkonzentration allenfalls das Risiko einer Ordnungswidrigkeit bzw. einer Straftat wegen relativer Fahruntüchtigkeit (§ 315 c) einzugehen, das Rückwirkungsverbot zu Gute kommen? Soll also die für einen Täter nachteilige, auf den Tatzeitpunkt bezogene „faktische Rückwirkung" von Rechtsprechungsänderungen nach Art. 103 Abs. 2 GG verboten sein?[146]

210 Nach dem Wortsinn des Art. 103 Abs. 2 GG und dem rechtsstaatlichen Sinngehalt des strafrechtlichen Gesetzlichkeitsprinzips scheidet eine **unmittelbare Anwendung** des Rückwirkungsverbots auf Rechtsprechungsänderungen zum Nachteil des Täters aus. Ausdrücklich ist in Art. 103 Abs. 2 GG, § 1 von „gesetzlicher" Bestimmtheit der Strafbarkeitsvoraussetzungen und Deliktsfolgen die Rede. Und weiter erklärt sich das strafrechtliche Gesetzlichkeitsprinzip nicht allein aus dem Gedanken des Vertrauensschutzes und der Verhinderung willkürlicher Bestrafungen, sondern auch aus den sinnstiftenden Prinzipien der gewaltenteilenden Demokratie (vgl. Rn. 141) sowie weiteren, mehr straftheoretischen „Wurzeln". Alle diese Erklärungs- und Begründungsansätze bestimmen **je für sich und in gegenseitigem Zusammenwirken** den Sinn- und Bedeutungsgehalt des strafrechtlichen Gesetzlichkeitsprinzips (vgl. Rn. 143), und zwar so, dass kein Erklärungsansatz den jeweils anderen zu verdrängen oder zu überspielen vermag.

211 Ganz im Sinne solch „kooperativer Sinngebung" sorgen die Gebote und Verbote des Art. 103 Abs. 2 GG **in wechselseitiger Durchdringung und Begrenzung** u. a. dafür, dass der Strafrichter das tut, was seines Amtes ist, nämlich das Strafrecht anzuwenden. **Rechtsanwendung ist** aber **stets Gesetzeskonkretisierung** und in gar keinem Falle originäre gesetzesgleiche Rechtsetzung, und zwar auch dann nicht, wenn eine „ständige" höchstrichterliche Rechtsprechung im Prozess der Gesetzeskonkretisierung als gesetzesergänzendes Richterrecht fungiert oder in fortlaufender Konformität ihre Entscheidung zu bestimmten Rechtsfragen formelhaft festgelegt hat.[147] Eine unmittelbare Anwendung des strafrechtlichen Rückwirkungsverbots auf täternachteilige Änderungen der Rechtsprechung widerspräche somit letztlich der im demokratischen Rechtsstaat unverzichtbaren Trennung der Gewalten.[148] Aus dem Gewaltenteilungsprinzip ergibt sich überdies, dass und warum das strafrechtliche Rückwirkungsverbot auch einer **sinngemäßen Anwendung** auf täternachteilige Rechtsprechungsänderungen entzogen ist; denn zwischen der Entscheidungssituation und -tätigkeit des Gesetzgebers und dem Erkenntnis- und Entscheidungsprozess der rechtsprechenden Gewalt besteht keine analogiefähige Rechtsähnlichkeit, ganz zu schweigen davon, dass eine der Analogie zugängliche Gesetzeslücke ebenfalls nicht feststellbar ist. Das strafrechtliche Rückwirkungsverbot auf strafbarkeitsverschärfende Änderungen der Rechtsprechung zu

---

146 Vgl. zur schrittweisen Absenkung des Blutalkoholgrenzwerts durch die Rspr. des *BGH* nacheinander *BGHSt* 19, 243, 245 (noch 1,5 o/oo); *BGHSt* 21, 157, 167 (nunmehr 1,3 o/oo); BGHSt 37, 89, 99 (nur noch 1,1 o/oo); ferner *BVerfG* NStZ 1990, 537.
147 Vgl. dazu NK-StGB (*Hassemer/Kargl*), § 1 Rn. 50 ff., 57 ff.; *Schönke/Schröder (Hecker)*, StGB, § 2 Rn. 7 jew. m. w. Nachw.
148 Vgl. *Roxin*, Strafrecht AT I, § 5 Rn. 61.

5. Das Rückwirkungsverbot

erstrecken, ist demnach generell ausgeschlossen.[149] Eine „ständige" höchstrichterliche Rechtsprechung, die im Rahmen der ihr rechtstaatlich aufgegebenen Gesetzeskonkretisierung bei gleichbleibendem Gesetzeswortlaut den Bedeutungsgehalt eines Strafgesetzes durch „geläuterte" Auslegung so ermittelt, dass ein zur Tatzeit als straflos gewertetes Verhalten gleichwohl (später) für strafbar erklärt und bestraft wird, verstößt infolgedessen nicht gegen das strafrechtliche Rückwirkungsverbot und nicht gegen Art. 103 Abs. 2 GG, § 1.[150]

Alles andere, also auch eine mit Ausnahmecharakter versehene und überaus eng begrenzte Einbeziehung von Rechtsprechungsänderungen in den Verbotsbereich des strafrechtlichen Rückwirkungsverbots wäre zwangsläufig mit einem Verlust an Aktualität und Flexibilität in der strafrichterlichen Rechtsanwendung verbunden.[151] Ihr ginge zumindest in Teilbereichen die Fähigkeit verloren, gesellschaftlichen Wandel in sich aufzunehmen und auf der Basis „besserer" Erkenntnis adäquat in (straf)rechtsgestaltende Entscheidungen umzusetzen.[152] Die Rechtsprechung könnte dann die ihr zukommende Funktion, das „gesetzte" Recht im Wege der Gesetzeskonkretisierung kontinuierlich fortzuentwickeln, nicht in der gebotenen Weise erfüllen.

212

Nicht zu verkennen ist allerdings, dass der rechtsunterworfene Bürger in seinem Vertrauen auf die Validität einer „ständigen" höchstrichterlichen Rechtsprechung unter bestimmten Voraussetzungen nicht weniger enttäuschungsanfällig ist als in seinem (verfassungsrechtlich geschützten) Vertrauen auf die Gültigkeit eines bestehenden Strafgesetzes und deshalb im Falle täternachteiliger Rechtsprechungsänderungen ebenso schutzbedürftig und schutzwürdig sein kann wie im Falle nachträglicher Strafbarkeitsverschärfungen durch Gesetz. Wer sich in nicht vorwerfbarer Weise auf eine völlig konforme „ständige" Rechtsprechung verlässt und beispielsweise zur zusätzlichen Absicherung sachverständigen Rechtsrat einholt, muss am Ende von Strafe freigestellt bleiben, wenn sich sein zum Tatzeitpunkt strafloses Verhalten im Nachhinein wegen und auf Grund einer Rechtsprechungsänderung nunmehr als strafbar herausstellt.[153] Zu dieser Freistellung von Strafe verhelfen die Vorschriften über den unvermeidbaren Verbotsirrtum gem. § 17 S. 1. Die Einsicht, Unrecht zu tun, fehlt demjenigen, der sein Verhalten im Vertrauen auf eine beständige höchstrichterliche Rechtsprechung im Tatzeitpunkt für unverboten hält und halten darf. Ergibt sich erst später auf Grund eines auf die Tatzeit zurückbezogenen Rechtsprechungswandels, dass das als unverboten gewertete Verhalten in Wirklichkeit verboten war, beruhte das Fehlen des Unrechtsbewusstseins möglicherweise auf einem unvermeidbaren Irrtum mit der gesetzlichen (vgl. § 17 S. 1) Folge, mangels schuldhaften Verhaltens keine Bestrafung fürchten zu müssen.[154] Einer – wie gezeigt: unzulässigen - Ausdehnung des strafrechtlichen Rückwirkungsverbots auf Rechtsprechungsänderungen zum Nachteil des Täters bedarf es demnach nicht.[155]

213

---

149 Ebenso Roxin, Strafrecht AT I, § 5 Rn. 61; Schönke/Schröder (Hecker), StGB, § 2 Rn. 7; anders NK-StGB (Hassemer/Kargl), § 1 Rn. 57 alle m. w. Nachw. für die eigene Auffassung.
150 Vgl. noch Jakobs, Strafrecht AT, 4/80 ff.; Jescheck/Weigend, Strafrecht AT, § 15 IV, 3 in Fn. 46.
151 Vgl. etwa NK-StGB (Hassemer/Kargl), § 1 Rn. 50.
152 Vgl. zur Parallelproblematik im Zusammenhang mit möglicher gewohnheitsrechtlicher Qualität von Richterrecht Rn. 152 ff., 158/9; ferner BGHSt 40, 138, 167/8.
153 Vgl. Roxin, Strafrecht AT I, § 5 Rn. 61.
154 Vgl. zum Ganzen Schönke/Schröder (Sternberg-Lieben/Schuster), StGB, § 17 Rn. 20 f.
155 Im Ergebnis wie hier Roxin, Strafrecht AT I, § 5 Rn. 61; vgl. auch SK-StGB/Jäger, § 1 Rn. 16; SK-StGB/Rogall, § 17 Rn. 65 f.; ferner Jakobs, Strafrecht AT, 4/82 mit 19/44; Jescheck/Weigend, Strafrecht AT, § 15 IV, 3 in

IV. Keine Strafe ohne Gesetz

214 Dennoch ist zu bedenken, dass der über § 17 S. 1 vermittelte **Vertrauensschutz** vor strafbarkeitsverschärfenden Rechtsprechungsänderungen **nicht stets gewährleistet**, sondern einzelfallabhängig ist und deswegen von manchen als die „nur zweitbeste" Problemlösung abgelehnt wird.[156] Das liegt zum einen an den hohen Anforderungen, die vornehmlich seitens der Rechtsprechung an die Unvermeidbarkeit der Verbotsunkenntnis gestellt werden.[157] Zum anderen erfasst § 17 S. 1 nicht jede strafbarkeitsverschärfende Rechtsprechungsänderung, weil die zur Schuld- und Straflosigkeit erforderliche Fehlvorstellung über das „Verbotensein" des eigenen Verhaltens in der konkreten Tatsituation oftmals gar nicht vorliegt. Je nach den Umständen des Einzelfalls mag dem Betroffenen zwar das Bewusstsein fehlen, sich mit seinem Verhalten strafbar zu machen. Ein solches **Bewusstsein der Strafbarkeit** ist jedoch nicht Gegenstand der in § 17 S. 1 benannten „Einsicht, Unrecht zu tun". Die Einsicht, **Unrecht** zu tun, hat bereits, wer das Unrechtmäßige seines Verhaltens nach „Laienart" kennt[158], wer also weiß, dass sein Verhalten „gemeinschaftswertwidrig" und deshalb **rechtlich verboten** ist.[159] Wer aber weiß, dass sein Verhalten **materiell rechtswidrig** ist, der irrt nicht über das Verbotene seines Verhaltens, so dass ihm ein Verbotsirrtum im Sinne des § 17 S. 1 nicht zugutekommen kann. Dies ist der Grund dafür, dass beispielsweise dem mit einer Blutalkoholkonzentration von 1,2 o/oo „aufgefallenen" Autofahrer die „Verbotsirrtumslösung" bei nachträglicher Absenkung des Blutalkoholgrenzwerts durch die Rechtsprechung (vgl. Rn. 209) nicht zur Straflosigkeit verhilft, weil ihm das Verbotene seiner „Trunkenheitsfahrt" zumindest insoweit bekannt war, als es sich dabei um eine nach § 24 a StVG zu beurteilende Ordnungswidrigkeit handelte.[160]

215 Wie dem auch sei: Mit dem derzeit geltenden Verfassungs-, Straf- und Strafverfahrensrecht verträgt sich die teilweise favorisierte Erstreckung des strafrechtlichen Rückwirkungsverbots auf täternachteiligen Rechtsprechungswandel nun einmal nicht. Die Anwendung des § 17 S. 1 auf tatzeitbezogene, strafbarkeitsverschärfende Rechtsprechungsänderungen ist schon allein deshalb eben doch die „bessere" Problemlösung.[161]

6. Lernkontrolle

- Umschreiben Sie die verschiedenen Erklärungsumsätze für die Entstehungs- und Geltungsgründe des strafrechtlichen Gesetzlichkeitsprinzips. (Rn. 139 ff.)
- Was versteht man unter „Garantiefunktion des Strafgesetzes"? (Rn. 146)
- Was setzt die Entstehung von Gewohnheitsrecht voraus? (Rn. 151 ff., 152)
- Welche Bedeutung hat das Gewohnheitsrecht im und für das Strafrecht? (Rn. 153 ff.)

Fn. 46 a. E.; anders aber MüKo-StGB/*Schmitz*, § 1 Rn. 37; NK-StGB (*Hassemer/Kargl*), § 1 Rn. 51 ff., 57 ff. alle m. w. Nachw. auch zum Meinungsstreit.
156 Vgl. NK-StGB (*Hassemer/Kargl*), § 1 Rn. 58.
157 Dazu Schönke/Schröder (*Sternberg-Lieben/Schuster*), StGB, § 17 Rn. 13 ff.; SK-StGB/*Rogall*, § 17 Rn. 43 ff., 57 ff. jew. m. w. Nachw.
158 Vgl. *BGHSt* 10, 35, 41; 58, 15, 27; st. Rspr.
159 Vgl. *Jescheck/Weigend*, Strafrecht AT, § 41 I, 3 a; ferner SK-StGB/*Rogall*, § 17 Rn. 5 ff. m. zahlr. Nachw.
160 Vgl. *BayObLG* NJW 1990, 2833; SK-StGB/*Rogall*, § 17 Rn. 5 ff., 9; ferner Schönke/Schröder (*Sternberg-Lieben/Schuster*), StGB, § 17 Rn. 5 m. w. Nachw.
161 So weit wie der Verbots- und Anwendungsbereich des strafrechtlichen Rückwirkungsverbots reicht, sind als „Vorfragen" die **zeitliche Geltung der Strafgesetze** (§ 2) und der maßgebliche **Begehungszeitpunkt der Tat** (§ 8) abzuklären, vgl. dazu *Jescheck/Weigend*, Strafrecht AT, § 15 IV, 2; *Roxin*, Strafrecht AT I, § 5 Rn. 52 ff., 62 ff.; zu weiteren Einzelheiten vgl. Schönke/Schröder (*Eser/Weißer*), StGB, § 8 Rn. 2 ff.; SK-StGB/*Jäger*, § 2 Rn. 4 ff.; SK-StGB/*Hoyer*, § 8 Rn. 1 ff., 4 f.

6. Lernkontrolle

- Grenzen Sie strafrechtswirksames Gewohnheitsrecht vom sog. Richterrecht ab. (Rn. 157 ff.)
- Umschreiben Sie die Genauigkeitsanforderungen an im Sinne des Bestimmtheitsgebots gem. Art. 103 Abs. 2 GG genügend bestimmte Strafgesetze. (Rn. 163 ff.)
- Was ist der Maßstab für eine hinreichende Bestimmtheit von Strafvorschriften? (Rn. 168)
- Beschreiben Sie die Bestimmtheitsproblematik der gesetzlichen Strafdrohungen und anderer Deliktsfolgen. (Rn. 170 ff.)
- Grenzen Sie die Methoden der Analogie und Gesetzesauslegung voneinander ab. (Rn. 177 ff.)
- Benennen Sie die Kriterien der Gesetzesauslegung und beschreiben Sie deren Wirkungszusammenhang. (Rn. 182 ff., 184 ff., 190)
- Worin besteht der auslegungsbegrenzende „noch mögliche Wortsinn" eines Gesetzes? (Rn. 194 ff.)
- Ist das strafrechtliche Rückwirkungsverbot auch auf Maßregeln der Besserung und Sicherung sowie auf andere Deliktsfolgen anzuwenden? (Rn. 200 ff.)
- Verstößt eine Änderung der (höchstrichterlichen) Rechtsprechung in malam partem gegen das strafrechtliche Rückwirkungsverbot? (Rn. 209 ff.)

V. Das Strafgesetz

1. Allgemeiner Teil – Besonderer Teil

216 Soweit sich das Strafrecht mit den Voraussetzungen und Folgen eines mit (Kriminal)Strafe oder mit anderen originär strafrechtlichen Sanktionen bedrohten Verhaltens befasst, handelt es sich um das sog. materielle Strafrecht (vgl. dazu Rn. 5 – 7). Den verfassungsrechtlichen Vorgaben und Verpflichtungen des in Art. 103 Abs. 2 GG, § 1 normierten strafrechtlichen Gesetzlichkeitsprinzips (vgl. Rn. 134 ff.) entsprechend ist dieses **materielle Strafrecht** – vorwiegend – gesetzlich gefasst, es ist gesetztes und kodifiziertes Recht. Materielles Strafrecht findet sich in zahlreichen Gesetzen, die Gesamtheit allen materiellen Strafrechts somit nicht in einem einzigen Gesetz. Das Wichtigste aller Straf- und sonstiger Spezialgesetze mit Strafvorschriften ist das **Strafgesetzbuch (StGB)**. Es wird bisweilen als das Kerngesetz des Strafrechts bezeichnet, weil es – folgt man überkommener Zuordnungssystematik und üblich gewordenem Sprachgebrauch – den **Kernbereich des materiellen Strafrechts** enthält und regelt (vgl. Rn. 8). Wesentliches materielles Strafrecht ist außer im StGB aber auch in weiteren strafrechtlichen Haupt- und strafrechtlichen Nebengesetzen erfasst, ein Hinweis darauf, dass die geläufige Charakterisierung der Gesamtheit aller nicht in das StGB aufgenommenen Strafvorschriften als sog. Nebenstrafrecht nur wenig über deren wahre Bedeutung aussagt.

217 Das StGB gliedert sich in einen **Allgemeinen Teil** (AT: §§ 1 – 79 b) und einen **Besonderen Teil** (BT: §§ 80 – 358). Diese Aufteilung des materiellen Kernstrafrechts ist historisch gewachsen und hat insbesondere „gesetzgebungstechnische" Gründe.[1] Der **Besondere Teil des StGB** umfasst, wenn auch nicht ausschließlich, gesetzliche Deliktsbeschreibungen und die für jedes Delikt gesetzlich festgelegten Strafdrohungen und sonstigen Sanktionen. Der Sache nach werden im Besonderen Teil des StGB wie übrigens auch in den Strafgesetzen des Nebenstrafrechts (sozialschädliche) Verhaltensweisen beschrieben, die Rechtsgüter verletzen oder gefährden. Vor allem im Besonderen Teil des StGB kommt somit zum Ausdruck, was dem Strafrecht ganz generell als Aufgabe zugewiesen ist (vgl. dazu Rn. 10 ff.), nämlich der Schutz von Rechtsgütern zu gewährleisten. Systematisch ist der Besondere Teil des StGB dementsprechend nach Rechtsgütern geordnet. So sind beispielsweise in den §§ 211 ff. Angriffe auf das menschliche Leben, in den §§ 223 ff. Angriffe auf die körperliche Unversehrtheit, in den §§ 242 ff. Angriffe auf das Eigentum und in den §§ 153 ff. Angriffe auf die staatliche Rechtspflege etc. beschrieben.[2]

218 Ganz anders enthält der **Allgemeine Teil des StGB** keine gesetzlichen Deliktsbeschreibungen. Seine Systematik ist nicht an Rechtsgütern orientiert. In ihm finden sich vielmehr Strafvorschriften, die für alle gesetzlichen Deliktsbeschreibungen und ihre zugehörigen Sanktionsdrohungen gleichermaßen anwendbar sind. Gesetzestechnisch erfüllt der Allgemeine Teil des StGB die Funktion eines Sammelbeckens für alles, was strafrechtlich für die Voraussetzungen und Folgen der im Besonderen Teil des StGB beschriebenen Delikte von Bedeutung sein kann. In diesem Sinne versteht sich der Allgemeine Teil des StGB als Komplex strafrechtlicher Bestimmungen, die – bildlich gesprochen – „vor die Klammer" der im Besonderen Teil des StGB normierten Deliktstypen „gezogen" sind. Dazu zählen Vorschriften über den Geltungsbereich des Straf-

---

1 Vgl. *Jescheck/Weigend*, Strafrecht AT, § 3 III, 1.
2 Vgl. dazu auch *Arzt/Weber/Heinrich/Hilgendorf*, Strafrecht BT/*Hilgendorf*, § 1 Rn. 2, 26 ff.

1. Allgemeiner Teil – Besonderer Teil

gesetzes (§§ 1 – 10) und seinen Sprachgebrauch (§§ 11, 12), über strafbares Verhalten in Form eines Begehens durch Unterlassen (§ 13), über strafbare Tatbeteiligungen (Täterschaft und Teilnahme, vgl. §§ 25 ff.), über die Strafbarkeit „nur" versuchter Delikte (§§ 22 ff.), über den Ausschluss der Rechtswidrigkeit eines sonst strafrechtsrelevanten Verhaltens durch Rechtfertigung im Falle von Notwehr oder (rechtfertigendem) Notstand (§§ 32 – 34), über die Schuldfähigkeit (§§ 19 – 21), über Strafen (§§ 38 ff.) einschließlich der Vollstreckungsaussetzung von Freiheitsstrafen und Resten von Freiheitsstrafen zur Bewährung (§§ 56 ff., 57 ff.) und über weitere strafrechtliche Sanktionen (§§ 61 ff., §§ 73 ff.) etc.

Die Aufteilung des StGB in einen Allgemeinen und einen Besonderen Teil gründet sich nicht allein auf die „Klammerfunktion" des AT. Nicht weniger wichtig für die (gesetzgeberische) Zuordnung von strafrechtlichen Vorschriften in den AT sind deren **Grundsätzlichkeit und Grundlagencharakter** für das Ganze des Strafrechts. Unter diesem Aspekt ist allerdings einschränkend darauf aufmerksam zu machen, dass der AT des StGB zwar einen Fundus allgemeiner strafrechtlicher Vorschriften abgibt, sich aber nicht als das Allgemeine des Strafrechts, das dann im BT des StGB in seine Einzelheiten entfaltet wird, qualifizieren lässt: Der AT des StGB ist nicht das „genus proximum", und der BT des StGB enthält nicht seine „differentiae specificae". Im Übrigen verfügt der BT des StGB über eine Reihe von Vorschriften, die der Sache nach ebenso gut in den AT eingestellt werden könnten. Dazu zählt die Rechtfertigung durch Wahrnehmung berechtigter Interessen im Deliktsbereich der Beleidigung, die Einwilligungsregelung in § 228 sowie die Strafbefreiung durch Rücktritt (sogar) vom vollendeten Delikt, sog. tätige Reue (vgl. z.B. § 306 e) etc. Aus der Zuweisung solcher „AT-fähiger" Vorschriften zu einzelnen Deliktsbereichen bzw. -typen des BT wird man den Schluss ziehen müssen, dass sie nur auf diejenigen Delikte, denen sie (gesetzgeberisch) zugeordnet sind, Anwendung finden; denn nur diese Betrachtungsweise entspricht dem legislatorischen Sinn der Unterscheidung zwischen einem Allgemeinen und einem Besonderen Teil des StGB. Schlaglichtartig zeigt sich hieran übrigens auch, wie wichtig eine klare Trennung des AT vom BT des StGB für die methodengeleitete und -gerechte Rechtsanwendung durch Gesetzeskonkretisierung ist: eine permanente Aufforderung an den (Straf)Gesetzgeber, bei der Schaffung neuer oder der Veränderung bestehender Strafvorschriften die Standortfrage sorgfältig zu prüfen.

Ungeachtet aller Relativierungen und Inkonsistenzen im normativen Verhältnis zwischen AT und BT des StGB steht außer Zweifel, dass dem AT in seiner Abgetrenntheit vom BT des StGB grundlegende Bedeutung für das gesamte Strafrecht zukommt.[3] Diese Wertschätzung des AT resultiert zum einen daraus, dass ihm von Gesetzes wegen ausdrücklich die Rolle eines **AT für das gesamte positive Strafrecht** zugeschrieben und rechtstatsächlich im Laufe der Zeit auch zugewachsen ist. Art. 1 EGStGB zufolge gelten die Vorschriften des AT des StGB für alle Strafgesetze des Bundes und der Länder (Ausnahmevorbehalte in Art. 1 Abs. 2, S. 2 und Art. 2 EGStGB). Der AT des StGB ist damit unentbehrlich zur Vervollkommnung nicht nur des BT des StGB, sondern auch der strafgesetzlichen Bestimmungen (Deliktsbeschreibungen) des Nebenstrafrechts. Grundlegende Bedeutung hat der AT des StGB für das gesamte Strafrecht aber auch und in erster Linie deshalb, weil in seinem zweiten Abschnitt strafrechtliche Vorschriften und Regeln erfasst sind, die in ihrer Zusammengehörigkeit als gesetzliches

219

220

---

3 Vgl. zum Ganzen *Baumann/Weber/Mitsch/Eisele*, Strafrecht AT/*Eisele*, § 3 Rn. 25 ff.; *Jescheck/Weigend*, Strafrecht AT, § 3 III; *Roxin*, Strafrecht AT I, § 1 Rn. 15 jew. m. w. Nachw.; grundlegend *Fincke*, Verhältnis, S. 3 ff.

Fundament für eine gehaltvolle Lehre von den allgemeinen Voraussetzungen strafbaren Verhaltens dienen können. Insbesondere die §§ 13 – 21 und § 32 – 35 sind gesetzliche Anknüpfungspunkte für die **Lehre von der Straftat**, die man auch **allgemeine Verbrechenslehre** nennt.[4] Deren hauptsächliche inhaltlichen Gegenstände sind sogleich (Rn. 258 ff.) zu behandeln.

2. Verbrechen und Vergehen

221 Alle strafrechtswidrigen Taten (§ 11 Abs. 1 Nr. 5) werden gem. § 12 Abs. 1 und 2 in **Verbrechen** und **Vergehen** eingeteilt. Rechtswidrige Taten (Straftaten) mit anderer Deliktsnatur kennt das derzeit gültige StGB somit nicht.[5]

222 Der Idee nach soll die dichotomische Aufteilung aller strafrechtswidrigen Taten in Verbrechen und Vergehen eine nach dem Schweregrad der jeweiligen Tat ausgerichtete qualitative Abstufung ausdrücken. Mit Einführung der einheitlichen Freiheitsstrafe hat sich die materiell-qualitative Unterscheidung zwischen Verbrechen und Vergehen jedoch weitgehend auf eine gesetzestechnisch-formale Funktion reduziert. Im Wesentlichen dienen die in § 12 Abs. 1 und 2 enthaltenen **Legaldefinitionen** des Verbrechens und Vergehens „nur" noch dazu, auf sie als nach dem Schweregrad (Strafwürdigkeitsgehalt) abgestufte Deliktskategorien generell Bezug nehmen zu können und so durch das gesetzestechnische Instrument der abkürzenden Verweisung deliktsspezifische Einzelregelungen entbehrlich zu machen.[6] Beispiele hierfür finden sich im materiellen Strafrecht in § 23 Abs. 1, wonach der Versuch eines Verbrechens stets strafbar ist. Ähnlich setzt § 30 Abs. 1 für die Strafbarkeit einer versuchten Anstiftung die (versuchte) Bestimmung zur Begehung eines Verbrechens voraus. Entsprechendes gilt gem. § 30 Abs. 2 für andere Vorstufen der Tatbeteiligung. Des Weiteren setzt der Verlust der Amtsfähigkeit, der Wählbarkeit und des Stimmrechts gem. § 45 Abs. 1 die Verurteilung wegen eines Verbrechens voraus. Im Besonderen Teil des StGB kommt eine Strafbarkeit wegen Bedrohung allein im Falle der Bedrohung mit einem Verbrechen in Betracht (§ 241 Abs. 1, vgl. auch § 241 Abs. 2). Auch für das Strafverfahrens- und das Gerichtsverfassungsrecht hat die Dichotomie von Verbrechen und Vergehen erhebliche Bedeutung. So nehmen die Vorschriften über die sachliche Zuständigkeit der verschiedenen strafgerichtlichen Spruchkörper (§§ 24, 25, 74 GVG) ebenso wie die Bestimmungen über das Strafbefehlsverfahren (§§ 407 ff. StPO) und die notwendige Verteidigung (§§ 140 ff. StPO) Bezug auf die Unterscheidung zwischen Verbrechen und Vergehen (vgl. §§ 407 Abs. 1, 140 Abs. 1 Ziff. 2 StPO). Und schließlich ist eine Einstellung des Verfahrens nach den §§ 153, 153 a StPO nur möglich, wenn das Verfahren „ein Vergehen zum Gegenstand" hat (vgl. auch noch § 154 d StPO).

223 Die Differenzierung zwischen Verbrechen und Vergehen orientiert sich **abstrakt** an der gesetzlichen Strafdrohung des jeweils in Frage stehenden Delikts. Ausschließliches Abgrenzungskriterium ist die Untergrenze des deliktsabhängigen gesetzlichen **Normalstrafrahmens**: Verbrechen sind danach rechtswidrige Taten, die im Mindestmaß mit Freiheitsstrafe von einem Jahr bedroht sind (§ 12 Abs. 1), alle sonstigen strafrechtswidrigen Taten sind Vergehen (§ 12 Abs. 2). Dementsprechend kommt es nicht darauf an,

---

4 Vgl. *Roxin*, Strafrecht AT I, § 7 Rn. 2.
5 Vgl. dazu *Jescheck/Weigend*, Strafrecht AT, § 7 IV, 1; *Roxin*, Strafrecht AT I, § 9 Rn. 2 ff., 5; *Schönke/Schröder (Hecker)*, StGB, § 12 Rn. 2; SK-StGB/*Hoyer*, § 12 Rn. 1 ff., 4 ff.; vgl. auch *BGHSt* 28, 93, 95.
6 Vgl. *Schönke/Schröder (Hecker)*, StGB, § 12 Rn. 4; SK-StGB/*Hoyer*, § 12 Rn. 3.

welche konkrete Strafe im Einzelfall tatsächlich festgesetzt und ausgesprochen wird (sog. konkrete Betrachtungsweise).

Dass bei der Unterteilung aller Delikte in Verbrechen und Vergehen im Sinne einer abstrakt-generalisierenden Betrachtungsweise[7] allein auf die Untergrenze des deliktsbezogenen gesetzlichen Normalstrafrahmens abzustellen ist, kommt besonders deutlich in § 12 Abs. 3 zum Ausdruck; denn nach dieser Bestimmung bleiben „Schärfungen oder Milderungen, die nach den Vorschriften des Allgemeinen Teils oder für besonders schwere oder minder schwere Fälle vorgesehen sind, für die Einteilung" der Delikte in Verbrechen oder Vergehen „außer Betracht". Klargestellt ist damit zunächst, dass Strafschärfungen und Strafmilderungen, die sich aus Vorschriften des Allgemeinen Teils ergeben und bei der Ermittlung des konkret anzuwendenden gesetzlichen Strafrahmens zu Strafrahmenverschiebungen führen, auf die Verbrechens- oder Vergehensqualität eines Delikts keinen Einfluss haben. Das gilt für fakultativ mögliche wie für zwingend vorgeschriebene Strafänderungen gleichermaßen. Daher verändern Milderungen gem. §§ 13 Abs. 1, 49 Abs. 1 (bei unechtem Unterlassen), gem. §§ 17 S. 2, 49 Abs. 1 (bei vermeidbarem Verbotsirrtum), gem. §§ 21, 49 Abs. 1 (bei verminderter Schuldfähigkeit) oder gem. §§ 23 Abs. 2/3, 49 Abs. 1/2 (im Falle eines strafbaren Versuchs) den Deliktscharakter ebenso wenig wie die obligatorischen Milderungen gem. §§ 27 Abs. 2 S. 2, 49 Abs. 1 (Beihilfe), gem. §§ 28 Abs. 1, 49 Abs. 1 (besondere persönliche Merkmale des Täters fehlen dem Anstifter oder Gehilfen), gem. §§ 30 Abs. 1 S. 2 und Abs. 2, 49 Abs. 1 (versuchte Tatbeteiligung) oder gem. §§ 35 Abs. 2 S. 2, 49 Abs. 1 (Irrtum über die Voraussetzungen eines entschuldigenden Notstands).

Dasselbe gilt für die im Besonderen Teil des StGB häufig anzutreffenden Strafschärfungs- oder Strafmilderungsmöglichkeiten in Form von „besonders schweren" oder „minder schweren" Fällen (vgl. etwa §§ 253 Abs. 4, 221 Abs. 4, 225 Abs. 4, 226 Abs. 3, 249 Abs. 2). Diese sog. unbenannten Strafänderungsgründe haben gem. § 12 Abs. 3 für die Klassifizierung eines Delikts als Verbrechen oder Vergehen ebenfalls keine Bedeutung. Die Erpressung (§ 253 Abs. 1) bleibt daher Vergehen auch dann, wenn sie als „besonders schwerer Fall" (§ 253 Abs. 4) gewertet und zu einem Strafrahmen führt, dessen Untergrenze mit der des § 12 Abs. 1 übereinstimmt. Umgekehrt beseitigt das Vorliegen eines „minder schweren Falls" des Raubes (§ 249 Abs. 2) nicht den Verbrechenscharakter der Tat, obwohl die Strafrahmenverschiebung nach § 249 Abs. 2 einen Strafrahmen „produziert", der sich ohne weiteres in § 12 Abs. 2 (Vergehen) einordnen lässt. Diese Unerheblichkeit der unbenannten Strafänderungsgründe für den Deliktscharakter einer (strafrechtswidrigen) Tat beruht auf der Erwägung, dass es im Einzelfall den strafzumessungsrechtlichen Entscheidungen des Strafrichters vorbehalten bleibt, ob er die modifizierten Strafdrohungen des besonders schweren oder minder schweren Falls anwendet oder nicht. Die Frage der Klassifizierung eines Delikts als Verbrechen oder Vergehen darf aber aus verfassungsrechtlichen Gründen (Art. 103 Abs. 2 GG) nicht der einzelfallbezogenen Entscheidungskompetenz des Strafrichters überlassen werden.[8]

Die Vorschrift des § 12 und insbesondere des § 12 Abs. 3 versteht sich der Sache nach somit als Konsequenz und Sicherstellung der Garantiefunktion des Strafgesetzes. Im Kontext der Zweiteilung aller Delikte in Verbrechen und Vergehen ergibt sich aus dem Sinn des strafrechtlichen Gesetzlichkeitsprinzips allerdings auch, dass sog.

---

[7] Vgl. NK-StGB (*Saliger*), § 12 Rn. 7 ff.; Schönke/Schröder (*Hecker*), StGB, § 12 Rn. 6; SK-StGB/*Hoyer*, § 12 Rn. 4 ff.
[8] Vgl. dazu *Roxin*, Strafrecht AT I, § 9 Rn. 5 ff., 9 ff., 13.

benannte Strafänderungsgründe, deren Vorliegen zwingend eine Strafschärfung oder -milderung durch gesetzlich vorgegebene Strafrahmenverschiebung bewirkt, den Deliktscharakter unter den Voraussetzungen des § 12 Abs. 1 bzw. 2 verändern können. Dazu gehören Strafschärfungen und/oder Strafmilderungen im Besonderen Teil des StGB, die gesetzlich abschließend beschrieben und bestimmt sind. Zumeist handelt es sich dabei um qualifizierende oder privilegierende oder sonstige (Tat-)Umstände, die den Unwertgehalt der Tat betreffen. So ist z.B. die „einfache" Körperverletzung gem. § 223 Abs. 1 ein Vergehen, die „schwere" Körperverletzung gem. § 226 Abs. 1 hingegen ein Verbrechen, weil die „qualifizierenden" schweren Folgen in § 226 Abs. 1 abschließend bestimmt sind und bei ihrem Vorliegen, aber auch nur bei ihrem Vorliegen, allein der modifizierte Strafrahmen maßgeblich ist. Dementsprechend ist der sexuelle Missbrauch willensbeeinträchtigter (vormals: widerstandsunfähiger) Personen gem. § 177 Abs. 2 Nr. 1 ein Vergehen, gem. § 177 Abs. 4 bei Vorliegen der dort abschließend benannten erschwerenden (qualifizierenden) Umstände jedoch ein Verbrechen (vgl. §§ 177 Abs. 4, § 12 Abs. 1: Mindestfreiheitsstrafe von einem Jahr). Weitere Anwendungsfälle abschließend benannter Strafänderungsgründe finden sich in § 216 – das ernstliche und ausdrückliche (Tötungs-)Verlangen gem. § 216 Abs. 1 stuft die vorsätzliche Tötung gem. § 212 Abs. 1 „privilegierend" vom Verbrechen zum Vergehen herab – und § 239 Abs. 3: Das Vergehen der Freiheitsberaubung gem. § 239 Abs. 1 verändert seinen Deliktscharakter in den erschwerenden Fällen des § 239 Abs. 3 Nr. 1 und 2, es wird zum Verbrechen (vgl. auch § 239 Abs. 4).[9]

227 Im Gegenüber zum Vergehen wird der Begriff des Verbrechens in § 12 in einem engeren, und zwar in einem gesetztechnisch-formalen Sinne als Ausdruck für die im Vergleich zu Vergehen typischerweise schwereren Straftaten verwendet. Umgangssprachlich und terminologisch sind aber noch weitere „Verbrechensbegriffe" zu unterscheiden. Der **allgemeine Verbrechensbegriff** bezeichnet ganz allgemein jedes strafrechtlich relevante Verhalten, die strafbare Handlung oder die Straftat etc. als Verbrechen. Davon scharf zu trennen ist der Verbrechensbegriff, der als ein formalisiertes **System von Straftatmerkmalen** (Verbrechenselementen). Dieser Verbrechensbegriff ist je nach Akzentuierung ein „dogmatischer" oder ein „kriminalpolitischer", allemal aber ein „materieller" Verbrechensbegriff[10] und als solcher Anknüpfungs- und Bezugspunkt der allgemeinen Verbrechenslehre.

3. Zur Unterscheidung verschiedener Deliktsarten

228 Die gesetzlichen Deliktsbeschreibungen im Besonderen Teil des StGB und in anderen Strafgesetzen (Nebenstrafrecht) sind nichts anderes als Beschreibungen menschlicher Verhaltensweisen, die strafwürdig und strafbedürftig sind, sofern das beschriebene Verhalten zugleich rechtswidrig und schuldhaft ist. Fachsprachlich steht für die „gesetzliche Deliktsbeschreibung" der gleichbedeutende Terminus „gesetzlicher Straftatbestand", „gesetzlicher Tatbestand", „Gesetzestatbestand" oder einfach nur „Tatbestand". Der gesetzliche Straftatbestand drückt aus, was zur Gewährleistung des strafrechtlichen Rechtsgüterschutzes verboten und/oder geboten ist. Er setzt die ihm an

---

9 Vgl. zu Abgrenzungsfragen bei problematischen „Über-Kreuz-Lagen" verschiedenartiger Strafänderungsgründe *Roxin*, Strafrecht AT I, § 9 Rn. 15; zum Ganzen noch *Baumann/Weber/Mitsch/Eisele*, Strafrecht AT/ *Mitsch*, § 6 Rn. 69 ff.; NK-StGB (*Saliger*), § 12 Rn. 4 ff.; *Schönke/Schröder* (*Hecker*), StGB, § 12 Rn. 6 ff.; SK-StGB/ *Hoyer*, § 12 Rn. 4 ff.
10 Vgl. etwa *Jescheck/Weigend*, Strafrecht AT, § 7 I; *Roxin*, Strafrecht I, § 2 Rn. 1.

3. Zur Unterscheidung verschiedener Deliktsarten

sich vorausliegenden (strafrechtlichen) Verbote und Gebote begrifflich in deliktstypische Unrechtsmerkmale (Tatbestandsmerkmale) um. Jeder gesetzliche Straftatbestand verkörpert daher einen bestimmten Unrechts- bzw. Deliktstypus. Die im gesetzlichen Straftatbestand benannten deliktstypischen Unrechtsmerkmale, die als Ganzes erst den jeweiligen Unrechts- bzw. Deliktstyp konstituieren, können das Tatsubjekt (Tätereigenschaften), das Tatobjekt (Handlungs- oder Angriffsobjekt), das deliktische Verhalten oder auch dessen (schädliche) Folgen betreffen.[11] Je nach Bezugspunkt und Art der deliktstypisierenden Unrechtsbeschreibungen sind verschiedene Deliktsarten zu unterscheiden:

3.1 Allgemeindelikte, Sonderdelikte, eigenhändige Delikte

Alle gesetzlichen Straftatbestände benennen ein Tatsubjekt und bestimmen mit ihm den Kreis derjenigen Personen, die zum Täter des jeweiligen Delikts taugen. Dementsprechend sind **Allgemeindelikte** solche Straftaten, die von jedermann begangen werden können. In den allermeisten Fällen – aber nicht ausnahmslos[12] – sind Allgemeindelikte daran zu erkennen, dass der gesetzliche Straftatbestand den namenlosen „Wer" als Tatsubjekt (Täter) nennt.[13] Beispiele dafür finden sich in §§ 212, 223, 242, 249, 253, 263, 303. Die Zuordnung eines Delikts zur Deliktsart „Allgemeindelikt" bedeutet nicht, dass Täter eines solchen Delikts nur sein kann, wer in seiner Person alle Tatumstände zu verwirklichen imstande ist (vgl. Rn. 231). Vielmehr kennzeichnet sich das Allgemeindelikt allein dadurch, dass es keine besonderen Tätereigenschaften voraussetzt.

229

Die Mehrzahl aller gesetzlichen Straftatbestände des StGB und des Nebenstrafrechts enthalten solche Allgemeindelikte. Eine Reihe von Straftatbeständen nennt jedoch ein Tatsubjekt, das ganz bestimmte Eigenschaften aufweist. Diese gesetzlichen Straftatbestände umschreiben **Sonderdelikte** in dem Sinne, dass Täter eines derartigen Sonderdelikts nur sein kann, wer die im gesetzlichen Straftatbestand geforderten Tätereigenschaften (Täterqualität, Täterqualifikation) in seiner Person verwirklicht. Zu den Sonderdelikten zählen etwa die sog. Amtsdelikte gem. §§ 331 ff. oder auch die Verletzung von Privatgeheimnissen gem. § 203; denn Straftaten im Amt setzen die Tätereigenschaft „Amtsträger" etc. voraus und Täter der Verletzung von Privatgeheimnissen kann nur sein, wer die in § 203 aufgeführten (beruflichen) Qualifikationen als Arzt, Rechtsanwalt, Psychologe, staatlich anerkannter Sozialarbeiter etc. (vgl. § 203 Abs. 1 Nr. 1 – 6, § 203 Abs. 2 Nr. 1 – 6) hat. Nach der tatbestandlichen Wirkung, die den geforderten Eigenschaften des Tatsubjekts zukommt, unterscheidet man „echte" oder „eigentliche" Sonderdelikte und „unechte" oder „uneigentliche" Sonderdelikte. **Echte Sonderdelikte** sind Straftaten, bei denen die im gesetzlichen Straftatbestand umschriebene Täterqualifikation über das „Ob" der Strafbarkeit entscheidet, also **strafbegründend** wirkt. Das ist der Fall bei den „eigentlichen" Amtsdelikten (vgl. §§ 331, 332, 339, 343, 344, 348, 352 etc.). Soweit ein Sonderdelikt auf ein Grunddelikt aufbaut, das als Allgemeindelikt von jedermann begangen werden kann, wirkt die im gesetzlichen Tatbestand beschriebene besondere Tätereigenschaft dagegen nur

230

---

11 Vgl. zu den Bestandteilen eines gesetzlichen Straftatbestandes *Baumann/Weber/Mitsch/Eisele*, Strafrecht AT/*Mitsch*, § 6 Rn. 8 ff., zu den verschiedenen Deliktsarten ebda. Rn. 37 ff.; *Roxin*, Strafrecht AT I, § 10 Rn. 53 ff., 102 ff.
12 Vgl. *Roxin*, Strafrecht AT I, § 10 Rn. 129.
13 Vgl. *Wessels/Beulke/Satzger*, Strafrecht AT, Rn. 54.

strafschärfend. Diese Sonderdelikte werden deshalb als **unechte Sonderdelikte** bezeichnet. Körperverletzung im Amt (§ 340) ist ein solches unechtes Sonderdelikt, weil die einfache Körperverletzung gem. § 223 von jedermann begangen werden kann, die tatsubjektqualifizierende Amtsträgerschaft somit nicht strafbegründend, sondern „nur" strafschärfend wirkt.

231 Den echten und/oder unechten Sonderdelikten sind auch die sog. **Pflichtdelikte** (gekennzeichnet durch eine außerstrafrechtliche Pflichtenstellung des tatbestandlichen Tatsubjekts) zuzurechnen. Das trifft etwa für die veruntreuende Unterschlagung (§ 246 Abs. 2) oder auf die vermögensstrafrechtliche Untreue (§ 266 Abs. 1, 2 Alt.: Vermögensbetreuungspflicht) und auf die Aussagedelikte (§§ 153 ff.) zu. Nicht zu den Sonderdelikten gehören die sog. **eigenhändigen Delikte**. Ihre Eigenart besteht darin, dass die im gesetzlichen Tatbestand geschilderte Straftat nur durch eine unmittelbar eigenhändige, persönliche Tatausführung begangen werden kann. Welche gesetzlichen Straftatbestände derart eigenhändige Delikte umschreiben, ist in vielen Fällen umstritten. Die Aussagedelikte, insbesondere der Meineid (§§ 153 ff., 154) zählen dazu ebenso wie der strafbare Beischlaf zwischen Verwandten (§ 173: Täter kann nur sein, wer den Beischlaf selbst vollzieht). Auch den sexuellen Missbrauch willensbeeinträchtigter (vormals: widerstandsunfähiger) Personen gem. § 177 Abs. 2, 4 (§ 179 Abs. 1 a. F.) wird man als eigenhändiges Delikt ansehen müssen, ebenso den strafbaren Vollrausch gem. § 323 a. Hingegen stellt die sexuelle Nötigung bzw. Vergewaltigung nach § 177 kein eigenhändiges Delikt dar, weil Täter sein kann, wer lediglich die Gewalt ausübt oder mit gegenwärtiger Lebens- oder Leibesgefahr droht. Auch eine Frau kann daher Täterin einer sexuellen Nötigung/Vergewaltigung gem. § 177 sein („Wer", Allgemeindelikt).

232 Die Differenzierung zwischen verschiedenen Deliktsarten entspringt nicht bloßem Ordnungsstreben. Vielmehr hat sie diverse praktische Konsequenzen. So spielt die Unterscheidung zwischen Allgemein- und Sonderdelikten bzw. eigenhändigen Delikten eine wichtige Rolle für Fragen im Problembereich von Täterschaft und Teilnahme (vgl. Rn. 625 ff.). Im Falle eines eigenhändigen Delikts beispielsweise kann Täter, Mittäter oder unmittelbarer Täter (vgl. § 25) nur sein, wer die Tatausführung selbst, persönlich, bewirkt, alle anderen Tatbeteiligten kommen nur als Teilnehmer (im engeren Sinne: Anstiftung, Beihilfe – §§ 26, 27) in Betracht. Und im Kontext der Sonderdelikte ist im Rahmen strafbarer Tatbeteiligungen die zurechnungsbegrenzende bzw. -ausschließende Vorschrift des § 28 Abs. 2 von erheblicher Bedeutung. Zu beachten ist bei alledem, dass sich die Deliktsarten in ein und demselben Delikt überlagern können: Der Meineid ist nicht allein eigenhändiges Delikt, sondern zugleich auch Sonderdelikt in Gestalt eines Pflichtdelikts.[14]

3.2 Verletzungsdelikt, Gefährdungsdelikt

233 Art und Intensität der Beeinträchtigung des von einer Tat betroffenen Handlungsobjekts (Angriffsobjekts, Tatobjekts) liefern die Kriterien für eine Abgrenzung sog. Verletzungsdelikte von sog. Gefährdungsdelikten. Setzt ein gesetzlicher Straftatbestand eine Schädigung des Tatobjekts im Sinne einer realen Beeinträchtigung und Werteinbuße voraus, hat das entsprechende Delikt den Charakter eines **Verletzungsdelikts**:

---

[14] Vgl. zum Ganzen *Baumann/Weber/Mitsch/Eisele*, Strafrecht AT/*Mitsch*, § 6 Rn. 37 ff., 38 – 42 , 45 f.; *Heinrich*, Strafrecht AT, Rn. 157 ff.; *Roxin*, Strafrecht AT I, § 10 Rn. 129 ff.; *Wessels/Beulke/Satzger*, Strafrecht AT, Rn. 53 ff., 55 ff.

3. Zur Unterscheidung verschiedener Deliktsarten

Der Sache nach wird mit der Schädigung des Handlungsobjekts zugleich das im gesetzlichen Tatbestand geschützte Rechtsgut verletzt. Beispiele für Verletzungsdelikte finden sich in den §§ 211 ff. (zur Vollendung der Tötungsdelikte gehört der Tod eines Menschen), in den §§ 223 ff. (erforderlich ist eine Verletzung der körperlichen Integrität durch Gesundheitsbeschädigung oder körperliche Misshandlung) und in den §§ 303 ff. (eine Sache muss beschädigt sein) etc.

Nicht selten verlagert das Gesetz den Strafrechtsschutz für Rechtsgüter vor die Verletzung des Tatobjekts, indem es für die Vollendung bestimmter Delikte lediglich eine Gefährdung des jeweils geschützten Rechtsguts bzw. des im gesetzlichen Tatbestand genannten Schutzobjekts genügen lässt. Diese **Gefährdungsdelikte** treten in zwei Formen in Erscheinung. Soweit ein gesetzlicher Straftatbestand als tatbestandliche Strafbarkeitsvoraussetzung den Eintritt einer realen Gefahr für das geschützte Rechtsgut (Handlungs- bzw. Tat- oder Schutzobjekt) verlangt, handelt es sich um ein **konkretes Gefährdungsdelikt**. Es muss also für das geschützte Handlungsobjekt/Rechtsgut im Einzelfall wirklich eine Schädigungsgefahr eingetreten, ein Ausbleiben der schließlichen Rechtsgutsverletzung nur zufällig sein.[15]

234

Die Herbeiführung einer solchen Gefahrenlage ist strafbegründendes Tatbestandsmerkmal. Typisches Beispiel für ein konkretes Gefährdungsdelikt ist das in § 315 c Abs. 1 Nr. 1 und Nr. 2 geschilderte verkehrswidrige Verhalten, das Leib oder Leben eines anderen Menschen oder fremde Sachen von bedeutendem Wert (konkret) gefährdet haben muss. Auch in den §§ 221, 308 sind konkrete Gefährdungsdelikte umschrieben. Demgegenüber setzen die **abstrakten Gefährdungsdelikte** gerade nicht voraus, dass dem geschützten Rechtsgut (Tatobjekt) durch die Tat eine wirkliche Schädigungsgefahr gedroht hat. Sie beruhen auf der gesetzlichen Vermutung, dass bestimmte Verhaltensweisen für das geschützte Rechtsgut/Tatobjekt generell (abstrakt) gefährlich sind. Die Gefährlichkeit des Tatverhaltens ist folglich nicht Tatbestandsmerkmal (tatbestandliche Strafbarkeitsvoraussetzung), sondern nur Grund für die Existenz der Vorschrift (gesetzgeberisches Motiv). Die Gefährlichkeit des Tatverhaltens braucht anders als bei den konkreten Gefährdungsdelikten im Einzelfall nicht eigens richterlich festgestellt zu werden, sondern wird vom Gesetz **unwiderleglich** vermutet.[16] So geht § 316 etwa davon aus, dass das Führen eines Fahrzeugs im Verkehr im Zustande „absoluter" Fahrunsicherheit stets gefährlich ist, ohne dass es darauf ankommt, ob andere Verkehrsteilnehmer (oder Sachen von bedeutendem Wert) tatsächlich in der Nähe und einer wirklichen Leibes- oder Lebensgefahr ausgesetzt sind. Dasselbe gilt für § 306 a Abs. 1 (schwere Brandstiftung): Auch insoweit ist unerheblich, ob sich Menschen in den in § 306a Abs. 1 Nr. 1 – 3 beschriebenen Räumlichkeiten zur Zeit des Inbrandsetzens aufhielten oder nicht.[17]

235

Als Unterfall der abstrakten Gefährdungsdelikte werden die im Grenzbereich zu den konkreten Gefährdungsdelikten stehenden sog. **Eignungsdelikte** oder auch **potentiellen Gefährdungsdelikte** eingeordnet.[18] Sie zeichnen sich dadurch aus, dass eine konkrete Gefahr nicht eingetreten sein muss, das Tatverhalten über seine bloß generelle (abstrakte) Gefährlichkeit hinaus aber zumindest geeignet war, eine konkrete (Schädigungs-)Gefahr herbeizuführen. Ein Großteil der sog. Umweltdelikte stellt solche Eig-

236

---

15 Vgl. *Roxin*, Strafrecht AT I, § 10 Rn. 123 f.
16 Vgl. *Wessels/Beulke/Satzger*, Strafrecht AT, Rn. 42 ff.
17 Vgl. BGHSt 34, 115, 118/119; vgl. zum Ganzen auch *Heinrich*, Strafrecht AT, Rn. 161 ff.
18 Vgl. *Wessels/Beulke/Satzger*, Strafrecht AT, Rn. 44.

nungsdelikte, die wegen ihrer Zwischenstellung zwischen abstrakten und konkreten Gefährdungsdelikten mitunter auch als abstrakt-konkrete Gefährdungsdelikte bezeichnet werden, dar. So geht es bei der strafbaren Luftverunreinigung in § 325 Abs. 1 um die pflichtwidrige Veränderung von Luft, die **geeignet** ist, die Gesundheit eines anderen etc. zu schädigen.[19]

3.3 Erfolgsdelikte, (schlichte) Tätigkeitsdelikte

237 Die Unterscheidung zwischen sog. Erfolgs- und Tätigkeitsdelikten resultiert daraus, dass zahlreiche Straftatbestände im Besonderen Teil des StGB und im Nebenstrafrecht die Strafbarkeit des deliktischen Verhaltens von einem „Erfolg" in der Außenwelt abhängig machen, andere Straftatbestände hingegen bereits schlichtes Handeln für die Strafbarkeit genügen lassen. **Erfolgsdelikte** sind danach Straftaten, bei denen als „Erfolg" eine vom Tatverhalten räumlich und zeitlich getrennte Verletzungs- oder Gefährdungswirkung (beim Tat-, Handlungs- bzw. Angriffsobjekt) eintritt.[20] Immer wieder bemühtes Beispiel für ein Erfolgsdelikt ist der in § 212 Abs. 1 beschriebene Totschlag: Die Tötungshandlung führt den räumlich/zeitlich davon abgrenzbaren Tod eines Menschen herbei. Auch die (konkrete) Gefährdung des Straßenverkehrs gem. § 315 c Abs. 1 ist ein Erfolgsdelikt; denn die Qualifizierung eines Delikts als Erfolgsdelikt setzt nicht voraus, dass ein **Verletzungs**erfolg eintritt, sondern allein, dass ein vom Tatverhalten (zumindest gedanklich) abgetrennter Außenwelterfolg, der eben auch in einem konkreten Gefährdungserfolg bestehen kann, herbeigeführt wird.

238 Im Gegensatz zu den Erfolgsdelikten besteht die Deliktstypizität der sog. **schlichten Tätigkeitsdelikte** darin, dass bereits das im gesetzlichen Straftatbestand umschriebene Tatverhalten als solches „das" Delikt ist, ein Außenwelterfolg also nicht eintritt. Der Meineid oder ganz allgemein die Falschaussage in den §§ 153 ff. sind Beispiele für schlichte Tätigkeitsdelikte; denn schon die falsche Aussage als solche ist strafbar, nicht erst die falsche Aussage, die ein unrichtiges Urteil etc. herbeiführt. Ähnlich verhält es sich beim Hausfriedensbruch gem. § 123 Abs. 1, 1. Alt., der bereits mit dem Eindringen in die „umfriedeten" Räume vollendet ist, ohne dass es auf einen weiteren „Erfolg" ankommt. Zu den schlichten Tätigkeitsdelikten zählt des Weiteren die Trunkenheit im Verkehr, die gem. § 316 Abs. 1 „abstrakt" gefährlich ist. Wie zuvor gilt also, dass sich verschiedene Deliktsarten in ein und demselben Delikt überlagern, abstrakte Gefährdungsdelikte daher zugleich schlichte Tätigkeitsdelikte sein können bzw. sind.[21]

239 Bedeutung hat die Differenzierung zwischen Erfolgs- und Tätigkeitsdelikten vor allem deshalb, weil die (ungeschriebenen) Strafbarkeitsvoraussetzungen der Kausalität zwischen Tatverhalten und Taterfolg und der objektiven Zurechenbarkeit des Erfolges nur bei den Erfolgsdelikten eine (straftatbegründende) Rolle spielen. Bei schlichten Tätigkeitsdelikten ist die Straftat begangen (vollendet), wenn das gesetzlich umschriebene deliktische Verhalten rechtstatsächlich vorliegt; es bedarf weder einer Kausalitätsfeststellung noch der Feststellung, dass ein „Erfolg" dem Täter- / Tatverhalten objektiv zuzurechnen ist. Zu beachten bleibt allerdings, dass die Unterscheidung zwischen Er-

---

19 Vgl. zum Ganzen *Baumann/Weber/Mitsch/Eisele*, Strafrecht AT/*Mitsch*, § 6 Rn. 49 ff., 53; *Roxin*, Strafrecht AT I, § 10 Rn. 123 ff.; *Wessels/Beulke/Satzger*, Strafrecht AT, Rn. 42 ff., 45.
20 Vgl. *Roxin*, Strafrecht AT I, § 10 Rn. 102; vgl. zur Differenzierung zwischen Erfolgs- und Tätigkeitsdelikten auch *Heinrich*, Strafrecht AT, Rn. 158 ff.
21 Vgl. auch *Baumann/Weber/Mitsch/Eisele*, Strafrecht AT/*Mitsch*, § 6 Rn. 47 ff., 48.

folgs- und Tätigkeitsdelikten nicht überfordert und nicht verallgemeinert werden darf. Sie ist nur sinnvoll als Differenzierung zwischen verschiedenen Deliktsarten. Unter straftatsystematischem Blickwinkel (zum System der Straftatmerkmale vgl. Rn. 258 ff., 294 ff.) etwa kommt auch den schlichten Tätigkeitsdelikten ein „Taterfolg" zu. Er besteht freilich in der Tat-/ Täterhandlung selbst. Dementsprechend ist der Kausalzusammenhang zwischen Tathandlung und Taterfolg bei den schlichten Tätigkeitsdelikten auf ein „logisches Rudiment" minimiert: Die Falschaussage (Erfolg) wird eo ipso herbeigeführt (kausal bewirkt) durch das wahrheitswidrige Aussagen (Tathandlung) mit selbsteintretender „Erfolgszurechnung". Überdies ist bei den Erfolgsdelikten die Trennung zwischen dem Tat-/Täterverhalten und dem eingetretenen Außenwelterfolg nur relativ in dem Sinne, dass zwischen Taterfolg und Verhalten letztlich doch eine „normative Konnexität" besteht und der Erfolg als vom tatbestandlichen Verhalten umfasst anzusehen ist. Im konkreten Einzelfall kann sich außerdem ein vermeintliches Erfolgsdelikt als schlichtes Tätigkeitsdelikt erweisen. So bewirkt die Ohrfeige (Tathandlung) zugleich einen von ihr realiter nicht abtrennbaren Erfolg (z.B. Gesundheitsschädigung): § 223 Abs. 1 als schlichtes Tätigkeitsdelikt.[22]

Einen Sonderfall der Erfolgsdelikte stellen die sog. **erfolgsqualifizierten Delikte** dar. Sie sind daran zu erkennen, dass die Verwirklichung eines Grunddelikts (vgl. Rn. 249) gesetzlich mit einer zusätzlichen „besonderen Folge" verknüpft wird. Allerdings erschöpft sich die Deliktscharakteristik der erfolgsqualifizierten Delikte nicht in einer bloßen Kumulierung von Grunddelikt und besonderer Tatfolge. Die besondere Tatfolge muss vielmehr im Sinne einer „besonderen Affinitätsbeziehung" zum Grunddelikt die ihm anhaftende eigentümliche Gefahr realisieren.[23] Beispiele für erfolgsqualifizierte Delikte enthalten die §§ 221 Abs. 3, 226 Abs. 2, 227, 239 Abs. 4, 239 a Abs. 3, 251, 306 c. Das Grunddelikt braucht freilich kein Erfolgsdelikt zu sein (wie im Verhältnis zwischen § 223 Abs. 1 und § 227). Auch ein (abstraktes oder konkretes) **Gefährdungsdelikt** kommt als Grunddelikt in Betracht: So wird in § 306 c u.a. das abstrakte Gefährdungsdelikt des § 306 a Abs. 1 und in § 221 Abs. 3 das konkrete Gefährdungsdelikt des § 221 Abs. 1 durch die Todesfolge (Todeserfolg) qualifiziert. Mit der Zuordnung eines Delikts zu den erfolgsqualifizierten Delikten droht eine im Vergleich zum Grunddelikt (erheblich) schwerere Strafe. Dem trägt § 18 Rechnung. Für die Strafbarkeit wegen eines erfolgsqualifizierten Delikts reicht es nicht, dass die besondere Folge ursächlich auf die Verwirklichung des Grunddelikts zurückzuführen ist. Der Täter muss die besondere Tatfolge vielmehr (zumindest) fahrlässig bewirkt haben, zum Teil verlangen die gesetzlichen Straftatbestände über die Anforderungen des § 18 hinaus hinsichtlich der schweren Tatfolgen (wenigstens) leichtfertiges Verhalten (vgl. § 306 c). Gleichwohl sind die erfolgsqualifizierten Delikte insbesondere wegen ihrer hohen Strafdrohungen verfassungs- und schuldstrafrechtlich problematisch.[24] Erforderlich ist deshalb, dass sich im Eintritt der schweren Folge ein für den jeweiligen Grundtatbestand eigentümliches Risiko verwirklicht (sog. **tatbestandsspezifischer Gefahrzusammenhang**), weil nur dann der besondere Unrechtsgehalt des in Betracht kommenden erfolgsqualifizierten Deliktes gegeben ist.[25]

240

---

22 Vgl. zum Ganzen etwa *Roxin*, Strafrecht AT I, § 10 Rn. 102 ff., 104, der mit Recht auf die Relativität der Deliktsdifferenzierung aufmerksam macht.
23 Vgl. *BGHSt* 31, 96, 98 f; 33, 322, 323 f.; *Wessels/Beulke/Satzger*, Strafrecht AT, Rn. 36 ff., 38.
24 Vgl. dazu *Roxin*, Strafrecht AT I, § 10 Rn. 108 ff. m. w. Nachw.
25 Vgl. *Wessels/Beulke/Satzger*, Strafrecht AT, Rn. 36 ff., 38 m. zahlr. Nachw. auch aus der Rspr. in dort. Fn. 53.

3.4 Dauerdelikt, Zustandsdelikt

241 Für die Einordnung einer Straftat als Dauerdelikt oder Zustandsdelikt ist von Bedeutung, ob und inwieweit es „lediglich" um die deliktische Herbeiführung bzw. pflichtwidrige Nichtbeseitigung eines rechtswidrigen Zustandes oder auch um dessen rechtswidrige Aufrechterhaltung geht. Orientiert an diesen Abgrenzungskriterien sind **Dauerdelikte** stets nur solche Straftaten, bei denen der Täter den von ihm in deliktischer Weise geschaffenen rechtswidrigen Zustand willentlich aufrecht erhält oder die deliktische Tätigkeit ununterbrochen fortsetzt, so dass sich der strafrechtliche Vorwurf sowohl auf die Herbeiführung (pflichtwidrige Nichtbeseitigung) als auch auf die Aufrechterhaltung des rechtswidrigen Zustandes bezieht.[26] Anschauliches Beispiel für ein Dauerdelikt ist die Freiheitsberaubung (§ 239): Sie beginnt in vielen Fällen mit dem Einsperren des Opfers (Herbeiführung des rechtswidrigen Zustandes) und findet ihren Abschluss erst in der Freilassung des Eingesperrten. Entsprechendes gilt für den Hausfriedensbruch, der mit dem Eindringen oder aufforderungswidrigen unbefugten Verweilen in den umfriedeten Räumen (vgl. § 123 1. und 2. Alt.) beginnt, sich über das andauernde Verweilen fortsetzt und erst zum Abschluss gelangt, wenn der Täter die Räumlichkeiten wieder verlässt.[27]

242 Bezieht sich der strafrechtliche Vorwurf allein auf die „bloße" Herbeiführung (oder pflichtwidrige Nichtbeseitigung) eines rechtswidrigen Zustandes spricht man von einem **Zustandsdelikt**. Im Gegensatz zu den Dauerdelikten sind Zustandsdelikte mit Eintritt des rechtswidrigen Zustandes abgeschlossen, einer Aufrechterhaltung des widerrechtlichen Zustandes also weder fähig noch bedürftig.[28] In der Regel handelt es sich bei den Zustandsdelikten (zugleich) um Erfolgsdelikte: Mit Eintritt des tatbestandlichen Erfolges ist der widerrechtliche Zustand herbeigeführt und das Delikt damit abgeschlossen. Das ist typischerweise der Fall bei den Tötungsdelikten (§§ 211 ff.), Körperverletzungsdelikten (§§ 223 ff.) oder auch bei der Sachbeschädigung (§ 303).

243 Ob eine Straftat als Dauerdelikt oder Zustandsdelikt zu beurteilen ist, bestimmt sich in erster Linie nach der tatbestandlichen Ausgestaltung des jeweiligen Delikts. Im Blick auf die verschiedenen Verwirklichungsstufen deliktischen Verhaltens (vgl. Rn. 503 ff.) ist die Zuordnung von Straftaten zu den Dauer- oder Zustandsdelikten insbesondere für etwaige Tatbeteiligungen und deren Strafbarkeit wichtig: Mittäterschaft (§ 25 Abs. 2) und Beihilfe (§ 27) sind möglich bis zur Beendigung eines Delikts. Bei Dauerdelikten ergibt sich daher zwischen der Herbeiführung des rechtswidrigen Zustandes und dessen endgültiger Beseitigung die Möglichkeit strafbarer Tatbeteiligungen. Zustandsdelikte sind dagegen mit Herbeiführung des widerrechtlichen Zustandes regelmäßig zugleich vollendet und beendet. Bei ihnen ist die Möglichkeit einer strafbaren Tatbeteiligung nach Eintritt des rechtswidrigen Zustandes deshalb ausgeschlossen, so dass allenfalls noch sog. Anschlussdelikte (vgl. §§ 257, 258 ff.) eine Rolle spielen können. Für Fragen der Verfolgungsverjährung (§§ 78 ff.) hat die Zuweisung eines Delikts zur Kategorie des Dauerdelikts ebenfalls erhebliche Bedeutung. Nach § 78 a S. 1 beginnt die Verjährung, sobald die Tat beendet ist. Bei Dauerdelikten beginnt der Lauf von

---

26 Vgl. *BGHSt* 42, 215, 216.
27 Vgl. zu weiteren Beispielen *Schönke/Schröder (Sternberg-Lieben/Bosch)*, StGB, Vorbem. §§ 52 ff., Rn. 81 ff., 81.
28 Vgl. *Roxin*, Strafrecht AT I, § 10 Rn. 106.

3. Zur Unterscheidung verschiedener Deliktsarten

Verjährungsfristen somit anders als bei Zustandsdelikten nicht bereits mit Eintritt des widerrechtlichen Zustandes, sondern erst mit seiner Aufhebung oder Beseitigung.[29]

3.5 Einfache Delikte, zusammengesetzte Delikte

Schon ihre Begrifflichkeit drückt aus, was die einfachen Delikte von den zusammengesetzten Delikten unterscheidet: Zielt ein gesetzlicher, in sich geschlossener Straftatbestand auf den Schutz nur eines einzigen Rechtsguts, ist es also nur ein einziger Straftatbestand, der die Deliktsbeschreibung enthält, stellt das betreffende Delikt ein **einfaches Delikt** dar. Solche einfachen Delikte sind etwa die Tötungsdelikte gem. §§ 211 ff., die Körperverletzungsdelikte gem. §§ 223 ff. oder auch die Sachbeschädigung gem. § 303. Anders als die einfachen Delikte sind die **zusammengesetzten Delikte** dadurch gekennzeichnet, dass im gesetzlichen Straftatbestand mehrere verschiedene Rechtsgüter geschützt sind, und zwar so, dass mehrere Einzeltatbestände, die auch für sich – selbständig – bestehen könnten, zu einem einheitlichen Straftatbestand zusammengefügt sind.[30] Ein geradezu „klassisches" Beispiel ist das Raubdelikt gem. § 249. Es setzt sich zusammen aus Diebstahl (als selbständiges Delikt in § 242 erfasst) und Nötigung (tatbestandlich in § 240 beschrieben). Die Charakterisierung eines Delikts als einfaches oder zusammengesetztes Delikt hat Bedeutung für deren inhaltliche „rechtsgutsbezogene" Konkretisierung. Für das Verständnis eines gesetzlichen Straftatbestandes, der ein zusammengesetztes Delikt beschreibt, sind die jeweils geschützten mehreren Rechtsgüter in wechselseitiger Beziehung maßgeblich.[31]

244

Von zusammengesetzten Delikten, die in einem engeren Sinne aus zwei oder mehreren einzeltatbestandlich fassbaren Deliktsbestandteilen bestehen und einen eigenen „neuen" Straftatbestand (delictum sui generis) bilden, sind andere, in einem weiteren Sinne zusammengesetzte Delikte zu unterscheiden, bei denen es nur darum geht, verschiedene Begehungsweisen desselben Delikts oder verschiedene Delikte in einem einheitlichen Straftatbestand „lose" zusammenzufassen (nicht zu einer neuen Einheit zusammenzufügen). Es handelt sich bei diesen nicht im eigentlichen Sinne zusammengesetzten Delikten um sog. **Mischdelikte** bzw. **Mischtatbestände**. Von alternativen Mischdelikten spricht man, wenn dasselbe Delikt alternativ auf verschiedene Weise verwirklicht werden kann. Das trifft etwa für die gefährliche Körperverletzung gem. 224 Abs. 1 (fünf verschiedene Begehungsformen) oder für den „schweren" Diebstahl gem. § 244 Abs. 1 Nr. 1 (zwei verschiedene Begehungsformen) zu. Als kumulative Mischtatbestände/-delikte werden Zusammenfassungen mehrerer Delikte in einem gesetzlichen Straftatbestand angesehen. Ein solches kumulatives Mischdelikt stellt § 248 c dar: In Abs. 1 ist ein diebstahlsähnliches, in Abs. 4 ein sachbeschädigungsähnliches Delikt beschrieben, ohne dass beide Deliktsbestandteile zu einem „neuen" eigenständigen Delikt „verschmolzen" sind.[32]

245

---

29 Vgl. zum Ganzen etwa *Baumann/Weber/Mitsch/Eisele*, Strafrecht AT/*Mitsch*, § 6 Rn. 58 f.; *Roxin*, Strafrecht AT I, § 10 Rn. 105 ff.; *Wessels/Beulke/Satzger*, Strafrecht AT, Rn. 46 ff. jew. m. w. Nachw.
30 Vgl. dazu *Baumann/Weber/Mitsch/Eisele*, Strafrecht AT/*Mitsch*, § 6 Rn. 67, 68.
31 Vgl. noch *Roxin*, Strafrecht AT I, § 10 Rn. 126.
32 Vgl. dazu *Roxin*, Strafrecht AT I, § 10 Rn. 128; *Schönke/Schröder (Bosch)*, StGB, § 248c Rn. 1 mit Rn. 17 m. w. Nachw.

3.6 Einaktige Delikte, mehraktige Delikte

246 Wie zuvor sprechen die Bezeichnungen für sich: **Einaktige Delikte** erfordern nur eine einzige Tathandlung, **mehraktige Delikte** dagegen zumindest zwei Tathandlungen. Der Raub (§ 249) ist ein mehraktiges Delikt (Diebstahls- und Nötigungshandlung) ebenso der räuberische Diebstahl (Diebstahls- und anschließende Nötigungshandlung) mit jeweils zwei Tathandlungen. Auch die sexuelle Nötigung bzw. Vergewaltigung gem. § 177 Abs. 1, 2 bzw. § 177 Abs. 6 Nr. 1 ist mehraktiges Delikt (Gewaltanwendung/Nötigung und sexuelle Handlung/Beischlaf). Hingegen erfordert die Sachbeschädigung oder die Tötung nach § 212 Abs. 1 jeweils nur eine einzige Tathandlung.

247 Als Sonderfälle der Rubrik „einaktige, mehraktige Delikte" verstehen sich die sog. unvollkommen mehraktigen Delikte und die sog. kupierten Erfolgsdelikte.[33] Die **unvollkommen zwei- oder mehraktigen Delikte** erkennt man daran, dass nach der gesetzlichen Deliktsbeschreibung zur Strafbarkeit objektiv zwar nur eine Tathandlung erforderlich ist, der eigentlich angestrebte Erfolg aber erst durch eine weitere Tathandlung, die vom Täter lediglich beabsichtigt (gewollt) sein muss, zu bewirken ist. Beispiele hierfür finden sich in § 146 (Nachmachen von Geld **in der Absicht**, es als echt in den Geldverkehr einzubringen: erst dann „lohnt" sich ja das Ganze) oder § 267 (Herstellen einer unechten Urkunde, **um** im Rechtsverkehr **zu täuschen**: erst die Täuschung im Rechtsverkehr verschafft die deliktischen „Vorteile"). Demgegenüber soll bei den **kupierten Erfolgsdelikten** der eigentlich angestrebte und von der Deliktsbeschreibung assoziierte weitere „Enderfolg" nicht durch einen zweiten Tatakt, sondern bereits durch die erste Tathandlung eintreten. Das ist beispielsweise beim Betrug (Täuschung etc. in Vorteilsabsicht: Eintritt des Vermögensvorteils als zweiter Erfolg der Tathandlung) oder beim Diebstahl (Wegnahme der Sache in Zueignungsabsicht: Zueignung als zweiter Erfolg der Diebstahlshandlung „Wegnahme") der Fall (vgl. §§ 263, 242). Bei solchen Absichtsdelikten gehen die subjektiven Intentionen des Täters ersichtlich über die äußeren, objektiven Tatakte hinaus.[34] Das gilt für die unvollkommen zweiaktigen oder mehraktigen Delikte wie für die kupierten Erfolgsdelikte gleichermaßen. Sie werden deshalb auch als Delikte mit überschießender Innentendenz charakterisiert.[35]

3.7 Weitere Deliktsarten

248 Je nach Differenzierungskriterium lassen sich noch weitere Deliktskategorien und -gruppierungen bilden. So kann man nach der subjektiven Beziehung des Täters zur Tat zwischen **Vorsatz- und Fahrlässigkeitsdelikt** unterscheiden. Stellt man auf den Verwirklichungsgrad eines Delikts ab, kann man das Versuchsdelikt vom **vollendeten Delikt** absetzen und beide Deliktsarten mit dem sog. Unternehmensdelikt abgleichen. Schließlich stehen sich unter dem Aspekt verschiedenartiger Begehungsweisen das **Begehungsdelikt** und das **Unterlassungsdelikt** – sei es als **echtes Unterlassungsdelikt**, sei es als **unechtes Unterlassungsdelikt** – gegenüber. Diese weiteren Deliktsarten, die im Übrigen vielfältig kombiniert in Erscheinung treten können, bedürfen indes wegen ihrer grundlegenden Bedeutung im Gesamtzusammenhang der allgemeinen Verbrechenslehre gesonderter Darstellung und Erläuterung.

---

[33] Vgl. *Roxin*, Strafrecht AT I, § 10 Rn. 127 mit Rn. 84.
[34] Vgl. *Roxin*, Strafrecht AT I, § 10 Rn. 84.
[35] Vgl. zum Ganzen etwa *Roxin*, Strafrecht AT I, § 10 Rn. 128 mit Rn. 84.

4. Das Grunddelikt und seine tatbestandlichen Modifikationen

Wie bereits erwähnt (vgl. Rn. 217) kommt im Besonderen Teil des StGB (und mit gewissen Einschränkungen auch im Nebenstrafrecht) besonders sinnfällig zum Ausdruck, was ganz allgemein Aufgabe des Strafrechts (vgl. Rn. 10 ff.) ist, nämlich den Schutz von Rechtsgütern zu gewährleisten. Das erklärt sich vornehmlich aus der nach Rechtsgütern geordneten Systematik, die den Besonderen Teil des StGB auszeichnet. Aufgeteilt ist der BT des StGB in **Abschnitte**, deren amtliche Überschriften angeben, welches Rechtsgut (welche Rechtsgüter) von den im jeweiligen Abschnitt enthaltenen Strafvorschriften geschützt wird (werden). Diese Strafvorschriften sind zu sog. **Tatbestandsgruppen** zusammengefasst. Das Rechtsgut „menschliches Leben" wird beispielsweise im 16. Abschnitt des StGB unter der Überschrift „Straftaten gegen das Leben" durch eine Reihe von gesetzlichen Straftatbeständen (§§ 211 – 222) geschützt, die eine solche Tatbestandgruppe bilden. Im 17. Abschnitt geht es mit der Überschrift „Straftaten gegen die körperliche Unversehrtheit" um den Schutz der körperlichen Integrität und Gesundheit eines Menschen. Die gesetzlichen Straftatbestände der §§ 223 – 231 bilden eine entsprechend rechtsgutsbezogene Tatbestandsgruppe. Im 13. Abschnitt wird die sexuelle Selbstbestimmung geschützt. Im 20. Abschnitt finden sich unter der Überschrift „Raub und Erpressung" mehrere Tatbestandsgruppen mit je verschiedener Schutzrichtung (geschützte Rechtsgüter sind u.a. das Eigentum (wie in §§ 242 ff.), das Vermögen (wie in §§ 263 ff.) und die persönliche (Entschließungs-)Freiheit (vgl. § 240) etc.

249

Tatbestandlicher Kern einer Tatbestandsgruppe ist das sog. **Grunddelikt** bzw. ein sog. **Grundtatbestand**. Zumeist als einfaches Delikt ausgestaltet stellt das Grunddelikt die Grundform des gesetzlichen Delikts- und Unrechtstypus dar. Der zugehörige Grundtatbestand – er verkörpert ja den Unrechtstypus (vgl. Rn. 228) – enthält daher die Mindestvoraussetzungen, die dem Delikt (z.B. Diebstahl in § 242 oder Betrug in § 263) sein typisches Gepräge geben und seinen Unrechtsgehalt bestimmen.[36] Besonders klar wird das in § 212 Abs. 1 als Grunddelikt bzw. Grundtatbestand der Straftaten gegen das menschliche Leben. Anschauliches Beispiel ist weiter § 223 Abs. 1 als Grundtatbestand bzw. Grunddelikt der Straftaten gegen die körperliche Unversehrtheit eines Menschen.

250

Innerhalb einer Tatbestandsgruppe finden sich neben dem Grundtatbestand oftmals weitere gesetzliche **Straftatbestände**, die den Grundtatbestand auf verschiedene Weise modifizieren. Das geschieht gesetzestechnisch durch Hinzufügung zumindest eines zusätzlichen Tatbestandsmerkmals. Der **modifizierte Straftatbestand** ist somit „spezieller" als der Grundtatbestand. Die tatbestandlichen Modifikationen „verbesondern" das Grunddelikt. Zwischen dem Grundtatbestand (Grunddelikt) und seinen tatbestandlichen Modifikationen besteht das **Vorrangverhältnis der Spezialität**: Der Grundtatbestand ist lex generalis, seine tatbestandlichen Modifikationen sind die leges speciales mit der Folge, dass bei Vorliegen eines Spezialdelikts (tatbestandliche Modifikation des Grunddelikts) nur aus dem Spezialtatbestand (tatbestandliche Modifikation des Grundtatbestandes) zu bestrafen ist. So ist etwa die gefährliche Körperverletzung gem. § 224 Abs. 1 ein Spezialdelikt im Vergleich zur Körperverletzung gem. § 223 Abs. 1, der Meineid (§ 154) ein Spezialdelikt im Vergleich zum Grunddelikt der falschen uneidlichen Aussage (§ 153) und § 244 Abs. 1 ist lex specialis zu § 242. Dasselbe

251

---

36 Vgl. *Wessels/Beulke/Satzger*, Strafrecht AT, Rn. 167 ff., 168.

gilt für die tatbestandlichen Modifikationen des Raubes in §§ 250 und 251 im Verhältnis zu § 249 (Grundtatbestand des Raubes) etc.[37]

252 Tatbestandliche Modifikationen des Grundtatbestandes (Grunddelikts) kommen in unterschiedlicher Form vor, und zwar als sog. **Qualifizierungen und** als sog. **Privilegierungen.** Man spricht deshalb von privilegierten bzw. qualifizierten Delikten. Aus gesetzgeberischer Sicht können vielfältige Aspekte eine Qualifizierung oder Privilegierung des Grundtatbestandes (Grunddelikts) nahe legen oder sogar erfordern. Dazu zählen zeitliche und räumliche Umstände (Zeit und Ort der Handlung), die Begehungsweise sowie die Verwendung bestimmter Tatmittel, die Beziehung zwischen dem Täter und dem Opfer (Tatobjekt), die besondere Befindlichkeit und persönliche Situation des Täters oder des durch die Tat Verletzten etc.[38] Gründet sich auf die besonderen weiteren Umstände (Strafbarkeitsvoraussetzungen) eine verschärfte Rechtsfolge, handelt es sich um einen qualifizierenden Tatbestand (auch: um eine Qualifikation). Bei gemilderter Rechtsfolge liegt dagegen ein privilegierender Tatbestand (Privilegierung) vor. Im Verhältnis zu § 212 Abs. 1 versteht sich § 211 deshalb als Qualifizierung und § 216 als Privilegierung.

253 Tatbestandliche Modifizierungen dergestalt, dass dem Grundtatbestand im Sinne einer Spezialisierung weitere Merkmale hinzugefügt werden, so dass sich Qualifizierungen und Privilegierungen als neue gesetzliche Straftatbestände ergeben, werden verbreitet als **unselbständige tatbestandliche Modifikationen** des Grundtatbestandes charakterisiert. Diese Bezeichnung soll klarstellen, dass Grundtatbestand und tatbestandliche Modifikation zwar je mit eigenem gesetzlichen Straftatbestand ausgestattet sind, inhaltlich aber doch zusammengehören, weil sie ein und denselben Delikts-/Unrechtstypus betreffen. Qualifizierungen und Privilegierungen eines Grundtatbestandes sind daher in dem Sinne inhaltlich vom Grundtatbestand abhängig, dass sie nur verwandte Erscheinungsformen desselben Delikts-/Unrechtstypus darstellen und sich in einem Stufenverhältnis[39] zum Grundtatbestand befinden. Dementsprechend setzt die Verwirklichung eines qualifizierenden oder privilegierenden Tatbestandes stets und zwingend die Verwirklichung des Grundtatbestandes voraus: ohne Körperverletzung (§ 223 Abs. 1) keine gefährliche Körperverletzung (§ 224 Abs. 1). Zugleich bedeutet diese trotz selbständiger Tatbestandlichkeit bleibende inhaltliche Abhängigkeit der Qualifizierungen und Privilegierungen vom Grundtatbestand, dass die Merkmale des Grundtatbestandes in den Qualifizierungen und Privilegierungen unverändert und mit demselben Sinngehalt (Auslegung) wiederkehren.[40]

254 Den unselbständigen tatbestandlichen Modifikationen werden zumeist die **selbständigen tatbestandlichen Modifikationen** (des Grundtatbestandes?) gegenübergestellt. Darunter versteht man gesetzliche Straftatbestände, die ein im Verhältnis zum Grunddelikt spezielleres Delikt beschreiben, vom Grundtatbestand aber gelöst und zu einem „neuen" Delikt mit eigenständigem Unrechtsgehalt ausgestaltet sind.[41] Typische Beispiele hierfür sind der Raub (§ 249) und der räuberische Diebstahl (§ 252). In beiden Fällen enthalten die jeweiligen gesetzlichen Straftatbestände zwar sämtliche Merkmale eines

---

37 Vgl. dazu das instruktive Schaubild bei *Wessels/Beulke/Satzger*, Strafrecht AT, Rn. 174.
38 Vgl. dazu *Baumann/Weber/Mitsch/Eisele*, Strafrecht AT/*Mitsch*, § 6 Rn. 61 ff.; *Wessels/Beulke/Satzger*, Strafrecht AT, Rn. 167 ff., 175 ff.
39 Vgl. *Wessels/Beulke/Satzger*, Strafrecht AT, Rn. 170.
40 Vgl. zum Ganzen auch *Roxin*, Strafrecht AT I, § 10 Rn. 132 ff., 132; ferner *Heinrich*, Strafrecht AT, Rn. 177 ff. mit zahlr. weiteren Nachw.
41 Vgl. *Wessels/Beulke/Satzger*, Strafrecht AT, Rn. 167 ff., 171.

4. Das Grunddelikt und seine tatbestandlichen Modifikationen

anderen Delikts, nämlich des Diebstahls, die tatbestandlich hinzugefügte Nötigung (Gewalt) versteht sich aber nicht als Qualifizierung des Diebstahls, sondern bildet mit dem Diebstahlselement einen neuen originären Unrechts-/Deliktstyp. In Wirklichkeit sind die sog. selbständigen tatbestandlichen Modifikationen also gar keine Modifikationen irgendeines (Grund)Tatbestandes, sondern verstehen sich als Delikte eigener Art (delicta sui generis) als sog. **eigenständige Delikte**. Doch ist auch insoweit „begriffliche Vorsicht" geboten. Die Kategorie des sog. eigenständigen Delikts befreit nicht von der Notwendigkeit, in jedem Einzelfall das in Rede stehende Delikt auf seine „Rechtsnatur" zu überprüfen. Kommt es für weitergehende Strafbarkeitsfragen auf das „kategoriale" Verhältnis zwischen einzelnen Straftatbeständen an, ist deshalb durch Gesetzeskonkretisierung (Auslegung) zu ermitteln, ob es sich um sog. eigenständige Delikte oder um Qualifizierungen bzw. Privilegierungen handelt. So ist etwa das tatbestandliche Verhältnis zwischen § 212 Abs. 1 einerseits und §§ 211, 216 nicht abschließend geklärt: Der Sache nach spricht viel dafür, dass die §§ 211 und 216 tatbestandliche Modifikationen des Grundtatbestandes in § 212 Abs. 1, also Qualifizierungen (§ 211) bzw. Privilegierungen (§ 216) sind. Systematische Stellung (§ 211) und atypischer Sinngehalt (§ 216: **Selbsttötung** – freilich durch fremde Hand) sollen jedoch beide Delikte als eigenständige Delikte erweisen können.[42]

Von Bedeutung ist die Differenzierung zwischen Qualifizierungen/Privilegierungen und den eigenständigen Delikten vor allem für Fragen der Zurechnung sog. besonderer persönlicher Merkmale gem. § 28 Abs. 1 oder 2 (vgl. Rn. 625 ff.). Aber auch die Anwendbarkeit qualifizierender und/oder privilegierender Tatbestände hängt von der Deliktsnatur des in Frage stehenden Delikts ab. Ausgeschlossen ist beispielsweise eine Anwendung der §§ 244, 244 a, 247 oder 248 a auf den Raub gem. § 249 Abs. 1 oder den räuberischen Diebstahl gem. § 252. Zwar enthalten Raub und räuberischer Diebstahl sämtliche Elemente des Diebstahls gem. § 242 Abs. 1. Beide Delikte sind jedoch eigenständige Delikte mit der Folge, dass der in ihnen enthaltene Diebstahl **nicht** als Grunddelikt fungiert. Deshalb finden auf den in den §§ 249, 252 enthaltenen Diebstahlstatbestand weder die Qualifikationen der §§ 244, 244 a noch die Privilegierungen der §§ 247, 248 a Anwendung. Der Raub bleibt Raub und unterliegt der Strafverfolgung auch dann, wenn der in ihm verwirklichte Diebstahl den Voraussetzungen des § 247 genügt, ein Strafantrag aber nicht gestellt ist. Entsprechendes gilt im Falle eines räuberischen Diebstahls, der als Haus- und Familiendiebstahl dem Antragserfordernis gem. § 247 unterfiele. Nicht anders verhält es sich, wenn die Anwendungsvoraussetzungen des § 248 a erfüllt sind, es jedoch an einem Strafantrag fehlt. Und auch wenn der Diebstahl des § 252 in Form eines Einsteige- bzw. Einbruchsdiebstahls gem. § 244 Abs. 1 Nr. 3 erfolgt, verbleibt es beim räuberischen Diebstahl wie in § 252 abschließend geschildert.

Beim Zusammentreffen verschiedenartiger tatbestandlicher Modifikationen eines Grundtatbestandes fragt es sich, ob sich Privilegierung und Qualifizierung gegenseitig ausschließen oder ergänzen. Schließen sie sich aus, entfaltet die Privilegierung eine **Sperrwirkung** gegenüber der Qualifizierung, der qualifizierende Tatbestand ist somit unanwendbar. Deutete man die §§ 211, 216 als „unselbständige" tatbestandliche Modifikationen des § 212 Abs. 1 (Grundtatbestand), hätte diese Deliktscharakterisierung zur Folge, dass eine Tötung auf Grund ausdrücklichen und ernstlichen Verlangens des

---

42 Vgl. zum Ganzen noch *Jescheck/Weigend*, Strafrecht AT, § 26 III; *Roxin*, Strafrecht AT I, Rn. 132 ff., 135; *Wessels/Beulke/Satzger*, Strafrecht AT, Rn. 167 ff., 171.

V. Das Strafgesetz

Opfers selbst dann nicht nach § 211, sondern „nur" nach § 216 zu beurteilen wäre, wenn der Täter dabei in mordqualifizierender Weise, also z.b. grausam vorginge.[43] Stehen Qualifizierungen und Privilegierungen hingegen in einem Ergänzungsverhältnis, sind sie nebeneinander anwendbar. Das trifft beispielsweise auf das Verhältnis zwischen § 244 und § 247 zu. Begeht also jemand einen Haus- und Familiendiebstahl unter den qualifizierenden Umständen des § 244 Abs. 1, scheidet eine Strafverfolgung bei fehlendem Strafantrag aus. Wird der Strafantrag gestellt, ist die Straftat als „qualifizierter" Diebstahl[44] nach § 244 Abs. 1 verfolgbar.

257 Von den **tatbestandlichen** Modifikationen (eines Grundtatbestandes) sind bloße **Strafzumessungsregeln**, gleichgültig ob erschwerender („qualifizierender") oder mildernder („privilegierender") Art, scharf zu trennen, Strafzumessungsvorschriften haben keine Tatbestandsqualität. Sie verändern lediglich die Strafdrohungen eines Grunddelikts ohne Benennung weiterer Strafbarkeitsvoraussetzungen. Sie verstehen sich als **unbenannte Strafänderungsgründe** (vgl. Rn. 225) und stellen weder eine abschließende noch eine zwingende Regelung dar. Sind die Gründe für Strafänderungen im Gesetz ausdrücklich benannt (sog. **benannte Strafänderungsgründe**, vgl. Rn. 226) und enthält die betreffende strafgesetzliche Bestimmung eine abschließende und zwingende Regelung, ist sie also nur und nur bei Vorliegen der weiteren (Strafbarkeits-) Voraussetzungen (abschließend), dann aber auch stets (zwingend) anzuwenden, handelt es sich um eine Strafvorschrift mit Tatbestandscharakter, mithin um einen gesetzlichen Straftatbestand. Sieht das Gesetz strengere oder mildere Strafen in einem „besonders schweren" oder in einem „minder schweren" Fall vor, geht es der Sache nach um Strafzumessung. Die gesetzliche Strafänderung ist unbenannt und weder abschließend noch zwingend vorgeschrieben, die Strafvorschrift enthält daher eine Strafzumessungsregel. Unbenannte Strafänderungsgründe bleiben im Übrigen auch dann „bloße" Strafzumessungsregeln, wenn das Gesetz sich der sog. **Regelbeispieltechnik** bedient und den „besonders schweren" (oder ggf. den „minder schweren") Fall durch **Regelbeispiele** erläutert und konkretisiert; denn auch insoweit enthält die gesetzliche Vorschrift trotz ihrer quasi-tatbestandlichen Gestalt keine abschließende und zwingende Regelung. Der besonders schwere Fall des Diebstahls etwa wird in § 243 Abs. 1 S. 2 durch Regelbeispiele näher umschrieben. Die Verwirklichung eines in § 243 Abs. 1 S. 2 Nr. 1 – 7 aufgeführten Regelbeispiels stellt aber keineswegs zwingend einen Diebstahl in einem besonders schweren Fall dar. Umgekehrt ist es nicht ausgeschlossen, dass ein besonders schwerer Fall des Diebstahls auch dann vorliegt, wenn keines der Regelbeispiele verwirklicht ist. Die Verwirklichung eines der Regelbeispiele ist dementsprechend lediglich Indiz für das Vorliegen eines besonders schweren Falls des Diebstahls.[45] Ungeachtet dessen werden die einzelnen Merkmale der Regelbeispiele allgemeinstrafrechtlich in vielerlei Hinsicht wie „echte" Tatbestandsmerkmale behandelt (Irrtumslehre, Versuchsstrafbarkeit etc.).[46] Bloße Strafzumessungsregeln enthalten schließlich noch solche Strafänderungsvorschriften, die wie die §§ 213, 241 a Abs. 4 zwingende Schärfungs- oder Milderungsvoraussetzungen mit dem unbenannten Strafänderungsgrund des „besonders

---

43 Vgl. *Wessels/Beulke/Satzger*, Strafrecht AT, Rn. 167 ff., 171.
44 Vgl. *Roxin*, Strafrecht AT I, § 10 Rn. 132, 133.
45 Vgl. dazu *Baumann/Weber/Mitsch/Eisele*, Strafrecht AT/*Mitsch*, Rn. 61 ff., 65; *Roxin*, Strafrecht AT I, § 10 Rn. 132 ff., 134; *Schönke/Schröder (Kinzig)*, Vorbem. §§ 38 ff., 47 ff.; *Wessels/Beulke/Satzger*, Strafrecht AT, Rn. 173 f.
46 Vgl. *BGHSt* 33, 370, 374.

schweren" oder „minder schweren" Falls nach Art einer Auffangklausel („sonst") verknüpfen.

5. Lernkontrolle

- Welche Bedeutung hat die Aufteilung des StGB in einen Allgemeinen Teil (AT) und einen Besonderen Teil (BT)? (Rn. 217 – 220)
- Was ist unter Verbrechen, was unter Vergehen zu verstehen? (Rn. 221 ff.)
- Welche Auswirkungen haben sog. benannte und unbenannte Strafänderungsgründe auf die Verbrechens- oder Vergehensqualität einer Straftat? (Rn. 225 f.)
- Beschreiben Sie den Unterschied zwischen Allgemein- und Sonderdelikten. (Rn. 229 – 231)
- Kennzeichnen Sie die Charakteristika sog. abstrakter und konkreter Gefährdungsdelikte. (Rn. 234 f.)
- Beschreiben Sie den Unterschied zwischen Erfolgs- und (schlichtem) Tätigkeitsdelikt. (Rn. 237 ff.)
- Was ist unter einem erfolgsqualifizierten Delikt zu verstehen? (Rn. 240)
- Erläutern Sie das Verhältnis zwischen Grundtatbestand und Qualifizierungen/Privilegierungen bzw. selbständigen und unselbständigen Abwandlungen des Grundtatbestands. (Rn. 250 ff.)
- Welche Bedeutung kommt sog. Regelbeispielen zu? (Rn. 257)

VI. Die Straftat

1. Begriffliche Struktur der Straftat – System der Straftatmerkmale

258 Von „Straftat" und Ähnlichem (z.B. Verbrechen, Delikt etc.) war im Kontext der bisher behandelten Themen und Fragestellungen schon öfter die Rede. Was „Straftat" ganz genau bedeutet, blieb dabei aber weitgehend ungeklärt und offen. Wenn man sich noch einmal und nachhaltig in Erinnerung ruft, dass eine Straftat das staatliche Bestrafungsrecht auslöst und in der Regel die Verhängung und Vollstreckung der gesetzlich angedrohten (Kriminal)Strafe nach sich zieht, drängt sich eine gesonderte und nähere Befassung mit dem Begriff der Straftat allerdings geradezu auf. Was also bedeutet „Straftat"?

259 Bezogen auf den Voraussetzung-Folge-Zusammenhang zwischen Straftat und Strafe kann zunächst unter „Straftat" jedes strafbare Verhalten, und zwar im Sinne eines mit Kriminalstrafe bedrohten menschlichen Verhaltens (Abgrenzung zur Ordnungswidrigkeit, vgl. Rn. 9) verstanden werden. So gekennzeichnet als strafbares Verhalten assoziiert „Straftat" spontan eine Gleichsetzung mit den im Besonderen Teil des StGB und im Nebenstrafrecht geschilderten Delikten. Straftat als Ganzes ist jedoch mehr als nur die Merkmalsumme einzelner Delikts-/Unrechtstypen des BT. Es ist der Inbegriff **aller** rechtstatsächlichen Voraussetzungen ihrer Strafbarkeit. Dazu gehören auch solche Strafbarkeitsvoraussetzungen, die nicht in den gesetzlichen Deliktsbeschreibungen des BT und Nebenstrafrechts enthalten, sondern im Allgemeinen Teil des StGB zumindest andeutungsweise zum Ausdruck gebracht und deshalb für Straftaten jedweder Art gleichermaßen konstitutiv sind.

260 Eine Vielzahl von Strafvorschriften des AT hält Informationen über allgemeine Strafbarkeitsvoraussetzungen bereit. So lässt sich aus den §§ 17 S. 1, 19, 20, 35 und 46 Abs. 1 S. 1 herleiten, dass die **Schuld** des Täters bzw. sein schuldhaftes Verhalten eine allgemeinstrafrechtliche Voraussetzung für strafbares Verhalten und damit ein wesentliches Element der Straftat darstellt. Das ergibt sich zum einen aus § 46 Abs. 1 S. 1 in Verbindung mit dem verfassungsrechtlich gesicherten strafrechtlichen Schuldprinzip – keine Strafe ohne Schuld, nulla poena sine culpa – und zum anderen aus den §§ 17 S. 1, 20, 35, bei deren Vorliegen der Täter „ohne Schuld handelt". Die §§ 19, 20 verweisen auf den Grund des schuldlosen Handelns, indem sie Strafrechtsschuld von bestimmten Fähigkeiten abhängig machen. § 17 S. 1 deutet ein weiteres Einzelelement der Strafrechtsschuld an (die Einsicht, Unrecht zu tun) und § 35 schließlich stellt klar, dass in bestimmten Fallkonstellationen trotz rechtswidriger Tat die Schuld ausgeschlossen, der Täter entschuldigt ist.

261 Aus § 35 ergibt sich darüber hinaus noch etwas anderes: Bezugspunkt der Entschuldigung des Täters ist dessen rechtswidrige Tat. Wie selbstverständlich geht das Gesetz in § 35 offensichtlich davon aus, dass die **Rechtswidrigkeit der Tat** deren Strafbarkeit mitbestimmt. Dass dem so ist, belegen besonders deutlich die Vorschriften über Notwehr und (rechtfertigenden) Notstand gem. §§ 32, 34; denn sowohl im Falle von Notwehr (vgl. § 32 Abs. 1) als auch im Falle eines rechtfertigenden Notstandes (vgl. § 34 S. 1) handelt der Täter expressis verbis „nicht rechtswidrig". Aus §§ 32, 34 kann deshalb ohne weiteres gefolgert werden, dass die Strafbarkeit eines Verhaltens dessen Rechtswidrigkeit voraussetzt, die **Rechtswidrigkeit** (des Verhaltens) somit ein weiteres maßgebliches Element der Straftat darstellt. Umgekehrt dokumentiert die gesetzliche Nennung der Notwehr und des rechtfertigenden Notstandes, dass es im Einzelfall

1. Begriffliche Struktur der Straftat – System der Straftatmerkmale

durchaus Gründe geben kann, die das Rechtswidrige eines Verhaltens ausschließen, weil ihnen eine rechtfertigende Wirkung zukommt: sog. **Rechtfertigungsgründe**, die – verteilt über die Gesamtrechtsordnung, vgl. z.B. §§ 227, 228, 229, 904 BGB, 127 StPO – auch in ungeschriebener Form (Einwilligung, mutmaßliche Einwilligung) vorkommen.

Die Verwendung des Begriffs „rechtswidrige Tat" in § 35 verweist unmittelbar auf § 11 Abs. 1 Nr. 5, wonach im Sinne des Gesetzes eine rechtswidrige Tat nur eine solche ist, die den Tatbestand eines Strafgesetzes verwirklicht. Der Tatbestand eines Strafgesetzes – mit ihm ist der gesetzliche Straftatbestand (vgl. Rn. 228) gemeint – ist in § 11 Abs. 1 Nr. 5 zwar „nur" das Definiens der rechtswidrigen Tat. Aber gerade dieser Definitionszusammenhang zeigt auch, dass der **Tatbestand** begriffliches Element der Straftat sein muss. Eine Bestätigung hierfür findet sich in § 16 Abs. 1 S. 1 (vgl. ferner § 16 Abs. 2 S. 1) und in § 22. Das unmittelbare Ansetzen zur Verwirklichung des Tatbestandes, das den strafbaren Versuch nach seiner äußeren (objektiv) Tatseite näher beschreibt, lässt ebenso wie die Formulierung in § 16 Abs. 1 S. 1 – Tatumstand, „der zum gesetzlichen Tatbestand gehört" – den Schluss zu, dass zur Strafbarkeit eines Verhaltens dessen **Tatbestandsmäßigkeit** im Sinne einer Verwirklichung sämtlicher Tatbestandsmerkmale (einschließlich aller im Gesetz nicht oder nicht ausdrücklich genannten allgemeinen, von der Straftatlehre entwickelten Tatbestandselemente) erforderlich ist. Nur dann ist im Übrigen auch den aus Art. 103 Abs. 2 GG, § 1 resultierenden Strafbarkeitsanforderungen genügt.

262

Anhand gesetzlicher Vorschriften des AT herausgefunden zu haben, dass die (strafrechtliche) Schuld des Täters, die Rechtswidrigkeit der Tat und die Tatbestandsmäßigkeit (s)eines Verhaltens begriffliche Elemente der Straftat (im Sinne eines mit Kriminalstrafe bedrohten menschlichen Verhaltens) sind, sagt noch nichts darüber aus, wie sich diese Merkmale der Straftat innerhalb des Straftatbegriffs zueinander verhalten. Stehen sie beispielsweise nur unverbunden als derzeit bekannte Grundelemente der Straftat nebeneinander oder bilden sie innerhalb des Straftatbegriffs eine aufeinander abgestimmte systematische Ordnung? Mit dieser Frage beschäftigt sich die **allgemeine Verbrechenslehre,** die Lehre von der Straftat. Ihrem Erkenntnisbemühen über Jahrzehnte und – inzwischen – Jahrhunderte hinweg ist es zu verdanken, dass die begrifflichen Elemente der Straftat nicht nur in ein stabiles Ordnungsgefüge gebracht, sondern je für sich in zahlreiche Einzelbestandteile ausdifferenziert sind. Entstanden ist ein System der **Straftatmerkmale,** das eine rationale, sachgebundene und gleichmäßige Rechtsanwendung erlaubt, die auf Sachrichtigkeit kontrollierbar ist und Rechtssicherheit gewährt. Die systematische Ordnung der Straftatmerkmale kommt deutlich in dem nach dem gegenwärtigen Erkenntnisstand der allgemeinen Verbrechenslehre weithin anerkannten Straftatbegriff zum Vorschein: Danach versteht man unter einer Straftat ein **tatbestandsmäßiges, rechtswidriges und schuldhaftes, mit Kriminalstrafe bedrohtes menschliches Verhalten.** In der Sache gleichbedeutend – freilich bereits auf menschliches Verhalten, das die Voraussetzungen einer Handlung im strafrechtlichen Sinne erfüllt, konkretisiert (vgl. dazu sogleich Rn. 269 ff.) – wird die Straftat begrifflich zumeist als tatbestandsmäßige, rechtswidrige und schuldhafte Handlung gekennzeichnet.[1]

263

---

[1] Vgl. zum Ganzen bei *Jescheck/Weigend*, Strafrecht AT, § 21; NK-StGB (*Puppe*), Vor §§ 13 ff. Rn. 1 ff., 5 ff.; *Roxin*, Strafrecht AT I, § 7 Rn. 2/3, 4 ff. jew. m. w. Nachw.; zur geschichtlichen Entwicklung der neueren Verbrechenslehre vgl. *Jescheck/Weigend*, Strafrecht AT, § 22 und *Roxin*, Strafrecht AT I, § 7 Rn. 12 ff.

VI. Die Straftat

264 Die beliebig anmutende Abfolge der begrifflichen Kategorien „Tatbestandsmäßigkeit", „Rechtswidrigkeit" und „Schuld" im System der Straftatmerkmale ist innerlich wohlbegründet. Ausgehend von der Rechtsfolge „Kriminalstrafe" und dem strafrechtlichen Schuldprinzip bildet die Schuld des Täters die der Rechtsfolge „Kriminalstrafe" am unmittelbarsten vorausliegende Systemstufe des Straftatbegriffs: Strafe setzt Schuld voraus. Schuldhaft kann immer nur eine rechtswidrige Tat sein, das Unrecht der Tat geht der Schuld des Täters sachlogisch vor, und menschliches Verhalten (Handlung), das von vornherein schon keinen Tatbestand erfüllt, kann nicht rechtswidrig, jedenfalls nicht strafrechtswidrig sein.[2] Tatbestandsmäßigkeit, Rechtswidrigkeit und Schuld übernehmen im System der Straftatmerkmale die Rolle von Wertungsstufen, die nacheinander zu durchlaufen sind, um am Ende bestimmtem menschlichen Verhalten den Stempel „Straftat" aufdrücken zu können (und zu müssen). Auch die Umkehrung gilt: Ergibt die Beurteilung von Tat und Täter, dass auch nur ein Systemelement des Straftatbegriffs fehlt, liegt keine Straftat vor. Beide Bewertungsvorgänge machen deutlich, dass man die Straftat, verstanden als ein System von Straftatmerkmalen, gedanklich zwar in begriffliche Einzelelemente und verschiedene Wertungsstufen ausdifferenzieren kann, die in der rechtstatsächlichen Lebenswirklichkeit vorfindbare Straftat aber stets als wertungseinheitliches Merkmalsganzes auftritt. Daraus folgt etwa, dass ein bestimmtes Einzelelement der Straftat im System der Straftatmerkmale auf verschiedenen Wertungsstufen zu berücksichtigen sein und damit systematisch eine „Doppelfunktion" erfüllen kann.[3]

265 Die gedankliche Zerlegung der Straftat in die systematischen Kategorien der Tatbestandsmäßigkeit, Rechtswidrigkeit und Schuld führt zu einem dreigliedrigen Straftatbegriff (Verbrechensbegriff). Dieser **dreigliedrige Verbrechensbegriff** (dreistufiger Verbrechensbegriff, dreistufiger Deliktaufbau etc.) ist der herkömmliche und vorherrschend vertretene Verbrechensbegriff.[4] Ihm steht, und zwar in zwei Spielarten, ein **zweistufiger Deliktsaufbau** gegenüber. Einen zweigliedrigen Verbrechensbegriff, bestehend aus den System- und Wertungsebenen eines „Gesamt-Unrechtstatbestandes" (auch: „Unrechts-Gesamttatbestand") und der Schuld hat die Lehre von den negativen Tatbestandsmerkmalen[5] kreiert. Sie beruht – kurz gesagt – auf der Überlegung, dass der Tatbestand als komplexe Wertungsstufe des Straftatsystems die Aufgabe hat, im konkreten Einzelfall abschließend über Recht und Unrecht zu befinden, und er deshalb als ein Gesamttatbestand alle unrechtsbegründenden und alle unrechtsausschließenden Merkmale in sich aufnimmt und vereinigt (verschmelzt). Er umfasst dementsprechend nicht nur die deliktstypischen Unrechtsmerkmale, sondern ebenso das Vorliegen oder Nichtvorliegen von Rechtfertigungsgründen, deren Merkmale – aus der Sicht der unrechtsbegründenden und in diesem Sinne „positiven" Tatbestandsmerkmale – nichts anderes sind als unrechtsausschließende „negative" Tatbestandsmerkmale. Als Tatbestandslehre ist die Lehre von den negativen Tatbestandsmerkmalen und mit ihr der auf sie zurückgehende zweistufige Verbrechensbegriff jedoch abzulehnen.[6] Zu einem zweistufigen Deliktsaufbau gelangt indessen auch, wer Rechtswidrigkeit und Schuld

---

2 Vgl. dazu *Wessels/Beulke/Satzger*, Strafrecht AT, Rn. 179 ff.
3 Vgl. *Schönke/Schröder (Eisele)*, StGB, Vorbem. §§ 13 ff. Rn. 12; ferner *Jescheck/Weigend*, Strafrecht AT, § 21 III, 2; *Roxin*, Strafrecht AT I, § 7 Rn. 12 ff. zur geschichtlichen Entwicklung der neueren Verbrechenslehre.
4 So die h. M., vgl. *Schönke/Schröder (Eisele)*, StGB, Vorbem. §§ 13 ff. Rn. 12 ff., 15; *Wessels/Beulke/Satzger*, Strafrecht AT, Rn. 180 ff. mit Rn. 133 ff., 193.
5 Vgl. dazu die Darstellung bei *Roxin*, Strafrecht AT I, § 10 Rn. 13 ff.
6 Zu den Gründen vgl. *Schönke/Schröder (Eisele)*, StGB, Vorbem. §§ 13 ff. Rn. 15, 17 ff; *Wessels/Beulke/Satzger*, Strafrecht AT, Rn. 189 ff., 191 f.

1. Begriffliche Struktur der Straftat – System der Straftatmerkmale

als die eigentlich maßgebenden Wertkategorien ansieht und die Straftat begrifflich in die Systemebenen des Unrechts – bestehend aus Tatbestandsmäßigkeit und Rechtswidrigkeit – und der Schuld zergliedert. Der Tatbestand, die Tatbestandsmäßigkeit, bildet nach diesem Straftatverständnis keine eigene Wertungsstufe im Deliktsaufbau. Erst im Zusammenwirken mit (etwaigen) Rechtfertigungsgründen soll der Tatbestand wertende Funktion haben können. Auch diese Version eines zweigliedrigen Verbrechensbegriffs überzeugt indessen nicht: Zwischen tatbestandsmäßigen und rechtsgutsverletzenden, (ausnahmsweise) aber gerechtfertigten Verhaltensweisen und tatbestandslosen Handlungen ohne Rechtsgutsverletzung, die von vornherein strafrechtlich irrelevant sind, besteht ein **werthafter** Unterschied, der Gefahr läuft, in einer übergeordneten Systemstufe des Unrechts verloren zu gehen.[7] Dies alles spricht für die Sachrichtigkeit des dreigliedrigen Verbrechensbegriffs, dem hier gefolgt wird.[8]

Die **Sachrichtigkeit des dreigliedrigen Verbrechensbegriffs** wird auch nicht durch sonstige, der Tatbestandsmäßigkeit, Rechtswidrigkeit und Schuld (entweder tatsächlich oder nur vermeintlich) nicht zugehörige Strafbarkeitsvoraussetzungen in Frage gestellt. Ohne dass bisher völlige Einigkeit darüber erzielt worden wäre, ob und dass es überhaupt „sonstige" materiellrechtliche Strafbarkeitsvoraussetzungen gibt, geht die vorherrschende Auffassung in Lehre und Rechtsprechung von deren Existenz aus und klassifiziert sie als sog. **objektive Bedingungen der Strafbarkeit** auf der einen und als sog. **Strafausschließungs- und Strafaufhebungsgründe** auf der anderen Seite. Danach zählen Umstände, die in unmittelbarem Zusammenhang mit der Tat stehen, aber weder dem tatbestandsmäßigen Unrecht noch der Schuld zugewiesen werden können, zu den **objektiven Bedingungen der Strafbarkeit**: Sie müssen zum tatbestandsmäßigen, rechtswidrigen und schuldhaften Verhalten hinzukommen, damit die Strafbarkeit ausgelöst wird.[9] Hiervon zu unterscheiden sind Umstände, bei deren Vorliegen die Strafbarkeit ausgeschlossen bzw. deren Nichtvorliegen eine Voraussetzung der Strafbarkeit ist. Soweit solche Umstände bereits zur Zeit der Tat vorliegen, handelt es sich um **Strafausschließungsgründe**; treten sie erst nach Begehung der strafbaren Handlung ein und beseitigen „rückwirkend" die schon entstandene Strafbarkeit, spricht man von **Strafaufhebungsgründen**. Ein persönlicher Strafausschließungs- oder Strafaufhebungsgrund ist anzunehmen, wenn der Strafausschluss bzw. die Strafaufhebung nicht für alle Tatbeteiligten gilt, sondern nur für denjenigen, in dessen Person die strafausschließenden oder strafaufhebenden Merkmale verwirklicht sind. Im Gegensatz dazu stehen die Strafausschließungs- oder Strafaufhebungsgründe, die personenunabhängig für alle Tatbeteiligten zur Anwendung kommen können.[10]

266

Dieser begrifflichen Differenzierung der sonstigen Strafbarkeitsvoraussetzungen folgend gehören nach verbreiteter Ansicht die „Begehung einer rechtswidrigen Tat" im Vollrausch gem. § 323 a, die in § 231 beschriebene schwere Folge für die Beteiligung an einer Schlägerei, die „Zahlungseinstellung, die Eröffnung des Insolvenzverfahrens bzw. deren Ablehnung mangels Masse" (§ 283 Abs. 6, 283 d Abs. 4) für bestimmte Insolvenzstraftaten (§§ 283 ff.) und die „Verbürgung der Gegenseitigkeit" sowie die

267

---

7 „Aufbautechnisch" nivellierend *Wessels/Beulke/Satzger*, Strafrecht AT, Rn. 192.
8 Vgl. noch *Roxin*, Strafrecht AT, § 10 Rn. 16 ff.
9 Vgl. dazu *Jescheck/Weigend*, Strafrecht AT, § 53 I; *Roxin*, Strafrecht AT I, § 23 Rn. 2; *Schönke/Schröder (Eisele)*, StGB, Vorbem. §§ 13 ff. Rn. 14 mit Rn. 124 ff. und Hinweis auf Vorbem. §§ 32 ff. Rn. 127 ff.
10 Vgl. zum Ganzen mit teilweise geringfügig anderer Terminologie *Baumann/Weber/Mitsch/Eisele*, Strafrecht AT/*Eisele*, § 8 Rn. 2 mit Rn. 21 ff.; *Jescheck/Weigend*, Strafrecht AT, §§ 52, 53; *Roxin*, Strafrecht AT I, § 23 Rn. 1 – 5; *Wessels/Beulke/Satzger*, Strafrecht AT, Rn. 212 ff.

„Unterhaltung diplomatischer Beziehungen" (§ 104 a) für Straftaten gegen ausländische Staaten (§§ 102 ff.) zu den objektiven Bedingungen der Strafbarkeit. Ob auch die „Rechtmäßigkeit der Diensthandlung" (§ 113 Abs. 3) beim Widerstand gegen Vollstreckungsbeamte (§ 113) oder die „Nichterweislichkeit" der behaupteten oder verbreiteten ehrverletzenden Tatsache bei der üblen Nachrede (§ 186) objektive Bedingungen der Strafbarkeit sind, erscheint zweifelhaft, wird aber vielfach vertreten. Zu den Strafausschließungsgründen werden die Indemnität (§ 36), aber auch Vorschriften wie § 173 Abs. 3, § 218 Abs. 4, S. 2 und § 258 Abs. 6 gezählt. Als Strafaufhebungsgründe gelten der strafbefreiende Rücktritt vom Versuch gem. § 24 und zahlreiche andere, den Rücktritt vom vollendeten Delikt mit Straflosigkeit „belohnende" Bestimmungen wie z.B. § 314 a Abs. 3.

268 Verbrechenssystematisch stellen die objektiven Bedingungen der Strafbarkeit mit den Strafausschließungs- und Strafaufhebungsgründen ein Problem dar, dessen plausible Lösung noch aussteht. Zwar werden als Leitgedanken der sonstigen Strafbarkeitsvoraussetzungen die „Strafwürdigkeit" und/oder „Strafbedürftigkeit" bzw. deren Ausschluss genannt. Ganz abgesehen davon, dass nicht alle sonstigen Strafbarkeitsvoraussetzungen in Strafwürdigkeits- oder Strafbedürftigkeitsmerkmale und entsprechende Ausschlusskriterien ausdifferenziert werden können, fragt es sich bereits, ob tatbestandsmäßiges, rechtswidriges und schuldhaftes Verhalten nicht aus sich heraus auch strafwürdig, und wenn schon auch strafwürdig, dann nicht auch strafbedürftig ist. Einer vierten Strafwürdigkeitskategorie (als Systemstufe der „Bestrafungsmöglichkeit", einer fünften Strafbedürftigkeitskategorie als Systemstufe der „präventiven Bestrafungsnotwendigkeit" und einer sechsten Strafbarkeitskategorie als Systemstufe der „Bestrafungsbefugnis") oder Strafwürdigkeits-/ Strafbedürftigkeitskategorie mit der Folge eines **viergliedrigen** (oder sonst mehrgliedrigen) **Verbrechensbegriffs** bedarf es daher nicht, jedenfalls so lange nicht, bis endgültig geklärt ist, ob den objektiven Bedingungen der Strafbarkeit und den Strafausschließungs-/Strafaufhebungsgründen ihrem einheitlichen Sinngehalt nach eine originäre systemrelevante Funktion zukommt. Aber gerade das ist nach wie vor zu bezweifeln.[11]

2. Zur Handlung im strafrechtlichen Sinne

269 Die Charakterisierung der Straftat als tatbestandsmäßiges, rechtswidriges und schuldhaftes, mit Kriminalstrafe bedrohtes menschliches Verhalten (Rn. 263) lässt erkennen, dass **menschliches Verhalten rechtstatsächliche Grundlage** jeder Straftat ist. Es ist aber auch der maßgebliche Anknüpfungs- und Bezugspunkt für strafrechtliche Zuschreibungen und Wertungen, die aus der vielfältigen Menge menschlichen Verhaltens dasjenige herausfiltern, was strafrechtlich relevant und schließlich als Straftat zu qualifizieren ist. Die dem dreigliedrigen Straftatbegriff entsprechende prädizierende Wertung eines Verhaltens als tatbestandsmäßig, rechtswidrig und schuldhaft sondert strafrechtsrelevantes von strafrechtlich irrelevantem Verhalten auf der straftatsystematischen Wertungsstufe der Tatbestandsmäßigkeit ab. Das führt zu der Frage, ob es unter straftatsystematischem Blickwinkel möglich und sinnvoll ist, schon vor der Tatbestandsmäßigkeit strafrechtserhebliches von strafrechtlich irrelevantem Verhalten abzugrenzen. Mit dieser Fragestellung befasst sich die strafrechtliche Handlungslehre. Der Sache nach geht es dabei um die Ermittlung und Entwicklung eines **vortatbe-**

---

11 Vgl. auch *Roxin*, Strafrecht AT I, § 23 Rn. 6 ff.; *Schönke/Schröder (Eisele)*, StGB, Vorbem. §§ 13 ff. Rn. 14.

2. Zur Handlung im strafrechtlichen Sinne

standlichen **Handlungsbegriffs**, dessen inhaltliche Kriterien es zum einen erlauben, strafrechtlich irrelevantes Verhalten von vornherein als solches zu erkennen und aus dem strafrechtlichen Wertungsprozess auszuscheiden, die es zum anderen aber möglich machen, strafrechtserhebliches Verhalten als **Handlung im strafrechtlichen Sinne** „positiv" zu bestimmen.

Ein solcher vortatbestandlicher **Handlungsbegriff** muss verschiedenen Anforderungen genügen. Er muss so gefasst sein, dass er als Oberbegriff für sämtliche Erscheinungsformen strafbaren Verhaltens[12] auf alle Arten menschlichen Verhaltens, die „nur irgendwie" strafrechtlich erheblich sein können, anwendbar ist.[13] Begrifflich umfasst Handlung im strafrechtlichen Sinne daher das aktive, positive Tun (Begehen) ebenso wie das Untätigbleiben (Unterlassen), vorsätzliches ebenso wie fahrlässiges Verhalten etc. Alle strafrechtsrelevanten Verhaltensweisen müssen sich demnach als „differentiae specificae" auf die Handlung als „genus proximum" zurückführen lassen.[14] Der Handlungsbegriff erfüllt insoweit eine Grundlagen- und **Klassifikationsfunktion** für die Straftat als Ganzes, er hat die Funktion eines **Grundelements der Straftat**.[15]

270

Die Handlung im strafrechtlichen Sinne ist nicht nur rechtstatsächliche Grundlage der Straftat, sondern soll auch ihr „verbrechenssystematisches Rückgrat" sein, indem sie von Systemstufe zu Systemstufe wiederkehrend eine zunehmend genauere Kennzeichnung erfährt.[16] Die Handlung durchzieht somit das gesamte System der Straftatmerkmale und verknüpft sie zum einheitlichen Merkmalskomplex der Straftat. Eine weitere Aufgabe des Handlungsbegriffs besteht demgemäß in der **systemfunktionalen Verbindung** der einzelnen Straftatmerkmale zu einem (wert)einheitlichen Ganzen. Aus dieser **Verbindungsfunktion** des Handlungsbegriffs resultiert sachnotwendig, dass er gegenüber den Systemelementen der Tatbestandsmäßigkeit, Rechtswidrigkeit und Schuld mit ihren jeweils spezifischen Wertungen „neutral" sein muss. Der Handlungsbegriff darf also inhaltlich nicht vorgreifen. Er darf deshalb nichts enthalten, was Sache allein und erst der Tatbestandsmäßigkeit, Rechtswidrigkeit und Schuld ist; denn die Fähigkeit des Handlungsbegriffs, Tatbestandsmäßigkeit, Rechtswidrigkeit und Schuldhaftigkeit eines Verhaltens zu verbinden, ginge verloren, wenn er das, was er verbinden soll, begrifflich bereits in sich trüge.[17]

271

Diese aus systeminternen Gründen erforderliche Indifferenz des Handlungsbegriffs gegenüber den Wertungsstufen der Tatbestandsmäßigkeit, Rechtswidrigkeit und Schuld gerät jedoch in ein „dialektisches" Spannungsverhältnis zur **Definitionsfunktion** des Handlungsbegriffs. Sie besteht darin, dass die Systemelemente der Tatbestandsmäßigkeit, Rechtswidrigkeit und Schuld unmittelbar und nahtlos als nähere Erläuterungen an ihn angeschlossen werden können.[18] Das aber setzt einen Handlungsbegriff voraus, der so viel materiellen Gehalt und Aussagekraft besitzt, „dass er die Prädikate der nachfolgenden Wertungsstufen tragen kann".[19] Tatbestandsmäßigkeit, Rechtswidrigkeit und Schuld müssen sozusagen im Handlungsbegriff „schlummern" (angelegt sein), dürfen aber allenfalls inzident in ihm zum Ausdruck kommen, damit seine Verbin-

272

---

12 Vgl. dazu *Roxin*, Strafrecht AT I, § 8 Rn. 1.
13 Vgl. *Jescheck/Weigend*, Strafrecht AT, § 23 I, 2.
14 Vgl. etwa *Roxin*, Strafrecht AT I, § 8 Rn. 1.
15 Dazu *Jescheck/Weigend*, Strafrecht AT, § 23 I, 2; *Roxin*, Strafrecht AT I, § 8 Rn. 1.
16 Vgl. *Roxin*, Strafrecht AT I, § 8 Rn. 2.
17 In diesem Sinne *Roxin*, Strafrecht AT I, § 8 Rn. 3.
18 Vgl. *Jescheck/Weigend*, Strafrecht AT, § 23 I, 2.
19 *Roxin*, Strafrecht AT I, § 8 Rn. 3 m. w. Nachw.

dungsfunktion erhalten und die systematische Aufeinanderfolge der Straftatmerkmale in Form einer stufenweisen „Subsidiarität" der jeweiligen Oberbegriffe gewahrt bleibt.

273 Der Handlungsbegriff muss schließlich so beschaffen und gestaltet sein, dass er die ihm zugewiesene und unter dem Aspekt seiner praktischen Brauchbarkeit vielleicht wichtigste Aufgabe sachgerecht erfüllen kann: die Aussonderung all dessen, was von vornherein strafrechtlich irrelevant ist. Diese ihm zugedachte **Abgrenzungsfunktion** ist in einem doppelten Sinne zu verstehen. Zum einen soll der Handlungsbegriff sicherstellen, dass durch ihn jedes Verhalten erfasst wird, das in irgendeiner Weise überhaupt Gegenstand strafrechtlicher Beurteilung und Bewertung sein kann. Andererseits dürfen nicht auch solche Verhaltensweisen (und Ereignisse etc.) seiner Definition entsprechen, die mit Sicherheit von einer strafrechtlichen Wertung auszunehmen sind: die Handlung als **Grenzelement der Straftat**.[20]

274 Ein Handlungsbegriff, der den geschilderten Anforderungen gleichermaßen gerecht werden und allen ihm zugeschriebenen Funktionen „optimal" genügen könnte, ist bislang nicht gefunden worden.[21] In Anbetracht dieses unbefriedigenden Ergebnisses vielfältiger Theoriebemühungen um einen allgemein gültigen Handlungsbegriff sind viele der Überzeugung, dass es einen einheitlichen vortatbestandlichen Handlungsbegriff, dem als Generalnenner für alle Phänomene des Strafrechts ein eigener Stellenwert zukäme, nicht gibt und sich zudem aus der real-tatsächlichen Natur der Handlung (ihrer ontologischen Struktur) keine wesentlichen Sachaussagen über den materiellen Gehalt der Straftatmerkmale ableiten lassen.[22] In der Konsequenz dieser Auffassung kommt es letztlich nur darauf an, mit Hilfe des strafrechtlichen Handlungsbegriffs bestimmtes Verhalten und sonstige Geschehnisse, die strafrechtlich unerheblich sind, von vornherein auszusondern. Der äußerst bescheidene Sinn des Handlungsbegriffs erschöpft sich danach in einer negativen Abgrenzungs- oder Ausscheidungsfunktion.[23] Er soll lediglich (strafrechtserhebliche) Handlungen von (strafrechtlich irrelevanten) Nichthandlungen trennen und absetzen können. Dafür sei ein allgemein gültiger vortatbestandlicher Handlungsbegriff aber nicht erforderlich. Vielmehr reiche ein Handlungsbegriff, der strafrechtsirrelevante Nichthandlungen **systemintern**, und zwar auf der Wertungsstufe der Tatbestandsmäßigkeit, ausschließt. Grundelement der Straftat ist demzufolge nicht die Handlung, sondern die **tatbestandsmäßige** Handlung und grundlegende Systemkategorie des Straftatsystems ganz entsprechend die Tatbestandsmäßigkeit: Ob eine Handlung oder Nichthandlung vorliegt, entscheidet sich auf der Wertungsstufe der Tatbestandsmäßigkeit.[24]

275 Dieser Verzicht auf einen einheitlichen, allgemein gültigen vortatbestandlichen Handlungsbegriff kann für sich in Anspruch nehmen, dass die „Würfel der strafrechtlichen Dogmatik"[25] in der Tat erst beim tatbestandsmäßigen Unrecht und auf der Systemstufe der Schuld fallen. Dennoch ist ein **vortatbestandlicher**, einheitlicher (allgemein gültiger) **Handlungsbegriff** aus verschiedenen Gründen **unverzichtbar**. Zunächst darf

---

20 Vgl. dazu *Jescheck/Weigend*, Strafrecht AT, § 23 I, 2; *Roxin*, Strafrecht AT I, § 8 Rn. 4; vgl. ferner NK-StGB (*Puppe*), Vor §§ 13 ff. Rn. 31 ff.
21 So *Roxin*, Strafrecht AT I, § 8 Rn. 6.
22 So etwa *Schönke/Schröder (Eisele)*, StGB, Vorbem. §§ 13 ff. Rn. 37 m. zahlr. Nachw.
23 Vgl. nur *Kühl*, Strafrecht AT, § 2 Rn. 3 m. w. Nachw.
24 Vgl. zum Ganzen etwa *Jescheck/Weigend*, Strafrecht AT, § 23 I, 1; *Kühl*, Strafrecht AT, § 2 Rn. 1 ff., 4 ff.; *Roxin*, Strafrecht AT I, § 8 Rn. 42 ff.; *Schönke/Schröder (Eisele)*, StGB, Vorbem. §§ 13 ff. Rn. 25 ff., 37 jew. m. w. Nachw.
25 *Schönke/Schröder (Eisele)*, StGB, Vorbem. §§ 13 ff. Rn. 37.

2. Zur Handlung im strafrechtlichen Sinne

nicht offen bleiben, was „Handlung an sich" bedeutet, weil sie den maßgeblichen Ausgangspunkt und Anknüpfungspunkt für strafrechtliche Wertungen darstellt. Es ist nicht damit getan, Nichthandlungen zu definieren und auszusondern, ohne dass Klarheit darüber besteht, was „Handlung im strafrechtlichen Sinne" ist, welchen Sinngehalt das Strafrecht mit dem Begriff der Handlung verbindet. Was Nichthandlung ist oder sein soll, lässt sich ohne Rückgriff auf ihr kontrastierendes Gegenstück nicht plausibel bestimmen. Es muss deshalb den Handlungen und Nichthandlungen ein gemeinsames Substrat, an das strafrechtliche Wertungen anknüpfen (können), zu Grunde liegen: Wenn es Verhaltensweisen, Vorgänge, Ereignisse etc. gibt, die als Nichthandlungen von vornherein von strafrechtlichen Wertungen freizustellen sind, müssen sich (als Handlung erfasste) Gegebenheiten, die strafrechtlicher Wertung zugänglich, von denen, die dafür nicht geeignet sind, durch angebbare positive Qualitäten, die sie zu Handlungen machen, abheben.[26] Ohne einen vortatbestandlichen, materiell gehaltvollen Handlungsbegriff gerät überdies das System der Straftatmerkmale in Gefahr, seinen Zusammenhalt als (werteinheitliches) Ganzes zu verlieren, weil Tatbestandsmäßigkeit, Rechtswidrigkeit und Schuld unverbunden nebeneinander stehen. Die „tatbestandsmäßige Handlung" als Negation der Negation einer Handlung hat mangels originärer Handlungsmerkmale jedenfalls nicht so viel Substanz, dass sie die Einzelteile der verschiedenen Wertungsstufen zum Ganzen der Straftat zusammenfügen könnte. Und schließlich deutet die „tatbestandsmäßige Handlung" selbst an, dass ohne vortatbestandlichen Handlungsbegriff eigentlich gar nicht auszukommen ist. Wenn nämlich davon gesprochen wird, dass eine Handlung „tatbestandsmäßig" ist, fragt es sich sogleich, was denn unter dieser „Handlung", der das Prädikat „tatbestandsmäßig" beigelegt wird, im Einzelnen zu verstehen ist.[27] Ein allgemein gültiger, vortatbestandlicher Handlungsbegriff ist nach alledem zur differenzierten Entfaltung des Straftatsystems und damit als Grundelement der Straftat unentbehrlich.[28]

2.1 Verschiedene Handlungsbegriffe (Handlungslehren)

Die strafrechtswissenschaftliche Auseinandersetzung um den „richtigen" Begriff der Handlung hat die allgemeine Verbrechenslehre von Beginn an bestimmt und beherrscht. In neuerer Zeit hat ein teilweise erbittert geführter Meinungsstreit an Intensität und auch Schärfe verloren; die Gegensätzlichkeit der Auffassungen insbesondere in ihren Auswirkungen auf den Systembau des Straftatbegriffs (vgl. dazu bei Rn. 294 ff.) ist freilich geblieben. Im theoriegeschichtlichen Werdegang der allgemeinen Verbrechens- und Strafrechtslehre haben vor allem drei Lehrmeinungen größere Bedeutung erlangt. Es sind die sog. kausalen Handlungslehren mit einem natürlichen (naturalistischen), kausalen Handlungsbegriff, die sog. finalen Handlungslehren mit einem finalen Handlungsbegriff und die sog. sozialen Handlungslehren mit einem sozialen Handlungsbegriff.[29]

276

Die **kausalen Handlungslehren** zentrieren „ihren" Handlungsbegriff auf ein willensgetragenes und in diesem Sinne willkürliches bzw. gewillkürtes menschliches Verhalten, das eine bestimmte Folge in der Außenwelt (Außenwelterfolg) herbeiführt. Entschei-

277

---

26 So *Roxin*, Strafrecht AT I, § 8 Rn. 43.
27 In diesem Sinne *Roxin*, Strafrecht AT I, § 8 Rn. 43.
28 Im Ergebnis ebenso *Jescheck/Weigend*, Strafrecht AT, § 23 I, 1; *Roxin*, Strafrecht AT I, § 8 Rn. 43.
29 *Baumann/Weber/Mitsch/Eisele*, Strafrecht AT/*Eisele*, § 9 Rn. 2 ff., 26 ff.; *Jescheck/Weigend*, Strafrecht AT, § 23 II – VI; *Roxin*, Strafrecht AT I, § 8 Rn. 7 ff., 10 ff.; *Schönke/Schröder (Eisele)*, StGB, Vorbem. §§ 13 ff. Rn. 23 ff., 25 ff.; *Wessels/Beulke/Satzger*, Strafrecht AT, Rn. 136 ff.

dend ist dabei die bloße Ursächlichkeit der Willensbetätigung. Handlung ist nichts weiter als ein Kausalvorgang, ausgelöst durch einen menschlichen Willensakt (Willensimpuls). Der menschliche Wille ist an der Handlung zwar beteiligt, hat aber handlungsbegriffliche Bedeutung nicht in einer das Handlungsgeschehen auf ein bestimmtes Ziel ausrichtenden, gestaltenden oder steuernden, sondern lediglich in seiner ursächlichen, verursachenden, die außenweltliche Folge bewirkenden Funktion. Auf den Willensinhalt, also auf das, was der Täter gewollt hat, kommt es für den Handlungsbegriff nicht an. Die vorsätzliche Tötung ist danach ebenso (Tötungs-)Handlung wie das unwissentliche Beibringen eines tödlich wirkenden Gifts. In „modernem Gewand" konzedieren die kausalen Handlungslehren durchaus, dass der Handlung stets ein zweck- und zielgerichteter Willensakt zu Grunde liegt, der „den Gang der äußeren kausalen Vorgänge in der inneren Vorstellung vorwegnimmt und sie so in ihrem Ablauf bestimmt"[30]. An der (verbrechenssystematischen) Wertneutralität des Handlungsbegriffs ändert diese Einsicht jedoch nichts. Es bleibt dabei, dass nicht der ganze Willensgehalt der Handlung seine (abschließende normative) Bewertung bereits im Handlungsbegriff erfährt, sondern, soweit es dabei um den Inhalt des Handlungswillens geht, erst an späterer (System-)Stelle zu berücksichtigen ist.[31]

278 Dieser natürliche oder naturalistische, kausale Handlungsbegriff, der nur reales (Handlungs-)Geschehen erfassen, dagegen keine Bewertung dieses Geschehens enthalten soll[32], vermag die ihm als vortatbestandlichen Handlungsbegriff im System der Straftatmerkmale zugewiesenen Aufgaben nur teilweise zu erfüllen. Noch am besten gelingt ihm die Aussonderung von allem, was strafrechtlich von vornherein irrelevant ist. Dafür sorgen die Definitionsmerkmale der Willensgetragenheit (Willkürlichkeit) und des menschlichen (individual-persönlichen) Verhaltens. In Schwierigkeiten gerät er jedoch als Grundelement der Straftat (vgl. Rn. 270). Mag er auch das vorsätzliche Verhalten und ebenso fahrlässiges, ja sogar – recht überzeugend – das unbewusst fahrlässige Verhalten in Form des Begehens in sich aufnehmen können, das Unterlassen und erst recht das bewusst fahrlässige Unterlassen wird von ihm nicht sachgerecht erfasst. Das verwundert nicht, fehlt es doch beim (unbewusst fahrlässigen) Unterlassen an jenem Willensakt (Willensimpuls) als Auslöser zur Bewirkung außenweltlicher Folgen. Auch das kritisch gegen die kausale Handlungslehre vorgebrachte Argument, ein natürlicher (naturalistischer) Handlungsbegriff könne auf aktives Tun und Unterlassen als bloßen Modalitäten menschlichen Verhaltens nicht gleichermaßen Anwendung finden, weil sich Begehen und Unterlassen wie Position und Negation, wie a und non-a gegenüber stehen, ist bis heute nicht wirklich entkräftet worden.[33] Doch nicht allein die einem allgemein gültigen, vortatbestandlichen Handlungsbegriff abzuverlangende Klassifikationsfunktion bereitet dem kausalen Handlungsbegriff nur schwer lösbare Probleme. Seiner systeminternen Verbindungs- und Definitionsfunktion (vgl. Rn. 271 f.) genügt der kausale Handlungsbegriff ebenfalls nur mehr schlecht als

---

30 Vgl. dazu *Schönke/Schröder (Eisele)*, StGB, Vorbem. §§ 13 ff. Rn. 26; ferner *Roxin*, Strafrecht AT I, § 8 Rn. 10 ff.; vgl. auch *Baumann/Weber/Mitsch/Eisele*, Strafrecht AT/*Eisele*, § 9 Rn. 3 ff. mit Rn. 26/27 und Rn. 33 ff.
31 Vgl. im Ergebnis ähnlich *Schönke/Schröder (Eisele)*, StGB, Vorbem. §§ 13 ff. Rn. 26/27, 37; *Roxin*, Strafrecht AT I, § 8 Rn. 12; vgl. auch *Baumann/Weber/Mitsch/Eisele*, Strafrecht AT/*Eisele*, § 9 Rn. 3 f., 5 f. m. w Nachw.
32 Wertfreier Handlungsbegriff, vgl. bei *Baumann/Weber/Mitsch/Eisele*, Strafrecht AT/*Eisele*, § 9 Rn. 3 ff. mit Rn. 27.
33 Vgl. *Roxin*, Strafrecht AT I, § 8 Rn. 14; vgl. aber auch *Baumann/Weber/Mitsch/Eisele*, Strafrecht AT/*Eisele* § 9 Rn. 6 mit Rn. 27.

2. Zur Handlung im strafrechtlichen Sinne

recht.³⁴ Er entspricht zwar dem Erfordernis, im Verhältnis zur Tatbestandsmäßigkeit (und den weiteren Systemstufen des Straftatbegriffs) wertindifferent zu sein, das aber auf Kosten seines materiellen Gehalts: Er negiert den sozialen Sinngehalt menschlichen Verhaltens und die inhaltliche Substanz des Handlungswillens in einem Maße, dass die Prädikate der Tatbestandsmäßigkeit, Rechtswidrigkeit und Schuld kaum noch an ihn angeschlossen werden können.³⁵

Dem naturalistischen Handlungsbegriff der kausalen Handlungslehre setzen die **finalen Handlungslehren** einen Handlungsbegriff entgegen, der nicht auf den von einem Willensimpuls ausgehenden äußeren Kausalvorgang abhebt, sondern das menschliche Handeln als Ausübung von zweckgerichteter Tätigkeit qualifiziert. Die Zweckgerichtetheit oder Finalität der Handlung beruht darauf, „dass der Mensch auf Grund seines Kausalwissens die möglichen Folgen seines Tätigwerdens in bestimmtem Umfange voraussehen, sich darum verschiedenartige Ziele setzen und sein Tätigwerden auf diese Zielerreichung hin planvoll lenken kann". Handlung ist final gesteuertes Tätigwerden, ein bewusst vom Ziel her gelenktes Wirken. Durch das (bewusste) Hinlenken einzelner Tätigkeitsakte auf ein bestimmtes (Handlungs-)Ziel wird der äußere Kausalvorgang „final überdeterminiert".³⁶ Nach dieser von *Hans Welzel* begründeten und von ihm und anderen weiterentwickelten finalen Handlungslehre verläuft die finale Steuerung der Handlung in zwei Stufen. Deren eine betrifft die gedankliche Sphäre, in der das Handlungsziel vorwegbestimmt wird, die zur Zielerreichung notwendigen Mittel ausgewählt und etwaige Nebenfolgen berücksichtigt werden. Auf der zweiten, realen Stufe wird sodann die gedanklich vollzogene Zweck-Mittel-Bestimmung unter abwägender Einbeziehung der Nebenfolgen verwirklicht. Strukturell erinnert diese Vorstellung von der menschlichen Handlung an einen dem Input-Output-Modell unterlegten kreiskausalen Rückkopplungsprozess, mithin an einen kybernetischen Regelkreis. Das mag einer der Gründe sein, warum *Welzel* zuletzt statt von finaler von „kybernetischer" Handlung gesprochen hat³⁷, ohne aber den begrifflichen Kern seiner Handlungslehre zu verändern: Allein maßgebend für das Vorliegen einer Handlung als ein vom Willen gesteuertes und gelenktes Geschehen ist der Handlungswille, der die Zielsetzung, Mittelauswahl und den (gesteuerten) Ablauf des Kausalvorgangs betreibt, der also durch Einsatz der gewählten Mittel in die Tat umgesetzt wird.

Obwohl heute weitgehend anerkannt ist, dass die finale Handlungslehre das Phänomen der menschlichen Handlung in ihren ontologischen Vorgegebenheiten zutreffend analysiert hat, taugt der ihr entstammende finale Handlungsbegriff nur sehr begrenzt dazu, als Oberbegriff aller strafrechtlich relevanten Verhaltensweisen den klassifikatorischen Anforderungen eines einheitlichen vortatbestandlichen Handlungsbegriffs gerecht zu werden. Zwar bildet sich in ihm geradezu idealtypisch das vorsätzliche Begehen ab, sofern man die Finalität des Handlungswillens mit „Vorsätzlichkeit" gleichsetzt (diese Gleichsetzung hat allerdings zur Folge, dass der finale Handlungsbegriff seine Eignung verliert, die verschiedenen Systemelemente der Straftat miteinander zu verbinden, weil er im Vorgriff auf normative Sinnkriterien der Straftat bereits in sich trägt, was eigentlich erst noch verknüpft werden soll). Der finale Handlungsbegriff

---

34 Vgl. dazu *Jescheck/Weigend*, Strafrecht AT, § 23 II; *Roxin*, Strafrecht AT I, § 8 Rn. 16; *Schönke/Schröder (Eisele)*, StGB, Vorbem. §§ 13 ff. Rn. 27.
35 Vgl. dazu *Roxin*, Strafrecht AT I, § 8 Rn. 16 mit Rn. 2 f.
36 Vgl. dazu *Roxin*, Strafrecht AT I, § 8 Rn. 17 ff.; *Schönke/Schröder (Eisele)*, StGB, Vorbem. §§ 13 ff.; Rn. 28/29 ff. jew. m. Zitatnachweisen; vgl. auch *Baumann/Weber/Mitsch/Eisele*, Strafrecht AT/*Eisele*, § 9 Rn. 7 ff., 10 ff.
37 Vgl. dazu *Roxin*, Strafrecht AT I, § 8 Rn. 22 m. w. Nachw.

ist als Grundelement der Straftat aber vor allem deshalb überfordert, weil in ihm das Unterlassen keinen Platz findet. Unterlassen zeichnet sich gerade dadurch aus, dass es an einer „aktuellen Finalität" fehlt, denn der Unterlassende (das Unterlassen) löst kein Kausalgeschehen aus, das er zielgerichtet lenkt oder steuert. Auf ähnliche Schwierigkeiten stößt der finale Handlungsbegriff zudem auch schon im Begehungsbereich bei der Erfassung des fahrlässigen Handelns; denn das Moment der Finalität bei der vorsätzlichen Handlung als wirkliche real-gestaltende Zwecktätigkeit und **aktuelle Finalität** zu charakterisieren, die Finalität bei der fahrlässigen Handlung dagegen nur als mögliche Zwecktätigkeit und entsprechend als **potentielle Finalität** zu bezeichnen, löst die Probleme nicht, weil „eine nur mögliche Finalität in Wirklichkeit gerade keine ist". Die fahrlässige Tat kann daher „weder als final noch überhaupt als Handlung beurteilt werden"[38].

281 Darüber hinaus findet der die Fahrlässigkeit kennzeichnende Sorgfaltsmangel (vgl. dazu Rn. 595 ff.) im finalen Handlungsbegriff keine sachgerechte Berücksichtigung, weil der aus ihm resultierende Erfolg außerhalb des finalen Zusammenhanges zwischen gesteuerter Handlung und angestrebtem Handlungsziel steht: Löst sich beim Reinigen eines Gewehrs aus Unachtsamkeit ein Schuss und tötet einen Menschen, betrifft die Finalstruktur der Handlung nur das Gewehrreinigen[39], was als Handlung im strafrechtlichen Sinne ohne Bedeutung ist. Darauf auszuweichen, dass das unachtsame Gewehrreinigen einen fahrlässigkeitstypischen unsorgfältigen Vollzug einer final strukturierten Handlung darstellt, umgeht, worauf es handlungsbegrifflich bei der Fahrlässigkeit entscheidend ankommt, nämlich auf die Einbindung des erfolgsverursachenden Sorgfaltsmangels, ganz abgesehen davon, dass die Unsorgfältigkeit im Vollzug einer gesteuerten Handlung eben kein Moment ihrer Finalität ist.[40] Reduziert man die Finalstruktur der Handlung bei der Fahrlässigkeit auf das real-tatsächlich angesteuerte, strafrechtlich jedoch unerhebliche Handlungsziel, bleiben die Prädikate der Tatbestandsmäßigkeit, Rechtswidrigkeit und Schuld gleichsam „in der Luft hängen". Im Deliktsbereich der Fahrlässigkeit stößt der finale Handlungsbegriff in seiner Rolle als allgemein gültiger, vortatbesthandlicher Handlungsbegriff unversehens an die Grenzen seiner Leistungsfähigkeit: Er genügt den Anforderungen als Grundelement der Straftat nicht in ausreichendem Maße und wird der ihm obliegenden Definitions- und Verbindungsfunktion nicht gerecht. Und sogar seine Eignung als Grenzelement der Straftat ist berechtigten Einwänden ausgesetzt; denn wenn Finalität ein bewusst vom Handlungsziel her gelenktes Verhalten ist, fällt es schwer, bestimmtes „automatisches" Verhalten (wie z.B. im Straßenverkehr der „unreflektierte" Tritt auf die Bremse[41] und Affekt- oder Kurzschlussreaktionen, die allenfalls eine „unbewusste" Finalität aufweisen und doch unzweifelhaft Handlungen im strafrechtlichen Sinne sind, in den Handlungsbegriff generell mit einzubeziehen.[42]

282 Die **sozialen Handlungslehren** heben mit unterschiedlicher Akzentuierung als Wesensmerkmal der Handlung im strafrechtlichen Sinne deren **Sozialerheblichkeit** hervor.

---

38 So *Roxin*, Strafrecht AT I, § 8 Rn. 20.
39 Vgl. *Roxin*, Strafrecht AT I, § 8 Rn. 21.
40 Vgl. dazu *Jescheck/Weigend*, Strafrecht AT, § 23 III, 2 b; ferner *Schönke/Schröder (Eisele)*, StGB, Vorbem. §§ 13 ff. Rn. 31.
41 Vgl. *Roxin*, Strafrecht AT I, § 8 Rn. 24.
42 Vgl. zum Ganzen und zu weiterer Kritik am finalen Handlungsbegriff *Baumann/Weber/Mitsch/Eisele*, Strafrecht AT/*Eisele*, § 9 Rn. 7 ff., 10 ff.; *Jescheck/Weigend*, Strafrecht AT, § 23 III mit § 22 V, 2; *Roxin*, Strafrecht AT I, § 8 Rn. 17 ff.; *Schönke/Schröder (Eisele)*, StGB, Vorbem. §§ 13 Rn. 31; vgl. ferner NK-StGB (*Puppe*), Vor §§ 13 ff. Rn. 41 ff., 48 ff.

2. Zur Handlung im strafrechtlichen Sinne

Die verwendeten Handlungsbegriffe differieren nicht unbeträchtlich. Unter Handlung ist danach z.B. „das willkürliche Bewirken objektiv bezweckbarer sozialerheblicher Folgen", ein „willensgetragenes Verhalten, das durch seine Auswirkungen die Lebenssphäre von Mitmenschen berührt und sich unter normativen Aspekten als soziale Sinneinheit darstellt", „das objektiv von Menschen beherrschbare Verhalten mit Richtung auf einen objektiv voraussehbaren sozialen Erfolg", ein „sozialerhebliches menschliches Verhalten, das die Antwort des Menschen auf die ihm zu Gebote stehenden Handlungsmöglichkeiten bedeutet und ihn in seiner mitmenschlichen Rolle in Erscheinung treten lässt" oder „das vom menschlichen Willen beherrschte oder beherrschbare sozialerhebliche Verhalten" zu verstehen.[43] Auch wenn den sozialen Handlungslehren kein definitionsidentischer einheitlicher Handlungsbegriff zu Grunde liegt, stimmen sie doch darin überein, dass das allen Verhaltensformen Gemeinsame in der sozialen Relevanz menschlichen Verhaltens zu sehen und „das Soziale" ein „essential" der Handlung im strafrechtlichen Sinne ist.[44] Sie erfassen das **Handeln als sinnhaft gestaltenden Faktor der sozialen Wirklichkeit** mit all seinen personalen, finalen, kausalen und normativen Aspekten.[45]

Mit der Betonung der Sozialerheblichkeit als „Herzstück" der Handlung stellen die sozialen Handlungslehren einen Kompromiss zwischen einem „rein" ontologischen Verständnis der Handlung (wie im Konzept der finalen Handlungslehren) und der normativen Betrachtungsweise (wie bei den kausalen Handlungslehren) dar. Die so entstehende „Weite des Blickfelds"[46] erlaubt es, den sozialen Handlungsbegriff entweder am kausalen Handlungsbegriff (z.B. das willkürliche Bewirken sozialerheblicher Folgen) oder am finalen Handlungsbegriff (z.B. vom menschlichen Willen beherrschtes Verhalten) oder an beiden Handlungsbegriffen partizipieren zu lassen. Der soziale Handlungsbegriff vermeidet so mit seiner vermittelnden Stellung zwischen finaler und kausaler Handlungslehre die „systemfunktionalen" Unzulänglichkeiten des kausalen und des finalen Handlungsbegriffs und bewahrt zumindest auf niedrigem Niveau deren Stärken. Das zeigt sich plastisch an dem von *Wessels/Beulke/Satzger* vertretenen und hier übernommenen sozialen Handlungsbegriff. **Handlung** im strafrechtlichen Sinne ist danach **das vom menschlichen Willen beherrschte oder beherrschbare sozialerhebliche Verhalten,** wobei sozialerheblich jedes Verhalten ist, das die Beziehungen des Einzelmenschen zu seiner Umwelt berührt[47] und nach seinen erstrebten oder unerwünschten Folgen im sozialen Bereich Gegenstand einer wertbezogenen Beurteilung sein kann. Dieser soziale Handlungsbegriff bezieht kausale und finale Elemente mit ein. Er knüpft beim Handlungswillen und seiner Verwirklichung an die personale Struktur des Verhaltens und an die ontologischen Vorgegebenheiten der Handlung an. Zugleich ermöglicht er es, den sozialen Sinngehalt des Geschehens in seiner vollen objektiven Bedeutung unter Berücksichtigung der subjektiven Zielsetzung des Täters und der normativen Verhaltenserwartungen der Rechtsgemeinschaft zu erfassen.[48]

283

---

43 Vgl. *Wessels/Beulke/Satzger,* Strafrecht AT, Rn. 136 ff., 141, 144 ff. mit Zitatnachweisen in Rn. 141.
44 Vgl. *Roxin,* Strafrecht AT I, § 8 Rn. 28; *Schönke/Schröder (Eisele),* StGB, Vorbem. §§ 13 ff. Rn. 33/34 m. w. Nachw.
45 Vgl. *Wessels/Beulke/Satzger,* Strafrecht AT, Rn. 141, 144 ff.; vgl. aber auch NK-StGB *(Puppe),* Vor §§ 13 ff. Rn. 51 ff., 53 ff., 58 ff. und das kritische Resümee in Rn. 61.
46 So *Schönke/Schröder (Eisele),* StGB, Vorbem. §§ 13 ff. Rn. 33/34.
47 Vgl. auch *Jescheck/Weigend,* Strafrecht AT, § 23 VI, 1.
48 Vgl. *Wessels/Beulke/Satzger,* Strafrecht AT, Rn. 144 ff., 145.

284 Der soziale Handlungsbegriff konstituiert sich im Zusammenwirken personaler, finaler, kausaler und sozialer Elemente. Hierin liegt begründet, dass er alle menschlichen Verhaltensweisen, die für eine strafrechtliche Beurteilung überhaupt in Betracht kommen, in sich aufnehmen kann. Das gilt nicht nur für vorsätzliches und fahrlässiges Verhalten, sondern auch für Begehen und Unterlassen. Deren ontologische Gegensätzlichkeit verliert sich im Handlungsmerkmal der Sozialerheblichkeit so weitgehend, dass man dem sozialen Handlungsbegriff im Ergebnis eine gute Eignung als Grundelement der Straftat (Klassifikationsfunktion) zusprechen kann. Im Sinne eines allgemein gültigen, vortatbestandlichen Handlungsbegriffs genügt er auch der Definitionsfunktion; denn trotz aller Unschärfe, die ihm als „Kompromiss" zwischen finalem und kausalem Handlungsbegriff zwangsläufig zu eigen ist, verfügt er doch über so viel materiellen Gehalt, dass an ihn die Wertungsstufen der Tatbestandsmäßigkeit, Rechtswidrigkeit und Schuld prädikativ angeschlossen werden können. Umgekehrt greift er nicht vor und enthält nichts, was erst auf den Systemstufen der Tatbestandsmäßigkeit, Rechtswidrigkeit und Schuld originärer Gegenstand strafrechtlicher Wertung ist. Der soziale Handlungsbegriff erfüllt somit auch eine Verbindungsfunktion. Das indessen wird vielfach bestritten unter Hinweis darauf, dass soziale und rechtliche Wertung regelmäßig ineinander verwoben sind und sich deshalb auch nicht voneinander trennen lassen[49], der soziale Handlungsbegriff somit in Wirklichkeit doch auf Wertungen vorgreift, die eigentlich erst Sache der Tatbestandsmäßigkeit (Rechtswidrigkeit und Schuld) sind.

285 Diese Bedenken sind nicht von der Hand zu weisen. Sie erklären sich zunächst ganz grundsätzlich aus dem Spannungsverhältnis zwischen der Definitions- und Verbindungsfunktion des vortatbestandlichen Handlungsbegriffs, einerseits so viel an materiellem Gehalt zu besitzen, dass die Wertungsstufen der Tatbestandsmäßigkeit, Rechtswidrigkeit und Schuld inhaltlich auf ihn bezogen werden können, andererseits zur Vermeidung vorgreiflicher Wertungen aber auch nicht zu gehaltvoll zu sein. Nach Art einer „dialektischen Synthese" meistert das Definitionsmerkmal der Sozialerheblichkeit im Handlungsbegriff diese systeminterne Funktionsproblematik sicher nicht „optimal", doch wenigstens brauchbar. Eng damit zusammen hängt, dass die „Verwobenheit von rechtlicher und sozialer Wertung" als Argument gegen die funktionale Leistungsfähigkeit des sozialen Handlungsbegriffs nur dann greift, wenn das Soziale stets und ausnahmslos von (straf)rechtlichen Wertungen durchsetzt wäre. Das ist jedoch so nicht der Fall.[50] Dem sozialen Handlungsbegriff lässt sich überdies nicht absprechen, dass er diejenigen Verhaltensweisen auszusondern vermag, die aus der strafrechtlichen Wertung von vornherein auszunehmen sind; er eignet sich daher auch als Grenzelement der Straftat (auch dies wird in Frage gestellt).[51] Trotz gewisser Schwächen erweist sich der soziale Handlungsbegriff damit als durchaus tragfähiger, vortatbestandlicher Handlungsbegriff.

286 Die Suche nach einem allgemein gültigen, vortatbestandlichen Handlungsbegriff hat noch weitere Handlungsbegriffe hervorgebracht. Dem sozialen Handlungsbegriff recht nahe steht der personale Handlungsbegriff in unterschiedlicher Ausprägung.[52] Bedeutung erlangt hat auch die Entwicklung eines negativen Handlungsbegriffs, der

---

49 Vgl. etwa *Roxin*, Strafrecht AT I, § 8 Rn. 30 ff.; *Schönke/Schröder (Eisele)*, StGB, Vorbem. §§ 13 ff. Rn. 35.
50 Wohl anders aber *Roxin*, Strafrecht AT I, § 8 Rn. 30 ff.; *Schönke/Schröder (Eisele)*, StGB, Vorbem. §§ 13 ff. Rn. 35.
51 Vgl. z.B. *Roxin*, Strafrecht AT I, § 8 Rn. 29.
52 Vgl. etwa *Roxin*, Strafrecht AT I, § 8 Rn. 44 ff., 51 ff., 74 ff.; SK-StGB/*Jäger*, Vor § 1 Rn. 30 ff., 36 ff.

das strafrechtlich relevante Geschehen als „vermeidbares Nichtvermeiden" charakterisiert.[53] Dem soll hier gleichwohl nicht näher nachgegangen werden.[54]

2.2 Ausschluss von Nichthandlungen

Die praktisch wichtigste Funktion eines allgemein gültigen, vortatbestandlichen Handlungsbegriffs ist seine Abgrenzungsfunktion (vgl. Rn. 272). Als Grenzelement der Straftat muss er zuverlässig Handlungen von Nichthandlungen im strafrechtlichen Sinne trennen und damit **alles**, was strafrechtlich von vornherein ohne Bedeutung ist, erkennen und aussondern können. Diese – negative – Aussonderung von Nichthandlungen erfolgt auf der Grundlage des sozialen Handlungsbegriffs unter drei Aspekten. Nichthandlungen liegen vor, wenn es bereits an einem **menschlichen Verhalten** fehlt, wenn es sich um **nicht vom Willen beherrschtes oder beherrschbares menschliches Verhalten** handelt oder/und dem menschlichen Verhalten **keine Sozialerheblichkeit** zukommt.[55]

287

Nichthandlungen sind danach alle Ereignisse und Geschehensabläufe, die als solche **kein menschliches**, aber eben auch schon kein **Verhalten** sind. Dazu zählen alle Naturereignisse wie Unwetter, Dammbrüche, Lawinenabgänge, Bergrutsche etc. Ebenso scheidet tierisches Verhalten als Handlung im strafrechtlichen Sinne aus. In allen diesen Fällen ist aber möglicher Anknüpfungspunkt für strafrechtliche Wertungen ein unabhängig vom eigentlichen Ereignis oder Geschehensablauf, aber mit ihm doch zusammenhängendes menschliches Verhalten wie beispielsweise die Schlampigkeit beim Dammbau, die lawinenauslösende Tätigkeit etc. Wird A von einem Hund gebissen, ist das Verhalten des Hundes selbst strafrechtlicher Wertung entzogen. Als Handlung im strafrechtlichen Sinne kommt aber das Nichtsichern des Hundes durch den Tierhalter B (Unterlassen) oder das Hetzen des Hundes auf A durch B (aktives Tun, Begehen) in Betracht. Menschliches Verhalten, gleichgültig ob in Form eines aktiven, positiven Tuns (Begehens) oder in Form eines Unterlassens ist stets Voraussetzung für das Vorliegen einer Handlung im strafrechtlichen Sinne.

288

Keine Handlung ist des Weiteren das **nicht vom Willen beherrschte oder beherrschbare Verhalten**. Insoweit geht es um (menschliches) Verhalten, bei dem der geistige Steuerungsapparat des Menschen völlig ausgeschaltet ist. Handlung im strafrechtlichen Sinne erfordert stets ein Mindestmaß an Verhaltenssteuerung durch den menschlichen Willen. Nicht zu verwechseln ist die notwendige Mitbeteiligung des menschlichen Willens an seinem Verhalten mit „vorsätzlichem" (§§ 15, 16) oder mit „schuldhaftem" (§ 20) Verhalten. Als Nichthandlungen auszuschließen sind vielmehr nur solche **Geschehensabläufe, die sich ohne Mitbeteiligung oder Mitwirkung der geistigen (Steuerungs-)Kräfte des Menschen vollziehen**. Dazu gehören **Körperbewegungen im Schlaf**, im Zustand der **Bewusstlosigkeit**, bei **Krampfanfällen**, bei schwersten **Fieberdelirien**, in **Narkose**, bei **Ohnmachtszuständen** und u. U. auch im Zustand sinnloser **Trunkenheit**. Maßgeblich ist insoweit, ob und dass die verhaltenssteuernde Kraft des menschlichen Willens vollständig aufgehoben ist. Erdrückt eine Mutter im Tiefschlaf den neben ihr liegenden Säugling, liegt trotz ihrer körperlichen Verhaltensbeteiligung am Geschehen keine (Tötungs-)Handlung vor. Ähnlich ist der Hotelgast zu beurteilen, der mit bren-

289

---

53 Vgl. dazu *Jescheck/Weigend*, Strafrecht AT, § 23 IV; *Roxin*, Strafrecht AT I, § 8 Rn. 33 ff.; vgl. noch *Baumann/Weber/Mitsch/Eisele*, Strafrecht AT/*Eisele*, § 9 Rn. 24 f.
54 Zu weiteren Handlungsbegriffen und deren Kritik vgl. noch *Schönke/Schröder (Eisele)*, StGB, Vorbem. §§ 13 ff. Rn. 36 m. zahl. Nachw.
55 Vgl. *Jescheck/Weigend*, Strafrecht AT, § 23 VI, 2; *Wessels/Beulke/Satzger*, Strafrecht AT, Rn. 136, 147 ff., 156.

nender Zigarette einschläft und sie (unwillkürlich) zu Boden fallen lässt mit der Folge eines Schwelbrandes: keine (Brandstiftungs-)Handlung.[56]

290 Nicht vom Willen beherrschtes oder beherrschbares Verhalten und damit ohne Handlungsqualität sind ferner **Reflexbewegungen**, „die sich organisch durch **unmittelbare Überleitung** eines von außen kommenden Reizes von den sensorischen auf die motorischen Nerven vollziehen"[57]. Bei den Reflexbewegungen wird mithin ein physiologischer Reiz ohne Mitwirkung des Bewusstseins unmittelbar in eine **willensunabhängige Körperbewegung** umgesetzt.[58] Zu den Reflexbewegungen zählen z.b. das Zusammenzucken beim Berühren elektrischer Leitungen oder bei Insektenstichen jeweils verbunden mit „strafrechtlichen Erfolgen" (etwa Sachbeschädigung), oder: Keine Körperverletzungshandlung, wenn der Arzt bei Prüfung von Reflexpunkten einen (unwillkürlichen) Tritt vors Schienbein erhält. Von bloßen Reflexbewegungen zu unterscheiden und dementsprechend Handlungen im strafrechtlichen Sinne sind dagegen **spontane Schreckreaktionen** und **Kurzschluss- oder Affekthandlungen**; denn bei impulsiven Abwehr- und Kurzschlusshandlungen ist der geistige Steuerungsapparat des Menschen nicht vollständig ausgeschaltet, weil sie in einem geistig-seelischen Vorgang ihren Ursprung haben. Das gilt letztlich auch für Affekthandlungen, die nicht unwillkürlich sind. Die schreckhafte Abwehr einer stechwütigen Wespe oder das spontane Ausweichen vor Hindernissen auf der Fahrbahn mit anschließendem Verkehrsunfall sind deshalb keine Nichthandlungen.[59] Bei den sog. **automatisierten Verhaltensweisen**[60], das sind „eingefahrene" unreflektierte Verhaltensweisen wie etwa das Schalten oder Kuppeln beim Autofahren, Verhaltensweisen, die einem „in Fleisch und Blut übergegangen" sind, hängt deren Handlungsqualität davon ab, ob sich ein steuernder Wille noch einschalten und den Verhaltensautomatismus aufheben könnte.[61] Zumeist ist das bei den eingeübten Verhaltensmustern des Alltagsverhaltens (auch im Straßenverkehr) gegeben, auch wenn derart automatisiertes Verhalten als lediglich unreflektiert (unbewusst) gesteuert (aber doch immerhin gesteuert) erscheint. Die Schwelle zur Nichthandlung ist erreicht und überschritten, wenn im konkreten Einzelfall selbst von „unreflektierter Steuerung" nicht mehr ausgegangen werden kann.[62]

291 Keine Handlung im strafrechtlichen Sinne ist des Weiteren ein durch **unwiderstehliche Gewalt** (sog. vis absoluta) erzwungenes (körperliches) Verhalten. Stößt A den B in ein Ausstellungsregal mit wertvollem Porzellan (hoher Sachschaden), handelt nicht B, sondern A. Führt A dem B die Hand bei der Herstellung einer unechten Urkunde, hat nicht B, sondern A gehandelt – nur er kann in den Beispielen eine Straftat begangen haben. Wird der B dagegen immer und immer wieder von A verprügelt, bis B selbst seine Unterschrift unter die falsche Urkunde setzt, handelt auch B. Auf ihn ist zwar mit Gewalt eingewirkt worden, aber diese Gewalt hat nur „mittelbar" das Verhalten des B bestimmt, indem sie den Willen des B gebeugt hat (sog. vis compulsiva). Die Anwendung solcher auf den Willen des Betroffenen einwirkenden Gewalt schließt also die Handlungsqualität der erzwungenen Willensbestätigung nicht aus. Dass B in seiner

---

56 Vgl. dazu *Kühl*, Strafrecht AT, § 2 Rn. 6; *Wessels/Beulke/Satzger*, Strafrecht AT, Rn. 151 ff., 154, 157.
57 *Schönke/Schröder (Eisele)*, StGB, Vorbem. §§ 13 ff. Rn. 40.
58 Vgl. *Wessels/Beulke/Satzger*, Strafrecht AT, Rn. 151.
59 Vgl. auch *Kühl*, Strafrecht AT, § 2 Rn. 7.
60 Vgl. dazu *Kühl*, Strafrecht AT, § 2 Rn. 8; *Schönke/Schröder (Eisele)*, StGB, Vorbem. §§ 13 ff. Rn. 41.
61 Vgl. SK-StGB/*Jäger*, Vor § 1 Rn. 34; auch MüKo-StGB/*Freund*, Vor §§ 13 ff. Rn. 144 jew. m. w. Nachw.
62 Vgl. zum Ganzen etwa *Kühl*, Strafrecht AT, § 2 Rn. 8; MüKo-StGB/*Freund*, Vor §§ 13 ff. Rn. 144; *Roxin*, Strafrecht AT I, § 8 Rn. 66 ff.; *Schönke/Schröder (Eisele)*, StGB, Vorbem. §§ 13 ff. Rn. 41; SK-StGB/*Jäger*, Vor § 1 Rn. 34 alle m. w. Nachw. auch aus der Rspr.

Willensentschließung nicht frei war, ändert hieran nichts. Für das Unterlassungsverhalten ergibt sich nichts anderes. Wird durch mechanische Einwirkung eine Unterlassung erzwungen, stellt dieses Unterlassen keine Handlung in strafrechtlichem Sinne dar. Das trifft etwa für den Vater zu, der nach gewaltsamer Fesselung eingesperrt wird und es (zwangsläufig) unterlässt, seinen Sohn vor Körperverletzungen durch Dritte zu schützen.[63]

Als Handlung im strafrechtlichen Sinne scheidet schließlich alles aus, was **nicht sozialerheblich** ist. Die Sozialerheblichkeit fehlt grundsätzlich dann, wenn ein bestimmtes Verhalten nicht nach außen in Erscheinung tritt. Alle sich im Inneren eines Menschen vollziehenden Vorgänge sind deshalb keine Handlungen. Dazu zählen bloße Gedanken, innere Einstellungen und Haltungen, Gesinnungen und innerlich bleibende Gemütserregungen[64], Wünsche, Pläne und gefühlsmäßige innere Reaktionen. Wenn A dem B den Tod wünscht oder er plant, den B zu verprügeln, handelt er nicht. Ebenso fehlt es an einer Handlung, wenn A den B innerlich verflucht und beleidigt. Fehlt es an einer „Entäußerung" des (möglicherweise zu einer Verhaltenssteuerung tauglichen) Willens, kommt dem Verhalten gleichviel ob in der aktiven Form des Begehens oder der passiven Form des Unterlassens, keine soziale Relevanz und somit keine Handlungsqualität zu.

292

Nach derzeit geltendem Strafrecht sind **nur natürliche Personen** fähig zu handeln. **Juristischen Personen** fehlt die allein von natürlichen Willenskräften abhängende **Handlungsfähigkeit**. Folgenreiche Unternehmensentscheidungen oder sonstige Akte juristischer Personen, mögen sie auch sozialerhebliche Wirkungen entfalten, sind daher keine Handlungen im strafrechtlichen Sinne. Bezugs- und Anknüpfungspunkt für eine strafrechtliche Haftung ist stets nur das Verhalten individueller Einzelner. Innerhalb einer „überindividuellen" juristischen Person handeln z.B. der Vorstandsvorsitzende, Vereinsvorsitzende, Geschäftsführer und ganz allgemein ein „Organ" der AG, GmbH, des Vereins etc. Dementsprechend findet sich in § 14 eine abschließende gesetzliche Regelung des Handelns für einen anderen, sog. Organ- und Vertreterhaftung.[65] Ob und inwieweit dennoch juristische Personen unmittelbar mit einer – zunehmend befürworteten – Verbandsstrafe belegt werden können und sollen, ist bislang noch nicht völlig geklärt.[66]

293

3. Handlungsbegriff und Systembau der Straftat

Zwischen der allgemeinen Verbrechenslehre und der strafrechtlichen Handlungslehre besteht und bestand seit jeher ein enger sachlicher Zusammenhang. Nicht von ungefähr haben darum die verschiedenen Handlungsbegriffe im theoriegeschichtlichen Entwicklungsgang der allgemeinen Verbrechenslehre erhebliche Bedeutung für den Aufbau des Systems der Straftatmerkmale gehabt. Das lässt sich anschaulich an den (historischen) Entwicklungsstufen der neueren Verbrechenslehre mit ihren teilweise tiefgreifenden Veränderungen im Systembau der Straftat ablesen. Als wesentliche Systembildungen der neueren Verbrechenslehre sind das klassische, das neoklassische, das

294

---

63 Vgl. dazu *Kühl*, Strafrecht AT, § 2 Rn. 5; *Schönke/Schröder (Eisele)*, StGB, Vorbem. §§ 13 ff. Rn. 38; *Wessels/Beulke/Satzger*, Strafrecht AT, Rn. 153.
64 Vgl. *Roxin*, Strafrecht AT I, § 8 Rn. 64.
65 Vgl. etwa *Schönke/Schröder (Perron)*, StGB, § 14 Rn. 1 ff., 4 ff.
66 Vgl. dazu *Roxin*, Strafrecht AT I, § 8 Rn. 58 ff.; SK-StGB/*Jäger*, Vor § 1 Rn. 48 ff.; *Wessels/Beulke/Satzger*, Strafrecht AT, Rn. 147 ff./ 149 f..

finale oder finalistische und im Sinne einer neoklassisch-finalistischen Synthese ein – wenn man es denn terminologisch so will – teleologisches Straftatsystem anzusehen.[67]

295 Mit dem klassischen Verbrechenssystem, aber auch mit dem neoklassischen Verbrechenssystem korrespondiert der kausale Handlungsbegriff. Das **klassische Straftatsystem** ist durch einen einfachen, übersichtlichen und klaren Aufbau gekennzeichnet. Es beruht auf einer Trennung zwischen Unrecht und Schuld, die sich wie die Außen- und Innenseite der Straftat zueinander verhalten. Alle objektiven Voraussetzungen der Straftat gehören danach zum Unrecht, alle subjektiven und nur die subjektiven Bestandteile des Verbrechens zur Schuld. Als Ausgangspunkt und Grundlage des klassischen Verbrechensaufbaus fungiert ein naturalistischer (kausaler) Handlungsbegriff, der – als auf eine gewillkürte Körperbewegung rückführbare Bewirkung einer Veränderung in der Außenwelt verstanden – lediglich nicht-willensgetragenes Verhalten bereits vortatbestandlich ausschließt (mit kaum behebbaren Einordnungsschwierigkeiten bei der Unterlassung). Die Tatbestandsmäßigkeit versteht sich rein deskriptiv-objektiv als äußerliche Beschreibung des Handlungsgeschehens ohne jedes Wertprädikat. An sie schließt sich die Rechtswidrigkeit – ebenfalls „rein" objektiv gefasst – an. Die Tatbestandsmäßigkeit übernimmt im Gesamtkomplex des (objektiven) Tatunrechts eine Indizfunktion: der Tatbestand indiziert die Rechtswidrigkeit. Sie, die Rechtswidrigkeit, bringt das normative Werturteil über den verwirklichten Tatbestand zum Ausdruck. Sie ergibt sich im strengen Sinne einer nur formellen Rechtswidrigkeit ausschließlich aus der Verwirklichung eines gesetzlichen (geschriebenen) Tatbestandes bei gleichzeitigem Fehlen eines ebenfalls gesetzlich bestimmten (geschriebenen) Rechtfertigungsgrundes. Die Schuld schließlich fasst alle subjektiven, inneren Verbrechenselemente zusammen. Zur Schuld zählen namentlich die Zurechnungsfähigkeit als Schuldvoraussetzung, Vorsatz/Fahrlässigkeit als Schuldform oder Schuldart, Schuldausschließungsgründe und weitere einzelne Schuldkriterien. Zu Grunde liegt dieser „enumerativen" Sammlung von Schuldmerkmalen ein sog. („rein") psychologischer Schuldbegriff als Inbegriff aller subjektiven Straftatvoraussetzungen.[68] Dieses vom naturalistisch-kausalen Denken stark geprägte klassische Verbrechenssystem wird heute nicht mehr vertreten.

296 Das **neoklassische Straftatsystem** unterscheidet sich nicht in seiner systemischen Grundstruktur, wohl aber in seinem „Innenleben" vom klassischen Verbrechenssystem. Dieser innersystematische Umbau des Merkmalsgefüges aus Tatbestandsmäßigkeit, Rechtswidrigkeit und Schuld ist das Resultat einer Abkehr vom formallogischen, positivistischen Strafrechtsdenken. An seine Stelle tritt ein auf Zwecke, Werte und Ideen ausgerichtetes „teleologisches" Verständnis des Strafrechts, das sich schließlich in einem materiell gehaltvollen, wertbezogenen System der Straftatmerkmale, eben im neoklassischen Straftatsystem artikuliert. Von entscheidender Bedeutung ist dabei die Erkenntnis, dass das strafrechtliche Unrecht nicht ausschließlich „rein" objektiv erklärbar ist, sondern auch subjektive Anteile hat. Zu dieser „neuen" Unrechtsauffassung führte die Entdeckung der sog. subjektiven Unrechtselemente (z.B. die Zueignungsabsicht in § 242, die den Unrechtstypus des Diebstahls (subjektiv) mitprägt; systematisch gehört deshalb diese Zueignungsabsicht zur Tatbestandsmäßigkeit und nicht

---

67 Vgl. dazu *Heinrich*, Strafrecht AT, Rn. 95 ff.; *Jescheck/Weigend*, Strafrecht AT, § 22 II – VII; *Roxin*, Strafrecht AT I, § 7 Rn. 14 ff.; vgl. ferner MüKo-StGB/*Freund*, Vor §§ 13 ff. Rn. 5 ff., 24 ff.; *Wessels/Beulke/Satzger*, Strafrecht AT, Rn. 158 ff., 160 mit Hinweis auf Vertreter der h. M.

68 Vgl. dazu *Jescheck/Weigend*, Strafrecht AT, § 22 II; MüKo-StGB/*Freund*, Vor § 13 ff. Rn. 5 f.; *Roxin*, Strafrecht AT I, § 7 Rn. 13 ff. jew. m. w. Nachw.

3. Handlungsbegriff und Systembau der Straftat

– wie im klassischen Straftatsystem – zur Schuld). Die Existenz sog. normativer Tatbestandsmerkmale (z.b. fremd in § 242), die eine Wertung (für die Fremdheit der Sache in § 242 eine zivilrechtliche Bewertung der Eigentumsverhältnisse gem. §§ 929 ff. BGB) voraussetzen, lassen eine „rein" deskriptive und wertfreie Vorstellung vom Tatbestand nicht zu. Mit der inhaltlichen Umarbeitung der Tatbestandsmäßigkeit einer geht eine Umbildung der Rechtswidrigkeit, die nicht mehr bloß formell (Fehlen von geschriebenen Rechtfertigungsgründen), sondern materiell als Sozialschädlichkeit zu verstehen ist. Das wiederum ermöglicht eine qualitativ-quantitative Abstufung des Unrechts und die Entwicklung ungeschriebener Rechtfertigungsgründe (z.B. einen übergesetzlichen rechtfertigenden Notstand[69] als Vorläufer des heute in § 34 normierten Rechtfertigungsgrundes). Zugleich verändern sich die Prioritäten im Verhältnis zwischen den System- und Wertungsstufen der Tatbestandsmäßigkeit und Rechtswidrigkeit: der Tatbestand nicht mehr als wertfreie Beschreibung eines äußeren Geschehens und Indiz der Rechtswidrigkeit, sondern als Inbegriff der für eine Deliktsart typischen Unrechtselemente, sozusagen ein Unrechtstatbestand, der den Deliktstypus, den Unrechtstypus – lediglich – verkörpert. Schließlich spielt im neoklassischen Straftatsystem auch die Schuld inhaltlich eine andere Rolle als im klassischen Verbrechenssystem: Schuld ist nicht mehr nur die additive Sammlung sämtlicher subjektiver Straftatelemente, sondern „Vorwerfbarkeit". Grundlage dieses wertbezogenen Schuldverständnisses ist kein psychologischer, sondern ein normativer Schuldbegriff.[70]

Mit dem neoklassischen Straftatsystem verträgt sich kein Handlungsbegriff, der wie der naturalistische Handlungsbegriff – sinnentleert – strafrechtlich relevantes Handeln auf den physiologischen Vorgang von Körperbewegungen (mit außenweltlichen Folgen) reduziert. Will man nicht von vornherein unter Verzicht auf einen vortatbestandlichen Handlungsbegriff mit der Tatbestandsmäßigkeit als erster Systemstufe im Aufbau des Straftatsystems arbeiten (Handlung als innertatbestandliches Straftatmerkmal), muss der systemtragende Handlungsbegriff jedenfalls so viel Substanz haben, das sich strafrechtliche (Be-)Wertungen auf ihn zumindest beziehen können. Diesen Mindestvoraussetzungen wird der aus dem naturalistischen Handlungsbegriff hervorgegangene kausale Handlungsbegriff[71] gerecht. Das neoklassische Straftatsystem lässt sich also mit dem kausalen Handlungsbegriff verbinden. Da der kausale Handlungsbegriff nicht auf den menschlichen Willen als verhaltenssteuernde Kraft, sondern nur auf ein willkürliches Bewirken (von Außenwelterfolgen) abhebt, verbleibt es im neoklassischen Verbrechenssystem aber beim **Vorsatz** (Fahrlässigkeit) als **Element der Schuld** (Schuldform als eine Voraussetzung der Vorwerfbarkeit), wie es sich für das klassische Straftatsystem nahezu von selbst versteht.

297

Eine ganz andere systematische Stellung nimmt der Vorsatz im finalen oder auch finalistischen System der Straftatmerkmale ein. Grundlage des **finalistischen Straftatsystems**[72] ist der finale Handlungsbegriff (vgl. Rn. 279 ff.). Die (ontologisch) vorgegebene Finalstruktur der Handlung, die finale Überdeterminierung des Kausalgeschehens wird vom menschlichen Willen getragen. Er ist das zentrale Element der Handlung, weil von ihm die Auswahl des Handlungsziels und der zur Zielerreichung einzuset-

298

---

69 Vgl. *RGSt* 61, 242, 254.
70 Vgl. zum Ganzen etwa *Jescheck/Weigend*, Strafrecht AT, § 22 III; MüKo-StGB/*Freund*, Vor §§ 13 ff. Rn. 7 ff.; *Roxin*, Strafrecht AT I, § 7 Rn. 16/7 m. w. Nachw.
71 Vgl. *Jescheck/Weigend*, Strafrecht AT, § 22 III, 2 a; vgl. auch bei Rn. 278 und dort. Nachw.
72 Vgl. dazu *Baumann/Weber/Mitsch/Eisele*, Strafrecht AT/*Eisele*, § 8 Rn. 5; *Jescheck/Weigend*, Strafrecht AT, § 22 V; *Roxin*, Strafrecht AT I, § 7 Rn. 18 ff.; ferner MüKo-StGB/*Freund*, Vor §§ 13 ff. Rn. 10 ff.

zenden Mittel und damit die planvolle Steuerung des in Gang gesetzten Kausalvorgangs bestimmt wird. Finalität als Inhalt dieses lenkenden Willens ist nichts anderes als Vorsatz. Eine Handlung im strafrechtlichen Sinne liegt also nur vor, wenn der Täter das Handlungsziel mit Wissen und Wollen, mithin vorsätzlich ansteuert.[73] Verbrechenssystematisch folgt aus dieser Gleichsetzung von Finalität (der Handlung) und Vorsatz, dass der Tatvorsatz zusammen mit anderen subjektiven Unrechtselementen zur System- und Wertungsstufe der Tatbestandmäßigkeit gehört und – in seiner strikten Bezogenheit auf die Kausallenkung – ausschließlich dorthin gehört. Verbunden ist damit eine im Vergleich zum neoklassischen Straftatsystem stärkere Subjektivierung des tatbestandsmäßigen Unrechts bei gleichzeitiger Entsubjektivierung und zunehmender Normativierung der Schuld.[74] Die Verlagerung des Vorsatzes von der Schuldkategorie in die Tatbestandsmäßigkeit zieht als weitere Konsequenz die Herauslösung des sog. Unrechtsbewusstseins – im klassischen und neoklassischem Straftatsystem inneres Kernstück des Vorsatzes – aus dem Vorsatzbegriff nach sich, so dass sich die Systemstufe der Schuld in einem „rein" normativen Sinne aus der Schuldfähigkeit, dem Unrechtsbewusstsein und dem Nichtvorliegen von Entschuldigungsgründen zusammensetzt.[75]

299 Vergleicht man die verschiedenen Straftatsysteme miteinander, dann scheinen sich das neoklassische und erst recht das klassische Verbrechenssystem in einem unversöhnlichen Gegensatz zum finalistischen Straftatsystem zu befinden. Es ist jedoch nicht ausgeschlossen, das neoklassische Verbrechenssystem, das seit langem und auch gegenwärtig noch die Systembasis der Strafrechtsprechung darstellt, mit den in der Sache zutreffenden neueren Erkenntnissen der finalistischen Verbrechenslehre zu verknüpfen. Das so entstehende Straftatsystem (neoklassisch-finalistische Synthese) ist wie das neoklassische Verbrechenssystem wertbezogen, differenziert zwischen dem tatbestandsmäßigen Unrecht und der Schuld als den maßgeblichen Wertkomplexen der Straftat und gliedert sich systematisch in die Tatbestandsmäßigkeit (mit einem Tatbestand als Unrechtstypus), Rechtswidrigkeit und Schuld.

300 Grundlage dieses Straftatsystems ist eine vortatbestandliche Handlung, die dem **sozialen Handlungsbegriff** entspricht, also ein vom Willen beherrschtes oder beherrschbares sozialerhebliches menschliches Verhalten (vgl. Rn. 283). Da aus Sicht der sozialen Handlungslehre die **tatbestandsmäßige Handlung** eine vom menschlichen Willen beherrschte oder beherrschbare **rechtlich-soziale Sinneinheit** bildet, kommt es für das tatbestandliche Unrecht und den Unrechtsgehalt der Handlung nachhaltig auf einen „Verwirklichungswillen" an. Ohne diesen **Verwirklichungswillen** ginge der rechtlich-soziale Sinn der tatbestandsmäßigen Handlung verloren. Daraus leitet sich ohne weiteres ab, dass der Verwirklichungswille als **Substrat des Tatvorsatzes** und folglich der Tatvorsatz selbst systematisch in die Wertungsstufe der Tatbestandsmäßigkeit einzubeziehen ist. Die Zuordnung des Tatvorsatzes zur (subjektiven) Tatbestandsmäßigkeit bedeutet nun aber nicht, dass der Vorsatz aus dem Schuldbereich völlig eliminiert ist. Der **Vorsatz** hat vielmehr auch die Funktion einer Schuldform. Insoweit ist er **Träger des Gesinnungsunwertes**, der die vorsätzlich-fehlerhafte Einstellung zu den Verhaltensanforderungen der Rechtsordnung charakterisiert.[76] Während auf der Sys-

---

73 Vgl. *Roxin,* Strafrecht AT I, § 7 Rn. 18.
74 Vgl. *Roxin,* Strafrecht AT I, § 7 Rn. 18.
75 Dazu *Jescheck/Weigend,* Strafrecht AT, § 22 V, 3; *Roxin,* Strafrecht AT I, § 7 Rn. 18 jew. m. w. Nachw.; vgl. dazu noch *Baumann/Weber/Mitsch/Eisele,* Strafrecht AT/*Eisele,* § 8 Rn. 5 mit § 16 Rn. 11 f.
76 Vgl. *Wessels/Beulke/Satzger,* Strafrecht AT, Rn. 205, 206 ff., 208, 680.

temstufe der Tatbestandsmäßigkeit festgestellt wird, **ob** und dass ein Verwirklichungswille vorhanden **war** (ist), wird auf der Wertungsstufe der Schuld danach gefragt, **warum** es zu einem Verwirklichungswillen und **in welchem** unwerthaften **Ausmaß** es zu ihm gekommen ist (Schuld als Vorwerfbarkeit). Im Ergebnis ist danach der Vorsatz entsprechend seiner „Doppelfunktion" konstitutiv sowohl für das tatbestandsmäßige Unrecht als auch für die Schuldfeststellung. Das so gestaltete Verbrechenssystem, das die Erkenntnisse der neoklassischen und finalistischen Verbrechenslehre unter Berücksichtigung der **Doppelnatur des Tatvorsatzes** miteinander verknüpft und systematisch umsetzt, versteht sich als kompromissreicher Mittelweg zwischen dem neoklassischen und finalistischen Straftatsystem. Es als **teleologisches Straftatsystem** zu kennzeichnen, ist terminologisch nicht zwingend, von der Sache her (Art des Systemaufbaus und Wertbezogenheit) **aber** durchaus begründbar. Es entspricht mit Nuancierungen im Einzelnen der gegenwärtig vorherrschenden Auffassung und Lehre von der Straftat.[77] Das teleologische System der Straftatmerkmale bestimmt denn auch die nachfolgenden Erörterungen.[78]

4. Lernkontrolle

- Welche Voraussetzungen müssen erfüllt sein, damit bestimmtes Verhalten als Straftat qualifiziert werden kann? Wie lautet die Definition des Straftatbegriffs? (Rn. 263)
- Wie ist der vorherrschende Begriff von der Straftat (vom Verbrechen) strukturiert? (Rn. 265)
- Was versteht man unter sog. objektiven Bedingungen der Strafbarkeit? (Rn. 266, 268)
- Welche Basisfunktionen muss ein vortatbestandlicher Handlungsbegriff erfüllen? (Rn. 270 ff.)
- Beschreiben Sie die Kennzeichen des kausalen, finalen und sozialen Handlungsbegriffs (Rn. 277 ff.)
- Benennen Sie auf der Basis eines sozialen Handlungsbegriffs einige sog. Nichthandlungen (Rn. 287 ff.)
- Beschreiben Sie den Systembau der Straftatmerkmale im klassischen, neoklassischen, finalistischen und teleologischen Verbrechungssystem. Benennen Sie die maßgeblichen systemischen Unterschiede (Rn. 294 ff.)
- Welche Charakteristika zeichnen das sog. teleologische System der Straftatmerkmale als neoklassisch-finalistische Synthese aus? (Rn. 299 f.)

---

[77] Vgl. zu anderen Systementwürfen etwa *Jescheck/Weigend*, Strafrecht AT, § 22 VI; *Roxin*, Strafrecht AT I, § 7 Rn. 23 ff. jew. m. w. Nachw.
[78] Vgl. zum Verbrechensbegriff einer „personalen Straftatlehre" noch MüKo-StGB/*Freund*, Vor §§ 13 ff. Rn. 24 ff.

VII. Begehungs- und Unterlassungsdelikt

1. Das Begehungsdelikt als Grundfall einer Straftat

301 Aus dem Zusammenhang einer Reihe von Vorschriften des Allgemeinen Teils und den gesetzlichen Deliktsbeschreibungen im Besonderen Teil des StGB wird erkennbar, dass das Strafrecht **in einem kategorialen Sinne** insgesamt sechs verschiedene **Erscheinungsformen** strafbaren Verhaltens kennt. Nach Art der Begehungsweise ist das Begehungsdelikt vom Unterlassungsdelikt, nach Art der subjektiven Beziehung des Täters zur Tat das Vorsatzdelikt vom Fahrlässigkeitsdelikt und nach dem Verwirklichungsgrad der Straftat das vollendete vom versuchten Delikt (Versuchsdelikt) zu trennen. Bereits unter dem Stichwort „weitere Deliktsarten" (vgl. Rn. 248) ist darauf verwiesen worden, dass sich die verschiedenen Erscheinungsformen der Straftat teilweise zu „neuen", abgeleiteten Straftatformen verbinden lassen. So kann beispielsweise das Begehungsdelikt fahrlässig oder vorsätzlich verwirklicht sein. Dasselbe gilt für das Unterlassungsdelikt. Das Begehungsdelikt braucht ebenso wie das Unterlassungsdelikt nicht vollendet zu sein, es kommt dementsprechend das Versuchsdelikt als nicht vollendetes Begehungs- oder nicht vollendetes Unterlassungsdelikt in Betracht. Dem Begehungsdelikt, dem vorsätzlichen und dem vollendeten Delikt kann jeweils die Bedeutung einer Primär- oder Regelform der Straftat zugeschrieben werden. Das ergibt sich für das Vorsatzdelikt und das vollendete Delikt zwanglos aus den §§ 15, 22 ff., 23 Abs. 1. Für das Begehungsdelikt folgt sein „Vorrang" vor dem Unterlassungsdelikt aus der eigenständigen gesetzlichen Strafbarerklärung des Unterlassens durch § 13 und den Sinngehalt dieser Vorschrift („nur", Entsprechungsklausel) sowie der Sonderstellung einiger, das Unterlassen ausdrücklich unter Strafe stellender gesetzlicher Straftatbestände im Verhältnis zur weitaus überwiegenden Anzahl der anderen Deliktsbeschreibungen des StGB und des Nebenstrafrechts. Verknüpft man die drei Primärformen der Straftat miteinander, haben wir den strafrechtlichen Grundfall einer Straftat vor uns: das **vollendete, vorsätzliche Begehungsdelikt**.[1] Dieser Grundfallcharakter des (vollendeten, vorsätzlichen) Begehungsdelikts wird ohne Unterschied in der Sache auch mit „Grundform", „Grundmodell" oder „Modellfall" der Straftat[2] umschrieben.

302 Von einem Begehungsdelikt spricht man, wenn das strafrechtlich relevante Verhalten in einer Tätigkeit (tätiges Handeln), also in einem „aktiven Tun" bzw. in einem „positiven Tun" (alle Ausdrücke werden gleichbedeutend verwendet) besteht. Dass es sich bei dieser Modalität strafrechtsrelevanten Verhaltens um den Grundfall einer Straftat handelt, lässt sich über die gesetzliche Strafbarerklärung des Unterlassens durch § 13 hinaus auch aus der sprachlichen Abfassung der weitaus meisten gesetzlichen Straftatbestände im Besonderen Teil des StGB und Nebenstrafrecht entnehmen. Schon ein kurzer Blick auf die gesetzliche Deliktsbeschreibung des Totschlags in § 212 Abs. 1 genügt, um zu erkennen, dass es nach dem gesetzlichen Vorstellungsbild vom Totschlag um die Tötung eines Menschen durch aktives, positives Tun geht. Entsprechendes gilt für zahlreiche weitere Delikte.

303 Diese gesetzliche Vorrangigkeit des Begehens als Grundfall strafbaren Verhaltens erklärt sich vor allem daraus, dass die (Straf-)Rechtsordnung dem Einzelnen grundsätzlich nur die Verpflichtung auferlegt, alles an aktiven, tätigen Handlungen, was die

---

[1] Vgl. auch *Kühl*, Strafrecht AT, § 1 Rn. 4.
[2] Von *Kühl*, Strafrecht AT, § 1 Rn. 4 auch als Grunddelikt bezeichnet.

Rechtsgüter von Dritten beeinträchtigen könnte, zu unterlassen. Rechtliche, zumal strafrechtliche Relevanz kommt demnach in erster Linie nur solchem Verhalten zu, das als aktives Handeln einen Verstoß gegen Unterlassungspflichten und damit einen Verstoß gegen Normen darstellt, die Rechtsgutsverletzungen **verbieten.**[3] Dieser Grundgedanke – er geht auf die von der Freiheitsidee der Aufklärung geprägte Vorstellung zurück, dass „die ursprüngliche Verbindlichkeit des Bürgers nur auf Unterlassungen geht"[4] – durchzieht mit wenigen Ausnahmen die gesetzlichen Deliktsbeschreibungen des geltenden Kern- und Nebenstrafrechts. So enthält beispielsweise der gesetzliche Straftatbestand des § 212 Abs. 1 das Verbot, einen Menschen zu töten. Die gesetzliche Deliktsbeschreibung verbietet also jede Handlung, die einen Menschen tötet. Dass diese Handlung in einem aktiven Tun besteht, resultiert aus der Verbotsstruktur der in § 212 Abs. 1 ausgedrückten Strafrechtsnorm, denn der **Verstoß gegen ein Verbot** gewinnt seinen Bedeutungsgehalt nicht aus einer Passivität (Unterlassen), sondern aus tätigem Handeln (aus aktivem, positivem Tun). Wer gegen das gesetzliche Tötungsverbot verstößt, macht sich daher wegen Totschlags **in Gestalt eines Begehungsdelikts** strafbar. Ganz ähnlich verhält es sich mit fast allen gesetzlichen Deliktsbeschreibungen des Kern- und Nebenstrafrechts. Immer geht es im ersten Zugriff darum, dass der Einzelne durch ein Verbot verpflichtet wird, alles zu unterlassen, was den anderen, den Dritten, und die geschützten Rechtsgüter verletzt. Verbotswidriges Verhalten besteht danach zuallererst in einem tätigen Handeln; seine deliktische Erscheinungsform ist das Begehungsdelikt.[5]

2. Das Unterlassungsdelikt als Gebotsverstoß

Auch wenn die gesetzlichen Straftatbestände des Kern- und Nebenstrafrechts zumeist Verbotsnormen enthalten, erschöpft sich strafrechtlich relevantes Verhalten doch nicht im aktiven, tätigen Handeln. Vom traurigen Ergebnis her ist es unerheblich, ob eine Mutter oder ein Vater das eigene Kind mit einem Kissen erstickt oder sonst totschlägt (durch aktives, „positives" Tun) oder es verhungern lässt. Es liegt auf der Hand, dass das Verhungernlassen und damit ein Unterlassen ebenso wie das Begehen als Handlung im strafrechtlichen Sinne von Bedeutung sein können. Allerdings fehlt es an einem gesetzlichen Straftatbestand, der ausdrücklich das Verhindern der Tötung eines Menschen fordert bzw. deren Nichthinderung (im Sinne eines Nichteingreifens in das Kausalgeschehen) unter Strafe stellt. Und weiter ist festzustellen, dass es zu den tatbestandlich erfassten Begehungsdelikten im StGB und Nebenstrafrecht generell kein einzelgesetzliches Pendant für die Handlungsmodalität des Unterlassens gibt. Das verwundert auch nicht, weil es grundsätzlich nicht Aufgabe strafbewehrter Normen ist, den Einzelnen „zur Rettung gefährdeter Rechtsgüter durch persönlichen Einsatz anzuhalten"[6]. Es kann nicht jeder verpflichtet sein, für die Rechtsgüter anderer einzutreten; eine etwaige gesetzliche Verpflichtung, für fremde Güter oder Interessen (Rechtsgüter) zu sorgen, muss daher auf Ausnahmefälle beschränkt bleiben.[7]

---

3 Vgl. *Jescheck/Weigend*, Strafrecht AT, § 49 IV, 1; *Stratenwerth/Kuhlen*, Strafrecht AT, § 6 Rn. 16 ff., 17/8.
4 *Feuerbach*, Zitatnachweis bei *Jescheck/Weigend*, Strafrecht AT, § 58 I, 2 bei und in Fn. 5.
5 Vgl. zum Ganzen etwa *Jescheck/Weigend*, Strafrecht AT, § 58 I / II, 1; *Stratenwerth/Kuhlen*, Strafrecht AT, § 6 Rn. 16 ff., 17/8; vgl. ferner *Baumann/Weber/Mitsch/Eisele*, Strafrecht AT/*Mitsch*, § 6 Rn. 43 f.
6 Vgl. *Jescheck/Weigend*, Strafrecht AT, § 58 II, 1.
7 Dazu *Stratenwerth/Kuhlen*, Strafrecht AT, § 6 Rn. 16 ff., 17/8.

VII. Begehungs- und Unterlassungsdelikt

305 Immerhin gibt es einige gesetzliche Straftatbestände, in denen ein Unterlassen als solches geschildert und mit Strafe bedroht ist. Dazu gehören beispielsweise die „unterlassene Verbrechensanzeige" nach § 138 Abs. 1, die sog. „unterlassene Hilfeleistung" nach § 323 c und noch weitere Deliktsbeschreibungen (vgl. § 123 Abs. 1, 2 Alt.: Sich-nicht-entfernen; § 170: Nichtgewähren des gesetzlich geschuldeten Unterhalts; § 266 a Abs. 1: Vorenthalten von Arbeitsentgelt, ähnlich § 266 a Abs. 2, 3).[8] Ihnen lässt sich entnehmen, dass es beim (strafbaren) Unterlassen nicht wie beim Begehungsdelikt um Verstöße gegen Unterlassungspflichten in Form von normierten Verboten, sondern um **Verstöße gegen Handlungspflichten in Form von normierten Geboten** geht. Durch eine **Gebotsnorm** nämlich wird eine bestimmte Handlung angeordnet, so dass der eigentliche rechtsgutsverletzende Verstoß gegen eine solche Gebotsnorm in der (pflichtwidrigen) Unterlassung des (gesetzlich) angewendeten Tuns liegt.[9] Alles strafbare Unterlassen versteht sich daher zunächst und grundsätzlich als **Zuwiderhandlung gegen eine Gebotsnorm**. Es versteht sich dementsprechend nicht als passives „Nichtstun", sondern als „enttäuschte Erwartung", als Nichtvornahme einer erwarteten Handlung, als Nichtvornahme einer geforderten Tätigkeit und – weil es für die strafrechtliche Sanktionierung der Unterlassung auf einen „besonderen Rechtsgrund" und damit auf eine rechtlich begründete Erwartung ankommt – im Ergebnis als Nichtvornahme einer bestimmten, rechtlich (gesetzlich) geforderten Handlung.[10] Gebotswidriges Verhalten besteht somit in der Nichtvornahme eines rechtlich geforderten Tuns; seine deliktische Erscheinungsform ist das **Unterlassungsdelikt**.

3. Echte und unechte Unterlassungsdelikte

306 Mit der Nichtvornahme eines rechtlich gebotenen Tuns können verschiedenartige Unterlassungsdelikte, und zwar sog. **echte und unechte Unterlassungsdelikte** verwirklicht sein. Die Bezeichnungen „echtes" und „unechtes" Unterlassungsdelikt sind missverständlich, denn es geht bei beiden Erscheinungsformen des Unterlassungsdelikts um durchaus „echtes" Unterlassen. Bei beiden Bezeichnungen handelt es sich aber um übliche Termini, mit deren Hilfe das schlichte Unterlassen (echtes Unterlassungsdelikt) vom „Begehen durch Unterlassen" (unechtes Unterlassungsdelikt) deutlich abgesetzt werden soll.

3.1 Echte Unterlassungsdelikte

307 Bei den echten Unterlassungsdelikten handelt es sich um Straftaten, die sich in der Nichtvornahme einer vom Gesetz geforderten Handlung, also in einem **Verstoß gegen eine Gebotsnorm** und damit im **bloßen Unterlassen** einer gesetzlich ausdrücklich geforderten Handlung erschöpfen. Sie sind das Gegenstück zu den schlichten Tätigkeitsdelikten im Begehungsbereich (vgl. Rn. 238). Gemeinsames Kennzeichen beider Deliktsarten ist ein gesetzlicher Verzicht auf die Notwendigkeit eines „Taterfolgs" im Sinne der Erfolgsdelikte (vgl. Rn. 237) als Voraussetzung der Strafbarkeit. Ähnlich wie es beispielsweise bei der Falschaussage nach § 153 für deren Strafbarkeit nicht darauf ankommt, dass tatsächlich eine auf der Falschaussage beruhende unzutreffende

---

[8] Vgl. auch *Jescheck/Weigend*, Strafrecht AT, § 58 II, 1.
[9] In diesem Sinne *Jescheck/Weigend*, Strafrecht AT, § 58 II, 1.
[10] So die h. M. in Rechtsprechung und Lehre; vgl. statt aller *Schönke/Schröder (Bosch)*, StGB, Vorbem. §§ 13 ff. Rn. 139 m. w. Nachw.; anders wohl SK-StGB/*Stein*, Vor § 13 Rn. 1 ff., 5; vgl. noch *Jeschek/Weigend*, Strafrecht AT, § 59 I m. w. Nachw.

3. Echte und unechte Unterlassungsdelikte

gerichtliche Entscheidung („falsches Urteil") getroffen wird, fehlt auch dem echten Unterlassungsdelikt die **Erfolgsbezogenheit**.[11]

Fehlende Erfolgsbezogenheit kennzeichnet z.b. die „unterlassene Hilfeleistung" gem. § 323 c, ein nach allgemeiner Auffassung echtes Unterlassungsdelikt: Wer einem Unfallopfer nicht die ihm nach den Umständen zumutbare bestmögliche Hilfe leistet, macht sich nach § 323 c strafbar, ohne Rücksicht darauf, ob das Unfallopfer stirbt, weitere Schmerzen erleidet oder durch Hilfe anderer gerettet wird. Die Abwendung eines „Tatererfolgs", wie etwa die Verhinderung des Todes des Unfallopfers, gehört nicht zur strafrechtlich sanktionierten Hilfeleistungspflicht, der Eintritt eines schädlichen Erfolges gehört demzufolge auch nicht zum gesetzlichen Straftatbestand. Nicht anders verhält es sich bei der „unterlassenen Verbrechensanzeige" gem. § 138, ebenfalls ein Vergehen, das zu den echten Unterlassungsdelikten gezählt wird. § 138 Abs. 1 macht jedem, der von dem Vorhaben oder der Ausführung einer bestimmten schweren Straftat erfährt, die rechtzeitige Anzeige an die Behörde oder den von der Straftat bedrohten „Dritten" zur Pflicht, ohne von ihm die Verhinderung der Tat bzw. die Verhinderung ihrer weiteren Ausführung zu verlangen. Wer diese Anzeigeverpflichtung verletzt, macht sich bereits auf Grund seiner Pflichtverletzung als solcher wegen „unterlassener Verbrechensanzeige" strafbar, ohne dass es von Bedeutung ist, ob die (geplante) Tat tatsächlich ausgeführt oder deren weitere Ausführung abgebrochen wird oder es aus anderen Gründen zur Tatausführung erst gar nicht kommt.[12]

308

Adressiert ist das Hilfeleistungsgebot in § 323 c ebenso wie das Gebot zur Verbrechensanzeige in § 138 an „jeden von uns", nicht an einen nach bestimmten Kriterien gesonderten Personenkreis. Die „unterlassene Hilfeleistung" und die „unterlassene Verbrechensanzeige" sind daher wie alle anderen echten Unterlassungsdelikte auch als **„Jedermanns-Unterlassungsdelikte"** zu umschreiben.[13] Echte Unterlassungsdelikte sind somit daran zu erkennen, dass mit ihnen gegen ein (ausdrückliches) gesetzliches Handlungsgebot[14] verstoßen wird (**Gebotsverstoß**), das Handlungsgebot sich an keinen besonders gearteten Täterkreis richtet (**Jedermanns**-Unterlassungsdelikt) und der Eintritt eines „Tatererfolgs" im Sinne der Erfolgsdelikte keine Voraussetzung ihrer Strafbarkeit ist (**fehlende Erfolgsbezogenheit**). Gegen dieses Verständnis vom echten Unterlassungsdelikt spricht nicht, dass es auch im Falle echten Unterlassens letztlich um Schadensabwehr geht und deshalb vom pflichtigen „Jedermann" eine entsprechende erfolgsverhindernde Tätigkeit verlangt wird. Das Fehlen von Erfolgsbezogenheit im Sinne eines für die Strafbarkeit pflichtwidrigen Unterlassens vom Gesetz eben nicht vorausgesetzten Eintritts schädlicher Erfolge schließt von vornherein nicht aus, dass im Bereich der echten Unterlassungsdelikte mit der gesetzlich geforderten Handlung zielperspektivisch ein von der Rechtsordnung negativ bewerteter Erfolg verhindert werden soll.[15] Den handlungspflichtigen „Jedermann" trifft lediglich **keine Pflicht zur Erfolgsverhinderung**, er muss für die Erfolgsabwendung deshalb nicht einstehen. Vielmehr

309

---

11 Vgl. dazu *Baumann/Weber/Mitsch/Eisele*, Strafrecht AT/*Mitsch*, § 21 Rn. 4 ff., 6 m. w. Nachw.; *Heinrich*, Strafrecht AT, Rn. 857 ff.; *Jeschek/Weigend*, Strafrecht AT, § 58 III; *Wessels/Beulke/Satzger*, Strafrecht AT, Rn. 1156 ff.; vgl. dazu aber (kritisch), *Roxin*, Strafrecht AT II, § 31 Rn. 21 ff.
12 Vgl. z. B. BGHSt 21, 50, 54; 17, 166, 172; *Jeschek/Weigend*, Strafrecht AT, § 58 III; *Schönke/Schröder (Bosch)*, StGB, Vorbem. §§ 13 ff. Rn. 134; *Wessels/Beulke/Satzger*, Strafrecht AT, Rn. 1156 ff., 1157; vgl. aber auch mit anderer Terminologie MüKo-StGB/*Freund*, § 13 Rn. 1 ff., 20 ff., 48 ff. mit dort. Kritik an der traditionellen Unterlassungsdogmatik; ferner noch SK-StGB/*Stein*, Vor § 13 Rn. 10.
13 Begriff bei *Murmann*, Grundkurs, § 29 Rn. 5 ff., 6; vgl. auch *Heinrich*, Strafrecht AT, Rn. 857 ff., 858, 860.
14 Vgl. zu diesem Abgrenzungskriterium kritisch *Roxin*, Strafrecht AT II, § 31 Rn. 16 ff., 24 ff.
15 Vgl. *Jeschek/Weigend*, Strafrecht AT, § 58 III, 2; vgl. auch *Kühl*, Strafrecht AT, § 18 Rn. 1, 6a.

wird bei echten Unterlassungsdelikten vom Handlungspflichtigen nur ein tendenziell auf Erfolgsverhinderung ausgerichtetes Handeln, ein Handeln zum (außertatbestandlichen) Zwecke der Schadensverhütung verlangt.[16]

3.2 Unechte Unterlassungsdelikte

310 Demgegenüber zeichnen sich unechte Unterlassungsdelikte[17] ganz anders als die echten Unterlassungsdelikte gerade dadurch aus, dass sie **erfolgsbezogen** sind und **nicht** „Jedermann", sondern ein aus dem potentiellen Täterkreis aller möglichen Unterlassenden herausgehobener, besonders Bestimmter handlungsverpflichtet ist. Dieser besonders Bestimmte trägt den Terminus „Garant". Er ist der **Garant** dafür, dass ein Erfolg, der zum Tatbestand eines Strafgesetzes gehört, also ein tatbestandsmäßiger Erfolg (der Tod eines Menschen in § 212 Abs. 1, die Körperverletzung eines Menschen in § 223 Abs. 1 etc.) nicht eintritt. Umgekehrt kann sich wegen eines unechten Unterlassungsdelikts auch nur derjenige strafbar machen, der ein solcher Garant für den Nichteintritt des tatbestandlichen Erfolges ist. Man kann die unechten Unterlassungsdelikte in bildhaft verdeutlichter Abgrenzung zu den echten Unterlassungsdelikten daher durchaus auch als „Garantenunterlassungsdelikte" charakterisieren.[18]

311 Für das „deliktische Bild" der unechten Unterlassungsdelikte ist neben der Garanteneigenschaft des Täterkreises überdies von Bedeutung, dass ein bestimmter tatbestandsmäßiger Erfolg nicht eintreten soll. Der Garant, der seine **Erfolgsabwendungspflicht** verletzt, wird deshalb mit der strafrechtlichen Verantwortlichkeit für den jeweils eingetretenen „Tatеrfolg" belastet.[19] Die unechten Unterlassungsdelikte sind demnach das Gegenstück zu den Erfolgsdelikten im Begehungsbereich (vgl. Rn. 237), sie sind Erfolgsvermeidungsdelikte.[20] Bei den unechten Unterlassungsdelikten geht es somit nicht allein um die Erfüllung bzw. Nichterfüllung (bloßer) Handlungspflichten, sondern unmittelbar um die Verhinderung des Eintritts tatbestandsmäßiger Erfolge durch pflichtgerechtes tätiges Handeln. Der Eintritt des „Tatеrfolges" gehört danach zur Tatbestandsmäßigkeit des unechten Unterlassens und genau hierin kommt die **Erfolgsbezogenheit der unechten Unterlassungsdelikte** zum Ausdruck.[21]

312 Noch ein weiteres Charakteristikum der **unechten Unterlassungsdelikte** ist zu nennen. Unechte Unterlassungsdelikte sind in ihrer Erfolgsbezogenheit nicht nur das Gegenstück zu den Erfolgsdelikten im Begehungsbereich, sondern zugleich auch ein **Spiegelbild der Begehungsdelikte**. Ein Garant, der die ihm auferlegte Pflicht zur Abwendung von „Tatеrfolgen" verletzt, verwirklicht eine Straftat, die im Gesetz als Begehungsdelikt ausgestaltet ist und der primär eine Verbotsnorm zu Grunde liegt.[22] Unechtes Unterlassen kann daher auch nicht ausschließlich als Zuwiderhandlung gegen eine Gebotsnorm begriffen werden. Im Sinne eines „begehungsgleichen Unterlassens" (vgl. § 13: Begehen durch Unterlassen) versteht es sich vielmehr als Zuwiderhandlung gegen

---

16 Vgl. *Wessels/Beulke/Satzger*, Strafrecht AT, Rn. 1157.
17 Zur verfassungsrechtlichen Unbedenklichkeit der Strafbarkeit unechter Unterlassungsdelikte vgl. BVerfG NJW 2003, 1030; ferner *Roxin*, Strafrecht AT II, § 31 Rn. 31 ff. m. w. Nachw.; vgl. auch NK-StGB (*Gaede*), § 13 Rn. 2 ff., 3.
18 Vgl. dazu *Wessels/Beulke/Satzger*, Strafrecht AT, Rn. 1158.
19 Vgl. *Jescheck/Weigend*, Strafrecht AT, § 58 III, 2; *Wessels/Beulke/Satzger*, Strafrecht AT, Rn. 1158.
20 Vgl. dazu *Jescheck/Weigend*, Strafrecht AT, § 58 III, 2.
21 Vgl. auch *Baumann/Weber/Mitsch/Eisele*, Strafrecht AT/*Mitsch*, § 21 Rn. 9 ff., 11; *Jescheck/Weigend*, Strafrecht AT, § 58 III, 2; *Wessels/Beulke/Satzger*, Strafrecht AT, Rn. 1158.
22 Vgl. *Wessels/Beulke/Satzger*, Strafrecht AT, Rn. 1158.

3. Echte und unechte Unterlassungsdelikte

ein Gebot, das aus einer Verbotsnorm abgeleitet ist. Unechte Unterlassungsdelikte sind somit wie alle Unterlassungsdelikte zwar (zunächst und grundsätzlich) Handlungsverstöße gegen Gebotsnormen (vgl. Rn. 305); sie sind aber zugleich **verbotsbezogen**. Das „Begehungsgleiche" und in diesem Sinne das „Unechte" der unechten Unterlassungsdelikte resultiert nach alledem also aus dem besonderen Täterkreis der Garanten, der Erfolgsbezogenheit des Unterlassens und aus dem Verstoß gegen ein Handlungsgebot, das aus der Verbotsnorm des gesetzlichen Begehungstatbestandes abgeleitet ist. Auf solche, aber auch nur auf solche unechten Unterlassungsdelikte ist § 13 gemünzt: „Wer es unterlässt, einen Erfolg abzuwenden, der zum Tatbestand eines Strafgesetzes gehört, ist .... nur dann strafbar, wenn er rechtlich dafür einzustehen hat, dass der Erfolg nicht eintritt, und wenn das Unterlassen der Verwirklichung des gesetzlichen Tatbestandes durch ein Tun entspricht".[23]

3.3 Sonderfälle unechten Unterlassens

Verwendet man zur Differenzierung zwischen echten und unechten Unterlassungsdelikten die zuvor (vgl. Rn. 307ff.) erörterten Abgrenzungskriterien, können sich für eine Reihe gesetzlicher Deliktsbeschreibungen, in denen neben Begehungsvarianten auch ein Unterlassen unter Strafe gestellt ist, Zweifel an ihrer Zugehörigkeit entweder zu den echten oder zu den unechten Unterlassungsdelikten ergeben. Das gilt etwa für die Gesundheitsschädigung durch böswillige Vernachlässigung einer Fürsorgepflicht in § 225 Abs. 1, ferner für das Begehenlassen einer Körperverletzung durch einen Amtsträger in § 340 oder das Geschehenlassen einer rechtswidrigen Tat eines Untergebenen durch einen Vorgesetzten in § 357 etc.[24] Soweit in solchen Deliktsbeschreibungen ein durch spezifische Tätermerkmale bestimmter Personenkreis zum tätigen Handeln und damit zur Abwendung eines tatbestandsmäßigen Erfolges verpflichtet wird, handelt es sich um Unterlassungsdelikte, auf die, weil sie selbst ausdrücklich eine Garanteneigenschaft voraussetzen, § 13 keine Anwendung findet. Da sie nach ihrer Deliktscharakteristik im Übrigen aber den unechten Unterlassungsdelikten (weitgehend) entsprechen, kann man sie als Unterfall oder auch **Sonderfall der unechten Unterlassungsdelikte** erfassen.[25]

313

Derlei Zuordnungszweifel vermeidet man, wenn man allein darauf abstellt, ob das Gesetz ausdrücklich ein Unterlassen unmittelbar mit Strafe bedroht - dann soll es sich um ein echtes Unterlassungsdelikt handeln – oder nicht – dann soll es sich um ein unechtes Unterlassungsdelikt handeln. Im Ergebnis deckt sich diese verbreitete Auffassung[26] mit der hier vorgenommenen Abgrenzung der echten von den unechten Unterlassungsdelikten jedenfalls insoweit, als es um die unechten, in den Sach- und Normbereich des § 13 Abs. 1 einbezogenen Unterlassungsdelikte geht. Dagegen wären die soeben als Sonder- bzw. Unterfall der unechten Unterlassungsdelikte behandelten Unterlassungsdelikte wegen der ihnen eigenen gesetzlichen Vertypung des Unterlassens

314

---

23 Vgl. zum Ganzen *Jescheck/Weigend*, Strafrecht AT, § 58 III, 2; *Roxin*, Strafrecht AT II, § 31 Rn. 16 ff.
24 Vgl. *Jescheck/Weigend*, Strafrecht AT, § 58 III, 3/4.
25 Nach *Jescheck/Weigend*, Strafrecht AT, § 58 III, 4 handelt es sich um gesetzlich ausdrücklich geregelte unechte Unterlassungsdelikte; vgl. aber mit z. T. anderer Zuordnung *Baumann/Weber/Mitsch/Eisele*, Strafrecht AT/*Mitsch*, § 21 Rn. 7 f.; *Heinrich*, Strafrecht AT, Rn. 858 ff., 860; *Schönke/Schröder (Bosch)*, StGB, Vorbem. §§ 13 ff. Rn. 136/7.
26 Vgl. nur *Baumann/Weber/Mitsch/Eisele*, Strafrecht AT/*Mitsch*, § 21 Rn. 7 f., 9 ff.; *Jakobs*, Strafrecht AT, 28/9 ff.; *Schönke/Schröder (Bosch)*, StGB; Vorbem. §§ 13 ff. Rn. 137 f. mit z. T. unterschiedlichen Begründungen im Einzelnen.

zu den echten Unterlassungsdelikten zu zählen. Mit dieser äußerlich-formalen Differenzierung zwischen echten und unechten Unterlassungsdelikten mag zwar mehr Klarheit und Sicherheit in die Abgrenzung hineinkommen. Unter inhaltlichen Aspekten ist mit ihr indessen nichts gewonnen, denn mit dem bloßen Abstellen auf eine gesetzliche Nennung strafbaren Unterlassens als maßgeblichem Erkennungszeichen für echte Unterlassungsdelikte geht jeder materielle Gehalt in der Unterscheidung zwischen echten und unechten Unterlassungsdelikten und mit ihm auch der deliktsgestaltende Sinn des § 13 Abs. 1 verloren.[27] Soll die Differenzierung zwischen echten und unechten Unterlassungsdelikten aber aussagekräftig und leistungsfähig sein (z.b. Erkenntnisse für die Konkretisierung des § 13 Abs. 1 vermitteln), kann auf sachhaltige materielle Abgrenzungskriterien nicht verzichtet werden. Der Gesichtspunkt der ausdrücklichen Nennung des Unterlassens im Gesetz hat somit keine grundlegende Bedeutung für die Zuordnung deliktischen Unterlassens zu den echten oder unechten Unterlassungsdelikten.

4. Zur Abgrenzung des aktiven Tuns vom Unterlassen

315 Die Deliktscharakteristik vor allem des unechten Unterlassungsdelikts weicht von der des Begehungsdelikts erheblich ab. Den Unterschieden im deliktischen Erscheinungsbild entspricht es, dass die Strafbarkeitsvoraussetzungen des (unechten) Unterlassungsdelikts mit denen des Begehungsdelikts nicht übereinstimmen. Für die Frage, ob und wie sich jemand überhaupt strafbar gemacht haben könnte, hängt folglich alles davon ab, ob in Form von Unterlassen (unechtes oder echtes Unterlassungsdelikt) oder „tätig" gehandelt worden ist. Es darf also nicht offen bleiben, ob als Anknüpfungspunkt für weitere strafrechtliche Wertungen von einem aktiven, positiven Tun oder von einem Unterlassen auszugehen ist.[28]

316 An sich – nach dem natürlichen Verständnis der Dinge[29] – sind aktives Tun und Unterlassen leicht zu unterscheiden.[30] Wer ein Kausalgeschehen durch Einsatz von Energie in Gang setzt oder in eine bestimmte Richtung lenkt, greift verändernd in die Außenwelt ein, er verhält sich aktiv und tut etwas; wer den Dingen ihren Lauf lässt und von der Möglichkeit des Eingreifens in ein Kausalgeschehen keinen Gebrauch macht, der (unter)lässt etwas.[31] Da es in der Regel aller Fälle um in diesem Sinne einfach zu unterscheidendes tätiges Handeln oder Unterlassen geht, tritt kein Abgrenzungsproblem auf. So klar und eindeutig liegt es jedoch nicht immer. Schwierigkeiten bei der Entscheidung, ob von einem Tun oder einem Unterlassen auszugehen ist, ergeben sich zumeist bei „mehrdeutigem Verhalten", d.h. bei Verhaltenskomplexen, die überlagernd, ineinander übergehend oder unmittelbar nachfolgend sowohl Tätigkeits- als auch Unterlassungselemente aufweisen.[32] Beispiele dafür sind das unfallverursachende Radfahren ohne eingeschaltete oder fehlerhafte Fahrradbeleuchtung (aktives Radfahren oder unterlassene Beleuchtung?), die Ausgabe von Ziegenhaaren zwecks Weiterverarbeitung ohne Desinfektion mit der Folge einer tödlichen Milzbrandanste-

---

27 Ähnliche Einschätzung bei *Jescheck/Weigend*, Strafrecht AT, § 58 III, 3; *Roxin*, Strafrecht AT II, § 31 Rn. 16 ff., 24 ff.
28 Vgl. auch *Jescheck/Weigend*, Strafrecht AT, § 58 II, 1.
29 *Jescheck/Weigend*, Strafrecht AT, § 58 II, 2.
30 Vgl. ähnlich *Roxin*, Strafrecht AT II, § 31 Rn. 73 f.
31 So *Wessels/Beulke/Satzger*, Strafrecht AT, Rn. 1161; vgl. auch *Kühl*, Strafrecht AT, § 18 Rn. 13.
32 Vgl. dazu *Baumann/Weber/Mitsch/Eisele*, Strafrecht AT/*Mitsch*, § 21 Rn. 26 ff.; *Heinrich*, Strafrecht AT, Rn. 863 ff., 865 ff.; *Jeschek/Weigend*, Strafrecht AT, § 58 II, 2; *Kühl*, Strafrecht AT, § 18 Rn. 14 ff.; *Murmann*, Grundkurs, § 29 Rn. 9 ff.

4. Zur Abgrenzung des aktiven Tuns vom Unterlassen

ckung (aktive Haarausgabe oder unterlassene Desinfektion?), der Abbruch intensivmedizinischer Behandlung durch Abschalten eines Reanimationsgerätes (aktives Abschalten oder unterlassene Fortsetzung der lebensverlängernden Behandlung?) und last not least – die Hinderung oder der Abbruch eines rettenden Kausalgeschehens durch einen Dritten (A ertrinkt, weil B den rettungswilligen C niederschlägt – Tötung durch aktives Tun (Niederschlagen des B) oder Unterlassen (Nichtretten des A)?). Das Aufsuchen der maßgeblichen strafrechtsrelevanten Handlung, die Abgrenzung des aktiven Tuns vom Unterlassen, fällt bei derartigen Fallkonstellationen ersichtlich schwer. Zur Lösung dieses Abgrenzungsproblems werden verschiedene Vorgehensweisen empfohlen:

Eine primär naturalistisch-empirische Auffassung orientiert sich an der klaren Unterscheidbarkeit des aktiven Tuns und Unterlassens auf Grund ihres äußeren Erscheinungsbildes und stellt darauf ab, ob durch Einsatz von Energie ein die Außenwelt verändernder Kausalverlauf in Gang gesetzt oder in ihn eingegriffen worden ist (aktives Tun) oder nicht (Unterlassen). Darin enthalten sind die Kriterien des **Energieeinsatzes** und des kausalen Einwirkens (**Kausalitätskriterium**).[33] Die Anwendung dieser beiden Abgrenzungskriterien je für sich[34] oder auch kombiniert, verleiht dem aktiven Tun eine Art „natürlichen Vorrang" vor dem Unterlassen (str.). Konsequenterweise ist deshalb stets **vorab** zu prüfen, ob jemand durch aktives Tun einen „Tatererfolg" verursacht hat und ob dies rechtswidrig und schuldhaft geschehen ist. Erst wenn das nicht der Fall ist, stellt sich die Frage des Unterlassens.[35] Zu Ende gedacht liegt danach bei mehrdeutigem Handeln zumindest primär immer ein Begehen und kein Unterlassen vor. Vom (bloßen) Ergebnis her deckt sich diese Ansicht mit anderen Auffassungen, die in Zweifelsfällen stets von positivem Tun als Handlung ausgehen wollen. Insgesamt lässt sich all dem Plausibilität kaum absprechen. Zudem vermeidet ein solcher naturalistisch-empirischer Lösungsansatz auch vorgreifliche Unrechts- und Schuldwertungen.[36] Gleichwohl produziert er auch „Bedenkliches", wie das Beispiel des Arztes, der „seine" intensivmedizinische lebensverlängernde Behandlung durch Abschalten medizinischer Apparaturen abbricht, überdeutlich zeigt; denn Energie- und Kausalitätskriterium machen aus ihm „eigentlich" einen Begehungstäter (verbotene aktive Sterbehilfe). Aber ist er das wirklich, stellt das Abschalten intensivmedizinischer Apparate (zumal **auf Wunsch** des Patienten bei sicherer Todesprognose) nicht vielmehr eine unterlassene **Fortsetzung** der Behandlung dar (straflose passive Sterbehilfe)? Zu letzterer Einschätzung gelangt man, wenn man der in Rechtsprechung und Strafrechtslehre wohl vorherrschenden Auffassung folgt und die Abgrenzung des aktiven Tuns vom Unterlassen **nicht** als „rein" empirisches Problem angeht, sondern darin eine **Wertungsfrage** erblickt. Dann nämlich kommt es entscheidend darauf an, wo bei normativ-wertender Betrachtung unter Berücksichtigung des sozialen Handlungssinns der Schwerpunkt des strafrechtlich relevanten Verhaltens zu verorten ist.[37]

317

---

33 Vgl. *Jescheck/Weigend*, Strafrecht AT, § 58 II, 2.
34 Vgl. dazu *Jescheck/Weigend*, Strafrecht AT, § 58 II, 2 bei und in Fn. 25 u. 26 m. Nachw.
35 So im Ergebnis etwa *Jescheck/Weigend*, Strafrecht AT, § 58 II, 2; vgl. dazu aber auch (z. T. anders) *Wessels/Beulke/Satzger* Strafrecht AT , Rn. 1163,
36 Vgl. dazu *Kühl*, Strafrecht AT, § 18 Rn. 14/5.
37 Vgl. *BGH NStZ* 1999, 607: „Für die Entscheidung der Frage, ob ein Tun oder Unterlassen vorliegt, kommt es auf den Schwerpunkt des Täterverhaltens an. Darüber ist in wertender Würdigung vom Tatrichter zu entscheiden"; vgl. ferner *BGHSt* 40, 257, 265 f.; 51, 165, 173; 56, 277, 286; 59, 292, 296; *Kühl*, Strafrecht AT, § 18 Rn. 14 m. zahlr. Nachw. in Fn. 18, vgl. dort auch Rn. 16/7; *Wessels/Beulke/Satzger*, Strafrecht AT, Rn. 1161 ff., 1163; vgl. ausführlich zur Abgrenzungsproblematik *Roxin*, Strafrecht AT II, § 31 Rn. 69 ff., 73 ff. m. zahlr. Nachw.

VII. Begehungs- und Unterlassungsdelikt

318 Der Gegensatz zwischen den Auffassungen tritt praktisch weitgehend zurück, wenn unter Verwendung **aller** Abgrenzungskriterien „zweistufig", mit Präferenz der letztgenannten Abgrenzungslehre, vorgegangen wird. Bei mehrdeutigen Verhaltenskomplexen ist aus der Gemengelage von Tätigkeits- und Unterlassenskomponenten also zunächst nach dem äußeren Erscheinungsbild anhand des Energie- und/oder Kausalitätskriteriums dasjenige aktive Tun herauszuheben, dass als tatbestandsmäßige, rechtswidrige und schuldhafte Handlung in Betracht kommt. Sodann ist danach zu fragen, ob unter wertender Berücksichtigung des sozialen Handlungssinns dieses tätige Handeln im Gesamtkomplex des mehrdeutigen Verhaltens den Schwerpunkt des strafrechtlich relevanten Täterverhaltens ausmacht. Ist das der Fall, geht es um aktives Tun und ein Begehungsdelikt. Liegt der Schwerpunkt des Täterverhaltens dagegen nicht auf einem Tätigkeits-, sondern auf einem Unterlassungselement, geht es (nur) um Unterlassen und um ein Unterlassungsdelikt. Das Tätigkeitselement hat selbst dann keinen „Vorrang" vor dem Unterlassen, wenn es Anknüpfungspunkt für die Wertungsstufen der Tatbestandsmäßigkeit, Rechtswidrigkeit und Schuld sein könnte. Der denktheoretisch mögliche umgekehrte Fall – die empirisch naturalistische Betrachtungsweise führt zum Unterlassen, das Schwerpunktkriterium dagegen zum positiven Tun – ist nach dem Selbstverständnis der empirisch-naturalistischen (natürlichen) Abgrenzungslehren gegenstandslos, weil sie ja nur bei Fehlen eines „geeigneten" Tätigkeitselements das verbleibende Unterlassen weiterer strafrechtlicher Wertung unterziehen, bei wertender Berücksichtigung des sozialen Handlungssinns der Schwerpunkt des Täterverhaltens aber von vornherein schon auf der Unterlassungskomponente liegt. Der Vorzug dieser „zweistufigen" Vorgehensweise besteht darin, dass bei der Abgrenzung des aktiven Tuns vom Unterlassen deren äußeres Erscheinungsbild einschließlich des Energieeinsatz- und Kausalitätskriteriums nicht ausgeblendet, sondern stets von Beginn an mit einbezogen wird.[38]

319 Die Abgrenzungsproblematik aktives Tun/Unterlassen bei mehrdeutigem Verhalten hat insbesondere für drei Fallgruppen erhebliche Bedeutung: für den **Fahrlässigkeitsbereich**, für das Eingreifen in „**fremde Rettungshandlungen**" und für den Abbruch „**eigener Rettungsmaßnahmen**". Im Fahrlässigkeitsbereich (aber auch im Vorsatzbereich oder bei Vorsatz-Fahrlässigkeits-Kombinationen) können sich Tätigkeits- und Unterlassungselemente zeitgleich überlagern[39]; denn mit der tätigen Sorgfaltspflichtverletzung (vgl. zum Fahrlässigkeitsdelikt Rn. 595 ff., 606 ff.) geht regelmäßig die Nichteinhaltung der gebotenen Sorgfalt einher. Dennoch ist maßgeblicher Anknüpfungspunkt der Fahrlässigkeitshaftung in diesen Fällen ein Tun, und zwar der **tätige Sorgfaltsverstoß**. Das ergibt sich unter Verwendung des Energieeinsatz- oder/und des Kausalitätskriteriums ohne weiteres aus empirisch-naturalistischer Sicht (1. Stufe). Aber auch das Schwerpunktkriterium (2. Stufe) führt zu keinem anderen Ergebnis, denn die Unterlassung der geforderten Sorgfalt ist nur eine „wesensnotwendige Modalität des Handlungsvollzuges"[40]; unter wertender Berücksichtigung des sozialen Handlungssinns liegt daher der Schwerpunkt des Täterverhaltens bei dem „aktiven" Verstoß gegen Sorgfaltspflichten. Es ist deshalb das Fahren mit einem unbeleuchteten Fahrrad bei Dun-

---

38 In der Sache und im Ergebnis wohl ähnlich *Wessels/Beulke/Satzger*, Strafrecht AT, Rn. 1161 ff., 1163 m. weit. Nachw.; NK-StGB (*Gaede*), § 13 Rn. 7 m. zahlr. Nachw. in Fn. 25: sog. Subsidiaritätsansatz; vgl. auch die Darstellung der Abgrenzungsproblematik bei *Kühl*, Strafrecht AT, § 18 Rn. 13 ff., 14 ff., 17 ff.; ferner bei *Schönke/Schröder (Bosch)*, StGB, Vorbem. §§ 13 ff. Rn. 158 ff., 158a, 158b.
39 Sog. doppelrelevantes oder auch ambivalentes Verhalten, vgl. dazu auch NK-StGB (*Gaede*), § 13 Rn. 6.
40 Vgl. *Wessels/Beulke/Satzger*, Strafrecht AT, Rn. 1163 m. w. Nachw.

4. Zur Abgrenzung des aktiven Tuns vom Unterlassen

kelheit (aktives Tun) und nicht das Nichteinschalten der Fahrradbeleuchtung (Unterlassen) maßgeblich, wenn dadurch ein Unfall mit Körperverletzungsfolgen (§ 229) verursacht wird (vgl. Rn. 316). Ebenso ist die Ausgabe verseuchter Ziegenhaare zur Weiterverarbeitung (aktives Tun) und nicht die nicht vorgenommene Desinfektion der Haare (Unterlassen) entscheidend, wenn dadurch (Milzbrandinfektion) der Tod von Menschen verursacht wird (vgl. Rn. 316).[41]

Das (aktiv eingreifende) Verhindern „fremder Rettungshandlungen" ist sowohl unter empirisch-naturalistischem Blickwinkel (natürliche Betrachtungsweise, äußeres Erscheinungsbild) als auch unter normativ-wertender Berücksichtigung des sozialen Handlungssinns **stets als Begehungsdelikt** und nicht als Unterlassungsdelikt zu qualifizieren. Dabei ist unerheblich, ob der aktive Eingriff in das Rettungshandeln eines Dritten diesen persönlich oder lediglich die zur Rettung dienenden (sächlichen) Hilfsmittel betrifft. Unerheblich ist weiter, wie sich der rettungshindernde Eingriff vollzieht, etwa durch Anwendung von Gewalt oder lediglich durch List und Täuschung. Richtet sich das aktive Eingreifen gegen bestimmte Rettungsmittel entweder in Form der Vernichtung (Zerstörung) der Rettungsmittel oder in Form der (endgültigen) Verhinderung ihres Einsatzes zur Rettung, sind deren Eigentumsverhältnisse ohne Belang. Versperrt der A dem B, der dem ertrinkenden C mit einem Rettungsring zu Hilfe kommen will, gewaltsam den Weg und C ertrinkt, kommt daher **nur aktives Tun** und ein **Begehungsdelikt** (§§ 211, 212) in Betracht; denn nicht auf der unterlassenen Rettung des C, sondern auf dem aktiven Hindern der Rettung durch B liegt der **sozialrelevante Schwerpunkt** des Täterverhaltens. Dasselbe gilt, wenn A den schon von B ins Wasser geworfenen Rettungsring zurückzieht oder ein auf C zutreibendes Schlauchboot zerstört.[42] Ein Unterlassungsdelikt ist in solchen Fällen allenfalls dann anzunehmen, wenn die zur Rettung erforderliche Hilfe durch **bloßes Untätigbleiben** verweigert wird, sei es dass der Täter sich selbst als (Mit-)Retter verweigert, sei es dass er Rettungsmittel, die seiner tatsächlichen Sachherrschaft unterliegen, nicht zur Rettung zur Verfügung stellt wie etwa in folgendem Beispiel: A ist gerade mit einem Seil unterwegs zu einer Baustelle, als ihn B um Überlassung des Seils bittet, mit dem der in einen Brunnen gefallene C vor dem Ertrinken bzw. Ersticken gerettet werden soll. A geht unbeeindruckt weiter, da er an der Rettung des C kein Interesse hat.[43]

Der (aktive) Abbruch bzw. das (aktive) Rückgängigmachen „**eigener Rettungsmaßnahmen**" ist **grundsätzlich** als **Unterlassen** zu werten. Es liegt zwar bei der aktiven Vereitelung eines bereits in Gang gesetzten rettenden Kausalgeschehens als Anknüpfungspunkt für weitere strafrechtliche Wertungen ein aktives, persönliches Tun vor. Unter Anwendung des Energieeinsatz- oder/und Kausalitätskriteriums kommt bei dieser Fallkonstellation daher „an sich" auch nur ein Begehungsdelikt in Betracht. Aus normativ-wertender Sicht liegt der Schwerpunkt des Täterverhaltens in diesen Fällen jedoch auf dem Unterlassen, weil sich der soziale Handlungssinn bei derartigen, in Erfüllung einer Handlungspflicht selbst angestoßenen Rettungswirkungen, in einem

---

41 Zu den Beispielen *RGSt* 63, 211 ff., 392 ff.; vgl. ferner *BGH* NStZ 2003, 657 sowie zu weiteren Beispielen m. Nachw. bei *Schönke/Schröder (Bosch)*, StGB, Vorbem. §§ 13 ff. Rn. 158b.
42 Vgl. zu weiteren Beispielen *Schönke/Schröder (Bosch)*, StGB, Vorbem. §§ 13 ff. Rn. 159; ferner bei *Kühl*, Strafrecht AT, § 18 Rn. 20; *Wessels/Beulke/Satzger*, Strafrecht AT, Rn. 1164 ff., 1165.
43 Ggf. Strafbarkeit des A gem. § 323c; Beispiel bei *Wessels/Beulke/Satzger*, Strafrecht AT, Rn. 1165; weitere Beispiele bei *Heinrich*, Strafrecht AT, Rn. 873.

sog. Rücktritt vom (unbeendeten) Gebotserfüllungsversuch[44] verwirklicht. Die Handlungssituation beim Abbruch eigener Rettungsbemühungen unterscheidet sich nach ihrem sozialen Sinngehalt nicht von einer (ggf. vorherigen) rettungspflichtverletzenden Untätigkeit. Wer eine Verbrechensanzeige gem. § 138 auf den Weg bringt und sie zurückholt, bevor sie die Behörde oder den Bedrohten erreicht, macht sich deshalb nicht wegen eines Begehungsdelikts strafbar (wenn es zur Ausführung einer in § 138 Abs. 1 benannten „Katalogstraftat" kommt), sondern nur wegen unterlassener Verbrechensanzeige. Ebenso ist kein Begehungsdelikt, sondern „nur" ein Unterlassungsdelikt gegeben, wenn beispielsweise der A einen an der Badestelle vorhandenen Rettungsring aus der Halterung reißt, zum „rettenden" Wurf ansetzt und dann – nachdem er in dem Ertrinkenden einen verhassten Nachbarn erkannt hat – den Rettungsring doch nicht wirft.[45]

322 Unter wertender Berücksichtigung des sozialen Handlungssinns **verlagert sich der Schwerpunkt** des Täterverhaltens beim Abbruch eigener Rettungsbemühungen jedoch auf die **Tätigkeitskomponente**, wenn das rettende Kausalgeschehen dem Opfer eine realisierbare Rettungschance eröffnet hat und es bei natürlichem Verlauf der Dinge nur noch von ihm selbst abhängt, ob es gerettet wird. Das ist z.B. der Fall, wenn der am Ufer stehende A den von ihm selbst zugeworfenen Rettungsring dem B, der ihn schon ergriffen hat, wieder entreißt und B deshalb ertrinkt. Zieht A den Rettungsring zurück (und wirft ihn nicht noch einmal), bevor B ihn überhaupt erreichen und ergreifen konnte, verbleibt es dagegen beim Unterlassen.[46]

323 Schaltet ein behandelnder Arzt bei infauster Prognose eine intensivmedizinische Apparatur (etwa bei ausdrücklicher oder mutmaßlicher Einwilligung des Patienten), die allein eine aussichtslose Lebensverlängerung bewirkt, mit der Folge ab, dass der Patient alsbald stirbt, besteht sein strafrechtsrelevantes Handeln nicht im (aktiven) Abschalten der Apparatur, sondern im Nichtfortsetzen (Unterlassen) der apparativen Behandlung; denn bei normativ-wertender Berücksichtigung des sozialen Handlungssinns ist Schwerpunkt des ärztlichen Verhaltens das Unterlassen der Weiterbehandlung, vergleichbar dem Unterlassen weiterer, letztlich aber nicht zum (lebensrettenden) Erfolg führender Herzmassagen. Schaltet hingegen ein (nicht behandelnder) Dritter (wenn auch auf Wunsch des Sterbenden) die intensivmedizinischen Geräte ab, liegt der Schwerpunkt des Täterverhaltens mangels behandlungsintendiertem Abbruch der apparativen Therapie auf dem aktiven Tun. Für ihn kommt daher nur ein Begehungsdelikt in Betracht.[47] Dieser bislang als wohl vorherrschende Auffassung anzusehende Ansatz zur Abgrenzung des Tuns vom Unterlassen im besonderen Problembereich der „passiven Sterbehilfe" ist durch die Entscheidung des *BGH* vom 25. Juni 2010[48] mit Einführung des „schillernden Oberbegriffs" des sog. Behandlungsabbruchs in Frage gestellt worden: Nur wenn es sich bei dem maßgeblichen Verhalten des Arztes (etc.)

---

44 Vgl. dazu *Kühl*, Strafrecht AT, § 18 Rn. 21; SK-StGB/*Stein*, Vor § 13 Rn. 81; ferner *Heinrich*, Strafrecht AT, Rn. 873; *Wessels/Beulke/Satzger*, Strafrecht AT, Rn. 1166.
45 Vgl. dazu *Kühl*, Strafrecht AT; § 18 Rn. 21.
46 Vgl. zum Ganzen statt aller *Kühl*, Strafrecht AT, § 18 Rn. 21; *Schönke/Schröder (Bosch)*, StGB, Vorbem. §§ 13 ff. Rn. 160; SK-StGB/*Stein*, Vor § 13 Rn. 81/82; *Wessels/Beulke/Satzger*, Strafrecht AT, Rn. 1166.
47 Vgl. zum Ganzen jew. m. zahlr. Nachw. auch für abweichende Auffassungen und m. weit. Beispielen statt aller *Jescheck/Weigend*, Strafrecht AT, § 58 II; *Kühl*, Strafrecht AT, § 18 Rn. 17 – 19; *Roxin*, Strafrecht AT II, § 31 Rn. 69 ff., 77 ff.; *Schönke/Schröder (Bosch)*, StGB, Vorbem. §§ 13 ff. Rn 159 ff. mit *Schönke/Schröder (Eser/Sternberg-Lieben)*; StGB, Vorbem. §§ 211 ff. Rn. 21 ff., 27 ff., 28a; SK-StGB/*Stein*, Vor § 13 Rn. 83; *Wessels/Beulke/Satzger*, Strafrecht AT, Rn. 1167 ff.
48 Vgl. *BGHSt* 55, 191 ff., 201 ff.

um einen „Behandlungsabbruch" handelt, soll der an sich „tätige" Knopfdruck etc. weiterhin als Unterlassen gewertet werden können.[49] Dass mit dieser Entscheidung des *BGH* alle (immer noch) offenen Abgrenzungsfragen im Problembereich der „passiven Sterbehilfe" bündig beantwortet wären, ist freilich kaum anzunehmen.

5. Lernkontrolle

- Bestimmen Sie den Grundfall bzw. das Grundmodell einer Straftat. (Rn. 301 ff.)
- Was versteht man unter einem „echten" Unterlassungsdelikt? (Rn. 306 ff.)
- Was sind die besonderen Kennzeichen des „unechten" Unterlassungsdelikts? (Rn. 310 ff.)
- Gibt es Sonder- oder Unterfälle des „unechten" Unterlassungsdelikts? Durch welche „Besonderheiten" zeichnen sie sich aus? (Rn. 313 f.)
- Wie grenzt man aktives Tun vom Unterlassen ab? (Rn. 316 ff.)
- Welche Fallgruppen haben für die Abgrenzungsproblematik aktives Tun/Unterlassen besondere Bedeutung? (Rn. 319)
- Welche Deliktscharakteristik kennzeichnet den Abbruch bzw. das Verhindern fremder Rettungshandlungen? (Rn. 320)
- Wie ist der Abbruch bzw. die Rückgängigmachung eigener Rettungsmaßnahmen „deliktscharakteristisch" zu beurteilen? (Rn. 321 ff.)

---

[49] Vgl. dazu die lehrreiche Problemerörterung bei *Kühl*, Strafrecht AT, § 18 Rn. 17 – 19 mit zu Recht angemerkter Kritik an *BGHSt* 55, 191 ff.

VIII. Die tatbestandsmäßige Handlung

1. Verschiedene Tatbestandsbegriffe, Unrechtstatbestand

324 Schon des Öfteren war die Rede vom gesetzlichen Tatbestand oder Straftatbestand, vom Gesetzestatbestand, vom Gesamt-Unrechtstatbestand oder Unrechts-Gesamttatbestand, vom Unrechtstatbestand oder auch einfach nur vom Tatbestand (vgl. z.B. bei Rn. 228, 262 ff.). Diese **verschiedenen Tatbestandsbegriffe** brauchten bislang nicht „ins Verhältnis gesetzt" und genauer erläutert zu werden. In der Frage, unter welchen Voraussetzungen eine strafrechtsrelevante **Handlung** (aktives Tun und Unterlassen) **tatbestandsmäßig** ist, bedarf es nunmehr aber doch einer Klarstellung, von welchem Tatbestandsbegriff auszugehen und wie die Tatbestandsmäßigkeit, die im Systembau der Straftat eine erste Wertungsstufe markiert, inhaltlich beschaffen ist.

325 Das strafrechtliche (Wert-)Urteil, wonach eine Handlung tatbestandsmäßig ist, beruht auf einem Begriff vom Tatbestand, der als **Tatbestand im engeren Sinne** oder – sachlich übereinstimmend – als **Unrechtstatbestand** bezeichnet wird. Er umfasst sämtliche deliktstypischen Unrechtselemente, er besteht mit anderen Worten aus all denjenigen Merkmalen, die den materiellen Unrechtsgehalt der Straftat begründen. Er ist der Tatbestand, der den **Unrechtstypus** verkörpert. Indem dieser Unrechtstatbestand alle Merkmale erfasst, die den deliktstypischen Unrechtsgehalt der Straftat begründen, schafft er Klarheit darüber, was verboten und geboten ist und welches fest umrissene Aussehen das verbotene oder gebotene Verhalten hat. Insoweit erfüllt der Unrechtstatbestand eine **Orientierungsfunktion**: Er ermöglicht dem Einzelnen eine Selbstorientierung darüber, was erlaubt und verboten/geboten bzw. mit Strafe bedroht ist. Vorgelagert ist dieser Orientierungsfunktion eine die Aufgabe und Perspektive des Strafgesetzgebers betreffende **Auslesefunktion** des Unrechtstatbestandes. Sie ist darauf gerichtet, aus der unbestimmten Vielzahl wertwidriger Handlungsweisen diejenigen herauszuheben, die wegen ihrer Sozialschädlichkeit und sozialethischen Verwerflichkeit strafwürdig und strafbedürftig sind. Zugleich übernimmt der Unrechtstatbestand mit seiner selektiven Abschichtung des Strafwürdigen und Strafbedürftigen vom sonstigen Unrecht eine „innersystematische" **Indizfunktion** in dem Sinne, dass eine den Unrechtstatbestand verwirklichende und deshalb tatbestandsmäßige Handlung „an sich" zwar rechtswidrig ist, im Einzelfall aber gerechtfertigt sein kann (Rechtswidrigkeitsausschluss durch Rechtfertigungsgründe). Der Unrechtstatbestand versteht sich daher nicht als „wertfreier" Tatbestand, der lediglich ein Indiz für die Rechtswidrigkeit der Handlung abgibt, sondern als materieller, mit allem deliktstypischen Unrechtsgehalt gefüllter Tatbestand, der im Systembau der Straftat lediglich eine Überprüfung erfordert, ob die tatbestandsmäßige Handlung ausnahmsweise nicht rechtswidrig ist.[1] Mit ihm korrespondieren der dreigliedrige Verbrechensbegriff (vgl. Rn. 263, 265 ff.) und das teleologische System der Straftatmerkmale (vgl. Rn. 299 f.).

326 Orientierungs-, Auslese- und Indizfunktion des Unrechtstatbestandes lassen sich gut verdeutlichen im Sachbereich der sog. Gebrauchsanmaßung. Der gesetzliche Straftatbestand des § 248 b Abs. 1, 4, der sich mit dem Unrechtstatbestand der Ingebrauchnahme eines Kraftfahrzeuges (§ 248 b Abs. 4) oder Fahrrades inhaltlich deckt, ermöglicht dem Bürger, sich über das, was im Sachbereich der Gebrauchsanmaßung bei

---

[1] Zur Entwicklung der Lehre vom Tatbestand vgl. *Roxin*, Strafrecht AT I, § 10 Rn. 7 ff. m. w. Nachw.; ferner *Maurach/Zipf*, Strafrecht AT I, § 19 Rn. 4 ff., 32 ff., 38 ff.; § 20 Rn. 1 ff.; *Wessels/Beulke/Satzger*, Strafrecht AT, Rn. 180 ff., 183 ff.

1. Verschiedene Tatbestandsbegriffe, Unrechtstatbestand

Strafe verboten ist, Klarheit zu verschaffen (Orientierungsfunktion). Zugleich schichtet § 248 b Abs. 1, 4 die strafwürdige und strafbedürftige Gebrauchsanmaßung von anderen Gebrauchsanmaßungen ab: Die eigenmächtige Benutzung eines fremden Paddelbootes zu einer kurzen Spazierfahrt ist nicht „tatbestandsmäßig" (Auslesefunktion), nur die „unbefugte" Ingebrauchnahme eines Kraftfahrzeuges oder Fahrrades erfüllt den (Unrechts-)Tatbestand. Und erst diese Tatbestandsmäßigkeit veranlasst zu der Prüfung, ob das tatbestandsmäßig-rechtswidrige Verhalten möglicherweise (z.B. aus Notstandsgründen, § 904 BGB) gerechtfertigt ist.[2] Tatbestandsmäßigkeit im engeren Sinne einer Unrechtstatbestandsmäßigkeit stellt somit nur ein generell-vorläufiges, jedoch noch kein endgültiges Urteil über die Rechtswidrigkeit der Tat im Einzelfall dar. Zur Tatbestandsmäßigkeit muss dementsprechend das Fehlen von Rechtfertigungsgründen hinzutreten; erst dann kann die (tatbestandsmäßige) Handlung endgültig und abschließend als rechtswidrig gewertet werden.[3]

Von diesem Unrechtstatbestand ist der sog. Unrechts-Gesamttatbestand oder Gesamt-Unrechtstatbestand, der bereits im Zusammenhang mit dem zweistufigen Deliktsaufbau der Straftat erwähnt worden ist (vgl. Rn. 265), scharf zu trennen. Er beruht auf der Lehre von den Rechtfertigungsgründen als „negativen Tatbestandsmerkmalen" und fasst alle unrechtsbegründenden **und** unrechtsausschließenden Tatmerkmale wie ein „Schmelztiegel" zusammen. Daraus folgt inhaltlich, dass die tatbestandsmäßige Handlung stets endgültig und abschließend auch rechtswidrig ist und nicht die Rechtswidrigkeit der Handlung nur indiziert ist. Als Tatbestandslehre ist die Lehre von den negativen Tatbestandsmerkmalen abzulehnen, weil sie die normative, strukturelle und systemfunktionale Selbständigkeit der Rechtfertigungsgründe verkennt und beseitigt und beispielsweise dem Wertunterschied zwischen einem von vornherein tatbestandslosen und einem im Einzelfall gerechtfertigten Verhalten nicht sachgerecht Rechnung tragen kann; denn es besteht ein fundamentaler (normativer und struktureller) Unterschied zwischen von vornherein tatbestandslosem Verhalten (Zerstörung der eigenen Sache) und „ausnahmsweise" gerechtfertigtem Verhalten (Zerstörung einer fremden Sache, die der Eigentümer allein deshalb hinzunehmen hat, weil er sie wegen Eingriffsrechtfertigung – etwa im Falle eines fremdnützigen aggressiven Notstands nach § 904 BGB – dulden muss). Rechtfertigungsgründe enthalten selbständige Erlaubnisnormen und nicht bloße Verbots- oder Gebotseinschränkungen. Erst die Wertung „tatbestandsmäßig-rechtswidrig" löst die entgegengerichtete Wertung „aus bestimmten Gründen nicht rechtswidrig, weil gerechtfertigt" aus. Zwischen beide Wertungen schiebt sich wie eine „juristische Sekunde" eine **normative Zäsur**.[4]

327

Nicht zu verwechseln mit dem Gesamt-Unrechtstatbestand ist der bisweilen als Gesamttatbestand bezeichnete **Tatbestand im weiteren Sinne**. Er ist der Inbegriff aller materiellrechtlichen Voraussetzungen der Strafbarkeit und umfasst alle objektiven und subjektiven, positiven und negativen, geschriebenen und ungeschriebenen materiellen Strafbarkeitserfordernisse, zu denen auch die objektiven Bedingungen der Strafbarkeit und z.B. das Fehlen von Strafausschließungsgründen, nicht aber Verfolgungsvoraussetzungen bzw. das Fehlen von Prozesshindernissen gehören.[5] Dieser Tatbestand im weiteren Sinne hat Bedeutung für die **Garantiefunktion des Strafgesetzes**, denn in ihm

328

---

2 Vgl. dazu *Wessels/Beulke/Satzger*, Strafrecht AT, Rn. 181, 185 ff., 188 mit Rn. 393 ff.
3 Vgl. auch *Wessels/Beulke/Satzger*, Strafrecht AT, Rn. 395 ff., mit Rn. 188.
4 Vgl. dazu *Jescheck/Weigend*, Strafrecht AT, § 25 III; *Wessels/Beulke/Satzger*, Strafrecht AT, Rn. 189 ff., 191 f.
5 Vgl. *Schönke/Schröder (Eisele)*, StGB, Vorbem. §§ 13 ff. Rn. 43/44.

VIII. Die tatbestandsmäßige Handlung

sind alle die Strafbarkeitsvoraussetzungen enthalten, auf die sich die aus Art. 103 Abs. 2 GG, § 1 resultierenden Gebote und Verbote erstrecken (vgl. Rn. 134 ff.). Soweit es um den Komplex materiellrechtlicher Strafbarkeitsvoraussetzungen geht, auf den die Garantiefunktion des Strafgesetzes bezogen ist, spricht man nicht mehr von einem Gesamttatbestand oder Tatbestand im weiteren Sinne, sondern – begrifflich enger – vom **Garantietatbestand**. Hiervon abzusetzen ist der sog. Deliktstatbestand oder Verbrechenstatbestand oder der gesetzliche Straftatbestand, der aus der Gesamtheit der in einer gesetzlichen Deliktsbeschreibung des Besonderen Teils des StGB und des Nebenstrafrechts benannten materiellen Voraussetzungen der Strafbarkeit besteht und nur einen Ausschnitt aus dem Gesamttatbestand darstellt. Insoweit ist freilich der Hinweis erforderlich, dass anders als hier gelegentlich auch dieser Deliktstatbestand als Tatbestand im weiteren Sinne bezeichnet wird und dann folgerichtig z.B. der Garantietatbestand inhaltlich über den Tatbestand im weiteren Sinne hinausgeht. Auch weitere in der Strafrechtslehre verwendete gleichlautende Tatbestandsbegriffe haben nicht immer denselben Inhalt. Umgekehrt können trotz verschiedenartiger Bezeichnung die verwendeten Tatbestandsbegriffe durchaus inhaltsgleich sein. Den terminologischen „Dschungel der modernen Tatbestandslehre"[6] kann man nur durchdringen, wenn man zum funktionalen Bezugspunkt des jeweiligen Tatbestandsbegriffs vorstößt.[7]

329 Von den vielen verschiedenartigen Tatbestandsbegriffen und -bezeichnungen ist für die nachfolgenden Erörterungen nur noch ein einziger Begriff vom Tatbestand maßgebend, und zwar der des in Rn. 325 ff. erläuterten Unrechtstatbestandes.[8]

2. Aufbau und Bestandteile des Unrechtstatbestandes

330 Im Tatbestand als Unrechtstatbestand kommen – wie bereits beschrieben (vgl. Rn. 325) – alle diejenigen Merkmale zum Ausdruck, die den deliktstypischen Unrechtsgehalt einer Straftat begründen. Dazu zählen gesetzlich benannte und den Delikts- bzw. Unrechtstypus konstituierende Merkmale, wie sie sich in erster Linie aus dem gesetzlichen Straftatbestand im Besonderen Teil des StGB und im Nebenstrafrecht ergeben. Aber auch andere geschriebene oder ungeschriebene unrechtsbegründende Elemente des Besonderen und/oder auch des Allgemeinen Teils des StGB sowie des Nebenstrafrechts gehören dazu. Das trifft für die unrechtsbestimmenden Merkmale der noch zu besprechenden Fahrlässigkeit (vgl. Rn. 595 ff.) ebenso wie für die Konkretisierung der Garanteneigenschaft durch spezifische Garantenstellungen im Sach- und Normbereich der unechten Unterlassungsdelikte (vgl. Rn. 310 ff.) zu. Und weiter gehören auch ungeschriebene deliktstypische (Unrechts-)Merkmale zum Unrechtstatbestand (wie z. B. die Vermögensverfügung bei § 263). Ob deliktstypisierende unrechtsbegründende Merkmale gesetzlich abgefasst oder ungeschrieben geblieben sind, kann die verfassungsrechtlichen Bestimmtheitsanforderungen an Strafgesetze tangieren, nicht aber ihre Zugehörigkeit zum Unrechtstatbestand[9]; denn in ihm sind **alle** deliktstypischen Unrechtselemente erfasst.

---

6 Zitatnachweis *Schaffstein* bei *Schönke/Schröder (Eisele)*, StGB, Vorbem. §§ 13 ff. Rn. 43/44.
7 Vgl. als Beispiel für „funktionale" Tatbestandsbegriffe die begriffliche Differenzierung zwischen einem Systemtatbestand, Garantietatbestand und Irrtumstatbestand bei *Roxin*, Strafrecht AT I, § 10 Rn. 1 ff.
8 Dieser Unrechtstatbestand ist inhaltlich weitgehend deckungsgleich mit dem sog. Systemtatbestand bei *Roxin*, Strafrecht AT I, § 10 Rn. 10 ff., 53 ff. und entspricht dem Unrechtstatbestand bei *Jescheck/Weigend*, Strafrecht AT, § 25 I; bei *Schönke/Schröder (Eisele)*, StGB, Vorbem. §§ 13 ff. Rn. 45 ff.; sowie bei *Wessels/Beulke/Satzger*, Strafrecht AT, Rn. 183 ff., 185 ff.
9 Vgl. *Jescheck/Weigend*, Strafrecht AT, § 25 I.

2. Aufbau und Bestandteile des Unrechtstatbestandes

Schon eine erste Durchsicht dieser deliktstypischen Unrechtselemente lässt erkennen, dass sie nicht lediglich die Verletzung oder Gefährdung geschützter Rechtsgüter und ihrer Träger oder sonst geschützte Handlungsobjekte, sondern vielmehr auch die Art und Weise der Herbeiführung von Rechtsgutsverletzungen etc. einschließlich bestimmter Einstellungen und Motivationen des Täters betreffen, ein Befund, der sich im Unrechtsverständnis der gegenwärtigen, der „modernen" Verbrechenslehre widerspiegelt. Danach liegt in der Verletzung oder Gefährdung eines geschützten Rechtsguts oder Handlungsobjekts etc., dem „äußeren" Effekt der Handlung, der **Erfolgsunwert** einer Tat, in der Art und Weise ihrer Begehung dagegen ihr **Handlungsunwert**. Der Handlungsunwert besteht zum einen aus äußeren Tatmodalitäten, zum anderen aus Umständen, die in der Person und Persönlichkeit des Täters begründet sind. Demzufolge ist zwischen einem **tatbezogenen Handlungsunwert** und einem **täterbezogenen, personalen Handlungsunwert** zu differenzieren.[10] Und erst im Zusammenwirken von Erfolgsunwert und Handlungsunwert einer Tat ergibt sich deren vollständiger Unrechtsgehalt.

331

Der Unterscheidung zwischen Erfolgsunwert und Handlungsunwert im Tatunrecht entspricht im tatbestandlichen Kontext des Unrechtstatbestandes die Vorstellung, dass sich das jeweils deliktstypische Unrecht aus den Komponenten des **Erfolgsunrechts** und des **Handlungsunrechts** zusammensetzt. Verknüpft man dieses Bild vom tatbestandsmäßigen Unrecht mit der Erkenntnis, dass innerhalb des Handlungsunrechts **personale Elemente** eine bedeutende Rolle spielen[11], steht also nicht in Frage, **ob** personale Unrechtselemente, sondern allein **welche** personalen Unrechtselemente für das tatbestandsmäßige Unrecht eine Rolle spielen[12], und es resultiert daraus für den (systematischen) Aufbau des Unrechtstatbestandes, was sich seit Entdeckung der sog. subjektiven Unrechtselemente[13] fortschreitend zu einer inzwischen allgemein für zutreffend gehaltenen Auffassung verfestigt hat: Die Unterteilung des Tatbestandes in einen **objektiven Tatbestand** und einen **subjektiven Tatbestand**.

332

2.1 Objektiver Tatbestand, objektive Tatbestandsmerkmale

Der objektive (Unrechts-)Tatbestand enthält alle diejenigen deliktstypischen Unrechtsmerkmale, die das **äußere Erscheinungsbild der Tat** bestimmen. Sie sind der gegenständlich-reale Kern eines jeden Delikts.[14] Diese „äußeren" deliktstypischen Unrechtsmerkmale werden üblicherweise als objektive Tatbestandsmerkmale bezeichnet. Der objektive Tatbestand ist somit nichts anderes als der Gesamtkomplex aller objektiven Tatbestandsmerkmale. Bei jeder Zuordnung einzelner (gesetzlicher) Tatbestandsmerkmale zum objektiven Tatbestand muss man allerdings im Auge behalten, dass sich tatbestandsmäßiges Handeln nicht strikt in „Äußeres" und „Inneres" zerlegen lässt, eine **streng formale Trennung** des Tatbestandes in objektive und subjektive Bestandteile daher **nicht möglich ist**. Vermeintlich „rein" objektive Tatbestandsmerkmale können oftmals einen „subjektiven Einschlag" haben und umgekehrt. Das gilt etwa für die „Zueignung" (§ 246) als Manifestation eines Zueignungswillens oder für das „Vor-

333

---

10 Vgl. *Jescheck/Weigend*, Strafrecht AT, § 24 III; ähnlich auch *Schönke/Schröder (Eisele)*, StGB, Vorbem. §§ 13 ff. Rn. 52 ff.
11 Zur personalen Unrechtslehre, die jedenfalls der Sache nach in die vorherrschende Auffassung eingegangen ist, vgl. statt aller *Schönke/Schröder (Eisele)*, StGB, Vorbem. §§ 13 ff. Rn. 52 ff. m. w. Nachw.
12 Vgl. in diesem Sinne etwa *Jescheck/Weigend*, Strafrecht AT, § 24 III, 4.
13 Vgl. dazu *Roxin*, Strafrecht AT I, § 10 Rn. 8/9 mit Rn. 53.
14 Dazu *Jescheck/Weigend*, Strafrecht AT, § 27 I, 1.

spiegeln" in § 263, das ohne ein subjektives Täuschungsbewusstsein von vornherein nicht vorstellbar ist.[15]

2.1.1 Verschiedene objektive Tatbestandsmerkmale

334 Ebenso vielgestaltig wie die gesetzlichen Deliktsbeschreibungen sind die den einzelnen Deliktstypen jeweils zugehörigen objektiven Tatbestandsmerkmale. Sie können sich auf das **deliktstypische Tatsubjekt** (insoweit ist die unterschiedliche Deliktscharakteristik der Allgemeindelikte, Sonderdelikte und eigenhändigen Delikte von Bedeutung, vgl. Rn. 229 ff.), auf das **Tatobjekt** (Handlungs- bzw. Angriffsobjekt), auf die **Tathandlung** sowie auf die zur Ausführung der Tat verwendeten **Tatmittel**, auf besondere Begehungsweisen oder sonstige **Tatmodalitäten** und/oder auf die Art und die Intensität des **Taterfolgs** beziehen. Im Anwendungsbereich der Erfolgsdelikte sind weiter auch die notwendige **Kausalität** zwischen Tathandlung und Taterfolg und die sie im Einzelfall begrenzenden Kriterien der objektiven **Zurechnung** ungeschriebene objektive Tatbestandsmerkmale.[16] In § 242 etwa ist das Tatsubjekt „wer" und damit jedermann; in § 218 Abs. 3 ist Tatsubjekt die Schwangere, in § 331 Abs. 1 ist es der Amtsträger etc. Unterschiedliche Tatobjekte (Handlungs-, Angriffsobjekte) finden sich in § 212 (ein Mensch), § 242 (eine Sache) oder § 176 (ein Kind). Besondere Tatmodalitäten und verschiedene Tatmittel sind in § 224 Abs. 1 benannt. Tathandlung ist in § 242 die Wegnahme (der Sache), in § 303 die Beschädigung (der Sache) und in § 263 die Täuschung (des Verfügenden) mit unterschiedlichen Handlungsalternativen. Taterfolg bei § 212 oder § 216 ist der Tod (eines Menschen), bei § 263 der Vermögensschaden und bei § 315 c die konkrete Gefährdung von Leib oder Leben eines anderen Menschen oder von fremden Sachen. Je nach Deliktstypizität prägen die objektiven Tatbestandsmerkmale somit auf unterschiedliche tat- und/oder täterbezogene Art das „äußere" Erscheinungsbild der Tat.

335 Ob und wie ein deliktstypisches Unrechtsmerkmal der Kennzeichnung des Tatsubjekts, des Tatobjekts, der Tathandlung oder des Taterfolgs etc. dient, lässt sich fast immer nur durch gesetzeskonkretisierende Auslegung ermitteln. Insoweit haben der Taterfolg, die Tathandlung, das Tatobjekt, die Tatmittel und/oder Tatmodalitäten die Bedeutung **unrechtsbestimmender Bezugspunkte**. Der Sache nach handelt es sich bei ihnen um generalisierte, nicht-deliktstypische **begriffliche Grundelemente des objektiv-tatbestandlichen Unrechts**. Auf sie ist die Vielfalt der deliktsspezifischen Unrechtsmerkmale so reduziert, dass sie einen auf alle Delikte und Deliktsbeschreibungen „passenden" objektiven Unrechtstatbestand gestalten können. Konzentriert man diese begrifflichen Grundelemente des objektiv-tatbestandlichen Unrechts (durch Zuweisung der Tatmittel und/oder Tatmodalitäten zur Tathandlung bzw. des Tatobjekts zum Taterfolg) auf den Taterfolg, die Tathandlung und das Tatsubjekt, und fügt man dem Ganzen die Kausalität zwischen Tathandlung und Taterfolg nebst weiteren Zurechnungskriterien hinzu, entsteht ein **Struktur- und Aufbauschema** des objektiven Unrechtstatbestandes, das auf alle Straftaten (und Deliktsprüfungen) anwendbar ist. Danach setzt sich der objektive Unrechtstatbestand aus dem Taterfolg, der Tathandlung, der Kausalität zwischen Tathandlung und Taterfolg, weiteren objektiven Zurechnungskriterien und dem Tatsubjekt zusammen. Zwischen diesen Einzelelementen des objektiv-tatbestandlichen

---

[15] Beispiele bei *Roxin*, Strafrecht AT I, § 10 Rn. 53; *Schönke/Schröder (Eisele)*, StGB, Vorbem. §§ 13 ff. Rn. 62 f.
[16] Vgl. *Jescheck/Weigend*, Strafrecht AT, § 27 II; *Roxin*, Strafrecht AT I, § 10 Rn. 54 ff.; *Schönke/Schröder (Eisele)*, StGB, Vorbem. §§ 13 ff. Rn. 62; *Wessels/Beulke/Satzger*, Strafrecht AT, Rn. 198, 225 ff., 253 ff.

2. Aufbau und Bestandteile des Unrechtstatbestandes

Unrechts besteht keine logisch-systematische Vor- oder Nachrangigkeit. Die Ermittlung und Überprüfung der Tatbestandsmäßigkeit einer Handlung verläuft im Kontext des objektiven Unrechtstatbestandes jedoch zumeist so, dass unter Berücksichtigung ggf. erforderlicher Tätereigenschaften zunächst ein Taterfolg, sodann eine Tathandlung und daran anschließend die Kausalität zwischen Tathandlung und Taterfolg sowie die Zurechenbarkeit des Taterfolges im Übrigen festgestellt wird.

2.1.2 Deskriptive und normative Tatbestandmerkmale

Zur Beschreibung des deliktstypischen Unrechts verwendet das Gesetz in erster Linie „positive", jedoch manchmal auch „negative" Tatbestandsmerkmale. Üblicherweise wird der Gesamtbestand an Tatbestandsmerkmalen in sog. deskriptive und sog. normative Tatbestandsmerkmale unterteilt. Es fragt sich aber, ob zwischen deskriptiven und normativen Tatbestandsmerkmalen im Sinne einer qualitativen Andersartigkeit exakt unterschieden werden kann. Herkömmlich versteht man unter deskriptiven Tatbestandsmerkmalen solche, die bestimmte sachlich-reale Gegenstände oder geistig-seelische Gegebenheiten, Zustände oder Vorgänge wiedergeben. Was deskriptive Tatbestandsmerkmale „beschreiben", ist stets einer Tatsachenfeststellung zugänglich. Das Vorliegen **deskriptiver Tatbestandsmerkmale** wird daher im Einzelfall vom „erkennenden" Strafrichter kognitiv festgestellt.[17] Beispiele für deskriptive Tatbestandsmerkmale sind „Sache", „beweglich", „wegnehmen" in § 242 Abs. 1, ferner „Mensch", „tötet" in §§ 212, 211, 216, 222, „verschlossenes Behältnis", die Reihe der Beispiele ließe sich ohne weiteres fortsetzen.[18]

336

Demgegenüber sind normative Tatbestandsmerkmale solche, die ein geistiges Verstehen voraussetzen und deren Vorliegen eine Bewertung erfordert.[19] Zu den normativen Tatbestandsmerkmalen gehören „reine" Rechtsbegriffe, die „eigentlichen" Wertbegriffe und sog. wertausfüllungsbedürftige Begriffe. Beispiele dafür sind das Merkmal „fremd" in § 242 Abs. 1, weil es auf die zivilrechtliche Eigentumslage verweist, ferner der „Verstoß gegen die guten Sitten" (§ 228), die „Verwerflichkeit" in § 240 Abs. 2, das Merkmal „Urkunde" in § 267; die „Ehe" in § 172 verweist auf die bürgerlich-rechtliche Ehe (vgl. § 1310 BGB), die Anzahl möglicher weiterer Beispiele ist nicht geringer als bei den deskriptiven Tatbestandsmerkmalen.[20]

337

Eine **strikte Grenzziehung** zwischen deskriptiven und normativen Tatbestandsmerkmalen ist nach heute vorherrschender Auffassung **nicht durchführbar**. Zum einen kann es „rein" deskriptive Tatbestandsmerkmale schon deshalb nicht geben, weil auch sie als Bestandteile eines Unrechtstatbestandes und Ausdruck der im Tatbestand enthaltenen Norm (Gebot oder Verbot) stets einen „normativen Einschlag" haben: Das Tatbestandsmerkmal „Sache" in §§ 242, 303 erfährt in § 90 BGB eine Erläuterung und erst aus dem Normzusammenhang ergibt sich, ob z. B. auch ein Tier als Sache angesehen werden kann oder muss. Umgekehrt ist den normativen Tatbestandsmerkmalen in der Regel ein Bezug zur sinnlich wahrnehmbaren Lebenswirklichkeit und damit zur „Welt

338

---

17 Vgl. *Jescheck/Weigend*, Strafrecht AT, § 26 IV; *Roxin*, Strafrecht AT I, § 10 Rn. 57 ff.
18 Vgl. zu weiteren Beispielen *Jescheck/Weigend*, Strafrecht AT, § 26 IV, 1; vgl. auch *Baumann/Weber/Mitsch/Eisele*, Strafrecht AT/*Mitsch*, § 6 Rn. 20 ff., 22 f.
19 Vgl. *Roxin*, Strafrecht AT I, § 10 Rn. 57/8.
20 Vgl. zu weiteren Beispielen bei *Jescheck/Weigend*, Strafrecht AT, § 26 II, 2; ferner bei *Baumann/Weber/Mitsch/Eisele*, Strafrecht AT/*Mitsch*, § 6 Rn. 24 ff.

der Tatsachen"[21] immanent, sie haben ein „deskriptives Substrat"[22]: Die „Urkunde" (§ 267) existiert nicht nur durch ihren rechtlichen Bedeutungsgehalt, sondern hat immer auch eine stoffliche Grundlage, die der Kognition zugänglich ist. Das Vorliegen normativer Tatbestandsmerkmale stellt der Richter daher zumeist nicht ausschließlich durch ausfüllende oder ergänzende Wertung und gänzlich ohne Tatsachengrundlage fest. Diese **Relativität der Abgrenzung** zwischen deskriptiven und normativen Tatbestandsmerkmalen ist schon im Zusammenhang mit den Bestimmtheitsanforderungen an ein Strafgesetz thematisiert worden (vgl. Rn. 165). Doch auch wenn Deskription und Normativität in den Tatbestandsmerkmalen lediglich quantitativ skalieren[23], ist eine Unterscheidung zwischen deskriptiven und normativen Tatbestandsmerkmalen nach dem Grad ihrer Wertbezogenheit und dem Ausmaß ihres Tatsachengehalts möglich. Sie ist vor allem im Merkmalsgefüge des objektiven Unrechtstatbestandes auch notwendig, weil ohne sie der strafrechtlichen Vorsatz- und Irrtumslehre (vgl. Rn. 356 ff., 565 ff.) „gängige Orientierungsmarken" verloren gingen.

339 Einen **Sonderfall normativer Tatbestandsmerkmale** stellen bestimmte negativ gefasste Tatbestandsmerkmale und die Verwendung des Begriffs „rechtswidrig" (oder „widerrechtlich" etc.) in einigen gesetzlichen Deliktsbeschreibungen dar. Das gilt immer dann, wenn die Begriffe „unbefugt", „rechtswidrig", „widerrechtlich" etc. ein einzelnes (normatives oder deskriptives) „eigentliches" Tatbestandsmerkmal im gesetzlichen Straftatbestand näher kennzeichnen etwa bei der „rechtswidrigen Zueignung" in § 242 Abs. 1, beim „rechtswidrigen Vermögensvorteil" in § 263 Abs. 1 oder bei dem Merkmal „unbefugt" in § 132.[24] Aus dem Verständnis des Tatbestandes als Unrechtstatbestand und als Inbegriff aller deliktstypischen Unrechtsmerkmale folgt indessen, dass ein Merkmal noch nicht deshalb Tatbestandsmerkmal ist, weil es im Wortlaut eines gesetzlichen Straftatbestandes vorkommt. Deshalb kann die Verwendung der Begriffe „rechtswidrig", „widerrechtlich", „unbefugt" etc. in anderen Deliktszusammenhängen auf deren **Charakter als allgemeines Verbrechensmerkmal** hindeuten. Das ist immer dann der Fall, wenn „rechtswidrig" etc. eben nicht als Attribut eines einzelnen „eigentlichen" Tatbestandsmerkmals aufgeführt ist, sondern sich als Straftatmerkmal der Rechtswidrigkeit versteht, weil es ganz allgemein auf die Gesamttat und ihre Wertung bezogen ist.[25] Überdies kann das negativ gefasste Merkmal „unbefugt" in manchen Straftatbeständen auch in doppelter Funktion auftreten: als (normatives) Tatbestandsmerkmal und allgemeines Straftatmerkmal der Rechtswidrigkeit.[26] Von Bedeutung sind diese Merkmalsdifferenzierungen und -zugehörigkeiten zum Unrechtstatbestand bzw. zur Rechtswidrigkeit wie zuvor für die strafrechtliche Vorsatz- und Irrtumslehre.

2.1.3 Zur Kausalität und objektiven Zurechnung

340 Der objektive Unrechtstatbestand eines Begehungsdelikts (zu Besonderheiten beim (unechten) Unterlassungsdelikt sogleich, vgl. Rn. 376 ff.) setzt zu seiner Verwirklichung zunächst voraus, dass in einem konkreten Lebenssachverhalt bestimmtes menschliches Verhalten als Tathandlung (tatbestandsmäßige Handlung) und dessen Sozialer-

---

21 So Jescheck/Weigend, Strafrecht AT, § 26 IV, 2.
22 Vgl. *Roxin*, Strafrecht AT I, § 10 Rn. 59.
23 *Vgl.* NK-StGB (*Hassemer/Kargl*), § 1 Rn. 30, 33 ff.
24 Vgl. *Roxin*, Strafrecht AT I, § 10 Rn. 30.
25 Vgl. dazu *Roxin*, Strafrecht AT I, § 10 Rn. 30 ff.; *Wessels/Beulke/Satzger*, Strafrecht AT, Rn. 194 ff. mit Rn. 361 ff.
26 Wie etwa in § 203 Abs. 1, vgl. *Schönke/Schröder (Eisele)*, StGB, Vorbem. §§ 13 Rn. 65 mit § 203 Rn. 29 ff., 29.

2. Aufbau und Bestandteile des Unrechtstatbestandes

heblichkeit in Form von sozialschädlichen Folgen oder Wirkungen als Taterfolg (tatbestandsmäßiger Erfolg) gewertet werden können. Dass überhaupt und je für sich eine Tathandlung und daneben ein tatbestandsmäßiger Erfolg gegeben sind, besagt freilich nicht, wie sich Tathandlungen und Taterfolg zueinander verhalten und ob der Taterfolg „das Werk" des Handelnden ist. Für den Bereich der Erfolgsdelikte (vgl. Rn. 237 ff.) hängt die Erfüllung des objektiven Unrechtstatbestandes nach allgemeiner Auffassung deshalb davon ab, dass Tathandlung und Taterfolg nicht unverbunden nebeneinander stehen, sondern zwischen ihnen eine ausreichende (funktionale) Beziehung besteht, die den konkret eingetretenen Taterfolg als vom Täter herbeigeführt und ihm zurechenbar erscheinen lässt.[27] Die Beschränkung dieser Zurechnungsproblematik auf die sog. Erfolgsdelikte ergibt sich aus deren und der Deliktsstruktur der sog. schlichten Tätigkeitsdelikte, bei denen die „schlichte" Tätigkeit bereits den objektiven Unrechtstatbestand erfüllt. Das schließt unter logisch-systematischen Aspekten allerdings nicht aus, auch bei den „schlichten" Tätigkeitsdelikten und entsprechend bei echten Unterlassungsdelikten zwischen einem Taterfolg und einer Tathandlung -verknüpft mit der dann in der Tat unproblematischen Erfolgszurechnung – zu unterscheiden: So bewirkt beispielsweise im Falle des § 153 das falsche uneidliche Aussagen als Tathandlung den ohne weiteres zuzurechnenden „Taterfolg", nämlich die Falschaussage.

Für die Art des Zurechnungszusammenhangs zwischen einer Tathandlung und dem Taterfolg liefert das Gesetz selbst einen Anhaltspunkt. In den §§ 222, 229 ist davon die Rede, dass ein Taterfolg – der Tod eines Menschen bzw. die Körperverletzung – durch eine Tathandlung **verursacht** wird. Danach besteht die „funktionale" Beziehung zwischen Taterfolg und Tathandlung offenbar in der **Kausalität** der Tathandlung für den tatbestandsmäßigen Erfolg.[28] Tötet A den B mit einem Messerstich, war seine Tathandlung (Messerstich) kausal für den Tod des B, der ihm deshalb zuzurechnen ist. Verfehlt der Messerstich des A sein todbringendes Ziel und tritt der Tod des B ein, weil C zeitgleich einen tödlichen Gewehrschuss abfeuert, kann dem A dagegen der Tod des B mangels Kausalität seines Messerstichs nicht zugerechnet werden. Das leuchtet unmittelbar ein: Erfolgszurechnung nur bei Kausalität der Tathandlung. Das Umgekehrte gilt indessen nur als Regel: Die Kausalität einer Tathandlung führt nicht stets und zwangsläufig zur (objektiven) Zurechnung des Erfolges. Wer einem Drogenabhängigen das gewünschte Heroin verschafft, setzt zwar eine Ursache für dessen späteren Tod. Tritt dieser jedoch dadurch ein, dass sich der Drogenabhängige eigenverantwortlich in Kenntnis des Gefahrenrisikos selbst „den Schuss setzt", scheidet ein Tötungsdelikt mangels Erfolgszurechnung aus.[29]

341

Für die Feststellung der „funktionalen" Beziehung zwischen Tathandlung und Taterfolg erweist sich die Kausalität der Tathandlung für den Taterfolg danach zwar als unverzichtbare, aber in manchen Fällen nicht hinreichende Voraussetzung für die Zurechnung des Taterfolges. Normalerweise ist es für die objektive Erfolgszurechnung erforderlich, aber auch genügend, dass der Täter den Taterfolg zumindest mit verursacht hat[30], es sind jedoch im Einzelfall auch weitere Zurechnungskriterien zu prüfen. Die Erfolgszurechnung vollzieht sich dementsprechend in zwei aufeinander folgenden

342

---

27 Vgl. dazu *Jescheck/Weigend*, Strafrecht AT, § 28 I, 1; *Kühl*, Strafrecht AT, § 4 Rn. 1 ff., 6 ff.; *Roxin*, Strafrecht AT I, § 11 Rn. 1; *Wessels/Beulke/Satzger*, Strafrecht AT, Rn. 221 ff., 223 f.
28 Vgl. *Jescheck/Weigend*, Strafrecht AT, § 28 I, 1.
29 *Vgl. BGHSt* 32, 262, 264/5.
30 Vgl. *Jescheck/Weigend*, Strafrecht AT, § 28 I, 2.

Schritten[31]: Zunächst ist die Kausalität zwischen Tathandlung und Taterfolg festzustellen. Insoweit handelt es sich um eine im Kern empirische Frage, bei der von der Tathandlung als Ursache zum Taterfolg als Wirkung gedacht wird. Sodann werden normative Beurteilungskriterien betont und es wird – gegenläufig – vom Taterfolg zur Tathandlung zurückgedacht und danach gefragt, ob der konkret eingetretene Taterfolg wirklich als das Werk des Täters zu werten, ihm also zuzurechnen ist.[32]

2.1.3.1 Der Kausalzusammenhang zwischen Tathandlung und -erfolg

343 Der für eine Verwirklichung des objektiven Unrechtstatbestandes erforderliche Kausalzusammenhang zwischen Tathandlung und -erfolg besteht, wenn die Handlung des Täters (aktives Tun, zur Unterlassung vgl. Rn. 379 ff.) in irgendeiner Weise für den konkreten Taterfolg wirksam geworden ist.[33] In der Frage, wie man die Ursächlichkeit einer Tathandlung für den Erfolg feststellt, geht die Rechtsprechung[34] unter Zustimmung eines Großteils der Lehre von der sog. Bedingungstheorie und der conditio-sine-qua-non-Formel aus. Danach ist eine Tathandlung dann für den Taterfolg kausal, wenn sie für den Taterfolg eine „conditio sine qua non" ist, wenn sie also nicht hinweggedacht werden kann, ohne dass der Taterfolg in seiner konkreten Gestalt entfiele.[35] Ergänzt wird die conditio-sine-qua-non-Formel durch die Annahme, dass alle Bedingungen, die für einen Taterfolg kausal sind, gleichwertig sind, weil nicht schon auf der ersten – primär empirisch gedachten – Prüfungsstufe der objektiven Erfolgszurechnung eine wertende Auswahl strafrechtlich relevanter Ursachen vorgenommen werden soll (darf). Die Äquivalenz (Gleichwertigkeit) aller strafrechtsrelevanten Bedingungen für den Taterfolg gibt dieser modifizierten Bedingungstheorie den Namen: Äquivalenztheorie. Obwohl von der Strafrechtsprechung zur Feststellung eines Kausalzusammenhangs zwischen Tathandlung und Taterfolg ständig zu Grunde gelegt sieht sich die Äquivalenz-/Bedingungstheorie als Kausalitätstheorie zahlreichen Einwänden ausgesetzt. Zum einen wird ihre uferlose Weite (kausal für einen Verkehrsunfall sind auch die Herstellung des unfallbeteiligten Kraftfahrzeugs und die Existenz des Unfallfahrers) bemängelt, die eine Befassung mit der „wirklichen" Erfolgsursache nicht zulasse. Zum anderen werden Zweifel an ihrem Erkenntnispotential auch insoweit erhoben, als sie das „Ob" der Ursächlichkeit einer Bedingung aus sich heraus gar nicht klären kann, sondern immer schon die (natur)gesetzlichen Verursachungszusammenhänge als Faktum voraussetzen muss.[36]

344 Trotz vielfach berechtigter Kritik findet die Bedingungs-/Äquivalenztheorie zur Feststellung eines Kausalzusammenhangs zwischen Tathandlung und Taterfolg als notwendiger Voraussetzung der objektiven Erfolgszurechnung aber nach wie vor verbreitet Anwendung. Schon deshalb muss man sich – wenigstens kurz – mit einigen ihrer Schwächen beschäftigen. Sie ergeben sich vorwiegend aus ihrer Weite (alle Bedingungen sind gleichwertig) in Verbindung mit der conditio-Formel und dem ihr eigenen

---

31 Dazu *Roxin*, Strafrecht AT I, § 11 Rn. 2.
32 So etwa *Wessels/Beulke/Satzger*, Strafrecht AT, Rn. 221 ff., 225 ff., 253 ff.; vgl. auch *Kühl*, Strafrecht AT, § 4 Rn. 4/5.
33 Vgl. *Schönke/Schröder (Eisele)*, StGB, Vorbem. §§ 13 ff. Rn. 73.
34 Vgl. nur BGHSt 1, 332, 333; 45, 270, 294/5.
35 Vgl. auch *Jescheck/Weigend*, Strafrecht AT, § 28 II, 1; *Wessels/Beulke/Satzger*, Strafrecht AT, Rn. 225, 226 ff.
36 Zu weiterer Kritik vgl. *Jescheck/Weigend*, Strafrecht AT, § 28 II, 3 – 5; *Roxin*, Strafrecht AT I, § 11 Rn. 11 ff.; *Schönke/Schröder (Eisele)*, StGB, Vorbem. §§ 13 ff. Rn. 73 ff., 74; *Wessels/Beulke/Satzger*, Strafrecht AT, Rn. 229 ff., 236 ff.

2. Aufbau und Bestandteile des Unrechtstatbestandes

hypothetischen Eliminationsverfahren, bei dem zu fragen ist, was geschehen wäre, wenn die Tathandlung wegfiele, um sodann festzustellen, ob der Taterfolg bestehen geblieben wäre oder nicht.[37] Schwierigkeiten bei der Kausalitätsfeststellung ergeben sich zunächst in Fällen der sog. **alternativen Kausalität**, auch als **Mehrfachkausalität** oder **Doppelkausalität** bezeichnet. Von alternativer Kausalität spricht man, wenn mehrere Bedingungen zeitgleich, aber unabhängig voneinander zum Taterfolg führen und jede für sich allein zur Erfolgsherbeiführung ausgereicht hätte. Im oft bemühten Schulfall für alternative Kausalität geben A und B unabhängig voneinander je eine tödlich wirkende Dosis eines gleichartigen Giftes in ein Getränk des C, der daran stirbt. Die Beantwortung der Kausalitätsfrage nach der conditio-Formel „stellt das wahre Tatgeschehen auf den Kopf": Der Erfolg wäre trotzdem eingetreten – also keine Kausalität der Tathandlung des A? Da dasselbe auch für B gilt, wäre im Beispielsfall keiner von beiden Täter eines vollendeten Tötungsdelikts (nur Versuch?) – ein unsinniges Ergebnis. Für Fälle alternativer Kausalität ist die conditio-Formel daher wie folgt „anzupassen": **Von mehreren Bedingungen, die zwar alternativ, nicht aber kumulativ hinweggedacht werden können, ohne dass der Erfolg in seiner konkreten Gestalt entfiele, ist jede für den Eintritt des Taterfolgs ursächlich.**[38] Von alternativer Kausalität ist die Fallgestaltung bei **kumulativer Kausalität** deutlich abzusetzen: A und B verabreichen dem C unabhängig voneinander eine je für sich zwar nicht tödlich, wohl aber im Zusammenwirken beider tödlich wirkende Giftdosis. In diesem Falle führt die conditio-Formel ohne weiteres zur Kausalitätsfeststellung für beide Tathandlungen; denn wenn man die Giftbeibringung von A hinwegdenkt, entfiele der Tod von C. Und Entsprechendes trifft für die Tathandlung des B zu. Doch auch wenn in solchen Fällen kumulativer Kausalität die Kausalitätsfeststellung hinsichtlich jeder Tathandlung unproblematisch ist, bleibt fraglich, ob A und B der Taterfolg wirklich zuzurechnen ist, zumal dann, wenn beide – nichts voneinander wissend – die Giftdosis gerade so bemessen haben, dass C mit Sicherheit daran nicht sterben kann.[39]

Schwierigkeiten bei der Kausalitätsfeststellung können sich auch im Zusammenhang mit den besonderen Fallkonstellationen der **hypothetischen** und **atypischen Kausalverläufe** sowie in Fällen der **abgebrochenen** bzw. **überholenden Kausalität** auftun. Denkt man unter Anwendung der conditio-Formel eine bestimmte Tathandlung hinweg und ergibt sich dann, dass der Erfolg auf andere Weise zwar, aber dennoch eingetreten wäre, steht die Kausalität der weggedachten Tathandlung in Frage. Wenn A den B, der sich ins Ausland absetzen will, bis zum Flughafen verfolgt und ihn dort erschießt, das Flugzeug, in dem B einen Platz gebucht hatte, nach dem Start abstürzt und keiner überlebt[40], führt das Wegdenken der Tötungshandlung des A scheinbar in die Irre: der Tötungserfolg wäre bei B auch ohne die Tathandlung des A eingetreten. In derartigen Fällen kommt es bei „richtiger" Anwendung der conditio-Formel darauf an, den tatsächlichen Geschehensablauf von anderen „hypothetischen Kausalverläufen" zu trennen. Für den Kausalzusammenhang zwischen Tathandlung und Taterfolg ist allein die Beziehung zwischen der realen Bewirkungshandlung und dem Taterfolg in seiner

345

---

37 Vgl. *Schönke/Schröder (Eisele)*, StGB, Vorbem. §§ 13 ff. Rn. 73 ff., 73a; *Wessels/Beulke/Satzger*, Strafrecht AT, Rn. 226 ff.
38 So z.B. *Kühl*, Strafrecht AT, § 4 Rn. 19; ferner *Murmann*, Grundkurs, § 23 Rn. 19 ff., 20; *Wessels/Beulke/Satzger*, Strafrecht AT, Rn. 230; vgl. aber auch *Schönke/Schröder (Eisele)*, StGB, Vorbem. §§ 13 ff. Rn. 74.
39 Denkbar ist: keine Erfolgszurechnung wegen atypischen Kausalverlaufs – vgl. *Wessels/Beulke/Satzger*, Strafrecht AT, Rn. 231 mit Rn. 283, 296 f. – oder mangels Vorhersehbarkeit, vgl. BGHSt 3, 62, 64; vgl. aber auch *Schönke/Schröder (Eisele)*, StGB, Vorbem. §§ 13 ff. Rn. 83.
40 Beispiel bei *Wessels/Beulke/Satzger*, Strafrecht AT, Rn. 237.

konkreten Gestalt maßgeblich. Der Tod des B durch Flugzeugabsturz ist ersichtlich von anderer Erfolgsgestalt als der Tod des B durch Erschießen vor dem Flughafen (Ort, Zeit, Tatmodalität etc. unterscheiden sich). Deshalb darf die Kausalitätsfrage nicht dahin gestellt werden, ob B überhaupt irgendwie den Tod gefunden hätte, sondern es muss danach gefragt werden, ob B zu gleicher Zeit, am gleichen Ort unter denselben Umständen etc. den Tod erlitten hätte.[41] Bei der Kausalitätsfeststellung auf der Grundlage der Bedingungs-/Äquivalenztheorie dürfen somit **hypothetische Kausalverläufe** nicht berücksichtigt werden, sog. **Reserve- oder Ersatzursachen** dürfen nicht hinzugedacht werden.[42] Die Tötungshandlung des A wäre daher auch dann kausal, wenn der C in derselben Absicht wie A und exakt zur selben Zeit, auf dieselbe Art und punktgenau an demselben Ort den B erschossen hätte. Ebenso genügt es, wenn die reale Bewirkungshandlung zumindest **mitursächlich** oder **beschleunigt** den Taterfolg herbeiführt. Setzt der Arzt dem todkranken Krebspatienten eine lebensverkürzende Spritze, besteht zwischen dieser Tathandlung und dem Tod des Patienten somit auch dann ein Kausalzusammenhang, wenn der Patient alsbald an seiner Krebserkrankung gestorben wäre.[43]

346 Nach der conditio-Formel ist der Kausalzusammenhang zwischen Tathandlung und Taterfolg des Weiteren nicht ausgeschlossen, wenn der letztliche Erfolgseintritt auf einem (noch so) **atypischen Kausalverlauf** beruht. Deshalb ist eine nicht tödliche Giftbeibringung kausal für den Tod des Opfers, der infolge eines Verkehrsunfalls während des Transports in ein Krankenhaus eintritt. Ebenso beseitigt die anormale Konstitution eines Verletzten (z.B. Bluter) nicht die Kausalität der Körperverletzungshandlung für den Tod des (bloß) Verletzten. Und auch die Überredung des Erbonkels zu einem Urlaubsflug nach Mallorca ist im Falle eines Flugzeugabsturzes kausal für den Tod des Erbonkels.[44] Eine ganz andere Frage ist freilich, ob der „Taterfolg" bei atypischen Kausalverläufen stets objektiv zurechenbar ist.[45]

347 Die Kausalitätsproblematik in den Fällen sog. **abgebrochener** oder **überholender Kausalität**, die je nach Betrachtungsweise der hypothetischen Kausalität sachlich nahe stehen können, erschließt sich mit der Frage, ob und unter welchen Voraussetzungen eine „**Unterbrechung des Kausalzusammenhangs**" möglich ist. Auszugehen ist dabei von dem Grundsatz, dass ein Ursachenzusammenhang nicht deshalb unterbrochen wird, weil noch andere Ursachen zur Herbeiführung des Erfolgs beitragen. Ein Kausalzusammenhang ist vielmehr nur dann zu verneinen, wenn ein späteres Ereignis die Fortwirkung der ursprünglichen Bedingung beseitigt und seinerseits unter Eröffnung einer neuen Ursachenreihe den Erfolg bewirkt hat.[46] Entscheidend ist danach, ob die Erstbedingung bis zum Erfolgseintritt fortwirkt oder nicht. Eine Fortwirkung in diesem Sinne liegt immer dann vor, wenn die spätere Bedingung an die Erstbedingung anknüpft.[47] Der (fahrlässige oder vorsätzliche) deliktische Eingriff eines Dritten in das vom Täter angestoßene Kausalgeschehen unterbricht den Kausalzusammenhang demzufolge ebenso wenig wie ein (mitwirkendes) Eingreifen des Opfers selbst. Wer nach Brandlegung zur Rettung eines Menschen in das brennende Haus eindringt und

---

41 Vgl. *Wessels/Beulke/Satzger*, Strafrecht AT, Rn. 237 f.
42 Vgl. zum Ganzen informativ *Kühl*, Strafrecht AT, § 4 Rn. 11 ff.
43 Vgl. dazu *Kühl*, Strafrecht AT, § 4 Rn. 14; *Wessels/Beulke/Satzger*, Strafrecht AT, Rn. 238.
44 Vgl. *Kühl*, Strafrecht AT, § 4 Rn. 29 ff.
45 Vgl. auch *Wessels/Beulke/Satzger*, Strafrecht AT, Rn. 241, 296 ff.
46 Vgl. *BGHSt* 39, 322, 324.
47 Vgl. *Wessels/Beulke/Satzger*, Strafrecht AT, Rn. 242 ff. mit Rn. 266, 283 ff., 296 f.

2. Aufbau und Bestandteile des Unrechtstatbestandes

darin umkommt, setzt zwar eine Ursache für den eigenen Tod. Der Kausalzusammenhang zwischen der Tathandlung des Brandstifters und dem Tod des Retters wird dadurch aber nicht unterbrochen.[48] Zu prüfen bleibt allerdings auch insoweit, ob und inwieweit der jeweilige Taterfolg objektiv zurechenbar ist. Mangels Kausalität der Tathandlung nicht zurechenbar ist ein Taterfolg im Falle eines „echten" Kausalitätsabbruchs. Von **abgebrochener Kausalität** spricht man, wenn die ursprüngliche Bedingung (Tathandlung) tatsächlich nicht bis zum Erfolgseintritt fortwirkt. Das liegt stets dann vor, wenn eine völlig neu eröffnete Ursachenreihe die Kausalwirkung der Erstbedingung endgültig beseitigt (Neueröffnungseffekt): Bringt A dem B ein nur langsam wirkendes Gift bei, und erschießt C den B lange bevor der Gifttod eintritt, ist das Kausalgeschehen, das A in Gang gesetzt hat, im Augenblick des Erschießungstodes endgültig beseitigt, abgebrochen. C hat eine zweite Kausalreihe eröffnet, die das Erstgeschehen „überholt" hat (**überholende Kausalität**). Dass auch das Erstgeschehen zum Tod des B geführt hätte, muss unberücksichtigt bleiben, weil es sich hierbei um eine „Reserveursache" und damit um einen hypothetischen Kausalverlauf handelt.[49]

2.1.3.2 Objektive Erfolgszurechnung – verschiedene Zurechnungskriterien

Vor allem die Reichweite des bedingungs-/äquivalenztheoretischen Kausalitätsbegriffs macht eine haftungsbeschränkende Korrektur notwendig. Schon der gesunde Menschenverstand verbietet es, dem Hersteller einer Waffe die „Verursachung" aller Untaten zur Last zu legen, die mit ihrer Hilfe begangen werden.[50] Diese Korrekturbedürftigkeit der Äquivalenztheorie ist heute allgemein anerkannt. Unklar ist bislang aber immer noch, wie und an welcher Stelle im Deliktsaufbau die Korrektur erfolgen soll (muss). Die „**Lehre von der gesetzmäßigen Bedingung**", die auf *Engisch* zurückgeht, leistet eine solche Korrektur nicht bzw. nicht in ausreichendem Maße. Auch sie geht auf dem Boden der Äquivalenztheorie von der Gleichwertigkeit aller Bedingungen aus, ersetzt aber das Hinwegdenken der Tathandlung durch die Frage, ob eine konkrete Tathandlung im konkreten Taterfolg wirksam geworden ist. Die Kausalitätsformel lautet dann: Ein Verhalten ist dann Ursache eines Erfolges, wenn dieser Erfolg mit dem Verhalten durch eine Reihe von Veränderungen verbunden ist.[51] Inhaltlich angereichert ist zu fragen, „ob sich an eine Handlung zeitlich nachfolgende Veränderungen in der Außenwelt angeschlossen haben, die mit der Handlung nach den uns bekannten Naturgesetzen notwendig verbunden waren und sich als tatbestandsmäßiger Erfolg darstellen".[52] Diese **Formel von der gesetzmäßigen Bedingung** führt indessen – richtig angewandt – weitgehend zu denselben Kausalitätsergebnissen wie die conditio-Formel. Die Kausalitätsfeststellung kann daher zur Absicherung der Ergebnisse nach beiden Formeln vorgenommen werden.

348

Im eigentlichen Sinne haftungsbeschränkend versteht sich die zum Teil auch im Strafrecht vertretene **Adäquanztheorie**. Ursächlich ist danach nur diejenige Bedingung, die erfahrungsgemäß geeignet ist, einen Taterfolg zu bewirken, mithin die dem Taterfolg adäquate Bedingung. Das für die Adäquanz der Bedingung maßgebliche Wahrscheinlichkeitsurteil beruht auf einer objektiv-nachträglichen Prognose. Ihr sind alle Umstän-

349

---
48 Dazu *BGHSt* 39, 322, 324.
49 Vgl. dazu *Kühl*, Strafrecht AT, § 4 Rn. 31 ff.; *Wessels/Beulke/Satzger*, Strafrecht AT, Rn. 245.
50 Vgl. *Stratenwerth/Kuhlen*, Strafrecht AT, § 8 Rn. 20.
51 Vgl. dazu *Kühl*, Strafrecht AT, § 4 Rn. 22 m. w. Nachw.
52 So *Jescheck/Weigend*, Strafrecht AT, § 28 II, 4; vgl. auch SK-StGB/*Jäger*, Vor § 1 Rn. 63 ff. m. w. Nachw.

VIII. Die tatbestandsmäßige Handlung

de zu Grunde zu legen, die zurzeit und am Ort der Tat bekannt oder objektiv erkennbar waren und die ein einsichtiger Mensch in der Rolle des Täters voraussehen konnte. Es ist danach zu fragen, ob nach dem Erfahrungswissen der Zeit auf Grund der dem Täter bekannten und einem einsichtigen Menschen (in der Rolle des Täters) erkennbaren Umstände der zum Erfolgseintritt führende Kausalverlauf mit der erforderlichen Wahrscheinlichkeit zu erwarten war oder nicht.[53] Mit dieser Kausalitätsformel gelingt es der Adäquanztheorie beispielsweise, sog. atypische Kausalverläufe, die in einer ganz ungewöhnlichen Verkettung von Umständen bestehen, aus dem Kausalnexus auszuscheiden. Sie ist als Kausalitätstheorie gleichwohl abzulehnen, weil sie die Kategorien von Verursachung und (weiterer) Erfolgszurechnung unzulässig verquickt.[54]

350 Die **Relevanztheorie** hält dagegen die „empirische" Kausalitätsfrage und die „normative" Frage der Erfolgszurechnung streng voneinander getrennt. Was die Ursächlichkeit der Tathandlung betrifft, stützt sie sich mit der vorherrschenden Auffassung auf die Bedingungs-/Äquivalenztheorie. Über die Zurechenbarkeit des Taterfolgs entscheidet hingegen die **strafrechtliche Relevanz des Kausalgeschehens**. Diese wiederum hängt allein von normativen Kriterien, und zwar von Sinn und Zweck des jeweiligen Straftatbestandes sowie weiteren Merkmalen der tatbestandlichen Unrechtsmaterie ab. Die tatbestandliche Relevanz einer erfolgskausalen Tathandlung richtet sich somit im Ergebnis nach der (normativen) Zurechenbarkeit des Taterfolges. Damit eignet sich auch die Relevanztheorie nicht zur „reinen" Kausalitätsfeststellung.[55] Indem sie aber deutlich zwischen Erfolgsverursachung und Erfolgszurechnung differenziert, deckt sie sich strukturell mit der neueren Lehre von der objektiven Erfolgszurechnung, wonach die Kausalität zwischen Tathandlung und Taterfolg nur eine erste, notwendige, aber im Einzelfall nicht hinreichende Voraussetzung für die Zurechnung des Taterfolges darstellt (vgl. Rn. 342).

351 Diese neuere Lehre von der objektiven Erfolgszurechnung ist noch „im Fluss", ihre Entwicklung noch längst nicht abgeschlossen.[56] Ihre Grundaussage, dass über die objektive Zurechenbarkeit eines Taterfolges und damit über die objektive Tatbestandsmäßigkeit eines Verhaltens nicht nur die Erfolgskausalität der Tathandlung, sondern noch weitere „normative" Kriterien der objektiven Erfolgszurechnung entscheiden, ist – wie bereits erwähnt – im Kern unbestritten. Über diesen Befund hinaus hat sich inzwischen eine **allgemeine Zurechnungsformel** (Grundformel) herauskristallisiert, die wie folgt gefasst ist: Ein tatbestandsmäßiger Erfolg ist nur dann objektiv zurechenbar, „wenn der Täter durch seine dafür ursächliche Handlung entgegen der dem Schutz des betreffenden Rechtsgutsobjekts dienenden generellen Verhaltensnorm und damit verbotswidrig ein entsprechendes Erfolgsrisiko geschaffen bzw. ein solches erhöht hat und gerade diese rechtlich verbotene Gefahr sich in dem konkret eingetretenen Erfolg verwirklicht" hat.[57] Mit geringfügiger inhaltlicher Veränderung und etwas anders for-

---

53 Vgl. dazu SK-StGB/*Jäger*, Vor § 1 Rn. 91 ff., 93 f.; *Wessels/Beulke/Satzger*, Strafrecht AT, Rn. 250.
54 Vgl. zur Kritik etwa *Roxin*, Strafrecht AT I, § 11 Rn. 39 ff.; vgl. auch *Baumann/Weber/Mitsch/Eisele*, Strafrecht AT/*Eisele*, § 10 Rn. 58 ff., 62; ferner *Schönke/Schröder (Eisele)*, StGB, Vorbem. §§ 13 ff. Rn. 87/88.
55 Vgl. zur Kritik etwa *Jescheck/Weigend*, Strafrecht AT, § 28 III, 3; *Roxin*, Strafrecht AT I, § 11 Rn. 39 ff.; *Schönke/Schröder (Eisele)*, StGB, Vorbem. §§ 13 ff. Rn. 89; SK-StGB/*Jäger*, Vor § 1 Rn. 95; vgl. auch *Baumann/Weber/Mitsch/Eisele*, Strafrecht AT/*Eisele*, § 10 Rn. 63.
56 Vgl. dazu umfassend *Roxin*, Strafrecht AT I, § 11 Rn. 44 ff.; ferner *Baumann/Weber/Mitsch/Eisele*, Strafrecht AT/*Eisele*, § 10 Rn. 64 ff.; *Heinrich*, Strafrecht AT, Rn. 239 ff.; *Kühl*, Strafrecht AT, § 4 Rn. 36 ff., 43 f.; *Schönke/Schröder (Eisele)*, StGB, Vorbem. §§ 13 ff. Rn. 90 ff.; *Wessels/Beulke/Satzger*, Strafrecht AT, Rn. 253 ff.
57 So *Schönke/Schröder (Eisele)*, StGB, Vorbem. §§ 13 ff. Rn. 92 m. zahlr. w. Nachw.; vgl. auch *Wessels/Beulke/Satzger*, Strafrecht AT, Rn. 253 ff., 258.

2. Aufbau und Bestandteile des Unrechtstatbestandes

muliert lautet diese allgemeine Zurechnungsformel auch: „Objektiv zurechenbar ist ein durch menschliches Verhalten verursachter Unrechtserfolg nur dann, wenn dieses Verhalten eine rechtlich missbilligte Gefahr des Erfolgseintritts geschaffen oder erhöht hat und diese Gefahr sich auch tatsächlich im konkreten erfolgsverursachenden Geschehen realisiert hat".[58] Und als „Kurzformel" ist denkbar: „Objektiv zurechenbar ist ein Erfolg dann, wenn durch das Verhalten des Täters **eine rechtlich relevante Gefahr geschaffen** worden ist und sich genau diese Gefahr im tatbestandsmäßigen Erfolg realisiert hat".[59] Auf diese **Grundformel der objektiven Erfolgszurechnung** lassen sich alle bislang erarbeiteten Zurechnungskriterien zurückführen. Ihre sachliche Zuordnung orientiert sich an den Grundelementen der Zurechnungsformel: Zum einen geht es dabei um die Schaffung bzw. Erhöhung einer rechtlich relevanten (missbilligten) Gefahr, zum anderen darum, dass sich diese Gefahr auch tatsächlich im tatbestandsmäßigen Erfolg niedergeschlagen, verwirklicht hat.[60]

Zur **Verdeutlichung der Zurechnungsformel** und Erläuterung verschiedener **Zurechnungskriterien** einige Beispiele: Eine objektive Zurechnung des Erfolgs ist wegen Fehlens einer rechtlich relevanten Gefahrschaffung oder -erhöhung ausgeschlossen bei **ganz entfernt liegenden Bedingungen** für den Erfolgseintritt, bei **völlig atypischen Kausalverläufen**, bei sog. **erlaubtem Risiko** bzw. **allgemeinem Lebensrisiko** und bei sog. **Risiko- oder Gefahrverringerung**. Der Hersteller eines Gewehres haftet deshalb nicht dafür, dass der Todesschütze das Gewehr zur Tötung eingesetzt hat. Ebenso ist ein Tötungserfolg nicht den Eltern des Täters (Zeugungsakt als conditio sine qua non) zuzurechnen (**rechtlich nicht einschlägige ganz entfernte Bedingung**).[61] Verletzt A den B mit einem Gewehrschuss lebensgefährlich, kommt B aber dadurch zu Tode, dass er beim Krankentransport infolge eines Herzschlags des Sanitäters von der Trage fällt und sich deshalb das Genick bricht[62], ist der Tod des B dem A wegen **völliger Atypizität** des Kausalgeschehens nicht zurechenbar. Dasselbe ist anzunehmen, wenn der verletzte B bewegungsunfähig am Tatort liegen bleibt und sodann vom Blitz erschlagen wird[63]. Die Atypizität eines Kausalgeschehens und dementsprechend das Fehlen einer rechtlich relevanten Gefahrschaffung ist auch dann gegeben, wenn sich der Täter das völlig atypische Geschehen vorgestellt hat. Schickt A seinen Erbonkel bei heraufziehendem Gewitter auf einen Waldspaziergang, weil er hofft, der Onkel werde vom Blitz erschlagen, was dann auch wider alle Lebenserfahrung und Wahrscheinlichkeit geschieht, ist A der Tod des Onkels daher ebenfalls nicht zurechenbar. Hiervon zu unterscheiden sind Fallgestaltungen, in denen die geschaffene Gefahr das **allgemeine Lebensrisiko** nicht übersteigt: A überredet B zu einer Flugreise und geht davon aus, dass B abstürzt und stirbt. Tatsächlich tritt das Vorausgeahnte ein. Der Tod des B ist A **nicht zuzurechnen**, weil die Überredung des A zu einer Flugreise nach dem heutigen Stand der Technik **keine rechtlich missbilligte Gefahr** schafft. Die Möglichkeit eines Flugzeugabsturzes gehört – da nicht völlig anschließbar – zum allge-

352

---

58 So SK-StGB/*Jäger*, Vor § 1 Rn. 96 m. zahlr. Nachw. in dort. Fn. 309.
59 So *Wessels/Beulke/Satzger*, Strafrecht AT, Rn. 253 ff., 258; vgl. zum Ganzen auch *Kühl*, Strafrecht AT, § 4 Rn. 36 ff., 43 ff.; ferner *Baumann/Weber/Mitsch/Eisele*, Strafrecht AT/*Eisele*, § 10 Rn. 64 ff., 66 jew. m. w. Nachw.
60 Vgl. dazu *Kühl*, Strafrecht AT, § 4 Rn. 60 ff.; *Wessels/Beulke/Satzger*, Strafrecht AT, Rn. 255 ff., 258 f.; zur Kritik an der Lehre von der objektiven Erfolgszurechnung vgl. statt aller SK-StGB/*Jäger*, Vor § 1 Rn. 97 ff. m. zahlr. w. Nachw.
61 Vgl. *Kühl*, Strafrecht AT, § 4 Rn. 46.
62 Beispiel bei *Wessels/Beulke/Satzger*, Strafrecht AT, Rn. 296.
63 BGHSt 1, 332, 334.

meinen Lebensrisiko, ganz abgesehen davon, dass auch ein atypischer Kausalverlauf vorläge.[64] Entsprechendes gilt für die Teilnahme am Straßenverkehr, so wenn A den B zu einer Autofahrt einlädt und C einen allein verschuldeten Verkehrsunfall mit Todesfolge für B verursacht. Ähnlich zu beurteilen sind Verhaltensweisen, die im Sinne **sozialadäquaten Verhaltens** mit einem sog. **erlaubten Risiko** behaftet sind. Wer in einer Gaststätte in dem durch das Gaststättengesetz gezogenen Rahmen Alkohol ausschenkt, verhält sich sozialadäquat und geht ein erlaubtes Risiko ein, die Folgen in Form von Trunkenheitsfahrten mit Taterfolgen sind ihm nicht zuzurechnen.[65] Auch der Fußballspieler, der sein Gegenüber in sozialadäquat-„normaler" Weise (leicht) verletzt, haftet nicht für den bewirkten Körperverletzungserfolg. Eine Erfolgszurechnung ist ferner ausgeschlossen, wenn eine rechtlich relevante Gefahr dadurch verringert wird, dass in einen bereits in Gang befindlichen Kausalverlauf eingegriffen wird. Als **Gefahrverringerung (Risikoverringerung)** kommt ein zeitliches Hinausschieben oder eine Abschwächung des sonst eintretenden Taterfolgs ggf. mit Bewirken eines eigenen Taterfolgs in Betracht. An einem rechtlich relevanten Risiko fehlt es daher, wenn A den Messerstich des B so ablenkt, dass C nicht ins Herz, sondern nur am Arm getroffen wird. Ob ein Ausschluss der Erfolgszurechnung vorliegt, wenn der Rettungswillige durch sein Eingreifen die konkrete, auf den Bedrohten zulaufende Gefahr abwendet, dabei jedoch eine neue, eigenständige rechtlich relevante Gefahr schafft, die sich in dem von ihm verursachten Verletzungserfolg niederschlägt, ist zu bezweifeln. Ausgeschlossen sein kann dann aber die Rechtswidrigkeit, die subjektive Zurechnung (Vorsatz), die Schuld etc.[66]

353 Nicht zurechenbar ist ein Taterfolg trotz Kausalität der Tathandlung auch bei fehlendem **Risikozusammenhang**. Fehlender Risikozusammenhang ist anzunehmen, wenn der Täter zwar verbotswidrig eine Gefahr geschaffen hat, in dem eingetretenen Erfolg sich aber nicht das verbotene, sondern ein anderes Risiko realisiert hat.[67] Ein derartiger Risikozusammenhang kann fehlen bei eigenverantwortlicher Selbstschädigung oder Selbstgefährdung des Verletzten (Opfers), bei Fehlen eines Schutzzweckzusammenhangs, bei Fehlen eines Pflichtwidrigkeitszusammenhangs und bei freiverantwortlichem (deliktischem) Dazwischentreten eines Dritten.[68] Zur Verdeutlichung wieder einige Beispiele: Bei der **eigenverantwortlichen Selbstschädigung (Selbstgefährdung) des Opfers** geht es um eine Ausgrenzung derjenigen Risiken, die im Verantwortungsbereich des Opfers selbst liegen, und die deshalb dem Täter (mit anderem Verantwortungsbereich) nicht zuzurechnen sind. Wenn sich A Heroin spritzt, das ihm B geliefert hat, und daran stirbt, ist B der Tod des A nicht zuzurechnen, weil A in freier Verantwortlichkeit (das ist allerdings Voraussetzung) das Todesrisiko selbst eingegangen ist.[69] Wer durch verkehrswidriges Verhalten im Straßenverkehr lebensgefährliche Verletzungen des Opfers verursacht, kann mangels Zurechenbarkeit des Erfolges nicht wegen eines (fahrlässigen) Tötungsdelikts bestraft werden, wenn das Opfer „freiverantwortlich" die lebensrettende Operation verweigert, und zwar selbst dann nicht, wenn die nahe liegende Möglichkeit der Operationsverweigerung durch das

---

64 Vgl. *Wessels/Beulke/Satzger*, Strafrecht AT, Rn. 264 ff., 264, vgl. aber auch dort. Rn. 266 ff.
65 Vgl. zum erlaubten Risiko bzw. zum Tatbestandsausschluss bei sozialadäquatem Verhalten etwa *Roxin*, Strafrecht AT I, § 10 Rn. 33 ff., § 11 Rn. 65 ff.; *Schönke/Schröder (Eisele)*, StGB, Vorbem. §§ 13 ff. Rn. 69 ff., 70 c.
66 Vgl. *Wessels/Beulke/Satzger*, Strafrecht AT, Rn. 291 ff., 291.
67 Vgl. *Schönke/Schröder (Eisele)*, StGB, Vorbem. §§ 13 ff. Rn. 95 ff.
68 Aufzählung nicht abschließend, vgl. *Roxin*, Strafrecht AT I, § 11 Rn. 44 ff.; *Schönke/Schröder (Eisele)*, StGB, Vorbem. §§ 13 ff. Rn. 95 ff.
69 Vgl. *BGHSt* 32, 262, 264/5.

2. Aufbau und Bestandteile des Unrechtstatbestandes

verkehrswidrige Verhalten veranlasst und zudem die Operationsverweigerung auf einer individuell-nachvollziehbaren Entscheidung beruhte.[70] Ein Risikozusammenhang zwischen Tathandlung und Taterfolg besteht ebenfalls nicht, wenn der eingetretene Erfolg außerhalb des Schutzbereichs bzw. Schutzzwecks der verletzten Verbots-/Gebotsnorm liegt. Erforderlich für die objektive Erfolgszurechnung ist also ein **Schutzzweckzusammenhang**. Überschreitet A mit seinem Pkw im innerstädtischen Straßenverkehr ständig die Geschwindigkeitsbegrenzung so ist ihm der Tod des Verkehrsteilnehmers B, der dem A unvorhersehbar in das Auto läuft, nicht zuzurechnen. Das trifft in jedem Fall dann zu, wenn der A an der Unfallstelle in jeder Hinsicht verkehrsgerecht gefahren ist. Der Umstand, dass er bei zuvor korrekt eingehaltener Geschwindigkeit erst viel später den Unfallort erreicht und B die Straße dann schon folgenlos überquert hätte, spielt für die Erfolgszurechnung keine Rolle, weil der Schutzzweck der Geschwindigkeitsbegrenzung nicht darauf gerichtet ist, dass Fahrzeuge bestimmte Orte später erreichen, sondern allein darauf, im konkreten Straßenbereich vor den durch höhere Geschwindigkeiten gesteigerten Gefahren zu schützen.[71] Nicht anders verhält es sich indessen, wenn A auch an der Unfallstelle zu schnell fuhr, der Verkehrsunfall aber dennoch unvermeidbar war, etwa weil es zu ihm auch bei verkehrsgerechter Fahrgeschwindigkeit gekommen wäre. Beide Fallvarianten unterscheiden sich insbesondere darin, dass sich A in der ersten Variante ausschließlich außerhalb des konkreten Unfallgeschehens verkehrswidrig im Sinne von „pflichtwidrig" verhalten hat. Es fehlt daher insoweit auch an einem für die Erfolgszurechnung notwendigen **Pflichtwidrigkeitszusammenhang** zwischen Tathandlung und Taterfolg. Ein Pflichtwidrigkeitszusammenhang fehlt ganz allgemein immer dann, wenn der Erfolg, auch bei **pflichtgemäßem Alternativverhalten** eingetreten wäre. Beliebtes Beispiel für diese Fallkonstellation ist der so betitelte „Radfahrerfall"[72]: Radfahrer R fährt betrunken mit seinem Fahrrad nach Hause. Er wird vom Lastwagen des L überholt. L hält den vorgeschriebenen Sicherheitsabstand nicht ein. R wird vom Anhänger des Lkw erfasst und kommt zu Tode. Es wäre nach gutachterlicher Feststellung wegen der Trunkenheit des R auch zum tödlichen Unfall gekommen, wenn L den Sicherheitsabstand eingehalten hätte. Da der Tod des R auch bei pflichtgemäßem Alternativverhalten eingetreten wäre, ist L der Erfolg nicht zuzurechnen.[73] Zu einem anderen Ergebnis gelangt die sog. **Risikoerhöhungslehre**, wonach im Zweifelsfall die objektive Zurechenbarkeit eines Erfolges bereits dann begründet ist, wenn die Wahrscheinlichkeit seines Eintritts bei pflichtgemäßem Täterverhalten geringer gewesen wäre, die Pflichtwidrigkeit also mit einer Risikoerhöhung verbunden ist.[74] Ein Risikozusammenhang ist schließlich zu verneinen, wenn ein Dritter eigenverantwortlich (volldeliktisch handelnd) so in den Geschehensablauf eingreift, dass er eine neue, selbständig auf den Erfolg hinwirkende Gefahr schafft, die sich dann allein im

---

70 Anders OLG Celle, NJW 2001, 2816; *Wessels/Beulke/Satzger*, Strafrecht AT, Rn. 282; vgl. auch *Walther* StrVert. 2002, 366 ff.
71 Vgl. BGHSt 33, 61, 64; *Wessels/Beulke/Satzger*, Strafrecht AT, Rn. 261 ff., 262.
72 Fall nach BGHSt 11, 1, 3/4.
73 Sog. Vermeidbarkeitstheorie: Zurechnung nur dann, wenn der vom Täter verursachte Erfolg bei pflichtgemäßem Verhalten mit an Sicherheit grenzender Wahrscheinlichkeit vermieden worden wäre. Dieser Auffassung folgt die Rspr. des BGH und die h. M., vgl. etwa SK-StGB/*Jäger*, Vor § 1 Rn. 112 m. zahlr. Nachw. in dort. Fn. 371; ferner *Wessels/Beulke/Satzger*, Strafrecht AT, Rn. 301 ff., 302.
74 Zur sog. Risikoerhöhungslehre vgl. statt aller die Darstellung und Diskussion bei SK-StGB/*Jäger*, Vor § 1 Rn. 113 ff. m. zahlr. **Nachw.**; zur Kritik an der von *Roxin* ZStW 74 (1962), S. 411 ff. begründeten Risikoerhöhungslehre vgl. etwa *Baumann/Weber/Mitsch/Eisele*, Strafrecht AT/*Eisele*, § 10 Rn. 90; *Heinrich*, Strafrecht AT, Rn. 1044; MüKo-StGB/*Freund*, Vor §§ 13 ff. Rn. 311 ff.; SK-StGB/*Jäger*, Vor § 1 Rn. 119 ff., 119.; vgl. auch *Wessels/Beulke/Satzger*, Strafrecht AT, Rn. 303 ff.

konkreten Erfolgseintritt verwirklicht.[75] Erleidet A durch körperliche Übergriffe des B erhebliche Verletzungen, die eine Operation erfordern, und stirbt A infolge eines ärztlichen Kunstfehlers (fahrlässiges Eingreifen des Arztes), ist dieser Erfolg dem B nicht zuzurechnen; denn im Tod des A hat sich nur die fehlerhaft ausgeführte Operation des Arztes realisiert.

354 Die **neuere Lehre von der objektiven Zurechnung** (Erfolgszurechnung) stellt (noch) keine **in sich geschlossene Zurechnungslehre** dar. Dementsprechend sind Terminologie sowie Art und Anzahl der bislang erarbeiteten Zurechnungskriterien bzw. Kriterien für einen Ausschluss der Erfolgszurechnung uneinheitlich und umstritten. Im Einzelfall ist daher eine über die vorstehend nur kursorisch gehaltene Auflistung von Zurechnungskriterien und erläuternden Beispielen weit hinausgehende intensive Auseinandersetzung mit der Lehre von der objektiven Erfolgszurechnung zwingend erforderlich.[76] Hinzu kommt, dass sich die neuere Lehre von der objektiven Zurechnung im letztlichen Strafbarkeitsergebnis nicht wesentlich von der **früher vorherrschenden Auffassung**, nach der die Weite des bedingungs-/äquivalenztheoretischen Kausalitätsbegriffs nicht schon auf der Wertungsstufe der Tatbestandsmäßigkeit, sondern im Bereich der Rechtswidrigkeit und Schuld und insbesondere beim Vorsatz (als Schuldelement, neoklassisches Verbrechenssystem) und bei der Fahrlässigkeit zu begrenzen und einzuschränken ist, unterscheidet. Dieser „überlieferten" Lehre[77] folgt auch heute noch die Rechtsprechung der Strafgerichte, wenngleich nicht zu verkennen ist, dass sie in bestimmten Sachzusammenhängen zunehmend zur Kausalitätskorrektur durch Kriterien der objektiven Erfolgszurechnung auf Tatbestandsebene tendiert. Das trifft in engem Rahmen für die Fälle der eigenverantwortlichen Selbstschädigung, im Fahrlässigkeitsbereich aber auch für die Kriterien des Schutzzweckzusammenhangs und des pflichtgemäßen Alternativverhaltens zu.[78]

2.2 Subjektiver Tatbestand, subjektive Tatbestandsmerkmale

355 Nach heutigem Erkenntnisstand der allgemeinen Verbrechenslehre besteht kein Zweifel mehr daran, dass es sog. subjektive Unrechtselemente (z.B. die Zueignungsabsicht in § 242 oder die Vorteilsabsicht in § 263) gibt und diese subjektiven Unrechtselemente den im Tatbestand verkörperten Unrechts-/Deliktstypus zumindest mitprägen. Damit verbunden ist die inzwischen unangefochtene verbrechenssystematische Konsequenz, im Unrechtstatbestand zwischen einem objektiven und subjektiven Bestandteil des tatbestandsmäßigen Unrechts zu differenzieren. Ganz unterschiedlich wird aber nach wie vor die Frage beantwortet, ob sich der subjektive Tatbestand in den verschiedenen subjektiven Unrechtselementen – soweit gesetzlich genannt – erschöpft oder ob er als überhaupt wichtigstes subjektives Unrechtselement auch den Vorsatz (vgl. §§ 15, 16) umfasst. Während gegenwärtig – soweit ersichtlich – nur noch die Rechtsprechung des *BGH* und der *Obergerichte* den Vorsatz zumindest teilweise nicht als Merkmal des subjektiven Unrechtstatbestandes, sondern als Merkmal der Strafrechtsschuld ansieht,

---

75 Vgl. dazu *Schönke/Schröder (Eisele)*, StGB, Vorbem. §§ 13 Rn. 100 ff.; *Wessels/Beulke/Satzger*, Strafrecht AT, Rn. 283 ff.
76 Vgl. dazu *Heinrich*, Strafrecht AT, Rn. 239 ff., 245 ff., 249 ff.; *Jescheck/Weigend*, Strafrecht AT, § 28 IV; *Kühl*, Strafrecht AT, § 4 Rn. 36 – 94; *Roxin*, Strafrecht AT I, § 11 Rn. 44 ff.; *Schönke/Schröder (Eisele)*, StGB, Vorbem. §§ 13 ff. Rn. 91 ff.; SK-StGB/*Jäger*, Vor § 1 Rn. 96 ff., *Wessels/Beulke/Satzger*, Strafrecht AT, Rn. 253 ff. alle m. zahlr. Beispielen und weit. Nachw. auch aus der Rspr.
77 Vgl. dazu *Jescheck/Weigend*, Strafrecht AT, § 28 III, 1.
78 Vgl. noch *Kühl*, Strafrecht AT, § 4 Rn. 95; ferner *Schönke/Schröder (Eisele)*, StGB, Vorbem. §§ 13 ff. Rn. 86.

2. Aufbau und Bestandteile des Unrechtstatbestandes

hat sich im Blick auf die Erkenntnisse der personalen Unrechtslehre[79] im Übrigen die Auffassung durchgesetzt, dass der Vorsatz als Kernstück des personalen Handlungsunrechts zum subjektiven Tatbestand gehört. Mit dieser Zuordnung des Vorsatzes zum subjektiven Unrechtstatbestand deckt sich die hier favorisierte soziale Handlungslehre, die ja in der tatbestandsmäßigen Handlung eine vom menschlichen Willen beherrschte rechtlich-soziale Sinneinheit erblickt und folgerichtig den „Verwirklichungswillen" als Element des (subjektiven) Unrechtstatbestandes auffasst.[80] Dass dazu dann auch das „teleologische" System der Straftatmerkmale als „neoklassisch-finalistische" Synthese „passt", versteht sich von selbst (vgl. dazu Rn. 294 ff., 299, 300). Der subjektive Tatbestand besteht also aus dem Vorsatz und weiteren subjektiven Unrechtselementen. Systematisch ist der Vorsatz als das allgemeine Merkmal des subjektiven Tatbestandes den nicht bei allen gesetzlichen Tatbeständen und in vielfach unterschiedlicher Form auftretenden besonderen subjektiven Unrechtselementen voranzustellen.[81]

2.2.1 Der Tatvorsatz, Tatbestandsvorsatz

Obwohl im Gesetz vielfach von Vorsatz, vorsätzlichem Handeln oder vorsätzlicher Tat (vgl. nur §§ 11 Abs. 2, 15, 16 Abs. 1, 26, 27) die Rede ist, fehlt eine Legaldefinition des Vorsatzes. Die Begriffsbestimmung hat der Strafgesetzgeber der Rechtsprechung und Strafrechtslehre überlassen. Hilfestellung leisten dabei vor allem die §§ 16 und 17.[82]

356

2.2.1.1 Begriff und Struktur des Vorsatzes

Nach vorherrschender Ansicht ist Vorsatz der Wille zur Verwirklichung eines Straftatbestandes in Kenntnis aller seiner (objektiven) Tatumstände.[83] Vorsatz wird auch als „Wissen und Wollen der zum gesetzlichen Tatbestand gehörenden objektiven Merkmale" oder als „Wissen und Wollen der Tatbestandsverwirklichung" definiert.[84] Der Vorsatzbegriff wird danach strukturell von einem **Wissenselement** (auch als intellektuelles oder kognitives Element bezeichnet) und einem **Willenselement** (auch als voluntatives Element bezeichnet) bestimmt. Beide Strukturelemente des Vorsatzes stehen nicht isoliert nebeneinander. Zum einen geht das Wissen dem Wollen notwendig voraus. Zum anderen lassen sich Wissen und Wollen skalieren und aufeinander beziehen, so dass ein „abgeschwächtes" Wissen mit einem „intensiven" Wollen etc. verbunden werden kann. Immer aber setzt vorsätzliches Handeln beides voraus: das Wissen um die Tatbestandsverwirklichung und ihr Wollen. Das ist nicht unbestritten, ein Teil der Strafrechtslehre leugnet die Existenzberechtigung des voluntativen Vorsatzelements. Dem ist jedoch nicht zu folgen. Ohne Willenselement ist eine sachgerechte Abgrenzung zwischen dem Eventualvorsatz – vgl. Rn. 361 – und der (bewussten) Fahrlässigkeit kaum möglich.[85]

357

---

79 Vgl. dazu *Jescheck/Weigend*, Strafrecht AT, § 24 III.
80 Vgl. statt aller *Wessels/Beulke/Satzger*, Strafrecht AT, Rn. 203 ff., 205 mit Hinweis auf Rn. 1141.
81 Vgl. *Roxin*, Strafrecht AT I, § 10 Rn. 61, 62 ff.
82 Vgl. *Schönke/Schröder (Sternberg-Lieben/Schuster)*, StGB, § 15 Rn. 6, 7.; ferner *Heinrich*, Strafrecht AT, Rn. 264 ff.
83 Vgl. *BGHSt* 19, 295, 298; *Wessels/Beulke/Satzger*, Strafrecht AT, Rn. 311 ff., 313 m. w. Nachw. in dort. Fn. 3.
84 Vgl. *BGHSt* 36, 1, 11; 51, 100, 119; 52, 182, 189 f.
85 Vgl. auch *Wessels/Beulke/Satzger*, Strafrecht AT, Rn. 311 ff., 313, 314 f.

2.2.1.2 Erscheinungsformen des Vorsatzes

358 Je nach Intensität des Wollens und dem Ausprägungsgrad des Wissens wird herkömmlich zwischen drei verschiedenen Erscheinungsformen des Vorsatzes unterschieden, und zwar zwischen der **Absicht** (dolus directus 1. Grades), dem **direkten Vorsatz** (dolus directus 2. Grades) und dem **Eventualvorsatz** (dolus eventualis, auch als bedingter Vorsatz bezeichnet). Diese Unterscheidung hat praktische Bedeutung, weil das Gesetz in vielen Fällen für die Verwirklichung bestimmter Tatbestandsmerkmale (mindestens) direkten Vorsatz verlangt (z.b. wenn Handeln „wider besseres Wissen" oder „wissentliches" Handeln vorausgesetzt wird wie etwa in § 164 oder in § 258). Wo das Gesetz solche Vorsatzanforderungen nicht formuliert, genügt für die Verwirklichung selbst schwerster Delikte die schwächste Vorsatzform, der Eventualvorsatz.

359 Die Vorsatzform der **Absicht** erfordert, dass der Täter den tatbestandsmäßigen Erfolg und/oder das tatbestandsmäßige Verhalten **zielgerichtet** erstrebt. Es muss ihm geradezu darauf ankommen, den Eintritt des tatbestandlichen Erfolges herbeizuführen oder den Umstand zu verwirklichen, für den das Gesetz eine Absicht voraussetzt. Der angestrebte tatbestandsmäßige Erfolg braucht allerdings nicht das Endziel des Täterverhaltens zu sein. Absicht liegt vielmehr auch vor, wenn es dem Täter auf den Eintritt des tatbestandsmäßigen Erfolges als „Nahziel" oder „Zwischenziel" auf dem Weg zum „Endziel" oder „Fernziel" ankommt, weil ihm das Zwischenziel – z.B. als notwendiges Durchgangsstadium – die Erreichung des eigentlichen Endziels erleichtert oder gar erst ermöglicht. Daraus ergibt sich, dass das Bezugsobjekt des zielgerichteten Erfolgswillens nicht zugleich auch das Motiv des Täterverhaltens sein muss, Absicht und Motivation im Sinne von Beweggründen für bestimmtes Täterverhalten sind keine identischen subjektiven Sachverhalte. Absicht kann sich deshalb auf einen (erstrebten) tatbestandsmäßigen Erfolg als Zwischenziel beziehen, während der eigentliche Beweggrund des Täterverhaltens in einem darüber hinausgehenden Fernziel liegt. Nicht ausgeschlossen ist andererseits, dass der angestrebte tatbestandsmäßige Erfolg tatsächlich zugleich auch das Motiv des Täters darstellt. Kommt es dem Täter (zielgerichtet) auf den Eintritt eines konkreten tatbestandsmäßigen Erfolges an, scheidet Absicht als Vorsatzform auch nicht deshalb aus, weil der Täter sich den Erfolgseintritt nicht als sicher, sondern nur als möglich oder als wahrscheinlich vorstellt. Unerheblich ist überdies, ob der Täter die Erfolgsverwirklichung – wie zumeist – wünscht oder bedauert und sogar innerlich ablehnt; denn entscheidend für das Vorliegen von Absicht ist nur, dass es ihm – gleichwohl – auf den Erfolgseintritt bzw. die Tatbestandsverwirklichung im Übrigen (zielgerichtet) ankommt. Kurz gefasst lässt sich die Vorsatzform der Absicht demnach als „gesteigertes Wollen", kombiniert mit „sicherem Wissen" oder auch einem bloßen „Fürmöglichhalten" der Tatbestandsverwirklichung umschreiben.[86]

360 Fehlt es dem Täter an einem zielgerichteten Erfolgswillen, weiß er aber oder sieht er es als sicher voraus, dass sein Verhalten die Voraussetzungen des (gesetzlichen) Unrechtstatbestandes erfüllt, liegt nicht Absicht, sondern **direkter Vorsatz** vor. Auch für die Vorsatzform des direkten Vorsatzes ist es ohne Belang, ob dem Täter der Eintritt eines tatbestandlichen Erfolges erwünscht oder unliebsam ist. Allein maßgeblich ist, dass der Täter tatbestandliche Folgen oder Umstände, deren Verwirklichung er

---

[86] Vgl. zum Ganzen mit Abweichungen im einzelnen *Heinrich*, Strafrecht AT, Rn. 264 ff.; *Jescheck/Weigend*, Strafrecht AT, § 29 III, 1; *Kühl*, Strafrecht AT, § 5 Rn. 28 ff.; *Roxin*, Strafrecht AT I, § 12 Rn. 7 ff.; *Schönke/Schröder (Sternberg-Lieben/Schuster)*, StGB, § 15 Rn. 66, 67; SK-StGB/*Stein*, § 16 Rn. 46 ff.; *Wessels/Beulke/Satzger*, Strafrecht AT, Rn. 324 ff., 325 ff.

2. Aufbau und Bestandteile des Unrechtstatbestandes

„an sich" nicht beabsichtigt, in seinen Verwirklichungswillen einbezieht und deren Eintreten oder Vorliegen mit Sicherheit erkennt und/oder bewusst herbeiführt, etwa wenn er den nicht beabsichtigten Erfolg als notwendige – nicht: denknotwendige – Nebenfolge seines Verhaltens voraussieht. Charakteristisch für den direkten Vorsatz ist danach, dass das voluntative Element des Vorsatzes eo ipso mit dem Wissen um die Tatbestandsverwirklichung einhergeht und die Vorsatzform als solche – anders als bei der Absicht – nicht in besonderer Weise prägt.[87]

Eine weitere, letzte Erscheinungsform des Vorsatzes ist der **Eventualvorsatz**. Über seinen begrifflichen Gehalt gehen die Meinungen in Rechtsprechung und Lehre auseinander. Trotz zahlreicher unterschiedlicher Theorieansätze und Klärungsversuche (Möglichkeitstheorie, Wahrscheinlichkeitstheorie, Einwilligungs- oder Billigungstheorie, normative Risikolehren und Theorie vom unabgeschirmten Risiko, Gleichgültigkeitstheorie etc.[88]) stimmen die verschiedenen Ansichten in den praktischen Ergebnissen dennoch weitgehend überein. Jedenfalls im Ausgangspunkt besteht (relativer) Konsens darin, dass der Täter über die **Möglichkeit** des Eintritts tatbestandsmäßiger Erfolge reflektiert haben und sich im Augenblick seines tatbestandsbezogenen Verhaltens einer möglichen Tatbestandsverwirklichung bewusst gewesen sein muss.[89] Der Täter muss also die konkrete Gefährlichkeit seines Verhaltens in dem Sinne erkannt und gekannt haben, dass mit ihm das Risiko der Tatbestandsverwirklichung verbunden ist.[90] Einigkeit besteht wohl auch insoweit, als sich der **Sachgehalt des Eventualvorsatzes** nicht ohne Rückgriff auf das Problem der Abgrenzung des Eventualvorsatzes von der sog. **bewussten Fahrlässigkeit** erschließen lässt.[91] Unter Berücksichtigung beider Aspekte und unter Vernachlässigung von Nuancierungen ist mit der vorherrschenden Auffassung in der Strafrechtslehre ein Eventualvorsatz (nur dann) anzunehmen, wenn der Täter mit der Möglichkeit einer Tatbestandsverwirklichung ernstlich rechnete und sich mit ihr abfindet.[92] Immer geht es beim Eventualvorsatz darum, dass der Täter sich durch die nahe liegende Möglichkeit eines Erfolgseintritts nicht von der Tatausführung abhalten lässt und sein Verhalten den Schluss rechtfertigt, dass er sich um des erstrebten Zieles willen mit dem Risiko der Tatbestandsverwirklichung abfindet, also eher bereit ist, diese Folge seines Verhaltens hinzunehmen als auf sein tatbestandsbezogenes Verhalten zu verzichten.[93] Dagegen liegt nur (bewusste) Fahrlässigkeit vor, wenn der Täter die konkrete Gefahr der Tatbestandsverwirklichung und damit das Risiko des Erfolgseintritts zwar kennt, diese Gefahr aber entweder nicht ernst nimmt oder doch ernst nimmt und gleichwohl darauf vertraut, dass der tatbestandliche Erfolg ausbleibt.[94]

361

---

87 Vgl. zur Differenzierung der Vorsatzformen „Absicht" und „direkter Vorsatz" das Fallbeispiel 7 a bei *Wessels/Beulke/Satzger*, Strafrecht AT, Rn. 326 mit Rn. 327 und Rn. 330; vgl. zum direkten Vorsatz *Jescheck/Weigend*, Strafrecht AT, § 29 III, 2; *Roxin*, Strafrecht AT I, § 12 Rn. 18 ff.; *Wessels/Beulke/Satzger*, Strafrecht AT, Rn. 330 jew. m. w. Nachw.
88 Vgl. zu den Theorien die Übersicht bei *Roxin*, Strafrecht AT I, § 12 Rn. 21 ff., 35 – 74, 75 ff.; ferner *Wessels/Beulke/Satzger*, Strafrecht AT, Rn. 331 ff.; 333 ff.
89 Vgl. *Schönke/Schröder (Sternberg-Lieben/Schuster)*, StGB, § 15 Rn. 73.
90 Vgl. dazu etwa *Wessels/Beulke/Satzger*, Strafrecht AT, Rn. 339.
91 So *Jescheck/Weigend*, Strafrecht AT, § 29 III, 3.
92 Vgl. statt aller *Jescheck/Weigend*, Strafrecht AT, § 29 III, 3 m. w. Nachw. in Anm. 28.
93 Vgl. in diesem Sinne *Wessels/Beulke/Satzger*, Strafrecht AT, Rn. 337/338; vgl. ferner *Roxin*, Strafrecht AT I, § 12 Rn. 27; zum Ganzen auch *Kühl*, Strafrecht AT, § 5 Rn. 43 ff., 85/6.
94 Vgl. dazu *Jescheck/Weigend*, Strafrecht AT, § 29 III, 3 m. w. Nachw. in dort. Fn. 31; ferner *Wessels/Beulke/Satzger*, Strafrecht AT, Rn. 337 f.

VIII. Die tatbestandsmäßige Handlung

362 Nur als Variante dieses in der Strafrechtslehre vorherrschenden Begriffs vom **Eventualvorsatz** ist – jedenfalls was die (neuere) Rechtsprechung des *BGH* betrifft – die Auffassung der Rechtsprechung zu verstehen, wonach für das Vorliegen eines Eventualvorsatzes erforderlich ist, dass der Täter den **für möglich gehaltenen Erfolgseintritt gebilligt oder billigend in Kauf genommen haben muss**. Verbal steht die Rechtsprechung damit zwar auf dem Boden der sog. Einwilligungs- oder Billigungstheorie.[95] Billigen im Rechtssinne liegt nach einer frühen Entscheidung des *BGH*[96] jedoch „schon" dann vor, wenn der Täter, um des erstrebten Zieles willen, sich auch damit abfindet, dass sein Verhalten einen ihm an sich unerwünschten tatbestandlichen Erfolg herbeiführt. In neueren Entscheidungen des *BGH* finden sich ähnliche, sachlich mit der vorherrschenden Auffassung in der Strafrechtslehre im Wesentlichen übereinstimmende Erwägungen. Danach handelt ein Täter mit Eventualvorsatz, „wenn er den Eintritt des tatbestandlichen Erfolges als möglich und nicht ganz fernliegend erkennt und damit in der Weise einverstanden ist, dass er die Tatbestandsverwirklichung billigend in Kauf nimmt oder sich um des erstrebten Zieles willen wenigstens mit ihr abfindet, mag ihm auch der Erfolgseintritt an sich unerwünscht sein; bewusste Fahrlässigkeit liegt hingegen dann vor, wenn der Täter mit der als möglich erkannten Tatbestandsverwirklichung nicht einverstanden ist und ernsthaft – nicht nur vage – darauf vertraut, der tatbestandliche Erfolg werde nicht eintreten"[97]. Dementsprechend kann ein HIV-Infizierter, der in Kenntnis seiner Ansteckung mit einem anderen ohne Schutzmittel Sexualverkehr ausübt, wegen eventualvorsätzlicher gefährlicher Körperverletzung strafbar sein.[98]

2.2.1.3 Was alles muss vom Vorsatz umfasst sein?

363 Diese Frage ist auf den Gegenstand des Vorsatzes gerichtet. Worauf muss der Vorsatz beziehen? Auskunft gibt § 16 Abs. 1 S. 1: „Wer bei Begehung der Tat einen Umstand nicht kennt, der zum gesetzlichen Tatbestand gehört, handelt nicht vorsätzlich". Daraus ergibt sich, dass **Gegenstand und Bezugspunkte des Vorsatzes** sämtliche Umstände sind, die zum gesetzlichen Tatbestand gehören. Gemeint ist damit der objektive Unrechtstatbestand, also der Tatbestand, der den Delikts-/Unrechtstyp verkörpert. Weiter macht § 16 Abs. 1 S. 1 deutlich, dass die Frage nach dem Gegenstand und den Bezugspunkten des Vorsatzes primär das **intellektuelle Vorsatzelement**, das Wissenselement (Kenntnis ist gefordert) betrifft. Vorsätzliches Handeln setzt danach die Kenntnis (das Wissen) aller Merkmale voraus, die das konkret-tatbestandsmäßige Unrecht konstituieren. Der Täter muss demzufolge das konkrete Tatgeschehen in den Grundzügen, die tatbestandsrelevanten Besonderheiten des gesetzlich umschriebenen Tatverhaltens, in einer gedanklichen Antizipation den von ihm ins Auge gefassten Eintritt des tatbestandlichen Erfolges, den Kausalverlauf in seinen wesentlichen Umrissen und alle sonstigen Merkmale des objektiven Unrechts gekannt haben. Seine Vorstellung muss deshalb alle strafbegründenden und strafschärfenden Umstände des objektiv verwirklichten Straftatbestandes umfassen.[99]

---

[95] Dazu *Wessels/Beulke/Satzger*, Strafrecht AT, Rn. 341.
[96] Vgl. *BGHSt* 7, 363, 369/70.
[97] *BGHSt* 36, 1, 9/10.
[98] Vgl. zum Eventualvorsatz ausführlich *Kühl*, Strafrecht AT, § 5 Rn. 43 ff.; *Roxin*, Strafrecht AT I, § 12 Rn. 21 ff., 35 ff., 75 ff.; ferner *Schönke/Schröder (Sternberg-Lieben/Schuster)*, StGB, § 15 Rn. 72 ff. jew. m. zahlr. Nachw.
[99] Vgl. *Jescheck/Weigend*, Strafrecht AT, § 29 II, 2; *Schönke/Schröder (Sternberg-Lieben/Schuster)*, StGB, § 15 Rn. 15 ff.; SK-StGB/*Stein*, § 16 Rn. 8 ff.; *Wessels/Beulke/Satzger*, Strafrecht AT, Rn. 355 ff.

2. Aufbau und Bestandteile des Unrechtstatbestandes

Vom Vorsatz umfasst sein müssen somit **alle objektiven Merkmale des Unrechtstatbestandes**. Dazu gehören die deskriptiven und normativen Tatbestandsmerkmale, die Kausalität nebst Kriterien der objektiven Zurechnung, der Ablauf des Tatgeschehens in seinen wesentlichen Zügen, sämtliche qualifizierenden Tatbestandsmerkmale und ebenso die im Tatbestand genannten Privilegierungen (Soweit das Gesetz nicht-tatbestandliche Merkmale eines besonders schweren Falles vorsieht, kommt eine sinngemäße Anwendung des § 16 Abs. 1 S. 1 zu Gunsten des Täters in Betracht.).[100] Der Vorsatz als das Kernstück des personalen Handlungsrechts und zentraler Bestandteil des subjektiven Unrechtstatbestandes entspricht demnach in vollem Umfange dem objektiven Unrechtstatbestand, es wird insoweit auch von Deckungsgleichheit oder Kongruenz zwischen objektivem und subjektivem Unrechtstatbestand oder Tatbestand gesprochen. Zugleich lässt sich daraus ableiten, worauf sich der Vorsatz nicht beziehen muss. **Keine Gegenstände des Vorsatzes** sind die objektiven Bedingungen der Strafbarkeit, die Voraussetzungen der Rechtfertigungsgründe, die Voraussetzungen der Schuld und die Erfolgsqualifikation bei den erfolgsqualifizierten Delikten.[101]

364

2.2.1.4 Art und Intensität des Vorsatzwissens

Von der Art und Beschaffenheit des konkreten Gegenstandes, auf den sich der Vorsatz bezieht bzw. beziehen muss (Art des konkreten Bezugspunktes), hängt die **Art des** für das Vorliegen von Vorsatz erforderlichen **Wissens** ab. In eine Kurzformel gefasst heißt Vorsatzwissen bzw. Vorsatzkenntnis unter Berücksichtigung der je verschiedenen Bezugsobjekte: „Tatumstands- und Bedeutungskenntnis".[102] Dabei setzt die Tatumstandskenntnis das **geistige Erkennen** von Gegenständen, Vorgängen und Gegebenheiten der **sinnlich wahrnehmbaren** realen Außenwelt voraus, wie sie in den **deskriptiven Tatbestandsmerkmalen** um Ausdruck kommen. Der Täter muss den „natürlichen Sinngehalt" solcher in deskriptive Tatbestandsmerkmale transformierten Unrechtsmerkmale erfasst, muss letztlich die den begrifflichen Gehalt dieser Merkmale ausfüllenden Tatsachen gekannt haben. Demgegenüber reicht bei den sog. normativen Tatbestandsmerkmalen bloße Tatsachenkenntnis nicht. Vielmehr erfordert das **Vorsatzwissen bei normativen Tatbestandsmerkmalen**, dass der Täter den rechtlich-sozialen Bedeutungsgehalt solcher Tatumstände kennt, er muss **Bedeutungskenntnis** haben. Das gilt ganz entsprechend auch dort, wo auf der Skala von „rein" deskriptiv bis „rein" normativ die Unrechtsmerkmale so gestaltet sind, dass sie in den Grenzbereich zwischen deskriptiven und normativen Tatbestandsmerkmalen hineinreichen. Bedeutungskenntnis in diesem Sinne setzt nun allerdings nicht voraus, dass der Täter einen Tatumstand juristisch exakt unter das normative Tatbestandsmerkmal subsumiert haben müsste. Er muss vielmehr nur den für die Unrechtsbegründung der normativen Tatbestandsmerkmale wesentlichen Bedeutungssachgehalt **nach Laienart** zutreffend erfasst haben. Anders ausgedrückt muss der Täter die Wertung des Gesetzgebers, die sich in einem normativen Tatbestandsmerkmal niedergeschlagen hat, in seiner eigenen Verstandesebene nachvollziehen, er muss – parallel zum Gesetzgeber – zu einer sinngleichen Wertung in der Laiensphäre gelangen bzw. sie vollzogen haben (sog. **Parallelwertung in**

365

---

100 Vgl. *Wessels/Beulke/Satzger*, Strafrecht AT, Rn. 355 f.
101 Vgl. *Schönke/Schröder (Sternberg-Lieben/Schuster)*, StGB, § 15 Rn. 33 ff.; *Wessels/Beulke/Satzger*, Strafrecht AT, Rn. 355 ff., 358.
102 Vgl. *Wessels/Beulke/Satzger*, Strafrecht AT, Rn. 359 ff.

der Laiensphäre).¹⁰³ In den §§ 242, 246 muss daher der Täter nicht die zivilrechtlichen Eigentumsregeln kennen und das Eigentum an der Sache genau zuordnen können; es genügt von der Sache zu wissen, dass sie nicht ihm selbst, sondern – zumindest zu einem Teil – einem anderen „gehört".

366 Das Vorsatzwissen muss aktuell, es darf nicht lediglich potentiell vorhanden sein. Früheres Wissen im Ablauf des Tatgeschehens nach und nach aktualisieren zu können, etwa durch Nachdenken, durch Erinnern oder andere Gedankenoperationen, genügt nicht. An die für einen Vorsatz notwendige **Intensität des Wissens** sind andererseits aber auch keine überspannten Anforderungen zu stellen. Ein aktuelles Vorsatzwissen setzt daher nicht voraus, dass der Täter über die Tatumstände ständig reflektiert, ausdrücklich im Sinne eines Daran-Denkens sich mit ihnen befasst.¹⁰⁴ Ausreichend ist vielmehr ein sog. **sachgedankliches Mitbewusstsein** oder ein sog. **dauerndes Begleitwissen**.¹⁰⁵ Hierbei handelt es sich um ein abgeschwächtes, um ein Wissen (Bewusstsein) von geringerem Deutlichkeitsgrad. Es beruht darauf, dass der Mensch die Dinge der Umwelt aus wahrnehmungspsychologischen Gründen von Anfang an als Dinge mit einer bestimmten Bedeutung und mit einem bestimmten Sinngehalt erfassen muss und erfasst, ohne jedem einzelnen Gegenstand stets die volle Aufmerksamkeit des Bewusstseins zuzuwenden. Verprügelt der Polizist P während des Dienstes den A, macht er sich wegen vorsätzlicher Körperverletzung im Amt strafbar, auch wenn er nicht (ständig) darüber reflektiert, dass er Amtsträger ist; denn diese seine besondere Tätereigenschaft ist ihm bewusst im Sinne eines sachgedanklichen Mitbewusstseins bzw. im Sinne eines dauernden Begleitwissens.¹⁰⁶ Auch solches Mitbewusstsein bzw. Begleitwissen muss freilich aktuell sein. Zu gering ist die „Intensität des Wissens" bei einem „bloßen Bewusstsein am Rande" im Sinne einer „Gefühlswarnung"; denn solch unterschwelliges Empfinden kann auch der bewusst fahrlässig Handelnde haben.¹⁰⁷

2.2.1.5 Wann muss das Vorsatzwissen gegeben sein?

367 **Maßgebender Zeitpunkt** für das Vorhandensein des Vorsatzwissens ist der **Begehungszeitpunkt der Tat**. Auch das ergibt sich zwanglos aus § 16 Abs. 1 S. 1: „bei Begehung der Tat". Unter „Begehung der Tat" ist die Vornahme der tatbestandlichen Ausführungshandlung zu verstehen.¹⁰⁸ Aus dieser zeitlichen Bindung des Tatvorsatzes folgt zum einen, dass „Tatumstands- und Bedeutungskenntnis", die der Täter als „früheres Wissen" gehabt hat, also ein vor der Tat gefasster „Vorsatz" kein Tatvorsatz im Sinne des subjektiven Unrechtstatbestandes bzw. der §§ 15, 16 ist. Ein der Tatausführung vorhergehender Vorsatz im Vorbereitungsstadium der Tat – sog. **dolus antecedens** – ist daher unbeachtlich: Wenn A den B erschießen will und sich während des Säuberns

---

103 Vgl. dazu *Jescheck/Weigend*, Strafrecht AT, § 29 II, 3 a m. w. Nachw. auch für abw. Auffassungen; *Schönke/Schröder (Sternberg-Lieben/Schuster)*, StGB, § 15 Rn. 43 ff., 43a; *Wessels/Beulke/Satzger*, Strafrecht AT, Rn. 361 m. w. Nachw. in dort. Fn. 71; abl. etwa MüKo-StGB/*Joecks*, § 16 Rn. 70 f.; ferner NK-StGB (*Puppe*), § 16 Rn. 45 ff.
104 Vgl. *Kühl*, Strafrecht AT, § 5 Rn. 98; SK-StGB/*Stein*, § 16 RN. 30.
105 Vgl. dazu *Schönke/Schröder (Sternberg-Lieben/Schuster)*, StGB, § 15 Rn. 51, 52 m. w. Nachw.; SK-StGB/*Stein*, § 16 Rn. 30; *Wessels/Beulke/Satzger*, Strafrecht AT, Rn. 357.
106 Vgl. auch *Kühl*, Strafrecht AT, § 5 Rn. 99 f.; ferner *Roxin*, Strafrecht AT I, § 12 Rn. 122 ff.; SK-StGB/*Stein*, § 16 Rn. 29 ff., 30; *Wessels/Beulke/Satzger*, Strafrecht AT, Rn. 357.
107 Vgl. *Roxin*, Strafrecht AT I, § 12 Rn. 122.
108 Vgl. *Wessels/Beulke/Satzger*, Strafrecht AT, Rn. 355 mit Rn. 316 ff.

der Waffe versehentlich ein Schuss löst, der den zufällig gerade anwesenden B trifft, kommt nur fahrlässige nicht aber vorsätzliche Tötung des B in Betracht.[109]

Ebenso ist zum anderen ein sog. **dolus subsequens**, ein der Tat nachfolgender „Vorsatz", in Wirklichkeit kein Tatvorsatz im Sinne des Strafrechts. Wer infolge unachtsamen verkehrswidrigen Verhaltens einen Menschen tödlich verletzt und erst dann bemerkt, dass es seinen ärgsten Feind getroffen hat, ist nicht wegen vorsätzlicher Tötung zu bestrafen, wenn er nunmehr sich darüber freut, dass er „den Richtigen erwischt" hat.[110] Kein „dolus subsequens" liegt indessen dann vor, wenn nach fahrlässiger lebensgefährlicher Verletzung des Opfers der Täter sich noch vor Todeseintritt entschließt, die ihm mögliche Rettungshandlung zu unterlassen. Von Bedeutung ist weiter, dass der Tatvorsatz – zum maßgeblichen Zeitpunkt gefasst – nicht bis zum tatsächlichen Erfolgseintritt bestehen bleiben muss. Erfolgsverhinderungsbemühungen lassen die Vorsatztat, wenn der Erfolg dann eben doch eintritt, unberührt.[111] Eine vorsätzliche Beleidigung entfällt nicht deshalb, weil der Täter sich nach Absenden des beleidigenden Briefes vergeblich darum bemüht hat, die Zustellung an den Adressaten zu verhindern.[112]

368

2.2.1.6 Sonderfälle des Vorsatzes

Treffen mehrere Vorsatzformen in der Weise zusammen, dass der Täter nur eine Tat begehen will, sich bei Vornahme der Handlung aber damit abfindet oder es sogar anstrebt, bei sich gegenseitig ausschließenden Tatbeständen oder Erfolgen den einen oder anderen zu verwirklichen, liegt ein sog. **alternativer Vorsatz** oder Alternativvorsatz (**dolus alternativus**) vor. Hiervon zu unterscheiden ist das Zusammentreffen mehrerer Tatvorsätze, bei denen der Täter neben der primär gewollten Tatbestandsverwirklichung davon ausgeht, dass er noch weitere Erfolge herbeiführen könnte. Es sind dies die Fälle, in denen Tatvorsätze „kumulieren"; man spricht insoweit von „**kumulativem Vorsatz**" oder einem „**dolus cumulativus**".[113] Für die Konstellation des alternativen Vorsatzes ist entscheidend, dass der Täter damit rechnet bzw. beabsichtigt, entweder den einen oder den anderen Tatbestand zu verwirklichen: Mit der letzten Gewehrkugel schießt der Wilderer A auf den ihn verfolgenden Förster in der Absicht, ihn oder wenigstens den Hund des Försters (tödlich) zu treffen. Ein **kumulativer Vorsatz** wäre gegeben, wenn A den B mit einer „entwürdigenden" körperlichen Misshandlung beleidigt und das alles auch will (§§ 223 ff., 185), oder wenn A einen Stein in die Fensterscheibe des Nachbarn wirft und ernstlich damit rechnet, dass der Nachbar von dem Stein getroffen wird (§§ 303, 223).[114] Zumeist wird die Lösung aller dieser Fälle unter dem Aspekt des tateinheitlichen Zusammentreffens mehrerer Straftaten gesucht. In den Einzelheiten ist allerdings vieles umstritten. Soweit es um kumulativen Vorsatz geht, soll nach allgemeiner Auffassung zwischen den jeweils vollendeten (oder auch nur versuchten) Straftaten das „Konkurrenzverhältnis" der Tateinheit bestehen (mit den entsprechenden Sanktionsfolgen gem. § 52). Für die Fälle des alternativen Vorsatzes soll nach vorherrschender Auffassung der vollendet verwirklichte Tatbestand das be-

369

---

109 Vgl. *Roxin*, Strafrecht AT I, § 12 Rn. 89.
110 Vgl. *Kühl*, Strafrecht AT, § 5 Rn. 21 ff.; *Roxin*, Strafrecht AT I, § 12 Rn. 91.
111 Vgl. dazu *Kühl*, Strafrecht AT, § 5 Rn 27; *Roxin*, Strafrecht AT I, § 12 Rn. 90.
112 Vgl. *Wessels/Beulke/Satzger*, Strafrecht AT, Rn. 317.
113 Vgl. dazu *Kühl*, Strafrecht AT, § 5 Rn. 27 a; *Roxin*, Strafrecht AT I, § 12 Rn. 92 f.; *Wessels/Beulke/Satzger*, Strafrecht AT, Rn. 348 ff., 350 ff.
114 Vgl. *Roxin*, Strafrecht AT I, § 12 Rn. 92.

gangene Vorsatzdelikt sein. Hinsichtlich des nicht realisierten Alternativgeschehens ist ein Versuchsdelikt anzunehmen, das aber durch das vollendete Vorsatzdelikt als mit abgegolten gilt, es sei denn das Versuchsdelikt wiegt im Unrechts- und Schuldgehalt wesentlich schwerer als das vollendete Delikt, dann Tateinheit zwischen beiden.[115] Im Wildererbeispiel gilt demnach: Trifft A den Förster liegt „nur" vorsätzliche Tötung gem. §§ 212, 211 vor. Trifft A nur den Hund, liegt vorsätzliche Sachbeschädigung gem. § 303 in Tateinheit mit versuchter Tötung (§§ 212, 22) vor. Trifft A weder den Förster noch den Hund, ist nur versuchte Tötung gegeben.

370 Kein Sonderfall des Vorsatzes, sondern ein Spezialfall eines Irrtums über den Kausalverlauf und damit zum Sach- und Normbereich des Tatumstandsirrtums gehörend ist der Fall des „generellen, unbestimmten" Vorsatzes, der zumeist unter dem Stichwort des „dolus generalis" (Lehre vom „dolus generalis") thematisiert wird. Strukturell sind die in Frage kommenden Sachverhalte dadurch gekennzeichnet, dass der Täter bei einem mehraktigen Geschehen den Taterfolg zwar als Folge seines Handelns voraussieht und auch will, ihn jedoch nicht durch die zu diesem Zwecke vorgenommene (Erst-)Handlung, sondern mit einem anderen („an sich" und scheinbar unvorsätzlichen, zweiten etc.) Handlungsakt herbeiführt.[116] Das trifft etwa dann zu, wenn der Täter in der irrigen Annahme, er habe sein Opfer erwürgt, dieses in eine Jauchegrube wirft und das tatsächlich nur bewusstlose Opfer erst jetzt den Tod durch Ertrinken erleidet.[117] Vielfach ist im Ergebnis in diesen Fällen – anknüpfend an die vorsätzliche Ersthandlung – ein vollendetes Vorsatzdelikt verwirklicht, weil die „so eigentlich nicht vorgestellte" Art und Weise des Erfolgseintritts nur eine „unwesentliche Abweichung vom Kausalverlauf" darstellt.[118]

2.2.2 Weitere subjektive Unrechtselemente

371 Soweit einzelne gesetzliche Straftatbestände besondere subjektive Unrechtselemente enthalten, bestimmen sie in der Regel das Deliktstypische, den im Tatbestand zum Ausdruck kommenden Unrechtstypus zumindest mit. Sie finden zwar im objektiven Unrechtstatbestand keine Entsprechung, sie verstehen sich aber wie der Tatvorsatz als Bestandteil des subjektiven Tatbestandes. Zwischen objektivem und subjektivem Tatbestand besteht insoweit also keine Deckungsgleichheit, sondern Inkongruenz: Der subjektive Tatbestand reicht über den objektiven Tatbestand hinaus. Dass diese subjektiven Unrechtselemente systematisch in die Wertungsstufe der Tatbestandsmäßigkeit einzubeziehen sind, ist seit langem allgemeine Auffassung. Nicht abschließend geklärt ist jedoch, welche Tatbestandselemente im Einzelnen zu den subjektiven Unrechtsmerkmalen zu zählen sind.

372 Noch weitgehend einig ist man sich bei den sog. **Absichtsdelikten**. Sie zeichnen sich dadurch aus, dass zur Erfüllung des subjektiven Tatbestandes das Vorliegen besonderer Absichten erforderlich ist, wie etwa in § 242 die Zueignungsabsicht oder in § 263 die Vorteilsabsicht. Man bezeichnet diese Absichtsdelikte auch als **Delikte mit überschießender Innentendenz**. Solche überschießende Innentendenz weisen indessen nicht nur

---

115 Vgl. zu den verschiedenen Lösungsansätzen *Jescheck/Weigend*, Strafrecht AT, § 29 III, 4; *Kühl*, Strafrecht AT, § 5 Rn. 27 b; *Roxin*, Strafrecht AT I, § 12 Rn. 94; *Wessels/Beulke/Satzger*, Strafrecht AT, Rn. 348 ff. jew. m. w. Nachw.
116 Vgl. *Schönke/Schröder (Sternberg-Lieben/Schuster)*, StGB, § 15 Rn. 58.
117 Fall nach BGHSt 14, 193, 194.
118 Vgl. dazu vorerst *Schönke/Schröder (Sternberg-Lieben/Schuster)*, StGB, § 15 Rn. 58; *Wessels/Beulke/Satzger*, Strafrecht AT, Rn. 383 ff., 388.

2. Aufbau und Bestandteile des Unrechtstatbestandes

diejenigen Tatbestände auf, in denen ausdrücklich von einer tatbestandlich erforderlichen Absicht gesprochen wird (§§ 242, 263), sondern auch andere Straftatbestände, in denen das Absichtserfordernis mit einer „um-zu-Wendung" umschrieben ist, wie in § 253 Abs. 1 die Bereicherungsabsicht oder in § 267 Abs. 1 die Täuschungsabsicht. In der ersten Variante handelt es sich um sog. kupierte Erfolgsdelikte in der zweiten um sog. unvollkommen zweiaktige Delikte.[119] Von Bedeutung ist für die jeweils geforderte Absicht, dass es dabei **nicht** um **Vorsatz** und **nicht um die Vorsatzform** der Absicht geht, wohl aber ebenfalls um **zielgerichtetes Wollen**.

Auch **Motivationen** und **Gesinnungsmerkmale** werden teilweise den subjektiven Tatbestandsmerkmalen zugerechnet. So sollen etwa bei § 211 die Merkmale der Mordlust, Habgier und niedrigen Beweggründe als subjektive Unrechtselemente zum subjektiven Unrechtstatbestand gehören. Ähnlich sollen auch **Gesinnungsmerkmale** subjektive Unrechtselemente sein. Doch ist bei diesen Gesinnungsmerkmalen (wie etwa „böswillig", „roh", „rücksichtslos", „grausam" etc.) zwischen sog. **echten** und **unechten** Gesinnungsmerkmalen zu differenzieren. Nur **die unechten Gesinnungsmerkmale** können (auch) als **Unrechtselemente**, die **echten Gesinnungsmerkmale** dagegen nur als **besondere Schuldmerkmale** charakterisiert werden. Nach verbreiteter Ansicht sind Gesinnungsmerkmale dann als „unecht" zu qualifizieren, wenn sie – wie z.B. bei dem Merkmal „grausam" in § 211 – keine selbständigen sozialethischen Unwerturteile, sondern nur die subjektive Kehrseite eines Unrechtsmerkmals darstellen. Echte Gesinnungsmerkmale umschreiben dagegen eine tadelnswerte innere Einstellung des Täters, die nur eine zum schon abschließenden im Tatbestand erfassten Deliktstyp hinzutretende innere Haltung kennzeichnet, wie es beispielsweise bei dem Merkmal „rücksichtslos" in § 315 c Abs. 1 Nr. 2 der Fall ist.[120]

2.2.3 Tatbestandsannex: objektive Bedingungen der Strafbarkeit

Nicht zum objektiven oder subjektiven Tatbestand, wohl aber zum Tatbestand im weiteren Sinne und zum Garantietatbestand (vgl. zu einzelnen Tatbestandsbegriffen Rn. 324 ff.) gehören die sog. **objektiven Bedingungen der Strafbarkeit**. Sie stellen – wie schon in anderem Zusammenhang aufgezeigt (vgl. Rn. 266 ff.) – verbrechenssystematisch ein Problem dar. Da es sich um **objektive** Strafbarkeitsbedingungen handelt, scheint es sinnvoll, sie im Systembau der Straftat als **Tatbestandsannex** im Anschluss an die (objektiven und subjektiven) Tatbestandsmerkmale, aber vor der Wertungsstufe der Rechtswidrigkeit zu postieren. Zwingend ist das nicht.[121] So ist etwa die „Begehung der rechtswidrigen Tat" in § 323 a oder auch die durch „Schlägerei" oder einen „von mehreren verübten Angriff" verursachte schwere Folge (Tod eines Menschen oder eine schwere Körperverletzung) in § 231 im Anschluss an die festgestellten objektiven und subjektiven Tatbestandsmerkmale auf ihr Vorliegen zu überprüfen; denn nur wenn auch diese objektiven Strafbarkeitsbedingungen verwirklicht sind, kommt eine Strafbarkeit in Betracht. Wesentlich ist, dass sich auf sie – der **systematischen Einordnung als Tatbestandsannex** entsprechend – der Vorsatz nicht zu beziehen braucht, Fehlvorstellungen über sie unbeachtlich sind (§ 16 Abs. 1 S. 1 findet keine Anwen-

---

119 Vgl. dazu *Roxin*, Strafrecht AT I, § 10 Rn. 83 ff.
120 Vgl. zum Ganzen bei *Jescheck/Weigend*, Strafrecht AT, § 30 II; *Roxin*, Strafrecht AT I, § 10 Rn. 70 ff., 78 ff., 83 ff., beide mit Erörterung von Tendenzdelikten und Ausdrucksdelikten als Beispiele für weitere Straftatbestände mit besonderen subjektiven Unrechtselementen; vgl. ferner *Schönke/Schröder (Eisele)*, StGB, Vorbem. § 13 ff. Rn. 63 alle m. w. Nachw.
121 Vgl. auch *Wessels/Beulke/Satzger*, Strafrecht AT, Rn. 212 ff., 219 mit Rn. 1323, 1324.

dung) und auch § 18 – mindestens Fahrlässigkeit – unanwendbar ist. Es kommt allein auf ihr objektives Vorliegen oder Nichtvorliegen im konkreten Fall an.[122]

3. Lernkontrolle

- Erläutern Sie verschiedene Tatbestandsbegriffe mit den ihnen jeweils zugeschriebenen Funktionen: Tatbestand im engeren Sinne bzw. Unrechtstatbestand, Gesamtunrechtstatbestand, Garantietatbestand etc. (Rn. 325 – 529).
- Wie ist der Unrechtstatbestand strukturiert? (Rn. 332)
- Welche verschiedenen deliktstypischen Unrechtsmerkmale enthält der obj. Unrechtstatbestand? (Rn. 333 ff.)
- Was versteht man unter deskriptiveren und normativen Tatbestandsmerkmalen? (Rn. 336 ff.)
- Beschreiben Sie das Erfordernis des Kausalzusammenhangs zwischen Tathandlung und -erfolg (Rn. 343 ff.)
- Erläutern Sie die „conditio sine qua non-Formel" und ihren Zusammenhang mit der Äquivalenztheorie (Rn. 343 f.)
- Erläutern Sie die Besonderheiten der sog. alternativen, kumulativen und überholenden Kausalität. (Rn. 344 f.)
- Benennen Sie die verschiedenen Zurechnungskriterien im Konzept der objektiven Erfolgszurechnung. (Rn. 348 ff.)
- Wie lautet die „Grundformel" der objektiven Erfolgszurechnung? (Rn. 351)
- Welche Zurechnungskriterien schränken die objektive Erfolgszurechnung ein bzw. schließen sie aus? (Rn. 352 ff.)
- Welche Bedeutung hat die sog. Risikoerhöhungslehre? (Rn. 353)
- Welche Merkmale enthält der subjektive Unrechtstatbestand? (Rn. 355)
- Wie ist der Begriff des Tatvorsatzes strukturiert? (Rn. 357)
- Beschreiben Sie die verschiedenen Erscheinungsformen des Tatvorsatzes (Rn. 358 ff.)
- Wie lautet die vorherrschende Definition des sog. Eventualvorsatzes? (Rn. 361 ff.)
- Welche Merkmale muss der Tatvorsatz umfassen? (Rn. 363 ff.)
- Benennen Sie weitere subjektive Unrechtselemente (Rn. 371 ff.)
- Was sind objektive Bedingungen der Strafbarkeit? (Rn. 374 mit Rn. 324)

---

[122] Vgl. dazu *Heinrich*, Strafrecht AT, Rn. 133 f.; *Wessels/Beulke/Satzger*, Strafrecht AT, Rn. 212 und hier bei Rn. 266 ff., 268.

IX. Zur tatbestandsmäßigen Handlung beim Unterlassungsdelikt

Die tatbestandsmäßige Handlung besteht beim vollendeten vorsätzlichen Unterlassungsdelikt in einem Unterlassen. Allein schon deshalb hat der Unrechtstatbestand des Unterlassungsdelikts ein anderes Aussehen als der des Begehungsdelikts. Die hinzukommende Unterscheidung zwischen sog. echten und unechten Unterlassungsdelikten (vgl. dazu Rn. 301 ff., 306 ff.) und die besonderen Merkmale des unechten Unterlassungsdelikts verändern das Bild des Unrechtstatbestandes nach Art und Anzahl der objektiven und subjektiven Tatbestandsmerkmale vor allem beim unechten Unterlassungsdelikt noch mehr. Diesen tatbestandlichen Besonderheiten des (unechten) Unterlassungsdelikts ist nachzugehen, weil sie erhebliche Bedeutung für die Strafbarkeitsfrage insgesamt, aber auch für einzelne Haftungsfragen (Irrtumslehre, Fahrlässigkeit) haben können.

375

1. Objektiver Unrechtstatbestand – objektive Tatbestandsmerkmale

Im objektiven Unrechtstatbestand stehen zunächst das Tatbestandsmerkmal der Tathandlung in Form des Unterlassens, sodann die Unterlassungskausalität mit bestimmten Kriterien der objektiven Erfolgszurechnung, die Garanteneigenschaft des Tatsubjekts und weitere objektive Tatbestandsmerkmale zur Debatte.[1]

376

1.1 Tathandlung „Unterlassen"

Deliktisches Unterlassen ist nicht bloß Passivität, nicht bloßes „Nichtstun", sondern ein erwartungswidriges Nichtstun und damit ein Werturteil. Hiermit stimmt überein, dass alles strafbare Unterlassen grundsätzlich als Verstoß gegen ein Gebot zu verstehen ist (vgl. Rn. 304). Unterlassen als Tathandlung und somit objektives Tatbestandsmerkmal bedeutet danach: Nichtvornahme einer erwarteten Handlung, Nichtvornahme einer gebotenen Tätigkeit und im Ergebnis – weil es für die strafrechtliche Sanktionierung der Unterlassung auf eine rechtlich begründete Erwartung ankommt – **Nichtvornahme einer bestimmten, rechtlich geforderten Handlung** (h. M. in Rechtsprechung und Lehre, vgl. Rn. 305). Geboten oder auch rechtlich gefordert ist diejenige Handlung, die den dann eingetretenen Taterfolg (mit an Sicherheit grenzender Wahrscheinlichkeit) verhindert hätte. Zur Feststellung eines Unterlassens als Tathandlung reicht es nicht, auf eine Vielzahl denkbarer erfolgsverhindernder Handlungen allgemein zu verweisen. Vielmehr muss eine ganz bestimmte erfolgsverhindernde Handlung konkret als die gebotene Handlung benannt werden. Nur so können an das Unterlassen weitere Tatbestandskriterien angeschlossen werden.

377

Auch im Sach- und Normbereich eines echten Unterlassungsdelikts setzt das Unterlassen als Tathandlung die Festlegung auf eine konkrete „gebotskonforme" Handlung voraus. Das echte Unterlassungsdelikt ist zwar dadurch gekennzeichnet, dass es sich in der Nichtvornahme einer vom Gesetz gebotenen Handlung und damit im bloßen Unterlassen einer gesetzlich ausdrücklich geforderten Handlung erschöpft (vgl. Rn. 307). Wie bei den schlichten Tätigkeitsdelikten – ihrem Gegenstück im Begehungsbereich – lassen sich jedoch auch bei den echten Unterlassungsdelikten, wenngleich „juristisch verkürzt", unter systematischem Blickwinkel im objektiven Unrechtstatbestand die Elemente des Taterfolgs (bei § 138 z.B. die Nichtanzeige), der Tathandlung, der Un-

378

---

1 Vgl. *Roxin*, Strafrecht AT II, § 31 Rn. 176 ff.

terlassungskausalität sowie weitere ungeschriebene Tatbestandsmerkmale unterscheiden. Und zur Beurteilung der tatbestandlichen Frage, ob im Einzelfall die gesetzlich geforderte Handlung dem Unterlassenden denn auch möglich (ungeschriebenes Tatbestandsmerkmal der Unterlassungsdelikte, vgl. Rn. 412) war, ist die Festlegung auf eine konkrete „erfolgsverhindernde" Handlung unentbehrlich. So hat etwa bei der unterlassenen Verbrechensanzeige die Art und Weise der Anzeigeerstattung (insbesondere: welcher Adressat?) Bedeutung für die vom jeweils konkreten Unterlassungstäter und von weiteren Einzelumständen abhängige Möglichkeit der Anzeigeerstattung. Ganz entsprechend gilt das auch für die unterlassene Hilfeleistung (§ 323 c) und die anderen echten Unterlassungsdelikte.

1.2 Unterlassungskausalität, objektive Erfolgszurechnung

379 Gehört zur Verwirklichung eines Unterlassungsdelikts – was bei den unechten Unterlassungsdelikten (Erfolgsbezogenheit, vgl. Rn. 310) regelmäßig der Fall ist – der Eintritt eines tatbestandsmäßigen Erfolges, setzt die für eine Unterlassungsstrafbarkeit erforderliche **objektive Zurechnung** dieses Erfolges wie bei den Erfolgsdelikten im Begehungsbereich voraus, dass das **Unterlassen** für den eingetretenen Erfolg **kausal** war. Kausal für den eingetretenen tatbestandsmäßigen Erfolg ist das Unterlassen nach der ständigen Rechtsprechung des *BGH* und der vorherrschenden Auffassung in der Strafrechtslehre dann, wenn das vom Täter erwartete Handeln, das gebotene Tun also, den tatsächlich eingetretenen, den konkreten Erfolg verhindert hätte.[2] Einer gleichbedeutenden Formulierung des *BGH* zufolge liegt Unterlassungskausalität demnach vor, wenn bei Vornahme der pflichtgemäßen Handlung der tatbestandsmäßige Schadenserfolg ausgeblieben wäre.[3] Um festzustellen, ob das Unterlassen für den eingetretenen Erfolg kausal war, ist aus bedingungs-/äquivalenztheoretischer Sicht danach zu fragen, ob der **konkrete** tatbestandliche Erfolg entfiele, wenn die unterbliebene Handlung hinzugedacht wird. Für die **Feststellung** der **Unterlassungskausalität** ist somit eine **abgewandelte conditio-Formel** maßgebend: Eine Bedingung (alle Bedingungen sind gleichwertig) ist kausal, **wenn sie nicht hinzugedacht werden kann, ohne dass der konkrete Erfolg entfiele.**[4]

380 Bei dieser **Unterlassungskausalität** handelt es sich nicht um einen kausalgesetzlichen Zusammenhang im „eigentlichen" (natürlich-empirischen), sondern in dem Sinne, dass zwischen dem Untätigbleiben und dem Erfolgseintritt überhaupt ein **gesetzmäßiger Zusammenhang** besteht.[5] Es ist daher für das Vorliegen von Unterlassungskausalität ohne Belang, dass es bei der Unterlassung eine reale, außenweltlich greifbare Erfolgsbewirkung nicht gibt und auch nicht geben kann, weil ein Unterlassender gerade nicht in ein außenweltliches Kausalgeschehen eingreift, sondern „den Dingen ihren Lauf lässt". Für die normative, strafrechtliche Betrachtungsweise der Erfolgszurechnung kommt es nicht auf einen naturwissenschaftlichen (naturgesetzlichen) Kausalbegriff an. Und

---

2 Vgl. *Kühl*, Strafrecht AT, § 18 Rn. 36; *Schönke/Schröder (Bosch)*, StGB, § 13 Rn. 61; ferner *Jescheck/Weigend*, Strafrecht AT, § 59 III, 3.
3 *BGHSt* 37, 106, 126/7.
4 So die h. M., vgl. *BGHSt* 37, 106, 126/7; *Baumann/Weber/Mitsch/Eisele*, Strafrecht AT/*Mitsch*, § 21 Rn. 21 ff., 23, 25; NK-StGB (*Gaede*), § 13 Rn. 14 ff.; *Schönke/Schröder (Bosch)*, StGB, § 13 Rn. 61; *Wessels/Beulke/Satzger*, Strafrecht AT, Rn. 1175 ff., 1176 f.; vgl. aber auch SK-StGB/*Stein*, Vor § 13 Rn. 22 ff.; vgl. zu grundsätzlichen Bedenken gegenüber der conditio-Testformel auch in diesem Zusammenhang *Jescheck/Weigend*, Strafrecht AT, § 59 III, 3 mit § 28 II, 4; ferner *Baumann/Weber/Mitsch/Eisele*, Strafrecht AT/*Mitsch*, § 21 Rn. 22; *Murmann*, Grundkurs, § 29 Rn. 23 ff. jew. m. w. Nachw.
5 Vgl. dazu ausführlich *Roxin*, Strafrecht AT II, § 31 Rn. 37 ff.

1. Objektiver Unrechtstatbestand – objektive Tatbestandsmerkmale

eben deshalb kann ein die Kausalität begründender gesetzmäßiger Zusammenhang auch zwischen dem Eintritt eines tatbestandlichen Erfolges und dem (sachlich zugehörigen) Unterlassen bestehen. Zutreffend charakterisiert ist die Unterlassungskausalität dementsprechend, wenn man bei ihr von einer „Quasi-Kausalität" spricht. Diese **Quasi-Kausalität der Unterlassung** ist zugleich eine „hypothetische" Unterlassungskausalität, weil ihrer Feststellung kein realer, lebenswirklicher, sondern nur ein möglicher, gedachter Geschehensablauf zu Grunde gelegt wird. Unzweifelhafte Gewissheit über das Vorliegen der Unterlassungskausalität ist somit nicht zu erlangen. Eine sichere Vorausberechnung des Geschehensablaufs ist zur Feststellung der Unterlassungskausalität aber auch nicht erforderlich.[6]

Mit Blick auf die unechten Unterlassungsdelikte ist der **Prüfungsmaßstab** zur Feststellung der Unterlassungskausalität allerdings (aus Gründen der Gleichstellungsanforderungen im Sinne des § 13) dem der Begehungskausalität so weit wie möglich anzugleichen. Nach der in Strafrechtslehre und Rechtsprechung vorherrschenden Ansicht ist die **hypothetische Kausalität der Unterlassung** darauf zu überprüfen, ob die gedachte – die gebotene – Handlung den Eintritt des tatbestandsmäßigen Erfolgs „**mit an Sicherheit grenzender Wahrscheinlichkeit**" verhindert hätte.[7] Dieser Prüfungsmaßstab für das Vorliegen von Unterlassungskausalität stellt im **Gesamtkomplex der objektiven Erfolgszurechnung** zugleich den beim (unechten) Unterlassungsdelikt notwendigen spezifischen Pflichtwidrigkeitszusammenhang zwischen der Nichtvornahme der gebotenen Handlung und dem eingetretenen tatbestandsmäßigen Erfolg her. Zur Ermittlung dieses **Pflichtwidrigkeitszusammenhangs** als (zwingende) Voraussetzung der objektiven Erfolgszurechnung[8] ist danach zu fragen, ob der eingetretene tatbestandsmäßige Erfolg gerade auf der Pflichtwidrigkeit (des Unterlassens) beruht. Ein solches Beruhen auf der Pflichtwidrigkeit des Unterlassens ist nur dann anzunehmen, wenn die Vornahme der gebotenen Handlung in der konkreten Gefahrensituation mit an Sicherheit grenzender Wahrscheinlichkeit zur Erhaltung des gefährdeten Rechtsguts geführt hätte.[9]

381

Eine Erhaltung des gefährdeten Rechtsguts und damit die Verhinderung des tatbestandsmäßigen Erfolgs als Bezugspunkt der Kausalitätshypothese setzt nicht stets voraus, dass der tatbestandsmäßige Erfolg (endgültig) ausgeblieben wäre. Es genügt vielmehr, dass der tatbestandliche Erfolg mit an Sicherheit grenzender Wahrscheinlichkeit **nicht, wesentlich später oder in wesentlich geringerem Umfange** eingetreten wäre.[10] Umgekehrt ist die objektive Erfolgszurechnung und mit ihr eine Strafbarkeit wegen (unechten) Unterlassens zu verneinen, wenn der gleiche tatbestandliche Erfolg zur selben Zeit oder nur ganz unwesentlich später, oder in Bezug auf dasselbe Rechtsgut eine gleich schwerwiegende Beeinträchtigung auch bei pflichtgemäßem Verhalten, also bei Vornahme der gebotenen Handlung eingetreten wäre. Das gilt übrigens im Strafverfahren (unter Anwendung des Zweifelssatzes „in dubio pro reo") auch dann, wenn sich lediglich nicht ausschließen lässt, dass der gleiche Erfolg auch bei pflichtgemäßem Verhalten eingetreten wäre.[11] Nicht ausreichend für eine objektive Erfolgszurechnung

382

---

6 Vgl. dazu *Kühl*, Strafrecht AT, § 18 Rn. 35 ff.; NK-StGB (*Gaede*), § 13 Rn. 14 ff.; *Schönke/Schröder (Bosch)*, StGB, § 13 Rn. 61; *Wessels/Beulke/Satzger*, Strafrecht AT, Rn. 1175 ff., 1176 f.; ferner *Jescheck/Weigend*, Strafrecht AT, § 59 III, 4 jew. m. w. Nachw.
7 Vgl. hierzu – kritisch – *Roxin*, Strafrecht AT II, § 31 Rn. 44 ff., 46 ff.
8 Vgl. dazu *Wessels/Beulke/Satzger*, Strafrecht AT, Rn. 1207 mit Rn. 253 ff. und Rn. 301 ff.
9 Vgl. *Wessels/Beulke/Satzger*, Strafrecht AT, Rn. 1207 und BGHSt 37, 106, 115/6.
10 Vgl. *Schönke/Schröder (Bosch)*, StGB, § 13 Rn. 61; BGH NStZ 1985, 26/7; NStZ 1987, 505; NJW 1990, 2565.
11 Vgl. *Jescheck/Weigend*, Strafrecht AT, § 59 III, 4; BGH StrVert 1985, 229.

beim (unechten) Unterlassungsdelikt ist demgemäß, dass die unterlassene Handlung die dem Rechtsgut drohende Gefahr (bloß) vermindert hätte (bzw. umgekehrt: dass die Vornahme der Handlung die Rettungschance verbessert hätte). Entgegen einer in der Strafrechtslehre beachtlichen Mindermeinung ist somit auch ein Garant nicht wegen (unechten) Unterlassens zu belangen, wenn er die Möglichkeit zur Gefahrverminderung durch Ergreifen jeder sich bietenden, bloß unsicheren (manchmal sinnlosen) Rettungschance nicht nutzt. Eine objektive Erfolgszurechnung kommt dann mangels Pflichtwidrigkeitszusammenhangs nicht in Betracht.[12]

383 Im Gesamtzusammenhang der objektiven Erfolgszurechnung beim (unechten) Unterlassungsdelikt ist eine „sauber differenzierte" Erfolgszurechnung im Einzelfall nicht selten problematisch, wenn man bei der Prüfung der Unterlassungskausalität nicht wie bei den Begehungsdelikten – und anders als hier, vgl. Rn. 378 – auf den tatbestandlichen Erfolg **in seiner konkreten Gestalt**, sondern nur ganz allgemein auf den im Gesetz abstrakt umschriebenen tatbestandsmäßigen Erfolg abstellt. Das wird deutlich im nachfolgenden Beispiel: Bei einem nächtlichen Brand wird A im Dachgeschoß eines viergeschossigen Hauses mit seinen beiden Kleinkindern von den Flammen eingeschlossen. Die einzige Rettungschance besteht für die Kinder darin, sie durch ein Fenster in die ausgestreckten Arme auffangbereiter Männer zu werfen. Trotz wiederholter Zurufe kann sich A wegen des hohen Verletzungsrisikos nicht dazu entschließen, die Kinder durch das Fenster hinunter zu werfen. In letzter Sekunde bringt sich A selbst durch einen Sprung nach unten in Sicherheit, die Kinder kommen dagegen in den Flammen um.[13] In diesem Falle ist zwar im Ergebnis die objektive Erfolgszurechnung nicht zweifelhaft, wohl aber ist in solchen und vergleichbaren Fallkonstellationen genau zu prüfen, ob sich eine objektive Erfolgszurechnung schon allein aus der Unterlassungskausalität oder – bei festgestellter Kausalität – erst aus weiteren Zurechnungskriterien (z.B. Pflichtwidrigkeitszusammenhang) ergibt. Läge dieselbe Situation wie im Fallbeispiel vor, befände sich A aber im zwanzigsten Stockwerk eines Hochhauses, so dass ein Hinabwerfen der Kinder ebenfalls den Tod bedeutete, wäre – bezogen auf den Erfolg in seiner konkreten Gestalt – das Unterlassen des A zwar kausal, der Tötungserfolg ihm aber (mangels Pflichtwidrigkeitszusammenhangs) nicht zuzurechnen.[14]

1.3 Garantenstellung und Garantenpflicht

384 Als ein (besonders) wichtiges Kriterium zur Abgrenzung der echten von den unechten Unterlassungsdelikten ist bereits der jeweils „taugliche" Täterkreis betont worden: Während sich im Falle eines echten Unterlassungsdelikts das gesetzliche Handlungsgebot an „Jedermann" richtet, kann sich wegen unechten Unterlassens nur strafbar machen, wer als **Garant** zur Abwendung tatbestandlicher Erfolge verpflichtet ist, wer also – mit den Worten des § 13 Abs. 1 – rechtlich dafür einzustehen hat, dass ein „Tatenfolg" nicht eintritt (vgl. Rn. 301 ff., 310 ff.). Damit ist klargestellt, dass der **„Garant" ausschließlich im Kontext des unechten Unterlassungsdelikts** eine (Täter-) Rolle spielt, im Sach- und Normbereich des echten Unterlassungsdelikts dagegen fehl

---

12 So im Ergebnis die wohl h. M., vgl. statt aller *Jescheck/Weigend*, Strafrecht AT, § 59 III, 4 a. E. und in Fn. 26 m. w. Nachw.; *Kühl*, Strafrecht AT, § 18 Rn. 38/9; zur Lehre von der Risikoerhöhung bzw. (im Unterlassungsbereich) der Risikoverminderung vgl. *Roxin*, Strafrecht AT II, § 31 Rn. 46 ff.; SK-StGB/*Stein*, § 13 Rn. 32 mit SK-StGB/*Jäger*, Vor § 1 Rn. 113 ff. und SK-StGB/*Hoyer*, Anhang zu § 16 Rn. 72 ff.; ferner *Stratenwerth/Kuhlen*, Strafrecht AT, § 31 Rn. 54 m. w. Nachw.; *Wessels/Beulke/Satzger*, Strafrecht AT, Rn. 1207.
13 Fall nach *BGH JZ* 1973, 173; vgl. auch *Wessels/Beulke/Satzger*, Strafrecht AT, Rn. 1177 mit Rn. 1207.
14 Vgl. dazu *Wessels/Beulke/Satzger*, Strafrecht AT, Rn. 1177.

1. Objektiver Unrechtstatbestand – objektive Tatbestandsmerkmale

am Platze ist (Es empfiehlt sich deshalb, im Zusammenhang mit den hier als Sonder- bzw. Unterfall der unechten Unterlassungsdelikte verstandenen gesetzlich geregelten Unterlassungsdelikten den mit **besonderen Pflichtmerkmalen** gekennzeichneten Täterkreis **nicht als Garanten**, sondern beispielsweise als **Sonderpflichtige** zu bezeichnen).[15] Dementsprechend sind die auf das Täterprofil des Garanten bezogenen Elemente der **Garantenstellung** und Garantenpflicht für ein sachgerechtes Verständnis **nur** der unechten Unterlassungsdelikte von Bedeutung.[16]

1.3.1 Garantenstellung und Garantenpflicht sind nicht dasselbe

Dem Element der **Garantenstellung** fällt die Aufgabe zu, aus dem Kreis aller möglichen Unterlassenden diejenigen Personen zu erfassen, die Täter eines unechten Unterlassungsdelikts sein können. Nur wer eine Garantenstellung innehat, sie erwirbt oder in sie einrückt, ist Garant und damit Normadressat eines unechten Unterlassungsdelikts. Materiell verbirgt sich hinter dem Merkmal der Garantenstellung eine **herausgehobene soziale Stellung** des Unterlassungstäters, auf Grund derer er eine besondere Verantwortung für den Nichteintritt eines tatbestandsmäßigen Erfolges hat.[17] Die Garanteneigenschaft des Unterlassenden, begründet durch eine Garantenstellung, ist der (besondere) Rechtsgrund, der es erlaubt, jemanden dafür verantwortlich zu machen, dass er es unterlassen hat, durch tätiges Handeln den Schutz von Rechtsgütern zu gewährleisten und Schaden von anderen abzuwenden.[18] Für die Frage, ob sich jemand wegen unechten Unterlassens strafbar gemacht hat, ist also seine Garanteneigenschaft und folglich seine **Garantenposition** von entscheidender Bedeutung.[19]

385

Garantenpositionen beruhen auf **besonderen tatsächlichen Umständen**. Oftmals bestimmen sie die **allgemeine oder auch spezifische** – etwa die berufliche – soziale Rolle des als Täter eines unechten Unterlassungsdelikts in Betracht kommenden Personenkreises. Die **natürliche/faktische** Eigenschaft, (leiblicher) Vater oder (leibliche) Mutter eines Kindes zu sein, begründet beispielsweise eine (zur Sorge um das Kind verpflichtende) Garantenstellung. Ähnlich verhält es sich bei einem Hauseigentümer oder sonstigen Grundstücksbesitzer. Auch die **Tatsache**, dass jemand als Arzt, Fernfahrer, Feuerwehrmann, Lehrer oder Sozialarbeiter etc. beruflich tätig ist, kann in bestimmten (berufsbezogenen) Sachlagen unterschiedliche Garantenstellungen erzeugen. Immer aber sind es in der Lebenswirklichkeit greifbare, in der Realität **feststellbare** und dem Beweise zugängliche **Tatsachen** und nicht rechtliche Gegebenheiten, auf die sich die Garantenposition eines „unecht" Unterlassenden gründet.

386

Unter **straftatsystematischem Blickwinkel** versteht sich die Garanteneigenschaft des Unterlassungstäters und seine **Garantenstellung** deshalb als **Merkmal des objektiven (Unrechts-) Tatbestandes** eines (unechten) Unterlassungsdelikts. Diese Zugehörigkeit der Garantenstellung zur objektiven Tatbestandsmäßigkeit besagt nicht nur, dass im unechten Unterlassungsdelikt zu den objektiven Tatbestandsmerkmalen des Taterfolgs, der Tathandlung in Form des Unterlassen, der Unterlassungskausalität und weiteren

387

---

15 Vgl. aber *Jakobs*, Strafrecht AT, 28/10 bei Fn. 18; ferner *Jescheck/Weigend*, Strafrecht AT, § 58 III, 2 mit 4; NK-StGB (*Gaede*), § 13 Rn. 2; Schönke/Schröder (*Bosch*), StGB, § 13 Rn. 1a; SSW-StGB (*Kudlich*), § 13 Rn. 2; anders z. B. *Stratenwerth/Kuhlen*, Strafrecht AT, § 13 Rn. 8 ff., 11.
16 Vgl. zur dogmengeschichtlichen Entwicklung etwa *Roxin*, Strafrecht AT, § 32 Rn. 1 ff.
17 Vgl. *Baumann/Weber/Mitsch/Eisele*, Strafrecht AT/*Mitsch*, § 21 Rn. 50; ferner *Jescheck/Weigend*, Strafrecht AT, § 59 IV, 1; *Wessels/Beulke/Satzger*, Strafrecht AT, Rn. 1178.
18 Vgl. *Jescheck/Weigend*, Strafrecht AT, § 59 IV, 1.
19 Vgl. das Beispiel *BVerfG* NJW 2003, 1030.

Elementen der objektiven Erfolgszurechnung das **objektive Tatbestandsmerkmal der Garantenstellung** hinzutritt. Sie hat auch zur Folge, dass die Garanteneigenschaft des (Unterlassungs-)Täters von dessen **Vorsatz** (Unterlassungsvorsatz, vgl. Rn. 418 ff.) **umfasst sein muss**. Kennt er seine Garantenstellung nicht, befindet er sich – aus welchen Gründen auch immer – mit dieser **Nichtkenntnis** in einem Tatumstandsirrtum gem. § 16 Abs. 1 S. 1. Wegen der vorsatzausschließenden Wirkung eines solchen Irrtums scheidet dann eine Strafbarkeit wegen vorsätzlicher Verwirklichung eines unechten Unterlassungsdelikts aus. Übrig bleiben kann in diesem Falle „nur" noch ein **Fahrlässigkeitsdelikt** dort, wo das unechte Unterlassungsdelikt auch als Fahrlässigkeitsdelikt begangen werden kann. Da vielfach eine Strafbarkeit wegen fahrlässiger Deliktsverwirklichung von Gesetzes wegen ausgeschlossen ist (vgl. § 15), ist das zutreffende Wissen um die eigene Garantenstellung so oder so beachtlich.[20]

388 Von der Garantenstellung ist die **Garantenpflicht** zu unterscheiden. Sie steht freilich nicht isoliert neben der Garantenstellung, sondern gehört als deren „normative Kehrseite" untrennbar verbunden zu ihr. Gedanklich kann und muss man indessen beide, Garantenstellung und Garantenpflicht, voneinander scheiden. Der gleichwohl bestehende einheitliche Sachzusammenhang zwischen Garantenstellung und Garantenpflicht kommt klarer zum Vorschein, wenn man die Garantenstellung als gleichbedeutend mit „garantenpflichtbegründender tatsächlicher Umstand" begreift. Darin steckt eine Art „Voraussetzung/Grund-Folge-Verhältnis": **Die Garantenstellung ist rechtstatsächliche Voraussetzung und Grund für Garantenpflichten** in dem Sinne, dass eben nicht schon die eine Garantenstellung erzeugenden tatsächlichen Umstände als solche zugleich die Garantenpflicht sind, sondern die Garantenpflicht als nach Art und Ausmaß situationsabhängige Verpflichtung zu erfolgsverhindernder Tätigkeit erst aus der jeweiligen Garantenstellung folgt.

389 Das Element der **Garantenpflicht** betrifft daher auch nicht wie die Garantenstellung den objektiven Tatbestand eines unechten Unterlassungsdelikts. Sie gehört **straftatsystematisch** vielmehr wie die Unterlassungspflicht beim Begehungsdelikt zur **Rechtswidrigkeit** des unechten Unterlassungsdelikts. Diese differenzierte straftatsystematische Zuordnung der Garantenstellung zur objektiven Tatbestandsmäßigkeit und der Garantenpflicht zur Rechtswidrigkeit ist seit einer „Grundsatzentscheidung" des *Großen Senats für Strafsachen des BGH* aus dem Jahre 1961 vorherrschende Auffassung in Rechtsprechung und Lehre.[21]

390 Ähnlich wie die Zugehörigkeit der Garantenstellung zum objektiven Tatbestand des unechten Unterlassungsdelikts hat auch die **Zugehörigkeit der Garantenpflicht zur Rechtswidrigkeit** „unechten" Unterlassens eine nicht zu unterschätzende Bedeutung für Art und Ausmaß der strafrechtlichen Haftung im Einzelfall. Ein umfassender Unterlassungsvorwurf ist nämlich nur dann zu erheben, wenn trotz und in voller Kenntnis einer Garantenverpflichtung zur aktiven Verhinderung des Eintritts tatbestandsmäßiger Erfolge nichts getan wird, um den Tod oder die Körperverletzung eines Menschen oder die Verletzung anderer Rechtsgüter zu vermeiden. Ist man sich in einer konkreten Tatsituation der eigenen Garantenpflicht ganz oder teilweise nach

---

20 Vgl. zu diesem Zusammenhang *Baumann/Weber/Mitsch/Eisele*, Strafrecht AT/*Mitsch*, § 21 Rn. 50 ff., 51; *Jakobs*, Strafrecht AT, 29/89; *Jescheck/Weigend*, Strafrecht AT, § 59 IV, 1; *Kühl*, Strafrecht AT, § 18 Rn. 8, 128; *Schönke/Schröder (Bosch)*, StGB, § 13 Rn. 1, 2 mit *Schönke/Schröder (Sternberg-Lieben/Schuster)*, StGB, § 15 Rn. 93 ff., 96 und § 16 Rn. 10; SK-StGB/*Stein*, Vor § 13 Rn. 17 ff., 33 ff., 36 mit § 16 Rn. 8 ff.; *Wessels/Beulke/Satzger*, Strafrecht AT, Rn. 1178 mit Rn. 1211 f.
21 Vgl. BGHSt 16, 155, 157/8; ferner BGHSt 37, 106, 115 – 120: sog. „Lederspray"-Fall.

1. Objektiver Unrechtstatbestand – objektive Tatbestandsmerkmale

Art und Umfang dagegen nicht bewusst, kennt man also die Handlungsverpflichtung und Gebotsnorm nicht, liegt gem. § 17 ein **Verbots-/Gebotsirrtum** vor.[22] War dieser Irrtum unvermeidbar, entfällt mangels strafrechtlicher Schuld jede Strafbarkeit, war er lediglich vermeidbar, ist die Schuld zwar nicht ausgeschlossen, wohl aber kann bei irrtumsbedingter vergleichsweise geringerer Schuld gem. §§ 17 S. 2, 49 Abs. 1 eine bisweilen erhebliche Strafmilderung zu Buche schlagen.[23]

Gut veranschaulichen lässt sich der Zusammenhang zwischen Garantenstellung und Garantenpflicht mit darauf bezogenem Tatumstandsirrtum bzw. Verbots-/Gebotsirrtum an Hand eines **Beispiels**[24] wie folgt: In einem Teich droht das Kind K zu ertrinken. Sein Vater V, ein guter Schwimmer, steht am Ufer, schaut zu und unternimmt nichts. K kommt ums Leben. Seine Vaterschaft erzeugte für V in der konkreten Unterlassungssituation eine Garantenstellung zu Gunsten von K. Aus dieser Garantenstellung resultierte eine auf die Abwendung des Ertrinkungstodes von K gerichtete Garantenpflicht als Erfolgsabwendungspflicht im Sinne des § 13. Die objektive Tatbestandsmäßigkeit des § 212 war durch Unterlassen erfüllt, das Unterlassen des V auch rechtswidrig. Ist V untätig geblieben, weil er nicht erkannte, dass es sich bei K um sein eigenes Kind handelte, liegt ein nach § 16 Abs. 1 S. 1 den Vorsatz ausschließender Tatumstandsirrtum des V über seine Garantenstellung vor. Beruhte dieser Irrtum auf Fahrlässigkeit, erfolgt Bestrafung des V wegen fahrlässiger Tötung durch Unterlassen gem. § 222. Das ergibt sich aus § 16 Abs. 1 S. 2 und dem Umstand, dass das Delikt „Totschlag" (§ 212) gem. § 222 auch fahrlässig verwirklicht werden kann. Wusste V dagegen, dass sein eigenes Kind in Not ist, kannte er also seine Garantenstellung, nahm aber gleichwohl an, zur Lebensrettung (aus welchen Gründen auch immer) nicht verpflichtet zu sein, befand er sich in einem Irrtum über die aus der Garantenstellung fließende Garantenpflicht, der nach § 17 als (vermeidbarer) Verbots-/Gebotsirrtum zu behandeln ist. V ist in diesem Fall nach § 212 wegen vorsätzlicher Tötung durch Unterlassen (wenn vielleicht auch geringer) zu bestrafen.

1.3.2 Wie und woraus ergeben sich Garantenstellungen?

Über die **Entstehungsvoraussetzungen von Garantenstellungen** und daraus resultierenden Garantenpflichten besteht trotz intensiver strafrechtswissenschaftlicher Diskussion und zahlreicher Untersuchungen noch immer keine völlige und endgültige Klarheit.[25] An § 13 Abs. 1 lässt sich zwar ablesen, dass jede strafrechtliche Verantwortung wegen Unterlassens erfolgsverhindernder Tätigkeit stets ein rechtlich begründetes Einstehenmüssen für den Nichteintritt des tatbestandlichen Erfolges erfordert. Aus § 13 Abs. 1 lässt sich aber nicht erschließen, welchen situativen (rechts)tatsächlichen Umständen die Fähigkeit zu eigen ist, Garantenstellungen zu erzeugen. Wie und auf welche Weise strafrechtlich relevante Garantenstellungen entstehen, gehört demnach nicht zum Regelungsgehalt des § 13 Abs. 1, sondern liegt ihm schon voraus. Mangels gesetzlicher Regelung ist es daher Sache von Rechtsprechung und Strafrechtslehre, materiellrecht-

---

22 Vgl. *BGHSt* 16, 155, 157/8 und *Wessels/Beulke/Satzger*, Strafrecht AT, Rn. 1211 mit Rn. 1220; ferner *Jescheck/Weigend*, Strafrecht AT, § 60 I, 1 und 2.
23 Vgl. dazu *Wessels/Beulke/Satzger*, Strafrecht AT, Rn. 1220; ferner *Jescheck/Weigend*, Strafrecht AT, § 60 I, 3; zur Differenzierung zwischen Tatumstands- und Verbots-/Gebotsirrtum vgl. Kap. XIII, 2 und 3.
24 Beispiel aus der Lehrbuchliteratur, vgl. *Baumann/Weber/Mitsch/Eisele*, Strafrecht AT/*Mitsch*, § 21 Rn. 50 mit *Baumann/Weber/Mitsch*, Strafrecht AT/*Weber*, § 21 Rn. 16 (10./11. Aufl.).
25 Vgl. dazu *Roxin*, Strafrecht AT II, § 32 Rn. 1 ff., 10 ff., 17 ff. und die eigene Konzeption ab dort. Rn. 33 ff.

IX. Zur tatbestandsmäßigen Handlung beim Unterlassungsdelikt

lich verwertbare Konzepte zu erarbeiten, aus denen hervorgeht, unter welchen Voraussetzungen solche Garantenstellungen entstehen bzw. entstehen können.[26]

393 Nach überkommener Lehre und Rechtsprechung und früher vorherrschender Auffassung waren als **Entstehungsgründe für Garantenpflichten** zunächst nur die formalen, rechtlichen, und zwar außerstrafrechtlichen Kategorien des **Gesetzes** und des **Vertrages** anerkannt. Damit war vor allem dem gem. § 13 Abs. 1 nunmehr auch gesetzlich festgeschriebenen Erfordernis Genüge getan, dass die „Einstandspflicht" **rechtliche Qualität** haben muss. Den rechtlichen Anforderungen einer Garantenpflicht genügen beispielsweise „rein" sittliche Pflichten nicht. Ebenso scheiden bloße tatsächliche Möglichkeiten, den Eintritt tatbestandsmäßiger Erfolge zu verhindern, als Entstehungsgrund für Garantenpflichten aus. Im Einzelfall nicht ausgeschlossen ist freilich, dass sich tatsächliche Umstände zu Garantenstellungen und dementsprechend zu Entstehungsgründen für Garantenpflichten oder auch „rein sittliche Pflichten zu Garantenpflichten verdichten können.[27] Die von § 13 Abs. 1 geforderte rechtliche Qualität haben Garantenpflichten stets dann, wenn die jeweilige Verpflichtung, den Eintritt eines tatbestandsmäßigen Erfolges zu verhindern, ausdrücklich in Rechtssätzen normiert ist, aus Rechtssätzen hergeleitet oder allgemeinen Rechtsprinzipien entnommen werden kann. Die (außerstrafrechtlichen) Rechtsquellen des Gesetzes und des Vertrages erweisen sich im Blick auf die gesetzlich vorausgesetzte rechtliche Qualität der Verpflichtung zu erfolgsabwendendem Verhalten somit geradezu als Paradebeispiele für Entstehungsgründe von Garantenpflichten.[28]

394 Die ursprünglich strenge Bindung der Unterlassungsstrafbarkeit an außerstrafrechtliche förmliche Rechtspflichten, die sich aus Gesetzen oder Verträgen ableiten, rechtfertigte es, diesen **Erklärungsansatz** für das Entstehen von Garantenpflichten als **formelle Rechtspflicht- oder Rechtsquellenlehre** zu bezeichnen. Der konzeptionelle Ausgangspunkt dieser Lehre – nur eine „förmliche" Rechtsquelle dient als Entstehungsgrund für Garantenpflichten – verlor jedoch im Entwicklungsprozess der Unterlassungsdogmatik seine Stringenz. Er relativierte sich, als weitere, nicht-förmliche Rechtsquellen und zwar das **vorangegangene gefährliche Tun** (auch: gefährliches Vorverhalten, sog. Ingerenz) und die **enge Lebensgemeinschaft** als Entstehungsgründe für Garantenpflichten anerkannt waren.[29]

395 Überkommener Lehre und Rechtsprechung zufolge[30] lassen sich auf der konzeptionellen Grundlage der formellen Rechtspflicht- oder Rechtsquellenlehre grob vereinfacht insgesamt sechs verschiedene, kategoriale Entstehungsgründe für Garantenpflichten benennen: Garantenpflichten aus **Gesetz**, Garantenpflichten aus **Vertrag** und – in Ergänzung zur Vertragskategorie – aus „**freiwilliger**", tatsächlicher (Schutz-)Übernahme sowie Garantenpflichten aus **gefährlichem (rechtswidrigem) Vorverhalten** (sog. Ingerenz), Garantenpflichten aus **konkreter, enger Lebensbeziehung** und Garantenpflichten aus **Risiko- und/oder Gefahrengemeinschaften**, wobei Überschneidungen und Überla-

---

26 Vgl. dazu *Wessels/Beulke/Satzger*, Strafrecht AT, Rn. 1179; ferner *Kühl*, Strafrecht AT, § 18 Rn. 41 ff.; vgl. auch *Jescheck/Weigend*, Strafrecht AT, § 58 IV, 4 mit § 59 IV.
27 Vgl. zur Legitimation von Garantenpflichten etwa *Schönke/Schröder (Bosch)*, StGB, § 13 Rn. 15.
28 Vgl. dazu *Kühl*, Strafrecht AT, § 18 Rn. 42 ff., 43/44; *Schönke/Schröder (Bosch)*, StGB, § 13 Rn. 7 ff., 8; *Wessels/Beulke/Satzger*, Strafrecht AT, Rn. 1178 ff., 1179; ferner BGHSt 7, 268, 271; 30, 393/4; vgl. auch *Jescheck/Weigend*, Strafrecht AT, § 59 IV, 2.
29 In diesem Sinne etwa *Jakobs*, Strafrecht AT, 29/26 mit Fn. 44 sowie *Otto/Brammsen*, Jura 1985, 530 ff., S. 532; vgl. auch *Jescheck/Weigend*, Strafrecht AT, § 59 IV, 2; *Schönke/Schröder (Bosch)*, StGB, § 13 Rn. 8; ferner *Heinrich*, Strafrecht AT, Rn. 918 ff., 923 ff.; NK-StGB (*Gaede*), § 13 Rn. 29 ff., 30, 32.
30 Vgl. dazu *Roxin*, Strafrecht AT II, § 32 Rn. 4/5 ff.

1. Objektiver Unrechtstatbestand – objektive Tatbestandsmerkmale

gerungen nicht ausgeschlossen sind. Trotz dieser, vom eigentlichen begründungstheoretischen Ansatz der formellen Rechtspflichtlehre zumindest nicht mehr völlig gedeckten Erweiterung des Kanons **kategorialer** Garantenstellungen ist ein – den Eindruck von Anwendungssicherheit vermittelndes – „Markenzeichen" der formellen Rechtpflichtlehre erhalten geblieben: eine auf den jeweiligen **Entstehungsgrund** bezogene Herleitung von Garantenpflichten aus formalen garantenpflichtbegründenden Kategorien.[31]

Gerade dieses „Markenzeichen" der formellen Rechtspflicht- oder Rechtsquellenlehre, dessen Bedeutung insbesondere angesichts des verfassungsrechtlich verankerten strafrechtlichen Bestimmtheitsgrundsatzes nicht zu gering zu veranschlagen ist, ruft jedoch grundsätzliche Kritik hervor und weckt Zweifel an der substanziellen Leistungsfähigkeit des formalen Erklärungskonzepts für das Entstehen von Garantenpflichten. Mit ihm ist eine **originäre inhaltliche Begründung** für die materielle Berechtigung von Garantenstellungen nicht verbunden. Es fehlt auch an sachhaltigen Kriterien, die es ermöglichen, die Reichweite einzelner Garantenstellungen und -pflichten inhaltlich zu bestimmen und zu begrenzen. So besagen aus Gesetz (z.B. § 1353 BGB) oder aus enger, konkreter Lebensbeziehung (etwa der konkreten, engen Familiengemeinschaft) abgeleitete Garantenpflichten von Eheleuten untereinander noch nichts über deren Schutzrichtung und Pflichtenumfang: Geht es dabei nur um **Schutzpflichten für** den anderen oder auch **um Aufsichtspflichten über** den anderen, etwa nur um Bewahrung des anderen vor dem tätlichen Angriff eines Dritten oder auch um die Abhaltung des anderen von der Begehung von Straftaten?[32]

Eine allzu einseitige Betonung der Entstehungsgründe für Garantenpflichten im Sinne einer akzentuiert **formalen** Herleitung von Garantenpflichten aus starren Kategorien (wie es zumindest einer „strengeren" Rechtspflicht- oder Rechtsquellenlehre zu eigen wäre) entwertet überdies die Garantenstellung als tatsubjektbestimmendes Kriterium und ihre tatbestandliche Funktion, aus dem Kreis potentieller Unterlassungstäter denjenigen herauszuheben, der die im Sinne des § 13 Abs. 1 „besondere" Verantwortung für den Nichteintritt tatbestandsmäßiger Erfolge trägt. Hinzu kommt, dass mit einer inhaltlich undifferenzierten Herleitung von Garantenpflichten aus formalen Kategorien den so ermittelten Garantenstellungen der **zwingend notwendige Bezug auf ein konkret beeinträchtigtes Rechtsgut (Rechtsgutsbezogenheit der Garantenstellung)** verloren geht. Ob eine unterlassene Erfolgsabwendung garantenpflichtwidrig war, richtet sich nicht (allein) danach, dass der Unterlassende „Garant" gewesen ist bzw. eine Garantenstellung innehatte; denn nicht aus allen Garantenstellungen resultiert stets derselbe Pflichtenbereich. Vielmehr kommt es in jedem Einzelfall darauf an, ob nach Inhalt und Zielrichtung einer Garantenposition der **spezifische Schutzzweck** der daraus folgenden Garantenpflicht in der konkreten Tatsituation ein Eingreifen zur Erfolgsverhinderung erforderte. Es muss also der Unterlassungstäter eine Erfolgsabwendungspflicht verletzen, die allein oder doch zumindest auch dem Schutz des bedrohten Rechtsguts dienen soll. Nur und nur dann erfüllt das Unterlassen der Erfolgsverhinderung die Äquiva-

---

31 Reduziert man die Vertragskategorie und die Kategorie der „freiwilligen" bzw. (tatsächlichen Schutz-)Übernahme auf eine einzige Kategorie des „Rechtsgeschäfts" und verfährt ebenso bei der konkreten, engen Lebensbeziehung und den Risiko- und Gefahrengemeinschaften als den „Gemeinschaftsbeziehungen" erhält man die „traditionellen" vier Quellgründe für Garantenpflichten (vgl. dazu *Baumann/Weber/Mitsch/Eisele*, Strafrecht AT/*Mitsch*, § 21 Rn. 57), ohne dass sich in der Sache mit den Ergebnissen etwas änderte; vgl. auch *Kühl*, Strafrecht AT, § 18 Rn. 43; LK-StGB/*Weigend*, § 13 Rn. 20 ff.; NK-StGB (*Gaede*), § 13 Rn. 30, 31; ferner *Heinrich*, Strafrecht AT, Rn. 923 ff., 924; Schönke/Schröder (*Bosch*), StGB, § 13 Rn. 8.
32 Vgl. anschaulich *Kühl*, Strafrecht AT, § 18 Rn. 43.

lenzkriterien einer Tatbegehung durch aktives Tun und nur dann steht das Unterlassen dem aktiven Handeln gleich.[33]

398 Mehr den **sozialen Sinngehalt** von Garantenstellungen hat eine neuere, inzwischen weit verbreitete sog. **Funktionenlehre**[34] im Auge. Sie versucht, den inhaltlichen Begründungsmängeln der formellen Rechtspflicht- bzw. Rechtsquellenlehre dadurch zu begegnen, dass sie sich an Stelle einer formalen, nach dem jeweiligen Entstehungsgrund ausgerichteten Einteilung von Garantenstellungen mit daraus resultierenden Garantenpflichten (primär) an den unterschiedlichen Schutzfunktionen von Garantenpflichten orientiert. Auf diese Weise gelingt es der Funktionenlehre, ein inhaltlich gefülltes (Ordnungs-)System von Garantenpflichten zu entwickeln. Die von ihr zum „methodologischen Prinzip" erhobene materielle Betrachtungsweise von Garantenkriterien erlaubt es, einen begründungstheoretischen Erklärungsansatz zu verfolgen, der zur (materiellen) Bestimmung und Begrenzung von Garantenpflichten **die rechtliche Stellung des Unterlassenden zum gefährdeten Rechtsgut oder zum schädigenden Geschehen** maßgebend sein lässt. Danach sind alle Garantenpositionen auf zwei Grundsituationen zurückführen: auf den Schutz bestimmter Rechtsgüter gegen Gefahren aus allen Richtungen – insoweit geht es um **Beschützergaranten** mit Obhutspflichten für die betroffenen Rechtsgüter – und auf die Verantwortlichkeit für Gefahrenquellen mit Sicherungspflichten gegen Gefährdungen aller Rechtsgüter – insoweit geht es um **Überwachungs- oder Sicherungsgaranten**, die alle Rechtsgüter vor Beeinträchtigungen aus einer im eigenen Verantwortlichkeitsbereich liegenden Gefahrenquelle zu schützen haben.[35]

399 Das „Neue" an der Funktionenlehre besteht vor allem in der Erfassung sämtlicher, in der Lebenswirklichkeit vorkommender Unterlassungen unter dem leitenden Ordnungsgesichtspunkt der Schutzrichtung von Garantenpflichten. Zum einen dienen Garantenpflichten der Abwehr von „außen" an das zu schützende Rechtsgut herangetragenen Gefahren (Verletzungen). Zum anderen sind Garantenpflichten darauf bezogen, alle Rechtsgüter (im „Außenbereich") vor Gefahren von „innen" zu schützen. Auf die Personen des Unterlassungstäters und des Rechtsgutsträgers übertragen ergibt sich, dass der **Beschützergarant** oder auch **Obhutsgarant** potentielle Opfer beschützt. Er steht „im Lager" des Rechtsgutsträgers/-inhabers, „im Lager" eines Menschen, der das Opfer von Rechtsgutsgefährdungen und -verletzungen von „außen" werden kann. Der Beschützergarant ist kraft seiner Garantenstellung dafür zuständig, seinen Schützling vor jeder Gefährdung und Verletzung, gleich welchen Ursprungs, zu bewahren. Anderen Personen gegenüber hat er dagegen keine Verpflichtung zur Verhinderung rechtsgutsverletzender oder -gefährdender Fremdeinwirkungen. Demgegenüber stehen **Überwachungs- oder Sicherungsgaranten** in der Schutzsphäre von „Dritten", von Menschen also, die Opfer von rechtsgutsverletzenden oder -gefährdenden Auswirkungen der von ihnen zu beherrschenden Gefahrenquellen werden können. Der Überwachungsgarant muss die von einer in seinem Herrschafts- und Verantwortlichkeitsbereich befindli-

---

33 Vgl. *Schönke/Schröder (Bosch)*, StGB, § 13 Rn. 14 mit Rn. 8; vgl. auch *Bringewat*, NStZ 2011, 131 ff., 135 f.; *Ders.*, StrVert 2016, 462 ff., 464 f.
34 Zur Begrifflichkeit vgl. *Jakobs*, Strafrecht AT, 29/27; *Jescheck/Weigend*, Strafrecht AT, § 59 IV, 2 bei und in Fn. 34 m. w. Nachw.; vgl. auch *Roxin*, Strafrecht AT II, § 32 Rn. 6 ff., 31 f., 33 ff.
35 Vgl. *Baumann/Weber/Mitsch/Eisele*, Strafrecht AT/*Mitsch*, § 21 Rn. 52, 53 f.; *Heinrich*, Strafrecht AT, Rn. 927; *Jescheck/Weigend*, Strafrecht AT, § 59 IV, 2 m. w. Nachw. in Fn. 34; *Roxin*, Strafrecht AT II, § 32 Rn. 33 ff., 107 ff.; *Schönke/Schröder (Bosch)*, StGB, § 13 Rn. 9 ff.; *Wessels/Beulke/Satzger*, Strafrecht AT, Rn. 1179; vgl. ferner *Kühl*, Strafrecht AT, § 18 Rn. 44 f.; NK-StGB (*Gaede*), § 13 Rn. 32 ff.

1. Objektiver Unrechtstatbestand – objektive Tatbestandsmerkmale

chen Gefahrenquelle ausgehenden Gefahren unterbinden, gleich gegen welches Opfer sie sich richten. Für andere als „seine" Gefahrenquellen ist er nicht verantwortlich. Während der Beschützergarant gegen eine unbegrenzte und unbestimmte Zahl von Verletzungsursachen zu Gunsten eines begrenzten Kreises von Opfern „auf Posten" gestellt ist, ist es beim Überwachungsgaranten genau umgekehrt: Einem begrenzten Bereich möglicher Verletzungsursachen steht eine unbegrenzte Zahl möglicher Opfer gegenüber, die der Überwachungs- oder Sicherungsgarant vor Schaden zu bewahren hat.[36]

Über den Erkenntnisgewinn der mit der neueren Funktionenlehre verbundenen inhaltlichen Ausdifferenzierung aller Garantenstellungen in zwei **Grundtypen**, nämlich in die Garantenstellung eines **Beschützergaranten** zur Verteidigung von **Rechtsgütern** und in die eines **Überwachungsgaranten** zur Sicherung und Beherrschung von Gefahrenquellen, besteht keine Einigkeit. Immerhin ist aber mit der Reduzierung aller Garantenstellungen auf zwei typische Grundformen ein mit materiellem Gehalt versehenes Ordnungssystem von Garantenpositionen erarbeitet, das es gestattet, die soziale Funktion von Garantenstellungen und den sozialen Sinngehalt von Garantenpflichten zu verdeutlichen. Zugleich ist damit eine Präzisierung der Schutzrichtung von Garantenpflichten möglich, indem durch inhaltliche Zuweisung von Garantenpositionen zu dem einen oder anderen Grundtyp an die Stelle einer sonst in der Schutzrichtung diffusen Garantenpflicht eine inhaltlich konkretisierte Erfolgsabwendungspflicht des jeweiligen Garantentyps tritt.[37]

400

Nach dem derzeitigen Erkenntnisstand lässt sich der Funktionenlehre allerdings (noch) nicht allzu viel über das Entstehen, über die eigentlichen Entstehungsvoraussetzungen von Garantenstellungen und Garantenpflichten entnehmen.[38] Zwar ermöglicht die Rückführung aller Garantenpositionen auf zwei Grundtypen eine inhaltliche Zuordnung verschiedener Garantenstellungen zu bestimmten, den sozialen Sinngehalt der Garantenverhältnisse erfassenden normativen Leitlinien und auf diese Weise eine Spezifizierung der jeweiligen Schutzfunktion und -richtung von Garantenpflichten. Trotz allen materiellen Gehalts dieser Garantenlehre liefert sie aber eben doch nicht mehr als ein (inhaltlich gefülltes) **Ordnungssystem von Garantenpositionen**, aus dem sich einzelne Garantenstellungen nicht herleiten lassen. Vielmehr setzt es der materiellen Zuordnung zugängliche Garantenpositionen immer schon voraus. Unter welchen Voraussetzungen jemand in eine Garantenposition einrückt, das besagt weder der Grundtyp „Beschützergarant" noch der Grundtyp „Überwachungs- oder Sicherungsgarant". Auch im Erklärungskonzept der Funktionenlehre erweisen sich die Entstehungsvoraussetzungen von Garantenstellungen deshalb als die große „Crux" der unechten Unterlassungsdelikte.[39]

401

Eine klare und praktikable Bestimmung der materiellen Entstehungsvoraussetzungen von Garantenstellungen steht aber zurzeit noch aus. Es fehlt nicht nur an entsprechenden gesetzlichen Regelungen. Auch die Strafrechtswissenschaft hat bislang eine

402

---

36 So die anschauliche Darstellung bei *Baumann/Weber/Mitsch/Eisele*, Strafrecht AT/*Mitsch*, § 21 Rn. 52 – 55; vgl. auch *Heinrich*, Strafrecht AT, Rn. 927.
37 SK-StGB/*Stein*, § 13 Rn. 23 spricht von zwei „Grundtypen".
38 Das gilt auch – wenngleich eingeschränkt und modifiziert – für die Konzeption von *Roxin*, Strafrecht AT II, § 32 Rn. 33 ff., 107 ff.
39 So etwa *Baumann/Weber/Mitsch/Eisele*, Strafrecht AT/*Mitsch*, § 21 Rn. 56; *Kühl*, Strafrecht AT, § 18 Rn. 46; NK-StGB (*Gaede*), § 13 Rn. 32; *Schönke/Schröder* (*Bosch*), StGB, § 13 Rn. 9; vgl. ferner *Stratenwerth/Kuhlen*, Strafrecht AT, § 13 Rn. 15.

IX. Zur tatbestandsmäßigen Handlung beim Unterlassungsdelikt

allseits anerkannte materielle Garantenlehre nicht entwickeln können. Die zahlreichen Bemühungen um eine inhaltliche Konkretisierung der Entstehungsvoraussetzungen von Garantenstellungen haben vor allem deshalb keine allgemeine Zustimmung gefunden, weil sie entweder wegen ihres monokausalen Erklärungsansatzes die Gesamtheit aller garantenpflichtbegründenden Umstände nicht erfassen können oder wegen der Weite und Unbestimmtheit der (materiellen) Entstehungskriterien eine hinreichend sichere Bestimmung und Begrenzung von Garantenstellungen und somit auch der Unterlassungsstrafbarkeit überhaupt nicht gewährleisten. Bei aller Skepsis gegenüber der hermeneutischen Leistungsfähigkeit der unterschiedlichen Garantenlehren steht aber letztlich nicht in Frage, dass die strafrechtswissenschaftliche Befassung mit der Garantenproblematik beim unechten Unterlassungsdelikt vielfältige, in der Sache zutreffende Erklärungs- und Begründungselemente für Garantenverhältnisse zutage gefördert hat, die den materiellen Gehalt zumindest einzelner Garantenpositionen verdeutlichen und dazu beitragen können, die materiellen Entstehungsvoraussetzungen von Garantenstellungen sichtbar zu machen.

403 Um der Gefahr einer uferlosen Ausdehnung von Garantenpflichten, wie sie bei alleinigem Rückgriff auf das inhaltliche Konzept der Funktionenlehre denkbar wäre, entgegenzuwirken, geht die gegenwärtig vorherrschende Auffassung in Lehre und Rechtsprechung davon aus, die mehr formale Betrachtungsweise der formellen Rechtspflicht- bzw. Rechtsquellenlehre mit der materiellen Sichtweise der Funktionenlehre zu verbinden. Zwischen beiden Begründungskonzepten besteht nämlich kein inhaltlicher Gegensatz im Sinne eines Sich-Ausschließens. Vielmehr kann die Herleitung von Garantenpflichten aus formalen Kategorien auch unter den verfassungsrechtlichen Aspekten des strafrechtlichen Bestimmtheitsprinzips eine hinreichend genaue Begrenzung einzelner Garantenpflichten bewirken wie umgekehrt mit Hilfe materieller Kriterien im Konzept der Funktionenlehre die sonst nicht fassbare Schutzfunktion von Garantenpflichten nach Richtung und Ziel besser – und das heißt präziser – ermittelt werden kann. Es geht in der Kombination beider Erklärungsansätze daher in erster Linie um eine **substanzielle Verknüpfung formeller und materieller Garantenkriterien**.[40]

404 Dabei ist zu beachten, dass die formelle Rechtsquelle als solche für das eigentliche Entstehen von Garantenpositionen nur geringe Bedeutung hat – der (förmliche) Rechtssatz schafft nicht „ex nihilo" eine Garantenstellung[41] – und andererseits die gesellschaftliche Wirklichkeit des (Unterlassungs-)Strafrechts die Berücksichtigung rechtlicher Prinzipien und Gestaltungselemente bei der Begründung von Garantenstellungen und -pflichten erfordert, eine Herleitung und Erklärung von Garantenpflichten „ohne Blick auf die normative Lage"[42] deshalb bereits im begründungstheoretischen Ausgangspunkt fragwürdig wäre. Eine substanzielle Verknüpfung formeller und materieller Garantenkriterien besteht demnach darin, formelle und materielle Garantenkriterien inhaltlich so aufeinander zu beziehen, dass sie sich in **wechselseitiger Konkretisierung**

---

40 Mit unterschiedlichen Akzentuierungen die wohl herrschende Auffassung, vgl. nur *Jakobs*, Strafrecht AT, 29/28; *Jescheck/Weigend*, Strafrecht AT, § 59 IV, 2; *Kühl*, Strafrecht AT, § 18 Rn. 41 ff., 46 f., 47 ff.; NK-StGB (*Gaede*), § 13 Rn. 32 ff., 38 ff.; *Schönke/Schröder (Bosch)*, StGB, § 13 Rn. 10, 11 ff. jew. m. w. Nachw.; teilweise abweichend *Roxin*, Strafrecht AT II, § 32 Rn. 18 ff., 26 ff.; in der Sache wie hier *Heinrich*, Strafrecht AT, Rn. 923 ff., 929 ff., 952 ff.; *Wessels/Beulke/Satzger*, Strafrecht AT, Rn. 1179, 1183 ff.; ähnlich *Baumann/Weber/Mitsch/Eisele*, Strafrecht AT/*Mitsch*, § 21 Rn. 50 ff., 58 ff. mit zutr. Kritik an der Funktionenlehre in dort Fn. 57.
41 So treffend *Jakobs*, Strafrecht AT, 29/28.
42 So *Jakobs*, Strafrecht AT, 29/28.

1. Objektiver Unrechtstatbestand – objektive Tatbestandsmerkmale

und **Durchdringung** zu einer rechtlich relevanten Begründung von Garantenstellungen mit daraus resultierenden Garantenpflichten verdichten.

Auf der Grundlage und unter Einhaltung dieser (mehr methodologischen) Vorgaben sind mit der derzeit vorherrschenden Auffassung **in enger Anlehnung an das Theoriekonzept der Funktionenlehre** alle Garantenpositionen **in einem ersten gedanklichen Schritt** entweder dem Grundtyp „Beschützergarant" oder dem Grundtyp „Überwachungs- oder Sicherungsgarant" zuzuweisen. In Rechnung zu stellen ist dabei, dass die Übergänge zwischen den Grundtypen von Garantenstellungen fließend sein können und in einer Unterlassungssituation nicht selten durch eine Person beide Grundtypen zugleich verwirklicht sind. Das wird deutlich, wenn man sich das immer wieder bemühte Beispiel des Bademeisters in einem öffentlichen Schwimmbad vor Augen führt. Ist der Bademeister zu Gunsten der Badegäste in der Grundsituation des Beschützergaranten (Schutz vor den Gefahren des Wassers) oder ist er Überwachungsgarant (Überwachung der mit dem Wasser verbundenen Gefahren) oder ist er beides?[43] Im Ergebnis trifft ihn wohl eine **doppelte Garantenposition**. Um im Bild zu bleiben: Er ist Beschützergarant zu Gunsten der Badegäste, weil er für sie – sei es vertraglich, sei es tatsächlich – „auf Posten steht". Insoweit schützt er nicht vor Gefahren des Wassers, sondern sorgt für das Wohl und Wehe der Badegäste (dazu gehört nicht nur der Schutz vor dem Ertrinken, sondern ggf. auch die Sorge im Falle von Verletzungen etc.). Zugleich aber wacht er darüber, dass die mit dem Betrieb eines öffentlichen Schwimmbades stets einhergehenden Gefährdungs- und Verletzungsrisiken zum Nutzen der Badegäste sich nicht realisieren. Je nach dem Schwerpunkt der jeweils konkreten (Unterlassungs-) Situation tritt der Bademeister also als Beschützer- oder als Überwachungs- bzw. Sicherungsgarant in Erscheinung.

In **einem zweiten Schritt** ist die Verknüpfung der formellen mit den materiellen Garantenkriterien so zu gestalten, dass bestimmte formelle Garantenelemente inhaltlich auf ihre Zugehörigkeit zu den Grundtypen von Garantenpositionen überprüft werden. Garantenpositionen zum Schutz bestimmter Rechtsgüter gegen Gefahren aus allen Richtungen, Garantenpositionen also, die der Grundsituation des **Beschützergaranten mit Obhutspflichten** für die betroffenen Rechtsgüter entsprechen, können sich danach vornehmlich aus **enger natürlicher oder persönlicher Verbundenheit** mit dem Träger des Rechtsguts, aus anderen **engen Gemeinschaftsbeziehungen** – etwa aus einer Haus-, Risiko- oder sonstigen Gefahrengemeinschaft – und/oder aus einer **tatsächlichen Schutzübernahme** ergeben. Garantenstellungen zum Schutz aller Rechtsgüter gegen Gefährdungen, die von im eigenen Verantwortungsbereich liegenden Gefahrenquellen ausgehen (Garantenstellungen also, die der Grundsituation des **Überwachungsgaranten mit Sicherungspflichten** gegen Gefährdungen aller Rechtsgüter entsprechen), können hingegen primär aus einem **rechtsgutsgefährdenden, rechtswidrigen Vorverhalten** (aus sog. Ingerenz), aus der Verantwortlichkeit für Gefahren, die im eigenen Verantwortungs- und Herrschaftsbereich liegen und/oder aus der **Verantwortlichkeit für das Verhalten anderer** Personen (**Verantwortlichkeit für Fremdverhalten**) entstehen.[44]

---

43 Vgl. zu diesem Beispiel bei *Jakobs*, Strafrecht AT, 29/27.
44 So die wohl h. M.; **vgl**. etwa *Heinrich*, Strafrecht AT, Rn. 923 ff., 929 ff., 952 ff.; *Jescheck/Weigend*, Strafrecht AT, § 59 IV, 3 und 4; *Kühl*, Strafrecht AT, § 18 Rn. 41 ff.; *Schönke/Schröder (Bosch)*, StGB, § 13 Rn. 17 ff., 26 ff., 32 ff.; *Wessels/Beulke/Satzger*, Strafrecht AT, Rn. 1179 ff., 1183 ff. jew. m. w. Nachw.; vgl. aber auch *Baumann/Weber/Mitsch/Eisele*, Strafrecht AT/*Mitsch*, § 21 Rn. 58 ff.; *Jakobs*, Strafrecht AT, 29/29 ff.; NK-StGB (*Gaede*), § 13 Rn. 38 ff.; SK-StGB/*Stein*, § 13 Rn. 26 ff. mit z. T. abw. Einteilung und Zuordnung verschiedener Garantenpositionen.

IX. Zur tatbestandsmäßigen Handlung beim Unterlassungsdelikt

407 Die Kategorien des **Gesetzes** und des **Vertrages** tauchen in dieser Konzeption **nicht mehr als eigenständige Entstehungsgründe** für Garantenpflichten auf. Gesetz und Vertrag bzw. **besondere Rechtssätze spielen** aber gleichwohl für alle Garantenpositionen **eine Rolle**[45]: So gehört z. B. das Eltern-Kind-Verhältnis zu den engen Gemeinschaftsbeziehungen. Aus ihm resultieren Garantenpflichten der Eltern zum Schutz der Kinder. Inhaltlich entsprechen diese Pflichten der Sorgeverpflichtung, wie sie sich aus dem Familienrecht (z.B. § 1626 BGB) ergibt. Das Gesetz (BGB) selbst ist somit nicht der kategoriale Quellgrund für Garantenpflichten der Eltern, es bestimmt und begrenzt aber die Schutzverpflichtung der Eltern (mit).

408 Stets von Bedeutung für alle Garantenpositionen ist, dass die aus ihnen resultierenden Garantenpflichten in ihrer Schutzwirkung und in ihrem Umfang (ihrer inhaltlichen Reichweite) abhängig sind und bestimmt werden von **allen (materiellen) Entstehungskriterien für Garantenstellungen in der konkreten Unterlassungssituation** und weiter, dass entsprechend einer immer möglichen Überschneidung und Überlagerung von Beschützer- und Überwachungsgarantenstellungen (aber auch je für sich von mehreren Beschützer- oder Überwachungsgarantenstellungen) die verschiedenen Garantenpositionen im Einzelfall ineinander übergehen oder sich ergänzen, erweitern oder auch gegenseitig begrenzen können.

409 Verdeutlichen lässt sich dieser komplexe Zusammenhang am Beispiel der Überlagerung von Beschützergarantenstellungen aus **enger Gemeinschaftsbeziehung** und aus **tatsächlicher Schutzübernahme**: Garantenstellungen aus engen Gemeinschaftsbeziehungen mit Schutzverpflichtungen zu Gunsten der einzelnen Mitglieder der Gemeinschaft setzen voraus, dass sie nach ihrem **Entstehungszweck** und einem dadurch begründeten **wechselseitigen Vertrauensverhältnis** entweder auf gegenseitige Hilfe und Fürsorge in typischen Gefahrensituationen angelegt sind oder die gegenseitige Hilfe und Fürsorge in Gefahrensituationen **nach dem sozialen Sinngehalt** der betreffenden Gemeinschaft zumindest mitumfasst ist. Eine **erlebnispädagogische Klientengruppe** einschließlich Betreuer mag diese Voraussetzungen von vornherein erfüllen. Eine **Haus- und Wohngemeinschaft** stellt eine solche enge Gemeinschaftsbeziehung jedenfalls nicht eo ipso dar. Entwickelt sich das Zusammenleben in der Haus- und Wohngemeinschaft aber gewollt und erkennbar zu einer auf gegenseitigen Beistand in Notlagen abzielenden Schutzgemeinschaft, dann wird und ist jeder Mitbewohner **Beschützergarant aus enger Gemeinschaftsbeziehung** zu Gunsten des jeweils anderen Mitgliedes der Haus- und Wohngemeinschaft.[46] Diese Garantenposition kann jedem Mitglied einer Haus- und Wohngemeinschaft jedoch auch dann zuwachsen, wenn und weil es den Schutz des jeweils anderen Mitbewohners tatsächlich übernimmt.[47] Die aus beiden Beschützergarantenstellungen resultierenden Garantenpflichten zum Schutz des anderen wirken im Einzelfall bestimmend und begrenzend aufeinander ein, so dass je nach den Umständen des Einzelfalls dem anderen kein umfassender Schutz nach allen Richtungen zuteilwerden muss, sondern die Schutzverpflichtung beispielsweise auf Lebens- oder Leibesschutz beschränkt sein kann. Was für das Verhältnis von Garantenstellungen aus enger Gemeinschaftsbeziehung und aus tatsächlicher Schutzübernahme gilt, trifft auf alle anderen Garantenpositionen **entsprechend ihren spezifischen Entstehungsvoraussetzungen** auch zu. Stets kommt es darauf an, die fragliche Garantenposition aus

---

45 Vgl. nur *Wessels/Beulke/Satzger*, Strafrecht AT, Rn. 1179 ff., 1183 ff.
46 So z.B. *Kühl*, Strafrecht AT, § 18 Rn. 64 m. w. Nachw.
47 Vgl. dazu auch *BGH NStZ* 1984, 163 f.; *Kühl*, Strafrecht AT, § 18 Rn. 65 m. w. Nachw.

1. Objektiver Unrechtstatbestand – objektive Tatbestandsmerkmale

dem Gesamtzusammenhang aller materiellen Garantenkriterien zu erschließen und zu begründen.

Auch wenn die verschiedenen – hier nicht im Einzelnen erörterten – Garantenstellungen / -pflichten des Grundtyps „Beschützergarant" und des Grundtyps „Überwachungs- oder Sicherungsgarant" in Rechtsprechung und Strafrechtslehre jedenfalls „dem Grunde nach" durchweg anerkannt sind, ist man sich über deren Entstehungsvoraussetzungen, Schutzrichtung und Reichweite nicht immer einig. Trotz formelhafter Bezeichnung und Umschreibung verbietet sich daher ihre „schablonenhafte" Anwendung auf (vermeintlich) „passende" Einzelfälle, ganz abgesehen davon, dass die Terminologie nicht einheitlich ist und auch Zuordnungen einzelner Garantenstellungen zu den beiden Grundtypen teilweise kritisch zu hinterfragen sind. Die fallbezogene Prüfung etwaiger Garantenstellungen und daraus resultierender Garantenpflichten setzt dementsprechend eine ins Einzelne gehende Befassung und Auseinandersetzung mit den in der Rechtsprechung und Strafrechtslehre vertretenen Auffassungen voraus.[48]

410

1.4 Weitere (ungeschriebene) Tatbestandsmerkmale

Die Garanteneigenschaft eines Unterlassungstäters ist zwar das „A und O" einer Strafbarkeit wegen „unechten" Unterlassens. Das Bestehen einer Garantenposition allein macht aus einem gebotswidrigen Unterlassen aber noch kein strafbares Unterlassen. Aus der spezifischen Deliktsstruktur ergibt sich vielmehr, dass die Strafbarkeit wegen („unechten") Unterlassens noch von weiteren Umständen abhängt. Dazu gehört, dass dem Unterlassungstäter die gebotene Handlung **möglich** und – insoweit sind allerdings die Meinungen geteilt – **zumutbar** war. Folgerichtig stellen die „Handlungsmöglichkeit" und die „Zumutbarkeit" der Handlung weitere (ungeschriebene) Tatbestandsmerkmale im objektiven (Unrechts-)Tatbestand des Unterlassungsdelikts, und zwar des unechten wie des echten Unterlassungsdelikts dar.

411

1.4.1 Physisch-reale Handlungsmöglichkeit

Was unmöglich ist, verlangt die (Straf-)Rechtsordnung nicht. Rechtlich gefordert ist im Bereich der Unterlassungsdelikte daher immer nur eine zur Verhinderung tatbestandsmäßiger Erfolge geeignete Handlung, die dem Handlungspflichtigen auch **tatsächlich möglich** ist.[49] Die erfolgsverhindernde Tätigkeit muss dem Unterlassenden – mit anderen Worten – somit **physisch-real möglich** sein. Die physisch-reale Handlungsmöglichkeit[50] ist stets auf **die Person** des konkreten Unterlassungstäters in „seiner" konkreten Unterlassungssituation zu beziehen.[51] Ob ihm die erforderliche Handlung möglich oder unmöglich war, bestimmt sich aber gleichwohl nach objektiven Kriterien.

412

Die **physisch-reale Handlungsmöglichkeit fehlt** zunächst dann, wenn jeder in der konkreten Gefahrensituation den tatbestandlichen Erfolg nicht hätte abwenden können,

413

---

48 Hierfür hilfreiche, ausführliche und mit weiteren Nachweisen versehene Informationen zur gesamten Garantenproblematik beim unechten Unterlassungsdelikt finden sich z. B. bei *Baumann/Weber/Mitsch/Eisele*, Strafrecht AT/*Mitsch*, § 21 Rn. 50 ff., 58 ff.; *Jescheck/Weigend*, Strafrecht AT, § 59 IV; *Heinrich*, Strafrecht AT, Rn. 923 ff., 929 ff., 952 ff.; *Kühl*, Strafrecht AT, § 18 Rn. 41 – 121; NK-StGB (*Gaede*), § 13 Rn. 29 ff., 38 ff.; *Roxin*, Strafrecht AT II, § 32 Rn. 10 ff.; *Schönke/Schröder (Bosch)*, StGB, § 13 Rn. 7 ff., 17 ff.; SK-StGB/*Stein*, § 13 Rn. 18 ff., 23 ff., 26 ff.; *Stratenwerth/Kuhlen*, Strafrecht AT, § 13 Rn. 14 ff., 16 ff.; *Wessels/Beulke/Satzger*, Strafrecht AT, Rn. 1179 ff., 1183 ff.
49 Vgl. BGH NStZ 1997, 545/6.
50 *Wessels/Beulke/Satzger*, Strafrecht AT, Rn. 1172 ff.
51 Vgl. auch *Roxin*, Strafrecht AT II, § 31 Rn. 8 ff.

IX. Zur tatbestandsmäßigen Handlung beim Unterlassungsdelikt

wenn die Erfolgsverhinderung in diesem Sinne also **generell unmöglich** war.[52] Das ist der Fall bei fehlender räumlicher oder zeitlicher Nähe zum gefährlichen Geschehen: Wer sich urlaubsbedingt in X aufhält, dem ist die erfolgsverhindernde Handlung in Y nicht möglich. Die physisch-reale Handlungsmöglichkeit ist des Weiteren ausgeschlossen, wenn die zur Durchführung der gebotenen Handlung notwendigen Hilfsmittel am Gefahrenort nicht vorhanden oder nicht einsetzbar sind (fehlender Rettungsring, fehlende Leiter, defektes Boot etc.). Tatsächliche Unmöglichkeit eher im Sinne einer individuellen Handlungsunmöglichkeit liegt ferner vor, wenn die am Gefahrenort zur Verfügung stehenden „Rettungsmittel" mangels hinreichender Kenntnisse vom Handlungspflichtigen selbst nicht bedient werden können und ein „versierter" Dritter nicht erreichbar ist. Maßgebend für das Vorliegen einer Handlungsmöglichkeit sind danach auch individuelle Eigenschaften des konkreten Täters, die aber in ihrer Bedeutung für die mögliche Erfolgsverhinderung objektiver Beurteilung unterliegen. Ein Mangel an intellektuellen Fähigkeiten, technischen Kenntnissen oder physischen Kräften etc. des konkreten Täters kann somit dessen physisch-reale Handlungsunmöglichkeit begründen.[53] Nicht notwendig ist, dass der Täter in eigener Person die erfolgsverhindernde Handlung vornimmt. Ihm ist deshalb trotz eigenen Unvermögens die gebotene Handlung nicht unmöglich, wenn er Dritte zur erfolgsverhindernden Handlung veranlassen könnte.[54] Bei fehlender Handlungsmöglichkeit in der konkreten Unterlassungssituation fragt es sich daher, ob nicht bereits ein der kritischen Gefahrensituation vorhergehendes Unterlassen maßgeblicher Anknüpfungspunkt der (objektiven) Erfolgszurechnung sein kann; denn eine physisch-reale Handlungsunmöglichkeit liegt eben nicht vor, wenn der Täter es angesichts des objektiv für ihn erkennbaren Mangels an physischen Kräften, technischen Fertigkeiten und/oder intellektuellen (fachlichen) Fähigkeiten versäumt, geeignete und für ihn erreichbare Hilfskräfte einzusetzen oder vorsorglich andere erfolgsverhindernde Maßnahmen zu ergreifen. Hierher gehören auch die zumeist unter dem Aspekt der **individuellen Handlungsfähigkeit** erörterten Fälle, in denen dem Handlungspflichtigen bestimmte zur Rettungshandlung notwendige körperliche Fertigkeiten fehlen, von ihm eine sinnvolle Rettungshandlung also nicht vorgenommen werden kann: Wenn V am Ufer stehend sieht, dass sein Kind im See ertrinkt und er die einzig rettende Handlung deshalb unterlässt, weil er als Nichtschwimmer nichts Sinnvolles zur Rettung des Kindes (Erhaltung des Rechtsguts) tun kann, ist eine Unterlassungsstrafbarkeit ebenfalls mangels physisch-realer Handlungsmöglichkeit ausgeschlossen.[55]

414 Eine weitere Variante der **individuellen Handlungsunfähigkeit** ist anzunehmen, wenn der Täter – aus den unterschiedlichsten Gründen – völlig handlungsunfähig ist, etwa wenn der Handlungspflichtige in Ohnmacht fällt oder sonst bewusstlos wird, gelähmt oder gefesselt etc. ist[56], so dass er zum maßgeblichen Zeitpunkt die erfolgsverhindern-

---

52 Vgl. dazu *Kühl*, Strafrecht AT, § 18 Rn. 30 f.; NK-StGB (*Gaede*), § 13 Rn. 12 ff.; *Schönke/Schröder (Bosch)*, StGB, § 13 Rn. 141 ff.
53 Vgl. *Jescheck/Weigend*, Strafrecht AT, § 59 II, 2; *Kühl*, Strafrecht AT, § 18 Rn. 30; *Roxin*, Strafrecht AT II, § 31 Rn. 8; *Wessels/Beulke/Satzger*, Strafrecht AT, Rn. 1173 a. E.; vgl. auch NK-StGB (*Gaede*), § 13 Rn. 12 m. w. Nachw., wohl h. M.
54 Vgl. NK-StGB (*Gaede*), § 13 Rn. 12; *Roxin*, Strafrecht AT II, § 31 Rn. 8 bei und in Fn. 10 m. w. Nachw. für die insoweit h. M.
55 Vgl. dazu statt aller *Roxin*, Strafrecht AT II, § 31 Rn. 8 ff.; *Schönke/Schröder (Bosch)*, StGB, Vorbem. § 13 ff. Rn. 142; *Wessels/Beulke/Satzger*, Strafrecht AT; Rn. 1173 m. w. Nachw. in Fn. 21.
56 Vgl. dazu *Kühl*, Strafrecht AT, § 18 Rn. 32 mit Rn. 12; *Schönke/Schröder (Bosch)*, StGB, Vorbem. §§ 13 ff. Rn. 141 ff., 142/3, 144; vgl. auch *Baumann/Weber/Mitsch/Eisele*, Strafrecht AT/*Mitsch*, § 21 Rn. 14.

1. Objektiver Unrechtstatbestand – objektive Tatbestandsmerkmale

de Handlung nicht vornehmen kann. Davon zu unterscheiden sind Fallgestaltungen der sog. **omissio libera in causa**. Für sie ist kennzeichnend, dass der Handlungspflichtige durch vorsätzliches oder fahrlässiges aktives Tun oder Unterlassen den Zustand der Handlungsunfähigkeit selbstverantwortlich herbeiführt, so dass ihm die gebotene Handlung im maßgeblichen Zeitpunkt in der Tat unmöglich ist, wie beispielsweise im Fall des Bahnwärters, der sich so betrinkt, dass er im entscheidenden Augenblick nicht mehr in der Lage ist, die Bahnschranke zu schließen.[57] Der Sache nach geht es dabei um eine **zeitliche Vorverlagerung der Handlungsmöglichkeit** mit der Folge, dass damit dem Handlungspflichtigen trotz Handlungsunmöglichkeit im maßgeblichen Zeitpunkt die dann eintretenden tatbestandsmäßigen Erfolge (objektiv) zugerechnet werden.[58]

1.4.2 Zumutbarkeit der gebotenen Handlung

Während die (physisch-reale) Möglichkeit zur Erfolgsabwendung als Voraussetzung einer Unterlassungsstrafbarkeit und objektives Tatbestandsmerkmal des (echten und unechten) Unterlassungsdelikts allgemein anerkannt ist, besteht Meinungsstreit in der Frage, ob auch die **Zumutbarkeit der gebotenen Handlung** zum Merkmalskomplex des objektiven (Unrechts-) Tatbestandes der Unterlassungsdelikte gehört oder erst auf der Wertungsstufe der Unterlassungsschuld berücksichtigt werden darf. Mit Hinweis auf die sachliche Nähe zu den Entschuldigungsgründen (§ 35) und den Umstand, dass § 13 die unechten Unterlassungsdelikte den Begehungsdelikten gleichstellt, wirft die wohl vorherrschende Auffassung in der Strafrechtslehre die Zumutbarkeitsfrage **bei den unechten Unterlassungsdelikten (!)** erst im Zusammenhang mit der **Schuldprüfung** auf.[59] Richtigerweise ist jedoch die **Unzumutbarkeit** des gebotenen Handelns bereits **im objektiven Tatbestand** der echten und unechten Unterlassungsdelikte zu prüfen. Sie hat als objektives Tatbestandsmerkmal die Aufgabe eines **tatbestandsbegrenzenden Regulativs**. Insoweit steht sie der physisch-realen Handlungsmöglichkeit als zwingende Voraussetzung der Unterlassungsstrafbarkeit nahe. Wie sie entstammt die Zumutbarkeit des erfolgabwendenden Tuns der spezifischen Deliktsstruktur des Unterlassungsdelikts: Was rechtlich **gefordert** ist, muss auch zumutbar sein. Dem trägt im Übrigen das Gesetz für eine Reihe **echter Unterlassungsdelikte** unmissverständlich Rechnung. So verlangt beispielsweise § 323 c ausdrücklich, dass die gebotene Handlung nach den Umständen zuzumuten war und nennt auch gleich die wesentlichen Beurteilungskriterien (ohne erhebliche eigene Gefahr und ohne Verletzung anderer wichtiger Pflichten). Dass für die unechten Unterlassungsdelikte etwas anderes gelten soll, ergibt sich entgegen der vorherrschenden Auffassung nicht aus § 13 Abs. 1. Diese Vorschrift schafft ja erst die Voraussetzungen dafür, dass bestimmtes Unterlassen wie ein Begehen zu behandeln ist. Sie erlaubt dagegen nicht, auf das unechte Unterlassungsdelikt all das zu übertragen, was zur Charakteristik des Begehungsdelikts rechnet. Dass die Unzumutbarkeit normgemäßen Verhaltens beim Begehungsdelikt erst die Schuldebene betrifft, besagt für die Zumutbarkeit der gebotenen Handlung im Sach- und Normbereich der unechten Unterlassungsdelikte daher nicht viel. Ist das gebotene Handeln in der kon-

415

---

57 Vgl. dazu *Baumann/Weber/Mitsch/Eisele*, Strafrecht AT/*Mitsch*, § 21 Rn. 20 mit Rn. 29 ff.; *Roxin*, Strafrecht AT II, § 31 Rn. 103 ff.; *Schönke/Schröder (Bosch)*, StGB, Vorbem. §§ 13 ff. Rn. 144, vgl. zur Abgrenzung zur actio libera in causa dort. Rn. 145; vgl. aber – kritisch – NK-StGB (*Gaede*), § 13 Rn. 13.
58 Vgl. dazu statt aller *Schönke/Schröder (Bosch)*, StGB, Vorbem. §§ 13 ff. Rn. 144.
59 Vgl. *Kühl*, Strafrecht AT, § 18 Rn. 33 mit Verweis auf die h. M. in Fn. 70; *Roxin*, Strafrecht AT II, § 31 Rn. 207 ff., 229 ff.; *Wessels/Beulke/Satzger*, Strafrecht AT, Rn. 1222 m. w. Nachw.; vgl. aber auch SK-StGB/*Stein*, Vor § 13 Rn. 51 f.; ferner *Stratenwerth/Kuhlen*, Strafrecht AT, § 13 Rn. 82 ff.

kreten Unterlassungssituation unzumutbar, erfüllt das Unterlassen auch beim unechten Unterlassungsdelikt somit schon nicht den (objektiven) Tatbestand. Die **Zumutbarkeit der erfolgsverhindernden Tätigkeit** ist dementsprechend ungeschriebenes Tatbestandsmerkmal der unechten Unterlassungsdelikte.[60]

416 Unzumutbar ist die gebotene Handlung, wenn sie eigene billigenswerte Interessen in erheblichem Umfang beeinträchtigt und diese Interessen in einem angemessenen Verhältnis zum drohenden Erfolg stehen.[61] Die widerstreitenden Interessen sind gegeneinander abzuwägen, wobei einem Garanten oder Sonderpflichtigen mehr zuzumuten ist als einem allgemein zur Hilfeleistung verpflichteten „Jedermann". Wenn also V zwar schwimmen kann, aber wegen akuter Gefahr eines Herzinfarkts dennoch nicht ins kalte Wasser springt, um sein ertrinkendes Kind zu retten[62], ist er nicht lediglich entschuldigt, sondern es liegt schon **kein tatbestandsmäßiges Unterlassen vor**.[63]

1.5 Entsprechungsklausel

417 Für den Bereich der unechten Unterlassungsdelikte normiert § 13 Abs. 1 HS. 2 als weitere Strafbarkeitsvoraussetzung, dass das Unterlassen der Verwirklichung des gesetzlichen Tatbestandes durch ein Tun entspricht. Diese auf die Gleichwertigkeit von aktivem Tun und Unterlassen abzielende **Entsprechungsklausel**[64] hat bei „reinen" Erfolgsdelikten, bei denen es nicht auf die Art und Weise der Tatbegehung, sondern nur auf den Erfolgseintritt ankommt, keine eigenständige Bedeutung: Die Gleichwertigkeit eines Totschlags durch aktives Tun und durch Unterlassen ist allein auf Grund des Tötungserfolges bereits gegeben. Entsprechendes gilt für Körperverletzungen gem. § 223 und andere Erfolgsdelikte. Soweit das Gesetz über die bloße Erfolgsbewirkung hinaus eine besondere Begehungsweise voraussetzt, entspricht das Unterlassen dem Tun nur, wenn es in gleichwertiger Weise die spezifischen Handlungsmodalitäten verwirklicht, es somit eine dem Tun vergleichbare Prägung besitzt und so im sozialen Sinngehalt mit der Tatbestandshandlung des Begehungsdelikts übereinstimmt.[65] Bei solchen sog. **verhaltensgebundenen Delikten** – dazu zählen u. a. der Betrug (**Täuschung**), die Nötigung (**Zwang**), aber auch die **heimtückische** Tötung in § 211 oder der **hinterlistige Überfall** in § 224 – muss daher das Unterlassen, soll es tatbestandsmäßig sein, eine den Handlungsmodalitäten des Begehungsdelikts vergleichbare Verhaltenscharakteristik aufweisen.[66]

2. Subjektiver Tatbestand, subjektive Tatbestandsmerkmale

418 Nicht anders als im Anwendungsbereich der Begehungsdelikte untergliedert sich der subjektive Tatbestand des Unterlassungsdelikts in die beiden „innersystematischen" Bestandteile des Tatvorsatzes und der besonderen (weiteren) subjektiven Unrechtsele-

---

60 So auch *Schönke/Schröder (Bosch)*, StGB, Vorbem. §§ 13 ff. Rn. 155 f. m. w. Nachw. in Rn. 155; ähnlich NK-StGB (*Gaede*), § 13 Rn. 17 f.; die Rechtsprechung tendiert bei Unzumutbarkeit der pflichtgemäßen Handlung ebenfalls zum Tatbestandsausschluss, vgl. BGH NJW 1994, 1357; BGH NStZ 1997, 545/6; ferner BGHSt 55, 206, 220.
61 Vgl. *Schönke/Schröder (Bosch)*, StGB, Vorbem. §§ 13 ff. Rn. 156.
62 Beispiel bei *Kühl*, Strafrecht AT, § 18 Rn. 33.
63 Vgl. noch BGH NStZ 1984, 164.
64 Sog. zweites Gleichstellungskriterium, vgl. *Jescheck/Weigend*, Strafrecht AT, § 59 V.
65 Vgl. *Schönke/Schröder (Bosch)*, StGB, § 13 Rn. 4.
66 Vgl. zum Gleichstellungserfordernis der Modalitätenäquivalenz noch SK-StGB/*Stein*, § 13 Rn. 10 ff.; ferner NK-StGB (*Gaede*), § 13 Rn. 19.

2. Subjektiver Tatbestand, subjektive Tatbestandsmerkmale

mente (vgl. Rn. 355 ff.). Naturgemäß anders als bei den Begehungsdelikten hat aber der **Tatvorsatz** bei den Unterlassungsdelikten einen auf die deliktsspezifischen Eigenheiten der Unterlassungsdelikte zugeschnittenen Sachgehalt. Die am „deliktischen Erscheinungsbild" der vollendeten vorsätzlichen Begehungsstraftat orientierten Erläuterungen zum Vorsatzbegriff und den Vorsatzarten (vgl. Rn. 393 ff.) sind daher nicht unmittelbar, sondern nur sinngemäß auf den **Unterlassungsvorsatz** zu übertragen. Das folgt aus der im Vergleich zum Begehungsvorsatz andersartigen Struktur des Unterlassungsvorsatzes und daraus, dass die Bezugsobjekte des Unterlassungsvorsatzes im Kontext des (unechten) Unterlassungsdelikts anders gestaltet sind als beim Begehungsdelikt.[67]

2.1 Unterlassungsvorsatz als Tatvorsatz

So lässt sich der **Unterlassungsvorsatz** schon **begrifflich** nicht ohne weiteres als „Wissen und Wollen der Tatbestandsverwirklichung" erfassen, weil es bei Unterlassungen ein vom Verwirklichungswillen getragenes aktives, positives Tun nicht gibt.[68] Nichts spricht indessen gegen eine an diese strukturelle Besonderheit der Unterlassung „angepasste" Anwendung der Vorsatzformel vom „Wissen und Wollen" auf den Unterlassungsvorsatz; denn auch der Unterlassungsvorsatz besteht aus einem voluntativen und einem intellektuellen Element. Ein Beleg dafür sind insbesondere die Fälle, in denen der Unterlassende in Kenntnis der tatbestandsmäßigen Situation und im Bewusstsein der eigenen Handlungsmöglichkeit geradezu den Entschluss fasst, untätig zu bleiben.[69]

419

Grundsätzlich ist deshalb davon auszugehen, dass sich im vorsätzlichen Unterlassen die Täterentscheidung zwischen Untätigbleiben und möglichem Tun realisiert und damit eine Entscheidung für den Eintritt des tatbestandsmäßigen Erfolges getroffen wird.[70] Der **Unterlassungsvorsatz** muss sich infolgedessen auf **alle unrechtsbegründenden Merkmale** des jeweiligen (Gebots-)Tatbestandes erstrecken. Dazu gehören die tatbestandsmäßige Unterlassungssituation, das Ausbleiben der gebotenen Handlung, die individuelle, physisch-reale Handlungsmöglichkeit (Handlungsfähigkeit) zur Vornahme der gebotenen Handlung, die Zumutbarkeit der geforderten Tätigkeit sowie – bei den auf einen tatbestandsmäßigen Erfolg bezogenen Unterlassungsdelikten – die Unterlassungskausalität nebst weiteren Voraussetzungen der objektiven Erfolgszurechnung und schließlich – bei den unechten Unterlassungsdelikten – die garantenpflichtbegründenden tatsächlichen Umstände. Dabei muss sich der Täter der konkreten ihm möglichen Handlung zur Abwendung des tatbestandlichen Erfolges bewusst gewesen sein und sei es auch nur in Form eines **sachgedanklichen Mitbewusstseins**.[71] Ist die gebotene Handlung auf die Abwehr eines tatbestandlichen Erfolges gerichtet, muss dem Täter weiter **bewusst** sein, dass mit der gebotenen Handlung der Eintritt des Erfolges mit an Sicherheit grenzender Wahrscheinlichkeit abgewendet worden wäre. Zusammengefasst gehört danach zum Unterlassungsvorsatz der Wille zum Untätigbleiben

420

---

67 Vgl. dazu *Jescheck/Weigend*, Strafrecht AT, § 59 VI; vgl. zum Ganzen auch *Roxin*, Strafrecht AT II, § 31 Rn. 184 ff.
68 Vgl. *Wessels/Beulke/Satzger*, Strafrecht AT, Rn. 1211.
69 Vgl. dazu *Jescheck/Weigend*, Strafrecht AT, § 59 VI, 2a mit Beispielen.
70 Vgl. BGHSt 19, 295, 299; 46, 373, 379; *Wessels/Beulke/Satzger*, Strafrecht AT, Rn. 1211.
71 Vgl. *Jescheck/Weigend*, Strafrecht AT, § 59 VI, 2b; *Schönke/Schröder (Sternberg-Lieben/Schuster)*, StGB, § 15 Rn. 93 ff., 94 jew. m. w. Nachw.

in Kenntnis aller objektiven Tatbestandsmerkmale des (unechten) Unterlassungsdelikts und in dem Bewusstsein, dass die Abwendung des drohenden Erfolges möglich ist.[72]

421 Auf der Grundlage dieses Vorsatzbegriffs lassen sich wie beim Begehungsvorsatz auch beim Unterlassungsvorsatz – freilich mit sachgebotenen Modifikationen – drei Arten (Erscheinungsformen) unterscheiden, und zwar die **Unterlassungsabsicht**, der **direkte Unterlassungsvorsatz** und der **Eventualunterlassungsvorsatz**.[73] Für den **Eventualvorsatz** im Rahmen des unechten Unterlassungsdelikts gilt dasselbe wie für den Eventualvorsatz beim Begehungsdelikt: Hält der Unterlassungstäter es ernstlich für möglich und findet er sich damit ab, dass sein Unterlassen zur Verwirklichung des Tatbestandes führt, ist Eventualunterlassungsvorsatz gegeben. Ähnlich setzt der Eventualunterlassungsvorsatz nach der Rechtsprechung voraus, dass der Täter die für möglich gehaltene Tatbestandsverwirklichung in dem Sinne billigt bzw. billigend in Kauf nimmt, dass er sich damit bewusst abgefunden hat[74], mag ihm der dann tatsächlich eingetretene Tatererfolg auch „an sich" unerwünscht sein. In diesem Zusammenhang ist von Bedeutung, dass zum Gegenstand des Unterlassungsvorsatzes (in allen Erscheinungsformen) die Umstände gehören, die eine Garantenstellung erzeugen; denn die **Garantenstellung ist objektives Tatbestandsmerkmal** der unechten Unterlassungsdelikte und damit **Bezugsobjekt des Unterlassungsvorsatzes** im Kontext „unechten" Unterlassens (vgl. Rn. 387). Der Irrtum über das Bestehen einer Garantenstellung versteht sich dementsprechend als Irrtum über Tatumstände mit der in § 16 Abs. 1 S. 1 vorgesehenen Folge des Vorsatzausschlusses. Bezogen auf die Voraussetzungen eines Eventualunterlassungsvorsatzes liegt bei Fehlvorstellungen über das Bestehen einer Garantenstellung das intellektuelle Vorsatzelement nicht vor, weil der Unterlassungstäter eine ihm eigene Garantenposition nicht ernstlich für möglich hält. Allerdings ist zu beachten, dass es beim vorsatzausschließenden Tatumstandsirrtum über eine etwaige Garantenstellung nicht um die Bedeutungskenntnis vom rechtlichen/normativen Gehalt dessen, was eine tatsächliche Position zur Garantenposition macht, sondern lediglich um das Nichtkennen bzw. das Nicht-für-möglich-halten der tatsächlichen Umstände geht, die für eine Garantenstellung konstitutiv sind (näher zum Tatumstandsirrtum Rn. 565 ff.).

2.2 Weitere subjektive Unrechtselemente

422 Der subjektive Tatbestand des Unterlassungsdelikts umfasst wie auch sonst neben dem Tatvorsatz weitere subjektive Unrechtselemente, sofern der jeweils konkrete gesetzliche Straftatbestand derart besondere subjektive Unrechtselemente enthält. In der Regel aller Fälle spielen die besonderen subjektiven Unrechtselemente als Ausdruck des personalen Handlungsunrechts nur bei den unechten Unterlassungsdelikten und den hier als deren Sonder- bzw. Unterfälle bezeichneten Unterlassungsdelikten eine Rolle. Auf die Affinität der weiteren subjektiven Unrechtselemente zur sog. Entsprechungsklausel (vgl. Rn. 417) ist hinzuweisen ebenso darauf, dass auch das subjektive Unrechtselement der Absicht durch Unterlassen verwirklicht werden kann. So wie die Vorsatzform der Unterlassungsabsicht nicht grundsätzlich und von vornherein undenkbar und ausgeschlossen ist[75], so erscheint auch die Verwirklichung des subjektiven

---

[72] Wessels/Beulke/Satzger, Strafrecht AT, Rn. 1211.
[73] Vgl. Roxin, Strafrecht AT II, § 31 Rn. 185 ff.; Schönke/Schröder (Sternberg-Lieben/Schuster), StGB, § 15 Rn. 98; teilweise anders Jescheck/Weigend, Strafrecht AT, § 59 VI, 2b mit § 29 III, 1.
[74] Vgl. BGHSt 36, 1, 9/10; BGH NStZ 1992, 125.
[75] Vgl. Roxin, Strafrecht AT II, § 31 Rn. 184 ff., 185; anders insoweit aber Jescheck/Weigend, Strafrecht AT, § 59 VI, 2b m. w. Nachw.

Unrechtselements der Absicht durch Unterlassen nicht eo ipso ausgeschlossen. Das gilt insbesondere für **Absichtsdelikte**, bei denen das Absichtselement nicht wortwörtlich, sondern durch „um-zu-Wendung" zum Ausdruck gebracht ist. Im Übrigen ist auf die Erörterungen bei Rn. 371 ff. zu verweisen.

3. Tatbestandsannex: objektive Bedingungen der Strafbarkeit

Wie beim Begehungsdelikt sind auch beim (unechten) Unterlassungsdelikt die sog. objektiven Bedingungen der Strafbarkeit[76] im Anschluss an die objektiven und subjektiven Tatbestandsmerkmale auf ihr **objektives** Vorliegen oder Nichtvorliegen (auf sie braucht sich der Unterlassungsvorsatz nicht zu beziehen, sie sind der Irrtumsregelung gem. § 16 Abs. 1 S. 1 entzogen, § 18 findet keine Anwendung) zu überprüfen. Nur wenn auch sie verwirklicht sind, kommt eine Strafbarkeit wegen („unechten") Unterlassens in Betracht (vgl. Rn. 374). Ihre verbrechenssystematische Behandlung als Tatbestandsannex ist allerdings umstritten.[77]

423

4. Lernkontrolle

- Wie ist das Unterlassen als Tathandlung begrifflich zu erfassen? (Rn. 377)
- Wie lautet die „Kausalitätsformel" beim Unterlassungsdelikt? (Rn. 379 ff.)
- Was versteht man unter Quasi-Kausalität bzw. hypothetischer Kausalität beim Unterlassungsdelikt? (Rn. 380 f.)
- Beschreiben Sie allgemein das Element der Garantenstellung (Rn. 385)
- Welche straftatsystematische Bedeutung kommt der Garantenstellung im unechten Unterlassungsdelikt zu? (Rn. 387)
- Worin besteht der Unterschied zwischen Garantenstellung und Garantenpflicht? (Rn. 388 f.)
- Welche rechtliche Qualität hat der Irrtum über die Garantenstellung, welche hat der Irrtum über die Garantenpflicht? (Rn. 390 f.)
- Beschreiben Sie die Entstehungsgründe für Garantenpflichten (Rn. 392 ff.)
- Worin besteht der Unterschied zwischen der sog. Rechtsquellen- bzw. Rechtspflichtlehre und der sog. Funktionenlehre? (Rn. 394 ff., 398 ff.)
- Wie lassen sich Rechtsquellen- bzw. Rechtspflichtlehre und sog. Funktionenlehre miteinander verbinden? (Rn. 405 ff.)
- Beschreiben Sie das weitere Strafbarkeitserfordernis der physisch-realen Handlungsmöglichkeit. (Rn. 412 ff.)
- Welche straftatsystematische Bedeutung hat die Zumutbarkeit/Unzumutbarkeit normgemäßen Verhaltens im Unterlassungsdelikt? (Rn. 415 f.)
- Beschreiben Sie die Bedeutung der sog. Entsprechungsklausel für das unechte Unterlassungsdelikt (Rn. 417 f.)

---

[76] Vgl. dazu Rn. 266 ff, 268; *Wessels/Beulke/Satzger*, Strafrecht AT, Rn. 212 ff.
[77] vgl. *Schönke/Schröder (Eisele)*, StGB, Vorbem. §§ 13 ff. Rn. 124 ff., 125; *Wessels/Beulke/Satzger*, Strafrecht AT, Rn. 212 ff. mit Rn. 1323, 1324.

IX. Zur tatbestandsmäßigen Handlung beim Unterlassungsdelikt

- Wie ist der „Unterlassungsvorsatz" begrifflich zu erfassen? (Rn. 419 f.)
- Benennen Sie die möglichen Erscheinungsformen des Unterlassungsvorsatzes (Rn. 421)

X. Rechtswidrigkeit und Rechtfertigung

1. Tatbestand und Rechtswidrigkeit

Wer tatbestandsmäßig handelt, der verstößt durch aktives, positives Tun oder durch Unterlassen gegen eine (im Tatbestand enthaltene) Verbots- oder Gebotsnorm. Wer also durch sein Verhalten einen Unrechtstatbestand objektiv und subjektiv verwirklicht, der handelt eben deshalb grundsätzlich auch rechtswidrig. Einer zusätzlichen eigenständigen (positiven) Begründung dafür, dass tatbestandsmäßiges Handeln zugleich rechtswidrig ist, bedarf es infolgedessen – jedenfalls in der Regel – nicht. Dass mit tatbestandsmäßigem Handeln regelmäßig auch dessen Rechtswidrigkeit einhergeht, drückt eine aus der Indizfunktion des Unrechtstatbestandes (vgl. Rn. 325 ff.) resultierende „klassische" Formel plastisch aus: Die **Tatbestandsmäßigkeit indiziert die Rechtswidrigkeit.**[1]

424

Bei einer Reihe „besonders gestalteter" Deliktsbeschreibungen entfaltet der Tatbestand (die Tatbestandsmäßigkeit) eine solche rechtswidrigkeitsindizierende Wirkung allerdings nicht. Es handelt sich um sog. „offene" oder „ergänzungsbedürftige" Straftatbestände, die wegen ihrer inhaltlichen Weite zahlreiche als sozialadäquat empfundene Verhaltensweisen des täglichen Lebens erfassen, ohne dass eine die Rechtswidrigkeit ausschließende Gegennorm dem entgegenstünde.[2] Bei ihnen muss die Rechtswidrigkeit des „an sich" tatbestandsmäßigen Verhaltens eigens festgestellt werden. Ein Beispiel dafür findet sich in § 240. Nach § 240 Abs. 2 ist eine Nötigung **nur dann rechtswidrig**, wenn die in § 240 Abs. 1 geschilderten Verhaltensweisen im Sinne der in § 240 Abs. 2 benannten Zweck-Mittel-Relation als verwerflich zu bewerten sind. Erforderlich für die Rechtswidrigkeit einer tatbestandsmäßigen Handlung gem. § 240 Abs. 1 ist danach die (positive) Feststellung der Verwerflichkeit gem. § 240 Abs. 2. Zu beachten ist dabei, dass die Verwerflichkeit ein sog. **gesamttatbewertendes Merkmal** darstellt, das einerseits unrechtsrelevante tatsächliche Umstände (als Bewertungsgrundlage) voraussetzt, andererseits aber zugleich als Werturteil ausgestaltet ist. Solche gesamttatbewertenden Merkmale sind in ihre tatsächlichen Bewertungsvoraussetzungen und in das (erforderliche) Werturteil selbst zu zerlegen. Erstere fungieren sachlich als ergänzende, die Weite des Straftatbestandes im Übrigen begrenzende Elemente des Unrechtstatbestandes, während das Werturteil als solches allein die Rechtswidrigkeit (allgemeines Verbrechensmerkmal) betrifft.[3] Bedeutung hat diese Differenzierung für die Anwendung der strafrechtlichen Irrtumsregeln gem. §§ 16, 17: Tatumstandsirrtum bei irriger Annahme von (tatsächlichen) Umständen, die im Falle ihres Vorliegens die Verwerflichkeit bei § 240 Abs. 2 ausschlössen; hingegen Verbotsirrtum bei voller Sachverhaltskenntnis und irriger Bewertung, das eigene Verhalten sei nicht verwerflich (vgl. Rn. 565 ff.).

425

Die Tatbestandsmäßigkeit einer Handlung indiziert zwar ihre Rechtswidrigkeit, sie erlaubt aber keine endgültige und abschließende Feststellung der Rechtswidrigkeit;

426

---

[1] Vgl. dazu *Heinrich*, Strafrecht AT, Rn. 310; *Kühl*, Strafrecht AT, § 6 Rn. 2; *Roxin*, Strafrecht AT I, § 7 Rn. 7; vgl. aber auch *Baumann/Weber/Mitsch/Eisele*, Strafrecht AT/*Mitsch*, § 14 Rn. 8 f. mit Rn. 19 a. E.: „Einer zusätzlichen positiven Begründung der Rechtswidrigkeit bedarf es nicht."; ferner *Wessels/Beulke/Satzger*, Strafrecht AT, Rn. 188 mit Rn. 393 ff., 395.
[2] Vgl. BGHSt 35, 270, 275/6.
[3] Näher dazu *Roxin*, Strafrecht AT I, § 10 Rn. 45 ff.; *Wessels/Beulke/Satzger*, Strafrecht AT, Rn. 396; BGHSt 35, 270, 275/6.

denn die Tatbestandsmäßigkeit einer Handlung ist in der Tat „nur" ein Indiz für ihre Rechtswidrigkeit, das im Einzelfall aus besonderen Gründen widerlegt sein (werden) kann. Diese besonderen Gründe sind sog. **Rechtfertigungsgründe**. Sie bewirken im konkreten Einzelfall einen Ausschluss der Rechtswidrigkeit des tatbestandsmäßigen Verhaltens. Das endgültige und abschließende Werturteil über die Rechtswidrigkeit eines Verhaltens fällt daher nicht schon und allein mit der Feststellung der Tatbestandsmäßigkeit und beruht demnach auf zwei „gegenläufigen" Erwägungen. Zunächst wird das tatbestandsmäßige Handeln als „an sich" rechtswidriges Verhalten festgestellt, sodann wird dieses Verhalten daraufhin kontrolliert, ob es „ausnahmsweise" gerechtfertigt ist. Erst wenn sich auf Grund dieser Kontrolle ergeben hat, dass im konkreten Einzelfall eine Rechtfertigung ausgeschlossen ist, kann die tatbestandsmäßige Handlung abschließend auch als rechtswidrig qualifiziert werden. Eine **Handlung** ist somit nur dann **rechtswidrig, wenn sie einen Unrechtstatbestand verwirklicht und nicht durch einen Rechtfertigungsgrund gedeckt** wird.[4] Immer aber ist auf der Wertungsstufe der Rechtswidrigkeit abschließend zu entscheiden, ob eine tatbestandsmäßige Handlung rechtswidrig oder rechtmäßig (weil gerechtfertigt) ist; denn es gibt nur diese Alternative: entweder die tatbestandsmäßige Handlung ist rechtswidrig oder sie ist rechtmäßig – tertium non datur.[5] Eine zwar nicht rechtswidrige, aber auch nicht rechtmäßige, sondern nur unverbotene (tatbestandsmäßige!) Handlung ist – zumindest im Strafrecht – nicht denkbar.[6]

2. Rechtswidrigkeitsausschluss durch Rechtfertigungsgründe

427   Dem Rechtswidrigkeitsausschluss durch das Eingreifen eines Rechtfertigungsgrundes liegt stets ein bestimmter Normenkonflikt zu Grunde: Die im Unrechtstatbestand enthaltenen Verbots- oder Gebotsnormen kollidieren im Einzelfall mit einer oder mehreren Erlaubnisnormen. Die als **Rechtfertigungsgründe** ausgestalteten **Erlaubnisnormen** (Erlaubnissätze) stehen den verwirklichten Unrechtstatbeständen in Form von sog. **Erlaubnistatbeständen** gegenüber, die das rechtsgutsverletzende Verhalten „ausnahmsweise" gestatten. Das Eingreifen eines Rechtfertigungsgrundes beseitigt nicht das rechtsgutsverletzende Verhalten, sondern erlaubt es „nur". Die maßgebliche Rechtswirkung, die von allen Rechtfertigungsgründen in genau gleicher Weise ausgeht, äußert sich darin, dass „lediglich" die Rechtswidrigkeit eines tatbestandsmäßigen Verhaltens ausgeschlossen wird, die Tatbestandsmäßigkeit des Verhaltens dagegen bestehen bleibt.[7]

428   Diese nur den Rechtfertigungsgründen zukommende Wirkung unterscheidet sie von allen anderen geschriebenen und ungeschriebenen Straffreistellungsgründen. So schließen etwa Entschuldigungs- oder Schuldausschließungsgründe (nur) die Schuld des Täters, nicht aber die Rechtswidrigkeit seines Verhaltens aus. Strafausschließungs- oder Strafaufhebungsgründe schließen (nur) die Strafbarkeit (mangels Strafwürdigkeit bzw. -bedürftigkeit) aus, lassen aber Rechtswidrigkeit und Schuld unberührt. Mit derart unterschiedlichen Rechtwirkungen sind entsprechend unterschiedliche Tatfolgen

---

4   Vgl. statt aller *Wessels/Beulke/Satzger*, Strafrecht AT, Rn. 395, 397.
5   Vgl. *Schönke/Schröder (Sternberg-Lieben)*, StGB, Vorbem. §§ 32 ff. Rn. 8.
6   Vgl. noch *Jescheck/Weigend*, Strafrecht AT, § 31 VI, 2; *Roxin*, Strafrecht AT I, § 14 Rn. 26 ff. m. w. Nachw. auch für abw. Ansichten.
7   Vgl. statt aller *Jescheck/Weigend*, Strafrecht AT, § 31 VI, 1; ferner *Baumann/Weber/Mitsch/Eisele*, Strafrecht AT/*Mitsch*, § 14 Rn. 9.

verknüpft. Strafbare Anstiftung und Beihilfe (§§ 26, 27) setzt die rechtswidrige Tat eines Anderen voraus; hat „der Andere" gerechtfertigt gehandelt, scheiden Anstiftung und Beihilfe als Formen strafbarer Tatbeteiligung aus. Hat „der Andere" nur entschuldigt, aber doch rechtswidrig gehandelt, bleibt die Möglichkeit strafbarer Teilnahme im engeren Sinne (= Anstiftung und Beihilfe, vgl. Rn. 625 ff., 661 ff.) bestehen.[8] Tatbestandsmäßiges Handeln bleibt im Falle seiner Rechtfertigung nicht nur frei von Strafe; auch Maßregeln der Besserung und Sicherung kommen nicht in Betracht, da sie (§§ 61, 62 ff.) zumindest rechtswidriges Handeln erfordern. Für den „bloß" schuldlos aber rechtswidrig Handelnden gilt das nicht, gegen ihn können bei Straffreiheit im Übrigen sehr wohl Maßregeln der Besserung und Sicherung festgesetzt werden.

Rechtfertigungsgründe (**Erlaubnisnormen**) gewähren **Handlungsbefugnisse**. Soweit mit diesen Handlungsbefugnissen auch das Recht zu Eingriffen in Rechtsgüter eines Anderen verbunden ist (**Eingriffsbefugnisse**), hat der Andere eine **Duldungspflicht**, er muss die gerechtfertigte Handlung mit ihren Eingriffsfolgen hinnehmen.[9] Allerdings ist der duldungspflichtige Andere immer ein ganz bestimmter Anderer, nämlich derjenige (Rechtsgutsträger), in dessen Rechtsgüter erlaubterweise eingegriffen werden darf; das ist in Notwehrfällen (§ 32) der Angreifer als Träger von Individualrechtsgütern, im Falle der (rechtfertigenden) Einwilligung der über „seine" Rechtsgüter verfügende Einwilligende oder beim sog. aggressiven Notstand (§ 904 BGB) der Eigentümer, dem die zur Gefahrenabwehr verwendete und ggf. zerstörte Sache gehört.[10] Wichtigste Konsequenz der Duldungspflicht ist, dass sich der Duldungspflichtige seinerseits gegen die (berechtigten) Eingriffe in seine rechtlich geschützten Interessen nicht zur Wehr setzen darf. Wer einen anderen im Sinne der Notwehrvorschriften (§ 32) angreift, muss daher eine durch § 32 gedeckte Verteidigung und die damit einhergehenden Eingriffe in den eigenen Rechtskreis hinnehmen. Er darf etwa im Falle einer am eigenen Leibe erlittenen Körperverletzung nicht seinerseits dagegen „Notwehr" üben, wenn die erlittene Körperverletzung als Verteidigung gegen einen von ihm geführten Angriff gem. § 32 gerechtfertigt ist. „Notwehr" gegen Notwehr schließt sich aus. Wehrt sich der Angreifer dennoch und verletzt die Rechtsgüter des sich verteidigenden Angegriffenen, ist sein Verhalten rechtswidrig.[11]

3. Das Aufsuchen einzelner Rechtfertigungsgründe

Um abschließend über die Rechtswidrigkeit eines tatbestandsmäßigen Verhaltens entscheiden zu können, ist auf der Wertungsstufe der Rechtswidrigkeit die Feststellung erforderlich, dass kein Rechtfertigungsgrund zu Gunsten des tatbestandsmäßig Handelnden eingreift. Notwendig ist eine einzelfallbezogene Überprüfung auf das Nichtvorliegen eines „einschlägigen" Rechtfertigungsgrundes. Das führt unmittelbar zu der Frage, wie viele und welche verschiedenen Rechtfertigungsgründe es gibt. Und: Woher kommen Rechtfertigungsgründe?

Einen ersten Anhaltspunkt für die **Herkunft** von Rechtfertigungsgründen liefert das Dogma von der **Einheit und Widerspruchsfreiheit der Gesamtrechtsordnung**, wonach die Rechtsordnung nur einen einheitlichen Begriff der Rechtswidrigkeit kennt: Was im Strafrecht rechtswidrig ist, kann im Zivilrecht oder im sonstigen Recht nicht rechtmä-

---

8 Vgl. nur *Wessels/Beulke/Satzger*, Strafrecht AT, Rn. 399.
9 Vgl. *Wessels/Beulke/Satzger*, Strafrecht AT, Rn. 398.
10 Vgl. *Jescheck/Weigend*, Strafrecht AT, § 31 VI, 2.
11 Vgl. *Jescheck/Weigend*, Strafrecht AT, § 31 VI, 1; *Wessels/Beulke/Satzger*, Strafrecht AT, Rn. 398.

X. Rechtswidrigkeit und Rechtfertigung

ßig sein und umgekehrt.[12] Dementsprechend stellte es einen unerträglichen Wertungswiderspruch dar, wenn ein tatbestandsmäßiges Verhalten, das nach bürgerlichem oder öffentlichem Recht erlaubt ist, im Strafrecht nicht ebenfalls gerechtfertigt wäre.[13] Insofern gilt das Umgekehrte freilich nicht ohne weiteres: Was im Strafrecht gerechtfertigt und erlaubt ist, braucht nach bürgerlichem und/oder öffentlichem Recht nicht zwangsläufig und gleichermaßen „ungeteilt" rechtens zu sein.[14] Dessen ungeachtet ergibt sich aus alledem, dass strafrechtlich relevante Rechtfertigungsgründe nicht „exklusiv" nur dem Strafrecht entstammen, sondern in der Gesamtheit der Rechtsordnung vorfindbar und aus ihr herzuleiten sind.[15]

432 Angesichts dieser **Grenzenlosigkeit ihres Herkunftsbereichs**[16] sind die strafrechtlich relevanten Rechtfertigungsgründe einer abschließenden gesetzlichen Regelung und Erfassung entzogen. Gleichwohl kann man einen **Kernbestand** an praktisch wichtigen Rechtfertigungsgründen benennen. Dazu gehören die Notwehr (§ 32); der „allgemeine" rechtfertigende Notstand (§ 34); der sog. defensive Notstand (§ 228 BGB); der sog. aggressive Notstand (§ 904 BGB); die Selbsthilferechte gem. §§ 229, 562 b Abs. 1, 859/860 (Besitzwehr und Besitzkehr nach verbotener Eigenmacht), 1029 etc. BGB; die Wahrnehmung berechtigter Interessen (§ 193) im Zusammenhang mit Ehrverletzungen (§ 185 ff.); das Jedermanns-Recht zur vorläufigen Festnahme nach § 127 StPO; Eingriffs- und Zwangsbefugnisse nach §§ 81 a (Blutentnahme), 94 (Beschlagnahme), 102 (Durchsuchung) StPO; weitere Amtsbefugnisse, Dienstrechte und besondere Rechtspflichten von Amtsträgern (z.B. §§ 758, 808, 909 ZPO, §§ 177, 178 GVG, 87 StVollzG) sowie bei Handeln auf dienstlichen Befehl; das politische Widerstandsrecht gem. Art. 20 Abs. 4 GG und aus dem ungeschriebenen Recht die Einwilligung, mutmaßliche Einwilligung und rechtfertigende Pflichtenkollision.[17]

433 Das Gemeinsame aller Rechtfertigungsgründe, nämlich ihre rechtswidrigkeitsausschließende Wirkung, darf nicht darüber hinwegtäuschen, dass ihre Anwendungsvoraussetzungen ganz entsprechend ihrer Vielfalt und Vielgestaltigkeit erheblich differieren und ihre Anwendbarkeit im Einzelfall wesentlich auch von der deliktischen Charakteristik der jeweiligen tatbestandsmäßigen Handlung abhängt. So „passt" etwa die vorläufige Festnahme gem. § 127 StPO zur damit verbundenen Freiheitsberaubung, nicht aber zu einer etwaigen „überschießenden" Körperverletzung. Nicht ausgeschlossen ist jedoch, dass auf einen konkreten Lebenssachverhalt mehrere (verschiedene) Rechtfertigungsgründe zugleich anwendbar sind. Bei einer solchen **Konkurrenz von Rechtfertigungsgründen** gilt grundsätzlich, dass alle Rechtfertigungsgründe unabhängig voneinander und ggf. nebeneinander zur Anwendung kommen.[18] Wer als Eigentümer einen Dieb mitsamt Beute auf frischer Tat ertappt, darf ihn daher vorläufig festnehmen (tatbestandsmäßige, aber gem. § 127 StPO gerechtfertigte Freiheitsberaubung), ihn zwecks Wiedererlangung der eigenen Sache sistieren und im erforderlichen Maße körperlich bedrängen (tatbestandsmäßige, aber gem. § 32 gerechtfertigte Körperverletzung) und ihm die Sache wieder abnehmen (§ 859 Abs. 2 BGB: gerechtfertigte

---

12 Vgl. statt aller *Jescheck/Weigend*, Strafrecht AT, § 31 III, 1; *Schönke/Schröder (Sternberg-Lieben)*, StGB, Vorbem. §§ 32 ff. Rn. 27.
13 Vgl. *Roxin*, Strafrecht AT I, § 14 Rn. 32; *Schönke/Schröder (Sternberg-Lieben)*, StGB, Vorbem. §§ 32 ff. Rn. 27 f.
14 Vgl. dazu vertiefend *Roxin*, Strafrecht AT I, § 14 Rn. 31 ff. m. w. Nachw.
15 Vgl. *Jescheck/Weigend*, Strafrecht AT, § 31 III, 1.
16 So *Jescheck/Weigend*, Strafrecht AT, § 31 III, 2.
17 Vgl. den Überblick bei *Wessels/Beulke/Satzger*, Strafrecht AT, Rn. 421.
18 Vgl. *Roxin*, Strafrecht AT I, § 14 Rn. 45; *Wessels/Beulke/Satzger*, Strafrecht AT, Rn. 440.

Besitzwehr). Von dieser Regel ist ausnahmsweise dann abzuweichen, wenn ein „besonderer" Rechtfertigungsgrund nur einen sachidentischen Ausschnitt aus dem ebenfalls anwendbaren „allgemeinen" Rechtfertigungsgrund in spezifischer Weise regelt. So tritt beispielsweise § 34 als „ultima ratio" für außergewöhnliche Konfliktlagen gegenüber den speziellen Rechtfertigungsgründen zurück.[19]

Bislang noch nicht geklärt ist die Frage, ob und ggf. inwieweit sich Amtsträger im hoheitlichen Aufgabenbereich auf die allgemeinen strafrechtlichen Rechtfertigungsgründe berufen können.[20] Grundsätzlich ist davon auszugehen, dass die im Strafrecht normierten Rechtfertigungsgründe auch auf **hoheitliches Handeln** anzuwenden sind. Das ergibt sich zwanglos aus den betreffenden Rechtfertigungsgründen selbst, die sämtlichst uneingeschränkt für „Jedermann" und eben auch für Amtsträger gelten und hoheitliches Handeln aus ihrem Anwendungsbereich nicht ausschließen. Dafür sprechen ferner sog. Notrechtsvorbehalte in Polizei- und Ordnungsbehörden- oder Gefahrenabwehrgesetzen sowie in sonstigen öffentlich-rechtlichen Vorschriften. Aber auch „aus der Sache" folgt die Anwendbarkeit der Rechtfertigungsgründe auf hoheitliches Handeln. Was dem „Normalbürger" zum Schutze von Rechtsgütern erlaubt ist, kann dem Hoheitsträger auch unter dem Gesichtspunkt berufsbedingt erhöhter Gefahrtragungspflichten letztlich nicht verwehrt sein. Daher können sich auch Amtsträger bei der Ausübung hoheitlichen Handelns auf Notwehr- oder Notstandsrechte stützen, berechtigte Interessen wahrnehmen (§ 193) oder nach § 127 StPO vorgehen. Und das gilt nicht nur für Fallgestaltungen, in denen sich der hoheitlich handelnde Amtsträger gegen Verletzungen „eigener" Rechtsgüter zur Wehr setzt, sondern auch dort, wo er Rechtsgutsverletzungen zu Gunsten anderer Betroffener abwehrt. In den umstrittenen Fällen des **polizeilichen Schusswaffengebrauchs** im Rahmen von Nothilfe (§§ 32, 34) kann sich deshalb ein Recht zum Schusswaffengebrauch für den hoheitlich tätigen Polizeibeamten aus § 32 ergeben, und zwar zum Zwecke der Selbstverteidigung ebenso wie zum Zwecke der Fremdverteidigung.[21] Dass im Blick auf den polizeilichen Aufgabenbereich an die „Erforderlichkeit" (der Verteidigungshandlung) vergleichsweise höhere Anforderungen zu stellen sind[22], betrifft nicht die grundsätzliche Anwendbarkeit des § 32. Unter dem strafrechtlichen Aspekt des Rechtswidrigkeitsausschlusses durch Rechtfertigung gem. § 32 kann überdies offen bleiben, ob trotz zulässiger Notwehr (Nothilfe) polizei- oder disziplinarrechtliche Sanktionen wegen etwaiger Polizeirechtswidrigkeit des gerechtfertigten Verhaltens denkbar sind.[23]

4. Gibt es ein System der Rechtfertigungsgründe?

Gesetzlich normierte Rechtfertigungsgründe kann man zum Teil daran erkennen, dass sie ausdrücklich die Rechtswidrigkeit des (tatbestandsmäßigen) Handelns ausschließen (vgl. z.B. §§ 32 Abs. 1, 34, 228; §§ 227 – 229 BGB). Fehlt ein solches „förmliches" Erkennungszeichen, lässt sich der rechtfertigende Charakter einer rechtlichen Bestimmung nur durch Auslegung ermitteln. Orientierungshilfen könnte dabei ein in sich geschlossenes **System der Rechtfertigungsgründe** liefern, das alle Rechtfertigungsgrün-

---

19 Vgl. dazu *Roxin*, Strafrecht AT I, § 14 Rn. 48 ff.; *Wessels/Beulke/Satzger*, Strafrecht AT, Rn. 440.
20 Vgl. zu dieser Problematik etwa *Roxin*, Strafrecht AT I, § 15 Rn. 108 ff.; *Schönke/Schröder (Perron/Eisele)*, StGB, § 32 Rn. 42 a ff.; vgl. auch *BayObLG* JZ 1991, 936.
21 Vgl. dazu *Kühl*, Strafrecht AT, § 7 Rn. 148 ff.; *Wessels/Beulke/Satzger*, Strafrecht AT, Rn. 429 ff., 435.
22 Vgl. *Roxin*, Strafrecht AT I, § 15 Rn. 108 ff., 113.
23 Vgl. dazu *Kühl*, Strafrecht AT, § 7 Rn. 155 f.

de auf (wenige) Leitgedanken der Rechtfertigung zurückführt. Ein solches System der Rechtfertigungsgründe, das nicht nur jeden bereits bekannten und anerkannten Rechtfertigungsgrund erfassen, sondern auch „neue" Rechtfertigungsgründe „produzieren" können müsste, ist indessen bisher nicht entwickelt worden. Es hat zwar Versuche gegeben, übergeordnete Prinzipien der Rechtfertigung tatbestandsmäßigen Verhaltens im Sinne eines einzigen Grundgedankens (sog. monistische Theorien) oder im Sinne eines pluralistischen Ansatzes (sog. pluralistische Theorien) in Form weniger tragender Aussagen zu formulieren.[24] Mangels hinreichender Aussagekraft müssen diese Systematisierungsbemühungen jedoch als gescheitert angesehen werden. Monistische Rechtfertigungsformeln wie das „Mehr-Nutzen-als-Schaden-Prinzip" oder die „Beachtung des vorgehenden Gutsanspruchs" oder die „sozial richtige Regulierung von Interessen und Gegeninteressen"[25] sind so abstrakt gefasst, dass aus ihnen konkrete Ergebnisse nicht ableitbar sind. Das trifft auch für die „Mittel-Zweck-Formel" der sog. Zwecktheorie zu, wonach tatbestandsmäßiges Verhalten dann nicht rechtswidrig ist, wenn es sich als Anwendung des angemessenen (rechten) Mittels zur Verfolgung eines rechtlich anerkannten Zwecks erweist.[26]

436 Nicht wesentlich anders einzuschätzen sind die „pluralistischen" Systembildungen, soweit sie darauf angelegt sind, die Komplexität aller denkbaren Rechtfertigungsmodalitäten auf nur wenige übergeordnete Prinzipien zu reduzieren. So ist etwa ein Systembau der Rechtfertigungsgründe, der ausschließlich auf den beiden **Rechtfertigungsprinzipien des „überwiegenden Interesses"** und des **„mangelnden Interesses"** beruht[27], ebenfalls mangels hinreichender Aussagekraft strafrechtlich nicht „operationalisierbar", weil die Spezifität der unterschiedlichsten Rechtfertigungskriterien in ihm verloren geht. Vermeiden lässt sich das nur, indem man die „pluralistische" Struktur des Rechtfertigungssystems so beträchtlich erweitert, dass alle für die Rechtfertigung tatbestandsmäßigen Verhaltens maßgeblichen konkreten Einzelprinzipien in das System einbezogen werden. Dann aber verliert es seine innere Geschlossenheit, so dass der „systemgesteuerte" Erkenntnisgewinn gering ausfällt und es dabei verbleibt, für jeden Rechtfertigungsgrund die bestimmenden Rechtfertigungsprinzipien einzelfallbezogen und konkret (jeweils „von neuem") zu ergründen.[28]

437 Die Skepsis an der strafrechtlichen Brauchbarkeit eines Systems der Rechtfertigungsgründe hindert freilich nicht zu akzeptieren, dass die allermeisten Rechtfertigungsgründe in den allgemeinen Rechtfertigungsprinzipien des überwiegenden und des mangelnden Interesses eine Erklärung finden und dementsprechend auf zwei Grundsituationen wie folgt[29] zurückgeführt werden können: Entweder das Interesse am Schutz des verletzten Rechtsguts gerät in Widerstreit mit anderen wichtigeren Interessen und wird durch diese verdrängt (Prinzip des überwiegenden Interesses z.B. im Falle von Notwehr oder rechtfertigendem Notstand), oder es entfällt deshalb, weil nach der alten Regel „volenti non fit iniuria" für das Recht kein Anlass besteht, ein Gut gegen einen bestimmten Eingriff zu schützen, wenn es sein Inhaber gegen diese Verletzung in der konkreten Situation nicht geschützt wissen will (Prinzip des mangelnden Interesses

---

[24] Vgl. dazu *Roxin*, Strafrecht AT I, § 14 Rn. 38 ff.; *Schönke/Schröder (Sternberg-Lieben)*, StGB, Vorbem. §§ 32 ff. Rn. 6 f.
[25] Vgl. *Schönke/Schröder (Sternberg-Lieben)*, StGB, Vorbem. §§ 32 ff. Rn. 6 f. m. w. Nachw.
[26] Vgl. *Roxin*, Strafrecht AT I, § 14 Rn. 39 m. Nachw.
[27] Vgl. dazu *Jescheck/Weigend*, Strafrecht AT, § 31 II, 2.
[28] Im Ergebnis ähnlich *Jescheck/Weigend*, Strafrecht AT, § 31 II, 3/4; *Roxin*, Strafrecht AT I, § 14 Rn. 42/3.
[29] So *Schönke/Schröder (Sternberg-Lieben)*, StGB, Vorbem. §§ 32 ff. Rn. 7.

z.B. bei Einwilligung und mutmaßlicher Einwilligung). Die Kontrolle „rechtfertigungsverdächtiger" Vorschriften am Beurteilungsmaßstab dieser Rechtfertigungsprinzipien kann für das Erkennen von (auch „neuen") Rechtfertigungsgründen durchaus nützlich sein; man muss nur im Auge behalten, dass damit nicht stets schon alle „Würfel der Rechtfertigung" tatbestandsmäßigen Verhaltens fallen.

5. Zur Struktur der Erlaubnistatbestände

Vom Standpunkt der gegenwärtig vorherrschenden (personalen) Unrechtslehre (vgl. Rn. 331/2) aus ist eine tatbestandsmäßige Handlung nur gerechtfertigt und damit rechtmäßig, wenn deren Erfolgs- und Handlungsunrecht gleichermaßen aufgehoben ist.[30] Erfolgs- und Handlungsunwert im Tatunrecht müssen danach durch entsprechende Komponenten der Rechtfertigung (vollständig) kompensiert werden. Da sich Erfolgsunwert und Handlungsunwert im Tatunrecht in objektiven und subjektiven Unrechtselementen niederschlagen, setzt deren Kompensation demgemäß **objektive und subjektive Rechtfertigungselemente** voraus, die den objektiven und subjektiven Unrechtselementen nach Art eines „Plus-Minus-Verhältnisses" korrespondierend gegenüberstehen. Alle Rechtfertigungsgründe stimmen danach in ihrem **strukturellen Aufbau** mit den Unrechtstatbeständen der Deliktsbeschreibungen prinzipiell überein: Die in Erlaubnistatbestände gekleideten Rechtfertigungsgründe bestehen aus objektiven Rechtfertigungselementen (objektiver Erlaubnistatbestand) und subjektiven Rechtfertigungselementen (subjektiver Erlaubnistatbestand). Und nur wenn beides gegeben ist, je nach Rechtfertigungsgrund dessen objektive und subjektive Rechtfertigungselemente also zugleich verwirklicht sind, tritt volle Rechtfertigung des tatbestandsmäßigen Verhaltens ein. Diesen Befund aufgedeckt zu haben, ist das Verdienst der **Lehre von den subjektiven Rechtfertigungselementen**.[31] Sie hat sich in Lehre und Rechtsprechung weitgehend durchgesetzt. Nach heute vorherrschender Auffassung wird eine tatbestandsmäßige Handlung nicht schon dadurch gerechtfertigt, dass die objektiven Voraussetzungen eines Rechtfertigungsgrundes vorliegen. Es müssen vielmehr auch die subjektiven Rechtfertigungsvoraussetzungen erfüllt sein.[32]

438

Nicht ganz einig ist man sich über die Anforderungen, die an den subjektiven Erlaubnistatbestand zu stellen sind. Eine im Vordringen begriffene Auffassung[33] verlangt nur, dass der Täter in **Kenntnis** der objektiven Rechtfertigungslage handelt.[34] Demgegenüber soll nach Auffassung der Rechtsprechung und eines Großteils der Strafrechtslehre[35] nur derjenige „voll" gerechtfertigt sein, der auf Grund eines Erlaubnissatzes **recht handeln will**.[36] Danach ist zur (vollen) Rechtfertigung z.B. bei der Notwehr (§ 32) ein Handeln in bloßer Kenntnis der Notwehrsituation und beim rechtfertigenden Notstand (§ 34) ein Handeln in bloßer Kenntnis der Notstandslage nicht ausreichend. Hinzu kommen muss bei der Notwehr ein „Verteidigungswille" und beim rechtferti-

439

---

30 Vgl. *Roxin*, Strafrecht AT I, § 14 Rn. 96.
31 Vgl. *Jescheck/Weigend*, Strafrecht AT, § 31 IV, 1.
32 Vgl. dazu *Heinrich*, Strafrecht AT, Rn. 323 ff.; *Jescheck/Weigend*, Strafrecht AT, § 31 IV, 1; *Kühl*, Strafrecht AT, § 6 Rn. 11 ff.; *Roxin*, Strafrecht AT I, § 14 Rn. 94 ff., 96; *Schönke/Schröder (Sternberg-Lieben)*, StGB, Vorbem. §§ 32 ff. Rn. 13 ff.; *Wessels/Beulke/Satzger*, Strafrecht AT, Rn. 410 ff.
33 *Roxin*, Strafrecht AT I, § 14 Rn. 97 bezeichnet sie als „wohl schon vorherrschende Auffassung".
34 Vgl. *Roxin*, Strafrecht AT I, § 14 Rn. 97, 99 ff.; *Schönke/Schröder (Sternberg-Lieben)*, StGB, Vorbem. §§ 32 ff. Rn. 14 jew. m. w. Nachw.
35 Nachw. bei *Roxin*, Strafrecht AT I, § 14 Rn. 98 in und bei Fn. 138–140.
36 Vgl. *Wessels/Beulke/Satzger*, Strafrecht AT, Rn. 413; ferner *BGHSt* 56, 11. 22; *BGH* NJW 2013, 2133, 2135.

genden Notstand der „Rettungswille", ohne dass freilich dieser „intentionale Rechtfertigungswille" das ausschließliche oder dominierende Willensmoment sein müsste. Wer im Zorn, aber zwecks Verteidigung eine tatbestandsmäßige Körperverletzung begeht, ist daher auch nach letzterer Ansicht über § 32 gerechtfertigt. Davon abgesehen leuchtet die Auffassung der Rechtsprechung und eines Teils der Lehre aus anderen Gründen mehr ein: Die strukturelle Übereinstimmung zwischen Unrechts- und Erlaubnistatbestand setzt sich nämlich fort bis in ihre jeweiligen Einzelelemente. So wie im subjektiven Unrechtstatbestand der Tatvorsatz den maßgeblichen Handlungsunwert trägt, ist auf Seiten der Rechtfertigung ein kompensatorisches Vorsatzpendant und in diesem Sinne ein „**Rechtfertigungsvorsatz**" erforderlich. Der subjektive Erlaubnistatbestand ist demnach nur erfüllt, wenn der tatbestandsmäßig Handelnde die objektiv-tatbestandlichen Rechtfertigungsvoraussetzungen **weiß** (kennt) **und will**. Bei der Notwehr ist somit Kenntnis der Notwehrlage mit daraus resultierendem Verteidigungswillen, beim rechtfertigenden Notstand entsprechend Kenntnis der Notstandssituation mit darauf beruhendem Rettungswillen zur Rechtfertigung erforderlich.[37]

440 Der Gegensatz der Auffassungen tritt praktisch weitgehend zurück, wenn man bedenkt, dass sicheres Wissen um eine Rechtfertigungslage – regelmäßig – auch das voluntative Rechtfertigungselement erzeugt. Wie im Unrechtsbereich ist auch im Rechtfertigungsbereich, und zwar bei den sog. unvollkommen zweiaktigen Rechtfertigungsgründen[38] eine bestimmte **Absicht** erforderlich. Bei den **unvollkommen zweiaktigen Rechtfertigungsgründen** tritt zur eigentlichen Rechtfertigungslage noch ein weitergehender Zweck hinzu, den der tatbestandsmäßig Handelnde anstreben muss, will er „voll" gerechtfertigt sein. Die freiheitsberaubende vorläufige Festnahme gem. § 127 StPO ist daher nur dann gerechtfertigt, wenn die Festnahme in Kenntnis der objektiven Rechtfertigungsvoraussetzungen und zusätzlich in der Absicht erfolgt, die Strafverfolgung zu ermöglichen.[39] Zum subjektiven Erlaubnistatbestand gehört nur das „Wissen und Wollen" der tatsächlichen (objektiven) Rechtfertigungsvoraussetzungen. Nicht dazu gehört, dass der tatbestandsmäßig Handelnde die Rechtfertigungsvoraussetzungen pflichtgemäß prüft. Die **pflichtgemäße Prüfung** der Sachlage durch den tatbestandsmäßig Handelnden ist deshalb für keine Art von Rechtfertigungsgründen ein weiteres subjektives Rechtfertigungserfordernis.[40]

441 Ist der subjektive Erlaubnistatbestand nicht erfüllt, fehlt mit anderen Worten das subjektive Rechtfertigungselement, scheidet eine Rechtfertigung des tatbestandsmäßigen Verhaltens aus. Wer eine Körperverletzung begeht, ohne erkannt zu haben, dass objektiv für ihn beispielsweise eine Notwehrlage bestand, kann daher trotz dieser Notwehrlage nicht grundsätzlich straflos bleiben. Insoweit stimmen (fast) alle überein. Uneins ist man sich dann aber in der Frage, wie der tatbestandsmäßig Handelnde zu bestrafen ist. Die wohl noch herrschende Auffassung will wegen vollendeten Delikts bestrafen: Mangels Rechtfertigung ist der objektive und subjektive Unrechtstatbestand

---

37 Wie hier etwa *Wessels/Beulke/Satzger*, Strafrecht AT, Rn. 413 f. m. w. Nachw.; vgl. *Jescheck/Weigend*, Strafrecht AT, § 31 IV, 1 m. w. Nachw.; vgl. auch *Heinrich*, Strafrecht AT, Rn. 325 mit Rn. 386 ff., 389; *Kühl*, Strafrecht AT, § 6 Rn. 11 ff. mit § 7 Rn. 124 f.
38 Vgl. dazu *Schönke/Schröder (Sternberg-Lieben)*, StGB, Vorbem. §§ 32 ff. Rn. 16.
39 Vgl. dazu noch *Roxin*, Strafrecht AT I, § 14 Rn. 103/106.
40 Wie hier *Wessels/Beulke/Satzger*, Strafrecht AT, Rn. 405 u. 490 m. w. Nachw.; teilweise anders – differenzierend – *Schönke/Schröder (Sternberg-Lieben)*, StGB, Vorbem. §§ 32 ff. Rn. 17 ff. m. w. Nachw.

"voll" erfüllt.⁴¹ Dieser Ansicht ist zwar zuzugeben, dass trotz objektiver Rechtfertigungslage ein tatbestandsmäßiger Erfolg verwirklicht ist. Sie übersieht indessen, dass eine tatsächlich bestehende Rechtfertigungslage (objektives Rechtfertigungselement) den Erfolgsunwert im Tatunrecht vollständig kompensiert, so dass der eingetretene tatbestandsmäßige Erfolg nicht als Unrechtserfolg angesehen werden kann.⁴²

Mit dem Wegfall des Erfolgsunwerts im Tatunrecht verbleibt „nur noch" der Handlungsunwert in Gestalt der Entscheidung des tatbestandsmäßig Handelnden für eine Rechtsgutverletzung.⁴³ Dies entspricht der Situation eines (untauglichen) Versuchs (vgl. zur Versuchsstrafbarkeit Rn. 502 ff.). Deshalb ist es sachgerecht, die **Versuchsregeln sinngemäß** auf das Fehlen des subjektiven Rechtfertigungselements **anzuwenden**.⁴⁴ In der Konsequenz dieser „Versuchslösung" liegt es, dass bei fehlendem subjektivem Rechtfertigungselement der tatbestandsmäßig Handelnde straflos gestellt werden muss, wenn es um Delikte geht, bei denen der Versuch (§ 23) nicht strafbar ist. Fehlt es im Falle eines unvollkommen zweiaktigen Rechtfertigungsgrundes (vgl. Rn. 440) an der (zusätzlichen) Absicht, tritt allerdings nicht Versuchs-, sondern Vollendungsstrafbarkeit ein.⁴⁵

442

6. Als Beispiel: Die Notwehr (§ 32)

Nicht rechtswidrig handelt, wer eine Tat begeht, die durch Notwehr geboten ist (vgl. § 32 Abs. 1). Was nach geltendem Strafrecht unter „Notwehr" zu verstehen ist, ergibt sich aus § 32 Abs. 2: „Notwehr ist die Verteidigung, die erforderlich ist, um einen gegenwärtigen rechtswidrigen Angriff von sich oder einem anderen abzuwehren". Das Recht zur Notwehr gewährt ihrer Legaldefinition entsprechend erhebliche Eingriffsbefugnisse. Rückführbar ist die Notwehr auf das Rechtfertigungsprinzip des überwiegenden Interesses (vgl. Rn. 436 f.): Der Angreifer muss die Verletzung eigener Interessen bzw. Rechtsgüter hinnehmen, weil von Gesetzes wegen die Interessen des Angegriffenen als höherwertig eingestuft werden. Dieser Interessenschutz betrifft nach der sog. „**Zwei-Elemente-Theorie**"⁴⁶ den **Selbst-** oder **Individualschutz** (Schutz von Rechtsgütern des tatbestandsmäßig Handelnden oder eines Dritten) und die **Rechtsbewährung** (das Recht braucht dem Unrecht nicht zu weichen).⁴⁷ Bei jeder Rechtfertigung durch Notwehr wirken Individualschutz- und Rechtsbewährungsgedanke in wechselnder Weise zusammen.⁴⁸ Dabei können individualrechtliche Aspekte die sozialrechtlichen Aspekte der Notwehr überlagern und begrenzen und umgekehrt. Scheidet das Element des Individualschutzes oder das der Rechtsbewährung vollständig aus, kommt demzu-

443

---

41 Vgl. z.B. *BGHSt* 2, 111, 114 und w. Nachw. für die „Vollendungslösung" bei *Kühl*, Strafrecht AT, § 6 Rn. 15 bei und in Fn. 1 sowie bei *Wessels/Beulke/Satzger*, Strafrecht AT, Rn. 415 bei und in Fn. 34; vgl. auch *Heinrich*, Strafrecht AT, Rn. 392.
42 So etwa *Jescheck/Weigend*, Strafrecht AT, § 31 IV, 2; *Kühl*, Strafrecht AT, § 6 Rn. 15/16; *Roxin*, Strafrecht AT I, § 14 Rn. 104.
43 Vgl. *Kühl*, Strafrecht AT, § 6 Rn. 16; *Wessels/Beulke/Satzger*, Strafrecht AT, Rn. 415.
44 Ebenso *Jescheck/Weigend*, Strafrecht AT, § 31 IV, 2; *Kühl*, Strafrecht AT, § 6 Rn. 16; *Schönke/Schröder (Sternberg-Lieben)*, StGB, Vorbem. §§ 32 ff. Rn. 15; *Wessels/Beulke/Satzger*, Strafrecht AT, Rn. 415 m. w. Nachw. in dort. Fn. 35, 36 für die sog. „Versuchslösung", wohl h. M.; mit gleichem Ergebnis, aber für direkte Anwendung der Versuchsregeln etwa *Roxin*, Strafrecht AT I, § 14 Rn. 104 m. w. Nachw. in Fn. 138.
45 Vgl. *Roxin*, Strafrecht AT I, § 14 Rn. 106.
46 Vgl. *Schönke/Schröder (Perron/Eisele)*, StGB, § 32 Rn. 1a m. w. Nachw.
47 Vgl. *Jescheck/Weigend*, Strafrecht AT, § 32 I, 1.
48 Vgl. *Roxin*, Strafrecht AT I, § 15 Rn. 3.

X. Rechtswidrigkeit und Rechtfertigung

folge eine Rechtfertigung durch Notwehr nicht in Betracht, was allerdings eine Rechtfertigung über andere Rechtfertigungsgründe nicht von vornherein ausschließt.

444 Das komplexe Merkmalsgefüge der Notwehr wird allgemein in drei Merkmalsgruppen untergliedert, und zwar in die Notwehrlage, die Notwehrhandlung und die subjektiven Rechtfertigungselemente. Zur **Notwehrlage** gehört der in § 32 Abs. 2 genannte gegenwärtige, rechtswidrige Angriff auf ein notwehrfähiges (Rechts-)Gut, zur **Notwehrhandlung** zählen die Erforderlichkeit und Gebotenheit der Abwehrhandlung und zu den **subjektiven Rechtfertigungselementen** sind die Kenntnis von der Notwehrlage sowie der Wille zur Verteidigung zu rechnen.[49] Die Merkmale der Notwehrlage und der Notwehrhandlung bilden zusammen den objektiven, die subjektiven Rechtfertigungselemente den subjektiven Erlaubnistatbestand.

6.1 Die Notwehrlage

445 Rechtfertigung durch Notwehr setzt danach objektiv zunächst als **Notwehrlage** einen gegenwärtigen rechtswidrigen Angriff auf ein notwehrfähiges (Rechts-)Gut voraus. **Angriff** im Sinne des § 32 Abs. 2 ist jedes menschliche Verhalten, von dem eine drohende Verletzung rechtlich geschützter Interessen oder Güter ausgeht. Nicht erforderlich ist ein vorsätzliches oder gar absichtliches Verhalten, es genügt vielmehr schon ein fahrlässiges oder völlig schuldloses und objektiv noch nicht einmal pflichtwidriges Verhalten, auch Schuldunfähige können „angreifen". Ebenso braucht das Angriffsverhalten keine „gezielte" Verletzung oder Gefährdung von (Rechts-)Gütern zu sein. Es muss aber Handlungsqualität haben, Nicht-Handlungen (z.B. Reflexverhalten etc., vgl. Rn. 287 ff.) scheiden als „Angriff" aus.[50] Als Angriff im Sinne des Notwehrrechts kommt grundsätzlich auch ein Unterlassen in Frage. Eine Begrenzung ergibt sich aber aus § 13 mit der Folge, dass nur der zur Erfolgsverhinderung verpflichtete Garant durch Unterlassen angreifen kann.[51] Im Übrigen setzt ein Angriff stets ein konkret gefährliches Verhalten voraus, weil sonst das Selbstschutzinteresse fehlt. Kein Angriff ist daher der untaugliche Versuch (vgl. dazu Rn. 529 f.); denn er gefährdet kein Individualrechtsgut. Entsprechendes gilt für sog. Scheinangriffe, bei denen ebenfalls keine Rechtsgutverletzung oder -gefährdung gegeben ist.[52]

446 Notwehrfähig ist jedes rechtlich geschützte Interesse oder Gut des Angegriffenen oder eines Dritten (Nothilfe!). **Notwehrfähig** sind mithin **alle Individual(rechts)güter**, wobei es sich nicht um strafrechtlich geschützte Rechtsgüter, sondern nur um überhaupt rechtlich geschützte Interessen und Güter handeln muss. Dazu zählen Individualrechtsgüter wie etwa Leben, Leib, Ehre, Freiheit etc., aber auch Ausprägungen des allgemeinen Persönlichkeitsrechts wie z.B. die Intim- oder Privatsphäre, das Recht am eigenen Bild, das Hausrecht, der Besitz, familienrechtliche Verhältnisse und zahlreiche andere Individualgüter und -interessen.[53] Nicht notwehrfähig sind dagegen Rechtsgüter der

---

49 Vgl. die Übersicht bei *Wessels/Beulke/Satzger*, Strafrecht AT, Rn. 547 f.
50 Vgl. dazu *Roxin*, Strafrecht AT I, § 15 Rn. 6 ff.; *Wessels/Beulke/Satzger*, Strafrecht AT, Rn. 495, 496.
51 Vgl. *Roxin*, Strafrecht AT I, § 15 Rn. 11; anders *Schönke/Schröder (Perron/Eisele)*, StGB, § 32 Rn. 10/11; vgl. ferner *Baumann/Weber/Mitsch/Eisele*, Strafrecht AT/Mitsch, § 15 Rn. 9 ff. mit krit. Rn. 10; wie hier auch *Wessels/Beulke/Satzger*, Strafrecht AT, Rn. 498 m. w. Nachw. in Fn. 14; ferner *Heinrich*, Strafrecht AT, Rn. 343; *Murmann*, Grundkurs, § 25 Rn. 78; *Stratenwerth/Kuhlen*, Strafrecht AT, § 9 Rn. 65; wohl h. M.
52 Vgl. zum Ganzen *Jescheck/Weigend*, Strafrecht AT, § 32 II, 1a; *Kühl*, Strafrecht AT, § 7 Rn. 21 ff.; *Roxin*, Strafrecht AT I, § 15 Rn. 6 ff.; *Schönke/Schröder (Perron/Eisele)*, StGB, § 32 Rn. 3 ff.; *Wessels/Beulke/Satzger*, Strafrecht AT, Rn. 495 ff. jew. m. w. Nachw.
53 Vgl. nur *Schönke/Schröder (Perron/Eisele)*, StGB, § 32 Rn. 5, 5a.

6. Als Beispiel: Die Notwehr (§ 32)

Allgemeinheit. Das trifft zunächst für alle strafrechtlich geschützten Universalrechtsgüter, jedoch ebenso für sonst rechtlich geschützte Güter der Allgemeinheit wie die „öffentliche Ordnung", das „öffentliche Wohl", die „Rechtsordnung als Ganzes" etc. zu. Das ergibt sich aus der Alleinzuständigkeit des staatlichen Hoheitsträgers für die Sicherung des Rechtsfriedens. Das beim Staat angesiedelte Gewaltmonopol wäre dahin, wenn jeder Private zu Gunsten der öffentlichen Sicherheit und Ordnung nach § 32 zu Rechtsguteingriffen befugt wäre. Ob und inwieweit sich der einzelne Bürger zum Schutze der freiheitlich-demokratischen Grundordnung oder anderen höchsten Staatszielen in Ergänzung zum Widerstandsrecht nach Art. 20 Abs. 4 GG in besonderen Gefährdungslagen auf § 32 und ein Recht zur Staatsnotwehr (Staatsnothilfe) berufen kann, ist umstritten[54], aber wohl abzulehnen.[55] In extremen Gefährdungssituationen für den Bestand des Staates kann ggf. auf § 34 (Staatsnotstand) zurückgegriffen werden. Soweit der Staat wie ein „Privater" (z.B. als Fiskus) auftritt, sind die ihm zustehenden „Individualrechtsgüter" (Eigentum, Vermögen etc.) indessen wie auch sonst notwehrfähig.[56]

Der Angriff muss **gegenwärtig** sein. Gegenwärtig ist der Angriff, der unmittelbar bevorsteht, bereits begonnen hat oder noch andauert. Die Gegenwärtigkeit des Angriffs erstreckt sich daher vom **unmittelbaren Ansetzen zum Angriff** bis zu seiner **Beendigung**. Beendet ist der Angriff, wenn er fehlgeschlagen, endgültig aufgegeben oder vollständig durchgeführt worden ist, so dass die Rechtsgutsverletzung durch Gegenwehr nicht mehr abgewendet werden kann.[57] Auch der erst **künftige Angriff** ist nicht gegenwärtig. Ein auf der sinngemäßen Anwendung des § 32 beruhender besonderer Rechtfertigungsgrund der sog. „Präventivnotwehr" oder „notwehrähnlichen Lage" ist deshalb nicht anzuerkennen. Das gilt auch dort, wo das Abwarten bis zum Beginn des Angriffs die Abwehrchancen erheblich verschlechterte. Auch insoweit ist freilich eine Rechtfertigung von Präventivmaßnahmen über § 34 vorstellbar.[58] Wer als Gastwirt den letzten verbliebenen Gästen in berechtigter Erwartung eines alsbaldigen Überfalls vorsichtshalber k.o.-Tropfen ins Bier mischt, kann sich daher nicht auf § 32, bei Vorliegen der Voraussetzungen wohl aber auf § 34 berufen. Nicht zu verwechseln mit solchen **Präventivmaßnahmen** sind die Fälle der **antizipierten Notwehr** durch Anbringen von selbständig wirkenden Selbstschutzanlagen (Elektrozäune, Selbstschussapparate etwa zur Sicherung eines Ferienhauses). Bei ihnen fehlt es nicht an der Gegenwärtigkeit des Angriffs, weil der Schutzmechanismus gerade mit Beginn des Angriffs ausgelöst wird. Zweifelhaft ist aber zumeist die Erforderlichkeit dieser Art von Abwehr.[59]

Schließlich muss der gegenwärtige Angriff auch **rechtswidrig** sein. Das ist er dann, wenn er gegen die Normen der Gesamtrechtsordnung und nicht nur, wenn er gegen die Normen des Strafrechts verstößt (auch strafrechtlich nicht geschützte Güter sind not-

---

54 Vgl. dazu *Roxin*, Strafrecht AT I, § 15 Rn. 40/1.
55 Vgl. *Jescheck/Weigend*, Strafrecht AT, § 32 II, 1; *Schönke/Schröder (Perron/Eisele)*, StGB, § 32 Rn. 6; *Wessels/Beulke/Satzger*, Strafrecht AT, Rn. 497 mit Rn. 459.
56 Vgl. *Roxin*, Strafrecht AT I, § 15 Rn. 40; vgl. auch *Jescheck/Weigend*, Strafrecht AT, § 32 II, 1b; *Schönke/Schröder (Perron/Eisele)*, StGB, § 32 Rn. 6.
57 Vgl. dazu *BGHSt* 48, 207 ff., 209 m. Bespr. *Widmaier* NJW 2003, 2788; ferner *Wessels/Beulke/Satzger*, Strafrecht AT, Rn. 500.
58 Vgl. *Kühl*, Strafrecht AT, § 7 Rn. 42, dort auch nachfolgendes Beispiel mit Hinweis auf *Lenckner* in dort. Fn. 65.
59 Vgl. zum Ganzen etwa *Jescheck/Weigend*, Strafrecht AT, § 32 II, 1d; *Kühl*, Strafrecht AT, § 7 Rn. 39 ff.; *Roxin*, Strafrecht AT I, § 15 Rn. 21 ff.; *Schönke/Schröder (Perron/Eisele)*, StGB, § 32 Rn. 13 ff.; *Wessels/Beulke/Satzger*, Strafrecht AT, Rn. 500 ff. mit Rn. 512 ff.; vgl. zur Gegenwärtigkeit des Angriffs auch *Baumann/Weber/Mitsch/Eisele*, Strafrecht AT/Mitsch, § 15 Rn. 18 ff.

wehrfähig). Er darf weiter nicht durch eine Erlaubnisnorm gedeckt sein. Daraus ergibt sich, dass gegen Angriffe, die selbst durch Notwehr, rechtfertigenden Notstand oder durch Einwilligung etc. gerechtfertigt sind, ein Recht zur Notwehr nicht besteht. Dagegen braucht der Angriff nicht strafbar zu sein. Auch schuldhaftes Angriffsverhalten ist nicht erforderlich. Die Angriffe von schuldlos Handelnden (z.B. Kinder, Betrunkene oder sonst Schuldunfähige, gem. §§ 16, 17 schuldlos Irrende) dürfen daher durch Notwehr abgewehrt werden. Eine ganz andere Frage ist die nach der Gebotenheit der Notwehr, wenn man sich des rechtswidrigen Angriffs etwa von Kindern erwehrt. Zwar ist in diesen Fällen der Aspekt der Rechtsbewährung als ein Grundgedanke der Notwehr nicht gegenstandslos, doch ist das Ausmaß an notwendiger Rechtsbewährung erheblich geringer als sonst.[60] Von daher sind sozialrechtlich begründete Einschränkungen der Gebotenheit bei schuldlosem Angriffsverhalten oftmals angezeigt. Noch nicht vollständig geklärt ist die Frage, ob für die Rechtswidrigkeit des rechtsgutsverletzenden bzw. -gefährdenden Angriffs der bevorstehende **Eintritt des Erfolgsunrechts** genügt, oder ob der Angriff auch einen **Handlungsunwert** aufweisen muss.[61] Grundsätzlich ist davon auszugehen, dass zur Rechtswidrigkeit des Angriffs der bevorstehende Eintritt des Erfolgsunrechts ausreicht, insbesondere also vorsätzliches Verhalten des Angreifers nicht erforderlich ist. Darüber hinaus muss das Angriffsverhalten aber zumindest **objektiv pflichtwidrig** sein.[62] Droht beispielsweise im Straßenverkehr aus einem den Verkehrsregeln in jeder Hinsicht entsprechenden Fahrverhalten eines Pkw-Fahrers die Verletzung von Individualrechtsgütern, ist die Gefahrabwehr nicht durch Notwehr, sondern ggf. durch rechtfertigenden Notstand (§ 34) gerechtfertigt oder lediglich gem. § 35 entschuldigt.[63]

6.2 Die Notwehrhandlung

449 Die **Notwehrhandlung** ist eine Verteidigungshandlung zur Abwehr von Angriffen auf notwehrfähige (Rechts-)Güter. Sie muss sich **gegen den Angreifer** richten, muss **objektiv erforderlich** und **normativ geboten** sein.[64] Schon aus dem „Verteidigungszusammenhang" zwischen „Abwehr und Angriff" lässt sich ableiten, dass sich die **Notwehrhandlung nur gegen den Angreifer** und dessen Rechtsgüter richten darf. Die Verletzung von Rechtsgütern und anderen rechtlich geschützten Interessen unbeteiligter Dritter ist daher nicht nach § 32 gerechtfertigt. Sie kann aber durch andere Rechtfertigungsgründe, etwa durch rechtfertigenden Notstand gem. §§ 228, 904 BGB oder auch § 34 gerechtfertigt oder nach § 35 entschuldigt sein. Liegen die Voraussetzungen dieser anderen Rechtfertigungsgründe oder einer Entschuldigung nicht vor, ist die im Zuge von Notwehr geschehene Verletzung von Rechtsgütern unbeteiligter Dritter durchaus auch strafbar. Wer auf einen mit der Beute fliehenden Dieb schießt und dabei (billigend) in Kauf nimmt, dass auch ein unbeteiligter Passant von einer Kugel getroffen wird, macht sich wegen vorsätzlicher Körperverletzung des Passanten strafbar.[65] Eine „**Drittwirkung**" der Rechtfertigung durch Notwehr gegen den ebenfalls verletzten Dieb ist

---

60 Vgl. *Roxin*, Strafrecht AT I, § 15 Rn. 19.
61 Vgl. einerseits *Jescheck/Weigend*, Strafrecht AT, § 32 II, 1c, andererseits *Roxin*, Strafrecht AT I, § 15 Rn. 14.
62 Vgl. *Schönke/Schröder (Perron/Eisele)*, StGB, § 32 Rn. 20/21.
63 Vgl. dazu noch *Roxin*, Strafrecht AT I, § 15 Rn. 14 ff. m. w. Nachw.; *Wessels/Beulke/Satzger*, Strafrecht AT, Rn. 500 ff., 502 m. w. Nachw. in Fn. 32.
64 Vgl. *Wessels/Beulke/Satzger*, Strafrecht AT, Rn. 512 ff.
65 Vgl. *Roxin*, Strafrecht AT I, § 15 Rn. 124 ff.

6. Als Beispiel: Die Notwehr (§ 32)

ausgeschlossen. Das gilt **ohne Ausnahme** für alle Fälle einer Verletzung von rechtlich geschützten Gütern unbeteiligter Dritter als Nebenfolge zulässiger Notwehr.[66]

Die **Erforderlichkeit** der Notwehrhandlung betrifft zum einen die Art, zum anderen die Intensität der Angriffsabwehr. Zunächst muss die Verteidigung ihrer Art nach **geeignet** sein, den Angriff abzuwehren. Allzu hohe Anforderungen sind an die Eignung zur Angriffsabwehr mit Rücksicht auf das Wesen der Notwehr indessen nicht zu stellen. Insbesondere ist die Eignung der Verteidigung nicht deshalb ausgeschlossen, weil sie den Angriff lediglich abschwächt, hinauszögert oder behindert. Ausreichend ist vielmehr, das ein Abwehrerfolg, und sei es auch nur in Form einer Abschwächung oder Verzögerung des Angriffs oder einer Verringerung der Gefahr einer Rechtsgutsverletzung, nicht von vornherein aussichtslos erscheint.[67] Die permanente Gefahr von Angriffen auf die körperliche Integrität rechtfertigt daher nicht, dem Angreifer die Reifen seines Autos zu zerstechen, wenn von vornherein klar ist, dass sich der Angreifer durch diese „Verteidigungshandlung" von weiteren körperlichen Misshandlungen nicht abbringen lässt[68]: Dem Zerstechen der Reifen fehlt die Eignung zur Angriffsabwehr, weil es sich um eine Zerstörung von Sachen des Angreifers außerhalb des „Angriffszusammenhangs" handelt.

450

Stehen dem Angegriffenen mehrere geeignete Abwehrmittel zur Verfügung, ist er berechtigt, diejenigen zur Verteidigung einzusetzen, die den **Angriff mit Sicherheit, sofort und endgültig beenden**. Auch der Einsatz lebensgefährlicher Abwehrmittel ist (soweit es das einzige geeignete und „wirksame" Mittel darstellt) von der Erforderlichkeit (der Verteidigung) umfasst. Ebenso ist der Angegriffene berechtigt, sog. **Trutzwehr** zu leisten, er ist nicht auf bloße **Schutzwehr** beschränkt. Beides sind „wehrhafte Formen" der Verteidigung, wobei die Schutzwehr defensiven, die Trutzwehr offensiv-aggressiven Charakter hat (Motto: Angriff ist die beste Verteidigung)[69] und im Sinne von „Gegenwehr" angewandt wird.

451

Die Erforderlichkeit der Verteidigung besagt jedoch nicht allein, dass alles, was den Angriff sofort, sicher und endgültig beendet, zur Angriffsabwehr eingesetzt werden darf. Vielmehr enthält sie auch eine Begrenzung der zulässigen Verteidigungsmittel. Stehen dem Angegriffenen geeignete und in Bezug auf die Beendigung des Angriffs **gleich wirksame** Verteidigungsmittel zur Verfügung, ist erforderlich nur diejenige Verteidigung, die dem Angreifer den geringsten Schaden zufügt bzw. für ihn am wenigsten gefährlich ist: **Grundsatz des mildesten Verteidigungsmittels**.[70] Die Begrenzung der Verteidigung auf **das mildeste, schonendste Mittel**[71] ist aber stets nur bei **gleicher Wirksamkeit** begründet. Der Angegriffene braucht sich deshalb nicht auf das Risiko des Eintritts eines mehr als belanglosen Schadens an „seinen" Rechtsgütern einzulassen.[72] Wenn jemand einem anderen zuruft, er werde ihn umbringen und mit Fäusten auf ihn einschlägt, darf sich dieser mit einem – auch tödlich wirkenden – Dolchstoß dagegen wehren[73]; auf eine Faustabwehr muss er sich nur dann beschränken, wenn er

452

---

66 Dazu *Roxin*, Strafrecht AT I, § 15 Rn. 124 ff.; *Schönke/Schröder (Perron/Eisele)*, StGB, § 32 Rn. 32 m. w. Nachw.
67 Vgl. *Schönke/Schröder (Perron/Eisele)*, StGB, § 32 Rn. 35 m. w. Nachw.
68 *Vgl. Roxin*, Strafrecht AT I, § 15 Rn. 42.
69 Vgl. *Kühl*, Strafrecht AT, § 7 Rn. 79.
70 Vgl. dazu *Jescheck/Weigend*, Strafrecht AT, § 32 II, 2c; *Roxin*, Strafrecht AT I, § 15 Rn. 42/3; *Wessels/Beulke/Satzger*, Strafrecht AT, Rn. 514.
71 Vgl. noch BGHSt 3, 217, 218; 42, 97, 100; BGH NStZ 2012, 272, 274.
72 Vgl. *Wessels/Beulke/Satzger*, Strafrecht AT, Rn. 514; ferner *Kühl*, Strafrecht AT, § 7 Rn. 103; *Roxin*, Strafrecht AT I, § 15 Rn. 43; aus der Rspr. etwa BGH NStZ 2009, 626, 627; BGHSt 45, 378, 383.
73 Vgl. *Roxin*, Strafrecht AT I, § 15 Rn. 44.

X. Rechtswidrigkeit und Rechtfertigung

dem Angreifer körperlich so überlegen ist, dass er bei dieser Art von Verteidigung mit einem sicheren Abwehrerfolg rechnen kann.[74]

453 Im Grundsatz gilt das auch in den Fällen des **Schusswaffengebrauchs** bei Notwehr. Man braucht nicht erst einen Warnschuss abzugeben, wenn davon auszugehen ist, dass sich der Angreifer dadurch nicht von seinem Vorhaben abbringen lässt. Allerdings ist umgekehrt ein gezielter tödlicher Schuss als letztes Mittel der (erforderlichen) Verteidigung nur zulässig, wenn ein weniger gefährlicher Waffeneinsatz – ein Warnschuss, ein Schuss in die Beine des Angreifers, das Vorhalten einer Waffe, die Verwendung einer Schusswaffe zunächst als Schlaginstrument etc. – nicht ausreicht.[75] Letztlich kommt es darauf an, ob nach dem Einsatz eines weniger gefährlichen Abwehrmittels bei dessen Erfolglosigkeit immer noch eine sichere Abwehr mit einem härteren Mittel möglich ist. Ist das der Fall, muss man zunächst hinhaltende, schonende Verteidigungsmittel anwenden, auch wenn deren Wirksamkeit zweifelhaft bleibt.[76] Aber auch beim Einsatz einer Schusswaffe verbleibt es dabei, dass der Angegriffene zur Schonung des Angreifers nicht das – freilich nicht bloß geringe – Risiko einzugehen braucht, bei einem etwaigen Fehlschlagen des milderen Abwehrmittels dann keine Gelegenheit mehr für den Einsatz des stärkeren Mittels (z.B. tödlicher Schuss) zu haben.[77]

454 Soweit sich eine Verteidigungshandlung in den Grenzen der Erforderlichkeit hält, ist und bleibt sie auch dann gerechtfertigt, wenn sie **ungewollte**, aus der typischen Gefährlichkeit des zulässig eingesetzten Abwehrmittels resultierende **Auswirkungen** hat[78]; denn maßgebend ist die Erforderlichkeit der Verteidigungs**handlung** und nicht die des/r Abwehr**erfolgs/e**.[79] Wer sich gegen einen lebensbedrohlichen Angriff dadurch zur Wehr setzt, dass er eine Schusswaffe (zunächst) als Schlaginstrument einsetzt, und sich dabei ein den Angreifer tödlich wirkender Schuss löst, handelt auch hinsichtlich der Tötung gerechtfertigt, wenn und weil die konkrete Verteidigungshandlung erforderlich und deshalb erlaubt ist.[80] Doch auch **inadäquate (untypische), ungewollte Auswirkungen** einer an sich erforderlichen Abwehrhandlung führen nicht zwangsläufig zu einer (möglichen) Strafbarkeit wegen ggf. fahrlässiger Deliktsverwirklichung. Wenn nämlich der Angegriffene freiwillig geringere als die zur Abwehr des (lebensbedrohlichen) Angriffs erforderlichen Verteidigungsmittel einsetzt und dabei fahrlässig einen Erfolg verursacht, den er bei Ausschöpfung der als erforderlich anzusehenden Verteidigung vorsätzlich hätte herbeiführen dürfen, handelt er im Rahmen des Erforderlichen und ist durch Notwehr gerechtfertigt.[81]

455 Ob eine Verteidigungshandlung erforderlich ist, richtet sich nach den gesamten Umständen, unter denen Angriff und Abwehr stattfinden. Dazu zählen beispielsweise die **Intensität des Angriffs**, die **Gefährlichkeit des Angreifers** und seines Vorgehens sowie die zur Verfügung stehenden **Abwehrmittel**.[82] Maßgebend ist die konkrete „Kampfla-

---

74 Vgl. *BGHSt* 24, 356, 358.
75 Dazu *Wessels/Beulke/Satzger*, Strafrecht AT, Rn. 514 f. m. w. Nachw.; ferner *Kühl*, Strafrecht AT, § 7 Rn. 105 m. w. Nachw. auch aus der Rspr.
76 Vgl. *Roxin*, Strafrecht AT I, § 15 Rn. 43.
77 Vgl. *BGH* NStZ 2001, 591, 592; *BGH* NStZ-RR 2007, 199, 200.
78 Vgl. dazu *Kühl*, Strafrecht AT, § 7 Rn. 112 ff.; ferner *Roxin*, Strafrecht AT I, § 15 Rn. 45; *Wessels/Beulke/Satzger*, Strafrecht AT, Rn. 519.
79 Dazu *Schönke/Schröder (Perron/Eisele)*, StGB, § 32 Rn. 38.
80 Vgl. *BGHSt* 27, 313, 314; *BGH* NStZ 2001, 591, 592.
81 Vgl. *BGHSt* 25, 229, 231/2; ferner *Roxin*, Strafrecht AT I, § 15 Rn. 45.
82 Vgl. *Jescheck/Weigend*, Strafrecht AT, § 32 II, 2b; *Roxin*, Strafrecht AT I, § 15 Rn. 46.

6. Als Beispiel: Die Notwehr (§ 32)

ge".[83] Was alles zur Verteidigung erforderlich ist, beurteilt sich **nicht** nach dem **subjektiven Empfinden** des Angegriffenen, sondern im Sinne einer „nachträglichen objektiven Prognose". Es ist darauf abzustellen, wie ein besonnener Dritter in der Lage des Angegriffenen die im Zeitpunkt des Angriffs gegebenen und objektiv erkennbaren Umstände beurteilt hätte.[84] Wer sich gegen einen Überfall mit einem gezielten Schuss aus der mitgeführten Pistole zur Wehr setzt, hat die Erforderlichkeit der Verteidigungshandlung auch dann eingehalten, wenn sich später herausstellt, dass der Angreifer mit einer ungeladenen Schusswaffe oder gar nur mit einer täuschend echt aussehenden Scheinwaffe gedroht hat, sofern ein „Drittbeobachter" in der Situation des Angegriffenen die bei dem Überfall verwendete Waffe wie der tatsächlich Angegriffene ebenfalls als (geladene und entsicherte) Schusswaffe eingeschätzt hätte. Anders als beim scherzhaften **Scheinangriff**, der schon keinen Angriff darstellt (vgl. Rn. 445), kann daher ein (tatsächlicher) **Angriff mit Scheinwaffen** auch die Tötung des Angreifers rechtfertigen.[85] Stets bestimmt sich die Erforderlichkeit der Verteidigungshandlung **konkret** und nicht abstrakt im Sinne eines Waffenvergleichs, **objektiv** und nicht subjektiv aus der Sicht des Angegriffenen und immer „ex ante".

Der **Rechtsbewährungsaspekt** des Notwehrrechts, wonach das Recht dem Unrecht nicht zu weichen braucht, gestattet es, dass zur Verteidigung von Sachwerten auch in die körperliche Unversehrtheit des Angreifers eingegriffen wird, wenn die Körperverletzung zur Abwehr des Sachangriffs erforderlich ist. Sogar die Tötung des Angreifers kann zur Abwehr von Angriffen auf das Eigentum oder Vermögen zulässig sein, wenn alle anderen Abwehrmöglichkeiten versagen; denn Notwehr setzt **weder** eine **Proportionalität** zwischen dem zu erwartenden Schaden des Angegriffenen und dem des Angreifers, **noch überhaupt** eine **Güterabwägung** voraus. Hierin liegt auch begründet, dass sich der Angegriffene dem Angriff nicht durch Flucht oder auf sonstige Weise zu entziehen braucht, auch wenn ihm das ohne weiteres möglich und der Angriff damit sofort sicher und endgültig beendet wäre. Aus der „mittelbegrenzenden" Funktion der Erforderlichkeit (der Verteidigungshandlung) ist daher eine **Pflicht zum Ausweichen** vor rechtswidrigen Angriffen **nicht ableitbar**, ganz abgesehen davon, dass ein Ausweichen oder eine Flucht (vor rechtswidrigen Angriffen) im eigentlichen Sinne des Wortes keine Abwehr ist.[86]

456

Eine solche Pflicht zum Ausweichen vor rechtswidrigen Angriffen kann sich aber aus „normativen", **sozialethischen Einschränkungen des Notwehrrechts** ergeben. Als Anknüpfungspunkte hierfür kommen das in § 32 Abs. 1 vorausgesetzte „Gebotensein" der Notwehr, das **Verbot** des **Rechtsmissbrauchs** sowie die Grundprinzipien des Notwehrrechts, und zwar vor allem das Prinzip der Rechtsbewährung in Betracht. Trotz bestehender Notwehrlage und „an sich" erforderlicher Verteidigungshandlung kann eine Rechtfertigung durch Notwehr in bestimmten Fallkonstellationen ausgeschlossen sein, weil es einer Bewährung des Rechts nicht bedarf, weil das der Notwehr ebenfalls zu Grunde liegende Individualschutz- bzw. Selbstschutzprinzip weitgehend zurücktritt oder die Ausübung des Notwehrrechts rechtsmissbräuchlich wäre: In allen diesen Fall-

457

---

83 BGHSt 27, 336, 337; vgl. auch *Kühl*, Strafrecht AT, § 7 Rn. 101 m. w. Nachw. aus der Rspr. in dort. Fn. 190.
84 So *Wessels/Beulke/Satzger*, Strafrecht AT, Rn. 516; ferner *Schönke/Schröder (Perron/Eisele)*, StGB, § 32 Rn. 34; Vgl. *Kühl*, Strafrecht AT, § 7 Rn. 107 m. w. Nachw. in dort. Fn. 204.
85 Vgl. dazu *Wessels/Beulke/Satzger*, Strafrecht AT, Rn. 518 f.; ferner *Roxin*, Strafrecht AT I, § 15 Rn. 46.
86 Vgl. *Kühl*, Strafrecht AT, § 7 Rn. 78, 116, 4 m. w. Nachw.; *Wessels/Beulke/Satzger*, Strafrecht AT, Rn. 520 mit Rn. 494.

gestaltungen steht in Frage, ob die Notwehr im Sinne des § 32 Abs. 1 geboten ist.[87] Ob die Ausübung des Notwehrrechts sozialethischen Einschränkungen unterliegt, die Notwehr somit nicht geboten ist, hängt von normativen Erwägungen und Wertungen in jeden Einzelfall ab. Einen Verstoß gegen Art. 103 Abs. 2 GG begründen derart sozialethische Einschränkungen des Notwehrrechts trotz der mit ihnen verbundenen Erweiterungen des Strafbarkeitsbereichs (vgl. Rn. 160) nicht; denn es handelt sich dabei um eine inhaltliche Konkretisierung der gesetzlich geforderten Gebotenheit der Notwehr, um das Aufsuchen **immanenter Schranken des Notwehrrechts**.[88]

458 Sozialethisch begründete **Einschränkungen des Notwehrrechts** und dementsprechend ein mögliches **Nichtgebotensein** der Notwehr spielen nach derzeitigem Erkenntnisstand in **vier Fallgruppen**[89] eine Rolle: bei sog. Bagatellangriffen (unerhebliche Angriffe), Unfugabwehr und krassem Missverhältnis zwischen Abwehrfolgen und drohendem Schaden; bei Angriffen von Kindern (§ 19!) oder sonst **schuldlos Handelnden** wie etwa Schuldunfähigen (§ 20), schuldlos Irrenden (§§ 16, 17) oder entschuldigt Handelnden (§ 35); bei Angriffen im Rahmen von **Garantieverhältnissen**, insbesondere bei engen persönlichen Verhältnissen wie zwischen Eheleuten und zwischen Eltern und Kindern etc. und in Fällen der absichtlichen oder sonst vorwerfbaren **Notwehrprovokation**.[90]

6.3 Subjektive Rechtfertigungselemente

459 Der Angegriffene muss in Kenntnis der Notwehrlage und zur Verteidigung handeln. Er muss daher die tatsächlichen Voraussetzungen der wirklich gegebenen Notwehrsituation kennen und wissen, dass die von ihm gewählte Verteidigungshandlung erforderlich ist. Weiter muss er **zumindest auch** mit Verteidigungswillen handeln. Der Wille zur Verteidigung wird nicht durch andere Begleitmotive wie Wut oder Hass ausgeschlossen. Ist der Wille des Handelnden ausschließlich auf anderes als auf Angriffsabwehr gerichtet (was bei Kenntnis der Notwehrlage kaum einmal vorkommt), fehlt es am Verteidigungswillen, so dass dann der subjektive Erlaubnistatbestand nicht erfüllt ist (vgl. Rn. 439 ff., 441 f.).

6.4 Nothilfe

460 Nach § 32 Abs. 2, 2 Alt. kann **jedermann** Notwehr auch **zu Gunsten eines** (angegriffenen) **Dritten** leisten. Die Voraussetzungen dieser als **Nothilfe** zu charakterisierenden „Drittnotwehr" sind grundsätzlich dieselben wie bei der Notwehr gem. § 32 Abs. 2, 1. Alt.: **Nothilfelage** und **Nothilfehandlung** richten sich nach der Notwehrsituation des angegriffenen Dritten. Entsprechendes gilt für die subjektiven Rechtfertigungselemente der Nothilfe mit der Besonderheit, dass eine „volle" Rechtfertigung des Nothelfers nur eintritt, wenn sowohl er als auch der angegriffene Dritte den Willen zur Verteidigung

---

87 Vgl. dazu *Roxin*, Strafrecht AT I, § 15 Rn. 55 ff., 58.
88 Vgl. dazu ausführlich *Kühl*, Strafrecht AT, § 7 Rn. 157 ff., 158 ff., 170 ff.; *Roxin*, Strafrecht AT I, § 15 Rn. 57; ferner *Jescheck/Weigend*, Strafrecht AT, § 32 III, 1; *Wessels/Beulke/Satzger*, Strafrecht AT, Rn. 522 ff. jew. m. w. Nachw.
89 Vgl. aber *Roxin*, Strafrecht AT I, § 15 Rn. 59, 61 f.: fünf Fallgruppen; vgl. auch *Kühl*, Strafrecht AT, § 7 Rn. 170 ff.; ferner *Wessels/Beulke/Satzger*, Strafrecht AT Rn. 526 ff. mit der Unterscheidung von sieben Fallgruppen
90 Vgl. zu diesen Fallgruppen im Einzelnen bei *Jescheck/Weigend*, Strafrecht AT, § 32 III, 3; *Kühl*, Strafrecht AT, § 7 Rn. 170 ff.; *Roxin*, Strafrecht AT I, § 15 Rn. 55 ff., 61 ff.; *Schönke/Schröder (Perron/Eisele)*, StGB, § 32 Rn. 48 ff.; *Wessels/Beulke/Satzger*, Strafrecht AT, Rn. 526 ff., alle m. zahlr. w. Nachw. und Beispielen.

hat. In Verbindung mit dem individualrechtlichen Notwehrprinzip des Selbst- bzw. Individualschutzes ergibt sich daraus, dass das Recht zur Nothilfe nur so weit reicht, wie der Angegriffene auch wirklich verteidigt werden will[91]; denn niemandem steht es zu, seine Hilfe einem anderen aufzudrängen, wenn dieser sich nicht verteidigen oder ohne die fremde Hilfe auskommen will.[92] Dem Nothelfer stehen jedenfalls dann, wenn der Angegriffene den Angriff nicht abwehren will, obwohl er einen solchen Entschluss fassen darf und kann, nicht mehr Rechte zu, als der Angegriffene selbst ausüben will.

Eine solche „**Nothilfesperre**" kommt freilich nur in Betracht, wenn der Angegriffene zur Disposition über die angegriffenen Güter befugt ist, denn nur dann bindet sein tatsächlicher oder mutmaßlich der Nothilfe entgegenstehender Wille. Nothilfe bleibt also zulässig, wenn es sich um einen nicht einwilligungsfähigen Angriff auf nicht oder nur beschränkt disponible Güter handelt.[93] Auch der Umstand, dass der Angegriffene von dem Angriff nichts weiß, die Sachlage falsch einschätzt oder nicht richtig einschätzen kann, hindert die Nothilfe nicht, es sei denn, dem Nothelfer wäre ein der Nothilfe mutmaßlich entgegenstehender Wille des Angegriffenen bekannt. Besonderheiten sind überdies bei der „Erforderlichkeit" der Nothilfehandlung zu beachten: Hat der Nothelfer die vergleichsweise „milderen" Abwehrmittel zur Verfügung, bestimmt sich das Maß der Erforderlichkeit nach seinen Hilfemöglichkeiten. Der Nothelfer darf deshalb auch dann nur körperliche Gewalt und keine Schusswaffe zur Verteidigung einsetzen, wenn dies zur **Angriffsabwehr** durch ihn genügt. Dass der Angegriffene selbst in derselben Situation zum Schusswaffengebrauch berechtigt wäre, ist ohne Belang. Umgekehrt verbleibt es aber dabei, dass der Nothelfer nicht über das dem Angegriffenen zur Verfügung stehende „mildeste" Mittel hinausgehen darf.[94] Die Nothilfeleistung steht grundsätzlich in freiem Belieben, es geht um ein Nothilferecht, nicht um eine Nothilfepflicht. Hilfspflichten können sich aber aus anderen Gründen (z.B. § 323 c) ergeben.[95]

461

7. Weitere Rechtfertigungsgründe

Wichtige Rechtfertigungsgründe neben der Notwehr sind der allgemeine rechtfertigende Notstand und (als ungeschriebener Rechtfertigungsgrund) die Einwilligung. Hinzu kommen die zum Kernbestand zählenden[96] weiteren Rechtfertigungsgründe. Insoweit wird auf die einschlägigen Erläuterungen in der Lehrbuch- und Kommentarliteratur verwiesen. Von besonderer Bedeutung für den Rechtswidrigkeitsausschluss im Unterlassungsbereich ist der ungeschriebene Rechtfertigungsgrund der „echten" Pflichtenkollision, bei der den Täter mehrere (gleichartige oder ungleichartige) Handlungspflichten treffen, er die eine aber nur auf Kosten der anderen erfüllen kann (z.B. mehrere Garantenpflichten).[97]

462

---

91 Vgl. dazu *BGHSt* 5, 245, 248; *Roxin*, Strafrecht AT I, § 15 Rn. 116.
92 Vgl. *Jescheck/Weigend*, Strafrecht AT, § 32 IV, 1.
93 Vgl. *Schönke/Schröder (Perron/Eisele)*, StGB, § 32 Rn. 25/6 m. w. Nachw.
94 Vgl. *Schönke/Schröder (Perron/Eisele)*, StGB, § 32 Rn. 42.
95 Vgl. zur Nothilfe im Einzelnen noch *Jescheck/Weigend*, Strafrecht AT, § 32 II; *Kühl*, Strafrecht AT, § 7 Rn. 137 ff.; *Roxin*, Strafrecht AT I, § 15 Rn. 116 ff.; *Schönke/Schröder (Perron/Eisele)*, StGB, § 32 Rn. 25/6, 42.
96 Vgl. die Übersicht bei *Wessels/Beulke/Satzger*, Strafrecht AT, Rn. 421.
97 Zu den damit verbundenen Abwägungs- und Wertungsproblemen sowie der Verschiedenartigkeit möglicher Kollisionslagen vgl. näher bei *Jescheck/Weigend*, Strafrecht AT, § 33 V; *Kühl*, Strafrecht AT, § 18 Rn. 134 ff.; *Schönke/Schröder (Sternberg-Lieben)*, StGB, Vorbem. §§ 32 ff. Rn. 71/72 ff.; *Wessels/Beulke/Satzger*, Strafrecht AT, Rn. 1216 ff. jew. m. w. Nachw. und Beispielen.

X. Rechtswidrigkeit und Rechtfertigung

8. Lernkontrolle

- Was versteht man unter der „Indizfunktion des Tatbestandes"? (Rn. 424 mit Rn. 325)
- Welche Bedeutung hat die Rechtswidrigkeit bei sog. offenen oder ergänzungsdürftigen Straftatbeständen? (Rn. 425)
- Wann ist eine strafrechtsrelevante Handlung rechtswidrig? (Rn. 426)
- Welche Wirkung entfalten Rechtfertigungsgründe? (Rn. 427 ff.)
- Woher kommen Rechtfertigungsgründe und woran erkennt man sie? (Rn. 430 ff.)
- Was versteht man unter einer Konkurrenz von Rechtfertigungsgründen? (Rn. 433)
- Können sich auch Amtsträger in ihrem hoheitlichen Handeln auf Rechtfertigungsgründe berufen? (Rn. 434)
- Gibt es ein System von Rechtfertigungsgründen? (Rn. 435 ff.)
- Wie sind die Rechtfertigungsgründe (Erlaubnistatbestände) strukturiert? (Rn. 438 ff.)
- Beschreiben Sie die straftatsystematische Bedeutung der zu unterscheidenden objektiven und subjektiven Rechtfertigungselemente. (Rn. 438 ff.)
- Welche Rechtsfolgen hat das Fehlen der subjektiven Rechtfertigungselemente? (Rn. 441 ff.)
- In welche Merkmalskomplexe gliedert sich der Rechtfertigungsgrund der Notwehr? (Rn. 444)
- Was alles setzt die Notwehlage voraus? (Rn. 445)
- Wie muss der zur Notwehr berechtigende Angriff beschaffen sein? (Rn. 445 ff.)
- Wie ist die Erforderlichkeit der Notwehrhandlung zu charakterisieren? (Rn. 449 ff.)
- Was ist unter dem Grundsatz des mildesten Verteidigungsmittel zu verstehen? (Rn. 452 f.)
- Beschreiben Sie „sozialethische Einschränkungen des Notwehrrechts" und benennen Sie deren maßgebliche Fallgruppen. (Rn. 457 ff.)
- Welchen Anforderungen muss das subjektive Rechtfertigungselement der Notwehr genügen? (Rn. 459)
- Welche Voraussetzungen muss eine rechtfertigende Nothilfe erfüllen? (Rn. 460 f.)

XI. Die Schuld des Täters

1. Grundlagen und Ausgangspunkte

Strafe setzt Schuld voraus: nulla poena sine culpa (keine Strafe ohne Schuld). Dieses **strafrechtliche Schuldprinzip** hat Verfassungsrang. An der Idee der Gerechtigkeit orientiert findet es seine Grundlage im Rechtsstaatsprinzip sowie in der vom Grundgesetz vorausgesetzten und in Art. 1 Abs. 1 und Art. 2 Abs. 1 GG verfassungskräftig geschützten Würde und Eigenverantwortlichkeit des Menschen.[1] Es begrenzt die staatliche Strafgewalt in dem Sinne, dass präventive Bedürfnisse (der staatlichen Gemeinschaft) für sich allein zwar die Anordnung von Maßregeln der Besserung und Sicherung, niemals aber die Verhängung einer Kriminalstrafe zu rechtfertigen vermögen. Nicht von ungefähr erklärt sich deshalb das **strafrechtliche Gesetzlichkeitsprinzip** und die **Garantiefunktion des Strafgesetzes** (vgl. Rn. 134 ff.) auch aus dem Schuldprinzip (vgl. Rn. 140). Dabei ergibt sich „an sich" schon aus dem **Begriff und Wesen der Strafe** (vgl. Rn. 31 ff.), dass staatliches Strafen ohne Schuld (des Täters) nicht legitimierbar wäre; denn das der Strafe „immanente" **sozialethische Unwerturteil** über Tat und Täter erfordert mehr als nur ein tatbestandsmäßig-rechtswidriges und nicht gerechtfertigtes Verhalten. Es erfordert außerdem dessen **individuelle Zurechenbarkeit**. Zur rechtswidrigen Tat muss daher die persönliche Verantwortlichkeit des Täters für sein Unrechtsverhalten, sein „Dafür-Können" hinzukommen.[2]

463

Strafrechtliche Schuld besteht nicht lediglich aus der „psychischen Beziehung" des Täters zu seiner Tat, nicht „bloß" aus seiner geistig-seelischen Befindlichkeit im Hinblick auf die Tat und den Taterfolg. Strafrechtliche Schuld kennzeichnet daher keinen „nur" psychischen Sachverhalt und erschöpft sich nicht im subjektiven Täterverhalten in Form von vorsätzlichem und/oder fahrlässigem Verhalten (Vorsatz und Fahrlässigkeit als Schuldarten). Wäre das so[3], ließe sich nicht plausibel erklären, warum vorsätzliches (und auch – bewusst – fahrlässiges) Handeln unter den Voraussetzungen des § 35 (sog. entschuldigender Notstand) ein **Handeln ohne Schuld** sein soll. Umgekehrt ist aus dem **psychologischen Schuldbegriff** nicht zu begründen, dass auch bei unbewusst-fahrlässigem Verhalten, das eine psychische Beziehung zum Taterfolg gerade nicht aufweist, strafrechtliche Schuld verwirkt sein kann.[4] Den Begründungs- und Erklärungsmängeln des psychologischen Schuldbegriffs hilft der sog. **normative Schuldbegriff** ab. In ihm kommt zum Ausdruck, dass es bei der strafrechtlichen Schuld nicht um einen „bloß" psychischen Sachverhalt, sondern um eine Wertung über einen Sachverhalt geht. Nach ihm besteht das Wesen der Strafrechtsschuld in einem Werturteil über die Willensbildung und Willensbetätigung des Täters.[5]

464

---

[1] Vgl. BVerfGE 20, 323 ff., 331; 25, 269 ff., 285; 80, 244 ff., 255; 95, 96 ff., 131, 168 ff., 197.
[2] Vgl. dazu *Baumann/Weber/Mitsch/Eisele*, Strafrecht AT/*Eisele*, § 16 Rn. 1 ff.; *Heinrich*, Strafrecht AT, Rn. 524 ff.,525 ff.; *Schönke/Schröder (Eisele)*, StGB, Vorbem. §§ 13 ff. Rn. 103/104; SK-StGB/*Jäger*, Vor § 1 Rn. 153 mit SK-StGB/*Rogall*, Vor § 19 Rn. 1 ff., 5; *Wessels/Beulke/Satzger*, Strafrecht AT, Rn. 621 ff.; 623 ff.
[3] Zum „überwundenen" sog. psychologischen Schuldbegriff vgl. *Baumann/Weber/Mitsch/Eisele*, Strafrecht AT/*Eisele*, § 16 Rn. 7 ff., 8 ff.; *Jescheck/Weigend*, Strafrecht AT, § 38 II, 2 mit § 22 II, 1; *Roxin*, Strafrecht AT, § 19 Rn. 10 ff.; *Schönke/Schröder (Eisele)*, StGB, Vorbem. §§ 13 ff. Rn. 113; *Wessels/Beulke/Satzger*, Strafrecht AT, Rn. 627 ff., 630
[4] Vgl. dazu *Jescheck/Weigend*, Strafrecht AT, § 38 II; *Roxin*, Strafrecht AT I, § 19 Rn. 10 ff.
[5] Vgl. dazu *Baumann/Weber/Mitsch/Eisele*, Strafrecht AT/*Eisele*, § 16 Rn. 11 ff.; *Schönke/Schröder (Eisele)*, StGB, Vorbem. §§ 13 ff. Rn. 113, 114; SK-StGB/*Rogall*, Vor § 19 Rn. 5 f.; *Wessels/Beulke/Satzger*, Strafrecht AT, Rn. 627 ff. mit Rn. 639 ff.

XI. Die Schuld des Täters

465 Strafrechtliche Schuld ist danach Willensschuld.[6] „Mit dem Unwerturteil der Schuld wird dem Täter vorgeworfen, dass er sich nicht rechtmäßig verhalten, dass er sich für das Unrecht entschieden hat, obwohl er sich rechtmäßig verhalten, sich für das Recht hätte entscheiden können"[7]. Gegenstand des Schuldvorwurfs ist somit die fehlerhafte Einstellung des Täters zu den Verhaltensanforderungen des Rechts. Im Sinne eines materiellen Schuldbegriffs bedeutet Schuld demzufolge: Vorwerfbarkeit der Tat im Blick auf die ihr zu Grunde liegende rechtlich missbilligte Gesinnung.[8] Strafrechtliche **Schuld** versteht sich daher als ein sich in der Tat aktualisierender **Gesinnungsunwert**.[9] So wie sich das Unrecht der tatbestandsmäßigen Handlung aus ihrem Handlungs- und Erfolgsunwert ergibt, bestimmt der Gesinnungsunwert ihren Schuldgehalt.[10]

466 Der Idee nach beruht der normative Schuldbegriff auf der Vorstellung, dass der Täter in der konkreten Tatsituation anders, nämlich normgerecht hätte handeln können. Diese Prämisse der normativen Schuldlehre, das individuelle „Anders-Handeln-Können"[11], ist schon immer erheblichen Anfechtungen ausgesetzt gewesen. Sie führt unmittelbar in die komplexe Problematik menschlicher Willensfreiheit hinein; denn ganz genau genommen ist der Einzelne nur dann in der Lage, „anders zu handeln", wenn ihm in der konkreten Handlungssituation wirklich die Fähigkeit gegeben wäre, sich frei zu entscheiden. Die Unbeweisbarkeit der menschlichen Willensfreiheit scheint somit dem normativen Schuldbegriff den Boden zu entziehen. Hinzu kommt die Erkenntnis, dass es praktisch unmöglich ist, dem Täter im konkreten Einzelfall sein freiverantwortliches „Anders-Handeln-Können" nachzuweisen. Je mehr die konkrete Täterpersönlichkeit und ihre Motivationslage in der konkreten Tatsituation offen gelegt werden, desto mehr erscheint der konkrete Willensentschluss des Täters als bedingt und bestimmt durch die verschiedensten „Determinanten" seiner Persönlichkeit und der Tatsituation und desto geringer wird der Spielraum für eine „freie" Entscheidung.[12] Solche Einwände gegen das „Anders-Handeln-Können" sind berechtigt. Doch zwingen sie nicht zur Abschaffung des Schuldstrafrechts und nicht zur Aufgabe des normativen Schuldverständnisses, wenn man sich darauf besinnt, dass das menschliche Zusammenleben in der rechtlich geordneten Gemeinschaft ohne Anerkennung von Freisein und Verantwortlichkeit des Einzelnen nicht auskommt und auch gar nicht denkbar ist. Für das Strafrecht ergibt sich daraus die Berechtigung, dem Einzelnen im Sinne einer „normativen Setzung" generell Entscheidungsfreiheit zuzuschreiben.[13]

467 Doch auch wenn strafrechtliche Schuld als gesellschaftliche Wirklichkeit des menschlichen Zusammenlebens in der Gemeinschaft begriffen wird, muss man im Auge behalten, das im konkreten Einzelfall die Frage, ob der individuelle Täter anders hätte

---

6 Vgl. SK-StGB/*Rogall*, Vor § 19 Rn. 5 f.
7 BGHSt 2, 194, 200; dazu etwa *Schönke/Schröder (Eisele)*, StGB, Vorbem. §§ 13 ff. Rn. 109 ff.; SK-StGB/*Rogall*, Vor § 19 Rn. 5 f.
8 Vgl. *Baumann/Weber/Mitsch/Eisele*, Strafrecht AT/*Eisele*, § 16 Rn. 11 ff., 14; *Jescheck/Weigend*. Strafrecht AT, § 38 I, 5 mit § 39 II, 1; *Roxin*, Strafrecht AT I, § 19 Rn. 18 ff.; *Wessels/Beulke/Satzger*, Strafrecht AT, Rn. 628.
9 Vgl. *Schönke/Schröder (Eisele)*, StGB, Vorbem. §§ 13 ff. Rn. 118,119 m. w. Nachw.; SK-StGB/*Rogall*, Vor § 19 Rn. 5 mit Rn. 40; vgl. ferner *Jescheck/Weigend*, Strafrecht AT, § 38 II, 5.
10 Vgl. dazu *Baumann/Weber/Mitsch/Eisele*, Strafrecht AT/*Eisele*, § 16 Rn. 11 ff., 14; *Jescheck/Weigend*, Strafrecht AT, § 39 II, 1; *Wessels/Beulke/Satzger*, Strafrecht AT, Rn. 640, 641.
11 Vgl. hierzu und zum Folgenden etwa bei SK-StGB/*Rogall*, Vor § 19 Rn. 5 ff.; vgl. ferner *Schönke/Schröder (Eisele)*, StGB, Vorbem. §§ 13 ff. Rn. 108 ff., 110 m. w. Nachw.
12 Vgl. dazu *Roxin*, Strafrecht AT, § 19 Rn. 22; SK-StGB/*Rogall*, Vor § 19 Rn. 6; *Stratenwerth/Kuhlen*, Strafrecht AT, § 10 Rn. 4 ff.
13 Vgl. dazu *Schönke/Schröder (Eisele)*, StGB, Vorbem. §§ 13 ff. Rn. 110; ferner *Roxin*, Strafrecht AT I, § 19 Rn. 36.

handeln können, nicht beantwortbar ist.¹⁴ Für die Schuldfeststellung muss daher auf das „Können" eines „durchschnittlichen Dritten" in der Situation des Täters abgestellt werden. Die Fähigkeit zu freiverantwortlichem Entscheiden und Handeln wird bei ihm „normalerweise" vorausgesetzt. Was für ihn zutrifft, wird auf den konkreten Täter übertragen. Dessen strafrechtliche Schuld kann sich seiner wirklichen Schuld immer nur mehr oder weniger nähern. Der Sache nach wird bei der Feststellung von strafrechtlicher Schuld stets analogisch verfahren.¹⁵ Zu Ende gedacht beschränkt sich die Schuldfeststellung im konkreten Einzelfall demnach auf die Frage, ob nicht ausnahmsweise die Schuld ausgeschlossen ist.¹⁶ Dieser „negative" Aspekt der strafrechtlichen Schuldfeststellung schlägt sich auch in den schuldausschließenden Vorschriften des StGB nieder (vgl. §§ 17, 19, 20, 35).

Der normative Schuldbegriff¹⁷ besagt nur, dass strafrechtliche Schuld ein Unwerturteil über die rechtlich missbilligte Tat des konkreten Täters darstellt und in dem Vorwurf besteht, sich in der konkreten Tatsituation trotz „Könnens" nicht normgerecht verhalten zu haben. Auf welche Einzelelemente das Schuldurteil gegründet ist, sagt er nicht. Klar ist aber, dass Anknüpfungspunkt und unerlässliche Voraussetzung des Schuldvorwurfs die konkrete Tat ist. Strafrechtliche Schuld ist daher stets **Einzeltatschuld, niemals Lebensführungs- oder Charakterschuld**.¹⁸ Weiter wird dem Täter nicht zum Vorwurf gemacht, sich moralwidrig oder der Sittlichkeit zuwider verhalten zu haben. Es geht bei der strafrechtlichen Schuld **ausschließlich** um **rechtliche Schuld**.¹⁹ Maßgebend für den strafrechtlichen Schuldvorwurf sind die **sozialethischen Wertvorstellungen** der Rechtsordnung.²⁰

468

2. Einzelne Schuldelemente

Dass strafrechtliche Schuld als Unwerturteil über eine rechtlich missbilligte Tat und damit normativ im Sinne von Vorwerfbarkeit zu begreifen ist, gehört zum inzwischen gesicherten Erkenntnisstand der gegenwärtig vorherrschenden Schuldlehre.²¹ Aus welchen Elementen sich der komplexe Begriff der Strafrechtsschuld im Einzelnen zusammensetzt, ist hingegen umstritten. Insbesondere gehen die Ansichten darüber auseinander, ob dem Vorsatz bzw. der Fahrlässigkeit neben ihrer Unrechtsfunktion auch Bedeutung für die Schuld zukommt. Von Anhängern der „finalistischen" Verbrechenslehre wird dem Vorsatz jede Schuldrelevanz abgesprochen. Sie unterlegen dem Schuldurteil einen vom Vorsatz bereinigten Schuldbegriff.²² Sie übersehen dabei, dass der Vorsatz zwar als Träger des personalen Handlungsrechts und subjektives Unrechtselement

469

---

14 Vgl. SK-StGB/*Rogall,* Vor § 19 Rn. 6 mit Rn. 37.
15 Vgl. dazu *Jescheck/Weigend,* Strafrecht AT, § 39 III; ferner *Schönke/Schröder (Eisele),* StGB, Vorbem. §§ 13 ff. Rn. 110; SK-StGB/*Rogall,* Vor § 19 Rn. 14; *Stratenwerth/Kuhlen,* Strafrecht AT, § 7 Rn. 27.
16 Zum sog. negativen Schuldbegriff vgl. SK-StGB/*Rogall,* Vor § 19 Rn. 7 m. w. Nachw. und dort Rn. 24 ebenfalls m. w. Nachw.
17 Vgl. zu neueren Schuldlehren, die zur Bestimmung der Schuld allein oder ergänzend auf Funktion und Zweck der Strafe – sog. sozialer oder funktionaler Schuldbegriff – zurückgreifen, etwa bei *Schönke/Schröder (Eisele),* StGB, Vorbem. §§ 13 ff. Rn. 117; SK-StGB/*Rogall,* Vor § 19 Rn. 7 ff., 10, 14, 15 ff., 20 f., 24 ff. jew. m. w. Nachw.; *Wessels/Beulke/Satzger,* Strafrecht AT, Rn. 627 ff. m w. Nachw.
18 Vgl. dazu SK-StGB/*Rogall,* Vor § 19 Rn. 41 ff.
19 Vgl. dazu SK-StGB/*Rogall,* Vor § 19 Rn. 26; *Wessels/Beulke/Satzger,* Strafrecht AT, Rn. 642.
20 Vgl. *Wessels/Beulke/Satzger,* Strafrecht AT, Rn. 642.
21 Vgl. nur *Jescheck/Weigend,* Strafrecht AT, § 38 II, 3 und 5 sowie *Baumann/Weber/Mitsch/Eisele,* Strafrecht AT/*Eisele,* § 16 Rn. 13 f.
22 Sog. rein normativer Schuldbegriff, vgl. dazu *Jescheck/Weigend,* Strafrecht AT, § 38 II, 4; ferner *Roxin,* Strafrecht AT, § 19 Rn. 14.

fungiert, sich in dieser Funktion aber nicht erschöpft, sondern darüber hinaus als Träger des in der tatbestandsmäßig-rechtswidrigen Handlung aktualisierten Gesinnungsunwertes die mit der vorsätzlichen Tatbestandsverwirklichung verbundene fehlerhafte Einstellung des Täters zu den Anforderungen des Rechts ausdrückt. Aus dieser **Doppelfunktion des Vorsatzes** ergibt sich, dass der Vorsatz schuldspezifische Bedeutung als **Schuldform** (neben seiner Rolle als **Verhaltensform** im Unrechtstatbestand) und damit als selbständiges Schuldelement hat.[23]

470 Nach der überwiegend vertretenen Ansicht in der Strafrechtslehre setzt sich strafrechtliche Schuld unter Einschluss des Vorsatzes als Schuldform aus vier (fünf) Einzelelementen zusammen: aus der Schuldfähigkeit, dem Vorsatz als Schuldform, dem Unrechtsbewusstsein, dem Fehlen von Schuldausschließungs- und Entschuldigungsgründen und ggf. speziellen Schuldmerkmalen. Alle diese Schuldelemente zusammen machen die sog. **Strafbegründungsschuld** (im Unterschied zur sog. **Strafzumessungsschuld**) aus. Sie leiten sich ab aus einer Umkehrung des „Anders-Handeln-Könnens" und den gesetzlich normierten Voraussetzungen für ein Handeln ohne Schuld (vgl. §§ 17, 19, 20, 35).

2.1 Schuldfähigkeit

471 Wer nicht schuldfähig ist, dem kann nicht vorgeworfen werden, dass er sich in der konkreten Tatsituation anders, und zwar normgerecht hätte verhalten können. Die **Schuldfähigkeit** setzt zwei Einzelfähigkeiten voraus (§ 20), die Fähigkeit, das Unrecht der Tat einzusehen (**Unrechtseinsichtsfähigkeit**) und die Fähigkeit, nach dieser Einsicht zu handeln (sog. **Steuerungsfähigkeit**). Fehlt bei Begehung der Tat eine der beiden Fähigkeiten (§ 20: „oder"), ist der Täter zur Zeit der Tat schuldunfähig.

472 Bei **Kindern**, die zur Tatzeit das vierzehnte Lebensjahr noch nicht vollendet haben, fingiert das Gesetz deren **Schuldunfähigkeit**; § 19 enthält eine unwiderlegliche Vermutung[24], so dass es im Einzelfall nicht darauf ankommt, ob das Kind vielleicht doch schon unrechtseinsichtsfähig und steuerungsfähig ist. **Schuldunfähig** ist des Weiteren jeder, dem aus den in § 20 genannten Gründen zur Zeit der Tat die Unrechtseinsichtsfähigkeit oder/und die Steuerungsfähigkeit fehlt. Die Feststellung der Schuldunfähigkeit gem. § 20 erfolgt in zwei Stufen. Auf der ersten Stufe sind „rein tatsächlich" zunächst die **psychisch-biologischen Befunde** der krankhaften seelischen Störung, der tief greifenden Bewusstseinsstörung, der Intelligenzminderung oder einer anderen schweren seelischen Abartigkeit zu erheben. Sodann ist auf einer zweiten Stufe unter **psychisch-normativen Aspekten** zu entscheiden, ob der Täter zur Tatzeit auf Grund der festgestellten biologischen Gegebenheiten unfähig war, das Unrecht der Tat einzusehen

---

23 Vgl. dazu *Baumann/Weber/Mitsch/Eisele*, Strafrecht AT/*Eisele*, § 16 Rn. 29; *Jescheck/Weigend*, Strafrecht AT, § 39 IV, 4; *Schönke/Schröder (Eisele)*, StGB, Vorbem. §§ 13 ff. Rn. 120/121 mit Rn. 52/53 ff., 63 und *Schönke/Schröder (Sternberg-Lieben/Schuster)*, StGB, § 15 Rn. 6 ff., 8; *Wessels/Beulke/Satzger*, Strafrecht AT, Rn. 206 ff. mit Rn. 680 jew. m. w. Nachw.; ausgehend vom neoklassischen Verbrechenssystem – vgl. Rn. 296/7 – hält die Strafrechtsprechung teilweise daran fest, dass die gesamte Vorsatzproblematik in der „Schuld" zu behandeln ist, obwohl auch ihr die Unterscheidung zwischen Vorsatz als Verhaltensform und Vorsatz als Schuldform keineswegs fremd ist, vgl. dazu *Wessels/Beulke/Satzger*, Strafrecht AT, Rn. 211 m. w. Nachw.
24 Vgl. *Schönke/Schröder (Perron/Weißer)*, StGB, § 19 Rn. 1.

2. Einzelne Schuldelemente

oder danach zu handeln.²⁵ Solange keine Anhaltspunkte für eine etwaige Schuldunfähigkeit vorliegen, ist von Schuldfähigkeit auszugehen.²⁶

Von „nur" **bedingter Schuldfähigkeit** wird zumeist im Zusammenhang mit **Jugendlichen** (vgl. § 1 Abs. 2 JGG) gesprochen. Aber das ist zumindest terminologisch verfehlt. Auch die Verhängung jugendstrafrechtlicher Sanktionen setzt eine **Straftat** (Jugendverfehlung), mithin ein tatbestandsmäßig-rechtswidriges und schuldhaftes Handeln voraus. Für die Anwendung des Jugendstrafrechts auf jugendliche Straftäter ist daher deren (unbedingte) Schuldfähigkeit erforderlich, denn ohne sie läge schon keine Straftat vor. Zur zwingend notwendigen **Schuldfähigkeit des Jugendlichen**, die regelmäßig nicht ausgeschlossen ist, muss freilich noch dessen **jugendstrafrechtliche Verantwortlichkeit** gem. § 3 S. 1 JGG hinzutreten. Sie liegt nur dann vor, wenn der Jugendliche zur Tatzeit nach seiner geistigen und sittlichen Entwicklung reif genug ist, das Unrecht der Tat einzusehen und nach dieser Einsicht zu handeln. Es muss demnach eine **jugendstrafrechtliche Verantwortungsreife** „positiv" festgestellt werden. Entsprechendes gilt bei gegebener Schuldfähigkeit für die Nichtanwendung des allgemeinen Strafrechts auf **Heranwachsende** (§§ 1 Abs. 2, 105 JGG).

473

Nicht schuldunfähig, sondern **vermindert schuldfähig** handelt, wessen Unrechtseinsichts- oder Steuerungsfähigkeit aus einem der in § 20 beschriebenen Gründe erheblich vermindert ist (vgl. § 21). Die verminderte Schuldfähigkeit betrifft nicht die Strafbegründungs-, sondern die Strafzumessungsschuld. Es handelt sich um einen **fakultativen Strafmilderungsgrund** der unter Anwendung des § 49 Abs. 1 zu einer **Strafrahmenverschiebung** führt.²⁷

474

Aus § 20 ergibt sich klar und deutlich, dass ohne Schuld handelt, wem zur Zeit der Tat („bei Begehung der Tat") die Schuldfähigkeit fehlt. Ebenso unmissverständlich folgt daraus umgekehrt, dass eine Straftat nur begeht, wer bei Begehung der Tat schuldfähig ist (sog. **Koinzidenzprinzip**: zeitliche Koinzidenz von Tatbegehung und Schuld). Das gilt auch für Fallgestaltungen, die in der Strafrechtslehre und Rechtsprechung als Fälle der „actio libera in causa" eine verfassungsrechtlich problematische Rolle spielen. Unter der **actio libera in causa** versteht man ein zweiaktiges (Tat-)Geschehen, bei dem der Täter im Zustand der (noch bestehenden) Schuldfähigkeit eine Ursache für die eigentliche Tathandlung setzt (1. Akt), die er dann im inzwischen eingetretenen Zustand der Schuldunfähigkeit ausführt (2. Akt). Nach (noch) vorherrschender Auffassung in Rechtsprechung und Lehre soll die Schuldunfähigkeit des Täters im Akt der eigentlichen Tatverwirklichung einer Bestrafung nicht entgegenstehen, wenn der Täter selbst den Zustand des § 20 herbeiführt oder sich sonst in eine Situation begibt, in der seine Schuldfähigkeit ausgeschlossen ist.²⁸ Wegen eines Tötungsdelikts ist danach beispielsweise zu bestrafen, wer sich mit der Vorstellung im später eingetretenen Rauschzustand einen bestimmten Menschen zu töten, derart massiv betrinkt, dass er

475

---

25 Vgl. *Wessels/Beulke/Satzger*, Strafrecht AT, Rn. 643 ff.; ausführlich *Schönke/Schröder (Perron/Weißer)*, StGB, § 20 Rn. 5 ff., 25 ff.; ferner NK-StGB (*Schild*), § 20 Rn. 33 ff.; SSW-StGB/*Kaspar*, § 20 Rn. 28 ff.
26 Vgl. zum Ganzen auch *Jescheck/Weigend*, Strafrecht AT, § 40; *Roxin*, Strafrecht AT I, § 20; ferner *Baumann/Weber/Mitsch/Eisele*, Strafrecht AT I/*Eisele*, § 17 Rn. 4.; SK-StGB/*Rogall*, § 20 Rn. 1 ff., 3 ff., 8 ff., 54 ff.
27 Vgl. *Wessels/Beulke/Satzger*, Strafrecht AT, Rn. 654.
28 Vgl. zur actio libera in causa etwa *Baumann/Weber/Mitsch/Eisele*, Strafrecht AT/*Eisele*, § 17 Rn. 32 ff.; *Heinrich*, Strafrecht AT, Rn. 597 ff.; *Kühl*, Strafrecht AT, § 11 Rn. 6 ff.; *Roxin*, Strafrecht AT I, § 20 Rn. 56 ff.; *Schönke/Schröder (Perron/Weißer)*, StGB, § 20 Rn. 32 ff., 33 ff.; SK-StGB/*Rogall*, § 20 Rn. 68 ff.; *Wessels/Beulke/Satzger*, Strafrecht AT, Rn. 656 ff.

dann bei der eigentlichen Tatausführung tatsächlich im Zustand der Schuldunfähigkeit handelt.

476 Die Begründungen für dieses Strafbarkeitsergebnis sind uneinheitlich. Überwiegend wird auf ein sog. **Tatbestandsmodell** im Sinne einer „Vorverlegungslösung" abgestellt. Die tatbestandsmäßige Handlung wird bereits an dem die spätere Schuldunfähigkeit erzeugenden Verhalten (z.B. das „Sich-Berauschen") festgemacht. Zu diesem Zeitpunkt ist der Täter (noch) schuldfähig, sein schuldunfähigkeitserzeugendes Verhalten ist für den (späteren) Tathergang samt Taterfolg ursächlich und daher tatbestandsmäßig, die §§ 20, 21 greifen von vornherein nicht ein.[29] Die Vorverlegung der tatbestandsmäßigen Handlung auf die strafrechtlich an sich irrelevante Defektherbeiführung wirft jedoch mehr Probleme auf, als sie löst: Normalerweise ist (indifferentes) Vortatverhalten straflos.[30] Dem Tatbestandsmodell nahe steht die Ansicht, die in der Rechtsfigur der actio libera in causa einen **Sonderfall der mittelbaren Täterschaft** (vgl. Rn. 631 ff., 652 ff.) erblickt. Der Täter bedient sich danach zur Ausführung der Tat seiner eigenen Person, beginnt also mit der tatbestandsmäßigen Einwirkung auf den dann im Zustand der Schuldunfähigkeit handelnden (personidentischen) Tatmittler im Zustand (noch bestehender) Schuldfähigkeit.[31] Der Wortlaut des § 25 Abs. 2, 2. Alt. und die Strukturtypizität der mittelbaren Täterschaft lassen sich mit diesem Begründungsansatz allerdings kaum in Einklang bringen. Als „**Ausdehnungsmodell**" oder „**Schuldmodell**" wird ein weiterer Begründungsansatz bezeichnet, der die Wendung „bei Begehung der Tat" in § 20 so weit ausdehnt, dass auch **schuldrelevantes Vorverhalten** von ihr erfasst wird. Doch es spricht nichts dafür, dass das Gesetz den in § 16 Abs. 1, § 16 Abs. 2, § 17 S. 1 und § 20 unterschiedslos verwendeten Begriff „Begehung der Tat" in § 20 in einem weiteren Sinne verstanden wissen will als in den anderen Vorschriften.[32]

477 Schließlich wird noch ein sog. **Ausnahmemodell** vertreten: Es verbleibt dabei, dass der Täter zur Tatzeit schuldfähig sein muss. In den Fallkonstellationen der actio libera in causa liegt aber eine Ausnahme vom Koinzidenzprinzip vor. Dem Täter wird trotz seiner Schuldunfähigkeit im zweiten Geschehensakt die erfolgte Rechtsgutsverletzung vorgeworfen, weil er selbst im Hinblick auf sie sich seiner Schuldfähigkeit beraubt hat.[33] Zur Absicherung stützt sich diese Auffassung auf die richterrechtliche, gewohnheitsrechtliche Verankerung der actio libera in causa und auf eine Analogie zu § 35 Abs. 1 S. 2 bzw. § 17 S. 2 (Selbstverschuldungsgedanke) sowie auf die Erwägung, dass der Gesetzgeber durch die Fassung des § 20 nichts an der ihm bekannten Rechtsfigur der actio libera in causa hat ändern wollen.[34] Doch wie man es auch dreht und wendet – von einem (letztlich nicht zu kaschierenden) Verstoß gegen Art. 103 Abs. 2 GG und

---

29 Vgl. dazu *Roxin*, Strafrecht AT I, § 20 Rn. 59 ff.; *Schönke/Schröder (Perron/Weißer)*, StGB, § 20 Rn. 35; SK-StGB/*Rogall*, § 20 Rn. 68 f., 72; *Wessels/Beulke/Satzger*, Strafrecht AT, Rn. 656 ff., 661 ff.; *BGHSt* 17, 259, 261/2; 333, 335; *BGH* NStZ 1997, 230; 1999, 448; 2000, 584; vgl. auch *Baumann/Weber/Mitsch/Eisele*, Strafrecht AT/*Eisele*, § 17 Rn. 37 ff.; *Heinrich*, Strafrecht AT, Rn. 602; *Kühl*, Strafrecht AT, § 11 Rn. 12 ff. alle m. w. Nachw.
30 Vgl. zur Kritik am Tatbestandsmodell statt aller *Heinrich*, Strafrecht AT, Rn. 602; SK-StGB/*Rogall*, § 20 Rn. 69 ff.; *Schönke/Schröder (Perron/Weißer)*, StGB, § 20 Rn. 35 mit Rn. 35a; ferner *Wessels/Beulke/Satzger*, Strafrecht AT Rn. 661 ff., 667 f.
31 Vgl. dazu *Jakobs*, Strafrecht AT, 17/64; ferner *Wessels/Beulke/Satzger*, Strafrecht AT, Rn. 665.
32 Vgl. *BGHSt* 42, 235, 240/1.
33 Vgl. dazu *Wessels/Beulke/Satzger*, Strafrecht AT, Rn. 658; ferner *Jescheck/Weigend*, Strafrecht AT, § 40 VI, 1; *Kühl*, Strafrecht AT, § 11 Rn. 6 ff., 9; *Schönke/Schröder (Perron/Weißer)*, StGB, § 20 Rn. 35a.
34 Vgl. noch *Heinrich*, Strafrecht AT, Rn. 606; ferner *Baumann/Weber/Mitsch/Eisele*, Strafrecht AT/*Eisele*, § 17 Rn. 35.

2. Einzelne Schuldelemente

das strafrechtliche Gesetzlichkeitsprinzip (vgl. Rn. 134 ff.) kann sich das „Ausnahmemodell" nicht wirklich freimachen.

Das trifft im Übrigen zwar nicht ganz so deutlich, in der Sache aber auch auf die „Vorverlagerungsvarianten" (Tatbestandsmodell, Ausdehnungs- oder Schuldmodell, actio libera in causa als Sonderfall der mittelbaren Täterschaft) zu.[35] Schon deshalb ist eine Bestrafung von zur Tatzeit schuldunfähigen Tätern über die Rechtsfigur der actio libera in causa abzulehnen. Es bleibt nur die Möglichkeit, nach § 323 a zu bestrafen, soweit dessen Voraussetzungen vorliegen. Das mag zwar dem Rechtsgefühl nicht entsprechen und unbefriedigend sein, weil der volle Unrechts- und Schuldgehalt des Täterverhaltens bei dieser „Auffanglösung" nicht adäquat erfasst werden kann, muss aber als Konsequenz eines ernst genommenen strafrechtlichen Gesetzlichkeits- und Schuldprinzips akzeptiert werden. Offenkundig auftretende Strafbarkeitslücken kann nur der Strafgesetzgeber durch eine Ergänzung des § 20 schließen.[36]

478

Wer ungeachtet dieser verfassungsrechtlichen Fragwürdigkeit mit der vorherrschenden Auffassung in Rechtsprechung und Lehre von einer Bestrafungsmöglichkeit nach den Grundsätzen der actio libera in causa ausgeht, muss sich schlüssig werden, ob die Rechtsfigur auf alle Deliktsarten und auf jede Deliktsart in gleicher Weise anzuwenden ist. So wird beispielsweise auf der Begründungsbasis des „Tatbestandsmodells" die Rechtsfigur der actio libera in causa bei eigenhändigen Delikten zum Teil für unanwendbar gehalten.[37] Auf dieser Linie liegt auch die neuere Rechtsprechung des *BGH* im Bereich der Straßenverkehrsdelikte, wie etwa im Falle des § 315 c Abs. 1 Nr. 1 a und des § 21 Abs. 1 Nr. 1 StVG.[38] Wie zuvor ergibt sich bei Vorliegen der Voraussetzungen in diesen Fällen eine etwaige Strafbarkeit der „Rauschtat" gem. § 323 a.[39]

479

Hält man eine Bestrafung nach den Regeln der actio libera in causa für möglich, ist zwischen der vorsätzlichen und fahrlässigen actio libera in causa zu unterscheiden. Die **vorsätzliche actio libera in causa** setzt einen „Doppelvorsatz" voraus, und zwar zum einen den Vorsatz (Absicht, direkter Vorsatz, Eventualvorsatz), der sich auf die Herbeiführung des Defektzustandes der Schuldunfähigkeit bezieht, und zum anderen einen (auch insoweit reicht Eventualvorsatz) Vorsatz, der sich auf das zumindest der Art nach bestimmte, im Zustand der Schuldunfähigkeit dann ausgeführte Delikt konkret bezieht. Fehlt es zum Zeitpunkt der Defektherbeiführung an einem dieser Vorsätze oder entspricht die später ausgeführte Tat nicht oder nicht in den wesentlichen Grundzügen der anfangs vorgestellten, kommt keine vorsätzliche, sondern allenfalls eine fahrlässige actio libera in causa in Betracht.[40] Eine **fahrlässige actio libera in causa** liegt vor, wenn der Täter sich **vorsätzlich oder fahrlässig** in den Zustand der Schuldunfähigkeit versetzt und außerdem damit rechnen muss, dass er in diesem Zustand eine bestimmte Straftat begehen werde, und ferner, wenn er den Defektzustand des

480

---

35 Vgl. zum Ganzen *Roxin*, Strafrecht AT I, § 20 Rn. 56 ff.; *Schönke/Schröder (Perron/Weißer)*, StGB, § 20 Rn. 33 ff., jew. m. w. Nachw. für die verschiedenen Begründungsansätze und deren Kritik; vgl. ferner *BGHSt* 42, 235, 236.
36 So auch eine im Vordringen begriffene Mindermeinung, vgl. die Nachw. bei *Wessels/Beulke/Satzger*, Strafrecht AT, Rn. 669 bei und in Fn. 93, 94.
37 Vgl. dazu SK-StGB/*Rogall*, § 20 Rn. 72 ff. mit relativierender Kritik an der Kritik; vgl. ferner *Schönke/Schröder (Perron/Weißer)*, StGB, § 20 Rn. 35 f.
38 Vgl. *BGHSt* 42, 235, 238/9; vgl. dazu aber (kritisch) SK-StGB/*Rogall*, § 20 Rn. 73, 74 ff.
39 Vgl. zum Ganzen noch *Roxin*, Strafrecht AT I, § 20 Rn. 62 ff.
40 Vgl. dazu *Schönke/Schröder (Perron/Weißer)*, StGB, § 20 Rn. 36 f.; *Wessels/Beulke/Satzger*, Strafrecht AT, Rn. 656 ff., 676.

§ 20 **fahrlässig** herbeiführt und dann eine **zuvor geplante** Tat begeht.[41] Bei im Zustand der Schuldunfähigkeit **fahrlässig verwirklichten Erfolgsdelikten** ist nach verbreiteter Ansicht ein Rückgriff auf die Rechtsfigur der actio libera in causa nicht erforderlich, weil die Fahrlässigkeitshaftung schon mit der Herbeiführung des Defektzustandes (Sorgfaltspflichtverletzung, vgl. zur Fahrlässigkeit Rn. 595 ff.) beginnt.[42]

2.2 Schuldform

481 Der Schuldgehalt einer Straftat wird stets durch ihren Unrechtsgehalt mitbestimmt. Die Elemente des Unrechtstatbestandes stehen dementsprechend in einer Wechselbeziehung zur Strafrechtsschuld. Eine solche Wechselbeziehung besteht auch zwischen der **Verhaltensform und Schuldform** des strafbaren Geschehens.[43] Der vorsätzlichen oder fahrlässigen Verwirklichung des Unrechtstatbestandes als Verhaltensform entspricht im Schuldbereich die Vorsatz- oder Fahrlässigkeitsschuld als Schuldform. Vorsatz und Fahrlässigkeit erfüllen somit eine Doppelfunktion.[44] Vorsatz und Fahrlässigkeit als Verhaltensformen „korrelieren" mit der Vorsatz- und Fahrlässigkeitsschuld als Schuldformen. Kennzeichnend für den Vorsatz als Schuldform ist die rechtsfeindliche oder gleichgültige Einstellung des Täters zu den Verhaltensanforderungen des Rechts (Vorsatz ist Träger des in der Tat aktualisierten Gesinnungsunwertes, vgl. Rn. 469). Für die Fahrlässigkeitsschuld ist dagegen die nachlässige oder sorglose Haltung des Täters zu den Sorgfaltsanforderungen des Rechts (vgl. zur individuellen Vorwerfbarkeit von Sorgfaltsverstößen Rn. 620 ff.).

482 Während sich aus der Doppelfunktion der Fahrlässigkeit als Verhaltens- und Schuldform das **Fahrlässigkeitsdelikt als besonderer Typus strafbaren Verhaltens** mit eigenständigem Deliktsaufbau ableiten lässt (vgl. zur Fahrlässigkeit Rn. 595 ff.), verhält es sich mit dem **Vorsatz** anders. Als Verhaltensform und subjektives Element des Unrechtstatbestandes „indiziert" der Tatvorsatz die **Vorsatzschuld**. Mit der vorsätzlichen Verwirklichung des Unrechtstatbestandes ist deshalb regelmäßig auch die Vorsatzschuld gegeben. Allerdings handelt es sich dabei um ein „widerlegbares Indiz".[45] Die **schuldindizierende Wirkung des Tatvorsatzes als Verhaltensform** entfällt beispielsweise, wenn der Täter tatbestandsmäßig in der irrigen Annahme handelt, es lägen die tatsächlichen Voraussetzungen eines anerkannten Rechtfertigungsgrundes vor (A glaubt, B greife ihn an und wehrt sich gegen den vermeintlichen Angriff, indem er B körperlich verletzt: vorsätzliche Körperverletzung bei irriger Annahme einer Notwehrlage). Dieser sog. **Erlaubnistatbestandsirrtum** (vgl. dazu Rn. 588 ff.) lässt unter sinngemäßer Anwendung des § 16 Abs. 1 S. 1 die Vorsatzschuld entfallen. Es bleibt nur die Möglichkeit einer Fahrlässigkeitsschuld (individuelle Vorwerfbarkeit des Irrtums), die aber besonderer Feststellung bedarf und nicht einfach „automatisch" mangels Vorsatzschuld anzunehmen ist.[46]

---

41 Vgl. *Schönke/Schröder (Perron/Weißer)*, StGB, § 20 Rn. 38.
42 Vgl. dazu *Wessels/Beulke/Satzger*, Strafrecht AT, Rn. 676.
43 Vgl. *Wessels/Beulke/Satzger*, Strafrecht AT, Rn. 680.
44 Vgl. oben Rn. 469; *Wessels/Beulke/Satzger*, Strafrecht AT, Rn. 680 mit Rn. 206 ff. und Rn. 1147 f.
45 Vgl. *Wessels/Beulke/Satzger*, Strafrecht AT, Rn. 681.
46 Vgl. etwa *Wessels/Beulke/Satzger*, Strafrecht AT, Rn. 680, 681 mit Rn. 188, 745ff. und 1147 f.

2. Einzelne Schuldelemente

2.3 Unrechtsbewusstsein

Voraussetzung des vollen strafrechtlichen Schuldvorwurfs ist die Einsicht des Täters, mit seiner tatbestandsmäßig-rechtswidrigen Handlung Unrecht zu tun (vgl. § 17 S. 1). Diese Verbotskenntnis, das **Unrechtsbewusstsein**, ist **selbständiges Schuldelement** und zugleich das **Kernstück des strafrechtlichen Schuldvorwurfs**.[47]

483

Gegenstand des Unrechtsbewusstseins als Voraussetzung und Bestandteil strafrechtlicher Schuld ist das Unrecht des konkreten Täterverhaltens, seine materielle Rechtswidrigkeit. Der Täter muss die rechtliche Wertwidrigkeit seines Verhaltens kennen (oder zumindest doch kennen können); er muss wissen (oder doch wissen können), dass sein Verhalten gegen die verbindliche materielle Wertordnung des Rechts verstößt und deshalb rechtlich verboten ist. Ihm muss dementsprechend bewusst sein, dass sein Verhalten den elementaren Erfordernissen der Gemeinschaftsordnung und damit den Grundregeln **gesellschaftlichen** Zusammenlebens widerspricht, und er muss sich (zugleich) über deren Allgemeinverbindlichkeit und Unverbrüchlichkeit im Klaren sein, mit anderen Worten: Der Täter muss die **rechtliche Qualität seines Normverstoßes** kennen. Auf eine (konkretisierungsbedürftige) Kurzformel gebracht bedeutet Unrechtsbewusstsein danach: Einsicht des Täters, dass sein Verhalten **rechtlich verboten** ist, oder – wie es der *BGH* schon früh formuliert hat – „der Täter weiß, dass das, was er tut, **rechtlich nicht erlaubt, sondern verboten ist**".[48]

484

Es genügt also für diese Verbotskenntnis nicht, dass sich der Täter einer etwaigen Sittenwidrigkeit und/oder Sozialschädlichkeit/-widrigkeit seines Verhaltens bewusst ist; denn das **Bewusstsein der Sittenwidrigkeit und/oder Sozialschädlichkeit/-widrigkeit** des eigenen Verhaltens erschließt dem Täter noch **nicht** die allgemein verbindliche Kraft der verletzten **Rechts**norm. Das Unrechtsbewusstsein setzt andererseits **nicht** voraus, dass der Täter die **Strafbarkeit** seines Verhaltens kennt.[49]

485

Auch die Kenntnis des konkret verletzten Rechtssatzes ist nicht erforderlich. Unerheblich ist daher, ob der Täter sein Verhalten als Verstoß gegen eine strafrechtliche, zivilrechtliche oder öffentlich-rechtliche (verwaltungsrechtliche) Norm bewertet, sofern er nur die verletzte (Rechts-) Norm in dem sie tragenden materiellen Wertgehalt zutreffend erfasst hat und damit das konkrete Unrecht seines Verhaltens kennt.[50] Die Einordnung des eigenen Verhaltens als bloße Ordnungswidrigkeit schließt das Unrechtsbewusstsein ebenfalls nicht aus; denn die **Kenntnis des rechtlichen Verbotenseins** reicht aus, um sich zu rechtstreuem Verhalten zu motivieren.[51] Dagegen schließt die Einord-

486

---

47 Vgl. dazu *Baumann/Weber/Mitsch/Eisele*, Strafrecht AT/*Eisele*, § 18 Rn. 81 ff.; *Heinrich*, Strafrecht AT, Rn. 546 ff.; *Kühl*, Strafrecht AT, § 11 Rn. 27 ff.; NK-StGB (*Neumann*), § 17 Rn. 9 ff.; *Schönke/Schröder (Sternberg-Lieben/Schuster)*, StGB, § 17 Rn. 2/3, 4 ff. mit § 15 Rn 104; SK-StGB/*Rogall*, § 17 Rn. 5 ff.; *Wessels/Beulke/Satzger*, Strafrecht AT, Rn. 682, 683 ff.

48 Vgl. BGHSt 2, 194, 196; ferner *Roxin*, Strafrecht AT I, § 21 Rn. 12 ff.; *Schönke/Schröder (Sternberg-Lieben/Schuster)*, StGB, § 17 Rn. 4 ff.; SK-StGB/*Rogall*, § 17 Rn. 5 ff.; *Wessels/Beulke/Satzger*, Strafrecht AT, Rn. 682 ff., 683/4 jew. m. w. Nachw.

49 Vgl. BGHSt 15, 377, 382/3; BGHSt 52, 227, 229 f.; BGHSt 58, 15, 27; *Jescheck/Weigend*, Strafrecht AT, § 41 I, 3a; *Roxin*, Strafrecht AT I, § 21 Rn. 12/3; *Schönke/Schröder (Sternberg-Lieben/Schuster)*, StGB, § 17 Rn. 4; SK-StGB/*Rogall*, § 17 Rn. 5 mit Rn. 9 jew. m. w. Nachw.

50 Vgl. *Baumann/Weber/Mitsch/Eisele*, Strafrecht AT/*Eisele*, § 18 Rn. 93, 94; *Roxin*, Strafrecht AT I, § 21 Rn. 13; *Schönke/Schröder (Sternberg-Lieben/Schuster)*, StGB, § 17 Rn. 5; SK-StGB/*Rogall*, § 17 Rn. 5, 9; vgl. aber NK-StGB (*Neumann*), § 17 Rn. 21 ff.

51 Vgl. *Roxin*, Strafrecht AT I, § 21 Rn. 12, 13; *Schönke/Schröder (Sternberg-Lieben/Schuster)*, StGB, § 17 Rn. 5; SK-StGB/*Rogall*, § 17 Rn. 9; ferner BGHSt 11, 263, 266.

XI. Die Schuld des Täters

nung des eigenen (Täter-)Verhaltens als Disziplinarunrecht das Unrechtsbewusstsein aus.[52]

487 Die Verbotskenntnis des Täters muss jedoch stets eine konkrete, den einzelnen Geboten und Verboten des Strafrechts zugewandte Unrechtsvorstellung sein. Das **Unrechtsbewusstsein ist** in diesem Sinne **tatbestandsbezogen**, und es ist vorhanden, wenn der Täter die von dem in Betracht kommenden gesetzlichen Straftatbestand umfasste spezifische Rechtsgutsverletzung als Unrecht erkennt. Bei tateinheitlichem (vgl. § 52) Zusammentreffen mehrerer Delikte ist das **Unrechtsbewusstsein** demzufolge **teilbar**. Das gilt nicht nur im Verhältnis verschiedener Straftatbestände, sondern auch im Verhältnis von Grunddelikt und qualifiziertem Delikt und ebenso in Bezug auf ein und denselben gesetzlichen Straftatbestand, wenn darin verschiedene Rechtsgüter geschützt sind.[53] Wer das Unrechtsbewusstsein bei der Vergewaltigung hat, braucht es bezüglich des mit der Vergewaltigung zugleich (tateinheitlich) verwirklichten Verwandtenbeischlafs (vgl. § 173) nicht zu haben.[54] Immer kommt es daher darauf an, ob der Täter, der mit seinem Verhalten mehrere Straftatbestände verwirklicht, seine Unrechtseinsicht auf den materiellen Unrechtsgehalt aller Tatbestandsverwirklichungen bezieht.

488 Zumeist wird der Täter sich über das rechtliche Verbotensein im Klaren sein. Im Sach- und Normbereich des Kernstrafrechts ist das sogar regelmäßig der Fall. Auch der **Überzeugungs- und/oder Gewissenstäter** hat deshalb in der Regel aller Fälle das Bewusstsein des rechtlichen Verbotenseins seiner Handlung; denn er stellt sich typischerweise aus (politischer, religiöser, sittlicher) Überzeugung oder aus Gewissensgründen gegen das ihm durchaus bekannte, aber als geringerwertig eingestufte staatliche (Straf-)Recht.[55] Für die Annahme eines die Strafrechtsschuld mitbegründenden Unrechtsbewusstseins ausreichend ist überdies ein sog. **bedingtes Unrechtsbewusstsein**. Es liegt vor, wenn der Täter das rechtliche Verbotensein seines Verhaltens (nur ernstlich) erwägt und sich mit der Möglichkeit, gegen das Recht zu verstoßen, abfindet oder darauf vertraut, sein Handeln werde schon nicht rechtswidrig sein. Das Wissen um die „bloße" Möglichkeit, dass das eigene Verhalten rechtlich verboten ist, schließt somit das (bedingte) Unrechtsbewusstsein nicht aus.[56]

489 Dass bedingtes Unrechtsbewusstsein zur Schuldbegründung genügt, ist bei (z.B. durch Einholen von Informationen) sog. **behebbaren Unrechtszweifeln** nicht strittig. Bei **unbehebbaren Unrechtszweifeln** ist jedoch zu differenzieren. Findet sich der Täter trotz seiner Zweifel mit dem möglichen Verbotsverstoß ab, so gilt auch hier, dass regelmäßig vom Vorliegen eines (bedingten) Unrechtsbewusstseins auszugehen ist. Hat der Täter aber nur die **Wahl zwischen alternativen Verhaltensweisen**, deren rechtliches Verbotensein ihm gleichermaßen möglich erscheint, wird eine Straffreistellung des Täters – gestützt auf eine sinngemäße Anwendung des § 17 S. 1 oder auf den Gedanken der Un-

---

52 Vgl. (differenzierend) *Jacobs*, Strafrecht AT, 19/23; wie hier NK-StGB (*Neumann*), § 17 Rn. 27 ff., 29; *Schönke/Schröder (Sternberg-Lieben/Schuster)*, StGB, § 17 Rn. 5; SK-StGB/*Rogall*, § 17 Rn. 10; vgl. auch *Roxin*, Strafrecht AT I, § 21 Rn. 12.
53 Vgl. *Roxin*, Strafrecht AT I, § 21 Rn. 16 ff.; *Schönke/Schröder (Sternberg-Lieben/Schuster)*, StGB, § 17 Rn. 8; SK-StGB/*Rogall*, § 17 Rn. 12 m. zahlr. Nachw. in dort. Fn. 56; für das Verhältnis Grunddelikt/qualifizierter Tatbestand anders BGHSt 15, 377, 383; differenzierend BGHSt 42, 123, 130; vgl. zu Letzterem auch NK-StGB (*Neumann*), § 17 Rn. 35 ff.; ferner auch *Wessels/Beulke/Satzger*, Strafrecht AT, Rn. 682.
54 Vgl. BGHSt 10, 35, 41/2; *Schönke/Schröder (Sternberg-Lieben/Schuster)*, StGB, § 17 Rn. 8 m. zahlr. Nachw.
55 Vgl. dazu SK-StGB/*Rogall*, § 17 Rn. 6 mit Rn. 41/42 und zahlr. Nachw. in dort. Fn. 30.
56 Vgl. dazu *Jescheck/Weigend*, Strafrecht AT, § 41 I, 3b; NK-StGB (*Neumann*), § 17 Rn. 33 ff.; *Roxin*, Strafrecht AT I, § 21 Rn. 29 ff.; SK-StGB/*Rogall*, § 17 Rn. 17 ff.; vgl. auch *Schönke/Schröder (Sternberg-Lieben/Schuster)*, StGB, § 17 Rn. 5a jew. m. w. Nachw.

2. Einzelne Schuldelemente

zumutbarkeit normgemäßen Verhaltens – befürwortet: Weiß ein Polizist beispielsweise nicht, ob er die **Flucht eines Straftäters ins Ausland** durch einen Schuss verhindern darf oder muss, hält er aber beides für möglicherweise verboten (schießt er, befürchtet er eine Bestrafung wegen gefährlicher Körperverletzung, § 224, schießt er nicht, rechnet er mit Bestrafung wegen Strafvereitelung im Amt, §§ 258, 258a), soll eine Analogie zum schuldausschließenden unvermeidbaren Verbotsirrtum zur Straffreistellung führen.[57]

Aus § 17 S. 1 ergibt sich, dass das Vorliegen von Unrechtsbewusstsein eine im Zusammenhang mit dem Tatgeschehen **zeitgleiche Verbotskenntnis** voraussetzt. Eine derart tatzeitgleiche Verbotskenntnis hat gewiss derjenige Täter, der sich während des Tatgeschehens (ständig) mit dem Verbotensein seines Verhaltens in einem aktuellen Denkprozess verdeutlichend auseinandersetzt, was nicht gerade häufig vorkommt. Doch auch wer zur Zeit der Tat nicht ausdrücklich an das rechtliche Verbotensein seines Verhaltens denkt, wohl aber um das rechtlich Verbotene seines Verhaltens in dem Sinne weiß, **dass** er ohne besondere Erinnerungsleistung seine Verbotskenntnis jederzeit aktualisieren kann, hat das erforderliche **aktuelle Unrechtsbewusstsein**. Aktuelles Unrechtsbewusstsein hat daher, wem das rechtliche Verbotensein seines Verhaltens als „Mitbewusstsein", als „sachgedankliches Unrechtsbewusstsein", als „Orientiert-Sein über das Unrecht des eigenen Verhaltens" oder als „dauerndes Begleitwissen" bzw. „latentes Unrechtsbild" zur Verfügung steht. Bei dieser Form des Unrechtsbewusstseins handelt es sich lediglich um eine Modalität des schuldbegründenden aktuellen Unrechtsbewusstseins. Nicht zu verwechseln ist damit das **potentielle Unrechtsbewusstsein**. Anders als im Falle des (sachgedanklichen) Mitbewusstseins geht es beim potentiellen Unrechtsbewusstsein gerade nicht um eine besondere Form des Unrechtsbewusstseins, sondern um ein (zumeist vermeidbares) **Fehlen des Unrechtsbewusstseins**.[58] Das Mitbewusstsein des Unrechts ist etwas anderes als das fehlende, wenn auch erlangbare Unrechtsbewusstsein. Es unterscheidet sich vom potentiellen Unrechtsbewusstsein dadurch, dass es in das aktuelle Tatgeschehen konkret hineinwirkt, während das potentielle Unrechtsbewusstsein lediglich als korrigierbare Fehlvorstellung über das rechtlich Verbotene des Täterverhaltens in Erscheinung tritt.[59] Zumindest missverständlich ist es deshalb, wenn im Zusammenhang mit dem zur Schuldbegründung erforderlichen Unrechtsbewusstsein davon die Rede ist, dass potentielles Unrechtsbewusstsein genüge.[60] Nur potentielle Verbotskenntnis reicht gerade nicht, um das Vorhandensein des erforderlichen Unrechtsbewusstseins annehmen zu können.[61]

490

Das Schuldelement des Unrechtsbewusstseins, das den Tatvorsatz und die Vorsatzschuld unberührt lässt (**Schuldtheorie** im Gegensatz zur **Vorsatztheorie**, die den Tatvorsatz ausschließlich als Schuldmerkmal und das Unrechtsbewusstsein als sein „Kernstück" begreift)[62], ist wie der Regelungsgehalt des § 17 primär auf das Begehungsdelikt zugeschnitten. Auch für **deliktisches Unterlassen** und damit für „echtes" ebenso wie

491

---

57 Vgl. zum Ganzen bei *Roxin*, Strafrecht AT I, § 21 Rn. 29 ff.; ferner SK-StGB/*Rogall*, § 17 Rn. 18 ff.; vgl. auch NK-StGB (*Neumann*), § 17 Rn. 33, 34.
58 So zutreffend NK-StGB (*Neumann*), § 17 Rn. 53.
59 Vgl. dazu *Roxin*, Strafrecht AT I, § 21 Rn. 27 f.; *Schönke/Schröder (Sternberg-Lieben/Schuster)*, StGB, § 17 Rn. 9; SK-StGB/*Rogall*, § 17 Rn. 26 f.
60 Vgl. z.B. *Wessels/Beulke/Satzger*, Strafrecht AT, Rn. 684.
61 So auch *Schönke/Schröder (Sternberg-Lieben/Schuster)*, StGB, § 17 Rn. 9.
62 Vgl. dazu vorerst *Wessels/Beulke/Satzger*, Strafrecht AT, Rn. 751 ff., 753 ff.

XI. Die Schuld des Täters

für „unechtes" Unterlassen setzt schuldhaftes Handeln (Verhalten) aktuelles Unrechtsbewusstsein voraus. Anders als bei den Begehungsdelikten bezieht sich das Unrechtsbewusstsein bei den Unterlassungsdelikten indessen nicht auf das rechtliche **Verbotensein** einer Handlung. Gegenstand des Unrechtsbewusstseins ist allerdings auch bei den Unterlassungsdelikten das Unrecht des konkreten Täterverhaltens. Der strukturellen Verschiedenartigkeit von Begehen und Unterlassen entsprechend bezieht sich das Unrechtsbewusstsein bei den Unterlassungsdelikten aber auf das **rechtliche Gebotensein** der geforderten (erfolgsverhindernden) Handlung: Der Täter muss wissen, dass ihm eine bestimmte Handlung rechtlich geboten ist, dass er also die gebotene Handlung von Rechts wegen nicht unterlassen darf. Fehlt ihm dieses Wissen, fehlt ihm das Unrechtsbewusstsein, wobei für das Vorhandensein des Unrechtsbewusstseins dieselben Modalitäten wie beim Begehungsdelikt ausreichend sind.[63]

492 Das Unrechtsbewusstsein als das Wissen um die **Gebotswidrigkeit des Unterlassens** betrifft bei den **unechten** Unterlassungsdelikten (vgl. Rn. 304 ff.) den Normbereich des verletzten strafrechtlichen Verbots und mit ihm als seine spezifische Ausprägung des Unterlassungsunrechts die aus einer Garantenstellung resultierende Garantenpflicht; denn die **Garantenpflicht gehört zur Rechtswidrigkeitsmaterie** des unechten Unterlassungsdelikts, während die sie begründenden tatsächlichen Umstände als Garantenstellung ein Element des objektiven Unrechtstatbestandes darstellen und als solches Bezugspunkte des Tatvorsatzes (Unterlassungsvorsatzes) sind (vgl. Rn. 375 ff., 385 ff.). Fehlendes Unrechtsbewusstsein des Unterlassungstäters kann somit in der Unkenntnis über das (für jedermann geltende) strafrechtliche Verbot und/oder in einer Fehlvorstellung über die ihm als Garanten zugewachsene Garantenpflicht bestehen. Dabei stehen Handlungsgebot und (straf-) rechtliches Verbot nicht isoliert nebeneinander, sondern bilden zusammen den **Gebots-/ Verbotsbereich** der durch das Täterverhalten (Unterlassen) verletzten Norm. Auf ihn muss sich die **Gebots-/Verbotskenntnis** des Täters im Sinne eines aktuellen Unrechtsbewusstseins beziehen.[64]

493 Fehlt dem Täter das Unrechtsbewusstsein, kennt er das Verbotene oder Gebotswidrige seines Verhaltens nicht, befindet er sich in einer Fehlvorstellung über das Verbotene/Gebotswidrige seines Verhaltens und dementsprechend in einem **Verbotsirrtum** (Begehungsdelikt) oder **Gebotsirrtum** (Unterlassungsdelikt), auf den die Regeln des Verbotsirrtums gem. § 17 sinngemäß anzuwenden sind.[65] Obwohl das Unrechtsbewusstsein zur „positiven" Begründung des vollen strafrechtlichen Schuldvorwurfs erforderlich ist, beseitigt sein Fehlen, mithin ein Verbots- oder Gebotsirrtum nicht eo ipso die Schuld des Täters. Dem Regelungsgehalt des § 17 zufolge ist die Schuld des Täters nur dann ausgeschlossen, wenn das Fehlen des Unrechtsbewusstseins auf einer Fehlvorstellung über das rechtlich Verbotene bzw. das Gebotswidrige des konkreten Täterverhaltens beruht, die **unvermeidbar** ist. Nur der **unvermeidbare Verbots- oder Gebotsirrtum** befreit von strafrechtlicher Schuld. War der Irrtum hingegen „lediglich" **vermeidbar**, entfällt der strafrechtliche Schuldvorwurf nicht, die Strafe kann dann aber

---

63 Vgl. dazu *Jescheck/Weigend*, Strafrecht AT, § 60 I, 1 und 2.
64 Vgl. dazu *Jescheck/Weigend*, Strafrecht AT, § 60 I, 3.
65 Ganz h. M., vgl. die Nachw. bei *Jescheck/Weigend*, Strafrecht AT, § 60 I, 2 bei und in dort. Fn. 1; ferner *Schönke/Schröder (Sternberg-Lieben/Schuster)*, StGB, § 17 Rn. 21 mit § 15 Rn. 96.

2. Einzelne Schuldelemente

nach § 49 Abs. 1 gemildert werden (vgl. § 17 S. 2). Das gilt für Vorsatzdelikte ebenso wie für Fahrlässigkeitsdelikte.[66]

2.4 Fehlen von Schuldausschließungs- und Entschuldigungsgründen

Schuldausschließungs- und Entschuldigungsgründe lassen den strafrechtlichen Schuldvorwurf entfallen. Mit Schuld (schuldhaft) handelt ein Täter folglich nur dann, wenn kein **Schuldausschließungs- oder Entschuldigungsgrund** zu seinen Gunsten eingreift. Im Systembau der Straftat ist auf der Wertungsstufe der Schuld daher nach näherer Prüfung das Nichtvorliegen bzw. Fehlen von Schuldausschließungs- oder Entschuldigungsgründen festzustellen, weil das im Übrigen tatbestandsmäßige und rechtswidrige Handeln sonst (mangels Schuld) nicht als Straftat ausgewiesen werden kann. Zu den **Schuldausschließungsgründen** zählen die **Schuldunfähigkeit** (vgl. Rn. 508 ff.) und das auf einem unvermeidbaren Verbots-/Gebotsirrtum beruhende **Fehlen des Unrechtsbewusstseins**. An Entschuldigungsgründen sind zu nennen: der **entschuldigende Notstand** einschließlich des sog. Nötigungsnotstandes (§ 35 Abs. 1), die **Notwehrüberschreitung** aus Verwirrung, Furcht oder Schrecken (§ 33) sowie der **übergesetzliche entschuldigende Notstand** unter Einschluss der **entschuldigenden Pflichtenkollision**. In engen Grenzen werden die **unverbindliche dienstliche Weisung** (beim Handeln auf dienstlichen Befehl bzw. dienstliche Anordnung) und im Deliktsbereich des Unterlassens die auf Art. 4 Abs. 1 GG zurückgehende **entschuldigende Gewissensnot** als weitere Entschuldigungsgründe jedenfalls teilweise anerkannt.[67]

494

Die Unterscheidung zwischen Schuldausschließungs- und Entschuldigungsgründen ist innerlich wohl begründet. Soweit der Täter mangels Schuldfähigkeit oder wegen unvermeidbaren Fehlens des Unrechtsbewusstseins **ohne Schuld** handelt, entfällt der strafrechtliche Schuldvorwurf vollständig; denn **Schuldfähigkeit** und **Unrechtsbewusstsein** sind **zwingende Schuldvoraussetzungen**, sie sind schuldbegründender Natur. Liegen sie nicht vor, scheidet ein strafrechtlicher Schuldvorwurf von vornherein aus. Bei den **Entschuldigungsgründen** ist die Strafrechtsschuld nicht von vornherein und nicht begriffsnotwendig ausgeschlossen. Vielmehr betreffen sie Tatsituationen, in denen der Täter wegen einer **außergewöhnlichen Konflikt- und Motivationslage** die „Nachsicht" der Rechtsordnung findet, indem diese faktisch auf die Erhebung des an sich noch durchaus möglichen Schuldvorwurfs verzichtet.[68]

495

Dieser Verzicht erklärt sich aus der **Kumulationswirkung** zweier **Schuldminderungsgründe**[69]. Schuldmindernde Wirkung kommt den Entschuldigungsgründen danach zum einen deshalb zu, weil sie den Unrechtsgehalt der Tat herabsetzen: **Schuldminderung durch Unrechtsverringerung**.[70] Diese Unrechtsverringerung allein macht allerdings noch keine Entschuldigung aus. Hinzukommen muss vielmehr ein zweiter Schuldminderungsaspekt. Er besteht in einer **psychisch-emotionalen Ausnahmesituati-**

496

---

[66] Vgl. zum Verbots-/Gebotsirrtum und zur Unvermeidbarkeit/Vermeidbarkeit des Irrtums *Jescheck/Weigend*, Strafrecht AT, § 41 II; *Schönke/Schröder (Sternberg-Lieben/Schuster)*, StGB, § 17 Rn. 13 ff.; SK-StGB/*Rogall*, § 17 Rn. 43 ff.; *Wessels/Beulke/Satzger*, Strafrecht AT, Rn. 726 ff.; sowie hier nachfolgend Rn. 582 ff.
[67] Vgl. zu den Schuldausschließungs- und Entschuldigungsgründen im Einzelnen und ausführlich *Kühl*, Strafrecht AT, §§ 11, 12; ferner *Heinrich*, Strafrecht AT, Rn. 562 ff.; *Schönke/Schröder (Sternberg-Lieben)*, StGB, Vorbem, §§ 32 ff. Rn. 108 ff., 112 ff.
[68] Vgl. dazu *Schönke/Schröder (Sternberg-Lieben)*, StGB, Vorbem. §§ 32 ff. Rn. 108.
[69] So *Schönke/Schröder (Sternberg-Lieben)*, StGB, Vorbem. §§ 32 ff. Rn. 111.
[70] Dazu *Schönke/Schröder (Sternberg-Lieben)*, StGB, Vorbem. §§ 32 ff. Rn. 111; vgl. auch *Jescheck/Weigend*, Strafrecht AT, § 43 II, 2.

on des Täters, in der seine Motivierbarkeit zu normgemäßem Verhalten – wenn auch nicht ausgeschlossen, so doch – erheblich eingeschränkt ist (außergewöhnliche Konflikt- und Motivationslage). Beide „Schuldminderungsgründe" zusammen tragen die Entschuldigung. In diesem doppelten Sinne von Schuldminderung trifft es dann auch durchaus die Sache, wenn davon gesprochen wird, dass der Gesetzgeber den Entschuldigungsgründen wegen ihrer den Unrechts- und Schuldgehalt der Tat herabsetzenden Wirkung strafbefreiende Kraft beigelegt hat, weil bei ihrem Vorliegen die Grenze der Strafwürdigkeit und Strafbedürftigkeit nicht erreicht ist.[71]

497 Und auch der Gedanke der **Unzumutbarkeit normgemäßen Verhaltens**, der von der (wohl noch) vorherrschenden Auffassung in Rechtsprechung und Lehre als das Grundprinzip aller Entschuldigungsgründe angesehen wird[72] spiegelt sich in dem Verzicht auf Bestrafung bei entschuldigtem Verhalten wider; denn wenn in der von einem Entschuldigungsgrund vorgegebenen (äußeren) Tatsituation schon das Unrecht der tatbestandsmäßig-rechtswidrigen Handlung (deutlich) gemindert ist, drängt sich die Unzumutbarkeit normgemäßen Verhaltens mit Rücksicht auf die für eine Entschuldigung stets notwendige **außergewöhnliche** Konfliktsituation des Täters (innere Tatseite) förmlich auf. Ähnlich verhält es sich mit dem **Wegfall einer** (im „positiv"-generalpräventiven Sinne zu verstehenden) präventiven **Bestrafungsnotwendigkeit**, der vom Standpunkt einer sozialen oder funktionalen Schuldlehre[73] als maßgeblicher Grundgedanke der Entschuldigungsgründe propagiert wird.[74] Auch der Mangel an präventiver Bestrafungsnotwendigkeit findet seinen Grund letztlich in der den Entschuldigungsgründen eigenen Kumulationswirkung zweier, die äußere und innere Tatseite betreffender Schuldminderungskriterien.[75]

498 Bei alledem ist klarstellend darauf zu verweisen, dass die **Unzumutbarkeit normgemäßen Verhaltens kein selbständiger Schuldausschließungs- oder Entschuldigungsgrund** ist, sondern sich als „regulatives Rechtsprinzip" versteht.[76] Schon bei den (unechten) Unterlassungsdelikten spielte es eine – nach hier für zutreffend gehaltener Auffassung freilich tatbestandsregulierende (vgl. Rn. 415 ff.) – Rolle.[77]

2.5 Spezielle Schuldmerkmale

499 Gesetzliche Deliktsbeschreibungen können spezielle Schuldmerkmale enthalten. Hierunter sind Merkmale des gesetzlichen Straftatbestandes zu verstehen, die den Schuldgehalt der Tat nicht lediglich als Reflex des Unrechts bestimmen, sondern „unmittelbar und ausschließlich" den in der Tat zum Ausdruck kommenden (manifestierten) **Gesinnungsunwert** näher charakterisieren.[78] Nur solche ausschließlich schuldbezogenen Merkmale sind „**echte**" **Gesinnungsmerkmale** (im Gegensatz zu den unrechtsbezogenen „unechten" Gesinnungsmerkmalen), die als spezielle Schuldmerkmale die Strafrechtschuld mitbestimmen und -begründen. Dazu gehören etwa die „niedrigen

---

71 Vgl. *Jescheck/Weigend*, Strafrecht AT, § 43 II, 2; *Wessels/Beulke/Satzger*, Strafrecht AT, Rn. 686.
72 Vgl. die Nachw. bei *Jescheck/Weigend*, Strafrecht AT, § 43 III, 1; *Schönke/Schröder (Sternberg-Lieben)*, StGB, Vorbem. §§ 32 ff. Rn. 110; *Wessels/Beulke/Satzger*, Strafrecht AT, Rn. 686.
73 Vgl. die Nachw. bei *Schönke/Schröder (Eisele)*, StGB, Vorbem. §§ 13 ff. Rn. 116 ff., 117.
74 Vgl. dazu etwa *Roxin*, Strafrecht AT I, § 22 Rn. 4.
75 Vgl. dazu *Schönke/Schröder (Sternberg-Lieben)*, StGB, Vorbem. §§ 32 ff. Rn. 111.
76 Vgl. statt aller *Schönke/Schröder (Sternberg-Lieben)*, StGB, Vorbem. §§ 32 ff. Rn. 110, 122 ff.
77 Vgl. zum Ganzen noch *Jescheck/Weigend*, Strafrecht AT, § 43 III; ferner *Roxin*, Strafrecht AT I, § 22 Rn. 142 ff. mit § 24 Rn. 122 ff. und *Roxin*, Strafrecht AT II, § 31 Rn. 211 ff., 229 ff.
78 Vgl. dazu *Jescheck/Weigend*, Strafrecht AT, § 42 I, 2 mit II, 3; *Schönke/Schröder (Eisele)*, StGB, Vorbem. §§ 13 ff. Rn. 122; *Wessels/Beulke/Satzger*, Strafrecht AT, Rn. 677.

Beweggründe" in § 211, die „Böswilligkeit" in § 225 oder die „Rücksichtslosigkeit" in § 315 c Abs. 1 Ziff. 2, denn sie lassen – wenn sie denn vorliegen – eine (ausschließlich) „sittlich-wertwidrige Motivation"[79] erkennen. Demgegenüber betreffen die in § 211 enthaltenen Merkmale der „Heimtücke" und „Grausamkeit" die Gefährlichkeit und Verwerflichkeit der Tatbegehung und lassen nur mittelbar Rückschlüsse auf die Gesinnung des Täters zu. Sie sind daher Kennzeichen des Handlungsunrechts und somit Merkmale des (subjektiven) Unrechtstatbestandes (subjektive Unrechtselemente, vgl. Rn. 371 ff, 373). Als weiteres Beispiel für ein „unechtes" Gesinnungs- und damit subjektives Unrechtsmerkmal ist die „Rohheit" des Misshandelns in § 225 Abs. 1 zu nennen, weil sie sich auch auf das Handlungsunrecht bezieht (die gefühllose Gesinnung des Täters muss sich in der Art und Schwere des Eingriffs in die körperliche Integrität äußern).[80]

Von den „echten" Gesinnungsmerkmalen, den speziellen Schuldmerkmalen also, sind die sog. objektiv und/oder subjektiv gefassten Schuldmerkmale zu unterscheiden.[81] Die Differenzierung zwischen „echten" und „unechten" Gesinnungsmerkmalen hat Bedeutung für die Strafbarkeit von Tatbeteiligten (vgl. §§ 28, 29). Die Abgrenzung der objektiv gefassten Schuldmerkmale von den Gesinnungsmerkmalen und subjektiv gefassten Schuldmerkmalen ist darüber hinaus für Irrtumsfälle wichtig.[82]

500

3. Das tatbestandsmäßige Unrecht als Schuldindiz

Der strafrechtliche Schuldvorwurf setzt ein konkretes tatbestandsmäßig-rechtswidriges und nicht gerechtfertigtes Handeln voraus. Diesem mehr straftatsystematischen Zusammenhang zwischen tatbestandsmäßigem Unrecht und Schuld entspricht, dass der Schuldgehalt einer Straftat stets durch den Unrechtsgehalt mitbestimmt wird. Beides zusammen verdeutlicht, dass **strafrechtliche Schuld** in einem sehr stringenten Sinne **unrechtsbezogen** ist. Aus dieser Unrechtsbezogenheit der Schuld ergibt sich eine **schuldindizierende Funktion des tatbestandsmäßigen Unrechts**. Tatbestandsmäßiges und rechtswidriges Verhalten indiziert danach die Schuld des Täters. Mit der Verwirklichung tatbestandsmäßigen Unrechts ist deshalb regelmäßig auch ein schuldhaftes Handeln gegeben. Hiermit stimmt die „Negativfassung" des § 20 und des § 17 S. 1, 1. Alt. überein: Nur ausnahmsweise ist die Strafrechtsschuld mangels Schuldunfähigkeit des Täters oder wegen unvermeidbaren Fehlens des Unrechtsbewusstseins ausgeschlossen. Und ganz ähnlich verhält es sich mit dem subjektiven Unrechtsmerkmal des Tatvorsatzes und der mit ihm korrespondierenden Vorsatzschuld; denn der **Tatvorsatz** liefert ein (nur widerlegliches) **Indiz für** die **Vorsatzschuld**, er indiziert die Vorsatzschuld.[83] Einer sachlichen Auseinandersetzung mit einzelnen Schuldelementen bedarf es bei der Feststellung der strafrechtlichen Schuld somit nur, wenn sich im Einzelfall konkrete Anhaltspunkte für das Vorliegen von Schuldausschließungs- und/oder Entschuldigungsgründen (bzw. für den Ausschluss der Vorsatzschuld bei Vorsatz-

501

---

79 Vgl. *Jescheck/Weigend*, Strafrecht AT, § 42 II, 3; ferner *Heinrich*, Strafrecht AT, Rn. 544 f.; *Roxin*, Strafrecht AT I, § 10 Rn. 78 ff.
80 Vgl. *BGHSt* 25, 277, 278/9; *Wessels/Beulke/Satzger*, Strafrecht AT, Rn. 677.
81 Vgl. dazu im Einzelnen bei *Schönke/Schröder (Eisele)*, StGB, Vorbem. §§ 13 ff. Rn. 123.
82 Vgl. *Jescheck/Weigend*, Strafrecht AT, § 42 II, 1 und II, 2; *Schönke/Schröder (Eisele)*, StGB, Vorbem. §§ 13 ff. Rn. 123; *Wessels/Beulke/Satzger*, Strafrecht AT, Rn. 678, 679 jew. m. w. Nachw. und Beispielen.
83 Vgl. *Wessels/Beulke/Satzger*, Strafrecht AT, Rn. 680 f.; vgl. noch *Heinrich*, Strafrecht AT, Rn. 555 ff. mit Rn. 1133 f.; ferner *Schönke/Schröder (Eisele)*, StGB, Vorbem. §§ 13 ff. Rn. 120/121; sowie *Jescheck/Weigend*, Strafrecht AT, § 24 III, 5 mit § 39 IV, 4 (Regel-Ausnahme).

XI. Die Schuld des Täters

delikten) ergeben. Andernfalls ist von der Schuldhaftigkeit des tatbestandsmäßigen und rechtswidrigen Verhaltens auszugehen.

4. Lernkontrolle

- Benennen Sie die rechtlichen Grundlagen des strafrechtlichen Schuldprinzips (Rn. 463)
- Erläutern Sie die Unterschiede zwischen dem psychologischen und dem normativen Schuldbegriff (Rn. 464 ff.)
- Wie unterscheidet sich der normative vom sog. rein normativen Schuldbegriff? (Rn. 469)
- Aus welchen Einzelelementen setzt sich strafrechtliche Schuld zusammen? (Rn. 470)
- Was ist unter Schuldfähigkeit zu verstehen? (Rn. 472)
- Erläutern Sie die Rechtsfigur der actio libera in causa und deren Erklärungs- bzw. Begründungsansätze (Rn. 475 ff.)
- Welche Bedeutung hat die sog. Doppelfunktion des Vorsatzes? (Rn. 469, 481)
- Was ist Gegenstand des Unrechtsbewusstseins? (Rn. 484 ff.)
- Welche Bedeutung hat die Teilbarkeit des Unrechtsbewusstseins? (Rn. 487)
- Erläutern Sie die Unterschiede zwischen dem sog. bedingten, aktuellen und potentiellen Unrechtsbewusstsein (Rn. 488 ff.)
- Worauf bezieht sich das Unrechtsbewusstsein beim Unterlassungsdelikt? (Rn. 491 ff.)
- Wie unterscheiden sich Schuldausschließungs- und Entschuldigungsgründe? (Rn. 494)
- Ist die Unzumutbarkeit normgemäßen Verhaltens ein Entschuldigungsgrund? (Rn. 497 ff.)
- Was sind spezielle Schuldmerkmale? (Rn. 499 ff.)

XII. Versuch und Rücktritt vom Versuch – Grundzüge der Versuchsstrafbarkeit

Das **vollendete vorsätzliche Begehungsdelikt** ist als Kombination dreier Regel- oder Primärformen der Straftat zugleich der strafrechtliche **Grundfall**, das strafrechtliche **Grundmodell einer Straftat** (vgl. Rn. 301). Eine erste Abwandlung dieses Grundmodells ergab das vollendete vorsätzliche (echte oder unechte) Unterlassungsdelikt (vgl. dazu Rn. 304 ff.). Das **Versuchsdelikt**, die (nur) **versuchte Straftat** ist eine weitere, die Regel- oder Primärform der Deliktsvollendung abändernde Modalität des Grundmodells/Grundfalls.

502

1. Verwirklichungsstufen der Straftat

Jede vorsätzliche Straftat durchläuft mehrere verschiedene Stufen der (deliktischen) Willensverwirklichung.[1] Es geht dabei um „Grade der Deliktsverwirklichung", um substanzielle Verwirklichungsstufen der Straftat. Man unterscheidet im Allgemeinen fünf solcher Verwirklichungsstufen: die Entschluss- und Planungsphase, die Tatvorbereitung, den Versuch mit einem Anfang der Tatausführung, den Abschluss der tatbestandsmäßigen Handlung nebst Eintritt des Taterfolgs und die Beendigung der Tat.[2]

503

Wer sich entschließt, eine Straftat zu begehen und in Gedanken einen Tatplan entwickelt, macht sich nicht strafbar. Der **Entschluss zur Tat** und ihre **gedankliche Planung** sind als nicht nach außen tretende „intrapersonale" Vorgänge von Strafe „freigestellt". Auch die **Tatvorbereitung**, das ist die Phase der Deliktsverwirklichung, die dem Täter dazu dient, die Voraussetzungen zur (späteren) Durchführung der Tat zu schaffen, ohne aber bereits zur Tatbestandsverwirklichung anzusetzen, ist **grundsätzlich straflos**. Ausnahmsweise sind die Vorbereitung eines hochverräterischen Unternehmens (§ 83), bestimmte **Vorbereitungshandlungen zum Landesverrat** (§ 98), die Vorbereitung von Geld- und Wertzeichenfälschung (§ 149), die Vorbereitung einer Verschleppung (§ 234 Abs. 3) und weitere gefährliche Vorbereitungshandlungen (vgl. § 80: Vorbereitung eines Angriffskrieges) unter Strafe gestellt, um besonders hochrangige Rechtsgüter schon „prophylaktisch" vor Gefährdungen und Verletzungen zu schützen. Auch die **Vorbereitung eines Verbrechens** (§ 12!) in Form des Sicherbietens, der Annahme eines Anerbietens und der Verabredung zu einem Verbrechen (§ 30 Abs. 2) ist strafbar.[3] Die Vorbereitungsphase einer Straftat endet mit dem Beginn des **Versuchs**, der bei Verbrechen stets, bei Vergehen nur in den vom Gesetz ausdrücklich genannten Fällen strafbar ist (vgl. § 23 Abs. 1 und als Beispiele §§ 223 Abs. 2, 242 Abs. 2).

504

Der Versuch einer Straftat endet mit ihrer „formellen" **Tatvollendung**. Vollendet ist die Tat, wenn alle Merkmale des gesetzlichen Straftatbestandes verwirklicht sind.[4] Abhängig ist die „formelle" Tatvollendung allein von der gesetzlichen Fassung des jeweiligen Delikts. Bei Erfolgsdelikten ist zur „formellen" Tatvollendung auch der äußere Taterfolg erforderlich, bei schlichten Tätigkeitsdelikten genügt der in der Tätigkeit zugleich mitverwirklichte „Taterfolg" (Die „formelle" Tatvollendung setzt bei 212 Abs. 1 den Eintritt des Todes, bei § 153 „nur" das falsche Aussagen voraus), bei den

505

---
1 Vgl. *Wessels/Beulke/Satzger*, Strafrecht AT, Rn. 61 ff., 932; vgl. auch *Kühl* JuS 2014, 907–912.
2 Vgl. dazu mit Fallbeispielen instruktiv *Kühl*, Strafrecht AT, § 14 Rn. 5 ff., 15 ff., 19 ff.
3 Vgl. *Schönke/Schröder (Eser/Bosch)*, StGB, Vorbem. §§ 22 ff. Rn. 13, 14.
4 Vgl. *Kühl*, Strafrecht AT, § 14 Rn. 20.

"kupierten Erfolgsdelikten" (vgl. Rn. 247) reicht die Erfüllung sämtlicher objektiver Tatbestandsmerkmale (vgl. §§ 242, 263: „Formelle" Tatvollendung erfordert nicht die Verwirklichung der geforderten Absichten, sondern allein das Handeln in Zueignungs- bzw. Vorteilsabsicht).[5] Ist die Straftat über den Versuch hinaus „formell" vollendet, scheidet mit Ausnahme gesetzlich besonders bestimmter Fälle von sog. tätiger Reue (vgl. z.B. § 306 e) ein **strafbefreiender Rücktritt** (vgl. § 24 Abs. 1) aus.[6]

506 Von der „formellen" Tatvollendung ist die „materielle" Tatvollendung, die **Beendigung der Straftat** (bisweilen wird auch von materieller Beendigung oder tatsächlicher Beendigung der Straftat gesprochen)[7] zu unterscheiden. Die Beendigung einer Straftat tritt erst dann ein, wenn das deliktische Gesamtgeschehen in seiner tatbestandlich erfassten Gestalt[8] so zum Abschluss gebracht ist, dass die im jeweiligen gesetzlichen Straftatbestand verpönten Rechtsgutsbeeinträchtigungen in dem vom Täter gewollten Ausmaß realisiert sind.[9] Möglichkeit, Eigenart und Grenzen einer der Tatvollendung folgenden und im Sinne einer **tatbestandsbezogenen Nachzone** zu verstehenden **Phase der Tatbeendigung** richten sich nach der jeweils gegebenen Deliktsart und -struktur, der konkreten Handlungsgestaltung und nach dem Sinn und Zweck des anzuwendenden gesetzlichen Straftatbestandes, mit dem die Beendigung der Straftat ihrem Sachgehalt nach übereinstimmen muss. So ist beispielsweise beim Totschlag gem. § 212 Abs. 1 die Straftat mit dem Tod des Opfers **zugleich vollendet und beendet**, eine zwischen die Tatvollendung und Tatbeendigung eingezogene Abschlussphase der „endgültigen" Deliktsverwirklichung nach Deliktsart und Deliktsstruktur des § 212 Abs. 1 ausgeschlossen.[10] Bei der Brandstiftung ist die Straftat dagegen bereits mit dem Inbrandsetzen der in § 306 Abs. 1 genannten Objekte („formell") vollendet, aber erst mit dem Erreichen des erstrebten Zieles, etwa die völlige Vernichtung eines Gebäudes, (materiell) beendet.

507 Praktische **Bedeutung** hat die Unterscheidung zwischen Tatvollendung und -beendigung sowie die Anerkennung einer sich zwischen Tatvollendung und Tatbeendigung verwirklichenden Beendigungsphase in dreifacher Hinsicht. Zunächst beginnt bei der **Verfolgungsverjährung** der Fristablauf gem. § 78 a S. 1 mit der Beendigung, nicht schon mit der (formellen) Vollendung der Tat.[11] Zum zweiten ist – jedenfalls nach vorherrschender Auffassung – zwischen Tatvollendung und Tatbeendigung unter bestimmten Voraussetzungen noch **strafbare Tatbeteiligung** in Form sukzessiver Beihilfe oder sukzessiver Mittäterschaft möglich.[12] Und schließlich soll[13] die **Verwirklichung qualifizierender Tatumstände** nach Tatvollendung aber vor Beendigung der Straftat zur Anwendung des Qualifikationstatbestandes führen.[14]

---

5 Dazu *Schönke/Schröder (Eser/Bosch)*, StGB, Vorbem. §§ 22 ff. Rn. 2.
6 Zu weiteren Rücktrittsregelungen – auch beim vollendeten Delikt – *Schönke/Schröder (Eser/Bosch)*, StGB, § 24 Rn. 116 ff.
7 Vgl. *Kühl*, Strafrecht AT, § 14 Rn. 21 m. Nachw.
8 Dazu *Wessels/Beulke/Satzger*, Strafrecht AT, Rn. 932, 941.
9 Vgl. etwa SK-StGB/*Jäger*, Vor § 22 Rn. 8.
10 Vgl. *Wessels/Beulke/Satzger*, Strafrecht AT, Rn. 65, 66.
11 Vgl. dazu *Schönke/Schröder (Bosch)*, StGB, § 78a Rn. 1.
12 Vgl. dazu *Schönke/Schröder (Eser/Bosch)*, StGB, Vorbem. §§ 22 ff. Rn. 10 m. w. Nachw.; vgl. auch BGHSt 19, 323, 325; Bedenken gegen die insoweit h. M. bei SK–StGB/*Jäger*, Vor § 22 Rn. 10.
13 Vgl. BGHSt 20, 194, 197; 22, 227, 228; BGH NStZ-RR 2013, 244; enger BGHSt 53, 234, 236/7; gleicher Ansicht auch Teile der Strafrechtslehre, Nachw. bei SK-StGB/*Jäger*, Vor § 22 Rn. 11 bei und in dort. Fn. 29, 30.
14 Kritisch auch insoweit SK-StGB/*Jäger*, Vor § 22 Rn. 11; differenzierend *Schönke/Schröder (Eser/Bosch)*, StGB, Vorbem. §§ 22 ff. Rn. 11.

Ob diese Rechtswirkungen der Beendigungsphase einer Straftat wirklich zuzuschreiben   508
sind, lässt sich nicht generell, sondern nur nach den besonderen Umständen des Einzelfalls und dem jeweils verwirklichten Delikt festlegen. Es gibt jedoch einige typische Fallkonstellationen, in denen eine solche Zuschreibung begründet sein kann. Das trifft vor allem für Dauerdelikte oder für Delikte mit sog. iterativer Handlungsstruktur[15] zu: Die Freiheitsberaubung ist vollendet, wenn das Opfer eingesperrt oder sonst seiner Fortbewegungsfreiheit beraubt ist, aber erst beendet, wenn das Opfer die Freiheit wiedererlangt hat – sukzessive Beihilfe und Mittäterschaft zwischen Vollendung und Beendigung sind möglich, ebenso die Verwirklichung qualifizierender Umstände.[16] Entsprechendes gilt für eine fortdauernd-kontinuierliche Verwirklichung eines deliktischen Gesamtgeschehens in Teilakten, die unter sich eine natürliche Handlungseinheit bilden, wie etwa mehrere nacheinander „verabreichte" Schläge (bei Körperverletzungsdelikten) oder eine Wegnahme in mehreren Teilakten.[17] Es trifft ferner für die Delikte mit überschießender Innentendenz, sog. kupierte Erfolgsdelikte und sog. unvollkommen mehraktige Delikte (vgl. dazu Rn. 247) zu: Der Diebstahl ist bereits mit Wegnahme in Zueignungsabsicht vollendet, aber erst beendet, wenn der vom Täter begründete neue Gewahrsam an der Sache eine gewisse Festigung und Sicherung erreicht hat.[18] Ähnlich ist mit Herstellen einer unechten Urkunde die Tat der Urkundenfälschung vollendet (vgl. § 267), mit Gebrauch der „falschen" Urkunde aber erst beendet.[19] Eine weitere Fallgruppe stellen die Fälle dar, in denen das Tatgeschehen erst mit Erreichung des vom Täter erstrebten Zieles zum Abschluss gelangt, etwa bei Zollvergehen (Tatvollendung mit Überschreiten der – auch – grünen Grenze, Tatbeendigung erst mit Verbringung der Schmuggelware an den Bestimmungsort) oder Brandstiftung (vgl. §§ 306 ff.) und unerlaubtem Entfernen vom Unfallort.[20] In allen Fallkonstellationen ist allerdings erforderlich, dass die Beendigungsphase noch (im weitesten Sinne) zum **tatbestandlichen Tatgeschehen** gehört, weil sonst Kollisionen mit dem strafrechtlichen Gesetzlichkeitsprinzip unvermeidlich sind.[21]

2. Strafgrund des Versuchsdelikts

Auch wenn § 23 den Versuch einer Straftat in bestimmten Fällen für strafbar erklärt,   509
versteht sich die Strafbarkeit des entsprechenden Versuchsdelikts doch nicht von selbst. Über den **Strafgrund des Versuchsdelikts** gehen auch heute noch die Meinungen auseinander.[22] Die **objektiven Versuchstheorien** erblicken den Strafgrund des Versuchsdelikts in der objektiv-konkreten Gefährdung des durch die Versuchshandlung angegriffenen Rechtsgutsobjekts. Die Strafwürdigkeit eines Deliktsversuchs setzt daher eine unmittelbare Erfolgsnähe des deliktischen Verhaltens voraus. Ist ein Versuchsverhalten völlig ungefährlich, kann es dagegen nicht strafwürdig sein. Ein untauglicher Versuch (der Täter nimmt beispielsweise seine eigene Sache weg in der irrigen Annahme, es sei eine fremde, §§ 242 Abs. 2, 22 f.) bliebe danach – weil völlig ungefährlich für das

---

15 Vgl. *Kühl*, Strafrecht AT, § 14 Rn. 21 ff., 22 f.
16 Vgl. dazu *Schönke/Schröder (Eser/Bosch)*, StGB, Vorbem. §§ 22 ff. Rn. 9.
17 Vgl. *Kühl*, Strafrecht AT, § 14 Rn. 23.
18 Vgl. *BGH* NStZ 2001, 88.
19 Vgl. dazu *Schönke/Schröder (Eser/Bosch)*, StGB, Vorbem. §§ 22 ff. Rn. 6/7.
20 Tatbeendigung erst mit gesichertem Verfolgungsentzug, vgl. *Schönke/Schröder (Eser/Bosch)*, StGB, Vorbem. §§ 22 ff. Rn. 8 m. w. Nachw. u. Bsp.
21 Vgl. noch *Wessels/Beulke/Satzger*, Strafrecht AT, Rn. 67.
22 vgl. zum Folgenden statt aller *Roxin*, Strafrecht AT II, § 29 Rn. 9 ff.

geschützte Rechtsgut – straflos. Eine ausschließlich am Erfolgs-/Tatunrecht orientierte **objektive Versuchstheorie** ist aber mit der derzeitigen Gesetzeslage nicht vereinbar. Zum einen spielt die subjektive Vorstellung des Täters von der Tat für den Deliktsversuch eine maßgebliche Rolle, zum anderen setzt § 23 Abs. 3 der Sache nach immer schon die Strafwürdigkeit auch eines objektiv ungefährlichen Versuchs voraus.[23]

510 Demgegenüber stehen die **subjektiven Versuchstheorien** aus anderen Gründen zwar, mit der gegenwärtigen Gesetzeslage indessen ebenfalls nicht im Einklang.[24] Sie reduzieren den Strafgrund des Versuchsdelikts auf den durch gefährliche oder ungefährliche Handlungen bestätigten rechtsfeindlichen Willen. Die Betätigung einer **rechtsfeindlichen Gesinnung**, eines **rechtsfeindlichen Willens** allein ist jedoch keine ausreichende Erklärung für die Strafwürdigkeit eines Deliktsversuchs. Das Abstellen auf „bloßes" Handlungsunrecht (oder auf noch weniger: „bloßer böser Wille") führte dazu, dass die Strafbarkeit eines Deliktsversuchs über Gebühr weit in den Bereich der Tatvorbereitung vorverlagert würde und andererseits sogar der sog. irreale Versuch (A überredet seinen Erbonkel O zu einem Spaziergang im Wald in der Vorstellung, dort lebende böse Geister könnten O wunschgemäß vom Leben zum Tode befördern) nicht von vornherein aus der Strafbarkeit ausschiede. Derart subjektive Versuchstheorien widersprechen dem „objektiven" Versuchserfordernis des unmittelbaren Ansetzens zur Tatbestandsverwirklichung (§ 22) und stimmen mit der Regelung des § 23 Abs. 2 nicht überein; denn auch im Falle eines untauglichen Versuchs aus „grobem Unverstand" mit der Möglichkeit, von Strafe abzusehen oder die Strafe zu mildern, ist der rechtsfeindliche Wille und seine Betätigung nicht zwangsläufig geringer gewichtig als bei einem „normalen" untauglichen Versuch.[25] Obwohl die **subjektiven Versuchstheorien** in modifizierter Form auch heute noch in Rechtsprechung und Lehre vertreten werden[26], **sind sie prinzipiell mit den gesetzlichen Versuchsregeln der §§ 22, 23 nicht vereinbar.**[27]

511 Eine vermittelnde, weder „rein" objektive noch „rein" subjektive Versuchstheorie ist die derzeit vorherrschende **gemischt objektiv-subjektive sog. Eindruckstheorie**. Sie erklärt die Strafbarkeit des Versuchsdelikts mit dem verbrecherischen, rechtsfeindlichen Willen des Täters („nach seiner Vorstellung von der Tat", § 22), der aber nur dann strafwürdig ist, wenn er durch Handlungen in der Außenwelt („zur Verwirklichung des Tatbestandes unmittelbar ansetzt") in Erscheinung tritt und so durch die gewollte Gefährdung des Rechtsguts (Maßstab: tätereigener Tatplan) zu einer Erschütterung des Rechtsbewusstseins und zur Gefährdung des Rechtsfriedens führen kann. Erforderlich ist danach u. a. eine **sozialpsychologische Wirkung** der Versuchshandlung, nämlich der **Eindruck**, den das Versuchshandeln **auf die Allgemeinheit** macht.[28] Im Theoriekonzept dieser Eindruckstheorie sind die gesetzlichen Grundentscheidungen zur Versuchsstrafbarkeit noch am besten aufgehoben. Entgegen den objektiven Versuchstheorien ist

---

23 Vgl. zum Ganzen etwa *Jescheck/Weigend*, Strafrecht AT, § 49 II, 1; *Roxin*, Strafrecht AT II, § 29 Rn. 25 ff.; *Schönke/Schröder (Eser/Bosch)*, StGB, Vorbem. §§ 22 ff. Rn. 18/19; SK-StGB/*Jäger*, Vor § 22 Rn. 12 ff. jew. m. w. Nachw.
24 Vgl. dazu *Roxin*, Strafrecht AT II, § 29 Rn. 32 ff.
25 Vgl. dazu *Schönke/Schröder (Eser/Bosch)*, StGB, Vorbem. §§ 22 ff. Rn. 21.
26 Vgl. die Nachw. bei SK-StGB/*Jäger*, Vor § 22 Rn. 14 bei und in dort. Fn. 33.
27 Vgl. dazu *Schönke/Schröder (Eser/Bosch)*, StGB, Vorbem. §§ 22 ff. Rn. 21; ferner *Roxin*, Strafrecht AT II, § 29 Rn. 39; vgl. auch SK-StGB/*Jäger*, Vor § 22 Rn. 17 ff.; vgl. noch *Wessels/Beulke/Satzger*, Strafrecht AT, Rn. 933 ff.
28 Vgl. zur sog. Eindruckstheorie bei *Schönke/Schröder (Eser/Bosch)*, StGB, Vorbem. §§ 22 ff. Rn. 22 m. w. Nachw.; SK-StGB/*Jäger*, Vor § 22 Rn. 15 mit Rn. 17 ff.; ferner – kritisch – *Roxin*, Strafrecht AT II, § 29 Rn. 46 ff., 48 ff.; vgl. auch *Wessels/Beulke/Satzger*, Strafrecht AT, Rn. 934 f.

auch der untaugliche Versuch im Strafgrund des Versuchsdelikts repräsentiert (Strafbarkeit des untauglichen Versuchs, § 23 Abs. 3), die Strafbarkeit des Versuchsdelikts bleibt aber gleichwohl nicht ohne objektive Begrenzung (unmittelbares Ansetzen zur Tatbestandsverwirklichung in Gestalt einer objektiv zu wertenden Rechtsgutsgefährdung).[29] Sie verdient deshalb den Vorzug.[30]

3. Begriff des Versuchs

Nach der gesetzlichen Begriffsbestimmung versucht eine Straftat, wer nach seiner Vorstellung von der Tat zur Verwirklichung des Tatbestandes unmittelbar ansetzt (§ 22). Hierbei handelt es sich allerdings nur um eine unvollständige Begriffsbestimmung. Für den Deliktsversuch sind nach allgemeiner Ansicht drei Begriffselemente wesentlich[31]: das **Fehlen der Deliktsvollendung**, der **Tatentschluss** als Wille zur Tatbestandsverwirklichung und das **unmittelbare Ansetzen** zur Tatbestandsverwirklichung als nach außen in Erscheinung getretene Betätigung (Realisierungsbeginn) des Tatentschlusses. Begrifflich setzt sich das Versuchsdelikt somit aus einem der Art nach negativen (Nichtvollendung der Tat), einem **subjektiven** und einem **objektiven Versuchselement** zusammen.[32] Dem auf der Basis der Tätervorstellung von der Tat zu beurteilenden „unmittelbaren Ansetzen" zur Tatbestandsverwirklichung fällt dabei die Aufgabe zu, straflose Tatvorbereitungen von schon strafbaren Versuchshandlungen abzugrenzen.[33]

512

Obwohl strukturell denkbar, scheidet ein „fahrlässiger Versuch" bzw. ein Versuch des Fahrlässigkeitsdelikts schon begrifflich als (strafbarer) Versuch aus. Dagegen ist ein Versuch des Unterlassungsdelikts, und zwar sowohl des echten wie auch des unechten Unterlassungsdelikts möglich, jedenfalls aber begrifflich nicht ausgeschlossen. Das gilt auch für weitere „besondere" Versuchskonstellationen.[34]

513

4. Deliktsaufbau der Versuchsstraftat

Den Begriffselementen des Versuchs entsprechend hat der Deliktsaufbau der Versuchsstraftat im Vergleich zum vollendeten vorsätzlichen Delikt ein (insbesondere) im Unrechtstatbestand verändertes Aussehen: Systematisch geht der subjektive Versuchstatbestand (Tatentschluss und andere subjektive Unrechtselemente) dem objektiven Versuchstatbestand („unmittelbares Ansetzen") voraus. Im Sinne einer „Vorbedingung" (Vorprüfung) ist das Nichtvorliegen der Tatvollendung erforderlich. An den Versuchstatbestand schließen sich wie beim vollendeten Delikt die Wertungs- und Systemstufen der Rechtswidrigkeit und Schuld an. Eine für die Versuchsstrafbarkeit typische Fragestellung resultiert aus der strafbefreienden Wirkung des Rücktritts vom Versuch gem. § 24. Hierbei handelt es sich nach vorherrschender Auffassung um einem persönlichen

514

---

29 Vgl. *BGHSt* 43, 177, 181/2.
30 Vgl. noch *Jescheck/Weigend*, Strafrecht AT, § 49 II, 3.
31 Vgl. *Schönke/Schröder (Eser/Bosch)*, StGB, § 22 Rn. 1, 2 ff., 5 ff.; SK-StGB/*Jäger*, § 22 Rn. 1, 2, 4 ff., 11 ff.
32 Vgl. noch *Wessels/Beulke/Satzger*, Strafrecht AT, Rn. 934, 936 f., 941 ff.
33 Vgl. zum Ganzen etwa *Schönke/Schröder (Eser/Bosch)*, StGB, § 22 Rn. 5 ff., 12 ff., 24 ff.; dazu ergänzend *Roxin*, Strafrecht AT II, § 29 Rn. 1 ff.
34 Vgl. dazu *Schönke/Schröder (Eser/Bosch)*, StGB, Vorbem. §§ 22 ff. Rn. 25 ff., § 22 Rn. 46 ff.; ferner *Wessels/Beulke/Satzger*, Strafrecht AT, Rn. 953 ff.; vgl. noch SK-StGB/*Jäger*, § 22 Rn. 32 ff., 43.

Strafaufhebungsgrund[35], der wegen mangelnden Strafbedürfnisses zur Straffreistellung führt und seinen systematischen Standort nach der „Schuld" hat.

4.1 Das Fehlen der Deliktsvollendung

515 Zwingende Voraussetzung für das Vorliegen eines Deliktsversuchs ist die **Nichtvollendung der Straftat**. Das Fehlen der Deliktsvollendung besteht darin, dass der objektive Unrechtstatbestand nicht oder nicht vollständig verwirklicht ist.[36] Unerheblich ist, aus welchen Gründen die Straftat unvollendet geblieben ist. Die Nichtvollendung der Straftat kann darauf beruhen, dass der Täter sich eines Besseren besinnt und beispielsweise die schon begonnene Tatausführung abbricht oder die bereits begonnene Tatausführung nicht fortsetzt, weil er entdeckt wird. Trotz eingetretenen tatbestandsmäßigen Unrechtserfolges kann die Tatvollendung fehlen, weil und wenn dem Täter der Unrechtserfolg objektiv nicht zugerechnet werden kann wie etwa bei einer wesentlichen Abweichung vom vorgestellten Kausalverlauf (A will B mit einem Gewehrschuss töten, trifft aber daneben und verletzt B am Arm. Während des Krankentransports wird B infolge eines Verkehrsunfalls getötet: kein vollendetes Tötungsdelikt für A, sondern nur Versuch). Die Nichtvollendung der Tat kann sich auch daraus ergeben, dass der Täter ein zur Tatvollendung untaugliches Mittel verwendet (A verabreicht B in Tötungsabsicht ein nicht tödlich wirkendes Gift), dass der Täter ohne erforderliche Täterqualität handelt (A beugt als vermeintlicher Amtsträger das Recht: §§ 339, 22) – Versuch des untauglichen Subjekts – oder die Tatausführung ein untaugliches Objekt betrifft (A nimmt einen „Schwangerschaftsabbruch" an einer für schwanger gehaltenen Nichtschwangeren vor). Eine der Nichtvollendung vergleichbare Lage tritt im Rechtfertigungsbereich ein, wenn bei Vorliegen aller objektiven Rechtfertigungsvoraussetzungen das erforderliche subjektive Rechtfertigungselement fehlt (A weiß nicht, dass er B in Notwehr verletzt): sinngemäße Anwendung der Versuchsregeln (vgl. Rn. 442 m. w. Nachw.). Auch Kombinationen sind denkbar: A glaubt, B sei schwanger und verabreicht ihr ein zum Schwangerschaftsabbruch untaugliches Medikament: Versuch des Schwangerschaftsabbruchs am untauglichen Objekt mit untauglichen Mitteln.[37]

516 Vom Fehlen der Deliktsvollendung in den verschiedenen Fällen des **untauglichen Versuchs** (vgl. Rn. 529 ff.) ist die Situation des sog. (straflosen) **Wahndelikts** zu trennen. Der untaugliche Versuch korrespondiert jeweils mit einer irrigen Vorstellung des Täters über seine eigene Tätertauglichkeit, über die Tauglichkeit des Mittels und die des Handlungsobjekts. Beim straflosen Wahndelikt stellt sich der Täter dagegen fälschlich vor, sein Verhalten sei strafrechtlich verboten; man spricht insoweit auch von einem „umgekehrten" Verbotsirrtum im Gegensatz zum „umgekehrten" Tatumstandsirrtum, der zum untauglichen Versuch führt (vgl. Rn. 567 ff., 577 ff.).[38]

---

35 Vgl. *Schönke/Schröder (Eser/Bosch)*, StGB, § 24 Rn. 2 ff., 4; ferner SK-StGB/*Jäger*, § 24 Rn. 1 ff., 5 f., 9; *Wessels/Beulke/Satzger*, Strafrecht AT, Rn. 1005 mit Rn. 784 jew. m. w. Nachw.
36 Vgl. *Wessels/Beulke/Satzger*, Strafrecht AT, Rn. 941.
37 Vgl. zum Ganzen etwa *Schönke/Schröder (Eser/Bosch)*, StGB, § 22 Rn. 5 ff.; SK-StGB/*Jäger*, § 22 Rn. 2 mit Rn. 44 ff.; ferner *Wessels/Beulke/Satzger*, Strafrecht AT, Rn. 983 ff.
38 Vgl. dazu mit zahlr. Beispielen *Kühl*, Strafrecht AT, § 15 Rn. 96 ff.; ferner *Wessels/Beulke/Satzger*, Strafrecht AT, Rn. 983 ff.

4. Deliktsaufbau der Versuchsstraftat

4.2 Tatentschluss, subjektiver Versuchstatbestand

Der Tatentschluss als subjektiver Versuchstatbestand[39] deckt sich inhaltlich vollständig mit dem subjektiven Unrechtstatbestand des vollendeten Vorsatzdelikts. Der Tatentschluss setzt sich somit aus dem auf sämtliche objektiven Tatbestandsmerkmale/Tatumstände bezogenen **Tatvorsatz** und weiteren **subjektiven Unrechtselementen** (sofern im gesetzlichen Straftatbestand enthalten: Zueignungsabsicht bei § 242 Abs. 1, Vorteils- bzw. Bereicherungsabsicht bei §§ 263 Abs. 1, vgl. noch §§ 249, 259) zusammen. Dass der subjektive Versuchstatbestand neben den besonderen subjektiven Unrechtselementen sowohl das **kognitive** als auch das **voluntative Element des Tatvorsatzes** enthält, lässt sich zwanglos der Versuchsumschreibung in § 22 entnehmen.[40] Der Täter muss somit alle Tatumstände, die zur Verwirklichung des Unrechtstatbestandes erforderlich sind, in seine „Vorstellung von der Tat" aufgenommen haben. Beim Versuch des unechten Unterlassungsdelikts (vgl. Rn. 536 ff.) muss er folglich seine Garantenstellung kennen und wissen, dass ihm die gebotene Handlung physisch-real möglich ist. Kennt der Täter einen Tatumstand, der zum gesetzlichen Tatbestand (objektiven Unrechtstatbestand) gehört, nicht, fehlt es am kognitiven Vorsatzelement (vgl. § 16 Abs. 1) mit der Folge, dass der Tatvorsatz und mit ihm der Tatentschluss entfällt. Reicht zur Verwirklichung des vollendeten Delikts ein Eventualvorsatz aus, ist für den Tatvorsatz im subjektiven Versuchstatbestand ebenfalls nur die Vorsatzform des Eventualvorsatzes erforderlich.[41]

517

Der Tatvorsatz im subjektiven Versuchstatbestand setzt stets einen **unbedingten** und **endgültigen**, und zwar im Sinne eines „Versuchsbeendigungsvorsatzes" auf die Tatvollendung gerichteten[42] **Willen zur Tatbestandsverwirklichung** voraus.[43] Unbedingten Handlungswillen hat nicht, wer sich das „Ob" der Tat noch vorbehält, wer also die Möglichkeit der Tatbegehung zwar ins Auge gefasst, jedoch noch keine endgültige Entscheidung für oder gegen sie getroffen hat. Eine bloße **Tatgeneigtheit**[44] genügt den Vorsatzanforderungen des Tatentschlusses daher nicht. Anders zu beurteilen sind die Fälle, in denen der Täter subjektiv bereits endgültig zur Tatbegehung entschlossen (unbedingter Handlungswille) ist, die Realisierung seines Tatvorsatzes jedoch vom Eintritt einer äußeren, seiner Beeinflussung und Einwirkung entzogenen Bedingung abhängig und ihm dies bewusst ist (Tatentschluss auf sog. **bewusst unsicherer Tatsachengrundlage**).[45] Entschließt sich beispielsweise A, seine Frau F zu töten, falls sie mit ihm nicht in die vormals gemeinsame Wohnung zurückkehrt, liegt bereits ein unbedingter und endgültiger Tötungswille und damit ein Tatentschluss gem. §§ 212 Abs. 1, 22 vor.[46] Ähnlich verhält es sich beim **Tatentschluss mit Rücktrittsvorbehalt**. Dass ein solcher Rücktrittsvorbehalt die Endgültigkeit und Unbedingtheit des Handlungswillens nicht ausschließt, folgt bereits aus § 24, aber auch aus der Sache selbst. Wer aus einem urlaubsbedingt unbewohnten Haus stehlen will unter dem Vorbehalt, die Tathandlung sofort abzubrechen, falls wider Erwarten das Haus doch schon wieder bewohnt sein

518

---

39 Dazu ausführlich *Roxin*, Strafrecht AT II, § 29 Rn. 59 ff.
40 Vgl. *Schönke/Schröder (Eser/Bosch)*, StGB, § 22 Rn. 12,13.
41 Vgl. *Kühl*, Strafrecht AT, § 15 Rn. 25; *Schönke/Schröder (Eser/Bosch)*, StGB, § 22 Rn. 17; SK-StGB/*Jäger*, § 22 Rn. 4 ff.; *Wessels/Beulke/Satzger*, Strafrecht AT, Rn. 943.
42 So *Schönke/Schröder (Eser/Bosch)*, StGB, § 22 Rn. 21.
43 Vgl. *Jescheck/Weigend*, Strafrecht AT, § 49 III, 1; *Roxin*, Strafrecht AT II, § 29 Rn. 81 ff.; SK-StGB/*Jäger*, § 22 Rn. 6.
44 Vgl. SK-StGB/*Jäger*, § 22 Rn. 7.
45 Vgl. dazu SK-StGB/*Jäger*, § 22 Rn. 8.
46 Vgl. BGHSt 21, 14, 17/8; 12, 306, 309.

sollte, hat einen unbedingten und endgültigen Handlungswillen.⁴⁷ Die für den Tatentschluss notwendige Endgültigkeit des Willens zur Tatbestandsverwirklichung ist nach vorherrschender Ansicht dann gegeben, wenn die zur Deliktsverwirklichung hindrängenden Motive gegenüber etwaigen Hemmungen ein deutliches Übergewicht erlangt haben. Unwiderruflichkeit des Tatentschlusses setzt dessen Endgültigkeit nicht voraus, auch verbliebene letzte Zweifel schließen sie nicht aus.⁴⁸

4.3 „Unmittelbares Ansetzen", objektiver Versuchstatbestand

519 Der Wille zur Tatbestandsverwirklichung muss nach außen in Erscheinung getreten, muss „greifbar" betätigt worden sein. Als objektives Unrechtselement erfordert das Versuchsdelikt einen „sichtbaren" Beginn der Tatausführung. Nach der Begriffsbestimmung des § 22 ist das der Fall, wenn der Täter zur Verwirklichung des Tatbestandes **unmittelbar ansetzt**, und zwar nach seiner Vorstellung (von der Tat). Fehlt es an einem solchen „unmittelbaren Ansetzen", kommt eine Strafbarkeit wegen Versuchs nicht in Betracht, weil dann das Tatgeschehen in der Verwirklichungsstufe der (zumeist straflosen) Tatvorbereitung stecken geblieben ist. Die sog. **Ansatzformel** dient somit dazu, das noch straflose (tatvorbereitende) Verhalten von der schon strafbaren Versuchshandlung abzugrenzen. Im **objektiven Versuchstatbestand** geht es denn auch hauptsächlich darum festzustellen, ob überhaupt ein (strafbarer) Deliktsversuch vorliegt.⁴⁹

520 Für die Frage, ob der Täter zur Tatbestandsverwirklichung unmittelbar angesetzt hat, ist von Bedeutung, wie weit er mit der Ausführung (Betätigung) seines Tatentschlusses gekommen ist. Dazu muss das, was er zur Verwirklichung seines Vorhabens getan hat, zu dem jeweiligen Straftatbestand in Beziehung gesetzt werden. Danach ist zunächst zu entscheiden, ob der Täter bereits Merkmale des Straftatbestandes erfüllt hat oder lediglich Handlungen vorgenommen hat, die noch außerhalb des Straftatbestandes liegen. Im ersten Fall ist die Grenze zum Versuch in der Regel bereits überschritten; im zweiten Fall bedarf es einer weitergehenden Prüfung.⁵⁰ Hat der Täter die tatbestandliche Ausführungshandlung schon (vollständig oder teilweise) vorgenommen oder ein oder mehrere Tatbestandsmerkmale des anzuwendenden Straftatbestandes verwirklicht, ist daher regelmäßig von einem „unmittelbaren Ansetzen" auszugehen. Doch nicht jede **Teilverwirklichung des Tatbestandes** stellt schon einen Beginn der Tatausführung im Sinne der Ansatzformel dar.⁵¹ Ebenso wie im subjektiven Versuchstatbestand der Tatentschluss als Vollendungswille auf die Verwirklichung aller objektiven Tatbestandsmerkmale/Tatumstände gerichtet sein muss, verkörpert die Teilverwirklichung eines Straftatbestandes nur dann ein „unmittelbares" Ansetzen, wenn der Täter mit der Verwirklichung eines Tatbestandsmerkmals zugleich zur Verwirklichung **aller** objektiven Tatbestandsmerkmale „unmittelbar ansetzt".⁵² Wer eine im Sinne des § 263

---

47 Vgl. zum Ganzen etwa *Kühl*, Strafrecht AT, § 15 Rn. 30 ff.; *Roxin*, Strafrecht AT II, § 29 Rn. 81 ff., 82, 86 ff.; SK-StGB/*Jäger*, § 22 Rn. 9.
48 Vgl. *Schönke/Schröder (Eser/Bosch)*, StGB, § 22 Rn. 18 m. w. Beispielen in Rn. 19; SK-StGB/*Jäger*, § 22 Rn. 9 f., 10.
49 Vgl. dazu *Jescheck/Weigend*, Strafrecht AT, § 49 III, 2 mit IV; *Kühl*, Strafrecht AT, § 15 Rn. 38 ff.; ausführlich *Roxin*, Strafrecht AT II, § 29 Rn. 97 ff., 99 ff.; *Schönke/Schröder (Eser/Bosch)*, StGB, § 22 Rn. 24 ff.; SK-StGB/ *Jäger*, § 22 Rn. 11 ff.; *Wessels/Beulke/Satzger*, Strafrecht AT, Rn. 948 ff.
50 Vgl. *BGHSt* 37, 294, 296.
51 Vgl. auch *Roxin*, Strafrecht AT II, § 29 Rn. 110 ff., 120.
52 Vgl. *Schönke/Schröder (Eser/Bosch)*, StGB, § 22 Rn. 37, 38; SK-StGB/*Jäger*, § 22 Rn. 12; ferner *Burkhardt* JuS 1983, 428 ff., 437 ff.

4. Deliktsaufbau der Versuchsstraftat

an sich geeignete Täuschungshandlung vornimmt, die weder nach der wirklichen Sachlage noch nach der eigenen Tätervorstellung dazu dient, die irrtumsbedingte Vermögensverfügung und -schädigung auszulösen, sondern beispielsweise (später nutzbares) Vertrauen beim Opfer erzeugt, begeht (noch) keinen Betrugsversuch.[53] Entsprechendes gilt für sog. mehraktige Delikte: Handelt der Täter beim ersten Teilakt bereits zur Verwirklichung aller Tatbestandsmerkmale, liegt Versuch auch dann vor, wenn es zur Verwirklichung des zweiten Teilakts nicht kommt (Vergewaltigungsversuch, wenn der Täter trotz Gewaltanwendung den Beischlaf nicht vollzieht; Raubversuch, wenn der Täter die Sache trotz Gewaltanwendung dann doch nicht wegnimmt). Letztlich maßgebend ist jedoch auch insoweit die spezifische Deliktsstruktur (Tatbestandsbezug!): Meineidsversuch nicht schon mit falscher Aussage, sondern erst mit Beginn des Nachsprechens der Eidesformel (jedenfalls beim sog. Nacheid); Versuch des räuberischen Diebstahls nicht schon dann, wenn der Täter beim Diebstahl vorhat, die Beute mit Gewalt zu verteidigen, sondern erst mit Beginn der Gewaltanwendung.[54]

Schwieriger als bei der Teilverwirklichung eines Straftatbestandes gestaltet sich die Abgrenzung der straflosen Tatvorbereitung vom Versuchsbeginn dort, wo sich das Handeln des Täters (ohne Verwirklichung wenigstens eines Tatbestandsmerkmals) noch im Vorfeld der eigentlichen tatbestandsmäßigen Deliktsverwirklichung bewegt. Insbesondere in diesem **vortatbestandlichen „Ausführungsbereich"** kommt es für die Abgrenzungsfrage entscheidend darauf an, was genau unter der Unmittelbarkeit (des Ansetzens zur Tatbestandsverwirklichung) zu verstehen ist. Zu berücksichtigen ist dabei, dass mit der „Ansatzformel" des § 22 der frühere Theorienstreit zwischen der sog. formell-objektiven, der materiell-objektiven und der „rein" subjektiven Versuchstheorie im Sinne einer – subjektive und objektive Abgrenzungskriterien kombinierenden – **individuell-objektiven Theorie** überwunden ist.[55] Gesetzlich klargestellt ist danach zwar, dass zur Abgrenzung der Tatvorbereitung vom Versuch sowohl auf subjektive (täterindividuelle) als auch auf objektive (tatbestandsbezogene) Kriterien abzustellen ist. Nicht geklärt ist aber, unter welchen Voraussetzungen auf einer solchen gemischt individuell-objektiven Abgrenzungsbasis das Ansetzen zur Tatbestandsverwirklichung schon unmittelbar bzw. noch nicht unmittelbar ist. Hierüber besteht keine Einigkeit, sondern ebenfalls ein Theoriestreit, der wie eine historisch bedingte Fortführung des ursprünglichen Gegeneinanders der Versuchstheorien anmutet. Vertreten werden eine „Teilakts- oder Zwischenaktstheorie", eine „Gefährdungstheorie", eine „Sphärentheorie" und eine „Jetzt-geht-es-los-Theorie".[56]

521

Als vorherrschende Auffassung in Strafrechtsprechung und Lehre hat sich eine Art „Kombinationsansatz" herausgebildet. Er verbindet Elemente der „Zwischenaktstheorie" mit Gefährdungskriterien und dem „Jetzt-geht-es-los" unter Betonung des täterindividuellen Tatplans. Demnach setzt das Vorliegen eines Deliktsversuchs voraus, dass der Täter subjektiv die Schwelle zum „Jetzt-geht-es-los" überschritten hat[57], wobei nicht jedes beliebige Ansetzen zur Realisierung des Tatentschlusses genügt. Erforder-

522

---

53 Vgl. *BGHSt* 37, 294, 296/7; SK-StGB/*Jäger*, § 22 Rn. 12; vgl. auch *Burkhardt* JuS 1983, 428, 429 ff.; ferner *Kühl*, Strafrecht AT, § 15 Rn. 55 ff.
54 Vgl. zum Ganzen etwa *Schönke/Schröder (Eser/Bosch)*, StGB, § 22 Rn. 37, 38; SK-StGB/*Jäger*, § 22 Rn. 12; ferner *Kühl*, Strafrecht AT, § 15 Rn. 44 ff.; 46 ff.; vgl. auch *BGHSt* 31, 178, 182.
55 Vgl. zu den verschiedenen Versuchstheorien bei *Schönke/Schröder (Eser/Bosch)*, StGB, § 22 Rn. 25, 26 ff.; *Wessels/Beulke/Satzger*, Strafrecht AT, Rn. 948 ff.; ferner SK-StGB/*Jäger*, § 22 Rn. 14.
56 Vgl. dazu *Kühl*, Strafrecht AT, § 15 Rn. 44 ff.; *Roxin*, Strafrecht AT II, § 29 Rn. 121 ff., 129 ff., 139 ff.; ferner *Wessels/Beulke/Satzger*, Strafrecht AT, Rn. 948 ff. mit Rn. 951.
57 Vgl. *Wessels/Beulke/Satzger*, Strafrecht AT, Rn. 951.

lich ist vielmehr ein Verhalten, das selbst zwar nicht (schon) tatbestandsmäßig zu sein braucht, das nach dem Tatgesamtplan des Täters jedoch so eng mit der tatbestandlichen Ausführungshandlung verknüpft ist, dass es bei ungestörtem Fortgang unmittelbar zur Verwirklichung des gesamten Straftatbestandes führen soll oder im unmittelbaren räumlichen und zeitlichen Zusammenhang mit ihr steht.[58] Ob diese Voraussetzungen des „unmittelbaren Ansetzens" im Einzelfall erfüllt sind oder nicht, ist anhand eines objektiven Bewertungsmaßstabes zu entscheiden, für den der konkrete Tatvorsatz, mithin die Vorstellung des Täters von der Tat, die subjektive Beurteilungsgrundlage schafft. Je nach Tatplan und Art des anzuwendenden Straftatbestandes kann sich ein Indiz für die Tatbestandsnähe und damit für die Unmittelbarkeit des „Ansetzens" vor allem daraus ergeben, dass das vom Täter in Gang gesetzte Kausalgeschehen nach seiner Vorstellung von der Tat ohne Zäsur und ohne weitere wesentliche Zwischenakte in die eigentliche Tatbestandshandlung einmünden soll, das Angriffsobjekt aus seiner Sicht also schon konkret gefährdet erscheint.[59]

523 Eine „Zauberformel"[60] ist mit diesem **Kombinationsansatz** nicht gefunden, wohl aber eine **allgemeine Leitlinie**, an der sich die Abgrenzung der Tatvorbereitung vom Versuch im Einzelfall orientieren kann.[61] Von Bedeutung ist, dass mit der Ansatzformel tendenziell einer Überdehnung des strafbaren Versuchsbereiches entgegengewirkt werden soll, der (strafbare) Versuch „hart an die Grenze der Tatbestandshandlung herangerückt" ist.[62] Das bloße Beschaffen, Herrichten, Herstellen oder Bereitstellen von Tatwerkzeugen oder sonstiger Tatmittel ist ebenso straflose Tatvorbereitung wie das Auskundschaften oder Aufsuchen des (vorgesehenen) Tatortes. Auch das Hinschaffen der Tatwerkzeuge zum Tatort, das Einrichten der Tatwerkzeuge am Tatort, das die eigentliche Tatausführung ermöglichende oder erleichternde Verweilen am Tatort, kurz alles, was die Ausführung der eigentlichen Tat ermöglicht oder erleichtert, stellt noch keinen Versuch dar.[63] Die Abgrenzung der Tatvorbereitung vom Versuch lässt sich im Übrigen nur nach den besonderen tatsächlichen und deliktsspezifischen Umständen des Einzelfalls vornehmen und bleibt in Grenzbereichen trotz Kombinationsansatzes schwierig und problematisch.[64] Das zeigt sich auch im nachfolgenden Beispiel[65]:

524 Unbekannt gebliebene Täter waren in das Haus des angeklagten A eingedrungen, hatten sich in der Küche warme Speisen zubereitet und auch dort vorhandene Flaschen mit verschiedenen Getränken ausgetrunken. Weiter waren Geräte der Unterhaltungselektronik in das Dachgeschoß des Hauses eingelagert worden. Die von A verständigte Polizei ging daher davon aus, dass die Täter alsbald zurückkehren könnten, um die Diebesbeute abzutransportieren. Sie postierte deshalb vier Polizeibeamte im Haus, um ggf. mögliche Einbrecher dingfest machen zu können. Zuvor hatte sich A, ein Apotheker, aus Verärgerung über den Einbruch entschlossen, im Flur des Erdgeschosses eine handelsübliche Steingutflasche mit der Aufschrift „Echter Hiekes Bayerwaldbärwurz", gefüllt mit einem hochgiftigen Stoff und Wasser, aufzustellen. Im Wissen darum, dass

---

58 BGHSt 31, 178, 181/2; 43, 177, 179 m. w. Nachw. aus d. Rspr.
59 Vgl. auch die Abgrenzungsformel bei SK-StGB/*Jäger*, § 22 Rn. 23 mit Rn. 18 u. 19; ferner *Kühl*, Strafrecht AT, § 15 Rn. 44 ff., 60 ff.
60 Vgl. *Wessels/Beulke/Satzger*, Strafrecht AT, Rn. 953.
61 Vgl. ähnlich SK-StGB/*Jäger*, § 22 Rn. 23 bei und in dort. Fn. 63.
62 Vgl. *Schönke/Schröder (Eser/Bosch)*, StGB, § 22 Rn. 35 m. Zitatnachweis *Roxin* JuS 1973, 329.
63 Vgl. SK-StGB/*Jäger*, § 22 Rn. 24 - 31 m. zahlr. Beispielen; BGHSt 40, 208, 209 f.
64 Vgl. nur die Beispiele bei *Jescheck/Weigend*, Strafrecht AT, § 49 IV, 3; ferner die Kasuistik bei *Schönke/Schröder (Eser/Bosch)*, StGB, § 22 Rn. 44, 45; weitere Beispiele bei *Wessels/Beulke/Satzger*, Strafrecht AT, Rn. 953 ff.
65 BGHSt 43, 177 ff. – „Giftfalle" - nachgebildet.

4. Deliktsaufbau der Versuchsstraftat

bereits der Konsum geringster Mengen des Giftgemisches rasch zum Tode führen könne, nahm der A es beim Aufstellen der Flasche jedenfalls in Kauf, dass möglicherweise erneut Einbrecher im Haus erscheinen, aus der Flasche trinken und tödliche Verletzungen erleiden könnten. Nach eigenen Bedenken und auf Drängen der Polizei war er später mit der Sicherstellung der Flasche durch die Polizei einverstanden. Die erwarteten Einbrecher blieben aus.[66] Die Besonderheit in diesem und in anderen derartigen Fällen besteht darin, dass der Täter zur Verwirklichung des Tatbestandes alles getan hat, die Vollendung der Tat aber noch von einer Mitwirkung des Opfers abhängt. Der *BGH* verneint unter Hinweis auf strukturelle Ähnlichkeiten mit dem Versuchsbeginn bei mittelbarer Täterschaft (das Opfer als Tatmittler gegen sich selbst) in seinem „Giftfallen-Urteil" ein „unmittelbares Ansetzen" und damit einen strafbaren Tötungsversuch, weil letztlich nach dem täterindividuellen Tatplan eine konkrete, unmittelbare Gefährdung des geschützten Rechtsguts nicht eingetreten war und begründete das wie folgt: Zwar setzt der Täter bereits zur Tat an, wenn er seine Falle aufstellt, doch wirkt dieser Angriff auf das geschützte Rechtsgut erst dann unmittelbar, wenn sich das Opfer in den Wirkungskreis des vorbereiteten Tatmittels begibt. Ob das der Fall ist, richtet sich nach dem Tatplan. Steht für den Täter fest, das Opfer werde erscheinen und sein für den Taterfolg eingeplantes Verhalten bewirken, so liegt eine unmittelbare Gefährdung (nach dem Tatplan) bereits mit dem Abschluss der Tathandlung vor (etwa wenn der Täter eine Zeitbombe an einem belebten Platz deponiert). Hält der Täter ein Erscheinen des Opfers im Wirkungskreis des Tatmittels hingegen lediglich für möglich, aber noch für ungewiss oder gar für wenig wahrscheinlich (etwa beim Wegwerfen einer mit Gift gefüllten Schnapsflasche im Wald), so tritt eine unmittelbare Rechtsgutsgefährdung nach dem Tatplan erst dann ein, wenn das Opfer tatsächlich erscheint, dabei Anstalten trifft, die erwartete selbstschädigende Handlung vorzunehmen und sich deshalb die Gefahr für das Opfer verdichtet. Dieses Stadium aber war im konkreten Fall noch nicht erreicht.[67]

Dem Einwand, bei dieser Problemlösung setzte nicht mehr der Täter, sondern das Opfer zur Tat an, begegnet der *BGH* damit, dass nicht die Frage des Ansetzens, sondern die der Unmittelbarkeit des Ansetzens von dem Erfordernis des mitwirkenden Opferverhaltens betroffen ist. Mit der Aufnahme dieses Unmittelbarkeitskriteriums in die gesetzlichen Voraussetzungen eines (strafbaren) Versuchs sei dokumentiert, dass die Strafbarkeit eines Deliktsversuchs nicht völlig losgelöst von einer Gefährdung des geschützten Rechtsguts einsetzt. Auch wenn der Entscheidung des *BGH* im Ergebnis und ebenso in der Begründung weitgehend zuzustimmen ist, fragt es sich doch, ob für den Versuchsbeginn maßgeblich sein darf, wie sich das Opfer – beurteilt nach dem Tatplan – verhält.[68] Zumindest ist zusätzlich darauf abzuheben, ob der Täter das Tatgeschehen jederzeit noch beeinflussen kann (dann Tatvorbereitung) oder es aus seiner „Beherrschbarkeit" entlassen hat.[69]

525

Die „Ansatzformel" des § 22 ist zugeschnitten auf den Deliktsversuch des allein handelnden Begehungstäters. Für andere Erscheinungsformen des Versuchs (z.B. bei Tatbeteiligungen, beim Unterlassungsdelikt oder bei der actio libera in causa und wei-

526

---

66 Vgl. *BGHSt* 43, 177, 178.
67 Vgl. *BGHSt* 43, 177, 181.
68 Vgl. zur Kritik auch *Roxin*, Strafrecht AT II, § 29 Rn. 212 ff.; Schönke/Schröder (Eser/Bosch), StGB, § 22 Rn. 42.
69 Vgl. auch Schönke/Schröder (Eser/Bosch), StGB, § 22 Rn. 42 a. E.; *Wessels/Beulke/Satzger*, Strafrecht AT, Rn. 959 f.; *Roxin* JZ 1998, 210, 211.

XII. Versuch und Rücktritt vom Versuch – Grundzüge der Versuchsstrafbarkeit

teren Sonderfällen des Versuchs)[70] bedarf es deshalb einer an der Strukturtypizität der verschiedenen Versuchskonstellationen orientierten Modifizierung des „unmittelbaren Ansetzen" (vgl. Rn. 528 ff.).

4.4 Rechtswidrigkeit und Schuld

527 Subjektiver und objektiver Versuchstatbestand bilden zusammen den Unrechtstatbestand des Versuchsdelikts. Im Deliktsaufbau des Versuchsdelikts schließen sich wie beim vollendeten Delikt an die Tatbestandsmäßigkeit die System- und Wertungsstufen der Rechtswidrigkeit und Schuld an. Und auch inhaltlich besteht zwischen der Rechtwidrigkeit des Versuchsdelikts und der des vollendeten Delikts kein Unterschied: Die Rechtswidrigkeit des Versuchsdelikts wird durch den Versuchstatbestand indiziert. Sie entfällt, wenn die versuchte Tat gerechtfertigt ist. Gerechtfertigt ist das Versuchsdelikt, sofern es auch als vollendete Tat von einem Rechtfertigungsgrund gedeckt wäre. Auf das Versuchsunrecht sind keine anderen Rechtfertigungsregeln anzuwenden als beim vollendeten Delikt.[71] Entsprechendes gilt für die inhaltliche Begründung bzw. den Ausschluss schuldhaften Versuchshandelns.

5. Sonderfälle des Versuchsdelikts

528 Von den zahlreichen Sonderfällen des Versuchsdelikts (Versuch bei Mittäterschaft und nur vermeintlicher Mittäterschaft, Versuch bei mittelbarer Täterschaft, Versuch des qualifizierten und erfolgsqualifizierten Delikts, Versuch von Regelbeispielen, Versuch der actio libera in causa, Versuch beim Unterlassungsdelikt, untauglicher Versuch etc.) sollen hier nur zwei exemplarisch und diese auch nur in aller Kürze behandelt werden.[72]

5.1 Untauglicher Versuch

529 Als **untauglichen Versuch** bezeichnet man einen Deliktsversuch, bei dem aus tatsächlichen oder rechtlichen Gründen die vom Täter zur Realisierung seines Tatentschlusses vorgenommene Handlung entgegen seiner Vorstellung unter keinen Umständen den objektiven Unrechtstatbestand vollständig hätte verwirklichen können, bei dem die vollständige Verwirklichung des Tatbestandes objektiv unmöglich, ausgeschlossen ist.[73] Dass auch der untaugliche Versuch grundsätzlich strafbar ist, entspricht vorherrschender Auffassung. Seine Strafwürdigkeit ergibt sich bereits aus dem heute maßgeblichen Strafgrund des Versuchsdelikts (Eindruckstheorie, vgl. Rn. 511). Davon abgesehen ist der untaugliche Versuch und seine Strafbarkeit nach gegenwärtiger Gesetzeslage ausdrücklich anerkannt; denn wenn § 23 Abs. 3 für einen untauglichen Versuch aus grobem Unverstand eine fakultative Strafmilderung oder ein Absehen von Strafe

---

70 Vgl. dazu *Jescheck/Weigend*, Strafrecht AT, § 49 IV, 5; *Roxin*, Strafrecht AT II, § 29 Rn. 318 ff.; *Wessels/Beulke/Satzger*, Rn. 953 ff., 983 ff.
71 Vgl. statt aller *Schönke/Schröder (Eser/Bosch)*, StGB, § 22 Rn. 59; *Wessels/Beulke/Satzger*, Strafrecht AT, Rn. 938 mit Rn. 393 ff..
72 Zu den Sonderfällen des Versuchs im Übrigen näher bei *Jescheck/Weigend*, Strafrecht AT, § 49 VIII und IV, 5 m. w. Verweisungen; *Roxin*, Strafrecht AT II, § 29 Rn. 318 ff.; SK-StGB/*Jäger*, § 22 Rn. 32 ff., 34 ff.; *Wessels/Beulke/Satzger*, Strafrecht AT, Rn. 953 ff.,961 ff., 964 ff.,983 ff. jew. m. w. Nachw.
73 Vgl. *Jescheck/Weigend*, Strafrecht AT, § 50 I, 1; *Schönke/Schröder (Eser/Bosch)*, StGB, § 22 Rn. 60 ff., 60; SK-StGB/*Jäger*, § 22 Rn. 44 ff., 45; *Wessels/Beulke/Satzger*, Strafrecht AT, Rn. 983 f.; ferner *Kühl*, Strafrecht AT, § 15 Rn. 86 ff.

5. Sonderfälle des Versuchsdelikts

vorsieht, steckt darin die gesetzliche Grundentscheidung, dass (auch) der untaugliche Versuch strafbar ist.

Zu unterscheiden sind der Versuch am **untauglichen Objekt**, der Versuch mit **untauglichen Mitteln** und der Versuch des **untauglichen Subjekts**.[74] Von Bedeutung ist dabei, dass sämtliche Modalitäten des untauglichen Versuchs auf einem Irrtum des Täters über die Tatbestandsmäßigkeit seines Verhaltens beruhen[75]: Der Täter stellt sich eine Sachlage vor, die in Wahrheit nicht besteht, die sein Handeln aber als strafbar erscheinen ließe, wenn sie objektiv vorläge. Charakteristikum des untauglichen Versuchs ist somit eine **Fehlvorstellung**, die in einer **irrigen Annahme** von Tatumständen besteht. Da der vorsatzausschließende Tatumstandsirrtum (vgl. § 16 Abs. 1 S. 1) durch eine **Nichtkenntnis von Tatumständen** gekennzeichnet ist, spricht man in Fällen irrigen Annehmens auch von einem „umgekehrten Tatumstandsirrtum". Dieser Terminologie folgend resultiert der untaugliche Versuch aus einem umgekehrten Tatumstandsirrtum, er ist gewissermaßen die **Kehrseite des Tatumstandsirrtums** (vgl. zu verschiedenen Irrtumskonstellationen Rn. 566 ff.). 530

Nimmt der Täter irrig die tatsächliche oder rechtliche Tauglichkeit des Handlungs- bzw. Angriffsobjekts an, liegt ein Versuch am **untauglichen Objekt** vor. Beispiele dafür sind der Versuch des Schwangerschaftsabbruchs an einer Nichtschwangeren, der Todesschuss auf ein unmittelbar zuvor schon verstorbenes Opfer (aus tatsächlichen Gründen untaugliche Versuche), die Wegnahme der eigenen aber für fremd gehaltenen Sache (untauglicher Versuch des Diebstahls), untauglicher Betrugsversuch[76], wenn der Täter den erstrebten (in Wirklichkeit rechtmäßigen) Vermögensvorteil fälschlich für rechtswidrig hält (aus rechtlichen Gründen untaugliche Versuche). 531

Ein **Versuch mit untauglichem Mittel** ist gegeben, wenn der Täter irrtümlich von der Tauglichkeit des zur Durchführung der Tat eingesetzten Mittels ausgeht: Versuch eines Schwangerschaftsabbruchs mit Kopfschmerztabletten, untauglicher Totschlagsversuch bei nicht tödlich wirkender Giftdosis, untauglicher Totschlagsversuch bei einem „Schuss" aus einer ungeladenen, aber für geladen gehaltenen Schusswaffe etc. 532

Auch der Versuch des **untauglichen Subjekts** ist strafbar. Das gilt nicht nur dann, wenn nach dem anzuwendenden Straftatbestand die Täterqualität aus der Objekteigenschaft folgt[77], sondern ebenso bei den echten Sonderdelikten mit qualitativ eingegrenztem Täterkreis. Wer tatsächliche oder rechtliche Umstände irrig annimmt, die, wenn sie vorlägen, seine besondere Täterqualität begründen würden, macht sich wegen untauglichen Versuchs des in Frage stehenden Sonderdelikts strafbar. Wer die Nichtigkeit seiner Anstellung als Amtsträger nicht kennt, sondern glaubt, ein Amtsträger zu sein, der zur Aufnahme öffentlicher Urkunden befugt ist, kann sich daher wegen versuchter Falschbeurkundung im Amt gem. § 348 Abs. 2 strafbar machen. Wer irrig Umstände annimmt, die, wenn sie vorlägen, eine Garantenstellung begründen würde, kann sich wegen untauglichen Versuchs eines unechten Unterlassungsdelikts strafbar machen: untauglicher Tötungsversuch (§§ 212 Abs. 1, 22) liegt daher vor, wenn V das ertrinkende Kind irrtümlich für sein eigenes leibliches Kind hält und sich entschließt, es 533

---

74 Vgl. zu den Erscheinungsformen des untauglichen Versuchs statt aller *Roxin*, Strafrecht AT II, § 29 Rn. 347 ff.; SK-StGB/*Jäger*, § 22 Rn. 46, 47.
75 Vgl. *Schönke/Schröder (Eser/Bosch)*, StGB, § 22 Rn. 68; SK-StGB/*Jäger*, § 22 Rn. 45.
76 Vgl. BGHSt 42, 268, 272, 273.
77 Vgl. *Jescheck/Weigend*, Strafrecht AT, § 50 III, 2 u. 3.

nicht zu retten.⁷⁸ Nach anderer Auffassung soll allerdings in den Fällen irriger Annahme von Täterqualitäten nicht strafbarer untauglicher Versuch, sondern ein strafloses Wahndelikt anzunehmen sein.⁷⁹

534 Von einem **grob unverständigen** untauglichen **Versuch** im Sinne des § 23 Abs. 3 ist auszugehen, wenn der Täter mit völlig abwegiger Vorstellung über gemeinhin bekannte Ursachenzusammenhänge irrig die Tauglichkeit eines Tatmittels oder die Tauglichkeit des Angriffsobjekts annimmt. Dabei muss der Irrtum nicht nur für fachkundige Personen, sondern für jeden Menschen mit durchschnittlichem Erfahrungswissen offenkundig, ja geradezu handgreiflich sein.⁸⁰ Das trifft für den Versuch zu, mit einer Schreckschusspistole ein Flugzeug abzuschießen.⁸¹ Vom untauglichen Versuch aus grobem Unverstand ist der sog. **irreale oder abergläubische Versuch** (vgl. Rn. 510) abzusetzen. Er fällt schon aus dem Strafgrund des Versuchs heraus und wird deshalb gar nicht erst von den §§ 22, 23 Abs. 3 erfasst. Zudem fehlte es am Tatentschluss, da der Wille des Täters auf etwas Irreales, Abergläubisches (Verhexen, Totbeten, böse Geister rufen etc.), der menschlichen Beherrschbarkeit völlig Entzogenes gerichtet ist.⁸²

535 Die Regeln des untauglichen Versuchs sind sinngemäß auch auf das **Fehlen des subjektiven Rechtfertigungselements** bei objektiv gegebener Rechtfertigungssituation anzuwenden (vgl. Rn. 442). Wer eine fremde Sache zerstört und nicht weiß, dass der Eigentümer darin eingewilligt hat, ist daher gem. §§ 303 Abs. 3, 22 wegen untauglichen Versuchs zu bestrafen. Ebenso verhält es sich, wenn A den B niederschlägt, ohne zu wissen, dass es sich dabei um die erforderliche Verteidigung in einer Notwehrsituation handelt.⁸³

5.2 Versuch beim Unterlassungsdelikt

536 Im Ergebnis sind sich Strafrechtslehre und Rechtsprechung darin einig, dass grundsätzlich auch ein strafbarer **Versuch durch Unterlassen** möglich und anzuerkennen ist.⁸⁴ Das gilt für den Versuch eines unechten ebenso wie für den eines echten Unterlassungsdelikts, für den „an sich tauglichen" ebenso wie für den untauglichen Versuch.⁸⁵ Noch nicht endgültig geklärt ist allerdings der für den Beginn des (strafbaren) Unterlassungsversuchs maßgebliche Verwirklichungsgrad des Unterlassungsgeschehens. Schwierigkeiten bereitet die Abgrenzung der (noch straflosen) Tatvorbereitung vom (schon strafbaren) Versuch beim Unterlassungsdelikt vor allem deshalb, weil es im Unterlassen anders als im Falle des Begehens keinen griffigen Bezugspunkt für die Anwendung der „Ansatzformel" (vgl. Rn. 519 ff.) zu geben scheint. Gleichwohl hat

---

78 Vgl. *Jescheck/Weigend*, Strafrecht AT, § 50 III, 2; *Schönke/Schröder (Eser/Bosch)*, StGB, § 22 Rn. 75 ff.; ferner SK-StGB/*Jäger*, § 22 Rn. 47 f.
79 Vgl. die Nachw. bei *Jescheck/Weigend*, Strafrecht AT, § 50 III, 2 bei und in dort. Fn. 20; vgl. ferner *Roxin*, Strafrecht AT II, § 29 Rn. 351 ff., 354 ff.; vgl. auch SK-StGB/*Jäger*, § 22 Rn. 47, 51 ff.; 55.
80 BGHSt 41, 94, 95.
81 Vgl. auch das Beispiel bei *Wessels/Beulke/Satzger*, Strafrecht AT, Rn. 986.
82 Vgl. dazu SK-StGB/*Jäger*, § 22 Rn. 56 f. mit § 23 Rn. 9; *Wessels/Beulke/Satzger*, Strafrecht AT, Rn. 988; vgl. ferner *Kühl*, Strafrecht, § 15 Rn. 86 ff., 93 f.
83 Vgl. zum Ganzen etwa SK-StGB/*Jäger*, § 22 Rn. 50; *Schönke/Schröder (Sternberg-Lieben/Schuster)*, StGB, Vorbem. §§ 32 ff. Rn. 15; vgl. auch *Jescheck/Weigend*, Strafrecht AT, § 31 IV, 2; *Wessels/Beulke/Satzger*, Strafrecht AT, Rn. 415 ff.; ferner *Kühl*, Strafrecht AT, § 7 Rn. 14 ff. m. zahlr. Nachw. für die h. M. in dort. Fn. 2.
84 Vgl. statt aller *Roxin*, Strafrecht AT II, § 29 Rn. 266 ff. m. w. Nachw.
85 Vgl. dazu *Jescheck/Weigend*, Strafrecht AT, § 60 II; *Kühl*, Strafrecht AT, § 18 Rn. 142 ff.; NK-StGB (*Zaczyk*), § 22 Rn. 58 ff., 58; *Schönke/Schröder (Eser/Bosch)*, StGB, Vorbem. §§ 22 ff. Rn. 27, § 22 Rn. 46 ff., 91; SK-StGB/*Jäger*, § 22 Rn. 43; *Wessels/Beulke/Satzger*, Strafrecht AT, Rn. 1224 ff., 1233.

5. Sonderfälle des Versuchsdelikts

§ 22 schon aus Gründen der Gesetzesbindung im Strafrecht auch für den Versuch des Unterlassungsdelikts bestimmende und begrenzende Bedeutung. Auszugehen ist danach beim Versuch durch Unterlassen ebenso wie beim „Begehungsversuch" von der „Ansatzformel". Es kommt auch beim Unterlassungsversuch somit entscheidend darauf an, ob der Täter nach seiner Vorstellung von der Tat mit dem Beginn seines Untätigbleibens zur Tatausführung „unmittelbar ansetzt".

Für den Sach- und Normbereich der **unechten Unterlassungsdelikte** sowie die gesetzlichen Sonderfälle unechten Unterlassens (vgl. Rn. 310 ff.) beginnt die Verwirklichungsphase des (strafbaren) Versuchs, wenn nach der Vorstellung des Täters das geschützte Rechtsgut durch das Untätigbleiben in **akute Gefahr** geriete oder eine **bereits bestehende Gefahr** verstärkt würde.[86] Ein „unmittelbares Ansetzen" und damit der Beginn des Unterlassungsversuchs **kann** also je nach den Umständen des Einzelfalls bereits das Verstreichenlassen der ersten Rettungsmöglichkeit, aber auch das Auslassen der letzten (bzw. der erfolgversprechendsten) Rettungsmöglichkeit sein.[87] Allerdings ist weder starr auf die erste noch auf die letzte Eingriffsmöglichkeit abzustellen (sog. Theorie des erstmöglichen bzw. Theorie des letztmöglichen Eingriffs), sondern darauf, dass der Unterlassungsversuch – bezogen auf die zunehmend kritische Gefährdungslage des bedrohten Rechtsguts – im Sinne einer kontinuierlichen Eskalation verschiedene Stadien der Pflichtverletzung durchläuft (bzw. durchlaufen **kann**). Daher gilt: Soweit nach der Vorstellung des Täters (Garanten) das geschützte Rechtsgut bereits unmittelbar in Gefahr geraten und der Eintritt des tatbestandlichen Erfolges nahegerückt ist, beginnt der Unterlassungsversuch mit Versäumnis oder Verzögerung der ersten Rettungsmöglichkeit; denn bereits zu diesem Zeitpunkt ist die erfolgverhindernde Handlung geboten. Bei noch nicht konkreter Gefahr und geringer Erfolgsnähe beginnt der Unterlassungsversuch dagegen dann, wenn die Gefahr in ein akutes Stadium tritt und der Täter weiter untätig bleibt oder in dem Augenblick, in dem der Täter die Möglichkeit des rettenden Eingriffs aus der Hand gibt und dem Geschehen seinen Lauf lässt.[88]

Dass es für das „unmittelbare Ansetzen" nicht allein auf die überhaupt erste Rettungschance, sondern **nur** auf die Gebotenheit der Handlung unter dem Aspekt einer (schon konkreten oder zunehmenden) Gefährdung des Rechtsguts ankommen kann, lässt sich an verschiedenen Beispielen verdeutlichen: V sieht sein Kind im Teich ertrinken und unternimmt zunächst nichts (er stellt sich bessere Rettungsmöglichkeiten kurzzeitig später vor) – Versuchsbeginn bereits mit Auslassen der ersten Rettungsmöglichkeit, weil zu diesem Zeitpunkt das Leben des Kindes akut gefährdet ist. Fasst eine Mutter den Entschluss, ihren Säugling durch Nichternährung verhungern zu lassen, liegt Unterlassungsversuch gem. §§ 212, 22, 13 nicht schon zum Zeitpunkt der erstmalig unterlassenen regulären Ernährung (erste oder beste Rettungschance), sondern erst, aber auch spätestens dann vor, wenn nach ihrer Tatvorstellung das weitere Vorenthalten von Nahrung zu einer lebensgefährdenden Beeinträchtigung des kindlichen Wohlbefindens führt. Überlässt die Mutter das Kind schon vorher sich selbst, beginnt der

537

538

---

[86] Vgl. *Schönke/Schröder (Eser/Bosch)*, StGB, § 22 Rn. 50 m. zahlr. w. Nachw.
[87] Vgl. dazu etwa *Schönke/Schröder (Eser/Bosch)*, StGB, § 22 Rn. 51; ferner NK-StGB (Zaczyk), § 22 Rn. 64; vgl. aber BGHSt 40, 257, 270/1.
[88] In diesem Sinne etwa *Wessels/Beulke/Satzger*, Strafrecht AT, Rn. 1227 f.; ähnlich auch *Kühl*, Strafrecht AT, § 18 Rn. 143 ff., 146 f., 148 ff.; NK-StGB (Zaczyk), § 22 Rn. 64; *Schönke/Schröder (Eser/Bosch)*, StGB, § 22 Rn. 51; SK-StGB/*Jäger*, § 22 Rn. 43 mit Hinweis auf die uneinheitliche Rspr. des BGH in BGHSt 38, 356, 360 f. und BGHSt 40, 257, 270 f.; vgl. dazu auch *Fischer*, StGB, § 22 Rn. 33.

Versuch des Totschlags durch Unterlassen bereits mit Verlassen des Kindes[89], weil die Mutter zu diesem Zeitpunkt das Geschehen und die Möglichkeit zum rettenden Eingriff aus der Hand gibt und dadurch die Lebensgefahr erst entsteht oder sich vergrößert.[90]

539 Der Sache nach ist die „Ansatzformel" im vorstehend „unterlassungsmodifizierten" Sinne auch auf den Versuch des **echten Unterlassungsdelikts** anwendbar. Obwohl „an sich" möglich und anerkannt ist die praktische Bedeutung des Unterlassungsversuchs beim echten Unterlassungsdelikt gering. Zum einen ist ein derartiger Versuch bei den „gängigen" echten Unterlassungsdelikten nicht unter Strafe gestellt (vgl. etwa §§ 138, 323 c), zum anderen ist bei den echten Unterlassungsdelikten ein Versuch zumeist nur als untauglicher Versuch vorstellbar.[91] Ein strafbarer „echter" Unterlassungsversuch ist beispielsweise der versuchte Bankrott gem. § 283 Abs. 3, Abs. 1 Ziff. 5 und 7 b. Er liegt vor, wenn der Entschluss, die handelsrechtlich oder sonst gesetzlich vorgeschriebene Führung von Handelsbüchern, Aufstellung von Bilanzen oder Inventarverzeichnissen zu unterlassen, nach außen erkennbar wird.[92] Untauglicher Versuch einer Rechtsbeugung durch Unterlassen (§§ 339, 22) ist gegeben, wenn ein Richter die Bestellung eines Pflichtverteidigers bewusst unterlässt, obwohl er – freilich irrig – annimmt, die Untersuchungshaft habe bereits mehr als drei Monate gedauert (§ 140 Abs. 1 Ziff. 5 StPO)[93], wobei aber fraglich bleibt, ob es sich bei der Rechtsbeugung durch Unterlassen tatsächlich um ein echtes Unterlassungsdelikt handelt (vgl. Rn. 307 ff.).

6. Zum strafbefreienden Rücktritt vom Versuch

540 Wer freiwillig vom Versuch einer Straftat zurücktritt, bleibt oder wird unter den weiteren Voraussetzungen des § 24 straflos. Der Rücktrittsvorschrift des § 24 lassen sich insgesamt **sechs verschiedene Fallkonstellationen** eines strafbefreienden Rücktritts entnehmen. Zunächst zerteilt § 24 den Rücktritt vom Versuch in **zwei Grundfälle**. Der **Rücktritt eines Alleintäters** ist in § 24 Abs. 1, der **Rücktritt bei mehreren Tatbeteiligten** ist in § 24 Abs. 2 geregelt. § 24 Abs. 1 und § 24 Abs. 2 enthalten **jeweils drei verschiedene Einzelfälle** des Rücktritts. Beim **Rücktritt des Alleintäters** ist zwischen dem Rücktritt vom sog. unbeendeten Versuch (§ 24 Abs. 1 S. 1, 1. Alt.), dem Rücktritt vom sog. beendeten Versuch (§ 24 Abs. 1 S. 1, 2. Alt.) und dem Rücktritt vom vermeintlich vollendbaren Versuch zu differenzieren. **Weitere drei Rücktrittsvarianten** finden sich in § 24 Abs. 2: Rücktritt eines Beteiligten durch Verhinderung der Tatvollendung (§ 24 Abs. 2 S. 1), Rücktritt eines Beteiligten durch Bemühen um Verhinderung der Vollendung bei Unterbleiben der Vollendung ohne sein Zutun (§ 24 Abs. 2 S. 1, 1. Alt.) und Rücktritt eines Beteiligten durch Bemühen um Verhinderung der Vollendung unabhängig von seinem früheren Tatbeitrag (§ 24 Abs. 2 S. 2, 2. Alt.). Voraussetzung für jeden der verschiedenen Einzelfälle des Rücktritts vom Versuch ist

---

89 Vgl. dazu *Wessels/Beulke/Satzger*, Strafrecht AT, Rn. 1227, 1228 m. w. Nachw.; vgl. ferner BGHSt 38, 356, 358/360; 40, 257, 270/1; *Kühl*, Strafrecht AT, § 18 Rn. 145 ff. m. w. Nachw. und Beispielen.
90 Vgl. noch – wenngleich teilweise anders – *Roxin*, Strafrecht AT II, § 29 Rn. 266 ff., 271 ff., 280 ff., 284 ff., 286 ff.
91 Vgl. dazu *Jescheck/Weigend*, Strafrecht AT, § 60 II, 1; *Schönke/Schröder (Eser/Bosch)*, StGB, § 22 Rn. 53 m. w. Nachw.; vgl. aber auch NK-StGB *(Zaczyk)*, § 22 Rn. 59.
92 Vgl. etwa *Wessels/Beulke/Satzger*, Strafrecht AT, Rn. 1224 ff., 1227 f.; ferner NK-StGB *(Zaczyk)*, § 22 Rn. 59.
93 Vgl. BGHSt 10, 294, 298; *Jescheck/Weigend*, Strafrecht AT, § 60 II, 1; *Schönke/Schröder (Eser/Bosch)*, StGB, § 22 Rn. 53.

6. Zum strafbefreienden Rücktritt vom Versuch

die Nichtvollendung der Tat; ist die Tat vollendet, kommt grundsätzlich ein Rücktritt vom Versuch nicht mehr in Betracht (mit Ausnahme des Sonderfalls in § 24 Abs. 2 S. 2, 2 Alt.). Umgekehrt muss wenigsten ein Täter oder Tatbeteiligter mit seinem deliktischen Verhalten die **Verwirklichungsstufe des Versuchs** erreicht haben, sonst findet § 24 keine Anwendung.[94]

6.1 Rechtsgrund, Rechtsnatur, systematischer Standort

Über den **Rechtsgrund der Straflosigkeit** bei einem Rücktritt vom Versuch bestehen in Strafrechtslehre und Rechtsprechung unterschiedliche Auffassungen. Eine „kriminalpolitische Theorie" nimmt an, dass dem bereits straffällig gewordenen Versuchstäter mit der Chance zum strafbefreienden Rücktritt eine „goldene Brücke" zur Rückkehr in die Legalität gebaut werden soll. Nach einer „Prämien"- oder „Verdienstlichkeitstheorie" bleibt der Zurücktretende straflos, weil das Gesetz die Verdienstlichkeit der freiwillig gewählten Umkehr des Täters mit der Gewährung von Straffreiheit belohnt, zumal mit der Umkehr zu legalem Verhalten die Verhinderung des Erfolgseintritts verbunden ist und dadurch der Unwert des Versuchs und die negative Einwirkung des Täters auf das Rechtsbewusstsein der Allgemeinheit jedenfalls teilweise wieder ausgeglichen wird, so dass sich die Strafbedürftigkeit des Versuchs als solchen verneinen lässt. Wieder anders sieht eine neuere „Schulderfüllungstheorie" den Sinn des § 24 darin, dass sich die gesetzliche Strafdrohung erledigt, wenn der Täter die Vollendung der Tat durch eine ihm zurechenbare Leistung verhindert und so die ihm obliegende, als Pflicht zur Wiedergutmachung verstandene „Schuld" erfüllt. Die vorherrschende „Strafzwecktheorie" stellt darauf ab, dass die Bestrafung des Versuchs bei freiwilligem Rücktritt weder aus general- noch aus spezialpräventiven Gründen geboten sei und sich auch eine Vergeltung erübrige, weil sich der verbrecherische Wille des Täters letztlich doch nicht als so stark erweist und der Täter die Gefährdung des Rechtsguts wieder beseitigt hat, der rechtserschütternde Eindruck auf die Allgemeinheit also wieder aufgehoben ist. Die Strafzwecktheorie (auch Indiztheorie genannt) stellt eine Beziehung zur sog. „Eindruckstheorie" und deren Erklärungsansatz für den Strafgrund des Versuchs (vgl. Rn. 509 ff.) her und stellt ein strafbarkeitsaufhebendes Pendant zur „Eindruckstheorie" dar. Nicht zuletzt deshalb überzeugt sie mehr als die anderen und noch weitere neuere Erklärungsversuche.[95] Die Rechtsprechung des *BGH* schwankt und neigt mal der Prämien-, mal der Strafzwecktheorie zu.[96] Alles in allem sind es verschiedene Aspekte, die miteinander verbunden den Rechtsgrund der Straflosigkeit beim Rücktritt vom Versuch ausmachen.[97] Sie lassen über schuldtilgende und strafwürdigkeitsmildernde Effekte des Rücktrittsverhaltens im Ergebnis die Strafbedürftigkeit des Versuchsdelikts vollständig entfallen.[98]

541

Dem komplexen Rechtsgrund der Straflosigkeit beim Rücktritt vom Versuch entspricht die **Rechtsnatur des strafbefreienden Rücktritts**. Da die strafbarkeitsbegründende Schuld des Versuchsdelikts nicht rückwirkend durch die Verdienstlichkeit des Rück-

542

---

[94] Zu Aufbau und Struktur der Rücktrittsvorschrift des § 24 vgl. *Baumann/Weber/Mitsch/Eisele*, Strafrecht AT/*Mitsch*, § 23 Rn. 12 ff., 29 ff., 59 ff.; *Kühl*, Strafrecht AT, § 16 Rn. 9 ff., 90 ff.; *Schönke/Schröder (Eser/Bosch)*, StGB, § 24 Rn. 6 ff., 73 ff.; SK-StGB/*Jäger*, § 24 Rn. 7 ff., 39 ff., 86 ff., 99, 100 ff.; *Wessels/Beulke/Satzger*, Strafrecht AT, Rn. 1005 ff., 1102.
[95] Vgl. dazu *Schönke/Schröder (Eser/Bosch)*, StGB, § 24 Rn. 2 ff., 3 m. w. Nachw.
[96] Vgl. BGHSt 9, 48, 52; 35, 90, 93/4; 39, 221, 231.
[97] Vgl. auch *Stratenwerth/Kuhlen*, Strafrecht AT, § 11 Rn. 68 ff., 70; ferner *Murmann*, Grundkurs, § 28 Rn. 101 ff.
[98] Vgl. zum Ganzen etwa *Roxin*, Strafrecht AT II, § 30 Rn. 1 ff., 4 ff. m. w. Nachw.

tritts wieder beseitigt, aber auch nicht zur Gänze ausgeglichen oder sonst aufgehoben sein kann, liegt es nahe, den strafbefreienden Rücktritt vom Versuch nicht als Schuldtilgungs-, Schuldausschließungs- oder Entschuldigungsgrund, sondern als **persönlichen Strafaufhebungsgrund** (Wegfall des konkreten Strafbedürfnisses) zu charakterisieren.[99] Für den systematischen Aufbau des Versuchsdelikts hat das zur Folge, dass der Rücktritt vom Versuch im Anschluss an die Wertungs- und Systemstufe der „Versuchsschuld", nach abweichender Ansicht (Rücktritt als Schuldtilgungs- bzw. Entschuldigungsgrund) in die Schuldstufe zu lozieren ist.[100]

6.2 Wirkungen des Rücktritts, misslungener Rücktritt

543 Wer unter den Voraussetzungen des § 24 vom Versuch zurücktritt, kann nicht wegen des Versuchsdelikts bestraft werden. Die strafbefreiende **Wirkung des Rücktritts** betrifft aber nur den Versuch als solchen. Ist im Versuch ein anderes bereits vollendetes Delikt enthalten, bleibt die vollendete Tat strafbar.[101] Die im Tötungsversuch enthaltene Körperverletzung bleibt (bleiben) daher ebenso wie die im Versuch des Einbruchsdiebstahls mitverwirklichten Delikte der Sachbeschädigung und des Hausfriedensbruchs von der strafbefreienden Wirkung des Rücktritts unberührt. Allerdings kann der Rücktritt vom Versuch eines privilegierten Delikts (z.B. § 216) den Rückgriff auf das zugleich vollendete Delikt modifizieren, indem das privilegierte Delikt eine **Sperrwirkung** entfaltet, wenn und weil sonst der Sinn der Privilegierung verloren ginge. Bleiben beim Rücktritt des Versuchs einer Tötung auf Verlangen gem. §§ 216 Abs. 2, 22, 24 auf Grund der mitverwirklichten Körperverletzung schwere Folgen zurück, kommt nicht Strafbarkeit gem. § 226, sondern nur gem. §§ 223, 224 und auch nur bis zur Strafobergrenze des § 216 in Betracht, weil andernfalls der Täter bei Vollendung des privilegierten Delikts „besser" dästande als im Falle des Rücktritts vom Versuch.[102] Von der strafaufhebenden Wirkung des Rücktritts mitumfasst ist eine dem Versuch vorausgehende Verbrechensverabredung nach § 30 Abs. 2: Deren Strafbarkeit lebt nicht wieder auf.[103]

544 Die strafbefreiende Wirkung des Rücktritts umfasst nur den Zurücktretenden, der Rücktritt vom Versuch ist ein besonderes persönliches Merkmal im Sinne des § 28 Abs. 2. Tritt trotz aller Rücktrittsbemühungen der tatbestandliche Erfolg ein, ist der **Rücktritt somit misslungen**, fehlt es an einer Anwendungsvoraussetzung des § 24 (vgl. Rn. 540). Es ist dann wegen vollendeter Tat (vgl. aber § 24 Abs. 2 S. 2, 2. Alt.) zu bestrafen. Das gilt auch für den Fall, dass sich der Täter über die Wirksamkeit seines bisherigen Tuns irrt und vom Versuch durch bloßes Aufgeben der weiteren Tatausführung zurücktreten will (A verabreicht O in Tötungsabsicht Gift und hält irrig die verabreichte Dosis für zu gering. Nunmehr entschließt sich A zum Rücktritt in Form einfachen Nichtweiterhandelns. Stirbt O, ist A aus §§ 212, 211 zu bestrafen!).[104] Etwas anderes kommt nur dann in Betracht, wenn der tatbestandsmäßige Erfolg und

---

99 So die wohl h. M, vgl. *Schönke/Schröder (Eser/Bosch)*, StGB, § 24 Rn. 4 m. w. Nachw.
100 Vgl. m. w. Nachw. für abweichende Auffassungen etwa SK-StGB/*Jäger*, § 24 Rn. 7 ff. mit Kritik an der h. M. in Rn. 9 und eigener Auffassung in Rn. 10: „eigener Strafbefreiungstatbestand".
101 Vgl. *Wessels/Beulke/Satzger*, Strafrecht AT, Rn. 1010.
102 Beispiel bei *Wessels/Beulke/Satzger*, Strafrecht AT, Rn. 1010; vgl. auch BGHSt 24, 262, 266.
103 BGHSt 14, 378, 380; zur Wirkung des Rücktritts vom Versuch auf ein in ihm enthaltenes vollendetes konkretes Gefährdungsdelikt vgl. *Jescheck/Weigend*, Strafrecht AT, § 51 VI, 1 und BGHSt 39, 128, 130/1; vgl. noch SK-StGB/*Jäger*, § 24 Rn. 113.
104 Vgl. das Beispiel bei *Wessels/Beulke/Satzger*, Strafrecht AT, Rn. 1067.

entsprechend die Vollendung der Tat dem Zurücktretenden nicht objektiv zurechenbar ist, etwa wegen atypischen Kausalverlaufs.[105]

6.3 Subjektiv fehlgeschlagener Versuch, Rücktrittsausschluss

Auf den **subjektiv fehlgeschlagenen Versuch** sind die Vorschriften über den strafbefreienden Rücktritt vom Versuch nicht anwendbar. Der subjektiv fehlgeschlagene Versuch gehört von vornherein nicht zum Normbereich des § 24, weil ein „Zurücktreten" dem Wortsinn nach voraussetzt, dass zumindest nach der Vorstellung des Täters das Versuchsgeschehen noch fortgesetzt bzw. vollendet werden könnte, weil das Ausbleiben des Taterfolgs beim Fehlschlag des Versuchs lediglich Hinnahme des Unvermeidlichen (unverdienter Zufall) und nicht rechtsbewährende Rückkehr oder Umkehr zur Legalität ist und weil deshalb der Rechtsgrund für die Straflosigkeit beim Rücktritt vom Versuch gar nicht zum Zuge kommen kann. Der subjektiv fehlgeschlagene Versuch ist danach schon **nicht rücktrittsfähig**.[106]

Gesetzlich ist der **subjektiv fehlgeschlagene Versuch** nicht ausdrücklich geregelt, seine sachliche Berechtigung als eigenständige Versuchsfigur im Übrigen bestritten.[107] Es handelt sich gleichwohl um eine Erscheinungsform des Versuchs, bei der typischerweise ein Rücktritt vom Versuch unmöglich ist. Deshalb spricht vieles dafür, ihn als **eigenständige Versuchsfigur** „negativ" vor die Klammer der Rücktrittsfälle in § 24 zu ziehen, um so frühzeitig Klarheit über Anwendbarkeit oder Unanwendbarkeit des § 24 zu erlangen.[108] Der nicht rücktrittsfähige fehlgeschlagene Versuch ist freilich **nicht der überhaupt (objektiv) fehlgeschlagene Versuch** (von ihm könnte der Täter gem. § 24 Abs. 1 S. 2 zurücktreten, wenn er den Fehlschlag nicht erkannt hat), sondern nur der Versuch, der aus der **subjektiven Sicht des Täters fehlgeschlagen** ist.[109] Das ist in erster Linie der Fall, wenn die Versuchshandlungen ihr Ziel nicht erreicht haben und der Täter erkannt hat (nach seiner Vorstellung!), dass er mit den ihm zur Verfügung stehenden Mitteln den tatbestandlichen Erfolg entweder gar nicht mehr oder doch nur mit zeitlich relevanter Zäsur herbeiführen kann.[110] Das ist weiter der Fall, wenn die Vollendung der Tat zwar objektiv noch möglich wäre, der Täter aber die Mittel, die er dazu benötigt, nicht kennt oder nicht einsetzen kann, weil er mit ihrer Anwendung nicht vertraut ist. Und schließlich kann auch ein von ihm für sinnlos

---

105 Vgl. dazu etwa *Heinrich*, Strafrecht AT, Rn. 765 ff., 766 ff.; *Jescheck/Weigend*, Strafrecht AT, § 51 III, 3; *Schönke/Schröder (Eser/Bosch)*, StGB , § 24 Rn. 22 f.; *Wessels/Beulke/Satzger*, Strafrecht AT, Rn. 1057 ff., 1066 ; vgl. auch BGHSt 28, 346, 348 und *Baumann/Weber/Mitsch/Eisele*, Strafrecht AT/*Mitsch*, § 23 Rn. 47 ff., 56 f.
106 In diesem Sinne etwa *Kühl*, Strafrecht AT, § 16 Rn 9; vgl. auch *Schönke/Schröder (Eser/Bosch)*, StGB, § 24 Rn. 7; ferner *Wessels/Beulke/Satzger*, Strafrecht AT, Rn. 1012 ff., 1012 ; vgl. aber begriffskritisch *Baumann/Weber/Mitsch/Eisele*, Strafrecht AT/*Mitsch*, § 23 Rn. 15 ff., 18; ferner zur Diskussion um den fehlgeschlagenen Versuch etwa SK-StGB/*Jäger*, § 24 Rn. 11 ff.
107 Vgl. nur *Schönke/Schröder (Eser/Bosch)*, StGB, § 24 Rn. 7 m. w. Nachw.; ferner *Baumann/Weber/Mitsch/Eisele*, Strafrecht AT/*Mitsch*, § 23 Rn. 18.
108 Ähnlich die vorherrschende Auffassung in Rechtsprechung und Lehre, vgl. statt aller *Schönke/Schröder (Eser/Bosch)*, StGB, § 24 Rn. 7 m. zahlr. Nachw.; ferner bei SK-StGB/*Jäger*, § 24 Rn. 11 ff., 13.
109 Vgl. *Kühl*, Strafrecht AT, § 16 Rn. 11 ff.; *Schönke/Schröder (Eser/Bosch)*, StGB, § 24 Rn. 8; vgl. auch *Wessels/Beulke/Satzger*, Strafrecht AT, Rn. 1012 ff., 1015 ff.
110 Vgl. dazu BGH StrVert. 2003, 217.

gehaltenes Weiterhandeln den Fehlschlag des Versuchs bewirken.[111] Insoweit lassen sich im Wesentlichen zwei Fallgruppen unterscheiden[112]:

547 Ein Versuch ist subjektiv fehlgeschlagen, **wenn der Täter das konkrete Handlungsziel nicht mehr erreichen kann**, weil nach seiner Vorstellung die Tatbestandsverwirklichung unter Fortführung der bisherigen Tatausführung nicht (mehr) zu bewerkstelligen ist, etwa bei physischer oder rechtlicher Unmöglichkeit der Tatbestandsverwirklichung[113]: Der Taschendieb findet beim Griff in die fremde Tasche nichts, der Räuber ist seinem „Opfer" körperlich unterlegen, der Einbrecher kann die verschlossene Tür nicht öffnen, das Betrugsopfer durchschaut alles, die Waffe des Mörders hat Ladehemmung, das „Vergewaltigungsopfer" hat „nichts dagegen", der Gewahrsamsinhaber ist mit der Wegnahme unerwarteter Weise einverstanden.[114] Die zweite Fallgruppe ist dadurch gekennzeichnet, dass dem Täter „an sich" zwar die Tatbestandsverwirklichung (noch) möglich wäre, **ein Weiterhandeln für ihn jedoch nach seinem Tatplan sinnlos ist**, weil er dadurch sein erstrebtes Tatziel nicht mehr erreichen kann (Fehlschlag bei sinnlos gewordenem Tatplan[115]): Statt der vermuteten 20.000 EUR findet der Tresorknacker nur Urkunden vor, das herzustellende Falschgeld wird außer Kurs gesetzt, das „Vergewaltigungsopfer" entpuppt sich als Mann, das vermeintlich fremde Vergewaltigungsopfer entpuppt sich als eine Schulkameradin.[116]

548 Soweit dem Versuchshandeln ein fester Tatplan zu Grunde liegt, ist der Versuch danach subjektiv fehlgeschlagen, wenn die Tat nach der Vorstellung des Täters nicht mehr planmäßig ausgeführt werden kann, vielmehr nur noch mit zeitlicher Verzögerung nach dem Ingangsetzen einer neuen Kausalkette vollendet werden könnte.[117] Wenn der Täter aber, wie er weiß, ohne zeitliche Zäsur sofort ein neues bereitstehendes Mittel einsetzen könnte, wenn er also nach dem Fehlschlag erkennt, dass er den Rechtsgutsangriff wiederholen (mehrmalige Hammerschläge auf den Kopf) oder anders fortsetzen könnte (Würgen statt Schießen) und das auch tut, ist der Versuch nach h. M. nicht fehlgeschlagen.[118] Misslingt etwa der planmäßig unternommene Versuch, das Opfer mit einer Flasche zu erschlagen[119] und setzt der Täter unmittelbar danach sein Vorhaben fort, indem er nunmehr das Opfer zu erwürgen versucht, behält er wegen der Einheitlichkeit des Gesamtgeschehens die Möglichkeit, vom Totschlagsversuch insgesamt mit strafbefreiender Wirkung zurückzutreten (sog. **Gesamtbetrachtungslehre** der h. M., anders die sog. **Einzelaktstheorie**, die jeden einzelnen Ausführungsakt, den der Täter bei Tatbeginn für erfolgsgeeignet gehalten hat, gesondert erfassen und ihn

---

111 Vgl. zum Ganzen etwa *Schönke/Schröder (Eser/Bosch)*, StGB, § 24 Rn. 8 – 11; ferner NK-StGB *(Zaczyk)*, § 24 Rn. 19 ff.
112 Vgl. dazu *Kühl*, Strafrecht AT, § 16 Rn. 13 ff.; NK-StGB *(Zaczyk)*, § 24 Rn. 22 ff.; *Schönke/Schröder (Eser/Bosch)*, StGB, § 24 Rn. 9, 11; *Wessels/Beulke/Satzger*, Strafrecht AT, Rn. 1012 ff., 1026 ff.; vgl. ferner die Fallgruppen bei SK-StGB/*Jäger*, § 24 Rn. 16 ff., 21 ff.
113 Vgl. *Schönke/Schröder (Eser/Bosch)*, StGB, § 24 Rn. 9: erkannte Unerreichbarkeit des tatbestandlichen Handlungsziels.
114 Vgl. *Schönke/Schröder (Eser/Bosch)*, StGB, § 24 Rn. 9; ferner *Kühl*, Strafrecht AT, § 16 Rn. 13 f.; *Wessels/Beulke/Satzger*, Strafrecht AT, Rn. 1014,1026.
115 Vgl. etwa *Kühl*, Strafrecht AT, § 16 Rn. 15; *Schönke/Schröder (Eser/Bosch)*, StGB, § 24 Rn. 11; ferner *Wessels/Beulke/Satzger*, Strafrecht AT, Rn. 1031 f.; vgl. auch NK-StGB *(Zaczyk)*, § 24 Rn. 25 f.
116 Vgl. BGHSt 9, 48, 49 ff.: „Lilo, Du?"; vgl. auch NK-StGB *(Zaczyk)*, § 24 Rn. 26.
117 BGHSt 34, 53, 57.
118 Vgl. *Wessels/Beulke/Satzger*, Strafrecht AT, Rn. 1015 ff. m. w. Nachw.; vgl. auch BGH StrVert. 2003, 217.
119 BGHSt 34, 53, 57.

im Fall des Scheiterns als selbständigen fehlgeschlagenen Versuch behandeln will).[120] Dabei soll die Einheitlichkeit des Gesamtgeschehens nach den Regeln der natürlichen oder tatbestandlichen Handlungseinheit oder auch lediglich nach der Einheitlichkeit des in Frage stehenden Lebensvorganges bestimmt werden können. Unerheblich ist jedenfalls, ob sich der Täter der Fortführung seines ursprünglichen Versuchshandelns artgleicher oder artverschiedener Tatmittel bedient. Von Bedeutung ist nur, dass sich die jeweils weiteren Ausführungsakte als nur quantitative Steigerung des ursprünglichen Unrechtsgehalts bei Fortbestehen der gleichen subjektiven Tatsituation erweisen. Subjektiv fehlgeschlagen ist der „Gesamtversuch" unter denselben Voraussetzungen wie beim „Einzelaktsversuch".

6.4 Unbeendeter und beendeter Versuch

Wie die Rechtsfigur des (subjektiv) fehlgeschlagenen Versuchs ist im Gesetz auch vom **unbeendeten** oder **beendeten** Versuch nicht (ausdrücklich) die Rede. In § 24 Abs. 1 S. 1, der die praktisch wichtigsten „Normalfälle" des strafbefreienden Rücktritts vom Versuch erfasst, ist aber zwischen zwei Fallgestaltungen mit unterschiedlichen Anforderungen an das Rücktrittsverhalten des Täters differenziert. § 24 Abs. 1 S. 1, 1. Alt. lässt für den Rücktritt das freiwillige Aufgeben der weiteren Tatausführung genügen, § 24 Abs. 1 S. 1, 2. Alt. fordert dagegen, dass der Täter (freiwillig) die Vollendung der Tat verhindert. Diesen unterschiedlichen, am Gefährdungs- und Verwirklichungsgrad des Versuchshandelns orientierten Anforderungen an einen strafbefreienden Rücktritt entspricht die inzwischen gängige Terminologie vom unbeendeten und beendeten Versuch und deren Zuweisung zum Regelungsgehalt des § 24 Abs. 1 S. 1, 1. Alt. – unbeendeter Versuch – und § 24 Abs. 1 S. 1, 2. Alt. – beendeter Versuch. Die Abgrenzung des unbeendeten vom beendeten Versuch ist damit entscheidend für die Anwendbarkeit der verschiedenen Rücktrittsvarianten des § 24 Abs. 1 S. 1.

549

Diese Abgrenzung richtet sich auf der Grundlage einer vorherrschend vertretenen subjektiven Theorie nach dem **Vorstellungsbild**, das der Täter vom Gefährdungs- und Verwirklichungsgrad seines Versuchshandelns hat. **Unbeendet** ist der Versuch danach, solange der Täter noch nicht alles getan zu haben glaubt, was nach seiner Vorstellung von der Tat zu ihrer Vollendung notwendig ist. **Beendet** ist der Versuch demgegenüber dann, wenn der Täter alles nach seiner Vorstellung zur Tatbestandsverwirklichung Erforderliche oder möglicherweise Ausreichende getan hat bzw. getan zu haben glaubt.[121] Bei Zweifeln des Täters über die Wirksamkeit des bisherigen Versuchshandelns liegt somit nur dann ein unbeendeter Versuch vor, wenn er sich sicher ist, dass der tatbestandsmäßige Erfolg ohne weiteres Zutun nicht eintreten wird.

550

Der für die Tätervorstellung maßgebliche Zeitpunkt ist nicht der Tatbeginn, sondern der des letzten Ausführungsaktes. Es kommt somit auf die „Wirksamkeitseinschätzung" des Täters nach der letzten Ausführungshandlung an. Für die schon im Zusammenhang mit dem (subjektiv) fehlgeschlagenen Versuch erwähnten Fallgestaltungen (vgl. Rn. 548), in denen der Täter erkennt, dass er seinen Rechtsgutsangriff (artgleich) wiederholen oder (artverschieden) fortsetzen könnte und dies auch tut, führt das zu

551

---

120 Vgl. dazu *Kühl*, Strafrecht AT, § 16 Rn. 16 ff., 18 ff.; *Schönke/Schröder (Eser/Bosch)*, StGB, § 24 Rn. 15 ff.; *Wessels/Beulke/Satzger*, Strafrecht AT, Rn. 1019 f. jew. m. w. Nachw.
121 Vgl. zu diesen „klassischen Abgrenzungsformeln" etwa *Schönke/Schröder (Eser/Bosch)*, StGB, § 24 Rn. 14; ferner *Kühl*, Strafrecht AT, § 16 Rn. 23 ff., 25; *Wessels/Beulke/Satzger*, Strafrecht AT, Rn. 1035 ff., 1038, 1039; vgl. auch SK-StGB/*Jäger*, § 24 Rn. 40.

einer „rücktrittsfreundlichen" Anwendbarkeit des § 24 Abs. 1 S. 1.[122] Hält der Täter nach Abschluss der letzten Ausführungshandlung den Eintritt des Taterfolges ohne weiteres eigenes Zutun mindestens für möglich, liegt in den Wiederholungs- und Fortführungsfällen ein **beendeter Versuch** vor, andernfalls ein **unbeendeter Versuch**.[123]

552 Unerheblich ist bei alledem, ob der Täter zu Beginn seiner Ausführungshandlungen einen fest umrissenen Tatplan hatte oder nicht, beachtlich dagegen, ob der Täter sein „erstes Vorstellungsbild" vom Verwirklichungs- und Gefährdungsgrad des eigenen Versuchshandelns alsbald korrigiert (sog. **Korrektur des Rücktrittshorizonts**): Hält der Täter nach Abschluss des letzten Ausführungsakts den Eintritt des angestrebten Erfolges zwar zunächst für möglich, erkennt er aber unmittelbar darauf, dass er sich geirrt hat, so erlangt die an der wahrgenommenen Wirklichkeit korrigierte Vorstellung für den „Rücktrittshorizont" maßgebliche Bedeutung mit der Folge, dass im Ergebnis ein **unbeendeter Versuch** gegeben ist.[124] Das aber hat umgekehrt auch dann zu gelten, wenn der Täter bei unverändert fortbestehender Handlungsmöglichkeit mit dem Eintritt des Taterfolges zunächst nicht rechnet, unmittelbar darauf jedoch erkennt, dass er sich insoweit geirrt hat; dieser **Versuch** ist **beendet**.[125] Macht sich der Täter nach Abschluss der letzten Ausführungshandlung gar keine Vorstellung über die Konkretheit der Gefährdungslage und deren Erfolgsnähe, soll ebenfalls von einem beendeten Versuch auszugehen sein.[126]

6.5 Rücktritt vom Versuch gem. § 24 Abs. 1 S. 1

553 Die vergleichsweise häufigeren und deshalb praktisch wichtigen „Normalfälle" des Rücktritts vom Versuch sind der Rücktritt vom unbeendeten Versuch (§ 24 Abs. 1 S. 1, 1. Alt.) und der Rücktritt vom beendeten Versuch (§ 24 Abs. 1 S. 1, 2. Alt.). Sie unterscheiden sich in den Anforderungen an das strafbefreiende Rücktrittsverhalten des Versuchstäters (vgl. Rn. 549) wie folgt:

6.5.1 Rücktritt vom unbeendeten Versuch, § 24 Abs. 1 S. 1, 1. Alt.

554 Erforderliche aber auch genügende Rücktrittshandlung ist das Aufgeben der weiteren Tatausführung. Das **Aufgeben** der weiteren Tatausführung erfordert einen dem Tatentschluss und seiner Realisierung entgegengesetzten **Gegenentschluss**. Dieser Gegenentschluss muss in Bezug auf das bereits verwirklichte Versuchshandeln **endgültig** sein. Bloßes Verzögern, Verschieben oder Fortsetzungsvorbehalte stellen daher kein „Aufgeben" dar. Ist ein solcher Gegenentschluss gefasst, genügt für das Aufgeben der weiteren Tatausführung ein einfaches **Abstandnehmen von der konkreten Tat**, wie sie im Rahmen des anzuwendenden Straftatbestandes durch das Tatobjekt, die reale Tatsituation und das angestrebte Tatziel gekennzeichnet ist.[127] Nicht erforderlich ist also, dass

---

122 Sog. Lehre vom Rücktrittshorizont, vgl. dazu *Kühl*, Strafrecht AT, Rn. 27 ff.; *Schönke/Schröder (Eser/Bosch)*, StGB, § 24 Rn. 17 ff.; *Wessels/Beulke/Satzger*, Strafrecht AT, Rn. 1042 ff., 1046 f.
123 Gesamtbetrachtungstheorie in Kombination mit der Lehre vom (korrigierten) Rücktrittshorizont, vgl. dazu *Kühl*, Strafrecht AT, § 16 Rn 26 ff.; *Schönke/Schröder (Eser/Bosch)*, StGB, § 24 Rn. 17 ff.; vgl. auch SK-StGB/*Jäger*, § 24 Rn. 41 ff, 48 f.; ferner NK-StGB (*Zaczyk*), § 24 Rn. 40 ff. mit anderer Terminologie.
124 Vgl. *BGHSt* 35, 90, 91/2 mit *BGHSt* 36, 224, 225/6; 39, 221, 228 f.
125 Vgl. *BGH* NStZ 1998, 614, 615.
126 Vgl. *BGHSt* 40, 304, 306; zum Ganzen etwa *Kühl*, Strafrecht AT, § 16 Rn. 24 ff., 32 ff. m. zahlr. Nachw. und Beispielen; *Wessels/Beulke/Satzger*, Strafrecht AT, Rn. 1045 mit Rn. 1052 ff.
127 So etwa *Wessels/Beulke/Satzger*, Strafrecht AT, Rn. 1052 ff., 1055; ähnlich SK-StGB/*Jäger*, § 24 Rn. 55 f.; vgl. auch *Schönke/Schröder (Eser/Bosch)*, StGB, § 24 Rn. 37 ff., 39 f.

6. Zum strafbefreienden Rücktritt vom Versuch

der Täter seinen Tatentschluss „im Ganzen und endgültig" aufgibt, andererseits aber auch nicht ausreichend, dass der Täter sich Fortsetzungsakte vorbehält, die im Fall ihrer Realisierung bei der weiteren Verwirklichung des gesetzlichen Tatbestandes nur unselbständige Teilakte der zuvor begonnenen Straftat wären und mit ihr einen einheitlichen Lebensvorgang (natürliche Handlungseinheit) bildeten[128]: Erforderlich aber auch ausreichend ist ein **Abstandnehmen von dem versuchten und einem etwaigen äquivalenten Angriff auf das gleiche Tatobjekt.**

Unter „Tat" ist im Übrigen die vorsätzlich begangene, rechtswidrige Tat im sachlich-rechtlichen Sinne zu verstehen. Der Tatbegriff des § 24 Abs. 1 deckt sich daher mit der im maßgeblichen gesetzlichen Straftatbestand umschriebenen Handlung einschließlich des tatbestandsmäßigen Erfolges.[129] Wer zu einem Raubmord angesetzt hat, kann somit vom Mordversuch strafbefreiend zurücktreten, wenn er das Tötungsvorhaben aufgrund eines Gegenentschlusses aufgibt und beispielsweise dem Opfer mit vorgehaltener Schusswaffe „nur noch" die Geldbörse wegnimmt.[130] Umfasst der Tatentschluss mehrere tateinheitlich zusammentreffende Delikte, ist demnach ein **Teilrücktritt** möglich. Das gilt grundsätzlich auch in den Fällen, in denen der Täter nach Versuchsbeginn auf die Verwirklichung von Tatmodalitäten, die einen qualifizierten Straftatbestand erfüllen, verzichtet: Nach Beginn des Raubversuchs entledigt sich der Täter „rechtzeitig" der mitgeführten Schusswaffe.[131]

555

6.5.2 Rücktritt vom beendeten Versuch, § 24 Abs. 1 S. 1, 2. Alt.

Der Rücktritt vom beendeten Versuch wirkt strafbefreiend nur dann, wenn der Zurücktretende die Vollendung der Tat verhindert. Die **Verhinderung der Tatvollendung** setzt anders als das Aufgeben der weiteren Tatausführung beim Rücktritt vom unbeendeten Versuch nicht lediglich einen Gegenentschluss (samt Realisierung), sondern einen **Gegenakt** voraus. Erforderlich ist, dass die Tatvollendung gerade auf Grund der Gegenaktivität (bloße Passivität reicht nicht) des Täters verhindert wird.[132] Nach Auffassung der Rechtsprechung verhindert die Tat, wer bis zu dem Zeitpunkt, in dem er den Erfolg nicht mehr abzuwenden vermag, **eine neue Kausalkette** in Gang setzt, die für die Nichtvollendung der Tat **wenigstens mitursächlich** wird. Ohne Belang ist dabei, ob der Täter noch mehr hätte tun können oder ob andere von seinem Willen unabhängige Umstände zur Verhinderung der Tatvollendung beitragen, sofern er nur die ihm bekannten und zur Verfügung stehenden Mittel eingesetzt hat, die aus seiner Sicht den Erfolg verhindern konnten.[133] Dass der Täter (noch) mehr oder Besseres zur Erfolgsverhinderung hätte leisten können, schließt einen strafbefreienden Rücktritt

556

---

128 So *Schönke/Schröder (Eser/Bosch)*, StGB, § 24 Rn. 40; vgl. auch SK-StGB/*Jäger*, § 24 Rn. 56; *Wessels/Beulke/Satzger*, Strafrecht AT, Rn. 1052 ff., 1056 jew. m. w. Nachw.
129 Vgl. *BGHSt* 39, 221, 230/231.
130 Vgl. *BGHSt* 33, 142, 144/145; auch *Wessels/Beulke/Satzger*, Strafrecht AT, Rn. 1052; ferner *Kühl*, Strafrecht AT, § 16 Rn. 42 ff., 43/4.
131 Vgl. dazu *Schönke/Schröder (Eser/Bosch)*, StGB, § 24 Rn. 113; SK-StGB/*Jäger*, § 24 Rn. 57; vgl. auch *BGHSt* 51, 276, 279 f.
132 Vgl. etwa *Schönke/Schröder (Eser/Bosch)*, StGB, § 24 Rn. 59 ff., 59a mit 59c.
133 Vgl. *BGHSt* 33, 295, 301: sog. Chanceneröffnungstheorie; vgl. bei SK-StGB/*Jäger*, § 24 Rn. 90 m. w. Nachw. für die h. M.; vgl. auch *Schönke/Schröder (Eser/Bosch)*, StGB, § 24 Rn. 59c; *Wessels/Beulke/Satzger*, Strafrecht AT, Rn. 1058 ff., 1062.

nicht aus. Ebenso wenig erforderlich ist ein „bestmögliches Verhinderungsbemühen" im Sinne eines „Optimalitätsprinzips.[134]

557 Allerdings muss die **Erfolgsverhinderung dem Zurücktretenden** als „eigenes Werk" zurechenbar sein, bei Inanspruchnahme fremder Hilfe zumindest auch als „sein Werk" in Erscheinung treten; denn nur so vermag das Rücktrittshandeln des Täters das zuvor von ihm erschütterte Vertrauen in die allgemeine Normgeltung wieder zu stabilisieren.[135] Vorausgesetzt ist dabei, dass die vom Täter zu erbringende Erfolgsverhinderungstätigkeit von einem Rücktrittswillen getragen ist; es muss sich um **bewusste und gewollte Erfolgsverhinderung** handeln, bloß zufällige Nichtvollendung der Tat stellt keinen Rücktritt dar. Ein **Misslingen der Rücktrittsbemühungen** geht auf das Strafbarkeitsrisiko des Zurücktretenden; der Erfolg darf daher nicht eintreten, wenn der Täter straffrei werden und sein will.[136] Ohne Bedeutung ist insoweit, worauf das Misslingen zurückzuführen ist. In Betracht kommen unglückliche Zufälle ebenso wie das Eingreifen dritter Personen oder die Einwirkung höherer Gewalt.[137]

6.5.3 Freiwilligkeit

558 Der strafbefreiende Rücktritt vom unbeendeten und beendeten Versuch setzt wie die anderen Rücktrittsfälle des § 24 Abs. 1 und 2 gleichermaßen ein „freiwilliges" Zurücktreten voraus. Ob eine solche **Freiwilligkeit des Rücktritts** anzunehmen ist, beurteilt sich aus der subjektiven Sicht des Zurücktretenden nach den Umständen des Einzelfalls. Die früher maßgebende **Frank'sche Formel** (Freiwilligkeit, wenn der Täter sich sagt: Ich will nicht, selbst wenn ich (noch) könnte; Unfreiwilligkeit, wenn der Täter sagt: Ich kann nicht, selbst wenn ich (noch) wollte) kann als Faustformel ergänzend zur heute vorherrschenden Abgrenzung nach **autonomen** und **heteronomen Gründen für den Rücktritt** verwendet werden.

559 Freiwillig ist der Rücktritt demnach dann, wenn er nicht durch äußere Umstände aufgezwungen ist, sondern auf der eigenen autonomen Entscheidung des Täters beruht. **Autonome** (im Sinne von: selbstgesetzte) **Motive** können zum Beispiel Gewissensbisse, Scham, Reue, Angst vor Strafe, Mitleid mit dem Opfer, seelische Erschütterung etc. sein, ohne dass es auf den ethischen Wert der Rücktrittsmotive ankommt. Auch von außen vermittelte Motive des Täters schließen die Freiwilligkeit nicht aus, solange der Täter „Herr seiner Entschlüsse" ist und bleibt.[138]

560 Heteronom (im Sinne von: fremdgesetzt) ist die Rücktrittsmotivation des Täters, wenn der Tatvollendung „zwingende Hindernisse" entgegenstehen, die **vom Willen des Täters unabhängig** sind, wenn er durch Gründe zum Rücktritt veranlasst wird, die in ihm unüberwindliche Hemmungen auslösen oder die Sachlage zu seinen Ungunsten so

---

134 So *Schönke/Schröder (Eser/Bosch)*, StGB, § 24 Rn. 59c m. Nachw. für die Gegenmeinung; vgl. zum Ganzen etwa *Roxin*, Strafrecht AT II, § 30 Rn. 243 ff. mit Differenzierung zwischen eigenhändigen und fremdhändigen Rettungshandlungen; vgl. auch *Lackner/Kühl/Heger*, StGB, § 24 Rn. 19b und *Kühl*, Strafrecht AT, § 16 Rn. 67 ff., 68, 70; zum Ganzen auch SK-StGB/*Jäger*, § 24 Rn. 88 ff. mit krit. Darlegung der sog. Bestleistungs-, Chanceneröffnungs- und Differenzierungstheorie sowie des eigenen Standpunkts in dort. Rn. 92 mit Rekurs auf die h. M.; vgl. ferner *Wessels/Beulke/Satzger*, Strafrecht AT, Rn. 1058 ff.
135 Vgl. *Wessels/Beulke/Satzger*, Strafrecht AT, Rn. 1062 mit Rn. 1059; ferner SK-StGB/*Jäger*, § 24 Rn. 92 ff., 94.
136 Vgl. dazu *Schönke/Schröder (Eser/Bosch)*, StGB, § 24 Rn. 61 ff.; *Wessels/Beulke/Satzger*, Strafrecht AT, Rn. 1065 ff. mit Beispielen.
137 Vgl. *Schönke/Schröder (Eser/Bosch)*, StGB, § 24 Rn. 61 ff., 62/3 mit Einschränkungen für den Fall, dass das Opfer selbst die Erfolgsverhinderung des Täters vereitelt.
138 Vgl. dazu *Wessels/Beulke/Satzger*, Strafrecht AT, Rn. 1069 ff., 1072: gutes Zureden des Opfers.

wesentlich verändern, dass er die damit verbundenen Nachteile oder Strafbarkeitsrisiken nicht mehr für tragbar hält oder sie nicht in Kauf nehmen will.[139] Das kann der Fall sein, wenn die Tat nach Einschätzung des Täters (bereits) entdeckt und mit dem unverzüglichen Einsetzen der Strafverfolgung zu rechnen ist.[140]

7. Rücktritt vom Versuch des Unterlassungsdelikts

Auf den Rücktritt vom Versuch des Unterlassungsdelikts (vgl. Rn. 536 ff.) können die Rücktrittsregeln des § 24 nur sinngemäße Anwendung finden. Im Unterschied zum Rücktritt vom Versuch eines Begehungsdelikts erfordert der Rücktritt vom „Unterlassungsversuch" stets ein aktives Handeln. Das gilt für den Rücktritt vom beendeten Unterlassungsversuch gem. § 24 Abs. 1 S. 1, 2. Alt. ebenso wie für den Rücktritt vom unbeendeten Versuch des Unterlassungsdelikts gem. § 24 Abs. 1 S. 1, 1. Alt.; das Aufgeben der weiteren Tatausführung kann sich somit nicht im bloßen „Abstandnehmen" vom bisherigen Unterlassen erschöpfen, ein Rücktritt vom Unterlassungsversuch durch Passivität ist denkgesetzlich ausgeschlossen. Gleichwohl ist auch bei den Unterlassungsdelikten zwischen einem unbeendeten und einem beendeten Versuch zu unterscheiden.[141]

561

Je nach dem Vorstellungsbild des Unterlassungstäters vom Gefährdungsgrad des Versuchsgeschehens ist zwischen dem unbeendeten und beendeten Versuch eines (unechten) Unterlassungsdelikts wie folgt zu differenzieren: **Unbeendet** ist der Versuch des Unterlassungsdelikts so lange, wie der Eintritt des tatbestandlichen Erfolges aus der (subjektiven) Sicht des Garanten bei Nachholung der ursprünglich gebotenen Handlung ausbleibt (unbeendeter Tötungsversuch durch Unterlassen, solange die Mutter der Ansicht ist, durch Wiederaufnahme der normalen Ernährung das Leben ihres Kindes erhalten zu können). **Beendet** ist der Unterlassungsversuch hingegen, sobald nach der Vorstellung des Täters die Nachholung der ursprünglich gebotenen Handlung für sich allein nicht mehr ausreicht, den tatbestandlichen Erfolg abzuwenden, er die Abwendung des Erfolges durch andere Maßnahmen (auch von Dritten, ggf. auch riskante Eigen- oder Fremdhandlungen) aber noch für möglich hält.[142]

562

Dementsprechend finden die Rücktrittsregeln des § 24 Abs. 1 S. 1 (sinngemäß) auf den unbeendeten und beendeten Versuch des (unechten) Unterlassungsdelikts Anwendung, wobei dem Zurücktretenden das Risiko der gelungenen oder misslungenen Erfolgsverhinderung beim beendeten Unterlassungsversuch nur dann aufzubürden ist, wenn er mit seinem Eingreifen so lange zuwartet, dass die Verhinderung des Erfolgseintritts nur durch riskantere als die ihm ursprünglich zur Verfügung stehenden Mittel bewerkstelligt werden kann.[143]

563

---

139 Vgl. dazu *Wessels/Beulke/Satzger,* Strafrecht AT, Rn. 1073 f.
140 Vgl. BGHSt 9, 48, 51/2; *Schönke/Schröder (Eser/Bosch),* StGB, § 24 Rn. 45 ff. m. w. Nachw.; vgl. zur Freiwilligkeit auch *Kühl,* Strafrecht AT, § 16 Rn. 52 ff., sowie umfassend und ausführlich SK-StGB/*Jäger,* § 24 Rn. 63 ff., 64 ff., 68 ff., 70, 71 – 85 (Ausschluss der Freiwilligkeit).
141 Vgl. dazu *Kühl,* Strafrecht AT, § 18 Rn. 152 ff.; *Schönke/Schröder (Eser/Bosch),* StGB, § 24 Rn. 27 ff.; ferner *Jescheck/Weigend,* Strafrecht AT, § 60 III, 3; *Wessels/Beulke/Satzger,* Strafrecht AT, Rn. 1229 ff.
142 Vgl. *Jescheck/Weigend,* Strafrecht AT, § 60 III, 3; *Kühl,* Strafrecht AT, § 18 Rn. 154; *Schönke/Schröder (Eser/Bosch),* StGB, § 24 Rn. 29; *Wessels/Beulke/Satzger,* Strafrecht AT, Rn. 1232.
143 Vgl. etwa BGH StrVert. 2003, 214 u. 216; vgl. zum Rücktritt vom Unterlassungsversuch m. Nachw. aus d. Rspr. auch SK-StGB/*Jäger,* § 24 Rn. 62.

8. Weitere Rücktrittsfälle

564 Zu den weiteren Rücktrittsfällen des § 24 Abs. 1 und 2 und damit verbundenen Einzelfragen ist auf die Kommentar- und Lehrbuchliteratur zu verweisen.[144]

9. Lernkontrolle

- Beschreiben Sie die verschiedenen Stadien, die eine Straftat „durchläuft" (Rn. 503 ff.)
- Was ist der Strafgrund des Versuchsdelikts? (Rn. 509 ff.)
- Erläutern Sie den Begriff des Versuchs (Rn. 512 f.)
- Welche Bedeutung hat die „Nichtvollendung" der Straftat für den Aufbau des Deliktsversuchs? (Rn. 514 f.)
- Welche Elemente umfasst der subjektive Versuchstatbestand? (Rn. 517 ff.)
- Erläutern Sie den objektiven Versuchstatbestand. (Rn. 519 ff.)
- Welche Bedeutung hat die Teilverwirklichung eines Straftatbestandes für den objektiven Versuchstatbestand? (Rn. 520)
- Was versteht man unter dem sog. Kombinationsansatz für die Abgrenzung straflose Vorbereitung/Versuch? (Rn. 521 ff.)
- Was versteht man unter einem „untauglichen" Versuch? (Rn. 529 ff.)
- Ist ein strafbarer Versuch auch des Unterlassungsdelikts denkbar? (Rn. 536 ff.)
- Worin liegt der Rechtsgrund für den strafbefreienden Rücktritt vom Versuch? (Rn. 541)
- Beschreiben Sie die Rechtsnatur des strafbefreienden Rücktritts vom Versuch und seine systematische Einordnung. (Rn. 542)
- Welche Wirkungen werden dem strafbefreienden Rücktritt vom Versuch zugeschrieben? (Rn. 543 f.)
- Was versteht man unter einem (subjektiv) fehlgeschlagenen Versuch? (Rn. 545 ff.)
- Grenzen Sie den unbeendeten vom beendeten Versuch ab. (Rn. 549 ff.)
- Was setzt ein (strafbefreiender) Rücktritt vom Versuch voraus? (Rn. 554, 556)
- Was erfordert die „Freiwilligkeit" des Zurücktretenden? (Rn. 558 ff.)
- Finden die Rücktrittsregeln des § 24 StGB auch auf einen Unterlassungsversuch (sinnentsprechend) Anwendung? (Rn. 561 ff.)

---

144 Vgl. dazu *Baumann/Weber/Mitsch/Eisele*, Strafrecht AT/*Mitsch*, § 23 Rn. 29 ff.; *Heinrich*, Strafrecht AT, Rn. 784 ff.; *Jescheck/Weigend*, Strafrecht AT, § 51 IV, VI; *Kühl*, Strafrecht AT, § 16 Rn. 83 ff., 90 ff.; *Roxin*, Strafrecht AT II, § 30 Rn. 33 ff., 354 ff.; *Schönke/Schröder (Eser/Bosch)*, StGB, § 24 Rn. 68 ff., 73 ff.; SK-StGB/*Jäger*, § 24 Rn. 99 ff.; vgl. auch NK-StGB (*Zaczyk*), § 24 Rn. 36 ff.; 94 ff.

XIII. Tatumstandsirrtum und Verbotsirrtum

Art und Ausmaß der individuell-konkreten strafrechtlichen Haftung hängen häufig davon ab, ob und wie der Täter einem Irrtum erlegen ist. Die Palette der Rechtsfolgen im Falle eines **Tatumstands- oder Verbotsirrtums** (vgl. §§ 16, 17) reicht von völliger Straffreiheit (wegen Vorsatz- oder Schuldausschlusses) bis zu möglicher Strafmilderung und geringerer Strafe wegen „bloßer" Fahrlässigkeit. Es ist kein Zufall, dass im Zusammenhang mit Irrtumsfragen von einem Tatumstands- oder Verbotsirrtum die Rede ist, denn seit einer grundlegenden Entscheidung des *BGH*[1] wird die „Irrtumssystematik" des geltenden Strafrechts von gerade diesen typischen Erscheinungsformen des Irrtums bestimmt. Auf sie lassen sich andere im Gesetz nicht ausdrücklich genannte Irrtumsarten zurückführen. Als weitere wichtige Irrtumsfälle sind zu nennen: der sog. **Erlaubnistatbestandsirrtum** und der sog. **Erlaubnisirrtum** (auch: indirekter Verbotsirrtum).

565

1. Begriff und Formen des Irrtums

Unter Irrtum ist eine **Fehlvorstellung über die Wirklichkeit**, ein Auseinanderfallen von Vorstellung und Wirklichkeit zu verstehen. Zwei Grundformen einer solchen Fehlvorstellung sind denkbar. Entweder die Wirklichkeit weicht von der Vorstellung ab oder die Vorstellung weicht von der Wirklichkeit ab. Weicht die Vorstellung von der gegebenen, feststehenden Wirklichkeit ab, handelt es sich um einen Irrtum, der im Nichtkennen, in der Unkenntnis (der Wirklichkeit) besteht. Ist die Vorstellung fixiert und weicht davon die Wirklichkeit ab, besteht der Irrtum in einer fälschlichen Annahme von dem, was tatsächlich nicht vorhanden ist. Die beiden **Grundformen des Irrtums** sind kurz gefasst also die **Unkenntnis** und die **irrige Annahme**. Die eine Grundform – die Unkenntnis – charakterisiert den Tatumstands- und den Verbotsirrtum, die andere – die irrige Annahme – den Erlaubnistatbestands- und den Erlaubnisirrtum. Begreift man die beiden **Grundformen des Irrtums als Umkehrungen der jeweils anderen Grundform** (Unkenntnis als Umkehrung der irrigen Annahme und umgekehrt), ergeben sich neben Tatumstands- und Verbotsirrtum sowie Erlaubnistatbestands- und Erlaubnisirrtum **weitere vier Irrtumsfälle**: umgekehrter Tatumstands-, umgekehrter Verbots-, umgekehrter Erlaubnistatbestands- und umgekehrter Erlaubnisirrtum.

566

2. Tatumstandsirrtum und umgekehrter Tatumstandsirrtum

Das Strafgesetz hält in § 16 Abs. 1 S. 1 eine Legaldefinition des **Tatumstandsirrtums** bereit: Wer bei Begehung der Tat einen Umstand nicht kennt, der zum gesetzlichen Tatbestand gehört, handelt nicht vorsätzlich. Für den gesetzlich angeordneten Vorsatzausschluss ist unerheblich, ob das Nichtkennen (eines Tatumstandes) vermeidbar oder unvermeidbar war, ob es auf „schlichtem Nichtwissen" oder einer „Fehlvorstellung" (sog. negativer oder positiver Irrtum)[2] beruht und ob die falsche Vorstellung rechtlicher oder tatsächlicher Art ist. Entscheidend ist allein, dass der Täter nicht weiß, was er tut (bzw. gebotswidrig unterlässt), weil er infolge seines Irrtums den wirklichen Sinngehalt des Tatgeschehens im rechtlich-sozialen Raum nicht erfasst.[3]

567

---

[1] *BGHSt* 2, 194, 196 f.
[2] Vgl. *Kühl*, Strafrecht AT, § 13 Rn. 7, 8.
[3] Vgl. *Wessels/Beulke/Satzger*, Strafrecht AT, Rn. 364.

XIII. Tatumstandsirrtum und Verbotsirrtum

568 **Gegenstand (Bezugsobjekte) des Tatumstandsirrtums** sind Tatumstände, nicht Tatbestandsmerkmale (die verbreitete Bezeichnung des Tatumstandsirrtums als Tatbestandsirrtum oder als Irrtum über Tatbestandsmerkmale ist deshalb unzutreffend). Tatumstände sind zunächst einmal Umstände im Sinne tatsächlich greifbarer Gegebenheiten der konkreten Lebenswirklichkeit. Zu Tatumständen werden sie, wenn und soweit sie den Merkmalen eines bestimmten gesetzlichen Straftatbestandes „deckungsgleich" entsprechen. Daraus ergibt sich, dass der vorsatzausschließende Tatumstandsirrtum jeden Umstand erfassen kann, der als „Umstand des Tatgeschehens" (Tatumstand) in einem gesetzlichen Straftatbestand qua Tatbestandsmerkmal ausgedrückt ist. Im Gegenschluss bedeutet das, dass es auf die qualitative Beschaffenheit des jeweiligen Tatbestandsmerkmals nicht ankommt. Was normativen oder deskriptiven, ungeschriebenen oder geschriebenen, genauen oder ungenauen (aber noch bestimmten) etc. Merkmalen des gesetzlichen Straftatbestandes an (tatsächlichen) Umständen zu Grunde liegt, kann Bezugspunkt eines Tatumstandsirrtums sein.

569 Bedeutung hat diese **Gegenständlichkeit des Tatumstandsirrtums** vor allem bei sog. normativen Tatbestandsmerkmalen und im Grenzbereich zum sog. **Subsumtionsirrtum**[4]: Wenn A dem B die Luft aus den Reifen seines Pkw ablässt, weiß er, dass damit die Gebrauchstauglichkeit des Pkw beseitigt ist. Ist er der (fälschlichen) Auffassung, das Ablassen der Luft sei mangels Substanzverletzung keine Beschädigung im Sinne des § 303, subsumiert er das eigene Handeln irrig nicht unter das Merkmal „beschädigen". Dies berührt aber seinen Sachbeschädigungsvorsatz nicht. Wer meint, nach Abschluss eines Kaufvertrages gehöre die Kaufsache bereits ihm, irrt über Tatumstände des Merkmals „fremd" in § 242, so dass Strafbarkeit wegen Diebstahls mangels Tatvorsatzes ausscheidet; zwar kennt er alle Tatsachen, die das Eigentum noch beim Verkäufer belassen (fehlender Eigentumsübergang), er verkennt aber den rechtlich-sozialen Bedeutungsgehalt des Tatumstandes „fremd" nach Art einer (im Ergebnis falschen) Parallelwertung in der Laiensphäre.[5]

570 Ist auch die **fahrlässige Verwirklichung** des betreffenden gesetzlichen Straftatbestandes mit Strafe bedroht (vgl. § 15), macht sich der Irrende, sofern sein Tatumstandsirrtum auf Fahrlässigkeit beruht, wegen fahrlässiger Tatbegehung strafbar: Wer während eines Spazierganges an einem Teich sieht, dass ein Kind ertrinkt, dabei aber fahrlässig verkennt, dass es sich um sein eigenes Kind handelt, macht sich mangels Tatvorsatzes (Irrtum gem. § 16 Abs. 1 S. 1 über die Garantenstellung des leiblichen Vaters) nur wegen fahrlässiger Tötung durch Unterlassen strafbar. Wer bei der Jagd in der Dämmerung einen Jagdgenossen irrtümlich für ein Reh hält und schießt, macht sich wegen fahrlässiger Tötung strafbar, wenn der Irrtum auf Fahrlässigkeit (z.B. auf der Verletzung von Sorgfaltspflichten bei der Identifizierung des Jagdobjekts) beruht.

571 Für den zu Gunsten des Täters wirkenden Tatumstandsirrtum gem. § 16 Abs. 1 S. 1 ist die Unkenntnis von Tatumständen charakteristisch. Der zu Ungunsten des Täters wirkende **umgekehrte Tatumstandsirrtum** ist durch eine **irrige Annahme** von in Wirklichkeit nicht vorhandenen Tatumständen gekennzeichnet: A schießt mit Tötungsvorsatz auf den vermeintlich schlafenden B, der zuvor infolge eines Herzschlags bereits

---

[4] Vgl. dazu *Wessels/Beulke/Satzger*, Strafrecht AT, Rn. 359 ff., 361, 364.
[5] Vgl. dazu *Wessels/Beulke/Satzger*, Strafrecht AT, Rn. 361 m. w. Nachw.; ferner *Stratenwerth/Kuhlen*, Strafrecht AT, § 8 Rn. 71; hier Rn. 363 ff., 365; vgl. auch *Baumann/Weber/Mitsch/Eisele*, Strafrecht AT/*Eisele*, § 11 Rn. 57 ff., 61 ff.; *Schönke/Schröder (Sternberg-Lieben/Schuster)*, StGB, § 15 Rn, 43 f. mit Rn. 39; ferner NK-StGB (*Puppe*), § 16 Rn. 45 ff., 58 ff. mit kritischer Erörterung der h. L. zur „Parallelwertung in der Laiensphäre".

2. Tatumstandsirrtum und umgekehrter Tatumstandsirrtum

verstorben war.[6] Orientiert an diesem Beispiel wird rasch klar, dass der umgekehrte Tatumstandsirrtum mit dem **untauglichen Versuch** zu tun hat. Fehlt es an objektiven Tatumständen, die zum gesetzlichen Straftatbestand gehören, kann keine Tatvollendung eintreten. Wer irrig alle objektiven Tatumstände, die zum vollen gesetzlichen Tatbestand gehören, annimmt, hat eine Tatvorstellung, die dem Tatentschluss beim Versuch entspricht: Wer zur Realisierung dieses Entschlusses mit der Umsetzung seiner Tatvorstellung beginnt, setzt (nach seiner Vorstellung) unmittelbar zur Tatbestandsverwirklichung an. Da aber von vornherein feststeht, dass eine Tatvollendung nicht eintreten kann (weil Tatobjekt, Tatsubjekt oder/und Tatmittel untauglich sind), ist der Tatversuch nach den Regeln über den untauglichen Versuch (vgl. dazu Rn. 529 ff.) zu beurteilen. Der **umgekehrte Tatumstandsirrtum führt** somit **zum untauglichen Versuch**, der **untaugliche Versuch ist die Kehrseite des Tatumstandsirrtums**.[7]

Als **Sonderfälle des Tatumstandsirrtums** werden im Wesentlichen drei Irrtumskonstellationen behandelt, die jedenfalls teilweise den Fragen nach der „objektiven Zurechenbarkeit" des Tatererfolges (vgl. Rn. 340 ff., 348 ff.) nahe stehen: der **Irrtum über das Handlungsobjekt** (error in persona vel obiecto), das **Fehlgehen der Tat** (aberratio ictus) und der **Irrtum über den Kausalverlauf**.[8]

572

Beim **Irrtum über das Handlungsobjekt** geht es um Fehlvorstellungen, die sich auf die Identität oder sonstige Eigenschaften des Tatobjekts oder der von der Tat betroffenen Person (Angriffsobjekt) beziehen, es geht – vereinfacht gesagt – um eine Verwechslung des Tatobjekts mit einem anderen Objekt: A will B töten, hält aber in der Dämmerung den C für B. A will den Hund niederschießen, trifft aber das Kind K, das er in der Dämmerung für den Hund hält. A will B erschießen, trifft aber dessen Hund, den er in der Dämmerung für B hält.[9] Dieser **Irrtum** über das Angriffsobjekt ist **unbeachtlich** (unbeachtlicher Motivirrtum), wenn das vorgestellte und das tatsächliche Handlungs-/Angriffsobjekt **tatbestandlich gleichwertig** ist. Stimmt das, was objektiv geschehen ist, in seinen wesentlichen Grundzügen mit dem überein, was bei Begehung der Tat nach der Vorstellung des Täters in **tatbestandlicher Hinsicht** geschehen sollte oder von ihm in Kauf genommen wurde, schließt eine bloße Verwechslung des konkreten Tatobjekts den Vorsatz nicht aus.[10] Diese Fallkonstellation liegt vor, wenn A statt B den C, den er für B hält, tötet; denn tatbestandlich setzt § 212 Abs. 1 die Tötung eines Menschen voraus, und genau darauf bezog sich der Vorsatz von A. Anders liegt der Fall, wenn A den B töten will, statt dessen aber B's Hund, den er für B hält, trifft oder den Hund des N töten will, tatsächlich aber das Kind K, das er für den Hund des N hält, erschießt. In der ersten Fallalternative liegt ein beachtlicher Irrtum (Unkenntnis vom Tatobjekt „Sache", § 16 Abs. 1 S. 1 mit der Folge einer nicht strafbaren fahrlässigen Sachbeschädigung) vor (was zum untauglichen Versuch gem. §§ 212 Abs. 1, 22 führt), in der zweiten Fallalternative liegt ebenfalls ein beachtlicher Irrtum (Unkenntnis vom Tatobjekt „Mensch", § 16 Abs. 1 S. 1 mit der Folge einer nach §§ 16 Abs. 1 S. 2, 222 strafbaren fahrlässigen Tötung) vor (was zugleich zur Strafbarkeit wegen untauglichen Versuchs gem. §§ 303 Abs. 2, 22 führt).

573

---

6 Beispiel nach *Wessels/Beulke/Satzger*, Strafrecht AT, Rn. 366.
7 Vgl. zu einem weiteren – komplizierteren - Beispiel BGHSt 42, 268, 272/3.
8 Vgl. dazu etwa *Baumann/Weber/Mitsch/Eisele*, Strafrecht AT/*Eisele*, § 11 Rn. 16 ff., 68 ff., 84 ff.; *Kühl*, Strafrecht AT, § 13 Rn. 17 ff., 18 ff., 29 ff., 41 ff.; ferner SK-StGB/*Stein*, § 16 Rn. 37 ff., 39 f., 43 f.; *Wessels/Beulke/Satzger*, Strafrecht AT, Rn. 369 ff., 373 ff., 383 ff.
9 Vgl. zu den Beispielen *Wessels/Beulke/Satzger*, Strafrecht AT, Rn. 370.
10 Vgl. *Wessels/Beulke/Satzger*, Strafrecht AT, Rn. 371 f.

XIII. Tatumstandsirrtum und Verbotsirrtum

574 Das **Fehlgehen der Tat** ist anders als der error in persona vel obiecto nicht durch eine Verwechslung des Tatobjekts, sondern durch ein „Daneben getroffen" gekennzeichnet.[11] Als Fehlgehen der Tat bezeichnet man dementsprechend Sachlagen, in denen der Täter seinen Rechtsgutsangriff auf ein bestimmtes, von ihm individualisiertes Zielobjekt richtet, dieser Angriff jedoch nicht das Zielobjekt trifft, sondern daneben geht und ein anderes Objekt verletzt. **Angriffs- und** (tatsächliches) **Verletzungsobjekt fallen** beim Fehlgehen der Tat **auseinander**, während beim Irrtum über das Handlungsobjekt zwischen beiden Identität besteht. Die gewollte Verletzung des Zielobjekts bleibt aus, während der tatsächlich eintretende Verletzungserfolg am Zweitobjekt nicht gewollt ist[12]: A will den Hund des B töten, legt auf ihn an und schießt ungenau, so dass der daneben stehende B tödlich getroffen wird. Nach vorherrschender Auffassung kommt in diesen Fällen hinsichtlich der gewollten Verletzung des eigentlichen Zielobjekts eine Strafbarkeit nur wegen Versuchs und wegen der tatsächlich eintretenden Verletzung am Zweitobjekt eine fahrlässige Deliktsverwirklichung (sofern unter Strafe gestellt, § 15) in Betracht (**Konkretisierungstheorie**)[13], und zwar ohne Rücksicht darauf, ob tatsächlich getroffenes (Zweitobjekt) und gewolltes Angriffs-/Verletzungsobjekt (Zielobjekt) gleichwertig oder ungleichwertig sind (anders auf der Basis einer sog. **Gleichwertigkeitstheorie** bzw. einer davon zu unterscheidenden **materiellen Gleichwertigkeitstheorie**).[14] Auch wenn A den B erschießen will, wegen seines ungenauen Schusses aber der daneben stehende C tödlich getroffen wird, verbleibt es deshalb (trotz Gleichwertigkeit von Angriffs- und Verletzungsobjekt) bei einer Strafbarkeit des A wegen fahrlässiger Tötung des C und versuchter Tötung des B; denn A hatte seinen Tötungsvorsatz auf B konkretisiert und in Bezug auf C, den er vielleicht unter keinen Umständen töten wollte, gerade keinen Tatvorsatz gefasst.[15]

575 Ein vorsatzausschließender Tatumstandsirrtum ist auch der **Irrtum über den Kausalverlauf**. Ihm kommt freilich nur bei den Erfolgsdelikten praktische Bedeutung zu, weil bei ihnen der Kausalverlauf, also die Entwicklung des Kausalgeschehens zwischen Tathandlung und Taterfolg, zum Bezugsobjekt des Tatvorsatzes gehört. Weicht der tatsächliche vom vorgestellten Kausalverlauf ab, liegt allerdings **nicht stets ein vorsatzausschließender Tatumstandsirrtum** vor. Vielmehr ist die Anwendung des § 16 Abs. 1 S. 1 auf den Irrtum über den Kausalverlauf in zweierlei Hinsicht begrenzt. Zum einen schließen **unwesentliche Abweichungen** vom vorgestellten Kausalverlauf den Tatvorsatz nicht aus; insoweit ist ein Irrtum daher unbeachtlich. Nach h. M. sind Abweichungen des tatsächlichen vom vorgestellten Kausalverlauf dann unwesentlich, wenn sie sich noch in den Grenzen dessen halten, was nach allgemeiner Lebenserfahrung voraussehbar ist, und keine andere Bewertung der Tat rechtfertigen.[16] Unwesentlich ist die Abweichung vom Kausalverlauf danach beispielsweise, wenn A den B mit einem

---

11 Vgl. dazu *Kühl*, Strafrecht AT, § 13 Rn. 29 ff.; ferner *Schönke/Schröder (Sternberg-Lieben/Schuster)*, StGB, § 15 Rn. 57; *Wessels/Beulke/Satzger*, Strafrecht AT, Rn. 373 ff. mit Schaubild betr. die Abgrenzung aberratio ictus – error in persona vel obiecto in Rn. 374.
12 Vgl. *Wessels/Beulke/Satzger*, Strafrecht AT, Rn. 374 f.
13 Vgl. etwa *Schönke/Schröder (Sternberg-Lieben/Schuster)*, StGB, § 15 Rn. 57 m. w. Nachw.; *Wessels/Beulke/Satzger*, Strafrecht AT, Rn. 375 f.; vgl. auch *Heinrich*, Strafrecht AT, Rn. 1105 ff., 1108 mit Erörterung abw. Meinungen in Rn. 1105, 1107.
14 Vgl. dazu etwa *Heinrich*, Strafrecht AT, Rn. 1106, 1107; ferner die Nachw. bei *Kühl*, Strafrecht AT, § 13 Rn. 35 ff.; *Wessels/Beulke/Satzger*, Strafrecht AT, Rn. 369 f., die aber selbst der vorherrschenden Auffassung – auch als „Versuchslösung" bezeichnet – sind.
15 Vgl. zum Ganzen etwa *Heinrich*, Strafrecht AT, Rn. 1105 ff.; *Kühl*, Strafrecht AT, § 13 Rn. 35 ff.
16 Vgl. BGHSt 38, 32, 43; 56, 162, 166; *Kühl*, Strafrecht AT, § 13 Rn. 41; *Schönke/Schröder (Sternberg-Lieben/Schuster)*, StGB, § 15 Rn. 55 m. w. Nachw.

Messerstich ins Herz töten will, der B aber auf Grund innerer (nicht sofort tödlicher) Verletzungen verblutet.[17] Zum anderen ist eine Anwendung des § 16 Abs. 1 S. 1 ausgeschlossen, wenn es bereits an der **objektiven Zurechenbarkeit des Erfolges** fehlt, was bei **gänzlich atypischen Kausalverläufen** (vgl. Rn. 348 ff., 352) der Fall ist.[18] Wenn überhaupt, dann hat der Irrtum über den Kausalverlauf eigenständige Bedeutung nur dort, wo der Kausalverlauf nicht gänzlich atypisch ist, andererseits aber vom vorgestellten Kausalverlauf nicht nur unwesentlich abweicht.[19]

Sieht der Täter bei einem **mehraktigen Kausalgeschehen** den Taterfolg zwar als Folge seines Handelns voraus und will ihn auch, führt ihn jedoch tatsächlich nicht durch eine zu diesem Zweck vorgenommene (Erst-)Handlung, sondern mit einem anderen „an sich" und scheinbar „unvorsätzlichen" zweiten etc. Handlungsakt herbei, ist regelmäßig kein **Raum** für eine Anwendung des § 16 Abs. 1 S. 1. Wenn A den B durch Erwürgen töten will und den vermeintlich schon toten, tatsächlich aber nur bewusstlosen B in einen Fluss wirft mit der Folge, das B erst jetzt durch Ertrinken den Tod findet, verbleibt es bei der Strafbarkeit wegen vorsätzlicher Tötung: Die Art und Weise des Erfolgseintritts ist nur eine unwesentliche Abweichung vom Kausalverlauf (vgl. Rn. 370). 576

3. Verbotsirrtum und umgekehrter Verbotsirrtum

Kernstück des strafrechtlichen Schuldvorwurfs und selbständiges Schuldelement ist das **Unrechtsbewusstsein** (vgl. Rn. 483 ff.). Gegenstand des Unrechtsbewusstseins ist das Unrecht des konkreten Täterverhaltens, der Täter hat das Unrechtsbewusstsein, wenn er weiß, dass sein Verhalten rechtlich verboten ist: Fehlt diese Verbotskenntnis befindet sich der Täter in einem Irrtum über das (rechtlich) Verbotene (bei Unterlassungsdelikten: das rechtlich Gebotene) seines Verhaltens und damit in einem **Verbotsirrtum** (Gebotsirrtum). Ein solcher Verbotsirrtum (Gebotsirrtum) befreit nicht ohne weiteres von strafrechtlicher Schuld (obwohl das Unrechtsbewusstsein „positives" Begründungselement der Schuld ist). Nach dem Regelungsgehalt des § 17 S. 1 schließt nur der **unvermeidbare Verbotsirrtum** (Gebotsirrtum: § 17 S. 1 analog) die Strafrechtsschuld aus. Der „bloß" vermeidbare Verbots- oder Gebotsirrtum kann aber immerhin zu gemilderter Strafe (§§ 17 S. 2, 49 Abs. 1) veranlassen. 577

Als sog. **direkten Verbotsirrtum** bezeichnet man den Irrtum, der die Verbotsnorm unmittelbar betrifft. Er kann darin bestehen, dass der Täter die **Verbotsnorm ganz oder teilweise nicht kennt**, die ihm bekannte Verbotsnorm ganz oder teilweise für ungültig hält oder aber infolge unzutreffender Auslegung zu einer **Fehlvorstellung über ihren Geltungsbereich** (Anwendungsreichweite) gelangt. Qualitativ setzt der Verbotsirrtum ebenso wie der Tatumstandsirrtum nicht mehr als „schlichte Unkenntnis" voraus (vgl. Rn. 567), eine „positive" Fehlvorstellung über das (in Wirklichkeit nicht gegebene) Erlaubtsein seines Verhaltens ist nicht erforderlich. Nicht zu verwechseln ist der Verbotsirrtum mit dem **rechtlich irrelevanten Strafbarkeitsirrtum**. Wer weiß, dass sein Verhalten verboten ist und lediglich annimmt, es sei nicht strafbar, befindet sich nicht 578

---

17 Weitere Beispiele bei *Kühl*, Strafrecht AT, § 13 Rn. 41; *Wessels/Beulke/Satzger*, Strafrecht AT, Rn. 386.
18 Zumindest teilweise anders die Rspr. des *BGH*, vgl. dazu *Wessels/Beulke/Satzger*, Strafrecht AT, Rn. 383, 384; vgl. noch *Kühl*, Strafrecht AT, § 13 Rn. 42 f., 44 ff.
19 Vgl. dazu *Kühl*, Strafrecht AT, § 13 Rn. 43 bei und in dort. Fn. 55; *Wessels/Beulke/Satzger*, Strafrecht AT, Rn. 383, 386; vgl. noch *Heinrich*, Strafrecht AT, Rn. 1088 ff.; 1090/91; vgl. ferner *BGHSt* 38, 32, 42 f.; 48, 34, 37.

in einem Verbotsirrtum. Wer ein Telefongespräch führt und es ohne Wissen seines Gesprächspartners auf einen Tonträger aufnimmt, ohne zu wissen, dass dies verboten ist (§ 201)[20], kennt die Verbotsnorm nicht: (vermeidbarer) Verbotsirrtum. Lässt sich A ein gestohlenes Schmuckstück trotz Kenntnis seiner Herkunft schenken in der irrigen Annahme, nur das „Ankaufen" sei als Hehlerei verboten, befindet er/sie sich in einem Verbotsirrtum über die Anwendungsreichweite des Hehlereiverbots.[21] Wer als Ärmster der Armen zwar weiß, dass auch die Entwendung geringwertiger Sachen als Diebstahl verboten ist, aber meint, die Vorschrift (§§ 242, 248 a) verstoße im Falle der Wegnahme von Nahrungsmitteln gegen die verfassungsrechtlich bestimmte Sozialbindung des Eigentums, dem fehlt infolge dieses „Gültigkeitsirrtums" (Verbotsirrtums) die Unrechtseinsicht (vermeidbarer Verbotsirrtum).

579 Auch der **umgekehrte Verbotsirrtum** kann sich auf eine (tatsächlich nicht vorhandene) Verbotsnorm, die Gültigkeit einer Verbotsnorm und deren Anwendungsreichweite beziehen. Wer irrig annimmt, Ehebruch sei (straf-)rechtlich verboten, unterliegt einem umgekehrten Verbotsirrtum. Wer irrig annimmt, eine auf Lebenszeit verliehene eigene Sache sei fremd im Sinne des § 242, befindet sich in einem umgekehrten Verbotsirrtum über die Anwendungsreichweite (er dehnt die Verbotsnorm zu seinen Ungunsten aus); und wer der Meinung ist, eine bereits aufgehobene (strafrechtliche) Verbotsnorm sei noch gültig, nimmt ebenfalls irrig ein (strafrechtliches) Verbot an. In allen diesen Fällen führt der **umgekehrte Verbotsirrtum** zum gesetzlich nicht geregelten sog. **Wahndelikt** oder **Wahnverbrechen**, das **straflos** ist.[22]

4. Erlaubnisirrtum und umgekehrter Erlaubnisirrtum

580 Wer bei Begehung der Tat irrig davon ausgeht, zu seinen Gunsten greife ein Rechtfertigungsgrund ein, seine Tat sei somit erlaubt, handelt in einem **Erlaubnisirrtum**. Dieser Irrtum wird auch als **indirekter Verbotsirrtum** bezeichnet, weil er zwar kein unmittelbar die Verbotsnorm betreffender Irrtum ist, wohl aber die materielle Rechtswidrigkeit des Täterhandelns tangiert und deshalb den Regeln des (direkten) Verbotsirrtums folgt. Der nur **vermeidbare Erlaubnisirrtum** schließt dementsprechend die Schuld nicht aus, sondern kann Strafmilderung nach sich ziehen. Schuldausschließend wirkt allein der **unvermeidbare Erlaubnisirrtum**. Auch der indirekte Verbotsirrtum (Erlaubnisirrtum) besteht in einer Verkennung des Verbotenseins der Tat. Wie beim direkten Verbotsirrtum sind **verschiedene Ausprägungen des Erlaubnisirrtums** möglich. Der Täter nimmt irrig einen nicht existierenden Rechtfertigungsgrund (darin enthalten die irrige Annahme eines nicht mehr gültigen Rechtfertigungsgrundes) an (sog. **Bestandsirrtum**) oder er überdehnt irrig die Grenzen eines anerkannten Rechtfertigungsgrundes zu seinen Gunsten (sog. **Grenzirrtum**).[23] Als Erlaubnisirrtum in Gestalt eines Irrtums über die Existenz eines Rechtfertigungsgrundes (Bestandsirrtum) ist anzusehen: Der Beamte B kennt das Verbot des § 331 Abs. 1 richtig, hält aber die Annahme wertvoller Weihnachtsgeschenke für Diensthandlungen auf Grund eines gewohnheitsrechtlichen Rechtfertigungsgrundes für erlaubt; B irrt über den Bestand eines von der Rechtsordnung

---

20 Vgl. *Roxin*, Strafrecht AT I, § 21 Rn. 1.
21 Vgl. *Wessels/Beulke/Satzger*, Strafrecht AT, Rn. 732 ff.
22 Vgl. dazu *Heinrich*, Strafrecht AT, Rn. 681 ff.; *Kühl*, Strafrecht AT, § 15 Rn. 96 ff.; Schönke/Schröder (Sternberg-Lieben/Schuster), StGB, § 15 Rn. 25 mit Schönke/Schröder (Eser/Bosch), StGB, § 22 Rn. 80; SK-StGB/*Jäger*, § 22 Rn. 51 ff.; *Wessels/Beulke/Satzger*, Strafrecht AT, Rn. 994 ff., 996 ff., 1349, 1352.
23 Vgl. dazu *Jescheck/Weigend*, Strafrecht AT, § 41 III.

(tatsächlich nicht) anerkannten Rechtfertigungsgrundes.[24] Wer in Notwehrlage irrig annimmt, er dürfe jedes beliebige Verteidigungsmittel, das den Angriff sicher beendet, benutzen oder den Angreifer nach endgültiger Beendigung des Angriffs noch weiter verletzen[25], handelt auf Grund einer falschen Vorstellung über die Anwendungsreichweite eines Rechtfertigungsgrundes, indem er irrig die Grenzen des Rechtfertigungsgrundes zu seinen Gunsten überdehnt (Grenzirrtum).[26]

Der umgekehrte Erlaubnisirrtum (umgekehrter indirekter Verbotsirrtum) führt wie der umgekehrte Verbotsirrtum in allen Erscheinungsformen zum **straflosen Wahndelikt**. Beim umgekehrten Erlaubnisirrtum besteht die Fehlvorstellung des Täters darin, dass er von der Existenz eines Rechtfertigungsgrundes, der sein „an sich" verbotenes Verhalten ausnahmsweise erlaubt, nichts weiß (umgekehrter Bestandsirrtum) oder er zwar weiß, dass ein auf sein Verhalten zugeschnittener Rechtfertigungsgrund existiert, aber gleichwohl meint, dass sein in Wirklichkeit gerechtfertigtes Verhalten aus dem Anwendungsbereich des Rechtfertigungsgrundes herausfällt, weil er dessen Anwendungsreichweite zu seinen Ungunsten einengt (umgekehrter Grenzirrtum). Der umgekehrte Erlaubnisirrtum tritt in allen Varianten in der **Grundform der Unkenntnis** (vgl. Rn. 566) auf: A sieht, dass B in einem See ertrinkt und tritt die verschlossene Tür eines nahe gelegenen Bootsschuppens ein in der Meinung, das sei verboten – Unkenntnis von der Existenz eines ausnahmsweise eingreifenden Rechtfertigungsgrundes (§ 904 BGB bzw. § 34). Ein „umgekehrter Grenzirrtum" läge dagegen vor, wenn A den Dieb B auf frischer Tat ertappt, den B unter den Voraussetzungen des § 127 StPO unter Anwendung körperlicher Gewalt bis zum Eintreffen der Polizei „am Boden hält" und glaubt, dieses Verhalten sei verboten, weil zur „bloßen" Personalienfeststellung derart massive Gewaltanwendung nicht zulässig ist – Unkenntnis darüber, dass § 127 StPO auch solche Gewalteinwirkung rechtfertigt. Wer sich im umgekehrten Erlaubnisirrtum das Verbotensein seines Verhaltens vorstellt, hat keine rechtsfeindliche Gesinnung; sein Verhalten entspricht vielmehr der wirklich gegebenen Rechtslage. Seine irrige Verbotsvorstellung ist strafrechtlich irrelevant. Die von ihm „begangene Tat" ist demgemäß als **strafloses Wahndelikt** zu beurteilen. 581

5. Zur Vermeidbarkeit des Verbots-/Erlaubnisirrtums

Dreh- und Angelpunkt der tätergünstigen Wirkung eines Verbots-/Erlaubnisirrtums (wie auch eines Gebotsirrtums bei den Unterlassungsdelikten) ist die Frage, ob der **Irrtum unvermeidbar** (dann Schuldausschluss) **oder nur vermeidbar** (dann lediglich fakultative Strafmilderung) war (vgl. § 17 Abs. 1 S. 1 und S. 2). Die Kriterien für eine „griffige" Abgrenzung der Unvermeidbarkeit von der Vermeidbarkeit eines Verbotsirrtums sind bislang nicht völlig geklärt. Zutreffender Ansicht nach liegt das **Wesen der Vermeidbarkeit** eines Verbotsirrtums in dem Erkennen-Können der konkreten Rechtswidrigkeit des eigenen Verhaltens.[27] Die Unkenntnis der Verbots-/Gebotswidrigkeit des eigenen Verhaltens ist als **intellektuelle Fehlleistung** vorwerfbar (vermeidbar), wenn und weil nicht alles zur Orientierung über das Verbotensein des Verhaltens unternommen worden ist, was „billigerweise" verlangt werden kann.[28] So betrachtet ist die 582

---

24 Vgl. *Jescheck/Weigend*, Strafrecht AT, § 41 III, 2.
25 Vgl. BGHSt 45, 378, 383.
26 Vgl. dazu *Wessels/Beulke/Satzger*, Strafrecht AT, Rn. 764 ff., 765.
27 Vgl. *Roxin*, Strafrecht AT I, § 21 Rn. 38 ff.; SK-StGB/*Jäger*, § 17 Rn. 43.
28 So *Schönke/Schröder (Sternberg-Lieben/Schuster)*, StGB, § 17 Rn. 16 m. w. Nachw.

Vermeidbarkeit der Unrechtsunkenntnis ein Produkt aus der faktischen Möglichkeit und der normativen Zumutbarkeit des Unrechtserkennens.

583 Folgt man der Rechtsprechung des *BGH*, die an eine Bejahung der **Unvermeidbarkeit** des Verbotsirrtums außerordentlich **strenge Anforderungen** stellt, kommt es für die Vermeidbarkeit/Unvermeidbarkeit darauf an, ob der Täter bei gehöriger Anspannung seines Gewissens das Unrechtmäßige seines Verhaltens hätte erkennen können.[29] Unvermeidbarkeit liegt danach vor, wenn der Täter trotz der ihm nach den Umständen des Einzelfalls, seiner Persönlichkeit sowie seinem Lebens- und Berufskreis zuzumutenden Anspannung des Gewissens die Einsicht in das Unrechtmäßige seines Verhaltens nicht zu gewinnen vermochte.[30] Das aber setzt voraus, dass der Täter alle seine geistigen Erkenntniskräfte eingesetzt und etwa auftauchende Zweifel durch eigenes Nachdenken und erforderlichenfalls durch Einholung von (Rechts-)Rat beseitigt hat. Der Täter unterliegt daher einer eigenen **Prüfungspflicht** ebenso wie in der Regel auch einer **Erkundigungspflicht**.[31] In jedem Falle kann die Entscheidung über die Vermeidbarkeit/Unvermeidbarkeit eines Verbotsirrtums nur unter Berücksichtigung der gerade dem konkreten Täter eigenen Gaben, Fähigkeiten und Einsichten getroffen werden.[32]

584 Allerdings beurteilt sich die Vermeidbarkeit/Unvermeidbarkeit eines Verbotsirrtums nicht allein nach den individuellen Erkenntnisfähigkeiten und -möglichkeiten des Täters. Insbesondere im **Berufskreis** und in **Lebensbereichen**, die **rechtlich besonders geregelt** sind, ist zusätzlich generalisierend auf das bereichstypische Durchschnittsbild von Erkenntnisfähigkeiten und -möglichkeiten abzustellen.[33] Grundsätzlich setzt aber die Vermeidbarkeit eines Verbotsirrtums voraus, dass der Täter einen konkreten Anlass gehabt haben muss, sich über die rechtliche Qualität seines Verhaltens Gedanken zu machen, die rechtliche Qualität seines Verhaltens zu prüfen.[34]

585 Einen **Anlass**, sich über das Verbotensein des eigenen Verhaltens Gedanken zu machen und sich Gewissheit über seine rechtliche Qualität zu verschaffen, hat der Täter nicht schon deshalb, weil jedes Verhalten eine Überprüfung auf seine Rechtmäßigkeit erfordert. Soweit in der (anfänglichen) Rechtsprechung des *BGH* mit Hinweis auf die freie sittliche Selbstbestimmung des Menschen betont wird, der Täter habe sich als Teilhaber der Rechtsgemeinschaft bei allem, was er zu tun im Begriff steht, bewusst zu machen, ob es mit den Sätzen des rechtlichen Sollens in Einklang steht[35], handelt es sich um eine der gesellschaftlichen Wirklichkeit inadäquate, realitätsfremde Verhaltensanforderung, die qua Gewissensanspannung und Prüfungspflicht-/ Erkundigungspflichtverletzung die Unvermeidbarkeit eines Verbotsirrtums hinwegeskamotiert und § 17 S. 1 in Leere laufen lässt.[36] Ein Anlass, über die rechtliche Qualität des eigenen Verhaltens nachzudenken, setzt vielmehr einen entsprechenden **intellektuellen Impuls**

---

29 Vgl. *BGHSt* 2, 194, 201; 21, 18, 20.
30 Vgl. *BGHSt* 21, 18, 20.
31 Vgl. dazu ablehnend SK-StGB/*Rogall*, § 17 Rn. 44 mit Rn. 45; vgl. auch *Kühl*, Strafrecht AT, § 13 Rn. 60 ff., 61: „zu hohe Anforderungen"; vgl. zum Ganzen noch *Schönke/Schröder (Sternberg-Lieben/Schuster)*, StGB, § 17 Rn. 13 ff.
32 Vgl. *BGHSt* 3, 357, 366; ferner *BGHSt* 59, 293, 295; vgl. auch NK-StGB (*Neumann*), § 17 Rn. 58 bei und in Fn. 58.
33 Vgl. *BGHSt* 9, 164, 172; vgl. auch *BGHSt* 59, 293, 295; ferner *Kühl*, Strafrecht AT, § 13 Rn. 60 ff., 61; NK-StGB (*Neumann*), § 17 Rn. 58 ff.
34 Vgl. dazu *Jescheck/Weigend*, Strafrecht AT, § 41 II, 2b; *Kühl*, Strafrecht AT, § 13 Rn. 62; NK-StGB (*Neumann*), § 17 Rn. 62 ff.; SK-StGB/*Rogall*, § 17 Rn. 50 ff., 52.
35 Vgl. etwa *BGHSt* 2, 194, 201.
36 Ähnlich *Roxin*, Strafrecht AT I, § 21 Rn. 52 ff.; vgl. aber auch *Jescheck/Weigend*, Strafrecht AT, § 41 II, 1b.

voraus.³⁷ Der Täter muss um die tatsächliche Beschaffenheit seines Verhaltens wissen und mit ihr – wenn vielleicht auch unreflektiert – Umstände erfassen und kennen, die in irgendeiner Form auf das Verbotswidrige seines Verhaltens hindeuten und einem verantwortungsbewussten Menschen ein hinreichender Grund gewesen wären, die rechtliche Qualität des Verhaltens zu klären.³⁸

In einer solchen Situation befindet sich der Täter, wenn ihm zumindest unspezifische, geringe Zweifel an der **Rechtmäßigkeit** seines Verhaltens kommen. Geht er diesen Rechtmäßigkeitszweifeln nicht nach (wobei sich seine Zweifel nicht aufgedrängt haben müssen, sondern einfach nur vorhanden sein können), und verdrängt er sie und/oder nimmt er sie nicht ernst, vertraut er leichtsinnig auf die Rechtmäßigkeit seines Verhaltens mit der Folge, dass sein etwaiger Verbotsirrtum vermeidbar war. Einen Anlass, die rechtliche Qualität seines Verhaltens zu klären, hat auch, wer zwar von der Rechtmäßigkeit seines Verhalten intuitiv und unreflektiert überzeugt ist, aber von der Existenz entgegenstehender gesetzlicher Vorschriften, gerichtlicher Entscheidungen oder behördlicher Äußerungen und Stellungnahmen sach-/rechtskundiger dritter Personen weiß. Entsprechendes gilt für denjenigen, der davon weiß, dass für den (Berufs- oder sonstigen Lebens-)Bereich, dem sein Verhalten zugehört, spezifische rechtliche Regelungen existieren. Wer sich im Zusammenhang mit der Erledigung beruflicher Aufgaben oder mit sonstigen besonders durchnormierten Lebensbereichen nicht um die Erlangung der spezifischen bereichsintendierten Rechtskenntnisse bemüht, obwohl er weiß, dass solche speziellen rechtlichen Regelungen und Vorschriften bestehen, erliegt auch ohne konkrete Zweifel an der Rechtmäßigkeit seines Verhaltens einem Verbotsirrtum, der in der Regel aller Fälle „nur" vermeidbar ist.³⁹

Eine **unrichtige Rechtsauskunft** entlastet den Täter nicht ohne weiteres; maßgebend ist vielmehr, ob er auf ihre Richtigkeit vertraut hat und sie als vertrauenswürdig ansehen durfte oder nicht. Verlässlich ist nach der Rechtsprechung nur eine **zuständige, sachkundige und unvoreingenommene** Stelle oder Person, die Gewähr für eine objektive (nicht interessengeleitete) verantwortungsbewusste Auskunftserteilung bietet.⁴⁰

6. Erlaubnistatbestandsirrtum und umgekehrter Erlaubnistatbestandsirrtum

Während der Erlaubnisirrtum als indirekter Verbotsirrtum von § 17 mitumfasst ist, fehlt eine gesetzliche Regelung des sog. **Erlaubnistatbestandsirrtums**. Hierbei handelt es sich um einen Irrtum über **Rechtfertigungsumstände**, die, wenn sie tatsächlich vorlägen, die Voraussetzungen eines anerkannten Rechtfertigungsgrundes erfüllen und die Tat rechtfertigen würden.⁴¹ Ein fast schon „klassisches" Anwendungsbeispiel des Erlaubnistatbestandsirrtums ist die sog. **Putativnotwehr**, die irrige Annahme einer Notwehrsituation: Polizist P hält A, der sich am Fenster eines Hauses zu schaffen macht, für einen Einbrecher und reißt ihn zu Boden. A, der in Wirklichkeit der Eigentümer des Hauses ist, erleidet erhebliche Verletzungen. P stellt sich eine Situation vor, die, wenn sie tatsächlich vorläge, zur Notwehr (Nothilfe) berechtigt. P handelt somit in

---

37 Vgl. *Schönke/Schröder (Sternberg-Lieben/Schuster)*, StGB, § 17 Rn. 16.
38 Vgl. *BGHSt* 46, 279, 286 f.; SK-StGB/*Rogall*, § 17 Rn. 52, 56; ferner *Roxin*, Strafrecht AT I, § 21 Rn. 53/4.
39 Vgl. zum Ganzen etwa NK-StGB (*Neumann*), § 17 Rn. 63; *Schönke/Schröder (Sternberg-Lieben/Schuster)*, StGB, § 17 Rn. 16, 17; SK-StGB/*Rogall*, § 17 Rn. 50 ff., 56 ff.
40 *BGHSt* 40, 257, 264; vgl. auch *BGHSt* 58, 15, 27 ff.; *Wessels/Beulke/Satzger*, Strafrecht AT, Rn. 740 m. w. Nachw. in dort. Fn. 19 - 21.
41 Vgl. *Jescheck/Weigend*, Strafrecht AT, § 41 IV, 1; *Kühl*, Strafrecht AT, § 13 Rn. 63 ff.; *Wessels/Beulke/Satzger*, Strafrecht AT, Rn. 743 ff., 745 ff.

der irrigen Annahme einer Notwehrlage und – das sei unterstellt – wendet im Übrigen die erforderliche Verteidigung an. P wäre daher gerechtfertigt, wenn die vorgestellte Tatsituation der Wirklichkeit entspräche.

589 Dieser Erlaubnistatbestandsirrtum (auch: Erlaubnistatumstandsirrtum)[42] wird rechtlich in der Strafrechtslehre und Rechtsprechung unterschiedlich behandelt. Im Ergebnis besteht jedoch weitgehend Einigkeit darüber, dass der Erlaubnistatbestandsirrtum **in den Rechtsfolgen** dem Tatumstandsirrtum gem. § 16 Abs. 1 S. 1 gleichzustellen ist. Die Begründungen dafür schwanken. Nach Auffassung der Rechtsprechung und Teilen der Strafrechtslehre (h. M.) ist auf den Erlaubnistatbestandsirrtum **§ 16 Abs. 1 S. 1 sinngemäß** anzuwenden mit der Folge, dass das „Vorsatzunrecht", der „Handlungsunwert einer vorsätzlichen Tat" oder schlicht und einfach der „Tatvorsatz" ausgeschlossen ist.[43] Ausgangspunkt ist die Erwägung, dass zwischen Tatbestandsmerkmalen und Rechtfertigungsgründen unter dem Blickwinkel der Unrechtsvoraussetzungen kein qualitativer Unterschied besteht: Der sonst durch den Vorsatz verwirklichte Handlungsunwert werde kompensiert, wenn der Täter von einer Rechtfertigungssituation ausgehe. Sein Tatvorsatz ist dann nicht Ausdruck einer Auflehnung gegen die Wertentscheidungen der Rechtsordnung, an sich wollte der Täter in einer vermeintlichen Rechtfertigungssituation rechtstreu handeln.[44]

590 Demgegenüber will eine Mindermeinung auf der Basis der Lehre von den negativen Tatbestandsmerkmalen (vgl. Rn. 327, 265) auf den Erlaubnistatbestandsirrtum **§ 16 Abs. 1 S. 1** nicht entsprechend, sondern **direkt** anwenden, so dass der Tatvorsatz im Falle eines solchen Irrtums ausgeschlossen ist. Das ist zwar konsequent, weil die Lehre von den negativen Tatbestandsmerkmalen alle Elemente der Rechtfertigung als „negative Tatbestandsmerkmale" begreift, deren Fehlen somit Bezugsobjekt des Tatvorsatzes ist. Die Plausibilität der unmittelbaren Anwendung des § 16 Abs. 1 S. 1 auf den Erlaubnistatbestandsirrtum hängt aber von der Akzeptanz der Lehre von den negativen Tatbestandsmerkmalen ab. Dass gegen sie erhebliche Bedenken anzumelden sind, ist schon erläutert worden (vgl. Rn. 327, 265).[45]

591 Gegen beide vorgenannten Auffassungen ist einzuwenden, dass der Erlaubnistatbestandsirrtum nicht dem „eigentlichen" Tatumstandsirrtum gleichgesetzt werden kann. Es handelt sich beim **Erlaubnistatbestandsirrtum** vielmehr um einen **Irrtum eigener Art**, der zwischen dem „eigentlichen" oder „echten" Tatumstandsirrtum und dem Erlaubnisirrtum (dem indirekten Verbotsirrtum) einzuordnen ist. Strukturell ähnelt er dem Tatumstandsirrtum, da er sich auf (normative und deskriptive) Rechtfertigungselemente bezieht. Die Ähnlichkeit mit einem Erlaubnisirrtum liegt darin, dass die Tatbestandskenntnis des Täters unberührt bleibt und sich die Warn- oder Appellfunktion des Tatbestandes voll auswirken kann. Der Irrtum bewirkt lediglich, dass der Täter glaubt, die Verbotsnorm trete ausnahmsweise hinter einen Erlaubnissatz zurück.[46] Der Sache nach geht es beim Erlaubnistatbestandsirrtum nicht um ein Problem des Unrechtstatbestandes, sondern um eine Frage der Schuld, **nicht** um einen **Ausschluss des Tatvorsatzes** als Verhaltensform, **sondern** um einen **Ausschluss des Schuldvorsatzes** als Schuldform (Doppelfunktion des Vorsatzes, vgl. Rn. 481/2). Der Erlaubnistatbe-

---

42 Vgl. *Kühl*, Strafrecht AT, § 13 Rn. 63 ff. (Kapitelüberschrift).
43 Vgl. dazu *Wessels/Beulke/Satzger*, Strafrecht AT, Rn. 745 ff., mit zahlr. w. Nachw.
44 *BGHSt* 3, 105, 107.
45 Vgl. auch *Wessels/Beulke/Satzger*, Strafrecht AT, Rn. 748 f.
46 Vgl. dazu *Jescheck/Weigend*, Strafrecht AT, § 41 IV, 1; *Wessels/Beulke/Satzger*, Strafrecht AT, Rn. 758.

standsirrtum wird daher nicht in seiner Sachtypizität, sondern ausschließlich in den **Rechtsfolgen** den Vorschriften über den Tatumstandsirrtum unterstellt (sinngemäße Anwendung des § 16 Abs. 1 S. 1 und S. 2). Soweit der Irrtum des Täters auf Fahrlässigkeit beruht, kommt demnach Strafbarkeit wegen eines Fahrlässigkeitsdelikts (§ 15) in Betracht.[47] Dieser **Lehre von der Rechtsfolgenverweisung** ist zuzustimmen. Ihr nähert sich inzwischen auch die Rechtsprechung des *BGH* an, freilich mit noch vorsichtig hinhaltenden Formulierungen.[48]

Im extremen Gegensatz dazu steht eine weitere Ansicht, die den Erlaubnistatbestandsirrtum wie den Erlaubnisirrtum als Verbotsirrtum gem. § 17 behandelt wissen will. Danach schließt der Erlaubnistatbestandsirrtum nicht den Vorsatz, sondern das Unrechtsbewusstsein und – falls unvermeidbar – die Schuld aus. Diese „Verbotsirrtumslösung" wird als sog. **strenge Schuldtheorie** bezeichnet. Sie ist eine „strenge" Schuldtheorie, weil sie keine Ausnahme von der Regel zulässt, dass fehlendes Unrechtsbewusstsein ausschließlich die Schuld betrifft.[49] Dementsprechend verstehen sich diejenigen Auffassungen, die den Erlaubnistatbestandsirrtum nicht wie einen Verbotsirrtum behandeln, sondern in seinen Rechtsfolgen dem Tatumstandsirrtum gleichstellen, als Ausdruck einer **eingeschränkten Schuldtheorie**, wobei die Lehre von der Rechtsfolgenverweisung als **rechtsfolgenverweisende eingeschränkte Schuldtheorie** (auch: rechtsfolgenbeschränkte oder rechtsfolgeneinschränkende Schuldtheorie), die übrigen Auffassungen als **eingeschränkte Schuldtheorie im engeren Sinne** firmieren.[50]

592

Der **umgekehrte Erlaubnistatbestandsirrtum** besteht im Nichtkennen der objektiven Rechtfertigungsvoraussetzungen. Fehlendes Wissen (und daraus sich ergebendes: Wollen) der objektiven Rechtfertigungsvoraussetzungen entspricht dem Fehlen der subjektiven Rechtfertigungselemente und damit der **Nichterfüllung des subjektiven Erlaubnistatbestandes** (vgl. dazu Rn. 438 ff.). Dieser umgekehrte Erlaubnistatbestandsirrtum führt dazu, dass volle Rechtfertigung trotz objektiv gegebener Rechtfertigungslage ausscheidet. Nach noch vorherrschender Ansicht ist wegen vollendeten vorsätzlichen Delikts zu bestrafen. Zutreffend wird dem entgegengehalten, dass mit dieser Vollendungslösung eine **erfolgskompensierende Wirkung** der tatsächlich gegebenen (objektiven) Rechtfertigungslage sachwidrig geleugnet wird. Mit Wegfall des Erfolgsunwerts im Tatunrecht verbleibt nur noch das Handlungsunrecht in Gestalt der Entscheidung des tatbestandsmäßig Handelnden für eine Rechtsgutsverletzung (vgl. Rn. 442).[51] Dies entspricht der Situation eines (untauglichen) Versuchs. Der **umgekehrte Erlaubnistatbestandsirrtum führt** daher (unter entsprechender Anwendung der §§ 22, 23 Abs. 1) wie der umgekehrte Tatumstandsirrtum **zur Strafbarkeit wegen (untauglichen) Versuchs** (vgl. Rn. 442 m. w. Nachw.).

593

7. Weitere Irrtumsfälle

Weitere Irrtumsarten und problematische Irrtumskonstellationen sind der Irrtum über Entschuldigungsgründe, der Irrtum über persönliche Strafaufhebungs- und Strafausschließungsgründe, der Irrtum über objektive Bedingungen der Strafbarkeit, der Irrtum

594

---
47 Vgl. zum Ganzen etwa *Jescheck/Weigend*, Strafrecht AT, § 41 IV, 1d; *Wessels/Beulke/Satzger*, Strafrecht AT, Rn. 758, 759.
48 Vgl. *BGHSt* 31, 264, 286/7; 45, 378, 384; *BGH NStZ* 2012, 272.
49 Vgl. *Jescheck/Weigend*, Strafrecht AT, § 41 IV, 1b; *Wessels/Beulke/Satzger*, Strafrecht AT, Rn. 751.
50 Vgl. dazu *Wessels/Beulke/Satzger*, Strafrecht AT, Rn. 745 ff., 751 f. m. w. Nachw.
51 *Kühl*, Strafrecht AT, § 6 Rn. 16.

über privilegierende Umstände und Regelbeispiele, der sog. Doppelirrtum etc., derentwegen auf die Lehrbuch- und Kommentarliteratur verwiesen wird.[52]

8. Lernkontrolle

- Benennen Sie die Grundformen eines strafrechtsrelevanten Irrtums (Rn. 566)
- Zählen Sie die acht wichtigsten Irrtumsfälle auf (Rn. 565 ff.)
- Wie lautet die Legaldefinition des Tatumstandsirrtums? (Rn. 567)
- Erläutern Sie den Gegenstand bzw. die Bezugsobjekte des Tatumstandsirrtums (Rn. 568 ff.)
- Was versteht man unter einem Subsumtionsirrtum? (Rn. 569)
- Beschreiben Sie den Zusammenhang zwischen dem umgekehrten Tatumstandsirrtum und dem untauglichen Versuch (Rn. 571)
- Worum geht es beim Irrtum über das Handlungsobjekt? (Rn. 573)
- Was bedeutet „Fehlgehen der Tat"? (Rn. 574)
- Erläutern Sie den Irrtum über den Kausalverlauf (Rn. 575)
- Was versteht man unter einem direkten und einem umgekehrten Verbotsirrtum? (Rn. 577 ff.)
- Beschreiben Sie die Charakteristika eines Erlaubnis- und eines umgekehrten Erlaubnisirrtums (Rn. 580 ff.)
- Wie lässt sich die Vermeidbarkeit von der Unvermeidbarkeit eines Verbotsirrtums abgrenzen? (Rn. 582 ff.)
- Kennzeichnen Sie den Erlaubnistatbestands- und den umgekehrten Erlaubnistatbestandsirrtum (Rn. 588 ff., 593)
- Welche „Theorien" haben für die Rechtsfolge eines Erlaubnistatbcstandsirrtums maßgebliche Bedeutung? (Rn. 589 – 592)

---

52 Vgl. etwa *Heinrich*, Strafrecht AT, Rn. 1145 ff.; *Kühl*, Strafrecht AT, § 13 Rn. 80 ff.; *Wessels/Beulke/Satzger*, Strafrecht AT, Rn. 764 ff., 768 ff., 773 ff., 779. und dort. Übersicht in Rn. 1325 ff. - 1360; ferner *Baumann/Weber/Mitsch/Eisele*, Strafrecht AT/*Eisele*, § 11 Rn. 96 ff. - 115.

XIV. Sorgfaltspflichtverletzung und Fahrlässigkeit

Aus § 15 ist ersichtlich, dass nicht nur vorsätzliches, sondern auch fahrlässiges Handeln strafbar sein kann. Zwingende Voraussetzung ist dafür allerdings, dass das Gesetz fahrlässiges Handeln ausdrücklich mit Strafe bedroht. Gesetzlich ausgeschlossen ist danach eine allgemeine strafrechtliche Verantwortlichkeit und Haftung wegen fahrlässigen Handelns. Wird im Falle einer rechtswidrigen Tat deren Vorsätzlichkeit verneint, tritt deshalb nicht automatisch eine Strafbarkeit wegen fahrlässiger Verwirklichung desselben Delikts ein. Vielmehr schließt sich an die Feststellung, dass eine Strafbarkeit wegen vorsätzlich begangener Tat nicht vorliegt, die eigenständige Prüfung einer etwaigen Fahrlässigkeitsstrafbarkeit an. Dazu ist erforderlich, einen **konkreten gesetzlichen Straftatbestand,** der die fahrlässige Deliktsverwirklichung unter Strafe stellt, zu benennen. Solche konkreten Fahrlässigkeitstatbestände finden sich beispielsweise im Rechtsgüterschutzbereich des „menschlichen Lebens" (§ 222) und der „körperlichen Unversehrtheit" (§ 229), im großen Bereich des Eigentums- und Vermögensschutzes dagegen kaum einmal (vgl. aber §§ 261 Abs. 5, 264 Abs. 4, 324 Abs. 3). Fahrlässigkeitstatbestände enthält nicht nur das Kern-, sondern verbreitet auch das Nebenstrafrecht.[1]

595

Unter den Voraussetzungen des § 15 ist eine **fahrlässige Deliktsverwirklichung bei allen Deliktsarten** möglich. Dementsprechend ist zwischen einem fahrlässigen Erfolgsdelikt (vgl. §§ 222, 229), einem fahrlässigen (schlichten) Tätigkeitsdelikt (vgl. §§ 316 Abs. 2, 163 Abs. 1), dem fahrlässigen (echten oder unechten) Unterlassungsdelikt, dem fahrlässigen Verletzungs- oder Gefährdungsdelikt, dem fahrlässigen Begehungsdelikt etc. zu unterscheiden. Von der „reinen" Fahrlässigkeitstat abzusetzen sind Straftaten, die sog. **Mischtatbestände** erfüllen. Es handelt sich dabei um gesetzliche Straftatbestände, deren Deliktscharakteristik in einer Mischung von Vorsatz- und Fahrlässigkeitsanteilen besteht. Man spricht insoweit auch von **tatbestandlichen Vorsatz-Fahrlässigkeits-Kombinationen.** Zu unterscheiden sind die eigentlichen von den uneigentlichen Vorsatz-Fahrlässigkeits-Kombinationen. Für die **eigentlichen Vorsatz-Fahrlässigkeits-Kombinationen** ist kennzeichnend, dass der tatbestandliche Vorsatzteil nicht selbständig strafbar ist. Beispiele dafür finden sich in den §§ 97 Abs. 1, 308 Abs. 5, 315 Abs. 5, 315 a Abs. 3 Nr. 1, 315 b Abs. 4, 315 c Abs. 3 Nr. 1, 319 Abs. 3. Wer als Kraftfahrer vorsätzlich gegen Vorfahrtregeln verstößt, macht sich nicht gem. § 315 c Abs. 3 Nr. 1 strafbar. Gefährdet er aber dadurch fahrlässig Leib oder Leben eines anderen oder fremde Sachen von bedeutendem Wert, liegt die „echte" oder eigentliche Vorsatz-Fahrlässigkeits-Kombination des § 315 c Abs. 3 Nr. 1 vor. Die „unechten" oder **uneigentlichen Vorsatz-Fahrlässigkeits-Kombinationen** zeichnen sich dadurch aus, dass bereits der tatbestandliche Vorsatzteil als solcher mit Strafe bedroht ist. Hierbei handelt es sich um die sog. erfolgsqualifizierten Delikte, die eine Kombination von vorsätzlichem Grunddelikt und wenigstens fahrlässig (§ 18) verursachter, grunddeliktsspezifischer schwerer Folge darstellen. Auf alle Vorsatz-Fahrlässigkeits-Kombinationen findet § 11 Abs. 2 Anwendung, so dass sie wie Vorsatzdelikte zu behandeln sind (mit der Möglichkeit einer Versuchsstrafbarkeit und strafbarer Tatbeteiligung).[2]

596

---

1 Vgl. *Kühl*, Strafrecht AT, § 17 Rn. 1.
2 Vgl. dazu *Wessels/Beulke/Satzger*, Strafrecht AT, Rn. 1105 ff., 1151 ff.; ferner *Schönke/Schröder (Sternberg-Lieben/Schuster)*, StGB, § 15 Rn. 107 f.

XIV. Sorgfaltspflichtverletzung und Fahrlässigkeit

1. Begriff und Funktion der Fahrlässigkeit

597 Über Begriff und Funktion der Fahrlässigkeit sind sich Strafrechtslehre und Rechtsprechung nicht einig.[3] Dennoch kann das „gegenwärtige Bild" der Fahrlässigkeit zumindest in den Grundzügen als durchaus gesichert gelten.[4] Folgt man einem an vorherrschend oder doch überwiegend vertretenen Auffassungen orientierten „kompromissreichen Mittelweg" bei der begrifflichen Erfassung der Fahrlässigkeit, ist zunächst in Ermangelung einer Legaldefinition der Fahrlässigkeit davon auszugehen, dass es zur Begründung eines (strafrechtlichen) Fahrlässigkeitsvorwurfs um die **Feststellung von Sorgfaltsmängeln in Form einer Sorgfaltspflichtverletzung** geht. Für die Fahrlässigkeitstat ist die ungewollte Verwirklichung eines gesetzlichen Straftatbestandes auf Grund pflichtwidriger Vernachlässigung der im Rechtsverkehr erforderlichen Sorgfalt charakteristisch.[5]

598 Als inzwischen gesicherte Erkenntnis hat sich in Strafrechtslehre und zunehmend auch in der Rechtsprechung die Auffassung durchgesetzt, dass sich die **Fahrlässigkeit nicht als bloße Schuldform**, sondern wie der Vorsatz (vgl. Rn. 469 f., 481 f.) doppelfunktionell als Verhaltens- und Schuldform versteht. Die Fahrlässigkeit hat dementsprechend die Qualität eines besonderen Typus strafbaren Verhaltens mit **eigenständiger Deliktsstruktur im Unrechts- und Schuldbereich**.[6] Daraus folgt unmittelbar, dass zur Begründung eines Fahrlässigkeitsvorwurfs zwischen Feststellungen zur „äußeren Tatseite" – das sind Feststellungen zur „objektiven" Fahrlässigkeit bzw. Feststellungen zum Unrechtsgehalt der Fahrlässigkeit – und Feststellungen zur „inneren Tatseite" – das sind Feststellungen zum Schuldgehalt fahrlässigen Verhaltens – zu differenzieren ist. Zu fragen ist danach, welches Verhalten im Hinblick auf die Vermeidung ungewollter Rechtsgutsverletzungen in einer konkreten Gefahrenlage objektiv gefordert ist, und zum zweiten, ob dieses Verhalten vom Täter nach dessen individuellen Eigenschaften und Fähigkeiten auch persönlich verlangt werden kann, ob der Täter nach dem Maß seines individuellen Könnens zur Erfüllung der objektiven Sorgfaltsanforderungen fähig ist.[7] Dem entspricht weitgehend die nicht Gesetz gewordene Legaldefinition der Fahrlässigkeit in § 18 E 1962: „(1) Fahrlässig handelt, wer die Sorgfalt außer Acht lässt, zu der er nach den Umständen und seinen persönlichen Verhältnissen verpflichtet und fähig ist, und deshalb nicht erkennt, dass er den gesetzlichen Tatbestand verwirklicht. (2) Fahrlässig handelt auch, wer es für möglich hält, dass er den gesetzlichen Tatbestand verwirklicht, jedoch pflichtwidrig und vorwerfbar im Vertrauen darauf handelt, dass er ihn nicht verwirklichen werde".[8] Die eigenständige Deliktsstruktur der Fahrlässigkeit mit ihrer Zergliederung in das **Fahrlässigkeitsunrecht** und die **Fahrlässigkeitsschuld** macht deutlich, dass im Falle einer rechtswidrigen Tat das Fehlen

---

3 Vgl. nur die bei *Schönke/Schröder (Sternberg-Lieben/Schuster)*, StGB, § 15 Rn. 105 ff., 110 ff. aufgezeigten Meinungsunterschiede zu Einzelfragen der Fahrlässigkeit.
4 So die Einschätzung bei *Roxin*, Strafrecht AT I, § 24 Rn. 2.
5 Vgl. statt aller *Schönke/Schröder (Sternberg-Lieben/Schuster)*, StGB, § 15 Rn. 116 ff., 116; ferner *Jescheck/Weigend*, Strafrecht AT, § 54 I, 4; *Wessels/Beulke/Satzger*, Strafrecht AT, Rn. 1105 ff., 1113 ff. jew. m. w. Nachw.
6 Vgl. *Jescheck/Weigend*, Strafrecht AT, § 54 I, 3 m. zahlr. Nachw. für die insoweit h. L. in dort. Fn. 8; vgl. ferner *Wessels/Beulke/Satzger*, Strafrecht AT, Rn. 1105 ff., 1106; vgl. noch *Baumann/Weber/Mitsch/Eisele*, Strafrecht AT/*Eisele*, § 12 Rn. 15 ff.; *Heinrich*, Strafrecht AT, Rn. 1006 ff., 1027 ff.; *Kühl*, Strafrecht AT, Rn. 11 ff., 14 ff., 22 ff. mit Rn. 5 ff.
7 Vgl. etwa *Jescheck/Weigend*, Strafrecht AT, § 54 I, 3 mit Hinweis auf BGHSt 31, 96, 101; ferner *Wessels/Beulke/Satzger*, Strafrecht AT, Rn. 1147 ff. mit 1107.
8 Vgl. dazu *Baumann/Weber/Mitsch/Eisele*, Strafrecht AT/*Eisele*, § 12 Rn. 4 mit Hinweis auf § 18 AE in dort. Fn 6.

von Vorsatz nicht eo ipso zur Fahrlässigkeit führt. Vielmehr ist gesondert festzustellen, ob die spezifischen Unrechts- und Schuldvoraussetzungen des in Betracht kommenden Fahrlässigkeitsdelikts erfüllt sind.[9]

Unabhängig von der Doppelfunktion der Fahrlässigkeit sind verschiedene **Erscheinungsformen der Fahrlässigkeit** auseinander zu halten. Wer die im Rechtsverkehr gebotene Sorgfalt außer Acht lässt und infolgedessen durch ein Handeln einen gesetzlichen Fahrlässigkeitstatbestand verwirklicht, ohne dies (bei nicht ausgeschlossener Erkennbarkeit) zu erkennen, dem fällt **unbewusste Fahrlässigkeit** zur Last. Hält der Täter es dagegen ernstlich für möglich, dass er einen gesetzlichen Fahrlässigkeitstatbestand mit seinem Handeln verwirklicht, jedoch pflichtwidrig darauf vertraut, dass er ihn schon nicht verwirklichen werde, handelt in **bewusster Fahrlässigkeit**.[10] Der bewussten Fahrlässigkeit kommt Bedeutung für die Abgrenzung des Vorsatzes von der Fahrlässigkeit zu; denn im „kognitiven" Element des „Für-möglich-haltens" stimmen bewusste Fahrlässigkeit und Vorsatz in Form des Eventualvorsatzes (vgl. Rn. 358 ff., 361/2) überein. Bewusste Fahrlässigkeit und Eventualvorsatz unterscheiden sich darin, dass das voluntative Element des (billigenden) In-Kauf-Nehmens den Eventualvorsatz, das (pflichtwidrige) Vertrauen auf das Ausbleiben des Tatererfolgs (bzw. der Tatbestandsverwirklichung) die bewusste Fahrlässigkeit ausmacht.

599

Nach dem Grad der Fahrlässigkeit[11] kann man eine „einfache" Fahrlässigkeit von der **Leichtfertigkeit** unterscheiden. An Stelle von „bloßer" Fahrlässigkeit wird in einer Reihe von gesetzlichen Deliktsbeschreibungen sog. Leichtfertigkeit vorausgesetzt (so bei einigen erfolgsqualifizierten Delikten, vgl. z.B. §§ 239 a Abs. 3, 251, aber auch bei anderen Delikten, vgl. § 138 Abs. 3). Mit Leichtfertigkeit umschreibt das Gesetz einen hohen Grad von Fahrlässigkeit, eine grobe Fahrlässigkeit aus besonderem Leichtsinn oder besonderer Gleichgültigkeit.[12] Danach handelt leichtfertig, wer die gebotene Sorgfalt in ungewöhnlich hohem Maße verletzt. Objektiv entspricht der Begriff der Leichtfertigkeit dem der groben Fahrlässigkeit im Zivilrecht. Subjektiv (Fahrlässigkeitsschuld) kommt es auf die individuellen Fähigkeiten und Kenntnisse des Täters an.[13]

600

2. Systembau der Fahrlässigkeitstat

Wie beim vollendeten vorsätzlichen Begehungs- und Unterlassungsdelikt bestimmen auch beim fahrlässigen Begehungs- und Unterlassungsdelikt die System- und Wertungsstufen der Tatbestandsmäßigkeit, Rechtswidrigkeit und Schuld den systematischen Aufbau des Fahrlässigkeitsdelikts.

601

Zum **Unrechtstatbestand** des fahrlässigen Erfolgsdelikts gehören die Einzelelemente der Tathandlung, des Tatererfolgs, der erforderlichen **Tätereigenschaft** (Tatsubjekt) und des im gesetzlichen Straftatbestand vorausgesetzten **Tatobjekts**. Hinzu kommen ganz im Sinne des auf Erfolgs- und Handlungsunwert beruhenden (objektiven) Fahr-

602

---

9 Vgl. schon bei Rn. 595 und *Wessels/Beulke/Satzger*, Strafrecht AT, Rn. 1111, 1109.
10 Vgl. dazu *Baumann/Weber/Mitsch/Eisele*, Strafrecht AT/*Eisele*, § 12 Rn. 5 – 7, 16 f.; *Schönke/Schröder (Sternberg-Lieben/Schuster)*, StGB, § 15 Rn. 203 ff., *Wessels/Beulke/Satzger*, Strafrecht AT, Rn. 1110.
11 Vgl. aber *Schönke/Schröder (Sternberg-Lieben/Schuster)*, StGB, § 15 Rn. 205; wie hier etwa *Baumann/Weber/Mitsch/Eisele*, Strafrecht AT/*Eisele*, § 12 Rn. 8 ff.
12 Vgl. *BGHSt* 33, 66, 67.
13 Vgl. zur Leichtfertigkeit *Baumann/Weber/Mitsch/Eisele*, Strafrecht AT/*Eisele*, § 12 Rn. 10; *Heinrich*, Strafrecht AT, Rn. 1004, 1005; *Kühl*, Strafrecht AT, § 17 Rn. 44; *Wessels/Beulke/Satzger*, Strafrecht AT, Rn. 1111.

XIV. Sorgfaltspflichtverletzung und Fahrlässigkeit

lässigkeitsunrechts der schon beim vollendeten Vorsatzdelikt erörterte **Kausalzusammenhang** zwischen Tathandlung und -erfolg (vgl. Rn. 343 ff., 379 ff.) sowie als Kernstück des (objektiven) Fahrlässigkeitsunrechts die **Verletzung einer objektiven Sorgfaltspflicht** und die objektive Zurechenbarkeit des Taterfolges bzw. deren Ausschluss mangels Pflichtwidrigkeits- oder Schutzzweckzusammenhangs. Was die Kausalität zwischen Taterfolg und -handlung betrifft, gilt im Bereich der Fahrlässigkeitsdelikte nichts anderes als bei den Vorsatzdelikten, und zwar für das fahrlässige Begehungsdelikt ebenso wie für das fahrlässige unechte Unterlassungsdelikt. Zum **Unrechtstatbestand der fahrlässigen unechten Unterlassungsdelikte** zählen im Übrigen die Garantenstellung des Täters (Tatsubjektqualität!), die physisch-reale Handlungsmöglichkeit (vgl. Rn. 411 ff.) hinsichtlich der gebotenen Erfolgsabwendung und – an der Schwelle zur Systemstufe der Rechtswidrigkeit – die Verletzung der aus der Garantenstellung resultierenden Garantenpflicht, die – zusätzlich – neben die objektive Sorgfaltspflichtverletzung tritt.

603 Im **Unrechtstatbestand** der **fahrlässigen Erfolgsdelikte** spielen die inhaltlich eng miteinander verbundenen Elemente der Erfolgsverursachung, der objektiven Sorgfaltspflichtverletzung und der objektiven Erfolgszurechnung eine für die Unrechtsbegründung maßgebliche Rolle. Bei den **fahrlässig verwirklichten schlichten Tätigkeitsdelikten** hat die allenfalls denktheoretisch mögliche „Erfolgsproblematik" dagegen keine (praktische) Bedeutung. Der Unrechtstatbestand des fahrlässigen Tätigkeitsdelikts setzt – was das spezifische Fahrlässigkeitsunrecht anbelangt – „lediglich" eine objektive Sorgfaltspflichtverletzung in der Weise voraus, dass die zur Vermeidung des im gesetzlichen Straftatbestand beschriebenen rechtsgutsverletzenden oder -gefährdenden Verhaltens erforderliche Sorgfalt bei objektiver Erkennbarkeit der (möglichen) Tatbestandsverwirklichung außer Acht gelassen ist. Entsprechendes gilt für den Bereich der **fahrlässigen echten Unterlassungsdelikte**, deren systematischer Aufbau sich im Übrigen mit dem des vorsätzlichen echten Unterlassungsdelikts deckt.[14]

604 Mit der Erfüllung des Unrechtstatbestandes ist wie bei den Vorsatzdelikten auch bei Fahrlässigkeitsstraftaten deren **Rechtswidrigkeit** indiziert. Sie kann aber – insoweit ebenfalls nicht anders als bei den Vorsatzdelikten – ausnahmsweise ausgeschlossen sein, wenn und weil ein **Rechtfertigungsgrund** eingreift.[15] Grundsätzlich sind alle Rechtfertigungsgründe auch auf Fahrlässigkeitsdelikte anwendbar[16], in Betracht kommt indessen vornehmlich eine Rechtfertigung durch Notwehr, rechtfertigenden Notstand oder Einwilligung.[17] **Keine Rechtfertigungsgründe** sind dagegen das sog. **verkehrsrichtige Verhalten** oder die **soziale Adäquanz** eines Verhaltens[18], wohl aber – wenn auch allein im Deliktsbereich der Fahrlässigkeit – das sog. **erlaubte Risiko**. Anders als bei den Vorsatzdelikten bedarf es zur vollen Rechtfertigung eines fahrlässigen Verhaltens nicht des subjektiven Rechtfertigungselements. Soweit es jedoch um die Rechtfertigung eines fahrlässigen schlichten Tätigkeitsdelikts geht, muss der Täter zum Zwecke der Ausübung der ihm durch den Rechtfertigungsgrund gegebenen Befugnis gehandelt haben: Wer von einem Trinkgelage kommend in absolut fahruntüchtigem Zustand mit seinem Pkw zu einer Unfallstelle fährt, ohne an seine Fahruntauglichkeit

---

14 Vgl. zum Ganzen etwa *Wessels/Beulke/Satzger*, Strafrecht AT, Rn. 1237 ff., 1239.
15 Vgl. *Jescheck/Weigend*, Strafrecht AT, § 56 I, 1; *Wessels/Beulke/Satzger*, Strafrecht AT, Rn. 1145 f., 1145.
16 Einschränkend aber *Jescheck/Weigend*, Strafrecht AT, § 56 I, 2.
17 Vgl. *Wessels/Beulke/Satzger*, Strafrecht AT, Rn. 1145 f.
18 Vgl. *Schönke/Schröder (Sternberg-Lieben)*, StGB, Vorbem. §§ 32 ff. Rn. 107b.

zu denken (§ 316 Abs. 2), ist nur dann nach § 34 gerechtfertigt, wenn er Hilfe bringen will.[19]

Für die System- und Wertungsstufe der **Schuld** sind im Deliktszusammenhang der Fahrlässigkeit zunächst wie bei der Vorsatzstraftat die schuldbegründenden Einzelelemente der Schuldfähigkeit (vgl. Rn. 471 ff.), des (aktuellen) Unrechtsbewusstseins (vgl. Rn. 483) und des Fehlens von Schuldausschließungs- und Entschuldigungsgründen (vgl. Rn. 494 ff.) zu nennen.[20] Die Fahrlässigkeitsschuld kann daher auch infolge eines unvermeidbaren Verbots- oder Erlaubnisirrtums (direkten oder indirekten Verbotsirrtums in allen Erscheinungsformen – vgl. Rn. 577 f., 580 f.) ausgeschlossen sein. Der objektiven Sorgfaltspflichtverletzung mit objektiver Erkennbarkeit der Tatbestandsverwirklichung und objektiver Voraussehbarkeit des Erfolgseintritts (vgl. Rn. 602, 606 ff.) als dem Kernstück des (objektiven) Fahrlässigkeitsunrechts entspricht im Schuldbereich der Fahrlässigkeit eine damit korrespondierende **subjektive** Sorgfaltspflichtverletzung mit subjektiver Voraussehbarkeit des Erfolgseintritts (bei bewusster Fahrlässigkeit – vgl. Rn. 599 – im Sinne subjektiver Voraussicht stets verwirklicht, bei unbewusster Fahrlässigkeit – vgl. Rn. 599 – je nach den persönlichen Fähigkeiten und Eigenschaften des Täters gegeben oder ausgeschlossen) und subjektiver Erkennbarkeit der Tatbestandsverwirklichung im Übrigen (vgl. zur sog. pflichtwidrigen Tätigkeitsübernahme bzw. dem sog. Übernahmeverschulden Rn. 616 ff., 623). Fahrlässigkeitsschuld setzt somit voraus, dass der Täter nach seinen persönlichen (individuellen) Eigenschaften und Fähigkeiten in der Lage ist (subjektiver, individueller Beurteilungsmaßstab), das von ihm an Sorgfalt objektiv Geforderte (subjektiv) zu erkennen und zu erfüllen.[21] Begrenzt wird die Fahrlässigkeitsschuld durch das **Regulativ** der „Zumutbarkeit normgemäßen Verhaltens". Ist dem Täter die Erfüllung der Sorgfaltspflicht unzumutbar, entfällt daher der Schuldvorwurf. Die Unzumutbarkeit normgemäßen Verhaltens stellt jedoch auch im Deliktsbereich der Fahrlässigkeit **keinen selbständigen Schuldausschließungs- oder Entschuldigungsgrund** dar.[22]

3. Zur objektiven Sorgfaltspflichtverletzung

Zur „äußeren", objektiven Seite eines Fahrlässigkeitsdelikts gehört eine objektive Sorgfaltspflichtverletzung, die sich in einem auf den eingetretenen tatbestandsmäßigen Erfolg bezogenen **sorgfaltswidrigen Verhalten** manifestiert. Umschrieben wird dieses Erfordernis des (objektiven) Fahrlässigkeitsunrechts mit der formelhaften Wendung von der „Außerachtlassung der im Rechtsverkehr gebotenen Sorgfalt" bei objektiver Voraussehbarkeit des tatbestandlichen Erfolges.[23] Das tatbestandsmäßige Unrecht der

---

19 Vgl. dazu *Jescheck/Weigend*, Strafrecht AT, § 56 I, 3; zu weiteren Besonderheiten der Rechtfertigung bei Fahrlässigkeitsdelikten vgl. *Baumann/Weber/Mitsch/Eisele*, Strafrecht AT/*Eisele*, § 12 Rn. 52 ff.; *Heinrich*, Strafrecht AT, Rn. 1019 ff.; *Schönke/Schröder (Sternberg-Lieben)*, StGB, Vorbem. §§ 32 ff. Rn. 92 ff., 97 f.; SK-StGB/*Hoyer*, Anhang zu § 16 Rn. 89 ff.
20 Vgl. *Jescheck/Weigend*, Strafrecht AT, § 57 I; ferner SK-StGB/*Hoyer*, Anhang zu § 16 Rn. 98 ff.; *Wessels/Beulke/Satzger*, Strafrecht AT, Rn. 1147 ff.; ferner *Baumann/Weber/Mitsch/Eisele*, Strafrecht AT/*Eisele*, § 12 Rn. 65 ff.; *Heinrich*, Strafrecht AT, Rn. 1022; *Schönke/Schröder (Sternberg-Lieben/Schuster)*, StGB, § 15 Rn. 190 ff.
21 Vgl. zum Ganzen etwa *Jescheck/Weigend*, Strafrecht AT, § 57 I – III; *Roxin*, Strafrecht AT I, § 24 Rn. 109 ff.; *Wessels/Beulke/Satzger*, Strafrecht AT, Rn. 1147 f.
22 In diesem Sinne auch *Jescheck/Weigend*, Strafrecht AT, § 57 IV m. Nachw. für die Gegenmeinung; noch anders *Schönke/Schröder (Sternberg-Lieben)*, StGB, Vorbem. §§ 32 ff. Rn. 126: Doppelfunktion als Grenzelement der objektiven Sorgfaltspflichtverletzung und als Entschuldigungsgrund.
23 Vgl. *Kühl*, Strafrecht AT, § 17 Rn. 18; *Wessels/Beulke/Satzger*, Strafrecht AT, Rn. 1118 ff., 1119 f., 1122 ff.

XIV. Sorgfaltspflichtverletzung und Fahrlässigkeit

Fahrlässigkeitstat erschließt sich somit erst im **Zusammenwirken von** (objektiver) **Sorgfaltspflichtverletzung** und (objektiver) **Voraussehbarkeit des Erfolgseintritts**, und zwar so, dass bei objektiver Voraussehbarkeit des eingetretenen Erfolges unter dem Aspekt seiner Vermeidbarkeit die im Rechtsverkehr erforderliche Sorgfalt außer Acht geblieben ist; denn bei der objektiven Sorgfaltspflichtverletzung und objektiven Voraussehbarkeit des Erfolgseintritts handelt es sich um zwei **nur gedanklich voneinander trennbare Elemente** des Fahrlässigkeitsunrechts. Doch auch dies reicht zur vollständigen Erfassung des Fahrlässigkeitsunrechts noch nicht aus. Eingebettet ist die objektive Voraussehbarkeit des Erfolgseintritts in die generelle, **objektive Erkennbarkeit der Tatbestandsverwirklichung** insgesamt. Und auch sie – beim fahrlässigen schlichten Tätigkeitsdelikt kommt es mangels Erfolgs sogar allein auf sie an – ist Bestandteil der objektiven Fahrlässigkeit. Zur Feststellung des Fahrlässigkeitsunrechts ist demnach im Ergebnis von Bedeutung, ob und dass dem Täter bei objektiver, genereller Erkennbarkeit der Tatbestandsverwirklichung einschließlich der objektiven Voraussehbarkeit des tatbestandsmäßigen Erfolgs eine Sorgfaltspflichtverletzung zur Last fällt. Die „Außerachtlassung der im Rechtsverkehr erforderlichen Sorgfalt" kann sich danach auf alle Umstände beziehen, die zur Verwirklichung eines gesetzlichen Straftatbestandes (Unrechtstatbestandes) erfüllt sein müssen.

607 Im Überschneidungsbereich von unechtem Unterlassungs- und Fahrlässigkeitsdelikt betrifft etwaiges sorgfaltswidriges Verhalten deshalb nicht nur den dann eingetretenen tatbestandsmäßigen Erfolg, sondern auch alle anderen Unrechtsmerkmale des unechten Unterlassungsdelikts wie das Erkennen der Garantenstellung, der hypothetischen Unterlassungskausalität, der Nichtvornahme der gebotenen Handlung trotz individueller (physisch-realer) Handlungsmöglichkeit etc. Hierin liegt begründet, dass auch im Deliktsbereich des unechten Unterlassens das Fahrlässigkeitsunrecht die Feststellung einer objektiven Sorgfaltspflichtverletzung voraussetzt. Zwar ist beim fahrlässig verwirklichten unechten Unterlassungsdelikt mit der Nichterfüllung von Garantenpflichten bereits für sich genommen eine konkrete Pflichtverletzung gegeben. Diese (Garanten-)Pflichtverletzung ist aber von der objektiven Sorgfaltspflichtverletzung als Bestandteil des Fahrlässigkeitsunrechts (straftatsystematisch und auch inhaltlich) zu unterscheiden. Trotz teilweisen Zusammenfallens von Garantenpflicht und Sorgfaltspflicht schöpft die Nichterfüllung von Garantenpflichten den Sachgehalt der für das Fahrlässigkeitsunrecht konstitutiven Sorgfaltspflichtverletzung nicht aus.[24] Im Einzelfall kann sich daher bei objektiver, genereller Erkennbarkeit der Tatbestandsverwirklichung einschließlich des Erfolgseintritts die (objektive) Sorgfaltspflichtverletzung aus einem sorgfaltswidrigen Nichterkennen der eingenommenen Garantenposition, aus einem sorgfaltswidrigen Nichterkennen erfolgsverhindernder Schutzmaßnahmen und/oder aus einem sorgfaltswidrigen Verkennen der eigenen Handlungsmöglichkeiten ergeben. Es bedarf stets einer differenzierten, ausschließlich an den konkreten Umständen des Einzelfalls ausgerichteten Überprüfung des Gesamtverhaltens auf etwaige Sorgfaltsmängel.

608 Die Formel von der „Außerachtlassung der im Rechtsverkehr erforderlichen Sorgfalt" impliziert die Notwendigkeit eines **Beurteilungsmaßstabs**, der es erlaubt zu bestimmen, was im Einzelfall an Sorgfalt aufzuwenden ist. Auch insoweit sind sich Strafrechtslehre

---

24 Vgl. auch *Kühl*, Strafrecht AT, § 19 Rn. 4 m. w. Nachw.

3. Zur objektiven Sorgfaltspflichtverletzung

und Rechtsprechung nicht gänzlich einig.[25] Mit der wohl vorherrschenden Ansicht ist aber davon auszugehen, dass es darauf ankommt, ob dasjenige an Sorgfalt aufgewandt worden ist, wozu „ein einsichtiger Mensch in der Lage des Täters" imstande ist. Es ist also ein **Durchschnittsmaßstab** anzulegen.[26] Maßgebend sind dementsprechend nicht die individuellen Kenntnisse und Fähigkeiten des Täters.[27] Ebenso wenig beurteilt sich sorgfaltswidriges Verhalten nach dem Optimum dessen, was jedermann zur Verhinderung von Gefahren für strafrechtlich geschützte Rechtsgüter in der Situation des konkreten Tatgeschehens leisten kann.[28] Es geht vielmehr „nur" um das an Sorgfalt, was ein umsichtig handelnder Mensch aus dem Verkehrs- und Berufskreis des Täters zur Vermeidung tatbestandsmäßiger Erfolge in die Wege leiten würde: Art und Maß der anzuwendenden Sorgfalt ergeben sich aus den Anforderungen, die bei einer Berücksichtigung der Gefahrenlage „ex ante" an einen besonnenen und gewissenhaften Menschen in der sozialen Rolle des Täters zu stellen sind.[29]

Auf der Grundlage dieses auf Durchschnittsanforderungen abstellenden Sorgfaltsmaßstabs spielen **individuelle überdurchschnittliche Fähigkeiten und Kenntnisse** für die Feststellung einer Sorgfaltswidrigkeit keine Rolle; größeres individuelles Leistungsvermögen verpflichtet nicht zu größerer Umsicht und Vorsicht. Allerdings gilt dies nicht uneingeschränkt. Bei aller Durchschnittlichkeit der Sorgfaltsanforderungen müssen Personen, die über **Sonderwissen und Sonderfähigkeiten** verfügen, ihre besonderen Kenntnisse und Fähigkeiten zur Vermeidung von Rechtsgutsverletzungen auch einsetzen. Andernfalls wären „Sonderbefähigte"[30] aus der Sicht des strafrechtlich gebotenen Rechtsgüterschutzes nicht plausibel begründbar privilegiert. Angehörige eines bestimmten Verkehrs- oder Berufskreises unterliegen dementsprechend **strengeren Sorgfaltsanforderungen** insofern, als sie sich ihr Sonderwissen oder sonstige Sonderfähigkeiten – zur Vermeidung tatbestandsmäßiger Erfolge nicht eingesetzt – entgegenhalten lassen müssen. Wer etwa als Chirurg seine besondere chirurgische Befähigung nicht zur Verhinderung tatbestandlicher Erfolge (§§ 212, 223 ff.) einsetzt, verletzt seine Sorgfaltspflicht.

Umgekehrt bewahrt **unterdurchschnittliches Leistungsvermögen** ebenfalls nicht vor Fahrlässigkeitshaftung, denn für die Feststellung einer objektiven Sorgfaltspflichtverletzung ist auch individuell-unterdurchschnittliches Leistungsvermögen unerheblich. Es kann allenfalls im Schuldbereich der Fahrlässigkeitstat im Rahmen ihrer Vorwerfbarkeit erfasst und berücksichtigt werden.[31] Der zur Feststellung von Sorgfaltsmängeln und damit zur Feststellung von (objektivem) Fahrlässigkeitsunrecht anzuwendende Sorgfaltsmaßstab zeichnet sich nach alledem zum einen durch eine enge Verzahnung der Sorgfaltsanforderungen mit dem konkret in Frage stehenden Verkehrs- und Berufskreis (des Täters) und zum anderen durch seine Orientierung an einer „differenzier-

---

25 Vgl. zu verschiedenen Auffassungen bei *Schönke/Schröder (Sternberg-Lieben/Schuster)*, StGB, § 15 Rn. 131 f., 133 ff. m. w. Nachw.; ferner *Baumann/Weber/Mitsch/Eisele*, Strafrecht AT/*Eisele*, § 12 Rn. 25 ff.
26 Vgl. dazu *Schönke/Schröder (Sternberg-Lieben/Schuster)*, StGB, § 15 Rn. 133, 134 m. Zitathinweis auf Engisch.
27 Vgl. zur „Theorie der individuellen Sorgfaltswidrigkeit" bei *Kühl*, Strafrecht AT, § 17 Rn. 27 mit Nachw. in dort. Fn. 57.
28 So aber *Schönke/Schröder (Sternberg-Lieben/Schuster)*, StGB, § 15 Rn. 133, 139, 141.
29 So die wohl h. M., vgl. *Jescheck/Weigend*, Strafrecht AT, § 55 I, 2b; *Wessels/Beulke/Satzger*, Strafrecht AT, Rn. 1118 mit Rn. 1122 ff. jew. m. w. Nachw.; vgl. auch *BGHSt* 20, 315, 321; *BGH NStZ* 1991, 30; *BGH JZ* 2005, 685.
30 Vgl. etwa *Kühl*, Strafrecht AT, § 17 Rn. 25.
31 Vgl. dazu bei *Jescheck/Weigend*, Strafrecht AT, § 54 I, 3 mit § 57 II und III; *Wessels/Beulke/Satzger*, Strafrecht AT, Rn. 1106, 1107 mit Rn. 1147 ff.

ten Maßfigur", einem „**personalisierten Sorgfaltstyp**", nämlich dem gewissenhaften, einsichtigen und besonnenen Angehörigen des jeweiligen Verkehrs- und Berufskreises aus.[32] Es geht – in Kurzfassung – um einen **generalisierenden Durchschnittsmaßstab der „standardisierten Sonderfähigkeiten".**[33]

611 Trotz Sonderwissen und Sonderfähigkeiten dürfen wie auch sonst außerhalb des „Anforderungsmodells" der „standardisierten Sonderfähigkeiten" an die aufzuwendende Sorgfalt keine „überspannten Anforderungen" gestellt werden.[34] Maßgebliche und notwendige Voraussetzung für die Feststellung sorgfaltswidrigen Verhaltens sind überdies die Erkennbarkeit der Tatbestandsverwirklichung und die **Voraussehbarkeit des tatbestandlichen Erfolges**, weil erst sie es ermöglichen, einen drohenden Erfolgseintritt zu vermeiden (vgl. Rn. 606). Obwohl die Erkennbarkeit der Tatbestandsverwirklichung einschließlich des tatbestandsmäßigen Erfolges (Voraussehbarkeit) inhaltlich eng mit der für das Fahrlässigkeitsunrecht konstitutiven Sorgfaltspflichtverletzung verflochten ist, ist für sie eine besondere Begründung erforderlich. Das trifft insbesondere für die objektive Voraussehbarkeit des Tatererfolges zu. Nach der Rechtsprechung des *BGH* und der *Obergerichte*[35] ist ein tatbestandsmäßiger Erfolg dann generell/objektiv vorhersehbar, wenn er nach allgemeiner Lebens- und Berufserfahrung, sei es auch nicht als regelmäßige, so doch auch nicht als ganz ungewöhnliche Folge des eigenen Verhaltens erwartet werden kann. Dabei reicht es aus, dass der **tatbestandliche Erfolg nur in seinem Endergebnis,** nicht aber in den Einzelheiten des zu ihm führenden Kausalgeschehens vorhersehbar war.[36]

612 Für die **Erkennbarkeit der Tatbestandsverwirklichung** im Übrigen genügt eine **allgemeine Vorstellbarkeit des Kausalgeschehens** in seinen wesentlichen Zügen, unwesentliche Besonderheiten des Kausalverlaufs sind nicht von Belang. Eine Einschränkung und ein Ausschluss der objektiven Erkennbarkeit der Tatbestandsverwirklichung ist (auch bei möglicher Vorhersehbarkeit des Enderfolges) nur dann anzunehmen, wenn „der Geschehensablauf so sehr von der Lebenserfahrung abweicht, dass selbst bei Anwendung höchster, nach den Umständen möglicher und zuzumutender Anspannung der Erkenntniskräfte des Täters nicht mit ihm zu rechnen ist"[37]. Ein **Ausschluss der Erkennbarkeit** der Tatbestandsverwirklichung ist danach allenfalls denkbar bei völlig inadäquatem Kausalverlauf oder bei sog. vorsätzlichem oder fahrlässigem Dazwischentreten eines Dritten. Doch sind auch bei solchen Fallgestaltungen – jedenfalls nach der Rechtsprechung – strenge Maßstäbe anzulegen.

613 Angesichts dieses „weiten" Vorhersehbarkeits- und Erkennbarkeitsverständnisses und einer nicht weniger weit reichenden Erfolgskausalität drängt es sich auf, die **sonst ausufernde Fahrlässigkeitshaftung** zu begrenzen. Diese notwendige Haftungsbegrenzung leistet auch und gerade bei den Fahrlässigkeitsdelikten (fahrlässigen Erfolgsdelikten) die **Lehre von der objektiven Erfolgszurechnung.** Wie schon bei den vorsätzlichen ist auch bei den fahrlässigen Erfolgsdelikten zur Verwirklichung des Unrechtstatbestan-

---

32 Vgl. *Kühl*, Strafrecht AT, § 17 Rn. 25; *Roxin*, Strafrecht AT I, § 24 Rn. 34, 35; vgl. auch *BGH* NStZ 2003, 657.
33 So treffend bezeichnet bei *Jescheck/Weigend*, Strafrecht AT, § 54 I, 3 in Fn. 15; ähnlich *Kühl*, Strafrecht AT, § 17 Rn. 26 a. E.; kritisch dazu SK-StGB/*Hoyer*, Anhang zu § 16 Rn. 13 ff., 20.
34 Vgl. etwa *Jescheck/Weigend*, Strafrecht AT, § 55 I, 2b in und bei dort. Fn. 9; *Wessels/Beulke/Satzger*, Strafrecht AT, Rn. 1123.
35 Vgl. beispielsweise *OLG Stuttgart* NJW 1998, 3131 ff., 3133.
36 Vgl. *BGH* NStZ 1992, 333, 335; 335, 336; *BGHSt* 31, 96, 101; 49, 166, 174;*Kühl*, Strafrecht AT, § 17 Rn. 40 m. w. Nachw.; einschränkend *Jescheck/Weigend*, Strafrecht AT, § 55 II, 3; *Schönke/Schröder (Sternberg-Lieben/Schuster)*, StGB, § 15 Rn. 180, 186.
37 Vgl. *BGH* NStZ 1992, 333, 335; *BGHSt* 31, 96, 101.

3. Zur objektiven Sorgfaltspflichtverletzung

des die **objektive Zurechenbarkeit des Erfolges** erforderlich. Wesentliche Zurechnungskriterien sind der **Pflichtwidrigkeits- und Schutzzweckzusammenhang** zwischen der objektiven Sorgfaltspflichtverletzung und dem tatbestandlichen Erfolg (vgl. Rn. 602). Ein Ausschluss der Erfolgszurechnung kann darüber hinaus auf Grund eigenverantwortlicher Selbstschädigung oder Selbstgefährdung des Opfers sowie auf Grund vorsätzlichen oder fahrlässigen Handelns eines Dritten in Betracht (vgl. Rn. 649 a.E.: Für die Rechtsprechung stellt die objektive Zurechenbarkeit des Erfolges ein Problem des Kausalzusammenhangs zwischen Handlung und Erfolg dar) kommen.

Der **Schutzzweckzusammenhang** zwischen sorgfaltswidrigem Täterverhalten und tatbestandlichem Erfolg setzt voraus, dass der eingetretene Taterfolg unmittelbar aus der Gefahrenlage resultiert, die nach dem **Schutzzweck der verletzten Sorgfaltsnorm** gerade verhindert werden sollte. Nur dann wird überhaupt durch das Täterverhalten ein rechtlich relevantes Risiko dergestalt erzeugt, dass der konkret eintretende tatbestandliche Erfolg dem pflichtwidrig Handelnden als „sein Werk" zugerechnet werden kann (vgl. Rn. 348 ff., 353).[38] Wenn sich im eingetretenen Taterfolg nicht das verbotene, sondern ein anderes Risiko verwirklicht hat, liegt der Erfolg außerhalb des Schutzbereichs der verletzten Verhaltensnorm (Sorgfaltsnorm), so dass die objektive Zurechenbarkeit des Erfolges entfällt.[39] Der **Pflichtwidrigkeitszusammenhang** zwischen objektiver Sorgfaltspflichtverletzung und Erfolgsverursachung ist nur dann gegeben, wenn sich im eingetretenen tatbestandlichen Erfolg gerade diejenige rechtlich missbilligte Gefahr verwirklicht hat, die durch die Sorgfaltspflichtverletzung des Täters geschaffen worden ist. Die Pflichtwidrigkeit des Täterverhaltens muss sich also im konkreten Taterfolg niederschlagen.[40] Dieser Zusammenhang fehlt, wenn der tatbestandliche Erfolg **objektiv unvermeidbar** war, wenn der Erfolg auch bei sorgfaltsgerechtem Verhalten (bei **pflichtgemäßem Alternativverhalten**) in derselben Weise mit an Sicherheit grenzender Wahrscheinlichkeit eingetreten wäre; denn nur bei Vermeidbarkeit des tatbestandlichen Erfolges kommt der konkret-individuellen Sorgfaltspflichtverletzung erfolgsbewirkende Bedeutung zu. Ein Täter, der seine Sorgfaltspflicht verletzt und den Tod eines Menschen verursacht hat, kann demzufolge nicht wegen fahrlässiger Tötung bestraft werden, wenn mit an Sicherheit grenzender Wahrscheinlichkeit feststeht, dass der Todeserfolg auch bei pflichtgemäßem oder rechtlich erlaubtem Verhalten eingetreten wäre.[41]

614

Die **objektive Unvermeidbarkeit des Erfolgseintritts** schließt beim Fahrlässigkeitsdelikt bereits auf der System- und Wertungsstufe des (Unrechts-)Tatbestandes den Pflichtwidrigkeitszusammenhang und damit die objektive Zurechenbarkeit des Taterfolges aus.[42] Kann nicht aufgeklärt werden, ob der tatbestandliche Erfolg auch bei sorgfaltsgerechtem Verhalten mit an Sicherheit grenzender Wahrscheinlichkeit eingetreten wäre, bestehen aber konkrete Anhaltspunkte dafür, dass der tatbestandliche Erfolg auch bei

615

---

38 Vgl. dazu *Wessels/Beulke/Satzger*, Strafrecht AT, Rn. 1130 ff., 1131 mit Rn. 261 f.; ferner *Kühl*, Strafrecht AT, § 17 Rn. 68 ff. m. w. Nachw.
39 Vgl. *Schönke/Schröder (Sternberg-Lieben/Schuster)*, StGB, § 15 Rn. 156 ff., 157 ff., 163 ff. m. zahlr. w. Nachw.; vgl. auch *Kühl*, Strafrecht AT, § 17 Rn. 68 ff. m. w. Nachw.
40 Vgl. dazu *Schönke/Schröder (Sternberg-Lieben/Schuster)*, StGB, § 15 Rn. 173 ff.; *Wessels/Beulke/Satzger*, Strafrecht AT, Rn. 1132 ff., 1133 mit Rn. 301 ff.; ferner *Kühl*, Strafrecht AT, § 17 Rn. 47 ff. m. w. Nachw.
41 Vgl. *Wessels/Beulke/Satzger*, Strafrecht AT, Rn. 1133; vgl. auch BGHSt 49, 1 ff., 4; vgl. ferner SK-StGB/*Hoyer*, Anhang zu § 16 Rn. 67 mit Kritik in dort. Rn. 68 ff.
42 Zu anderen delikts**systematischen Einordnungen des Pflichtwidrigkeitszusammenhangs und der objektiven Erfolgszurechnung im Fahrlässigkeitsdelikt vgl. *Wessels/Beulke/Satzger*, Strafrecht AT, Rn. 1132 ff., 1136 mit Rn. 301 ff. m. w. **Nachw**.

sorgfältigem, fehlerfreiem Verhalten möglicherweise genauso eingetreten wäre, ist nach vorherrschender Ansicht bereits (in dubio pro reo) von der objektiven Unvermeidbarkeit des Erfolges und dem Ausschluss der Erfolgszurechnung auszugehen.[43] Demgegenüber will die sog. **Risikoerhöhungslehre** (vgl. schon Rn. 353) den Haftungsausschluss bei bloßer Möglichkeit der Unvermeidbarkeit des Erfolges, bei bloßer Möglichkeit des Erfolgseintritts auch im Falle rechtmäßigen Alternativverhaltens also, einschränken.[44] Die objektive Zurechenbarkeit des Erfolges ist danach schon (aber auch erst) dann zu bejahen, wenn das sorgfaltswidrige Verhalten eine **Risikosteigerung**, mithin eine im Vergleich zur „Normalgefahr" erheblich gesteigerte Gefährdung des Handlungsobjekts bewirkt hat, wobei es genügt, dass die Wahrscheinlichkeit des Erfolgseintritts bei sorgfaltsgerechtem Verhalten geringer gewesen wäre. Die Risikosteigerung ist festzustellen; nur wenn zweifelhaft ist, ob der Sorgfaltsverstoß tatsächlich eine Risikoerhöhung bewirkte, soll die objektive Zurechenbarkeit des Erfolges in dubio pro reo ausgeschlossen werden dürfen.[45]

4. Zur pflichtwidrigen Tätigkeitsübernahme

616 Begriffe wie „Übernahmefahrlässigkeit", „fahrlässige Tätigkeitsübernahme" oder auch „pflichtwidrige Tätigkeitsübernahme" betreffen Fallgestaltungen, die sich typischerweise dadurch auszeichnen, dass jemand eine Tätigkeit vornimmt, übernimmt oder fortführt, obwohl ihm – für ihn erkennbar – die dafür erforderlichen Kenntnisse und Fähigkeiten fehlen.[46] Erforderliche Fähigkeiten können in diesem Zusammenhang geistig-seelische ebenso wie psychische, intellektuelle und körperliche Fähigkeiten, Zustände und Befindlichkeiten sein. So handelt beispielsweise (objektiv sorgfaltswidrig und) fahrlässig, wer eine Autofahrt unternimmt, obwohl er weiß, dass seine Seh- oder Reaktionsfähigkeit durch Krankheit oder Alter wesentlich herabgesetzt, obwohl er weiß, dass er völlig übermüdet oder als Anfänger den besonders schwierigen Straßenverhältnissen nicht gewachsen ist.[47] Ähnlich zu beurteilen ist ein Arzt, der – gemessen am Durchschnittsmaßstab der „standardisierten Sonderfähigkeiten" (vgl. Rn. 610) und für ihn erkennbar – ohne die erforderliche Sachkunde und/oder ohne die erforderlichen sonstigen ärztlichen Fähigkeiten einen Patienten behandelt oder operiert etc.[48]

617 Strukturell stimmen all diese Fallgestaltungen darin überein, dass zur Feststellung des Fahrlässigkeitsunrechts nicht auf das unmittelbar tatbestandsverwirklichende Verhalten, sondern auf ein ihm vorausgehendes Verhalten, auf ein **Vorverhalten** abgestellt

---

43 Vgl. die Nachw. für die h. M. bei *Jescheck/Weigend*, Strafrecht AT, § 55 II, 2b in und bei dort. Fn. 31; ferner *Wessels/Beulke/Satzger*, Strafrecht AT, Rn. 1136 mit Rn. 301 ff., 302; als Beispiele BGHSt 11, 1, 7; 24, 31, 34; 37, 106, 127.
44 Vgl. *Jescheck/Weigend*, Strafrecht AT, § 55 II, 2b in und bei dort. Fn. 34 m. w. Nachw.; vgl. dazu auch *Wessels/Beulke/Satzger*, Strafrecht AT, Rn. 1136 mit Rn. 302, 304 f.; ferner *Schönke/Schröder (Sternberg-Lieben/Schuster)*, StGB, § 15 Rn. 179 m. w. Nachw.
45 Zum Gegensatz der Auffassungen – „Vermeidbarkeitstheorie" versus „Risikoerhöhungslehre" - ausführlich *Kühl*, Strafrecht AT, § 17 Rn. 47 ff., 51 ff. mit Beispielen und zahlr. Nachw.; vgl. ferner *Jescheck/Weigend*, Strafrecht AT, § 55 II, 2b; zur objektiven Zurechenbarkeit des Erfolges beim Fahrlässigkeitsdelikt und weiteren Zurechnungskriterien vgl. *Wessels/Beulke/Satzger*, Strafrecht AT, Rn. 1130 ff. mit Rn. 253 ff. und dort. Nachw.; allgemein zur objektiven Erfolgszurechnung hier Rn. 348 ff., 353, 354.
46 Vgl. die Beispiele BGHSt 10, 133, 135; BGH NJW 1998, 1802 ff., 1803/4; ferner bei *Jescheck/Weigend*, Strafrecht AT, § 55 I, 3a; *Kühl*, Strafrecht AT, § 17 Rn. 35; *Roxin*, Strafrecht AT I, § 24 Rn. 36; *Stratenwerth/Kuhlen*, Strafrecht AT, § 15 Rn. 22.
47 Beispiele bei *Roxin*, Strafrecht I, § 24 Rn. 36 ff. m. w. Nachw.
48 Vgl. BGH NJW 1998, 1802 ff., 1803/4; ferner das Beispiel bei *Heinrich*, Strafrecht AT, Rn. 1056; ferner BGHSt 42, 235, 236 f.; 43, 306, 311.

5. Zur subjektiven Sorgfaltspflichtverletzung (Fahrlässigkeitsschuld)

wird. Im Gesamtkomplex des Fahrlässigkeitsunrechts muss freilich auch dieses Vorverhalten ursächlich für den Eintritt des tatbestandlichen Erfolges sein.[49] Weiter muss dieses Vorverhalten ganz im Sinne des spezifischen Fahrlässigkeitsunrechts – objektive Sorgfaltspflichtverletzung bei objektiver Voraussehbarkeit des tatbestandsmäßigen Erfolges und objektiver Erkennbarkeit der Tatbestandsverwirklichung im Übrigen – sorgfaltswidrig und damit sorgfaltspflichtverletzend sein.

Im Kontext einer **Fahrlässigkeitshaftung aus Tätigkeitsübernahme** besteht die objektive Sorgfaltspflichtverletzung in einem Verstoß gegen Unterlassungs- und/oder Erkundigungspflichten: „Wer sich zu einem Verhalten anschickt, dessen Risiko für strafrechtlich geschützte Rechtsgüter er nicht beurteilen kann, muss sich erkundigen; ist eine Erkundigung nicht möglich oder erfolgversprechend, muss von dem Verhalten Abstand genommen werden. Und wer etwas möglicherweise Rechtsgütergefährdendes unternehmen will und den Gefahren wegen körperlicher Mängel oder fehlender Übung und Geschicklichkeit nicht gewachsen ist, muss das Verhalten unterlassen"[50]. Fehlen beispielsweise einem Arzt die zur Heilbehandlung erforderlichen Kenntnisse oder andere ärztliche Fähigkeiten, besteht seine Sorgfaltspflicht entweder darin, sich die erforderlichen Kenntnisse und Fähigkeiten zu beschaffen oder die Behandlung zu unterlassen (oder den Patienten einem sachkundigen Kollegen zu überweisen oder einen fähigen und fachkundigen „Spezialisten" zur Behandlung hinzuzuziehen, wobei es sich beides mal um „Surrogate" der Verschaffung eigener Fachkenntnisse handelt).[51] Wer wegen seiner geistigen Beengtheit den jugendgefährdenden Inhalt der von ihm vertriebenen Druckerzeugnisse nicht beurteilen kann, muss entweder den Vertrieb der Schriften einstellen oder sich über deren für die Jugend geeigneten Inhalt anderweit Gewissheit verschaffen.[52] Und schließlich: Wer als Autofahrer weiß, dass seine Nachtsehfähigkeit erheblich herabgesetzt ist, muss ggf. unter Verwendung optischer oder anderer Hilfsmittel eine ausreichende Nachtsehfähigkeit wieder herstellen oder – falls das nicht möglich ist – das Autofahren bei Nacht unterlassen.

Soweit unter Verstoß gegen diese Sorgfaltsgrundsätze tatbestandliche Erfolge eintreten (zumeist gem. §§ 222, 229), fehlt es an der **objektiven Zurechenbarkeit des Erfolges** nicht deshalb, weil sich die objektive Sorgfaltspflichtverletzung in einem sorgfaltswidrigen Vorverhalten manifestiert. Für die Fahrlässigkeitshaftung bei pflichtwidriger Tätigkeitsübernahme gelten überdies dieselben Regeln der objektiven Erfolgszurechnung wie auch in sonstigen Fahrlässigkeitsfällen (vgl. Rn. 613 ff. mit Rn. 348 ff.).

5. Zur subjektiven Sorgfaltspflichtverletzung (Fahrlässigkeitsschuld)

Zum Fahrlässigkeitsunrecht muss die **Fahrlässigkeitsschuld** hinzutreten, soll fahrlässiges Handeln insgesamt strafbar sein. Im **Schuldbereich der Fahrlässigkeit** kommt es darauf an festzustellen, ob und dass der Täter nach seinen persönlichen Kenntnissen und individuellen Fähigkeiten in der konkreten Tatsituation in der Lage war, die bestehende objektive Sorgfaltspflicht bei subjektiver Voraussehbarkeit des tatbestands-

---

[49] Vgl. dazu *Baumann/Weber/Mitsch/Eisele*, Strafrecht AT/*Eisele*, § 12 Rn. 67 ff., 67, ferner SK-StGB/*Hoyer*, Anhang zu § 16 Rn. 22 ff.
[50] So treffend *Roxin*, Strafrecht AT I, § 24 Rn. 36; vgl. auch *Jescheck/Weigend*, Strafrecht AT, § 55 I, 3a und 3c; ferner *Kühl*, Strafrecht AT, § 17 Rn. 35.
[51] Vgl. auch *Kühl*, Strafrecht AT, § 17 Rn. 35; ferner *Heinrich*, Strafrecht AT, Rn. 1056.
[52] Vgl. BGHSt 10, 133, 134 f.; vgl. zur pflichtwidrigen Tätigkeitsübernahme bzw. Übernahmefahrlässigkeit oder fahrlässiger Tätigkeitsübernahme noch *Schönke/Schröder (Sternberg-Lieben/Schuster)*, StGB, § 15 Rn. 136 f. m. zahlr. w. Nachw.

XIV. Sorgfaltspflichtverletzung und Fahrlässigkeit

mäßigen Erfolges sowie des zu ihm hinführenden Kausalverlaufs und der Tatbestandsverwirklichung im Übrigen zu erkennen und zu erfüllen. Das Kernstück der nach den individuellen Fähigkeiten, Fertigkeiten und Kenntnissen des Täters zu beurteilenden Fahrlässigkeitsschuld ist somit die **subjektive Sorgfaltspflichtverletzung** als Pendant zur objektiven Sorgfaltspflichtverletzung im Unrechtsbereich der Fahrlässigkeit (vgl. Rn. 605). Das Fahrlässigkeitsunrecht muss dem Täter auch persönlich zum Vorwurf gemacht werden können, sonst fehlt es – abgesehen von allen weiteren schuldbegründenden Merkmalen (vgl. Rn. 605) – an der für die Strafbarkeit wegen fahrlässigen Handelns erforderlichen Fahrlässigkeitsschuld.[53]

621 Zur Prüfung der subjektiven Sorgfaltspflichtverletzung wird ein **subjektiver, ein individualisierender Maßstab** angelegt. Maßgebend ist nicht der personalisierte Sorgfaltstyp des gewissenhaften, einsichtigen und besonnenen Angehörigen des jeweiligen Verkehrs- und Berufskreises, sondern der Täter selbst mit seinem individuellen Niveau an Kräften, Erfahrungen und Kenntnissen etc.[54] Ob und welche Feststellungen zur subjektiven Sorgfaltspflichtverletzung und Fahrlässigkeitsschuld zu treffen sind, hängt somit gänzlich von den individuellen Eigenschaften und Verhältnissen des Einzelnen in der konkreten Tatsituation ab. Die Fahrlässigkeitsschuld kann daher im Einzelfall auf Grund von körperlichen Mängeln, Verstandesfehlern, Wissens- und Erfahrungslücken, Altersabbau, auf Grund besonderer situativer Zwänge, ja sogar auf Grund von individueller Dummheit ausgeschlossen sein.[55] Immer kommt es darauf an, ob der Täter nach seiner Intelligenz und Bildung, seiner Geschicklichkeit und Befähigung, seiner Lebenserfahrung und nach seiner sozialen Stellung in der Lage war, das generelle Sorgfalts- und Voraussichtsgebot zu erkennen und zu erfüllen.[56]

622 Das **individualisierende Verständnis** der Fahrlässigkeitsschuld ist allerdings in verschiedener Hinsicht **begrenzt**: Zunächst kann sich nicht auf den Ausschluss seiner Fahrlässigkeitsschuld berufen, wer sein individuelles Sorgfaltsvermögen mit seiner rücksichtslosen, gleichgültigen, leichtfertigen oder oberflächlichen etc. Natur, Haltung oder inneren Einstellung etc. begründet; denn Charaktermängel beseitigen die Vorwerfbarkeit des Fahrlässigkeitsunrechts nicht, für seinen Charakter hat man einzustehen.[57] Darüber hinaus ist ein Urteil über die persönlichen Fähigkeiten und das individuelle Können eines Täters nur in der Weise möglich, dass danach gefragt wird, ob ein „Anderer", den man sich – mit denselben individuellen Eigenschaften, Fähigkeiten und Kenntnissen ausgestattet – als **täteräquivalente Vergleichsperson** vorzustellen hat, an seiner Stelle und in seiner Lage nach allgemeiner Erfahrung den Anforderungen an die subjektive Sorgfalt hätte genügen können. Hinzu kommt, dass sich die individuellen Fähigkeiten eines Täters wie jede innere Tatsache nur aus objektiven Anhaltspunkten rückschließend ermitteln lassen.[58] Weiter ist zu beachten, dass auch im Fahrlässigkeitsdelikt der Unrechtsverwirklichung eine **Indizfunktion** für das Vorliegen von Fahrlässigkeitsschuld zuzuweisen ist; die objektive Sorgfaltspflichtverletzung indiziert danach

---

53 Zur Fahrlässigkeitsschuld vgl. *Heinrich*, Strafrecht AT, Rn. 1022 ff.; *Kühl*, Strafrecht AT, § 17 Rn. 89 ff.; ferner *Jescheck/Weigend*, Strafrecht AT, § 57 II; *Schönke/Schröder (Sternberg-Lieben/Schuster)*, StGB, § 15 Rn. 190 ff.; SK-StGB/*Hoyer*, Anhang zu § 16 Rn. 98 ff. mit Ablehnung der sog. Zweistufigkeitslehre der h. M. in dort. Rn. 100; *Wessels/Beulke/Satzger*, Strafrecht AT, Rn. 1147 ff.
54 Vgl. *Jescheck/Weigend*, Strafrecht AT, § 57 II, 1 m. w. Nachw. für die h. M. in dort. Fn. 7.
55 Vgl. dazu *Jescheck/Weigend*, Strafrecht AT, § 57 II, 2; ferner *Herzberg* Jura 1984, 402 ff., 413.
56 Vgl. *Roxin*, Strafrecht AT I, § 24 Rn. 53 ff., 54.
57 Vgl. *Herzberg* Jura 1984, 402 ff., 413; vgl. auch *Jescheck/Weigend*, Strafrecht AT, § 57 II, 1; *Roxin*, Strafrecht AT I, § 24 Rn. 121.
58 Vgl. dazu *Jescheck/Weigend*, Strafrecht AT, § 57 II, 4 mit II, 1.

die subjektive Sorgfaltspflichtverletzung mit der Folge, dass von Fahrlässigkeitsschuld auszugehen ist, wenn keinerlei Anzeichen für körperliche oder geistige Mängel, für fehlende Kenntnisse, fehlendes Erfahrungswissen oder für situative Schwierigkeiten und notstandsähnliche Geschehensabläufe etc. vorhanden sind.[59]

Der Individualisierung der Fahrlässigkeit unter Schuldgesichtspunkten sind zudem vor allem durch das sog. **Übernahmeverschulden**, dem im Sachzusammenhang der Fahrlässigkeitsschuld zu berücksichtigenden Gegenstück zur bereits erörterten, das Fahrlässigkeitsunrecht (mit)begründenden pflichtwidrigen Tätigkeitsübernahme, enge Grenzen gesetzt[60]: Wer weiß, dass er nachtblind ist und dennoch bei Dunkelheit oder in die Nacht hinein Auto fährt, dem fällt nicht nur eine objektive Sorgfaltspflichtverletzung (pflichtwidrige Tätigkeitsübernahme), sondern auch eine subjektive Sorgfaltspflichtverletzung (Übernahmeverschulden) zur Last. 623

6. Kein Versuch, keine strafbare Tatbeteiligung

Obwohl ein **Versuch der Fahrlässigkeitstat** jedenfalls bei der bewussten Fahrlässigkeit (vgl. Rn. 599) denkmöglich ist, scheidet ein strafbarer Versuch des Fahrlässigkeitsdelikts aus; denn Versuchsstrafbarkeit setzt vorsätzliches Handeln (Tatentschluss, Tatvorstellung) voraus (vgl. Rn. 512 f., 517 ff.). **Strafbare Tatbeteiligung** (vgl. Rn. 625 ff.) setzt in den Formen der Teilnahme im engeren Sinne (Anstiftung und Beihilfe, §§ 26, 27) von Gesetzes wegen ebenfalls vorsätzliches Verhalten voraus. Und auch die Täterschaftsformen der mittelbaren Täterschaft bzw. Mittäterschaft (§ 25) sind wegen ihrer subjektiven Voraussetzungen bei Fahrlässigkeitsdelikten ausgeschlossen (ob es eine fahrlässige Mittäterschaft konstruktiv geben kann, ist umstritten).[61] Allenfalls zwei voneinander unabhängige Nebentäter können jeweils fahrlässig zum Eintritt des Erfolges zusammenwirken. Praktische Bedeutung hat diese sog. **Nebentäterschaft** (vgl. Rn. 625 ff., 629), die gesetzlich nicht eigens geregelt ist, vor allem im Bereich fahrlässiger Verkehrsstraftaten. Eine Erscheinungsform originärer (Tat-)Beteiligung stellt sie genau genommen nicht dar, so dass insgesamt bei Fahrlässigkeitsdelikten eine strafbare Tatbeteiligung nicht möglich ist.[62] 624

7. Lernkontrolle

- Unter welchen Voraussetzungen ist fahrlässiges Verhalten strafbar? (Rn. 595 f.)
- Welche Charakteristika kennzeichnen sog. Vorsatz-Fahrlässigkeits-Kombinationen? (Rn. 596)
- Was ist unter Fahrlässigkeit im Strafrecht zu verstehen – Begriff der Fahrlässigkeit? (Rn. 597)
- Beschreiben Sie die Struktur des Fahrlässigkeitsdelikts. (Rn. 598)

---

59 Vgl. etwa *Roxin*, Strafrecht AT I, § 24 Rn. 120.
60 Vgl. dazu *Kühl*, Strafrecht AT, § 17 Rn. 91; *Roxin*, Strafrecht AT I, § 24 Rn. 114 ff., 119; ferner *Jescheck/Weigend*, Strafrecht AT, § 57 II, 3.
61 Vgl. dazu *Wessels/Beulke/Satzger*, Strafrecht AT, Rn. 1108.
62 Zu Grundlagen und Einzelfragen der strafrechtlichen Fahrlässigkeitshaftung vgl. etwa *Baumann/Weber/Mitsch/Eisele*, Strafrecht AT/*Eisele*, § 12; *Heinrich*, Strafrecht AT, § 28; *Hilgendorf/Valerius*, Strafrecht AT, § 12; *Jescheck/Weigend*, Strafrecht AT, §§ 54 – 57; *Kühl*, Strafrecht AT, §§ 17, 19; *Murmann*, Grundkurs, § 30; NK-StGB (*Puppe*), § 15 Rn. 1 ff.; *Roxin*, Strafrecht AT I, § 24; *Schönke/Schröder* (*Sternberg-Lieben/Schuster*), StGB, § 15 Rn. 105 ff.; SK-StGB/*Hoyer*, Anhang zu § 16 Rn. 1 ff.; *Stratenwerth/Kuhlen*, Strafrecht AT, §§ 15, 16; *Wessels/Beulke/Satzger*, Strafrecht AT, Rn. 1104 ff., 1105 ff.

XIV. Sorgfaltspflichtverletzung und Fahrlässigkeit

- Kennzeichnen Sie den Unterschied zwischen bewusster, unbewusster Fahrlässigkeit und Leichtfertigkeit. (Rn. 599 f.)
- Was gehört zum Unrechtstatbestand des Fahrlässigkeitsdelikts? (Rn. 602 f.)
- Wie verhalten sich Unrechtstatbestand und Rechtswidrigkeit im Fahrlässigkeitsdelikt zueinander? (Rn. 604)
- Was versteht man unter Fahrlässigkeitsschuld? (Rn. 605)
- Beschreiben Sie den Kerngehalt der sog. objektiven Sorgfaltspflichtverletzung. (Rn. 606 ff.)
- Wonach beurteilt sich die „Außerachtlassung der im Rechtsverkehr erforderlichen Sorgfalt"? (Rn. 610 ff.)
- Welchen Anforderungen muss die Erkennbarkeit bzw. Voraussehbarkeit der Tatbestandsverwirklichung genügen? (Rn. 606 und Rn. 612)
- Umschreiben Sie die Bedeutung des sog. Schutzzweck- und Pflichtwidrigkeitszusammenhangs für die objektive Erfolgszurechnung im Fahrlässigkeitsdelikt. (Rn. 613 ff.)
- Welche Folgen hat die objektive Unvermeidbarkeit des Erfolgseintritts für die Fahrlässigkeitshaftung? (Rn. 615)
- Was versteht man unter der pflichtwidrigen Tätigkeitsübernahme bzw. dem sog. Übernahmeverschulden? (Rn. 616 ff., 623)
- Was ist unter der subjektiven Sorgfaltspflichtverletzung zu verstehen und wie ist sie deliktssystematisch einzuordnen? (Rn. 620 ff.)

XV. Strafbare Tatbeteiligung im Überblick

Wer allein und eigenhändig tatbestandsmäßig, rechtswidrig und schuldhaft handelt, ist Täter einer Straftat – eine Selbstverständlichkeit. Sind dagegen mehrere Personen an einer Straftat und noch dazu – wie stets – mit unterschiedlichen Tatbeiträgen auf unterschiedliche Weise beteiligt, fragt es sich, ob sie alle gleichermaßen als Täter oder nur zum Teil als Täter und im Übrigen als Nichttäter, als andere Tatbeteiligte zu qualifizieren sind.

625

1. Extensiver und restriktiver Täterbegriff, Einheitstäterprinzip

Die zwei prinzipiellen Möglichkeiten, mehreren Tatbeteiligten mit ihrer unterschiedlichen Eingebundenheit in das Tatgeschehen ausreichend differenziert Rechnung zu tragen, werden üblicherweise an verschiedenen Täterbegriffen festgemacht.[1] Fasst man den Täterbegriff sehr weit, können alle Tatbeteiligten, die nur irgendwie den tatbestandsmäßigen Erfolg mit verursacht haben, als Täter bezeichnet werden. Dieser **extensive Täterbegriff** beruht auf dem schon die Bedingungs- und Äquivalenztheorie (vgl. Rn. 343 ff.) tragenden Gedanken von der Gleichwertigkeit aller Erfolgsbedingungen.[2] Auf den extensiven Täterbegriff gründet sich das **Einheitstäterprinzip**. Danach ist jeder Tatbeteiligte ohne Rücksicht auf Art und Intensität seines Tatbeitrags und ohne Rücksicht darauf, welche Bedeutung seiner Mitwirkung im Gesamtkomplex des Tatgeschehens zukommt, als Täter zu betrachten. Die sachlich gebotene Differenzierung nach dem unterschiedlichen Gewicht der verschiedenen Tatbeiträge erfolgt nicht auf der Tatbestandsebene, sondern erst im rechtsfolgenkonkretisierenden Vorgang der Strafzumessung.[3] Dem extensiven steht der **restriktive Täterbegriff** gegenüber. Danach ist von mehreren Tatbeteiligten nur derjenige Täter, wer die tatbestandsmäßige Handlung selbst begeht, während die bloße Mitverursachung durch nicht tatbestandsmäßiges Handeln, also etwa die bloße Förderung oder Veranlassung einer Tat, als täterschaftliches Verhalten ausscheidet.[4] Mit dem restriktiven Täterbegriff korrespondiert ein **pluralistisches System der Tatbeteiligungen**, das eine Differenzierung unterschiedlich gewichtiger und beteiligungsintensiver Tatbeiträge bereits auf Tatbestandsebene ermöglicht und auch vorsieht.

626

Je nachdem, welchen Täterbegriff man „konstruktiv" zur normativen Erfassung von Tatbeteiligungen zu Grunde legt, erweisen sich gesetzliche Vorschriften, die für bestimmte Beteiligungsarten eigene Regeln schaffen und sie an besondere Voraussetzungen knüpfen, als Strafeinschränkungs- oder Strafausdehnungsgründe, weil sie je nach Standpunkt den Umfang der strafrechtlichen Haftung aus den gesetzlichen Deliktsbeschreibungen des Kern- und Nebenstrafrechts einschränken oder ausdehnen. Aus der Sicht des extensiven Täterbegriffs verstehen sich deshalb die in die Deliktsmaterie des Kern- und Nebenstrafrechts hineinzulesenden gesetzlichen Vorschriften über Tatbeteiligungen (§§ 25 ff.) und insbesondere über Anstiftung (§ 26) und Beihilfe (§ 27)

627

---

[1] Vgl. zum Folgenden auch *Roxin*, Strafrecht AT II, § 25 Rn. 2 ff., 5 ff.; ferner *Baumann/Weber/Mitsch/Eisele*, Strafrecht AT/*Eisele*, § 24 Rn. 26 ff.
[2] Vgl. etwa *Jescheck/Weigend*, Strafrecht AT, § 61 IV, 1.
[3] Vgl. *Jescheck/Weigend*, Strafrecht AT, § 61 II, 1; *Kühl*, Strafrecht AT, § 20 Rn. 8.
[4] Vgl. zum restriktiven und extensiven Täterbegriff noch *Schönke/Schröder (Heine/Weißer)*, StGB, Vorbem. §§ 25 Rn. 4 ff., 7 ff.; SK-StGB/*Hoyer*, Vor § 25 ff. Rn. 1 ff.; vgl. zum „doppelten Täterbegriff" *Schönke/Schröder (Heine/Weißer)*, StGB, Vorbem. §§ 25 Rn. 9 mit Rn. 107 ff.; vgl. auch *Stratenwerth/Kuhlen*, Strafrecht AT, § 15 Rn. 71 ff.

als Strafeinschränkungsgründe, unter dem Blickwinkel eines restriktiven Täterbegriffs hingegen als Strafausdehnungsgründe.⁵

628 Das geltende Strafrecht differenziert bei Tatbeteiligungen zwischen **Tätern** als einer Art von Tatbeteiligten und **Teilnehmern** als einer zweiten Art von Tatbeteiligten (vgl. § 28). Es folgt somit nicht dem Einheitstäterprinzip (anders das Ordnungswidrigkeitenrecht, vgl. § 14 Abs. 1 OWiG), sondern favorisiert ein **dualistisches Beteiligungssystem**.⁶ Danach zerfällt der Gesamtbereich strafbarer Tatbeteiligungen (der auch als Teilnahme im weiteren Sinne bezeichnet wird) in die Kategorien der **Täterschaft und Teilnahme** (die auch als Teilnahme im engeren Sinne bezeichnet wird). Die Beteiligungskategorie der **Teilnahme** umfasst zwei Teilnahmeformen, die **Anstiftung** (§ 26) und die **Beihilfe** (§ 27). Hierbei handelt es sich jeweils um gesetzlich vorgegebene (§ 28) Termini. Die Beteiligungskategorie der **Täterschaft** ist in drei Formen der Täterschaft unterteilt: Wer die Tat selbst und allein begeht (§ 25 Abs. 1, 1 Alt.), ist **unmittelbarer Täter**, und zwar unmittelbarer Alleintäter. Wer die Tat durch einen anderen begeht (§ 25 Abs. 1, 2. Alt.), ist **mittelbarer Täter**, und wer eine Tat mit mehreren gemeinschaftlich begeht (§ 25 Abs. 2), ist **Mittäter**.

629 Gesetzlich nicht geregelt ist die sog. **Nebentäterschaft**. Sie zeichnet sich dadurch aus, dass mehrere Personen einen Straftatbestand verwirklichen, ohne mittelbare Täter, Mittäter oder Teilnehmer zu sein. Sie ist **keine Beteiligungsform im eigentlichen Sinne**, sondern ein tatbestandsbezogener Sonderfall mehrerer unabhängig voneinander handelnder unmittelbarer Täter. Nebentäterschaft ist zwar bei Vorsatzdelikten nicht grundsätzlich ausgeschlossen (sie kommt vor allem im Deliktsbereich der echten und noch mehr der unechten Unterlassungsdelikte vor), aber selten. Häufiger tritt sie bei Fahrlässigkeitsdelikten in Erscheinung (insbesondere im Zusammenhang mit Verkehrsstraftaten, vgl. Rn. 624), weil es im Deliktsbereich der Fahrlässigkeit aus strukturellen Gründen keine Tatbeteiligungen in Form von mittelbarer Täterschaft, Mittäterschaft, Anstiftung oder Beihilfe gibt.⁷

630 Das **dualistische Beteiligungssystem** mit seinen Kategorien von Täterschaft und Teilnahme ist auf das **vorsätzliche Begehungsdelikt** zugeschnitten. Für den Deliktsbereich der Fahrlässigkeit ist es entbehrlich, weil regelmäßig jeder, der durch eine Sorgfaltspflichtverletzung in objektiv zurechenbarer Weise zur Tatbestandsverwirklichung beiträgt, (wie soeben beschrieben) als Täter (Nebentäter) des Fahrlässigkeitsdelikts in Betracht kommt.⁸ Ob damit gleich ein Rückgriff auf das Einheitstäterprinzip und den extensiven Täterbegriff einhergeht, dürfte zu bezweifeln sein: Die Entbehrlichkeit oder gar Gegenstandslosigkeit des dualen Beteiligungssystems bei den Fahrlässigkeitsdelikten lässt nicht automatisch das Einheitstäterprinzip an seine Stelle treten. Ebenso wenig zwingt sie zu einem „doppelten Täterbegriff": der restriktive bei den Vorsatz- und der extensive bei den Fahrlässigkeitsdelikten. Auch mit dem Deliktsbereich der Fahr-

---

5 Vgl. dazu *Heinrich*, Strafrecht AT, Rn. 1173 ff., 1179 ff.; *Jescheck/Weigend*, Strafrecht AT, § 61 III, 1 und IV, 1; ferner *Baumann/Weber/Mitsch/Eisele*, Strafrecht AT/*Eisele*, § 24 Rn. 26 ff., 29 f.; *Kühl*, Strafrecht AT, § 20 Rn. 5 ff.; *Schönke/Schröder (Heine/Weißer)*, StGB, Vorbem. §§ 25 Rn. 4 ff., 7 ff.; SK-StGB/*Hoyer*, Vor § 25 Rn. 1 ff., 3.
6 Vgl. dazu *Heinrich*, Strafrecht AT, Rn. 1173 ff.; *Wessels/Beulke/Satzger*, Strafrecht AT, Rn. 797 ff.
7 Vgl. zur Möglichkeit einer fahrlässigen Mittäterschaft statt aller *Schönke/Schröder (Heine/Weißer)*, StGB, Vorbem. §§ 25 Rn. 107 ff., 115 f.; SK-StGB/*Hoyer*, § 25 Rn. 151 ff., 154; vgl. aber (abl.) auch *Baumann/Weber/ Mitsch/Eisele*, Strafrecht AT/*Eisele*, § 25 Rn. 87 f.; *Jescheck/Weigend*, Strafrecht AT, § 63 I, 3a; vgl. auch *Roxin*, Strafrecht AT II, § 25 Rn. 242.
8 Vgl. auch *Wessels/Beulke/Satzger*, Strafrecht AT, Rn. 799 mit Rn. 1105 ff. m. w. Nachw.

lässigkeitsdelikte ist der restriktive Täterbegriff vereinbar.⁹ Soweit Tatbeteiligungen am (unechten) Unterlassungsdelikt und Tatbeteiligungen durch (unechtes) Unterlassen am Begehungs- und/oder (unechten) Unterlassungsdelikt in Frage stehen, können das duale Beteiligungssystem und mit ihm die (nachfolgenden) Regeln zur Abgrenzung von Täterschaft und Teilnahme nur sinngemäß Anwendung finden.

2. Zur Abgrenzung von Täterschaft und Teilnahme

Das Gesetz beschreibt zwar in § 25 die Formen der Täterschaft und in den §§ 26, 27 die Formen der Teilnahme. Aus den §§ 25 ff. ist jedoch nicht ohne weiteres zu entnehmen, wer aus dem Kreis mehrerer Tatbeteiligter als Täter und wer als Teilnehmer zu charakterisieren ist. Genau genommen setzt die Anwendung der §§ 25 ff. bei mehreren Tatbeteiligten immer schon voraus, dass „die Spreu vom Weizen getrennt" ist, dass also feststeht, wer Täter und wer Teilnehmer ist. Erst danach ist es sinnvoll zu fragen, ob Mittäterschaft oder mittelbare Täterschaft als täterschaftliche Beteiligungsform bzw. Anstiftung oder Beihilfe als Teilnahmeform vorliegt. Ohne eine solche, den gesetzlichen Vorschriften **vorausgehende Abgrenzung von Täterschaft und Teilnahme** wäre es nicht möglich, eine klare Trennlinie zwischen die Beteiligungsformen der mittelbaren Täterschaft und Anstiftung einerseits (in beiden Fällen wird die Tat eines Anderen veranlasst) sowie die Beteiligungsformen der Mittäterschaft und Beilhilfe (in beiden Fällen wird zur Tatbestandsverwirklichung „fördernd" beigetragen) andererseits zu legen; denn aus § 25 Abs. 1, 1 Alt. lässt sich zwar ableiten, dass derjenige, der eine mit Strafe bedrohte Handlung selbst begeht und in seiner Person sämtliche Merkmale des objektiven und subjektiven Unrechtstatbestandes verwirklicht, stets Täter ist (Tatbestandsbezogenheit der Täterschaft/tatbestandsbezogener Täterbegriff).¹⁰ Aber überall dort, wo ein Täter nicht notwendigerweise alle Tatbestandsmerkmale in eigener Person zu verwirklichen braucht (und das ist bei mittelbarer Täterschaft und Mittäterschaft der Fall), bleibt zweifelhaft, ob nicht in Wirklichkeit statt Täterschaft eher Teilnahme (Anstiftung oder Beihilfe) anzunehmen ist: A, B und C sind Tatbeteiligte eines Einbruchsdiebstahls. C fährt das Fluchtauto, das auch dem Abtransport der Beute dienen soll. Ist C als Täter (Mittäter) oder Teilnehmer (Gehilfe) zu qualifizieren? Wie wäre es, wenn überhaupt nur C als Einziger in der Lage ist, das Auto zu fahren? Aus den Beteiligungsvorschriften der §§ 25 ff. unmittelbar ist für derlei Fallkonstellationen keine Klarheit zu gewinnen.

631

2.1 Verschiedene Abgrenzungstheorien

Zur Abgrenzung von Täterschaft und Teilnahme stehen **verschiedene Theorien** zur Verfügung¹¹, die sich inhaltlich entweder auf den Tatbestand und seine Verwirklichung (objektive Theorien) oder auf die Willensrichtung des Tatbeteiligten (subjektive Theorien) beziehen. Das Spektrum der wichtigsten Abgrenzungstheorien reicht von der sog.

632

---

9 Vgl. etwa *Schönke/Schröder (Heine/Weißer)*, StGB, Vorbem. §§ 25 ff. Rn. 4 ff., 6, 10; ferner SK-StGB/*Hoyer*, § 25 Rn. 151 ff., 152.
10 Sog. Tatbestandsbezogenheit der Täterschaft/tatbestandsbezogener Täterbegriff, vgl. *Kühl*, Strafrecht AT, § 20 Rn. 5, 12 ff.; ferner *Baumann/Weber/Mitsch/Eisele*, Strafrecht AT/*Eisele*, § 25 Rn. 2; *Wessels/Beulke/Satzger*, Strafrecht AT, Rn. 800 ff.; aus der Rspr. etwa BGHSt 38, 315, 316/7.
11 Vgl. dazu *Roxin*, Strafrecht AT II, § 25 Rn. 10 ff.; *Schönke/Schröder (Heine/Weißer)*, StGB, Vorbem. §§ 25 ff. Rn. 48 ff.; SK-StGB/*Hoyer*, Vor § 25 Rn. 9 ff.; *Wessels/Beulke/Satzger*, Strafrecht AT, Rn. 807 ff.; vgl. auch *Baumann/Weber/Mitsch/Eisele*, Strafrecht AT/*Eisele*, § 25 Rn. 16 ff.; *Heinrich*, Strafrecht AT, Rn. 1204 ff.

formal-objektiven Theorie über eine Reihe materiell-objektiver Theorien und die sog. eingeschränkt-subjektive bis zur extrem-subjektiven Theorie.[12]

633 Die sog. **formal-objektive** oder auch **formell-objektive Teilnahmetheorie** sieht nur denjenigen als Täter an, der durch sein Handeln den gesetzlichen Straftatbestand objektiv und subjektiv vollständig erfüllt. Fehlt es hieran ganz oder teilweise, kommt nur Teilnahme in Betracht. Das deliktische Gewicht der Mitwirkung des Tatbeteiligten im Rahmen des Gesamtgeschehens ist ohne Bedeutung.[13] Diese bis 1930 in der Strafrechtslehre vorherrschende Abgrenzungstheorie ist mit § 25 Abs. 1, 2 Alt., wonach Täter auch derjenige Tatbeteiligte sein kann, der die Tathandlung nicht in eigener Person vornimmt, nicht vereinbar und kann beispielsweise die Mittäterschaft eines nicht am Tatort mitwirkenden Bandenchefs nicht erklären.[14] Die formal-objektive Teilnahmetheorie ist nicht nur überholt, sondern nach gegenwärtiger Gesetzeslage – jedenfalls ohne Einschränkungen – nicht mehr vertretbar.[15]

634 Dasselbe gilt für die sog. **extrem-subjektive** oder auch **streng-subjektive Teilnahmelehre**.[16] Auf der Grundlage der **subjektiven Teilnahmetheorie** ist für die Abgrenzung von Täterschaft und Teilnahme allein der Wille des Tatbeteiligten, seine innere Einstellung zur Tat und die Willensrichtung entscheidend. Danach ist Täter, wer einen kausalen Tatbeitrag mit **Täterwillen** leistet, Teilnehmer ist, wer dabei bloß einen **Teilnehmerwillen** hat. Täterwillen hat, wer die **Tat als eigene** will (animus auctoris), Teilnehmerwillen hat, wer **die Tat als fremde** will (animus socii). Diese subjektive Teilnahmetheorie (wegen der animus-Formeln auch „animus-Theorie" genannt) wurde und wird – inzwischen mit Einbeziehung auch objektiver Kriterien (vgl. Rn. 635 f.) – vorwiegend von der Rechtsprechung vertreten. Anhaltspunkte dafür, dass jemand die Tat als eigene will, sind das eigene Interesse am Taterfolg (sog. Interessentheorie) und/oder die (subjektive) Zuordnung des Beteiligtenwillens zum Willen des Täters (sog. dolus-Theorie): Wer kein oder nur ganz geringes Eigeninteresse am Taterfolg hat, will danach die Tat nicht als eigene und ist nur Teilnehmer. Ebenso kommt nur Teilnahme in Betracht, wenn der Tatbeteiligte seinen Willen dem des Täters unterordnet und nicht gleichordnet. Das Abstellen auf „rein" subjektive Abgrenzungskriterien führt im Extremfall dazu, sogar bei eigenhändiger Verwirklichung sämtlicher Tatbestandsmerkmale nicht Täterschaft, sondern Teilnahme anzunehmen. Beispiele für die (ajuristisch motivierte?) Anwendung einer derart extrem-subjektiven Teilnahmetheorie sind der sog. Badewannen-Fall[17] und der sog. Stachynskij-Fall.[18] In beiden Fällen wurden die Angeklagten wegen Beihilfe verurteilt, obwohl sie in eigener Person sämtliche (objektiven und subjektiven) Merkmale des gesetzlichen Straftatbestandes erfüllten (im Badewannen-Fall auf Grund mangelnden Eigeninteresses am Taterfolg, im Stachynskij-Fall wegen mangelnden Eigeninteresses am Taterfolg und gewissenswidriger Unterwerfung unter frem-

---

12 Zum Zusammenhang zwischen den Abgrenzungstheorien und dem restriktiven bzw. extensiven Täterbegriff vgl. *Jescheck/Weigend*, Strafrecht AT, § 61 III und IV.
13 Vgl. *Heinrich*, Strafrecht AT, Rn. 1204; *Jescheck/Weigend*, Strafrecht AT, § 61 III, 2a; *Wessels/Beulke/Satzger*, Strafrecht AT, Rn. 808.
14 Vgl. etwa *Wessels/Beulke/Satzger*, Strafrecht AT, Rn. 808 mit Rn. 824; ferner *Baumann/Weber/Mitsch/Eisele*, Strafrecht AT/*Eisele*, § 25 Rn. 16 ff., 19.
15 Ähnlich auch *Kühl*, Strafrecht AT, § 20 Rn. 24 m. w. Nachw.; ferner SK-StGB/*Hoyer*, Vor § 25 Rn. 9; vgl. auch *Heinrich*, Strafrecht AT, Rn. 1204; *Jescheck/Weigend*, Strafrecht AT, § 61 III, 3.
16 Vgl. dazu *Heinrich*, Strafrecht AT, Rn. 1205, 1208 f.; *Jescheck/Weigend*, Strafrecht AT, § 61 IV, 2; *Kühl*, Strafrecht AT, § 20 Rn. 22/23; *Schönke/Schröder (Heine/Weißer)*, StGB, Vorbem. §§ 25 ff. Rn. 52 ff.; *Wessels/Beulke/Satzger*, Strafrecht AT, Rn. 807 ff. 809, 812 ff..
17 Vgl. *RGSt* 74, 84, 85.
18 Vgl. *BGHSt* 18, 87, 90.

2. Zur Abgrenzung von Täterschaft und Teilnahme

den Täterwillen). In dieser extremen Ausprägung ist die subjektive Teilnahmetheorie mit § 25 Abs. 1, 1 Alt. nicht vereinbar, als extrem-subjektive Teilnahmetheorie ist die subjektive Teilnahmelehre deshalb nach derzeitiger Gesetzeslage nicht (mehr) vertretbar.[19] Das aber schließt nicht aus, Täterschaft und Teilnahme im Ausgangspunkt auf der Grundlage einer eingeschränkt-subjektiven Teilnahmetheorie (eingeschränkt insofern, als bei **eigenhändiger** Verwirklichung sämtlicher Tatbestandsmerkmale ohne Beachtung gegenläufiger subjektiver Kriterien stets Täterschaft vorliegt) mit Hilfe subjektiver Kriterien abzugrenzen und diese Abgrenzung ggf. durch Einbeziehung objektiver Aspekte zu ergänzen.[20]

Die neuere Rechtsprechung des *BGH* und der *Obergerichte* orientiert sich bei der Abgrenzung von Täterschaft und Teilnahme nach wie vor an der **subjektiven Teilnahmelehre**, will aber den Täterwillen in einer „wertenden Gesamtbetrachtung" unter Berücksichtigung aller Umstände, die der Tatbeteiligung subjektiv und objektiv zu Grunde liegen, ermitteln. Wesentliche Anhaltspunkte für diese „wertende Gesamtbetrachtung" sind der **Grad des eigenen Interesses am Taterfolg**, der **Umfang und die Intensität der Tatbeteiligung** und die **Tatherrschaft** oder doch wenigstens der **Wille zur Tatherrschaft**.[21] Will man der von der (neueren) Rechtsprechung unter zunehmender Hinwendung zur Objektivierung des subjektiven Ansatzes verfolgten **Abgrenzungsmethodik** einen Theoriestatus zuschreiben, wäre sie wohl zutreffend mit „**subjektive Teilnahmetheorie auf objektiv-tatbestandlicher Grundlage**" bezeichnet.[22]

635

Diese „Theorievariante" der subjektiven Teilnahmelehre ist den **materiell-objektiven Teilnahmetheorien** und insbesondere der sog. **Tatherrschaftslehre** deutlich angenähert. Die Lehre von der Tatherrschaft ist als die bislang bedeutendste Modalität einer im Ansatz materiell-objektiven Teilnahmetheorie die heute in der Strafrechtslehre vorherrschende Auffassung. Sie verbindet im **Leitprinzip der Tatherrschaft** als dem maßgeblichen Abgrenzungskriterium für die Unterscheidung von Täterschaft und Teilnahme objektive und subjektive Elemente der Tatbeteiligung und überwindet so den Gegensatz zwischen einer „rein" subjektiven und einer „rein" objektiven Teilnahmetheorie. Dahinter steht die Erkenntnis, dass sich weder eine „rein" subjektive noch eine „rein" objektive Teilnahmelehre dazu eignet, das Wesen der Täterschaft überzeugend zu begründen und gleichzeitig Täterschaft und Teilnahme sachgerecht voneinander abzugrenzen.[23]

636

Unter **Tatherrschaft** ist das vom Vorsatz umfasste „In-den-Händen-Halten" des tatbestandsmäßigen Geschehensablaufs bis zum Eintritt des Erfolges zu verstehen.[24] Anknüpfungspunkt für Täterschaft ist der gesetzliche Straftatbestand und dessen (eigen-

637

---

19 Vgl. aber die – noch – relativierenden Formulierungen in *BGHSt* 38, 315, 316; *BGH* NStZ 1987, 224, 225.
20 Vgl. zur Entwicklung der „eingeschränkt – subjektiven Teilnahmelehre" hin zu einer „normativen Kombinationslehre" der Rechtsprechung etwa NK-StGB (*Schild*) § 25 Rn. 23 ff.; kritisch dazu SK-StGB/*Hoyer*, § 25 Rn. 4 ff., 9; ferner *Schönke/Schröder (Heine/Weißer)*, StGB, Vorbem. §§ 25 ff. Rn. 63 ff.; *Wessels/Beulke/Satzger*, Strafrecht AT, Rn. 811, 812 m. zahlr. Nachw. in dort. Fn. 24 und 26; krit. zur „normativen Kombinationslehre" auch *Roxin*, Strafrecht AT II, § 25 Rn. 22 – 26.
21 Vgl. die Darstellung und Nachw. bei *Kühl*, Strafrecht AT, § 20 Rn. 30 ff., 31 bei und in dort. Fn. 42; ferner bei NK-StGB (*Schild*), § 25 Rn. 23 ff.; *Schönke/Schröder (Heine/Weißer)*, StGB, Vorbem. §§ 25 Rn. 63 ff.; *Wessels/Beulke/Satzger*, Strafrecht AT, Rn. 809, 811, 812.
22 Vgl. *Kühl*, Strafrecht AT, § 20 Rn. 30 m. w. Nachw.; *Wessels/Beulke/Satzger*, Strafrecht AT, Rn. 811, 812 bei und m. w. Nachw. in dort. Fn. 24; *BGHSt* 40, 218, 236; 45, 270, 296; 51, 219, 221.
23 Vgl. dazu *Jescheck/Weigend*, Strafrecht AT, § 61 V; *Kühl*, Strafrecht AT, § 20 Rn. 25 ff.; *Schönke/Schröder (Heine/Weißer)*, StGB, Vorbem. §§ 25 ff. Rn. 57 ff., 61, 64 ff.; SK-StGB/*Hoyer*, § 25 Rn. 10 ff., 12 ff.; *Wessels/Beulke/Satzger*, Strafrecht AT, Rn. 808 ff., 811, 812 jew. m. w. Nachw.
24 Vgl. *Wessels/Beulke/Satzger*. Rn. 810.

händige) Verwirklichung. Die tatbestandsmäßige Handlung wird als eine **objektiv-subjektive Sinneinheit** begriffen, so dass die Tat einerseits als das Werk eines steuernden Willens erscheint, andererseits aber auch das sachliche Gewicht des Tatanteils, den jeder Tatbeteiligte realisiert, für die Täterschaft (mit) maßgebend ist. Täter kann deshalb nur sein, wer auch nach der Bedeutung seines objektiven Tatanteils den Ablauf des Tatgeschehens mit beherrscht.[25] Danach ist **Täter**, wer als **Zentralgestalt** oder **Schlüsselfigur** des Tatgeschehens die planvoll-lenkende oder mitgestaltende Tatherrschaft besitzt, die Tatbestandsverwirklichung somit nach seinem Willen hemmen oder ablaufen lassen kann, **Teilnehmer** ist dagegen, wer ohne eigene Tatherrschaft als **Randfigur** des realen Geschehens die Begehung der Tat veranlasst oder fördert.[26] Auf die Täterschaftsformen des § 25 bezogen versteht sich Tatherrschaft beim unmittelbar und eigenhändig Tätigwerdenden (§ 25 Abs. 1, 1 Alt.) als **Handlungsherrschaft**, beim mittelbaren Täter (§ 25 Abs. 1, 2. Alt.) als „**Willensherrschaft**" des den unmittelbar Handelnden steuernden Hintermanns oder als dessen „**Herrschaft kraft überlegenen Wissens**"[27] und als **funktionelle Tatherrschaft** der arbeitsteilig zusammenwirkenden Tatbeteiligten bei der Mittäterschaft gem. § 25 Abs. 2.[28]

638 Zur Abgrenzung von Täterschaft und Teilnahme eignet sich in erster Linie die Tatherrschaftslehre.[29] Sie trägt sowohl der dem geltenden Strafrecht zu Grunde liegenden Tatbestandsbezogenheit der Täterschaft (vgl. Rn. 631, 639 ff.), als auch der Sachgegebenheit, dass Täterschaft und Teilnahme nicht lediglich objektiv und genauso wenig allein subjektiv, sondern nur in einem objektiv-subjektiven Sinne abzugrenzen sind, sachgerecht Rechnung. Das **Leitprinzip der Tatherrschaft** verfügt zudem über genügend Differenzierungsmöglichkeiten, um die Erscheinungsformen der Täterschaft „griffig" zu erfassen. Auch bei Anwendung der Tatherrschaftslehre verbleiben jedoch „letzte" Abgrenzungszweifel und -unsicherheiten.[30] Teilweise kann diesen Zweifeln und Unsicherheiten durch eine wertende Gesamtbetrachtung im Einzelfall begegnet werden. Eine weitere Möglichkeit, derartige Unsicherheiten zu beseitigen, besteht darin, „zweistufig" in der Weise vorzugehen, die in primärer Anwendung der Tatherrschaftslehre erzielten Abgrenzungsergebnisse mittels **Kontrolle durch** eine Abgrenzung auf der Basis der von der Rechtsprechung vertretenen „**subjektiven Teilnahmetheorie auf objektiv-tatbestandlicher Grundlage**" (vgl. Rn. 635) – mit Präferenz der Tatherrschaftslehre bei widerstreitenden Ergebnissen – inhaltlich abzusichern.

2.2 Tatbestandsbezogenheit der Täterschaft

639 Aus der Tatbestandsbezogenheit der Täterschaft (vgl. Rn. 638, 631: tatbestandsbezogener Täterbegriff) ergibt sich nicht nur, dass derjenige, der selbst den gesetzlichen Straftatbestand durch sein Handeln verwirklicht, stets Täter ist. Vielmehr resultiert daraus auch, dass derjenige, dem eine im gesetzlichen Straftatbestand vorausgesetzte

---

25 Vgl. *Jescheck/Weigend*, Strafrecht AT, § 61 V, 1.
26 So die Darstellung bei *Wessels/Beulke/Satzger*, Strafrecht AT, Rn. 810; vgl. ferner SK-StGB/Hoyer, § 25 Rn. 10 ff.
27 Vgl. *BGHSt* 32, 38, 42.
28 Vgl. dazu *Roxin*, Strafrecht AT II, § 25 Rn. 38, 45, 188; ferner *Kühl*, Strafrecht AT, § 20 Rn. 26 – 28; *Wessels/Beulke/Satzger*, Strafrecht AT, Rn. 810 m. w. Nachw. in dort. Fn. 22.
29 Erstmals umfassend ausgearbeitet von *Roxin*, vgl. dazu *Roxin*, Strafrecht AT II, § 25 Rn. 10 ff., 13 bei und mit dort. Fn. 16.
30 Vgl. zur Kritik m. w. Nachw. etwa *Heinrich*, Strafrecht AT, Rn. 1206 ff.; ferner *Schönke/Schröder (Heine/Weißer)*, StGB, Vorbem. §§ 25 ff. Rn. 61; vgl. auch *Kühl*, Strafrecht AT, § 20 Rn. 29; *Wessels/Beulke/Satzger*, Strafrecht AT, Rn. 810 mit Rn. 812; ferner *Baumann/Weber/Mitsch/Eisele*, Strafrecht AT/*Eisele*, § 25 Rn. 27 ff., 33 f.

2. Zur Abgrenzung von Täterschaft und Teilnahme

„Täterqualität" oder „Tätereigenschaft" fehlt, nicht Täter ist, und zwar selbst dann nicht, wenn er die Tathandlung selbst ausführt, den tatbestandlichen Erfolg in objektiv zurechenbarer Weise durch sein Handeln bewirkt und im Übrigen alle subjektiven und objektiven Merkmale in seiner Person vorhanden sind. Soweit sich die Täterschaft in diesem tatbestandsbezogenen Sinne nach den Besonderheiten des jeweils konkret zur Anwendung kommenden Straftatbestandes richtet, ist die Tatherrschaftslehre wie auch jede andere Teilnahmetheorie von der Abgrenzung zwischen Täterschaft und Teilnahme zwar nicht suspendiert, wohl aber in ihrer „Abgrenzungswirkung" relativiert und eingeschränkt. Maßgebend ist eine **tatbestandsspezifische Abgrenzung**[31], die ohne Berücksichtigung sonstiger „teilnahmetheoretischer Abgrenzungskriterien" negativ diejenigen Tatbeteiligten als Täter ausscheidet, denen tatbestandliche Tätermerkmale fehlen, und die bei Vorliegen der erforderlichen Tätermerkmale je nach Deliktsstruktur und Sinngehalt des in Frage stehenden Straftatbestandes konkret ermittelt, ob in die Abgrenzung auch allgemeine Abgrenzungskriterien zusätzlich einzubeziehen sind.[32] Vor allem bei **Tatbeteiligungen durch Unterlassen** ist dies von Bedeutung.[33] Aber auch im Sach- und Normbereich sonstiger **Pflichtdelikte** ist die Mitberücksichtigung allgemeiner teilnahmetheoretischer Abgrenzungskriterien nicht von vornherein und prinzipiell ausgeschlossen.[34] Jedenfalls erscheint es nicht zwingend, dass ein Sonderpflichtiger, der ohne diese Pflichtenstellung (etwa der Wartepflichtige in § 142 oder der zur Betreuung fremder Vermögensinteressen Verpflichtete in § 266) niemals Täter sein könnte, allein auf Grund seiner Pflichtigkeit ausnahmslos Täter ist.

Tatbestandsspezifisch abgegrenzt scheiden somit bei den echten und unechten (eigentlichen und uneigentlichen) **Sonderdelikten** (vgl. 229 ff.) alle diejenigen Tatbeteiligten als Täter aus, die nicht über die tatbestandlich vorausgesetzte Täterqualität verfügen (bei den unechten Sonderdelikten mit der Folge des volldeliktisch verwirklichten Grundtatbestandes). Entsprechendes gilt für die sog. **eigenhändigen Delikte** (vgl. Rn. 231): Wer die tatbestandliche Handlung nicht „in Person" vornimmt, kann nicht Täter sein (Täter eines Aussagedelikts kann immer nur der Aussagende selbst, dagegen nicht der ihn zur Falschaussage veranlassende und steuernde Hintermann sein).[35] Ganz ähnlich zu beurteilen sind Tatbeteiligte an einem „**Pflichtdelikt**" (vgl. Rn. 229 ff.). Da Pflichtdelikte eine (zumeist außerstrafrechtliche) tatbestandliche Pflichtenstellung voraussetzen, ist **Täter** stets nur, wer in seiner Person die tatbestandsspezifische Sonderpflicht durch Handeln oder Unterlassen verletzen kann und verletzt (dazu zählen beispielsweise § 142 – Wartepflicht – sowie § 266 – Vermögensbetreuungspflicht – oder die §§ 170, 171, 221 Abs. 1 Ziff. 2, 225 mit familienrechtlichen Unterhalts-, Fürsorge- und Obhutspflichten, aber auch Amts- und andere Sonderdelikte. Ebenso können die unechten Unterlassungsdelikte – Garantenpflichten – den Pflichtdelikten weitgehend gleichgestellt werden).[36] In allen diesen „Sonderfällen" der Abgrenzung von Täterschaft und Teilnahme kommen als Täter immer nur diejenigen Tatbeteiligten

640

---

31 Vgl. *Kühl*, Strafrecht AT, § 20 Rn. 12 ff.
32 Vgl. dazu die Darstellung bei *Baumann/Weber/Mitsch/Eisele*, Strafrecht AT/*Eisele*, § 25 Rn. 1 ff., 5 mit Hinweis auf die h. M. in dort. Fn. 10 und die abw. Auffassung in dort. Fn. 12.
33 Vgl. dazu *Wessels/Beulke/Satzger*, Strafrecht AT, Rn. 800 ff., 805 mit Rn. 1213 ff., 1215; ferner *Schönke/Schröder (Heine/Weißer)*, StGB, Vorbem. §§ 25 ff. Rn. 86 ff., 90 ff.; BGH NStZ 1992, 31; 1993, 489.
34 Vgl. dazu SK-StGB/*Hoyer*, § 25 Rn. 21 ff.
35 Vgl. *Wessels/Beulke/Satzger*, Strafrecht AT, Rn. 804.
36 Vgl. dazu *Wessels/Beulke/Satzger*, Strafrecht AT, Rn. 802 ff., 805 mit Rn. 1213 ff.; ferner *Heinrich*, Strafrecht AT, Rn. 1192 ff., 1196 mit Rn. 1210 ff.; *Schönke/Schröder (Heine/Weißer)*, StGB, Vorbem. §§ 25 ff. Rn. 83, 84 mit Rn. 86 ff.

in Betracht, die der tatbestandlich geforderten Qualität bzw. Qualifikation (des Tatsubjekts), der geforderten Pflichtigkeit oder der vorausgesetzten Eigenhändigkeit der tatbestandsmäßigen Handlung gerecht werden. Alle anderen Tatbeteiligten sind ohne Rücksicht auf ihre „Tatherrschaft" oder sonstige allgemeine Abgrenzungskriterien stets Teilnehmer, also entweder Anstifter oder Gehilfen. Veranlasst beispielsweise der Grundbuchbeamte G den Nichtbeamten N zur Vornahme einer Falscheintragung in das Grundbuch, ist G als Amtsträger nicht etwa Anstifter, sondern (mittelbarer) Täter der Falschbeurkundung im Amt (§ 348); dem N fehlt die tatbestandlich vorausgesetzte Täterqualität des Amtsträgers, so dass er (als sog. „qualifikationsloses Werkzeug") niemals Täter des § 348, sondern nur Teilnehmer (in diesem Falle: Gehilfe) sein kann, und zwar selbst dann, wenn er den Eintragungsvorgang im Sinne von Tatherrschaft allein „beherrscht" haben sollte.[37]

641 Soweit gesetzliche Straftatbestände **subjektive Unrechtselemente** beim Täter voraussetzen, ist ebenfalls „tatbestandsspezifisch" abzugrenzen: Wer auf Grund eines gemeinsamen Plans mit einem Anderen zusammen fremde bewegliche Sachen wegnimmt, ohne dass er bei der Wegnahme in (Selbst- oder Dritt-)Zueignungsabsicht handelt, kann deshalb nicht (Mit-)Täter eines Diebstahls, sondern allenfalls Teilnehmer (regelmäßig: Gehilfe) an der Tat sein.[38] Das gilt sinngemäß auch für Tatbeteiligungen an Straftaten, bei denen tatbestandlich strafbegründende subjektive Unrechtselemente etwa in Form von sog. unechten Gesinnungsmerkmalen (vgl. Rn. 373, 499 f.) verwirklicht sein müssen (etwa „grausam" in § 211 Abs. 2 oder „roh" in § 225 Abs. 1). Auch insoweit kommt für Tatbeteiligte, bei denen diese Merkmale nicht in Person gegeben sind, nicht Täterschaft, sondern lediglich Teilnahme in Betracht.[39]

642 Aus alledem wird deutlich, dass der **praktisch wichtige Anwendungsbereich der Teilnahmetheorien** im Problemzusammenhang der Abgrenzung von Täterschaft und Teilnahme diejenigen gesetzlichen Straftatbestände betrifft, die keine – wie auch immer geartete – Begrenzung des Täterkreises enthalten. Dies sind die – allerdings häufig vorkommenden – **Allgemeindelikte**.[40]

643 Eine Art „Zwischen- oder Überschneidungsbereich" von tatbestandsspezifischer und allgemeiner „teilnahmetheoriegebundener" Abgrenzung nimmt die **Tatbeteiligung am (unechten) Unterlassungsdelikt** und durch (unechtes) Unterlassen ein (vgl. bereits Rn. 630 und 639, 640).[41] Unproblematisch ist die **Tatbeteiligung an einem (unechten) Unterlassungsdelikt durch aktives Tun**: Maßgebend ist wie bei den Allgemeindelikten die Abgrenzung nach allgemeinen teilnahmetheoretischen Kriterien; der Tatbeteiligte kann (Mit-)Täter oder Teilnehmer (Anstifter oder Gehilfe) sein.[42] Problematisch ist dagegen eine **Tatbeteiligung durch Unterlassen**, und zwar in der Weise, dass ein Garant die durch aktives Tun begangenen strafbaren Handlungen nicht hindert. Das

---

37 Beispiel bei *Wessels/Beulke/Satzger*, Strafrecht AT, Rn. 803; vgl. auch *Schönke/Schröder (Heine/Weißer)*, StGB, Vorbem. §§ 25 ff. Rn. 82.
38 Vgl. dazu *Kühl*, Strafrecht AT, § 20 Rn. 15; ferner *Heinrich*, Strafrecht AT, Rn. 1198; vgl. auch *Wessels/Beulke/Satzger*, Strafrecht AT, Rn. 802 ff., 828.
39 Vgl. dazu *Roxin*, Strafrecht AT I, § 10 Rn. 70 ff., 78 ff., 83 ff.
40 Vgl. zum Ganzen etwa *Kühl*, Strafrecht AT, § 20 Rn. 12 ff., 17; *Wessels/Beulke/Satzger*, Strafrecht AT, Rn. 800 ff.
41 Vgl. dazu *Schönke/Schröder (Heine/Weißer)*, StGB, Vorbem. §§ 25 ff. Rn. 86 ff., 88 ff., 102; ferner *Kühl*, Strafrecht AT, § 20 Rn. 266 ff. und Rn. 229 ff.; *Wessels/Beulke/Satzger*, Strafrecht AT, Rn. 1213 ff.
42 Vgl. *Wessels/Beulke/Satzger*, Strafrecht AT, Rn. 1213 ff.

gilt auch für die Tatbeteiligung durch Unterlassen am Unterlassungsdelikt.⁴³ Wie die Abgrenzung – es geht dabei allein um die Frage, ob (Mit-)Täterschaft oder Teilnahme (Beihilfe) durch (unechtes) Unterlassen anzunehmen ist – im Einzelnen vorzunehmen ist, darüber gehen die Auffassungen auseinander:

Rechnet man die unechten Unterlassungsdelikte ihrer Natur nach uneingeschränkt zu den sog. Pflichtdelikten (vgl. Rn. 639, 640 f.) und schließt die Anwendung allgemeiner Abgrenzungskriterien aus (etwa weil das Tatherrschaftskriterium durch die Pflichtentstellung „substituiert" wird)⁴⁴, dann bleibt nur die Möglichkeit, den unterlassenden Garanten als Täter zu qualifizieren.⁴⁵ Demgegenüber will die sog. Gehilfentheorie den Unterlassenden stets als Teilnehmer (Gehilfen) ansehen, weil der Begehungstäter die „Zentralfigur", der unterlassende Tatbeteiligte (trotz Garanteneigenschaft) lediglich „Randfigur" ist.⁴⁶ Wieder andere differenzieren zwischen „Beschützergaranten" und „Sicherungsgaranten": Bei letzteren soll lediglich Teilnahme, bei Beschützergaranten regelmäßig Täterschaft vorliegen.⁴⁷ Ob sich die Art der Garantenstellung als Differenzierungskriterium für Täterschaft und Teilnahme eignet (was ist, wenn Sicherungs- und Beschützergarantenpflicht auf dieselbe Erfolgsverhinderung gehen?), ist aber zumindest zweifelhaft. Andererseits scheint eine differenzierende Bewertung der Tatbeteiligung angezeigt. Sie kann nur unter Rückgriff auf allgemeine Abgrenzungskriterien erfolgen etwa unter Anwendung der Tatherrschaftslehre (Verhinderungsmacht des Garanten) mit kontrollierender Absicherung durch die von der Rechtsprechung auch bei diesen Fallkonstellationen vertretene⁴⁸ subjektive Theorie auf objektiv-tatbestandlicher Grundlage (vgl. Rn. 638).⁴⁹ Dabei ist in den Fällen tatbestandsspezifischer Abgrenzung (vgl. Rn. 640) und dem Fehlen der tatbestandlichen Tätermerkmale ebenfalls stets nur Teilnahme (Beihilfe) anzunehmen, auch wenn dem Garanten Tatherrschaft zukommt, er also „vermeintlich" Zentralgestalt des Tatgeschehens ist.⁵⁰

644

3. Erscheinungsformen der Täterschaft

Außer der unmittelbaren Einzel- oder Alleintäterschaft (§ 25 Abs. 1, 1. Alt.) kennt das Gesetz als Formen der Täterschaft noch die Mittäterschaft (§ 25 Abs. 2) und die mittelbare Täterschaft (ebenfalls in Gestalt der Einzel- oder Alleintäterschaft, § 25 Abs. 1, 2. Alt.). Diese Erscheinungsformen stehen – wie bereits erwähnt (vgl. Rn. 631) – erst „zur Debatte", wenn die Vorfrage, wer von den Tatbeteiligten als Täter und wer als Teilnehmer behandelt werden muss, geklärt ist. Beide Erscheinungsformen der Täterschaft weisen eine Reihe von Besonderheiten auf:

645

---

43 Vgl. dazu *Heinrich*, Strafrecht AT, Rn. 1210 ff.; *Kühl*, Strafrecht AT, § 20 Rn. 268 ff., 272 mit Rn. 229 ff.; ferner SK-StGB/*Stein*, Vor § 13 Rn. 54 ff., 61.
44 Vgl. dazu SK-StGB/*Hoyer*, § 25 Rn. 21 ff. mit kritischem (dort. Rn. 22) Hinweis auf *Roxins* „Substitutionslehre".
45 Vgl. dazu *Murmann*, Grundkurs, § 29 Rn. 93 ff., 96 mit 99 und dort. Nachw.; *Roxin*, Strafrecht AT II, § 31 Rn. 140 ff.; *Stratenwerth/Kuhlen*, Strafrecht AT, § 14 Rn. 7 ff., 13; ferner NK-StGB (*Gaede*), § 13 Rn. 26 ff., 26 m. w. Nachw.
46 Vgl. dazu *Kühl*, Strafrecht AT, § 20 Rn. 230 m. w. Nachw.; LK-StGB/*Weigend*, § 13 Rn. 95; ferner *Jescheck/Weigend*, Strafrecht AT, § 60 III, 1; § 64 V, 5; dazu kritisch *Roxin*, Strafrecht AT II, § 31 Rn. 152 ff.
47 Vgl. *Schönke/Schröder (Heine/Weißer)*, StGB, Vorbem. §§ 25 ff. Rn. 95 ff., 102 m. w. Nachw.
48 Vgl. etwa BGHSt 38, 356, 360/361; BGH NStZ 1992, 31; ferner BGHSt 48, 77, 97 f.; 54, 44, 51; BGH NStZ 2012, 379, 380.
49 Vgl. auch *Wessels/Beulke/Satzger*, Strafrecht AT, Rn. 1214 f.; die Garantenstellung oder Garantenpflicht ist jedenfalls kein „Alleinstellungsmerkmal" für Täterschaft, vgl. in diesem Sinne auch SK-StGB/*Stein*, Vor § 13 Rn. 54, 55.
50 Vgl. noch BGH NStZ 1993, 489.

3.1 Mittäterschaft

646 Die Mittäterschaft[51] hebt sich nach § 25 Abs. 2 von anderen Erscheinungsformen der Täterschaft dadurch ab, dass mehrere die Straftat gemeinschaftlich begehen. Die **gemeinschaftliche Begehung** einer Straftat als das entscheidende Charakteristikum der Mittäterschaft wird üblicherweise als bewusstes und gewolltes Zusammenwirken mehrerer tatbeteiligter Täter gedeutet und verstanden.[52] Die tatbestandlichen Voraussetzungen werden demnach durch eine **subjektive** und eine **objektive Komponente** bestimmt. Diese Komponenten bestehen in einem **gemeinsamen Tatplan (Tatentschluss)** und in einem **objektiven Tatbeitrag** als Teil der **gemeinschaftlichen Tatausführung**.[53]

647 Die Mittäterschaft beruht auf einer **Arbeitsteilung** („Teamwork")[54], die das Begehen der Tat entweder überhaupt erst möglich macht oder erleichtert oder das Misserfolgsrisiko der Tat doch deutlich herabsetzt.[55] Erforderlich ist, dass jeder Tatbeteiligte als **gleichberechtigter Partner** den gemeinsamen Tatentschluss (den gemeinsamen Tatplan) mitträgt und im Rahmen der darauf beruhenden gemeinschaftlichen Tatbegehung eine **wesentliche Rolle** (Teilaufgabe) übernimmt.[56] Die verschiedenen einzelnen Tatbeiträge verbinden sich durch die **Klammer des Tatplans** zum Ganzen der Tat, so dass jeder Tatbeteiligte als Mitgestalter und -beherrscher der Tatbegehung insgesamt erscheint. Der Gesamterfolg ist dann jedem Tatbeteiligten als „sein Werk" zuzurechnen. Und darum geht es bei der Mittäterschaft: Jeder tatbeteiligte Mittäter, der in seiner Person die tatbestandlichen Voraussetzungen der Tat nicht oder nicht vollständig erfüllt, soll so behandelt werden, als hätte er sämtliche Tatbestandsmerkmale selbst verwirklicht. Das geschieht, indem ihm die **das Ganze der Straftat** ausmachenden Tatbeiträge **wie eigenes Handeln** zugeschrieben werden. Begehen also mehrere die Tat gemeinschaftlich, ist jeder Täter der Gesamttat. Wenn A und B verabreden, den C zu verprügeln, indem A tatplangerecht den C festhält und B auf C einschlägt, sind A und B Mittäter einer Körperverletzung (obwohl A nur festhält; das Einschlagen des B auf C wird ihm wie eigenes Handeln zugerechnet). Dasselbe gilt, wenn A und B den C berauben wollen und A wie verabredet den C unter Gewaltanwendung in „den Schwitzkasten" nimmt, während B die Geldbörse entwendet (§§ 249, 25 Abs. 2). A und B sind (Mit-)Täter eines Raubes, die Wegnahme des B ist gem. § 25 Abs. 2 auch die Wegnahme des A, die Gewaltanwendung des A zugleich Gewaltanwendung des B.[57]

648 Der **Anwendungsbereich der Mittäterschaft** ist auf nicht oder nicht vollständig die Tat in eigener Person verwirklichende Tatbeteiligte freilich nicht beschränkt, denn § 25 Abs. 2 sieht eine solche Begrenzung nicht vor. Prinzipiell ist deshalb auch **Mittäterschaft bei volldeliktisch und eigenhändig handelnden Tatbeteiligten nicht ausgeschlossen.** So etwa, wenn A und B verabreden, den C gemeinsam zu verprügeln und jeder von ihnen wie geplant auf C einschlägt. Obwohl man strafrechtlich auf das Zurechnungsprinzip der Mittäterschaft in derartigen Fällen nicht angewiesen ist, liegen

---

51 Vgl. dazu und zum Folgenden etwa *Roxin*, Strafrecht AT II, § 25 Rn. 188 ff.
52 Vgl. *Kühl*, Strafrecht AT, § 20 Rn. 98; *Wessel/Beulke/Satzger*, Strafrecht AT, Rn. 815.
53 Vgl. zur Struktur der Mittäterschaft etwa *Baumann/Weber/Mitsch/Eisele*, Strafrecht AT/*Eisele*, § 25 Rn. 53 ff.; *Heinrich*, Strafrecht AT, Rn. 1218 ff., 1222 ff.; *Jescheck/Weigend*, Strafrecht AT, § 63 II und III; *Kühl*, Strafrecht AT, § 20 Rn. 98 ff., 103 ff.; SK-StGB/*Hoyer*, § 25 Rn. 107 ff.; *Stratenwerth/Kuhlen*, Strafrecht AT, § 12 Rn. 77 ff., 79 ff.
54 Vgl. statt aller *Roxin*, Strafrecht AT II, § 25 Rn. 188.
55 Vgl. dazu *Jescheck/Weigend*, Strafrecht AT, § 63 I, 1.
56 Vgl. etwa *Wessels/Beulke/Satzger*, Strafrecht AT, Rn. 814 ff., 823 ff.
57 Vgl. auch *Kühl*, Strafrecht AT, § 20 Rn. 99, 100; vgl. ferner BGH NStZ 1988, 406; BGH NStZ-RR 2000, 327.

3. Erscheinungsformen der Täterschaft

die Elemente einer Mittäterschaft vor. Denkbar ist immerhin, dass die Annahme von Mittäterschaft in diesen Fallkonstellationen über eine Zurechnung der Tatbeiträge des jeweils anderen Tatbeteiligten auf die Strafzumessung einwirkt. Sinngemäß trifft das auch für das bewusste und gewollte Zusammenwirken mehrerer Unterlassungstäter zu.[58] Grundsätzlich möglich ist **Mittäterschaft bei unechtem Unterlassen** deshalb nicht nur dann, wenn der tatbestandsmäßige Erfolg nur durch das gemeinsame Handeln zweier oder mehrerer Garanten mit unterschiedlichen Garantenpositionen und -pflichten zu verhindern wäre, sondern auch dann, wenn beide (oder mehrere) Garanten dieselbe Pflicht zu erfüllen haben; so wenn leibliche Mutter und leiblicher Vater einen entdeckungssicheren Plan zur Tötung des gemeinsamen Kindes durch Nichternährung in die Tat umsetzen.[59]

Die **subjektive Komponente der gemeinschaftlichen Begehung einer Straftat** durch mehrere Tatbeteiligte besteht im gemeinsamen Tatentschluss, dem **gemeinschaftlichen Tatplan**.[60] Er muss die „Rollenverteilung" der einzelnen Tatbeteiligten so vorsehen, dass jeder der Tatbeteiligten als Mitträger des Ganzen erscheint.[61] Zwar setzt der gemeinsame Tatplan **keine ausdrückliche Verabredung** oder Planung voraus. Vielmehr genügt **konkludentes Verhalten**.[62] Ein bloß einseitiges Billigen der Handlung des anderen Tatbeteiligten begründet aber noch kein bewusstes und gewolltes Zusammenwirken und **genügt** deshalb **nicht** den Anforderungen des gemeinschaftlichen Tatentschlusses. Regelmäßig wird der gemeinsame Tatplan vor Beginn der Tatausführung verabredet sein. Ausreichend ist jedoch, dass ein Tatbeteiligter noch während der Tatausführung hinzutritt und die erforderliche Gemeinsamkeit des Tatentschlusses ausdrücklich oder konkludent herstellt, indem er einen für die Tatbestandsverwirklichung ursächlichen Beitrag selbst leistet.[63] Kann der Hinzutretende die Tatausführung überhaupt nicht mehr fördern oder sonst wie beeinflussen, scheidet die Möglichkeit von „nachträglicher" Mittäterschaft trotz Kenntnis, Billigung und Ausnutzung der durch andere Tatbeteiligte geschaffenen Lage allerdings aus.[64] Diese „**sukzessive Mittäterschaft**" reicht bis zur Beendigung der Straftat, ist also auch in der Phase zwischen (formeller) Vollendung und (materieller) Beendigung der Straftat noch möglich. Ob und inwieweit dem Hinzutretenden das bisher Verwirklichte wie eigenes Handeln zuzurechnen ist, was der Sache nach auf Grund der nachträglichen Herstellung des gemeinsamen Tatplans nicht ausgeschlossen ist, hängt von den Umständen des Einzelfalls ab.[65] Bei einem Geschehen, das schon vollständig abgeschlossen ist, zieht das Einverständnis des Hinzutretenden mit dem vorher Verwirklichten indessen keine strafbare Verantwortung für das bereits abgeschlossene Geschehen nach sich.[66] Der einmal gefasste Tatplan kann nur unter „erschwerten Bedingungen" von einem Tatbeteiligten wieder aufgekündigt werden. Nach Ansicht der Rechtsprechung genügt dafür keine

649

---

58 Vgl. auch NK-StGB (*Gaede*), § 13 Rn. 27; ferner *Stratenwerth/Kuhlen*, Strafrecht AT, § 14 Rn. 16 ff.; *Kühl*, Strafrecht AT, § 20 Rn. 268; vgl. auch BGHSt 37, 106, 129 f.
59 Vgl. *Stratenwerth/Kuhlen*, Strafrecht AT, § 14 Rn. 17 ff. m. w. Nachw.; ferner *Schönke/Schröder (Heine/Weißer)*, StGB, § 25 Rn. 86 m. w. Nachw.
60 Vgl. dazu *Roxin*, Strafrecht AT II, § 25 Rn. 190 ff.
61 Vgl. BGHSt 24, 286, 288; ferner *Jescheck/Weigend*, Strafrecht AT, § 63 II, 1 mit I, 1; *Schönke/Schröder (Heine/Weißer)*, StGB, § 25 Rn. 71 f.
62 Vgl. etwa BGHSt 37, 289, 292.
63 Vgl. BGH NStZ 1998, 565, 566; BGHSt 54, 69, 129; BGH NStZ 2012, 207.
64 BGH NStZ 1998, 565, 566; vgl. auch *Jescheck/Weigend*, Strafrecht AT, § 63 II, 2.
65 Vgl. dazu *Wessels/Beulke/Satzger*, Strafrecht AT, Rn. 820, 834 ff., 838.
66 Vgl. BGH NStZ 1997, 272; BGH NStZ 2009, 631; *Wessels/Beulke/Satzger*, Strafrecht AT, Rn. 834 ff., 838.

bloße Distanzierung, vielmehr muss über das „Nicht-mehr-Mitmachen" informiert werden.⁶⁷

650 **Objektive Komponente** der gemeinschaftlichen Tatbegehung ist ein für die Tatbestandsverwirklichung **mitursächlicher objektiver Tatbeitrag.** Dafür reicht die Beteiligung an der tatbestandlichen Ausführungshandlung, sei es, dass der Tatbeteiligte die Ausführungshandlung selbst vornimmt, sei es, dass er in seiner Person (nur) einige Tatbestandsmerkmale verwirklicht, allemal aus. Wenn A und B einen Raub verabreden und planen und A nimmt unter Gewaltanwendung des B die Geldbörse des C weg, genügen beide zusammenwirkende Tatanteile den Anforderungen des zur gemeinschaftlichen Tatbegehung notwendigen jeweiligen objektiven Tatbeitrags. Nach vorherrschender Auffassung in Rechtsprechung und Lehre muss der objektive Tatbeitrag aber **nicht** in einer für den Taterfolg wesentlichen **Mitwirkung im Ausführungsstadium der Tat** bestehen.⁶⁸ Vielmehr können auch Tatbeiträge im **Vorbereitungs- und Planungsstadium** einer Tat eine Mittäterschaft begründen, sofern sie die Gesamttat fördern, indem sie auf der Grundlage und im Rahmen des gemeinsamen Tatentschlusses im nachfolgenden Ausführungsstadium der Tat fortwirken; denn nur dann handelt es sich um wesentliche Tatbeiträge, die dem jeweiligen Tatbeteiligten eine das Gesamtgeschehen mitbeherrschende Rolle gestatten. Sogar **rein geistige Mitwirkung** kann genügen, wenn dem damit verbundenen „Beteiligungsminus" bei der realen Tatausführung ein ausgleichendes „Plus" der mitgestaltenden Deliktsplanung gegenübersteht, so dass mit dem „geistigen Tatbeitrag" zumindest der untere Schwellenwert der sog. „funktionellen Tatherrschaft" noch erreicht wird.⁶⁹ Nur so lässt sich plausibel begründen, dass der Bandenchef, der die Planung und Organisation der Tat übernimmt, funktionelle Tatherrschaft durch die planende und lenkende Mitgestaltung des Geschehensablaufs hat und Mittäter auch dann sein kann (und in der Regel auch ist), wenn er nicht am Kerngeschehen anteilig beteiligt und noch nicht einmal persönlich am Tatort anwesend ist.⁷⁰

651 Auch die **Mittäterschaft ist „tatbestandsbezogen".** Mittäter kann daher nur sein, wer die tatbestandlichen Tätermerkmale (bis hin zu den subjektiven Unrechtselementen) in seiner Person verwirklicht. Soweit Tatbeteiligte als Mittäter handeln, wird jedem von ihnen **im Rahmen des gemeinsamen Tatplans** der Tatbeitrag des jeweils anderen Tatbeteiligten unmittelbar wie eigenes Handeln zugerechnet, so dass alle gleichermaßen für die Gesamttat haften. Ein **Exzess eines Mittäters** kann den anderen Tatbeteiligten nicht zugerechnet werden, da insoweit die vom gemeinschaftlichen Tatentschluss gezogene Zurechnungsgrenze überschritten ist. Allerdings kann der gemeinsame Tatplan auch noch während der Tatausführung im Einvernehmen aller Tatbeteiligten erweitert werden. Ein Irrtum über das Handlungsobjekt (error in persona vel obiecto, vgl. Rn. 572, 573 f.) eines Mittäters ist auch für die anderen Mittäter bei Gleichwertigkeit des vorgestellten und tatsächlichen Handlungsobjekts unbeachtlich.⁷¹ Bei erfolgsquali-

---

67 Vgl. dazu *Kühl*, Strafrecht AT, § 20 Rn. 105 mit *BGHSt* 37, 289, 293.
68 Vgl. dazu die Nachw. bei SK-StGB/*Hoyer*, § 25 Rn. 109 ff., 113, 115, zu dessen eigener Auffassung vgl. dort § 25 Rn. 119; teilweise anders *Roxin*, Strafrecht AT II, § 25 Rn. 198 ff., 201, 203.
69 Vgl. dazu *Wessels/Beulke/Satzger*, Strafrecht AT, Rn. 826, 827; *Schönke/Schröder (Heine/Weißer)*, StGB, § 25 Rn. 67 m. w. Nachw.
70 Vgl. *Jescheck/Weigend*, Strafrecht AT, § 63 III, 1; *Wessels/Beulke/Satzger*, Strafrecht AT, Rn. 826, 827 m. w. Nachw.; zum selben Ergebnis – allerdings auf der Basis subjektiver Teilnahmekriterien – gelangt auch die Rspr., vgl. *BGHSt* 39, 381, 386; 40, 299, 301; vgl. zum Ganzen noch *Schönke/Schröder (Heine/Weißer)*, StGB, § 25 Rn. 66 ff.; vgl. dazu aber auch *Roxin*, Strafrecht AT II, § 25 Rn. 201, 203.
71 Vgl. als Beispiel den problematischen Fall in *BGHSt* 11, 268, 270/271.

3.2 Mittelbare Täterschaft

Nach § 25 Abs. 1, 2 Alt. ist Täter auch, wer die Tat durch einen anderen, somit nicht unmittelbar, sondern mittelbar begeht. Strukturtypisch für die **mittelbare Täterschaft** ist ein Zwei-Personen-Verhältnis zwischen dem **mittelbaren Täter** und dem Tatbeteiligten, der das Tatgeschehen als Werk des mittelbaren Täters an diesen vermittelt, dem sog. **Tatmittler**. Bildlich gesprochen bedient sich der mittelbare Täter fremder Hände zur Begehung seiner eigenen Tat.[73] Er setzt den Tatmittler für sich zur Tatbestandsverwirklichung (steuernd) ein, bleibt aber selbst im Hintergrund.[74] Der mittelbare Täter steht gewissermaßen hinter dem Tatmittler, er ist der **Hintermann**, der den Tatmittler in Gestalt eines menschlichen Werkzeugs zur Tatbegehung benutzt. Wie bei der Mittäterschaft werden dem einen Tatbeteiligten, dem Hintermann, die Tatbeiträge und „eigenhändige Tatbestandsverwirklichung" des Tatmittlers, des anderen Tatbeteiligten, wie eigenes Handeln zugerechnet. Das aber ist nur möglich, wenn der **Tatmittler** im Verhältnis zum „lenkenden" Hintermann eine aus tatsächlichen oder rechtlichen Gründen **unterlegene Position** einnimmt, wenn dem **Hintermann** dementsprechend im Verhältnis zum Tatmittler eine derart **überlegene Stellung** zukommt, dass er das qua Tatmittler betriebene Tatgeschehen beherrscht.[75] Der Hintermann muss eine beherrschende Position einnehmen, so dass er das Gesamtgeschehen kraft seines planvoll lenkenden Willens in der Hand hat.[76]

652

Erforderlich ist danach, soll der Hintermann mittelbarer **Täter** sein, dass er die **Tatherrschaft** innehat. Diese Tatherrschaft und mit ihr seine überlegene Stellung im Verhältnis zum Tatmittler[77] beruht regelmäßig auf einer **Willensherrschaft** (überlegener „steuernder" Wille im Falle von Gewalt oder Drohung als Nötigungsherrschaft) oder **Wissensherrschaft** (bei Täuschung oder Irrtum als sog. Irrtumsherrschaft).[78] Mit der Tatherrschaft in Gestalt der Willens- und/oder Wissensherrschaft (vgl. Rn. 637) geht zumeist ein (strafrechtlicher) „Defekt« des Tatmittlers einher. Dieser „Defekt", der darin zum Ausdruck kommt, dass dem Tatmittler eine Strafbarkeitsvoraussetzung für sein Handeln fehlt (er also nicht selbst alle Tatbestandsmerkmale verwirklicht), ist zwar nicht der eigentliche Grund für die Überlegenheit und Tatherrschaft des Hintermanns, wohl aber ein für die Unterlegenheit des Tatmittlers maßgebender Aspekt insofern, als sich mit ihm eine (nicht rechtliche, sondern) **faktische Tatherrschaft des Hintermanns** verbindet. Aus dem Vorliegen eines „Strafbarkeitsdefekts" bei einem Tatbeteiligten kann deshalb nicht ausnahmslos und wie von selbst auf mittelbare

653

---

72 Vgl. zum Ganzen noch *Kühl*, Strafrecht AT, § 20 Rn. 117.; *Wessels/Beulke/Satzger*, Strafrecht AT, Rn. 817 ff., 832 m. w. Nachw.
73 Vgl. zur mittelbaren Täterschaft ausführlich *Roxin*, Strafrecht AT II, § 25 Rn. 45 ff.; ferner *Heinrich*, Strafrecht AT, Rn. 1243 ff.; *Wessels/Beulke/Satzger*, Strafrecht AT, Rn. 844 ff.
74 Vgl. auch *Kühl*, Strafrecht AT, § 20 Rn. 38 ff., 39: Der Tatmittler „macht sich die Hände schmutzig", der mittelbare Täter „wäscht seine Hände in Unschuld".
75 Vgl. dazu und zum Folgenden ausführlich und umfassend *Roxin*, Strafrecht AT II, § 25 Rn. 45 ff.
76 Vgl. auch *Baumann/Weber/Mitsch/Eisele*, Strafrecht AT/*Eisele*, § 25 Rn. 104 ff.; *Jescheck/Weigend*, Strafrecht AT, § 62 I, 1 und 3; *Kühl*, Strafrecht AT, § 20 Rn. 38 ff.; NK-StGB (*Schild*), § 25 Rn. 75 ff.; *Schönke/Schröder* (*Heine/Weißer*), StGB, § 25 Rn. 6 ff.; SK-StGB/*Hoyer*, § 25 Rn. 39 ff.; *Wessels/Beulke/Satzger*, Strafrecht AT, Rn. 844 ff.
77 Dazu umfassend *Roxin*, Strafrecht AT II, § 25 Rn. 45 ff.
78 Vgl. dazu *Kühl*, Strafrecht AT, § 20 Rn. 41; ferner SK-StGB/*Hoyer*, § 25 Rn. 42 ff.; 61 ff.

XV. Strafbare Tatbeteiligung im Überblick

Täterschaft beim anderen Tatbeteiligen geschlossen werden. Ähnlich schließt ein volldeliktisch Handelnder nicht stets das Vorliegen einer mittelbaren Täterschaft beim anderen Tatbeteiligten aus.[79] Gleichwohl können nach der Art des „Defekts" bestimmte Fallkonstellationen differenziert werden, die typischerweise für die Täterschaftsform der mittelbaren Täterschaft stehen. Allerdings handelt es sich dabei um keineswegs unumstrittene **Fallgruppen der mittelbaren Täterschaft**.[80]

654 Erfüllt das Verhalten des (eingesetzten) Tatmittlers schon nicht die tatbestandlichen Voraussetzungen einer Straftat, liegt die Fallgruppe des (objektiv) **tatbestandslos handelnden Werkzeugs** vor.[81] Hierbei handelt es sich um Fallgestaltungen, in denen der Tatmittler als Handelnder zugleich Opfer des (mittelbaren) Täters ist, es geht um (tatbestandslose) Selbstschädigungen und Selbstverletzungen. Veranlasst A den B, sich selbst zu töten, handelt B nicht tatbestandsmäßig, weil § 212 – jedenfalls nach vorherrschender Auffassung – die Tötung eines „anderen" Menschen voraussetzt, mithin ein Delikt der Fremdtötung ist. A kann daher mittelbarer Täter sein, wenn und soweit er das Tatgeschehen kraft überlegener Stellung gegenüber dem Tatmittler/Opfer beherrscht. Diese Tatherrschaft wächst ihm zwar nicht deshalb zu, weil B „tatbestandslos" handelt. Die Tatbestandslosigkeit der Selbsttötung bzw. generell der Selbstschädigung veranlasst in diesen Fallkonstellationen jedoch zur Prüfung, ob die Tatherrschaft als Willens- oder Wissensherrschaft deshalb bei A liegt, weil er das Werkzeug B auf Grund übermächtigen Einflusses oder gezielter Irreführung (Irrtum, Zwang, mangelnde Einsicht, fehlende Willenskraft bei B)[82] in der Hand hat.[83] Liegt in diesen Fällen die Tatherrschaft dagegen nicht beim Hintermann, kommt nur – mangels Haupttat: straflose – Teilnahme (Anstiftung oder Beihilfe) in Betracht.[84]

655 An sich ebenfalls (subjektiv) tatbestandslos handelnder Tatmittler ist, wer ohne Tatvorsatz handelt. Das **unvorsätzlich handelnde Werkzeug** betrifft eine weitere Fallgruppe der mittelbaren Täterschaft.[85] Unvorsätzlich handelt der Tatmittler, wenn und weil er Tatumstände (die wahre Sachlage) nicht kennt oder verkennt. Führt der Hintermann diese Situation der Unkenntnis beim Tatmittler herbei (er versetzt den Tatmittler beispielsweise in einen Tatumstandsirrtum) oder nutzt er eine vorhandene Fehlvorstellung beim Tatmittler aus (A bittet den Jagdfreund B, ihm das Gewehr zu reichen, weil er auf einen Rehbock schießen will; B hat längst erkannt, dass der „Rehbock" sein Feind C ist, den er auf diese „Jagdunfallart" loswerden kann und gibt A das Gewehr), „steuert" der Hintermann den Tatmittler auf Grund seiner überlegenen Kenntnis von der wahren Sachlage. Der Hintermann hat somit in diesen Fällen die Tatherrschaft kraft überlegenen Wissens (Wissens- oder Irrtumsherrschaft) und ist deshalb (mittelba-

---

79 Vgl. aber *Jescheck/Weigend*, Strafrecht AT, § 62 I, 2; *Wessels/Beulke/Satzger*, Strafrecht AT, Rn. 855 ff.; zur Fallgruppe des „Täters hinter dem Täter" vgl. hier Rn. 659.
80 Vgl. *Baumann/Weber/Mitsch/Eisele*, Strafrecht AT/*Eisele*, § 25 Rn. 109 ff.; *Heinrich*, Strafrecht AT, Rn. 1247 ff.; *Jescheck/Weigend*, Strafrecht AT, § 62 II; *Kühl*, Strafrecht AT, § 20 Rn. 46 ff.; *Schönke/Schröder (Heine/Weißer)*, StGB, § 25 Rn. 9 ff.; SK-StGB/*Hoyer*, § 25 Rn. 44 ff.; *Stratenwerth/Kuhlen*, Strafrecht AT, § 12 Rn. 31 ff.; *Wessels/Beulke/Satzger*, Strafrecht AT, Rn. 846 ff.
81 Vgl. zu dieser Fallgruppe *Baumann/Weber/Mitsch/Eisele*, Strafrecht AT/*Eisele*, § 25 Rn. 110 ff.; *Heinrich*, Strafrecht AT, Rn. 1248 ff.; *Jescheck/Weigend*, Strafrecht AT, § 62 II, 1; *Kühl*, Strafrecht AT, § 20 Rn. 46 ff.; *Wessels/Beulke/Satzger*, Strafrecht AT, Rn. 847.
82 Vgl. *Jescheck/Weigend*, Strafrecht AT, § 62 II, 1 m. zahlr. Beispielen.
83 Dazu instruktiv der sog. Sirius-Fall in BGHSt 32, 38, 42.
84 Vgl. dazu *Schönke/Schröder (Heine/Weißer)*, StGB, § 25 Rn. 8, 9 ff.
85 Vgl. etwa *Baumann/Weber/Mitsch/Eisele*, Strafrecht AT/*Eisele*, § 25 Rn. 120 ff., 120 f.; *Jescheck/Weigend*, Strafrecht AT, § 62 II, 2; *Kühl*, Strafrecht AT, § 20 Rn. 52 ff.; *Schönke/Schröder (Heine/Weißer)*, StGB, § 25 Rn. 15 f.

3. Erscheinungsformen der Täterschaft

rer) Täter. Dass der Tatmittler möglicherweise selbst ein Fahrlässigkeitsdelikt verwirklicht, ändert an der Tatherrschaft des Hintermanns nichts, so dass es auch dann bei mittelbarer Täterschaft verbleibt.[86] Entsprechendes gilt, wenn der Tatmittler zwar mit Vorsatz ein minder schweres oder anderes als das vom Hintermann geplante Delikt verwirklicht, hinsichtlich des vom Hintermann angesteuerten Delikts aber infolge Irrtums vorsatzlos ist.[87] Ein bloßer Motivirrtum beim „Tatmittler" schließt den Vorsatz nicht aus (ebenso beim Irrtum über das Handlungsobjekt), so dass der „Hintermann" dann grundsätzlich als (mittelbarer) Täter ausscheidet.[88]

Umstritten sind Fallgestaltungen, in denen der Tatmittler in Gestalt eines **absichtslos/qualifikationslos**, aber dolos (vorsätzlich, bösgläubig) **handelnden Werkzeugs** auftritt.[89] Schwierigkeiten bereiten diese Fälle der Tatherrschaftslehre insofern, als die faktische Tatherrschaft zumindest gleichrangig beim Tatmittler liegt, der Hintermann also keine überlegene Stellung gegenüber dem Tatmittler hat: Der Grundbuchbeamte G veranlasst den (qualifikationslosen) Nichtbeamten N zur Ausstellung einer öffentlichen Urkunde (vgl. Rn. 640). Ähnlich verhält es sich bei Delikten, die (neben Vorsätzlichkeit weitere) subjektive Unrechtselemente zur Tatbestandserfüllung voraussetzen, so wenn dem Tatmittler, der die Sachlage im Übrigen richtig kennt, die in § 242 vorausgesetzte Zueignungsabsicht fehlt (A veranlasst B, ihm einen Gegenstand des C zu geben mit der – wahrheitswidrigen – Zusicherung der alsbaldigen Rückgabe an C: B hat weder die Absicht, sich oder dem Dritten A den Gegenstand zuzueignen). Die Überlegenheit und Tatherrschaft des veranlassenden Hintermanns als des mittelbaren Täters lässt sich in diesen Fällen nicht „rein" tatsächlich, sondern nur normativ mit der Erwägung begründen, dass es ohne die Täterqualifikation oder -absicht des Hintermanns, ohne die „rechtliche" Überlegenheit und Einflussnahme des Hintermanns zur Begehung eines Sonder- oder Pflicht- bzw. „Absichtsdelikts" gar nicht erst kommt (die Ausstellung einer Urkunde durch N erfüllt den Tatbestand des § 348 schon deshalb nicht, weil es sich dabei um keine öffentliche Urkunde handelt, die Mitwirkung von G also zwingend zur Tatbestandsverwirklichung erforderlich ist). Diese mindestens teilweise **normative Tatherrschaft** genügt zur Begründung einer mittelbaren Täterschaft.[90]

Handelt der Tatmittler zwar tatbestandsmäßig, aber in seiner Person rechtmäßig, kann mittelbare Täterschaft des Hintermanns insbesondere wegen seiner beherrschenden Stellung aus überlegenem Wissen vorliegen. Typische Fälle sind die von der Rechtsprechung behandelten „Festnahmen auf Grund unwahrer Anzeigen"[91]: Wer die Festnahme eines Anderen und damit dessen Freiheitsberaubung durch die Erstattung einer wahrheitswidrigen Anzeige veranlasst, benutzt die zur Festnahme berechtigten Personen (z.B. gem. §§ 112 ff. StPO) bei besserer Sachverhaltskenntnis[92] als „**rechtmäßig handelndes Werkzeug**". Hierher gehören auch Fallgestaltungen, in denen sich der Hintermann eine von ihm geschaffene Rechtfertigungslage für den Tatmittler zu Nutze

656

657

---

86 Vgl. *Jescheck/Weigend*, Strafrecht AT, § 62 II, 2; *Schönke/Schröder (Heine/Weißer)*, StGB, § 25 Rn. 15/16.
87 Vgl. *BGHSt* 30, 363, 364/365: Raub unter gewaltsamer Verwendung eines vom Tatmittler als nicht tödlich erkannten (Gift-)Mittels.
88 Vgl. *Jescheck/Weigend*, Strafrecht AT, § 62 II, 2.
89 Vgl. dazu bei *Baumann/Weber/Mitsch/Eisele*, Strafrecht AT/*Eisele*, § 25 Rn. 117 ff., 123 f.; *Heinrich*, Strafrecht AT, Rn. 1250; *Jescheck/Weigend*, Strafrecht AT, § 62 II, 7; *Kühl*, Strafrecht AT, § 20 Rn. 54 ff.; *Schönke/Schröder (Heine/Weißer)*, StGB, § 25 Rn. 19 ff.; SK-StGB/*Hoyer*, § 25 Rn. 45 ff.
90 Vgl. *Jescheck/Weigend*, Strafrecht AT, § 62 II, 7; *Kühl*, Strafrecht AT, § 20 Rn. 55; *Schönke/Schröder (Heine/Weißer)*, StGB, § 25 Rn. 20.
91 Vgl. etwa *BGHSt* 3, 4, 6; 10, 306; 42, 275, 277/278.
92 Vgl. *Kühl*, Strafrecht AT, § 20 Rn. 57 ff.

macht. Wer für den Tatmittler eine Notwehrlage schafft mit dem Ziel, dass der Tatmittler seinerseits gerechtfertigt den Angreifer tötet oder verletzt, setzt den Tatmittler steuernd ein und ist mittelbarer Täter. Zum Teil wird aber einschränkend gefordert, dass der Hintermann das Gesamtgeschehen beherrschen und auch gegenüber dem Angreifer eine überlegene Stellung einnehmen muss.[93]

658 Besteht der „Defekt" des Tatmittlers darin, dass er schuldlos oder entschuldigt handelt (Fallgruppe des **schuldlos oder entschuldigt handelnden Werkzeugs**)[94], ist mittelbare Täterschaft des Hintermanns nur dann anzunehmen, wenn die – wie regelmäßig – beim Tatmittler liegende Handlungsherrschaft von der Willens- oder Wissensherrschaft des Hintermanns dominiert wird. Das ist der Fall, wenn der Hintermann eine vorhandene Schuldlosigkeit des Tatmittlers ausnutzt oder die Entschuldigungslage oder Schuldlosigkeit herbeiführt und sie sich dann zu Nutze macht. Unter diesen Voraussetzungen kann je nach den Umständen des Einzelfalls mittelbare Täterschaft des Hintermanns bei schuldunfähig handelndem Werkzeug und bei unvermeidbarem Verbotsirrtum des Tatmittlers anzunehmen sein.[95]

659 Bei bloß vermeidbarem Verbotsirrtum des Tatmittlers handelt dieser „volldeliktisch" also ohne „Strafbarkeitsdefekt". Grundsätzlich ist bei **volldeliktisch handelndem Werkzeug** mittelbare Täterschaft des Hintermanns ausgeschlossen (vgl. Rn. 653), weil dem Hintermann in solchen Fällen die täterschaftsbegründende Tatherrschaft regelmäßig fehlt. Das ergibt sich allerdings nicht aus dem Fehlen eines Strafbarkeitsdefekts beim Tatmittler (wie umgekehrt nicht dieser Defekt als solcher zur Tatherrschaft des Hintermanns führt), sondern daraus, dass der volldeliktisch Handelnde auch tatsächlich die Tat beherrscht. Ausnahmsweise ist eine mittelbare Täterschaft des Hintermanns bei volldeliktisch handelndem Werkzeug – Rechtsfigur des „**Täters hinter dem Täter**" – dann begründet, wenn trotz Täterschaft des Tatmittlers die Tatherrschaft beim Hintermann liegt. Das ist in engen Grenzen der Fall, wenn der Hintermann auf Grund **hierarchischer Strukturen** im Verhältnis zwischen ihm und dem Tatmittler diesen trotz eigener Vollverantwortlichkeit einsetzen, steuern, ersetzen etc. kann, um bestimmte deliktische Zielsetzungen zu realisieren. In erster Linie geht es dabei um den Missbrauch staatlicher Machtbefugnisse (Schreibtischtäter), um mafiaähnliche Organisationsstrukturen und unternehmerische Organisationen, bei denen der Hintermann die Tatherrschaft in Form einer **Organisationsherrschaft** ausübt, der Tatmittler lediglich als „Rädchen im Getriebe" agiert.[96] Mittelbare Täterschaft in der Konstellation des „Täters hinter dem Täter" ist des Weiteren bei Ausnutzen eines vorhandenen oder herbeigeführten **vermeidbaren Verbotsirrtums** möglich, wenn der Hintermann nach Art und Tragweite des Irrtums sowie der Intensität seiner Einwirkung auf den Tatmittler das Tatgeschehen beherrscht.[97] Und schließlich ist mittelbare Täterschaft unter denselben Voraussetzungen bei Ausnutzung eines den Vorsatz des Tatmittlers

---

93 In diesem Sinne etwa *Jescheck/Weigend*, Strafrecht AT, § 62 II, 3; vgl. auch *Kühl*, Strafrecht AT, § 20 Rn. 57 ff. m. w. Nachw.
94 Vgl. dazu bei *Baumann/Weber/Mitsch/Eisele*, Strafrecht AT/*Eisele*, § 25 Rn. 129 ff.; *Heinrich*, Strafrecht AT, Rn. 1252 f.; *Jescheck/Weigend*, Strafrecht AT, § 62 II, 4; *Kühl*, Strafrecht AT, § 20 Rn. 61 ff. m. w. Nachw.; *Wessels/Beulke/Satzger*, Strafrecht AT, Rn. 850 mit Rn. 807 ff. und Rn. 854.
95 Vgl. dazu *Jescheck/Weigend*, Strafrecht AT, § 62 II, 4 – 6; *Kühl*, Strafrecht AT, § 20 Rn. 62, 66, 69 m. w. Nachw.
96 Vgl. *BGHSt* 40, 218, 236 f. zur Regierungskriminalität von Mitgliedern des Nationalen Verteidigungsrates der ehemaligen DDR; vgl. weiter *BGHSt* 45, 270, 296; vgl. zum Ganzen etwa *Kühl*, Strafrecht AT, § 20 Rn. 71 ff.; *Schönke/Schröder (Heine/Weißer)*, StGB, § 25 Rn. 22, 26 ff.; ferner *Baumann/Weber/Mitsch/Eisele*, Strafrecht AT/*Eisele*, § 25 Rn. 136 ff., 148 ff.; SK-StGB/*Hoyer*, § 25 Rn. 87 ff.
97 Vgl. *BGHSt* 35, 347, 353/354; 40, 257, 266/267.

unberührt lassenden sog. „graduellen Tatumstandsirrtums" denkbar[98]: A veranlasst B, ein abstoßendes, angeblich wertloses, in Wirklichkeit aber wertvolles Gemälde, was B nicht erkennt, zu zerstören.

Für einen **Exzess des Tatmittlers** haftet der Hintermann (mittelbarer Täter) nicht. Er kann sich insoweit aber wegen strafbaren Versuchs oder wegen eines Fahrlässigkeitsdelikts strafbar machen. Von Bedeutung und teilweise problematisch und umstritten ist der Irrtum des Hintermanns über die Vorsätzlichkeit des Tatmittlers und andere die Tatherrschaft betreffenden Umstände.[99]

660

4. Erscheinungsformen der Teilnahme

Als **Erscheinungsformen der Teilnahme** nennt das Gesetz in § 26 die Anstiftung und in § 27 die Beihilfe. Beide Teilnahmeformen setzen eine vorsätzliche und rechtswidrige Tat voraus, sie sind von der Existenz einer solchen **Haupttat** im Sinne des § 11 Abs. 1 Ziff. 5 abhängig: ohne Haupttat keine Teilnahme. Man bezeichnet diese Abhängigkeit der Teilnahme von der Tat eines „Haupttäters" als **Akzessorietät der Teilnahme**. Bestraft wird der Teilnehmer (**Strafgrund der Teilnahme**), weil er durch Hervorrufen des Tatvorsatzes oder durch anderweitige Unterstützungshandlungen eine rechtswidrige Haupttat fördert und dabei selbst schuldhaft handelt: Der Teilnehmer wirkt an der Straftat des Täters mit, beide Teilnahmeformen leiten bei eigenem Unwert ihren Unrechtsgehalt aus der Haupttat ab. Die Akzessorietät der Teilnahme ist limitiert. Erforderlich ist nicht, dass der Haupttäter auch schuldhaft gehandelt hat, er muss nur, aber auch zumindest rechtswidrig und vorsätzlich handeln. Dieses Prinzip der **limitierten Akzessorietät** kommt auch in § 29 zum Ausdruck: Jeder Beteiligte wird ohne Rücksicht auf die Schuld des anderen nach seiner Schuld bestraft. Lockerungen der Akzessorietät finden sich in § 28 für das Vorliegen oder Fehlen besonderer persönlicher Merkmale beim Teilnehmer. Unter besonderen persönlichen Merkmalen versteht man grob gesagt solche Merkmale, die nicht die Tat (anders die tatbezogenen Unrechtsmerkmale), sondern den Täter kennzeichnen und dabei die Person des Täters beschreiben und nicht seine Gesinnung etc. (anders die speziellen Schuldmerkmale).

661

Zu unterscheiden sind strafbegründende (§ 28 Abs. 1) und strafmodifizierende besondere persönliche Merkmale. Fehlen beim Teilnehmer strafbegründende besondere persönliche Merkmale des Täters, ist die Strafe des Teilnehmers gem. §§ 28 Abs. 1, 49 Abs. 1 zu mildern. Strafmodifizierende besondere persönliche Merkmale können sowohl beim Haupttäter als auch beim Teilnehmer vorliegen. Nach § 28 Abs. 2 tritt die Modifikation nur bei dem Beteiligten ein, bei dem die besonderen persönlichen Merkmale vorliegen. Das kann zu Tatbestandsveränderungen führen: Stiftet ein „Nichtamtsträger" N einen Amtsträger A zu einer Körperverletzung im Amt (§ 340) an, wird A aus §§ 223, 340 und N nur aus § 223 bestraft.[100]

662

Die Akzessorietät der Teilnahme hat nicht nur zur Folge, dass bei Fehlen einer Haupttat auch Teilnahme nicht möglich ist, dass bei einer tatbestandslosen Tat (Suizid) jede Teilnahme straflos ist (was sinngemäß auch für unvorsätzliches und rechtmäßiges Handeln gilt), sondern auch, dass zwischen verschiedenen „Stufen" der Teilnahme zu

663

---

98 Vgl. dazu *Kühl*, Strafrecht AT, § 20 Rn. 74 ff.; *Schönke/Schröder (Heine/Weißer)*, StGB, § 25 Rn. 23.
99 Zur Behandlung dieser Irrtumsfälle bei mittelbarer Täterschaft vgl. *Baumann/Weber/Mitsch/Eisele*, Strafrecht AT/*Eisele*, § 25 Rn. 157 ff., 161 ff.; *Jescheck/Weigend*, Strafrecht AT, § 62 III; *Wessels/Beulke/Satzger*, Strafrecht AT, Rn. 860 ff. jew. m. w. Nachw. und Beispielen.
100 Vgl. dazu *Wessels/Beulke/Satzger*, Strafrecht AT, Rn. 868 ff., 884 ff.

unterscheiden ist. Versuchte Teilnahme in Form von versuchter Anstiftung (versuchte Beihilfe ist immer straflos) ist nur unter den Voraussetzungen des § 30 Abs. 1 strafbar.[101] Teilnahme an versuchter Haupttat ist strafbar, wenn deren Versuch strafbar ist. Teilnahme an vollendeter Tat ist der strafbare „Normalfall" und sukzessive Beihilfe ist noch bis zur Beendigung der Haupttat möglich.[102]

4.1 Anstiftung

664 Anstifter ist nach § 26, wer einen anderen vorsätzlich zu dessen vorsätzlich begangener rechtswidriger Tat bestimmt hat. **Objektiv** setzt die Anstiftung ein „**Bestimmen**" zur Tat voraus, **subjektiv** ist ein „doppelter Anstiftervorsatz" erforderlich.[103]

665 Bestimmen zur Haupttat versteht sich im Sinne des § 26 als „**Hervorrufen des Tatentschlusses**" beim Haupttäter. Das Anstifterverhalten muss mindestens mitursächlich für das Entstehen des Täterentschlusses sein. Doch genügt bloße Kausalität nicht. Vielmehr setzt das Bestimmen eine Willensbeeinflussung im Wege eines geistigen Kontakts[104], die wenigstens eine Anregung zur Begehung der Haupttat vermittelt, voraus. Die bloße Schaffung einer zur Tat anreizenden Situation (offenes Liegenlassen einer Geldbörse) reicht deshalb nicht. Das Bestimmen muss sich auf eine konkrete Tat und einen konkreten Täter beziehen. Geeignetes **Bestimmungsmittel** ist alles, was zur Willensbeeinflussung taugt (Bitten, Drohungen, Geschenke, Überredung, Wünsche und Anregungen, Zusage einer Belohnung, Informationen über Tatgelegenheiten). Ausreichend ist „konkludentes" Bestimmen, dagegen reicht (auch pflichtwidriges) Unterlassen in der Regel nicht aus. Nicht mehr bestimmt werden kann der bereits zur Tat entschlossene Haupttäter (sog. omnimodo facturus), wohl aber derjenige, der nur tatgeneigt ist und noch eines letzten Anstoßes bedarf.[105] Ist der Täter zur Begehung eines Grunddelikts entschlossen (§ 249), kann noch zur Begehung eines qualifizierten Delikts bestimmt werden (sog. Hochstiftung, Aufstiftung oder Überstiftung: nach h. M. haftet der Bestimmende dann in vollem Umfange als Anstifter. Im umgekehrten Falle – sog. Abstiftung – kommt keine Anstiftung zum Grunddelikt, sondern allenfalls psychische Beihilfe in Betracht).[106]

666 Der **doppelte Anstiftervorsatz** muss zum einen auf die Ausführung und Vollendung der konkreten Tat eines bestimmten Täters (die in seinen Vorsatz aufgenommene Tat muss aus seiner Sicht als konkret-individualisierbares Geschehen erkennbar sein) und

---

101 Zur sog. (versuchten) Kettenanstiftung vgl. *Wessels/Beulke/Satzger*, Strafrecht AT, Rn. 927 mit Rn. 894 und Rn. 916; ferner *Baumann/Weber/Mitsch/Eisele*, Strafrecht AT/*Eisele*, § 26 Rn. 79 f.; *Heinrich*, Strafrecht AT, Rn. 1284 mit Rn. 1341 f.; *Kühl*, Strafrecht AT, § 20 Rn. 193 mit Rn. 250; *Schönke/Schröder (Heine/Weißer)*, StGB, § 26 Rn. 15.
102 Vgl. zu den Grundlagen und Grundfragen der Teilnahme i. e. S. statt aller *Roxin*, Strafrecht AT II, § 26 Rn. 1 ff. m. zahlr. w. Nachw.
103 Zur Teilnahmeform der Anstiftung vgl. ausführlich und umfassend *Roxin*, Strafrecht AT II, § 26 Rn. 57 ff.; ferner *Heinrich*, Strafrecht AT, Rn. 1283 ff.; *Kühl*, Strafrecht AT, § 20 Rn. 166 ff.; *Schönke/Schröder (Heine/Weißer)*, StGB, § 26 Rn. 1 ff.; SK-StGB/*Hoyer*, § 26 Rn. 1 ff.; *Wessels/Beulke/Satzger*, Strafrecht AT, Rn. 884 ff.
104 Sog. Kommunikationstheorie, vgl. *Wessels/Beulke/Satzger*, Strafrecht AT, Rn. 885; ferner *Jescheck/Weigend*, Strafrecht AT, § 64 II, 1; *Kühl*, Strafrecht AT, § 20 Rn. 169 ff., 172 m. w. Nachw. und anderer Theoriebezeichnung (sog. Theorie des geistigen Kontaktes); NK-StGB (*Schild*), § 26 Rn. 7, *Roxin*, Strafrecht AT II, § 26 Rn. 74; *Stratenwerth/Kuhlen*, Strafrecht AT, § 12 Rn. 143; vgl. auch *Schönke/Schröder (Heine/Weißer)*, StGB, § 26 Rn. 3.
105 Vgl. dazu *Kühl*, Strafrecht AT, § 20 Rn. 177.
106 Vgl. anschaulich *Kühl*, Strafrecht AT, § 20 Rn. 180 fff.; ferner SK-StGB/*Hoyer*, § 26 Rn. 16 ff. sowie *Schönke/Schröder (Heine/Weißer)*, StGB, § 26 Rn. 7 ff.

zum anderen auf das Hervorrufen des „fremden" Tatentschlusses gerichtet sein. Der Anstiftervorsatz muss also auch das eigene Handeln umfassen. Der Anstiftervorsatz fehlt, wenn der Anstifter die Vollendung der Haupttat gar nicht will und sich vorstellt, dass der Erfolg nicht eintreten wird. Daraus resultiert die Straflosigkeit des sog. Lockspitzels (agent provocateur). Der Vorsatz des Anstifters muss darüber hinaus auch auf die Vorsätzlichkeit und Rechtswidrigkeit der Tat gerichtet sein.[107]

4.2 Beihilfe

Gehilfe ist nach § 27, wer einem anderen vorsätzlich zu dessen vorsätzlich begangener rechtswidriger Tat Hilfe leistet. Objektiv setzt die Beihilfe eine **„Hilfeleistung"** zur Haupttat und **subjektiv** einen „doppelten Gehilfenvorsatz" voraus.[108]

Unter **Hilfeleistung** im Sinne des § 27 ist jedes Verhalten (des Gehilfen) zu verstehen, das die Haupttat „irgendwie" fördert. Das kann physische Hilfe (Beschaffen von Diebeswerkzeug) ebenso wie psychische Hilfe (Bestärken des Tatentschlusses), Hilfeleistung durch aktives Tun ebenso wie – bei Bestehen einer Garantenstellung mit Garantenpflicht – durch Unterlassen sein. Es ist noch nicht einmal erforderlich, dass die Hilfeleistung als conditio sine qua non kausal für den Eintritt des Erfolges war. Vielmehr reicht eine „Verstärker- oder Förderkausalität"[109]: Die Hilfeleistung muss lediglich die Tatdurchführung erleichtert oder deren Gelingen günstig beeinflusst haben, mehr ist nicht notwendig.[110]

Der **doppelte Gehilfenvorsatz** muss sich zunächst auf die eigene Beihilfehandlung, also auf die Hilfeleistung beziehen. Und er muss auf die Vollendung der Haupttat gerichtet sein. Der Gehilfe muss also einerseits wissen, dass sein Verhalten die Haupttat „irgendwie" fördert, und andererseits die nicht notwendig schon in allen Einzelheiten konkretisierte Tat kennen. Es genügt insoweit, dass sein Vorstellungsbild den wesentlichen Unrechtsgehalt der Haupttat erfasst.[111] Der Gehilfe haftet im Übrigen nur für das von seinem Vorsatz umfasste Tatgeschehen. Ein Exzess des Haupttäters wird ihm nicht zugerechnet.[112]

---

[107] Vgl. zum Ganzen etwa *Baumann/Weber/Mitsch/Eisele*, Strafrecht AT/*Eisele*, § 26 Rn. 40 ff., 43, 55 ff.; *Heinrich*, Strafrecht AT, Rn. 1303 ff.; *Kühl*, Strafrecht AT, § 20 Rn. 195 ff. m. w. Nachw.; ferner *Wessels/Beulke/Satzger*, Strafrecht AT, Rn. 892 ff., 894 f., 896 f.
[108] Vgl. zur Teilnahmeform der Beihilfe ausführlich und umfassend *Roxin*, Strafrecht AT II, § 26 Rn. 183 ff.; ferner *Heinrich*, Strafrecht AT, Rn. 1316 ff.; *Kühl*, Strafrecht AT, Rn. 211 ff.; *Schönke/Schröder (Heine/Weißer)*, StGB, § 27 Rn. 1 ff.; SK-StGB/*Hoyer*, § 27 Rn. 1 ff.; *Stratenwerth/Kuhlen*, Strafrecht AT, § 12 Rn. 155 ff.; *Wessels/Beulke/Satzger*, Strafrecht AT, Rn. 903 ff.
[109] Vgl. *Wessels/Beulke/Satzger*, Strafrecht AT, Rn. 904 f., 905.
[110] Zur Problematik der Hilfeleistung durch alltagstypische neutrale Handlungen vgl. *Kühl*, Strafrecht AT, § 20 Rn. 222 ff.; *Wessels/Beulke/Satzger*, Strafrecht AT, Rn. 912 m. w. Nachw.; *Schönke/Schröder (Heine/Weißer)*, StGB, § 27 Rn. 9 ff.
[111] Vgl. *Wessels/Beulke/Satzger*, Strafrecht AT; Rn. 909; BGHSt 42, 135, 137/138 f.
[112] Zu Grundfragen und weiteren Einzelheiten der Teilnahme i. e. S. vgl. etwa *Baumann/Weber/Mitsch/Eisele*, Strafrecht AT/*Eisele*,§ 26 Rn. 1 ff., 88 ff. mit § 24; *Frister*, Strafrecht AT, § 28 Rn. 1 ff., 12 ff., 32 ff.; *Heinrich*, Strafrecht AT, Rn. 1269 ff., 1316 ff.; *Hilgendorf/Valerius*, Strafrecht AT, § 9 Rn. 107 ff., 117 ff., 145 ff.; *Jescheck/Weigend*, Strafrecht AT, § 64; *Kühl*, Strafrecht AT, § 20 Rn. 130 ff., 166 ff., 211 ff.; *Murmann*, Grundkurs, § 27 Rn. 70 ff., 93 ff., 120 ff.; NK-StGB (*Schild*), Vor §§ 26, 27 Rn. 1 ff., § 26 Rn. 1 ff., § 27 Rn. 1 ff.; *Roxin*, Strafrecht AT II, § 26; *Schönke/Schröder (Heine/Weißer)*, StGB, § 26 Rn. 1 ff., § 27 Rn. 1 ff.; SK-StGB/*Hoyer*, Vor §§ 26 – 31 Rn. 1 ff., § 26 Rn. 1 ff., § 27 Rn. 1 ff.; *Stratenwerth/Kuhlen*, Strafrecht AT, § 12 Rn. 113 ff.; *Wessels/Beulke/Satzger*, Strafrecht AT, Rn. 868 ff., 884 ff., 903 ff.

5. Lernkontrolle

- Erläutern Sie den Sachzusammenhang zwischen dem restriktiven Täterbegriff, dem extensiven Täterbegriff, dem Einheitstäterprinzip und einem pluralistischen (dualistischen) System der Tatbeteiligungen. (Rn. 626 f.)
- Wie setzt sich das „dualistische Beteiligungssystem" des geltenden Strafrechts zusammen? (Rn. 628, 630)
- Was versteht man unter Nebentäterschaft? (Rn. 629)
- Welche verschiedenen Theorien zur Abgrenzung von Täterschaft und Teilnahme lassen sich mit der gegenwärtigen Gesetzeslage nicht mehr vereinbaren? (Rn. 633 ff.)
- Welches sind die Grundelemente der subjektiven Teilnahmelehre? (Rn. 634 f.)
- Worin besteht der Unterschied zwischen der sog. extrem-subjektiven und der sog. eingeschränkt-subjektiven Teilnahmelehre? (Rn. 634 f.)
- Was sind die Grundelemente der sog. Tatherrschaftslehre? (Rn. 636 ff.)
- Lassen sich subjektive Teilnahmelehre und Tatherrschaftslehre miteinander verbinden? (Rn. 638)
- Was versteht man unter Tatbestandsbezogenheit der Täterschaft? (Rn. 639 ff.)
- Benennen Sie die Erscheinungsformen der Täterschaft. (Rn. 645 ff.)
- Beschreiben Sie die Voraussetzungen und Charakteristika der Mittäterschaft. (Rn. 646 ff.)
- Beschreiben Sie die Voraussetzungen und Charakteristika der mittelbaren Täterschaft. (Rn. 652 ff.)
- Welche Fallgruppen der mittelbaren Täterschaft sind zu unterscheiden? (Rn. 654 ff.)
- Beschreiben Sie die Rechtsfigur des „Täters hinter dem Täter" (Rn. 659)
- Benennen Sie die Erscheinungsformen der Teilnahme. (Rn. 661 ff.)
- Was versteht man unter der (limitierten) Akzessorietät der Teilnahme? (Rn. 661 ff.)
- Welche Grundelemente bestimmen das Bild der Anstiftung? (Rn. 664 ff.)
- Welche Grundelemente kennzeichnen die Beihilfe? (Rn. 667 ff.)

XVI. Aufbauschemata zur Fallbearbeitung

Aufbauschemata zur Fallbearbeitung sind „mit Vorsicht zu genießen". Sie sind keine starren Prüfungsraster für die strafrechtliche Durcharbeitung von Lebenssachverhalten (den Fällen). Sie können dazu dienen, im Sinne eines **Ablaufprogramms** einzelne „Stationen" der Fallprüfung zu markieren, die bis zur endgültigen Lösung des Strafrechtsfalls durchlaufen werden müssen. Dabei ist auf die Eigenarten des konkreten Falls und die anzuwendenden gesetzlichen Straftatbestände zu achten und das maßgebliche Aufbau- und Prüfungsschema den inhaltlichen Besonderheiten von strafrechtlichem Obersatz (gesetzlicher Straftatbestand) und darunter zu subsumierendem tatsächlichen Untersatz (konkreter Lebenssachverhalt) anzupassen: Wenn weit und breit und beim besten Willen keine Rechtfertigungsgründe im Tatgeschehen zu erkennen sind, ist über das Aufbauelement „Rechtfertigungsgründe" in der Systemstufe der Rechtswidrigkeit auch kein Wort zu verlieren. Enthält der konkret zu prüfende Straftatbestand keine subjektiven Unrechtselemente, muss nicht erst festgestellt werden, dass er keine enthält. Die bisweilen unsinnige, weil schablonenhafte Verwendung von Aufbauschemata ist Legion. Vor ihr ist nachdrücklich zu warnen: Entscheidend ist nicht das „Knochengerüst", sondern das „Fleisch und die Seele"; der Sachgehalt der Fallbearbeitung macht's, nicht die sture Beschäftigung mit den einzelnen Knoten des roten Fadens. Unter diesen Vorbehalten stehen die nachfolgenden Aufbauschemata des vollendeten vorsätzlichen Begehungsdelikts, des vollendeten vorsätzlichen Unterlassungsdelikts, des Versuchsdelikts und des Fahrlässigkeitsdelikts.

Für das vollendete vorsätzliche Begehungsdelikt, für das Grundmodell (oder Primärmodell) einer Straftat also, werden drei Aufbauschemata gleichberechtigt nebeneinander gestellt. Damit soll dem Umstand, dass in der allgemeinen Verbrechenslehre auch gegenwärtig noch unterschiedliche Lehrsysteme eine Rolle spielen, Rechnung getragen werden. Dem hier favorisierten „telogischen" (neoklassisch/finalistische Synthese) Straftatsystem wird deshalb zum Vergleich das klassisch/neoklassische und finalistische Verbrechenssystem zur Seite gestellt (vgl. zu den verschiedenen Straftatsystemen Rn. 294 ff.)

1. Das vollendete vorsätzliche Begehungsdelikt

1.1 Teleologisches Verbrechenssystem (neoklassisch/finalistische Synthese)

A. Tatbestand, Tatbestandsmäßigkeit

a) objektiver Unrechtstatbestand (*alle geschriebenen und ungeschriebenen objektiven Unrechtsmerkmale des gesetzlichen Straftatbestandes*)

    aa) Tatsubjekt (*besondere Eigenschaften, z.B. Amtsträger*)

    ab) Tathandlung (*mit Besonderheiten der Begehungsweise und des Tatmittels*)

    ac) Taterfolg (*mit Handlungsobjekt in seiner tatbestandlichen Umschreibung*)

    ad) Kausalität (*Äquivalenztheorie*)

    ae) objektive Erfolgszurechnung

    ad) und ae) nur bei Erfolgsdelikten

b) subjektiver Unrechtstatbestand (*alle subjektiven Unrechtsmerkmale des gesetzlichen Straftatbestandes*)

ba) Tatvorsatz *(direkter Vorsatz, Eventualvorsatz, Absicht mit der Möglichkeit eines Tatumstandsirrtums gem. § 16 Abs. 1)*
bb) subjektive Unrechtselemente *(unrechtsbezogene Gesinnungsmerkmale, Handlungstendenzen, Absichten, wie z.b. Zueignungsabsicht in § 242)*

B. **Tatbestandsannex: Objektive Bedingungen der Strafbarkeit** *(soweit im gesetzlichen Strafbestand benannt, z.B. Rauschtat in § 323 a)*

C. **Rechtswidrigkeit: Fehlen von Rechtfertigungsgründen** *(nur zu prüfen, wenn Rechtfertigung möglich erscheint)*

a) Objektive Rechtfertigungsumstände *(tatsächliche Voraussetzungen eines Rechtfertigungsgrundes)*
b) Subjektive Rechtfertigungselemente *(„Wissen und Wollen" der objektiven Rechtfertigungsumstände)*

D. **Schuld**

a) Schuldfähigkeit *(§§ 19,20; actio libera in causa – nur zu prüfen, wenn sich dafür im Sachverhalt Anhaltspunkte finden)*
b) Schuldform Vorsatz *(sog. Vorsatzschuld, entfällt bei Erlaubnistatbestandsirrtum)*
c) Unrechtsbewusstsein *(mit Prüfung eines etwaigen Verbots- oder Erlaubnisirrtums, Schuldausschluss bei unvermeidbarem Irrtum)*
d) Nichtvorliegen von Entschuldigungsgründen (z.B. § 35)
e) Spezielle Schuldmerkmale *(z. B. echte Gesinnungsmerkmale, etwa die Bösgläubigkeit in § 225 Abs. 1)*

E. **Persönliche Strafausschließungs- und Strafaufhebungsgründe** *(etwa die Angehörigeneigenschaft in § 258 Abs. 6)*

1.2 Neoklassisches/klassisches Verbrechenssystem

A. **Tatbestand, Tatbestandsmäßigkeit**

a) objektiver Tatbestand
   aa) Tatsubjekt
   ab) Tathandlung
   ac) Taterfolg
   ad) Kausalität

1. Das vollendete vorsätzliche Begehungsdelikt

ae) Objektive Erfolgszurechnung
ad) *und ae) nur bei Erfolgsdelikten*
b) Subjektiver Tatbestand (*subjektive Unrechtselemente wie Zueignungsabsicht in § 242*)

B. Tatbestandsannex: Objektive Bedingungen der Strafbarkeit

C. Rechtswidrigkeit: Fehlen von Rechtfertigungsgründen

a) Objektive Rechtfertigungsumstände
b) Subjektive Rechtfertigungselemente

D. Schuld

a) Schuldfähigkeit
b) Tatvorsatz (*als Schuldform mit etwaigem Tatbestands- und Erlaubnistatbestandsirrtum*)
c) Unrechtsbewusstsein (*Verbotsirrtum, Erlaubnisirrtum*)
d) Nichtvorliegen von Entschuldigungsgründen
e) Spezielle Schuldmerkmale

E. Persönliche Strafausschließungs- und Strafaufhebungsgründe

Übrige Erläuterungen wie bei 1.1

1.3 Finalistisches Verbrechenssystem

A. Tatbestand

a) objektiver Tatbestand
   aa) Tatsubjekt
   ab) Tathandlung
   ac) Taterfolg
   ad) Kausalität
   ae) Objektive Erfolgszurechnung
   ad) *und ae) nur bei Erfolgsdelikten*
b) Subjektiver Tatbestand
   ba) Tatvorsatz (*mit Tatumstandsirrtum*)
   bb) Subjektive Unrechtselemente

B. Tatbestandsannex: Objektive Bedingungen der Strafbarkeit

C. Rechtswidrigkeit: Fehlen von Rechtfertigungsgründen

a) Objektive Rechtfertigungsumstände
b) Subjektive Rechtfertigungselemente

675

D. Schuld

a) Schuldfähigkeit
b) Unrechtsbewusstsein (*mit Verbotsirrtum, Erlaubnisirrtum und Erlaubnistatbestandsirrtum als Verbotsirrtum*)
c) Nichtvorliegen von Entschuldigungsgründen
d) spezielle Schuldmerkmale

E. Persönliche Strafausschließungs- und Strafaufhebungsgründe

Übrige Erläuterungen wie bei 1.1

2. Das vollendete vorsätzliche unechte Unterlassungsdelikt

A. Tatbestand Tatbestandsmäßigkeit

a) Objektiver Unrechtstatbestand
  aa) Tatsubjekt
  ab) Taterfolg
  ac) Unterlassen (*als Nichtvornahme der zur Erfolgsabwendung gebotenen Handlung – das Unterlassen der in der konkreten Gefahrensituation objektiv erforderlichen Rettungshandlung*)
  ad) Physisch- reale Handlungsmöglichkeit (*objektive Möglichkeit zur tätigen Erfolgsabwendung – kann ausgeschlossen sein bei genereller objektiver Unmöglichkeit und/oder individueller Unfähigkeit/Unmöglichkeit, den Erfolg zu verhindern*)
  ae) Unterlassungskausalität (*Quasi- Kausalität – hypothetische Kausalität – des Unterlassens für den eingetretenen Taterfolg ohne weitere Zurechnungskriterien*)
  af) Objektive Erfolgszurechnung (*unter Berücksichtigung des Pflichtwidrigkeitszusammenhangs mit Vermeidbarkeit oder Unvermeidbarkeit des Erfolges und des Schutzzweckzusammenhangs*)
  ag) Garantenstellung (*als Beschützergarant mit Garantenstellung aus enger konkreter Lebensbeziehung/enger persönlicher Verbundenheit, aus anderen Gemeinschaftsbeziehungen einschließlich Risiko- und Gefahrengemeinschaft, aus tatsächlicher oder rechtlicher Schutzübernahme jeweils mit Obhutspflichten für Rechtsgüter; als Sicherungsgarant mit Garantenstellung aus rechtswidrigem gefährlichen Vorverhalten/Ingerenz, aus Sachherrschaft über Gefahrenquellen, aus Verantwortung für Fremdverhalten mit Überwachungs- und Beherrschungspflichten*)
  ah) Gleichwertigkeit des Unterlassens (*sog. Entsprechungsklausel zu § 13, nur bei verhaltensgebundenen Delikten*)
  ai) Unzumutbarkeit (*als tatbestandliches Regulativ*)
b) Subjektiver Unrechtstatbestand

3. Das versuchte Begehungsdelikt

  ba) Unterlassungsvorsatz als Tatvorsatz
  bb) Subjektive Unrechtselemente

B. **Tatbestandsannex: Objektive Bedingungen der Strafbarkeit**

C. **Rechtswidrigkeit: Fehlen von Rechtfertigungsgründen**
  (einschließlich der bei Unterlassungsdelikten wichtigen rechtfertigenden Pflichtenkollision)
  a) Objektive Rechtfertigungsumstände
  b) Subjektive Rechtfertigungselemente

D. **Schuld**
  a) Schuldfähigkeit (§§ *19,20; actio libera in causa bzw. omissio libera in causa*)
  b) Unterlassungsvorsatz als Schuldform (*mit Erlaubnistatbestandsirrtum*)
  c) Unrechtsbewusstsein (*mit etwaigem Irrtum über Garantenpflicht als „Gebotsirrtum" und mit möglichem Erlaubnisirrtum; Schuldausschluss bei Unvermeidbarkeit § 17*)
  d) Nichtvorliegen von Entschuldigungsgründen
  e) Spezielle Schuldmerkmale

E. **Persönliche Strafausschließungs- und Strafaufhebungsgründe.**
  Übrige Erläuterungen wie bei 1.1. Als Vorfrage ist zu klären, ob ein Unterlassen als Tathandlung und ein unechtes (oder echtes) Unterlassungsdelikt in Betracht kommt.

3. Das versuchte Begehungsdelikt
(Vorfragen, wenn nicht aus der vorausgehenden Prüfung des vollendeten Delikts bereits ersichtlich: Feststellung der Nichtvollendung einer Straftat mit Prüfung der Strafbarkeit eines Versuchs gem. §§ 23 Abs. 1,12)

A. **Tatbestand, Tatbestandsmäßigkeit**
  a) Subjektiver Versuchstatbestand (*Tätervorstellung von der Tat bestehend aus:*)
    aa) Tatvorsatz, Tatentschluss (*bezieht sich auf alle Merkmale der objektiven Tatbestandsmäßigkeit des vollendeten Delikts unter Einschluss des objektiven Versuchstatbestandes mit der Möglichkeit eines Vorsatzausschlusses gem. § 16 Abs. 1*)
    ab) Subjektive Unrechtselemente
  b) Objektiver Versuchstatbestand (*unmittelbares Ansetzen zur Tatbestandsverwirklichung*)
    ba) Vortatbestandliche Ausführungshandlung (*Abgrenzung zur straflosen Vorbereitungshandlung*)
    bb) tatbestandliche Ausführungshandlung (*bei ba) und bb) unter Berücksichtigung besonderer Tatmodalitäten und Tatmittel*)
    bc) Tatsubjekt

bd) Tatobjekt

be) Kausalität *(zwischen den Teilakten der vortatbestandlichen/-tatbestandlichen Ausführungshandlung)*

B. Tatbestandsannex: Objektive Bedingungen der Strafbarkeit

C. Rechtswidrigkeit: Fehlen von Rechtfertigungsgründen

a) Objektive Rechtfertigungsumstände
b) Subjektive Rechtfertigungselemente

D. Schuld

a) Schuldfähigkeit
b) Vorsatz als Schuldform *(mit Erlaubnistatbestandsirrtum)*
c) Unrechtsbewusstsein
d) Nichtvorliegen von Entschuldigungsgründen
e) Spezielle Schuldmerkmale

E. Persönliche Strafausschließungs- und Strafaufhebungsgründe *(bei Versuch insbesondere:)*

a) freiwilliger Rücktritt vom unbeendeten Versuch gem. § 24 Abs. 1 S. 1, 1. Alt.

  aa) Aufgeben der weiteren Tatausführung *(endgültiger Verzicht auf jede weitere Tatausführung)*

  ab) Freiwilligkeit

b) freiwilliger Rücktritt vom beendeten Versuch gem. § 24 Abs. 1 S. 1, 2. Alt.

  ba) tätige Verhinderung der Tatvollendung *(inaktive oder versehentliche Erfolgsverhinderung genügt nicht)*

  bb) Freiwilligkeit

Übrige Erläuterungen wie bei 1.1.

4. Das versuchte unechte Unterlassungsdelikt *(Vorfragen wie bei 3) vor A.)*

A. Tatbestand, Tatbestandsmäßigkeit

a) Subjektiver Versuchstatbestand (*Tätervorstellung von der Unterlassungstat bestehend aus:*)

  aa) Tatvorsatz, Tatentschluss in Form des Unterlassungsvorsatzes *(bezieht sich auf Merkmale der objektiven Tatbestandsmäßigkeit des vollendeten unechten Unterlassungsdelikts (vgl. bei 2 A a) mit Erläuterungen) unter Einschluss des objektiven Versuchstatbestandes)*

  ab) subjektive Unrechtselemente

b) objektiver Versuchstatbestand

  ba) vortatbestandliche Ausführungshandlung *(Verstreichenlassen der ersten Möglichkeit zur Erfolgsverhinderung/Abgrenzung zur straflosen Vorbereitungshandlung)*

4. Das versuchte unechte Unterlassungsdelikt (Vorfragen wie bei 3) vor A.)

bb) tatbestandliche Ausführungshandlung (*Verstreichenlassen der letzten Möglichkeit, den Erfolg zu verhindern; ba) und bb) bei bestehender Garantenstellung unter Berücksichtigung besonderer Tatmodalitäten und Tatmittel*)
bc) Tatsubjekt
bd) Tatobjekt
be) Physisch- reale Erfolgsabwendungsmöglichkeit
bf) Unterlassungskausalität
bg) Kriterien der objektiven Erfolgszurechnung im unmittelbaren Ansetzen (*Pflichtwidrigkeits- und Schutzzweckzusammenhang*) zur Tatbestandsverwirklichung
bh) Garantenstellung

B. Tatbestandsannex: Objektive Bedingungen der Strafbarkeit

C. Rechtswidrigkeit: Fehlen von Rechtfertigungsgründen
(einschließlich der rechtfertigenden Pflichtenkollision)

a) Objektive Rechtfertigungsumstände
b) Subjektive Rechtfertigungselemente

D. Schuld

a) Schuldfähigkeit
b) Unterlassungsvorsatz als Schuldform (*mit Erlaubnistatbestandsirrtum*)
c) Unrechtsbewusstsein (*mit Gebotsirrtum betr. Garantenpflicht oder Erlaubnisirrtum gem. § 17*)
d) Nichtvorliegen von Entschuldigungsgründen
e) Spezielle Schuldmerkmale

E. Persönliche Strafausschließungs- und Strafaufhebungsgründe
(beim Versuch des unechten Unterlassungsdelikts unter sinngemäßer Anwendung des § 24 Abs. 1 insbesondere:)

a) freiwilliger Rücktritt vom unbeendeten Versuch gem. § 24 Abs. 1 S. 1, 1. Alt.
  aa) Nachholung der ursprünglich gebotenen (ersten) Rettungshandlung (*wenn nach der Tätervorstellung dadurch der Erfolg abgewendet wird*)
  ab) Freiwilligkeit
b) Freiwilliger Rücktritt vom beendeten Versuch gem. § 24 Abs. 1 S. 1, 2 Alt.
  ba) Nachholung der ursprünglich gebotenen Rettungshandlung und zusätzliche Tätigkeitsakte (*wenn nach der Tätervorstellung weitere Rettungsakte notwendig sind, um den Erfolgseintritt zu verhindern*)
  bb) Freiwilligkeit
Übrige Erläuterungen wie bei 1.1 und 2.

5. Das fahrlässige Begehungsdelikt (Erfolgsdelikt)

A. Tatbestand, Tatbestandsmäßigkeit

a) Tatsubjekt *(besondere Eigenschaften)*
b) Taterfolg *(nur bei Erfolgsdelikten)*
c) Tathandlung *(mit Modalitäten der Begehungsweise und Besonderheiten des Tatmittels)*
d) Tatobjekt *((Besonderheiten)*
e) Kausalität *(„bereinigt" nach der Äquivalenztheorie)*
f) Objektive Sorgfaltspflichtverletzung *(mit Außerachtlassung der im Rechtsverkehr erforderlichen Sorgfalt nach dem Durchschnittsmaßstab des Lebens-, Berufs- und sonstigen Verkehrskreises des Täters – standardisierte Sonderfähigkeiten)*
   fa) bei genereller Voraussehbarkeit des tatbestandlichen Erfolges und objektiver Erkennbarkeit der Tatbestandsverwirklichung im Übrigen.
   fb) Sonderwissen und -fähigkeiten des Täters
g) objektive Erfolgszurechnung *(mit Pflichtwidrigkeits- und Schutzzweckzusammenhang mit der Möglichkeit des Zurechnungsausschlusses bei eigenverantwortlicher Selbstschädigung oder -gefährdung des Opfers und/oder bei völlig atypischen Kausalverläufen)*

B. Tatbestandsannex: objektive Bedingungen der Strafbarkeit

C. Rechtswidrigkeit: Fehlen von Rechtfertigungsgründen *(einschließlich der rechtfertigenden Pflichtenkollision)*

a) objektive Rechtfertigungsumstände
b) keine subjektiven Rechtfertigungselemente, sondern nur tendenzgebundenes Verhalten.

D. Schuld

a) Schuldfähigkeit
b) subjektive Sorgfaltspflichtverletzung *(als Nichterfüllung objektiver Sorgfaltspflichten bei hinreichendem individuell/persönlichen Können des Täters und subjektiver Voraussehbarkeit (unbewusste Fahrlässigkeit) oder Voraussicht (bewusste Fahrlässigkeit) des Erfolgseintritts)*
c) Unrechtsbewusstsein *(Verbotsirrtum)*
d) Nichtvorliegen von Entschuldigungsgründen
e) Spezielle Schuldmerkmale

6. Das fahrlässige unechte Unterlassungsdelikt

Übrige Erläuterungen wie bei 1.1

E. Persönliche Strafausschließungs- und Strafaufhebungsgründe

6. Das fahrlässige unechte Unterlassungsdelikt

A. Tatbestand, Tatbestandsmäßigkeit

a) Tatsubjekt *(besondere Eigenschaften)*   680
b) Taterfolg
c) Unterlassen als Tathandlung *(Nichtvornahme der gebotenen tätigen Erfolgsabwendung mit Modalitäten der Begehungsweise und Besonderheiten des Tatmittels)*
d) Tatobjekt *(Besonderheiten)*
e) Unterlassungskausalität *(Quasi-Kausalität, hypothetische Kausalität, des Unterlassens für den Erfolgseintritt)*
f) Physisch- reale Handlungsmöglichkeit *(zur tätigen Erfolgsabwendung)*
g) Garantenstellung, Garantenpflicht
h) objektive Sorgfaltspflichtverletzung *(bezieht sich außer auf a) –f) auch auf Garantenstellung und Garantenpflicht)*
   ha) bei genereller Voraussehbarkeit des tatbestandlichen Erfolgs und objektiver Erkennbarkeit der Tatbestandsverwirklichung im Übrigen.
   hb) Sonderwissen und -fähigkeiten des Unterlassungstäters
i) objektive Erfolgszurechnung *(mit Pflichtwidrigkeits- und Schutzzweckzusammenhang sowie möglichem Zurechnungsausschluss)*

B. Tatbestandsannex: objektive Bedingungen der Strafbarkeit

C. Rechtswidrigkeit: Fehlen von Rechtfertigungsgründen *(einschließlich der rechtfertigenden Pflichtenkollision)*

a) objektive Rechtfertigungsumstände
b) keine subjektiven Rechtfertigungselemente, sondern nur tendenzgebundenes Verhalten

D. Schuld

a) Schuldfähigkeit
b) subjektive Sorgfaltspflichtverletzung *(bei hinreichendem individuell persönlichen Können des Unterlassungstäters)*
c) Unrechtsbewusstsein *(Gebots-/Verbotsirrtum)*
d) Nichtvorliegen von Entschuldigungsgründen *(einschließlich der Unzumutbarkeit als Regulativ)*
e) Spezielle Schuldmerkmale

E. Persönliche Strafausschließungs- und Strafaufhebungsgründe.

Übrige Erläuterungen wie bei 5. und 2.

681 Sind mehrere Tatbeteiligte zu prüfen, ist zu beachten, dass Fragen der Täterschaft immer auf der Systemstufe der Tatbestandsmäßigkeit (ggf. mit weiteren Prüfungspunkten der Rechtswidrigkeit und Schuld), niemals außerhalb des Straftatsystems im Rahmen einer vom Tatbestand losgelösten Vorbemerkung zu erörtern sind. Bei Tatbeteiligungen in Form von Täterschaft und Teilnahme gilt als eiserne Aufbauregel, dass Täterschaft stets vor Teilnahme zu prüfen ist (vgl. dazu *Bringewat*, Methodik, Rn. 564 ff., 574; weitere Aufbaumuster und Aufbauhinweise finden sich u.a. bei *Frister*, Strafrecht AT, S. 503 f. mit Verzeichnis der verwendeten Aufbauschemata auf S. 504; bei *Heinrich*, Strafrecht AT, Rn. 1476 ff.; bei *Hilgendorf/Valerius*, Strafrecht AT, zu Einzelthemen innerhalb des jeweiligen Textes mit entsprechendem Verzeichnis der Prüfungsschemata und Übersichten auf S. 300; bei *Murmann,*Strafrecht AT, innerhalb des Textes zu den jeweiligen Einzelthemen und –problemen; bei *Wessels/Beulke/Satzger*, Strafrecht AT, Rn. 1323 sowie zahlreich innerhalb des Textes zur jeweiligen Thematik; zahlreiche Hinweise zur Übungsfall-Literatur und auf Übungsfälle zu jedem prüfungsrelevanten Einzelthema und –problem des allgemeinen Strafrechts finden sich im Lehrbuch von *Kühl*, Strafrecht AT).

Stichwortverzeichnis

Die Verweise beziehen sich auf die Randnummern.

Abbruch eigener Rettungsmaßnahmen 321 f.
Abbruch lebensverlängernder Maßnahmen 323
Abergläubischer Versuch 534
aberratio ictus (Fehlgehen der Tat) 573
Abgebrochene Kausalität 347
Abgrenzungsfunktion (des Handlungsbegriffs) 273
Abgrenzungstheorien (Täterschaft und Teilnahme) 631 ff.
Abgrenzung von Täterschaft und Teilnahme 631 ff.
Abgrenzung von Tun und Unterlassen 315 ff.
Abschreckung (des Täters) 49 ff.
Abschreckungsprävention (Sinn der Strafe) 50
Absehen von der Strafverfolgung 64
Absehen von Strafe 85 ff.
Absicht 359, 421
Absichtsdelikte 372
Absichtslos handelndes Werkzeug (mittelbare Täterschaft) 556
Absolute Straftheorien 43 ff.
Abstiftung (Anstiftung) 665
Abstraktes Gefährdungsdelikt 245
Abweichung vom Kausalverlauf 370, 575
actio libera in causa 475 ff.
Adäquanztheorie 349
Additive Vereinigungstheorie (Straftheorien) 55
Änderung der Rechtsprechung (Rückwirkungsverbot, Gesetzlichkeitsprinzip) 209 ff.
Aktives Tun 315 ff.
Aktuelles Unrechtsbewußtsein 490
Akzessorietät der Teilnahme 661
Allgemeindelikte 229, 642
Allgemeiner Teil (des Strafgesetzes) 217 ff.
Allgemeiner Verbrechensbegriff 227
Allgemeines Lebensrisiko 352

Allgemeine Verbrechenslehre 220, 257 ff., 263
Alternative Kausalität 344
Alternativer Vorsatz 369
Alternativverhalten, pflichtgemäßes 353
Analogie, strafbegründende (Gesetzlichkeitsprinzip) 176 ff.
Analogieverbot (Gesetzlichkeitsprinzip) 176 ff.
Anders-Handeln-Können (Schuld) 466
Angriff (bei Notwehr) 445
Angriff mit Scheinwaffen (Notwehr) 455
Angriffsobjekt 16
animus auctoris (subjektive Teilnahmelehre) 634
animus socii (subjektive Teilnahmelehre) 634
animus-Theorie (Täterschaft und Teilnahme) 634
Anstiftung 628, 664 ff.
antizipierte Notwehr 447
Antinomie der Strafzwecke 52, 54, 61 ff.
Anwendungsbereich der Mittäterschaft 648
Art des Vorsatzwissens 365 ff.
Atypischer Kausalverlauf 346, 575
Aufbau des Unrechtstatbestandes 330 ff.
Aufgeben der weiteren Tatausführung 554 f.
Ausdehnende Auslegung (Gesetzlichkeitsprinzip) 195
Ausdehnungsmodell (actio libera in causa) 476
Ausführungsbereich, vortatbestandlicher (Versuch) 521
Auslegung (Gesetzlichkeitsprinzip) 177 ff.
Auslegungstheorien (Gesetzlichkeitsprinzip) 189
Auslesefunktion (des Unrechtstatbestandes) 325

333

Stichwortverzeichnis

Ausnahmemodell (actio libera in causa) 477
Außerrechtliche Wertvorstellungen (Bestimmtheitsgebot, Gesetzlichkeitsprinzip) 305
Aussetzung von Strafresten zur Bewährung 69, 71 ff.
automatisiertes Verhalten 290
autonome Motive (freiwilliger Rücktritt vom Versuch) 558 f.

Bagatellangriff (bei Notwehr) 458
Bedingte Schuldfähigkeit 473
Bedingtes Unrechtsbewusstsein 488
Beendeter Versuch 549 ff.
Beendeter Versuch, Rücktritt 556 f.
Beendigung der Straftat 506
Begehungsdelikt 301 ff.
Begleitwissen, dauerndes 366
Begriff der Fahrlässigkeit 597
Begriff der Strafe 31 ff., 36
Begriff der Straftat 263
Begriff des Irrtums 566
Begriff des Rechtsguts 12 ff.
Begriff des Versuchs 512 ff.
Begriff des Vorsatzes 357
Begründete Wahrscheinlichkeit (bei Sozialprognose) 70
Behandlungsnorm 30
Behebbare Unrechtszweifel 489
Beihilfe 628, 667 ff.
Bekanntgabe der Verurteilung 92
Bekämpfung sozialschädlichen Verhaltens 10
Berufsverbot 117
Beschützergarant 398 ff.
Besondere persönliche Merkmale (Teilnahme) 661
Besonderer Teil (des Strafgesetzes) 217 ff.
Besserung (des Täters) 49
Bestandsirrtum (Erlaubnisirrtum) 580
Bestandteile des Unrechtstatbestandes 330 ff.
Bestimmen zur Tat (Anstiftung) 665
Bestimmtheitsgebot, verfassungsrechtliches (Gesetzlichkeitsprinzip) 161 ff.
Bestimmungsmittel (Anstiftung) 665
Bestimmungsnorm 29, 198
Beurteilungsmaßstab (Sorgfaltsmaßstab) 608 ff.
Bewusste Fahrlässigkeit 361, 599
Bezugsobjekte des Tatumstandsirrtums 569
Bezugspunkt des Vorsatzes 363 ff.
Bürger (als Normadressat des Strafrechts) 30

Charakterschuld 468

Dauerdelikte 241
Definitionsfunktion (des Handlungsbegriffs) 272
Deliktsaufbau der Versuchsstraftat 514 ff.
Deliktsfolgen (Bestimmtheitsgebot, Gesetzlichkeitsprinzip) 163 ff., 170 ff.
Deliktstypus 228
Denkzettelstrafe (Fahrverbot) 90
Deskriptive Begriffe (Bestimmtheitsgebot, Gesetzlichkeitsprinzip) 165 ff.
Deskriptive Tatbestandsmerkmale 336 ff.
Dialektische Vereinigungstheorie (Straftheorien) 61
Direkter Unterlassungsvorsatz 421
Direkter Verbotsirrtum 578
Direkter Vorsatz 360, 421
Dogmatischer Verbrechensbegriff 227
dolus alternativus 369
dolus antecedens 367
dolus cumulativus 369
dolus generalis 370
dolus subsequens 368
Doppelfunktion der Fahrlässigkeit 598
Doppelfunktion des Vorsatzes 469
Doppelkausalität 344
Doppelter Anstiftervorsatz 664, 666
Doppelter Gehilfenvorsatz 667, 669
Dreigliedriger Verbrechensbegriff 265
Dreistufentheorie (Straftheorien) 56
Duales System (der strafrechtlichen Sanktionen) 4
Dualistisches Beteiligungssystem (Tatbeteiligung) 628
Duldungspflicht (Rechtfertigung) 429

Stichwortverzeichnis

Echtes Unterlassungsdelikt 307 ff.
Echtes Unterlassungsdelikt, fahrlässiges 603
Eigene Rettungsmaßnahmen 321
Eigenhändige Delikte 231
Eigenverantwortliche Selbstschädigung 353
Eignungsdelikte 236
Einaktige Delikte 246
Eindruckstheorie (Versuchstheorien) 511, 541
Einfache Delikte 244
Eingeschränkte Schuldtheorie 592
Eingreifen in fremde Rettungshandlungen 320
Eingriffsbefugnis (Rechtfertigung) 429
Einheit der Rechtsordnung 431
Einheitstäterprinzip 626
Einschränkende Auslegung (Gesetzlichkeitsprinzip) 195
Einstellung des Verfahrens 64
Einwirkung auf den Täter 82
Einzelaktstheorie (Rücktritt vom Versuch) 548
Einzelanalogie (Gesetzlichkeitsprinzip) 181
Einzelfallgerechtigkeit (Bestimmtheitsgebot, Gesetzlichkeitsprinzip) 172 ff.
Einzeltatschuld 468
Einziehung 122 ff., 129 ff.
Elementare Grundwerte 11
Empfängerhorizont des Bürgers (verbotene Analogie, Gesetzlichkeitsprinzip) 180
Enge Lebensbeziehung (Garantenstellung) 394 f., 406, 409
Entschluss (zur Tat) 504
Entschluss zur Tat (Versuch) 512, 517 ff.
Entschuldigender Notstand 494
Entschuldigt handelndes Werkzeug (mittelbare Täterschaft) 658
Entschuldigungsgründe 494 ff.
Entsprechungsklausel 417
Entstehungsgründe (für Garantenpflichten) 393 ff.
Entstehungsprozess von Rechtsgütern 20 ff.

Entstehungsvoraussetzungen (für Garantenstellungen) 392 ff., 409
Entziehungsanstalt 103
Entziehung der Fahrerlaubnis 114 ff.
Erfolgsdelikte 237
Erfolgsqualifizierte Delikte 230
Erfolgsunrecht 332
Erfolgsunwert der Tat 331
Erfolgszurechnung, objektive 348 ff., 379 ff., 613
Erforderlichkeit der Notwehrhandlung 450 ff.
Ergänzungsbedürftige Straftatbestände 425
Erkennbarkeit der Tatbestandsverwirklichung (Fahrlässigkeitsdelikt) 606, 612
Erkundigungspflicht (vermeidbarer Verbotsirrtum) 583 ff.
Erkundigungspflichten (pflichtwidrige Tätigkeitsübernahme) 618
Erlaubnisirrtum 580
Erlaubnisnorm 427
Erlaubnistatbestand 427, 438 ff.
Erlaubnistatbestandsirrtum 588 ff.
Erlaubtes Risiko 352, 604
error in persona vel obiecto (Irrtum über das Handlungsobjekt) 573
Ersatzfreiheitsstrafe 77, 81
Ersatzursache 345
Erscheinungsformen der Fahrlässigkeit 599
Erscheinungsformen der Täterschaft 645 ff.
Erscheinungsformen der Teilnahme 661 ff.
Erscheinungsformen des Vorsatzes 358 ff.
Erstverbüßerregelung 73
Eventualvorsatz 361 ff., 421
Extensive Auslegung (Gesetzlichkeitsprinzip) 195
Extensiver Täterbegriff 626
Extrem-subjektive Teilnahmelehre 634
Exzess des Mittäters 651
Exzess des Tatmittlers 660

Stichwortverzeichnis

Fahrlässiges Unterlassungsdelikt 602
Fahrlässige Tätigkeitsübernahme 616 ff.
Fahrlässigkeit 595 ff.
Fahrlässigkeitsdelikt, Systembau 601 ff.
Fahrlässigkeitsschuld 598, 605, 620 ff.
Fahrlässigkeitsunrecht 598, 602 ff.
Fahrverbot 88
Faktische Schutzübernahme (Garantenstellung) 395, 406, 409
Fallgruppen der mittelbaren Täterschaft 653 ff.
Fehlen der Deliktsvollendung (Versuch) 515
Fehlgehen der Tat (aberratio ictus) 574
Fehlgeschlagener Versuch 545 ff.
Finale Handlungslehren 279 ff.
finalistisches Straftatsystem 298
Formal-objektive Teilnahmetheorie 633
Formelle Legitimation (staatlichen Strafens) 37 ff.
Formelles Strafrecht 6
Formen des Irrtums 566
Fragmentarische Natur des Strafrechts 24
Freiheitsentziehende Maßregeln 97 ff.
Freiheitsstrafe 64 ff.
Freiwillige Übernahme (Garantenstellung) 395, 406, 409
Freiwilligkeit (beim Rücktritt vom Versuch) 558 ff.
Fremde Rettungshandlungen 320
Führungsaufsicht 113
Funktionaler Schuldbegriff 468
Funktion der Fahrlässigkeit 598
Funktionenlehre (Garantenstellungen) 398 ff.

Garantenstellung 384 ff.
Garantenpflicht 384, 388 ff.
Garantiefunktion des Strafgesetzes 134 ff., 146, 161, 463
Garantietatbestand 328
Garantieverhältnisse (bei Notwehr) 458
Gebotsirrtum, Garantenpflicht 390 f., 493, 577 ff.
Gebotswidrigkeit des Unterlassens (Unrechtsbewusstsein) 492
Gedankliche Planung der Tat 504

Gefährdungsdelikte 234 ff.
Gefährdungstheorie (Versuch) 521
Gefährliches Vorverhalten (Garantenstellung) 394 f., 406
Gefährlichkeit des Täters 95
Gefährlichkeitsprognose (bei Maßregeln) 98 ff.
Gefahren-/Risikogemeinschaft (Garantenstellung) 395, 406
Gefahrverringerung 352
Gegenstand des Tatumstandsirrtums 568 f.
Gegenstand des Vorsatzes 363 ff.
Gegenwärtigkeit des Angriffs (bei Notwehr) 447
Geldstrafe 82 ff.
Geldstrafe, kumulative 90
Gemeinsamer Tatplan (Mittäterschaft) 646 ff.
Gemeinschaftliche Tatbegehung (Mittäterschaft) 646 ff., 650
Generalklauseln (Bestimmtheitsgebot, Gesetzlichkeitsprinzip) 166 ff.
Generalprävention (Sinn der Strafe) 50 ff.
Generalpräventive Wirkung der Maßregeln 96
Generalpräventive Wirkung(der Strafe) 58
Gerechtigkeitstheorien (Straftheorien) 43 ff.
Grenzirrtum (Erlaubnisirrtum) 580
Gesamtanalogie (Gesetzlichkeitsprinzip) 181
Gesamtbetrachtungslehre (Rücktritt vom Versuch) 548, 551
Gesamttatbewertendes Merkmal 425
Gesamt-Unrechtstatbestand 265, 427
Gesellschaftlicher Wandel 15, 18
Gesetz (Entstehungsgrund für Garantenpflichten) 395, 407
Gesetzesanalogie (Gesetzlichkeitsprinzip) 181
Gesetzesgleiches Recht (Gewohnheitsrecht) 152
„gesetzliches" Recht (Gesetzlichkeitsprinzip) 148
Gesetzlichkeitsprinzip 134 ff., 463

Stichwortverzeichnis

Gesetzmäßige Bedingung, Lehre von der 348
Gesinnungsmerkmale 373, 499
Gesinnungsunwert (Schuld) 465
Gewaltmonopol (des Staates) 38
Gewissenstäter 488
Gewohnheitsrecht im Strafrecht 149 ff.
„Goldene Brücke" (Rücktritt vom Versuch) 541
Gradueller Tatumstandsirrtum 659
Grammatische Auslegung (Gesetzlichkeitsprinzip) 184
Grob unverständiger Versuch 434
Grunddelikt (und tatbestandliche Modifikationen) 249 ff.
Grundformen des Irrtums 566
Grundlagenformel (Straftheorien) 57
Grundsatz des mildesten Verteidigungsmittels (bei Notwehr) 452 f.
Grundwerte (elementare) 11

Halbstrafenaussetzung 71
Handlungsbefugnis (Rechtfertigung) 429
Handlungsfähigkeit (jur. Personen) 293
Handlung im strafrechtlichen Sinne 269 ff.
Handlungsfähigkeit, individuelle 413 f.
Handlungsherrschaft (Tatherrschaft) 637
Handlungslehren (strafrechtliche) 276 ff.
Handlungsmöglichkeit, physisch-reale (Unterlassungsdelikt) 412 ff.
Handlungsobjekt 16
Handlungsunrecht 332
Handlungsunwert der Tat 331
Hang zu erheblichen Straftaten 100 ff., 106
Hauptstrafe 65
Herkunft von Rechtfertigungsgründen 431 ff.
Herrschaft kraft überlegenen Wissens (Tatherrschaft) 637
Heteronome Motive (freiwilliger Rücktritt vom Versuch) 558, 560
Hilfeleistung (Beihilfe) 668

Hintermann (mittelbare Täterschaft) 652
Historische Auslegung (Gesetzlichkeitsprinzip) 186 f.
Hochstiftung (Anstiftung) 665
Hypothetische Kausalverläufe 345
Hypothetische Unterlassungskausalität 380

Indirekter Verbotsirrtum (Erlaubnisirrtum) 580
Individualethische Gebotenheit (der Strafe) 41
Individualprävention (Sinn der Strafe) 49 ff.
Individualrechtsgut 17, 217
Individualschutz (bei Notwehr) 443
Individuelle Handlungsfähigkeit 413 f.
Indizfunktion (des Unrechtstatbestandes) 325, 424
Ingerenz (Garantenstellung) 394 f., 406
Intensität des Vorsatzwissens 365 ff.
Irrealer Versuch 534
Irrtumsarten 565 ff.
Irrtumsherrschaft (mittelbare Täterschaft) 653
Irrtum über das Handlungsobjekt (error in persona) 573
Irrtum über den Kausalverlauf 575
ius puniendi (des Staates) 37 ff.

„Jetzt-geht-es-los-Theorie" (Versuch) 521
Jugendstrafrechtliche Verantwortungsreife 473

Kampflage, konkrete (bei Notwehr) 455
kausale Handlungslehren 277 f.
Kausalität (zwischen Handlung und Erfolg) 334, 340 ff., 379 ff.
Kernbereich des Strafrechts 8, 216
Kernstrafrecht 8
Kettenanstiftung 663
Klassisches Straftatsystem 295
Kombinationsansatz (Versuch) 522 ff.
Konkludentes Bestimmen (Anstiftung) 665
Konkretes Gefährdungsdelikt 234

Konkrete Lebensbeziehung (Garantenstellung) 394 f., 406, 409
Konkurrenz von Rechtfertigungsgründen 433
Korrektur des Rücktrittshorizonts (Rücktritt vom Versuch) 552
Kriminalpolitischer Verbrechensbegriff 227
Kriminologischer Verbrechensbegriff 227
Kumulative Kausalität 344
Kumulativer Vorsatz 369
Kupierte Erfolgsdelikte 247
Kurzschlusshandlung 290

Lebensbeziehung, konkrete, enge (Garantenstellung) 394 f., 406, 409
Lebensführungsschuld 468
Legitimation staatlicher Strafe 31 ff.
Lehre vom Rücktrittshorizont (Rücktritt vom Versuch) 551
Lehre von den negativen Tatbestandsmerkmalen 265, 327, 590
Lehre von den subjektiven Rechtfertigungselementen 438
Lehre von der gesetzmäßigen Bedingung 348
Lehre von der objektiven Erfolgszurechnung 348 ff., 379 ff., 613
Lehre von der Rechtsfolgenverweisung (Erlaubnistatbestandsirrtum) 591 f.
Lehre von der Straftat 220, 257 ff.
Leichtfertigkeit 600
Leitprinzip der Tatherrschaft (Täterschaft und Teilnahme) 638
lex praevia (Gesetzlichkeitsprinzip) 197 ff.
lex scripta (Gesetzlichkeitsprinzip) 147 ff.
lex stricta (Gesetzlichkeitsprinzip) 176 ff.
Limitierte Akzessorietät (Teilnahme) 661
Logische Auslegung (Gesetzlichkeitsprinzip) 185

Maßnahmen 93 ff.
Maßnahmen, sonstige (Sanktionen) 122 ff.

Maßregeln der Besserung und Sicherung 94 ff.
Materielle Legitimation (staatlichen Strafens) 39 ff.
Mehraktige Delikte 246
Mehraktiges Kausalgeschehen (Irrtum) 576
Mehrfachkausalität 344
Methodologischer Rechtsgutsbegriff 15
Mischdelikte, Mischtatbestände 245, 596
Misslungener Rücktritt (vom Versuch) 544, 554
Mitbewusstsein, sachgedankliches 363
Mittäter, Mittäterschaft 628, 646 ff.
Mittäterschaft bei unechtem Unterlassen 648
Mittelbarer Täter, mittelbare Täterschaft 628, 652 ff.
Mittelbare Täterschaft, Fallgruppen 653 ff.
Motivationen 373

Nebenfolgen 92
Nebenstrafe 65, 88 ff.
Nebenstrafrecht 8, 216
Nebentäterschaft 629
Negative Generalprävention (Sinn der Strafe) 50 f.
Negativer Handlungsbegriff 286
Negative Spezialprävention (Sinn der Strafe) 49 f.
Negative Statusfolgen 92
Negative Tatbestandsmerkmale 245, 327, 590
Neoklassisches Straftatsystem 296 f.
Nettoeinkommen (Geldstrafe) 78 ff.
Nicht freiheitsentziehende Maßregeln 111 ff.
Nichthandlungen (Ausschluss) 287 ff.
Nichtvollendung der Straftat 515
Noch möglicher Wortsinn (Gesetzlichkeitsprinzip) 193
Normadressaten des Strafrechts 27 ff., 30, 168, 194
Normative Begriffe (Bestimmtheitsgebot, Gesetzlichkeitsprinzip) 165 ff.
Normativer Schuldbegriff 464

Stichwortverzeichnis

Normative Tatbestandsmerkmale 336 ff.
Normative Tatherrschaft 656
Normcharakter des Strafrechts 27 ff.
Nothilfe 460 ff.
„Nothilfesperre" 461
Notstand, entschuldigender 494
Notwehr 445 ff.
Notwehrfähiges Gut 446
Notwehrhandlung 444, 449 ff.
Notwehrlage 444 ff.
Notwehrprovokation 458
Notwehrüberschreitung 494

Obhutsgarant 398 ff.
Objektive Auslegungstheorie (Gesetzlichkeitsprinzip) 189
Objektive Bedingungen der Strafbarkeit 266, 374, 423
Objektive Erfolgszurechnung 348 ff., 379 ff.
Objektive Erfolgszurechnung (Grundformel) 351
Objektive Rechtfertigungselemente 438 ff.
Objektiver Tatbestand 332 ff.
Objektiver Versuchstatbestand 519 ff.
Objektive Sorgfaltspflichtverletzung 602, 606 ff.
Objektive Versuchstheorie 509
Objektiver Wille des Gesetzgebers (Gesetzlichkeitsprinzip) 190
Objektiv-subjektive Versuchstheorie 511
Objektiv-teleologische Auslegung (Gesetzlichkeitsprinzip) 186, 188
Offene Straftatbestände 425
omissio libera in causa 414
omnimodo facturus 665
Organisationsherrschaft (mittelbare Täterschaft) 659
Organisierte Kriminalität 144
Orientierungsfunktion (des Unrechtstatbestandes) 325

Parlamentsvorbehalt 137, 141
Persönliche Merkmale (Teilnahme) 661
Personaler Handlungsbegriff 286
Personale Unrechtslehre 331 f., 438
Pflichtdelikte 231, 639 f., 644

Pflichtenkollision, entschuldigende 494
Pflichtgemäßes Alternativverhalten 353, 614
Pflichtwidrige Tätigkeitsübernahme 616 ff.
Pflichtwidrigkeitszusammenhang 353, 381 ff., 613 f.
Physische Hilfe (Beihilfe) 668
Physisch-reale Handlungsmöglichkeit (Unterlassungsdelikt) 412 ff.
Planwidrige Regelungslücke (Gesetzlichkeitsprinzip) 181
Pönalisierungsgebot 25
Polizeilicher Schusswaffengebrauch 434
Positive Generalprävention (Sinn der Strafe) 50
Positive Spezialprävention (Sinn der Strafe) 56 ff.
Potentielles Gefährdungsdelikt 236
Potentielles Unrechtsbewusstsein 490
Prämientheorie (Rücktritt vom Versuch) 541
Prävention (Sinn der Strafe) 47
Prävention durch Repression 27
„Präventivnotwehr" 447
Privilegierungen 252 f.
Prozesshindernis (Rückwirkungsverbot, Gesetzlichkeitsprinzip) 206 ff.
Prozessvoraussetzung (Rückwirkungsverbot, Gesetzlichkeitsprinzip) 206 ff.
Prüfungspflicht (vermeidbarer Verbotsirrtum) 583 ff.
Psychiatrisches Krankenhaus 104
Psychische Hilfe (Beihilfe) 668
Psychisch-emotionale Ausnahmesituation 496
Psychologischer Schuldbegriff 464
Putativnotwehr 588

Qualifikationslos handelndes Werkzeug (mittelbare Täterschaft) 656
Qualifizierungen 257 f.
Quasi-Kausalität (der Unterlassung) 380

Rechtfertigungsgründe 426 ff.
Rechtfertigungsprinzipien 436
„Rechtfertigungsvorsatz" 439

Rechtmäßig handelndes Werkzeug (mittelbare Täterschaft) 657
Rechtsanalogie (Gesetzlichkeitsprinzip) 181
Rechtsauskunft, unrichtige (vermeidbarer Verbotsirrtum) 587
Rechtsbewährung (bei Notwehr) 443, 456
Rechtsfolgenverweisende eingeschränkte Schuldtheorie (Erlaubnistatbestandsirrtum) 592
Rechtsgrund der Straflosigkeit des Rücktritts vom Versuch 541
Rechtsgutsbegriff 12 ff.
Rechtsgutsträger 17
Rechtsgutsverletzung 16
Rechtsgüterschutz (als Aufgabe des Strafrechts) 10, 217
Rechtsnatur des strafbefreienden Rücktritts vom Versuch 542
Rechtsordnung (und Sozialordnung) 38
Rechtspflichtlehre (formelle) 394 ff.
Rechtsprechungsänderung (Rückwirkungsverbot, Gesetzlichkeitsprinzip) 209 ff.
Rechtsquellenlehre (formelle) 394 ff.
Rechtssicherheit (Gesetzlichkeitsprinzip) 162 ff., 172 ff., 198
Rechtsstab (als Normadressat des Strafrechts) 30
Rechtswidrigkeit der Tat 261, 424 ff.
Rechtswidrigkeit des Angriffs (bei Notwehr) 448
Rechtswidrigkeitsausschluss (durch Rechtfertigungsgründe) 427 ff.
Reflexbewegungen 290
Regelbeispiele 257
Regelungslücke, planwidrige (Gesetzlichkeitsprinzip) 181
Rein normativer Schuldbegriff 468
Relative Straftheorien 43, 52 ff.
Relativität des Strafrechts 22
Relevanztheorie 350
Repression 27
Reserveursache 345
Resozialisierung (des Täters) 48, 59
Restriktive Auslegung (Gesetzlichkeitsprinzip) 195

Restriktiver Täterbegriff 626
Rettungshandlungen, -maßnahmen 320 f.
Risikoerhöhungslehre 353, 615
Risiko-/Gefahrengemeinschaft (Garantenstellung) 395, 466
Risikosteigerung (Sorgfaltspflichtverletzung) 615
Risikoverringerung 352
Risikozusammenhang (fehlender) 353
Rücktrittshorizont 551 f.
Rücktritt vom beendeten Versuch 556 f.
Rücktritt vom unbeendeten Versuch 554 f.
Rücktritt vom Unterlassungsversuch 561 ff.
Rücktritt vom Versuch 540 ff.
Rücktritt vom Versuch des Unterlassungsdelikts 561 ff.
Rückwirkungsverbot (Gesetzlichkeitsprinzip) 197 ff.

Sachgedankliches Mitbewusstsein 366, 420
Scheinangriff (Notwehr) 455
Schlichtes Tätigkeitsdelikt 238, 603
Schreckreaktion 290
Schriftlichkeitsgebot (Gesetzlichkeitsprinzip) 147 ff
Schuldausgleich, materieller 45
Schuldausschließungsgründe 494 ff.
Schuldbegriff 463 ff.
Schuld des Täters 260, 463 ff.
„Schulderfüllungstheorie" (Rücktritt vom Versuch) 541
Schuldfähigkeit 471 ff.
Schuldform (Vorsatz) 481 ff.
Schuldindiz (tatbestandsmäßiges Unrecht) 501
Schuldlos Handelnder (bei Notwehr) 448
Schuldlos handelndes Werkzeug (mittelbare Täterschaft) 648
Schuldmerkmale, spezielle 499 ff.
Schuldminderung durch Unrechtsverringerung 496
Schuldmodell (actio libera in causa) 476

Stichwortverzeichnis

Schuldprinzip (strafrechtliches) 80, 140, 463 ff.
Schuldtheorie 491, 592
Schuldunfähigkeit 472
Schusswaffengebrauch 434, 453
Schutzwehr 451
Schutzzweck der verletzten Sorgfaltsnorm 614
Schutzzweckzusammenhang 353, 613 f.
selbständige tatbestandliche Modifikationen (des Grunddelikts) 254
Sicherung (des Täters) 49 ff.
Sicherungsgarant 398 ff.
Sicherungsverwahrung 105 ff.
Sinngebung (der Strafe) 42 ff.
Sonderdelikte 230, 640
Sonderfähigkeiten (Sorgfaltspflichtverletzung) 608 f.
Sonderpflichtige 384, 639
Sonderwissen (Sorgfaltspflichtverletzung) 609
Sonstige Maßnahmen (Sanktionen) 122 ff.
Sorgfaltsmaßstab (Fahrlässigkeitsdelikt) 608 ff.
Sorgfaltspflichtverletzung 595 ff., 602, 606 ff.
Sorgfaltswidriges Verhalten 606
Sozialadäquates Verhalten 352
Soziale Handlungslehren 282 ff.
Sozialer Schuldbegriff 468
Sozialethische Einschränkungen des Notwehrrechts 457 f.
Sozialethisches Unwerturteil 33
Sozialkontrolle (Gesamtsystem) 10, 20 ff.
Sozialordnung (und Rechtsordnung) 38
Sozialprognose, günstige 70 ff., 75
Sozialpsychologische Gebotenheit (der Strafe) 40
Spezialprävention (Sinn der Strafe) 48 f., 59
Spezialpräventive Ausrichtung der Maßregeln 96 f.
Spezielle Schuldmerkmale 499
Standardisierte Sonderfähigkeiten (Sorgfaltspflichtverletzung) 610, 616
Statusfolgen, negative 92

Steuerungsfähigkeit 471
Strafänderungsgründe 225 f.
Strafaufhebungsgründe 266, 542
Strafausschließungsgründe 266
Strafbare Tatbeteiligung 625 ff.
Strafbegründende Analogie (Gesetzlichkeitsprinzip) 176 ff.
Strafbegründende besondere persönliche Merkmale (Teilnahme) 662
Strafen 66 ff.
Strafgewalt (des Staates) 37 ff.
Strafgrund der Teilnahme 661
Strafgrund des Versuchsdelikts 509 ff.
Strafhoheit (des Staates) 38
Strafmodifizierende besondere persönliche Merkmale (Teilnahme) 662
Strafrechtlicher Handlungsbegriff 269 ff.
Strafrestaussetzung zur Bewährung (bei lebenslanger Freiheitsstrafe) 74
Strafrestaussetzung zur Bewährung (bei zeitiger Freiheitsstrafe) 72 ff.
Straftatbegriff 263
Straftheorien 42 ff.
Strafübel 34
„Strafzwecktheorie" (Rücktritt vom Versuch) 541
Straßenverkehrsrecht 8
Strenge Schuldtheorie 592
Streng-subjektive Teilnahmelehre 634
Struktur der Erlaubnistatbestände 438 ff.
Struktur des Vorsatzes 357
Subjektive Auslegungstheorie (Gesetzlichkeitsprinzip) 189
Subjektive Rechtfertigungselemente 438 ff., 535
Subjektiver Tatbestand 332, 355 ff., 418 ff.
Subjektiver Versuchstatbestand 517 ff.
Subjektive Sorgfaltspflichtverletzung 605, 620 ff.
Subjektive Teilnahmelehre 634 ff.
Subjektive Unrechtselemente (weitere) 371 ff., 422, 517
Subjektive Versuchstheorien 510
Subjektiv fehlgeschlagener Versuch 545 ff.

Subjektiv-teleologische Auslegung (Gesetzlichkeitsprinzip) 186 f.
Subsidiärer Rechtsgüterschutz (als Aufgabe des Strafrechts) 24, 26
Subsumtionsirrtum 589
Sühnetheorie (Sinn der Strafe) 46
Sukzessive Mittäterschaft 649
Systematische Auslegung (Gesetzlichkeitsprinzip) 185
Systembau der Fahrlässigkeitstat 601 ff.
System der Rechtfertigungsgründe 435 ff.
System der Straftatmerkmale 258 ff.
System der Zweispurigkeit (der strafrechtlichen Sanktionen) 4
System von Straftatmerkmalen (als Verbrechen/Vergehen) 227

Täterbegriff 626
Täterbezogener Handlungsunwert 331
Täter hinter dem Täter (mittelbare Täterschaft) 659
Täterprognose, günstige 70 ff., 75
Täterschaft und Teilnahme (Abgrenzung) 631 ff.
Täterwille (Täterschaft und Teilnahme) 634
Tätigkeitsdelikt 238, 653
Tätigkeitsübernahme, pflichtwidrige 616 ff.
Tagessatzanzahl 76 f.
Tagessatzhöhe 76, 78 ff.
Tagessatzsystem 76
Talionsprinzip 44
Tatbestand im weiteren Sinne 328
Tatbestandliche Modifikationen (des Grunddelikts) 249 ff.
Tatbestandsbegriffe 324 ff.
Tatbestandsbezogenheit der Täterschaft 639 ff.
Tatbestandsgruppen 249
Tatbestandslos handelndes Werkzeug (mittelbare Täterschaft) 654
Tatbestandsmäßigkeit 262, 324 ff.
Tatbestandsmodell (actio libera in causa) 476
Tatbeteiligung am Unterlassungsdelikt 643

Tatbeteiligung durch Unterlassen 643 f.
Tatbezogener Handlungsunwert 331
Tatentschluss (Versuch) 512, 517 ff.
Tatentschluss mit Rücktrittsvorbehalt 518
Taterfolg 334
Tatgeneigtheit 518, 665
Tathandlung 334
Tatherrschaft (Täterschaft und Teilnahme) 636 f.
Tatherrschaftslehre (Täterschaft und Teilnahme) 636
Tatmittel 334
Tatmittler (mittelbare Täterschaft) 652
Tatmodalitäten 334
Tatobjekt 16, 334
Tatsächliche Schutzübernahme (Garantenstellung) 395, 405, 408
Tatsubjekt, deliktstypisches 334
Tatumstandsirrtum 565 ff.
Tatumstandsirrtum, Garantenstellung 387, 391
Tatumstandsirrtum, gradueller (mittelbare Täterschaft) 659
Tatvollendung, formelle 505
Tatvollendung, materielle 506
Tatvorbereitung 504
Tatvorsatz 356 ff., 428 ff.
Teilaktstheorie (Versuch) 521
Teilnahmetheorien 632 ff.
Teilnehmerwille (Täterschaft und Teilnahme) 634
Teilverwirklichung des Tatbestandes (Versuch) 520
Teleologische Auslegung (Gesetzlichkeitsprinzip) 186 ff.
Teleologisches Straftatsystem 300
Theorie der Generalprävention (Sinn der Strafe) 50
Theorie der Spezialprävention (Sinn der Strafe) 48
Theorie des psychologischen Zwangs 50
Trutzwehr 451

Übelscharakter der Strafe 34
Überholende Kausalität 345
Überindividuelle Rechtsgüter 17
Übernahmefahrlässigkeit 616 ff.

Stichwortverzeichnis

Übernahmeverschulden (Fahrlässigkeitsschuld) 623
Überstiftung (Anstiftung) 765
Übertretungen 221
Überwachungsgarant 398 ff.
Überzeugungstäter 488
ultima ratio-Gedanke 24, 26, 105
Umgekehrter Erlaubnisirrtum 581
Umgekehrter Erlaubnistatbestandsirrtum 593
Umgekehrter Tatumstandsirrtum 567 ff., 571
Umgekehrter Verbotsirrtum 577, 579
Unbeendeter Versuch 549 ff.
Unbeendeter Versuch, Rücktritt 554 f.
Unbehebbare Unrechtszweifel (Verbotsirrtum) 489
Unbenannte Strafänderungsgründe 225, 257
Unbewusste Fahrlässigkeit 599
Unbrauchbarmachung 132 f.
Unechtes Unterlassungsdelikt 310 ff.
Unechtes Unterlassungsdelikt, fahrlässiges 602
Universalrechtsgut 17, 217
Unmittelbarer Täter 628
Unmittelbares Ansetzen zur Tatbestandsverwirklichung 512, 519 ff., 537 ff.
Unrechtsbewusstsein 483 ff., 577 ff.
Unrechtseinsichtsfähigkeit 471
Unrechts-Gesamttatbestand 265, 327
Unrechtslehre, personale 331 f., 438
Unrechtstatbestand 325, 330 ff., 602 ff.
Unrechtstatbestand (Fahrlässigkeitsdelikt) 602 ff.
Unrechtstypus 325, 330 ff.
Unrechtszweifel (Verbotsirrtum) 489
Unrichtige Rechtsauskunft (vermeidbarer Verbotsirrtum) 587
Unselbständige tatbestandliche Modifikationen (des Grunddelikts) 253
Untauglicher Versuch 516, 529 ff., 571, 593
Unterbrechung des Kausalzusammenhangs 347
Unterbringung in einer Entziehungsanstalt 103

Unterbringung in einem psychiatrischen Krankenhaus 104
Unterbringung in der Sicherungsverwahrung 105 ff.
Unterdurchschnittliches Leistungsvermögen (Sorgfaltspflichtverletzung) 610, 620 ff.
Unterlassen 283 ff.
Unterlassen als Tathandlung 377 ff.
Unterlassungsabsicht 421
Unterlassungsdelikt, allgemein 304 ff.
Unterlassungsdelikt, fahrlässiges 602
Unterlassungsdelikt, Unrechtstatbestand 376 ff.
Unterlassungseventualvorsatz 421
Unterlassungskausalität 379 ff.
Unterlassungspflichten (pflichtwidrige Tätigkeitsübernahme) 618
Unterlassungsversuche 536 ff.
Unterlassungsversuch, Rücktritt 561 ff.
Unterlassungsvorsatz 387, 418 ff.
Unterlassungsvorsatz als Tatvorsatz 419 ff.
Untermaßverbot (verfassungsrechtliches) 25
Unvermeidbarer Erlaubnisirrtum 580, 582 ff.
Unvermeidbarer Verbots-/Gebotsirrtum 577, 582 ff.
Unvermeidbarkeit des Erfolgseintritts (Sorgfaltspflichtverletzung) 615
Unvollkommen mehraktige Delikte 247
Unvollkommen zweiaktige Rechtfertigungsgründe 440
Unvorsätzlich handelndes Werkzeug (mittelbare Täterschaft) 655
unwesentliche Abweichung vom Kausalverlauf 370, 375 f.
Unzumutbarkeit (der gebotenen Handlung) 415 ff.
Unzumutbarkeit normgemäßen Verhaltens 497 f., 605

Verantwortlichkeit für Fremdverhalten (Garantenpflicht) 406
Verbindungsfunktion (des Handlungsbegriffs) 271
Verbotsirrtum 565 ff., 577 ff.

Verbot strafbegründender und strafschärfender Analogie (Gesetzlichkeitsprinzip) 176 ff.
Verbot unbestimmter Strafgesetze (Gesetzlichkeitsprinzip) 161 ff.
Verbrechen 221 ff.
Verdienstlichkeitstheorie (Rücktritt vom Versuch) 541
Vereinigungstheorien (Straftheorien) 43, 51 ff.
Verfassungskonforme Auslegung (Gesetzlichkeitsprinzip) 192
Verfassungsrechtliches Bestimmtheitsgebot (Gesetzlichkeitsprinzip) 161 ff.
Vergehen 221 ff.
Vergeltung (Sinn der Strafe) 43 ff.
Vergeltungstheorie (Sinn der Strafe) 44 ff.
Verhältnismäßigkeit (der Maßregeln) 197
Verhinderung der Tatvollendung 556 f.
Verletzungsdelikt 233
Vermeidbarer Erlaubnisirrtum 580, 582 ff.
Vermeidbarer Verbots-/Gebotsirrtum 577, 582 ff.
Vermeidbarkeitstheorie (Sorgfaltspflichtverletzung) 615
Verminderte Schuldfähigkeit 474
Verstehensprozess (Auslegung, Analogie, Gesetzlichkeitsprinzip) 183
Versuch am untauglichen Objekt 531
Versuch beim Unterlassungsdelikt 536 ff.
Versuch des Unterlassungsdelikts, Rücktritt 561 ff.
Versuch des untauglichen Subjekts 533
Versuch durch Unterlassen 536 ff.
Versuch mit untauglichen Mitteln 535
Versuchsdelikt 502
Versuchstheorien 509 ff.
Versuchte Anstiftung 663
Versuchte Kettenanstiftung 663
Versuchte Teilnahme 663
Verteidigung der Rechtsordnung 82
Verteidigungswille (bei Notwehr) 459
Vertrag (Entstehungsgrund für Garantenpflichten) 395, 407

Vertrauensschutz (Gesetzlichkeitsprinzip) 198 ff.
Verwarnung mit Strafvorbehalt 82, 84
Verwirklichungsstufen der Straftat 503 ff.
Viergliedriger Verbrechensbegriff 268
Vikariierendes System (von Strafe und Maßregel) 110
Volldeliktisch handelndes Werkzeug (mittelbare Täterschaft) 659
Vollstreckungsaussetzung von Strafresten zur Bewährung 69, 71 ff.
Vollstreckungsaussetzung zur Bewährung (Freiheitsstrafe) 68 ff.
Vollstreckungsreihenfolge (von Strafe und Maßregel) 109
Vorangegangenes gefährliches Tun (Garantenstellung) 394 f., 406
Voraussehbarkeit des Erfolgseintritts (Fahrlässigkeitsdelikt) 606, 611
Vorbehalt des Gesetzes 136
Vorbereitung eines Verbrechens 504
Vorbeugung (Sinn der Strafe) 43, 47
Vorläufiges Berufsverbot 120
Vorläufige Entziehung der Fahrerlaubnis 116
Vorsatz 356 ff., 418 ff., 469
Vorsatz als Schuldform 481 ff.
Vorsatzelemente 357
Vorsatz-Fahrlässigkeits-Kombinationen 319, 596
Vorsatzschuld 482
Vorsatztheorie 491
Vorsatzwissen 365 ff.
Vortatbestandlicher Ausführungsbereich (Versuch) 521
Vortatbestandlicher Handlungsbegriff 270 ff.
Vorverlegungslösung (actio libera in causa) 476

Wahndelikt 516, 533, 579, 581
Wahrscheinlichkeit, begründete (bei Sozialprognose) 70
Wertausfüllungsbedürftige Begriffe (Bestimmtheitsgebot, Gesetzlichkeitsprinzip) 165 ff.

Stichwortverzeichnis

Wertvorstellungen, außerrechtliche (Bestimmtheitsgebot, Gesetzlichkeitsprinzip) 169
Wesen der Strafe 31 ff.
Wille des Gesetzgebers (Auslegung, Gesetzlichkeitsprinzip) 184 ff
Willensherrschaft (Tatherrschaft) 637, 653
Wirklichkeitsbezug des Strafrechts (Bestimmtheitsgebot, Gesetzlichkeitsprinzip) 167 ff.
Wirkungen des Rücktritts vom Versuch 543
Wissensherrschaft (Tatherrschaft) 637, 653
Wortlautauslegung (Gesetzlichkeitsprinzip) 184
Wortsinn, noch möglicher (Gesetzlichkeitsprinzip) 193

Zahlungserleichterungen (bei Geldstrafe) 80
Zumutbarkeit (normgemäßen Verhaltens) 415 ff., 497 f., 605
Zumutbarkeit der gebotenen Handlung 415 ff.
Zurechnung (objektive) 334, 340 ff., 613 ff., 618
Zurechenbarkeit, individuelle 463
Zusammengesetzte Delikte 244
Zustandsdelikte 242
Zwecktheorien (Straftheorien) 43, 47
Zwei-Drittel-Aussetzung 107
Zweigliedriger Verbrechensbegriff 265
Zweispurigkeit der strafrechtlichen Sanktionen 4
Zwischenaktstheorie (Versuch) 521